Im Vorraum der Geschichte

STEPHANIE BAUMANN studierte in Hamburg und Montpellier Geschichte und Romanistik. Sie lebt seit 11 Jahren in Paris und war dort DAAD-Lektorin am Institut d'Études Politiques. Sie promovierte an den Universitäten Paris 8 und der Eberhard-Karls-Universität in Tübingen. Zuletzt war sie Post-Doc Forscherin der französischen Stiftung »Fondation pour la Mémoire de la Shoah«.

Stephanie Baumann

Im Vorraum der Geschichte

Siegfried Kracauers
»History. The Last Things before the Last«

Konstanz University Press

Gedruckt mit Unterstützung der Gerda Henkel Stiftung, Düsseldorf und der EA 1577 *(Les mondes allemandes, histoire des idées et des représentations)* der Universität Vincennes/Saint-Denis (Paris 8)

Umschlagabbildung:
Photographie von Alfred Eisenstaedt, Penn Station New York, 1943

Bibliografische Information der Deutschen Nationalbibliothek

Die Deutsche Nationalbibliothek verzeichnet diese Publikation in der Deutschen Nationalbibliografie; detaillierte bibliografische Daten sind im Internet über http://dnb.d-nb.de abrufbar.

Gedruckt auf umweltfreundlichem, chlorfrei gebleichtem und alterungsbeständigem Papier.

Alle Rechte, auch die des auszugsweisen Nachdrucks, der fotomechanischen Wiedergabe und der Übersetzung, vorbehalten. Dies betrifft auch die Vervielfältigung und Übertragung einzelner Textabschnitte, Zeichnungen oder Bilder durch alle Verfahren wie Speicherung und Übertragung auf Papier, Transparente, Filme, Bänder, Platten und andere Medien, soweit es nicht §§ 53 und 54 UrhG ausdrücklich gestatten.

© 2014 Konstanz University Press, Konstanz
(Konstanz University Press ist ein Imprint der
Wilhelm Fink GmbH & Co. Verlags-KG,
Jühenplatz 1, D-33098 Paderborn)

www.fink.de | www.k-up.de

Einbandgestaltung: Eddy Decembrino, Konstanz
Printed in Germany.
Herstellung: Ferdinand Schöningh GmbH & Co. KG, Paderborn

ISBN 978-3-86253-034-2

Inhalt

Einleitung 9
  Geschichte im Werkkontext 11 / Ein »dialogisches Werk«? 13 / Ein fragmentarisches Werk – Bemerkungen zur Editionsgeschichte 15 / Anmerkungen zum Nachlass und zum Forschungsstand 18 / Zum Aufbau der Untersuchung 22

1 HISTORISCHE ERFAHRUNG 25

1.1 Der Weg ins Exil 27
  Von Berlin nach Paris 27 / Überleben 38
1.2 Besuche in Europa 47
  Kracauer und Nachkriegsdeutschland 47 / Kracauer und die Forschungsgruppe »Poetik und Hermeneutik« 53

2 FIGUREN DES HISTORIKERS 63

2.1 Vom Richter zum Untersuchungsrichter: Marc Bloch 66
2.2 Detektiv oder Flaneur? 69
  Rückwärtsdenken – Gegen Benedetto Croce und Robin George Collingwood 69 / Hercule Poirot gegen Arnold Pike – Exkurs zum Detektivroman 76 / Die Sehnsucht nach dem Vergangenen oder das antiquarische Interesse 80
2.3 Der Historiker als Arzt 86
  Lewis Namier, der »Freud der Geschichte« 86 / Ideen – ein bloßes Libretto mangelhafter Qualität 88
2.4 Der Historiker als Fremder, Exilant und Mystiker 92
  Die Objektivität des Fremden 92 / Das Ich des Exilanten 95 / Die Passivität des Mystikers 98
2.5 Der Photograph und der Zeuge 100
  Die Heimkehr des Reisenden – oder die doppelte Erfahrung des Historikers 103

3 ZEIT UND BILD 107

3.1 Der filmische Hintergrund des Kracauer'schen Geschichtsdenkens 110
Das filmische und das historische Universum 111 / Der Historismus – eine »Photographie der Zeit«? (1927) 117 / Zwischen Realismus und Formgebung 124

3.2 Das Rätsel der Zeit 131
Die Antinomie von leerer und sinnerfüllter Zeit 133 / Panofsky, Focillon, Kubler – Zeitvorstellungen in der Kunstgeschichte 134 / Der Buckhardt'sche Zeitraum – ein bedeutungsträchtiges Medium? 142 / Übergänge im Fluss der Zeiten – Hans Blumenbergs Konzept der Epochenschwelle 144 / Im Katarakt der Zeiten 150

4 TOTALE UND FRAGMENT 161

4.1 Geschichte – »eine Wissenschaft, die anders ist« 164
Sozialgeschichtliche Analysen 164 / Historische Gesetze oder das »Hirngespinst der Universalgeschichte« 170

4.2 Zwischen Mikro- und Makroebene 181
Anregungen aus dem Frühwerk: Georg Simmels relationales Denken 182 / »Über Walter Benjamin« (1928) – Kracauer und *Einbahnstraße* 184 / Im eingestürzten Haus der *Angestellten* (1929) 188 / Kracauer – am Anfang der Mikrohistorie? 196

4.3 Wirklichkeit, Wahrheit und Rhetorik 203
Funktionen des Ästhetischen in der Historiographie 205 / Form und Bedeutung in Geschichte und Film 209 / Geschichte und der moderne Roman: Hayden White, Erich Auerbach 218 / Erich Auerbachs *Mimesis* (1946) 223 / Geschichte – Ein Zwitter aus »Legende und dem Ploetz« 233

4.4 Die Grenzen der Darstellung und ihre Überwindung im Film: der Film als Medium des Gedächtnisses 235

5 EINE PHILOSOPHIE DES VORLÄUFIGEN 245

5.1 *Geschichte* im Kontext der Historismusdebatte der 20er und 30er Jahre 249
Zur Problemgeschichte des Historismusbegriffs 249 / Das Relativismusproblem in der »Georg Simmel«-Abhandlung (1919) 252 / »Katholizismus und Relativismus« – Max Scheler (1921) 258 / Das Relativismusproblem in *Soziologie als Wissenschaft* (1922) 259 / »Wissenschaftskrisis« – Ernst Troeltsch und Max Weber (1923) 266

5.2 Dialoge zur Fortschrittsidee. Walter Benjamin, Karl Löwith, Hans Blumenberg   271
Walter Benjamins Historismus- und Fortschrittskritik 272 / Hohlräume im Katarakt der Zeiten oder der doppelte Aspekt absoluter Wahrheiten 283 / Die Blumenberg-Löwith-Debatte 285
5.3 Historisches Denken als Vorraumdenken   297
Jacob Burckhardt als Modell 297 / Vorraum und utopisches Denken – der Dialog mit Ernst Bloch 300 / Humanismus – Kracauers Utopie des »Dazwischen« 310

Schlussbetrachtung   321

Dank   333

Anhang   335
Dokumente 337 / Abbildungsverzeichnis 351 / Bibliographie 353 / Archivmaterial 389 / Namenregister 395

Einleitung

History. The Last Things before the Last ist Siegfried Kracauers (1889-1966) letztes Werk und wurde 1969 posthum publiziert. Das Thema der Geschichte beschäftigte ihn schon früh: Im Jahr 1922 schreibt er an seinen Freund Leo Löwenthal (1900-1993), er denke über einen Text nach, mit dem er sich gegen »Konstruktionen geschichtsphilosophischer Art« richten wolle, welche ein »Ausfluß von (religiösen) Bedürfnissen« seien. Ein Artikel gegen den »Missbrauch der Geschichte« sollte es werden.[1] Drei Jahre später, 1925, ist in einem Brief von Adorno erneut von einer »projektierten« Arbeit über Geschichte die Rede.[2] Kracauer hat sie damals nicht realisiert – jedenfalls findet sich weder unter den veröffentlichten Texten, noch im Nachlass eine entsprechende Schrift aus dieser Zeit. *History. The Last Things before the Last* erscheint schließlich in englischer Sprache bei der *Oxford University Press* in New York. Das Werk spiegelt die theoretischen, historischen und sprachlichen Brüche von Kracauers Biographie, handelt es sich doch um die Arbeit eines Autors, der als über 50-Jähriger beschließt, definitiv vom Deutschen ins Englische zu wechseln. Anders als bei der *Theory of Film* (1960), von der eine frühe Manuskriptversion in deutscher Sprache existiert, der sogenannte »Marseiller Entwurf«, schreibt Kracauer sogar in den Vorarbeiten zu *History* ausschließlich auf Englisch. Die erste deutsche Übersetzung von Karsten Witte erschien zwei Jahre nach der englischen Erstausgabe 1971 unter dem Titel *Geschichte – Vor den letzten Dingen* bei Suhrkamp.

Geschichte ist ein Text, dessen Rezeption in den USA, in Deutschland und in Frankreich, wo im Jahr 2006 *L'Histoire. Des avant-dernières choses* veröffentlicht wurde, erstaunlich lange auf sich warten ließ, während Kracauers literarische Schriften, die soziologischen Arbeiten, vor allem die Filmtheorie und die journalistischen Texte wesentlich früher Aufmerksamkeit weckten. Dieser Umstand entspricht nicht der Bedeutung, die Kracauer selbst seinem letzten Werk beimaß, schreibt er doch am 13.2.1966 an Siegfried Unseld: »Mein Geschichtsbuch schreitet im Schneckentempo voran, aber es wird mein wichtigstes Buch werden.«[3]

Unter Historikern war der Text lange Zeit kaum bekannt, was auch damit erklärt werden kann, dass sich Kracauers sonstige Schriften in ganz anderen Berei-

---

[1] Kracauer an Leo Löwenthal, 1.3.1922, in: Kracauer – Löwenthal, *In steter Freundschaft*, S. 38.
[2] Vgl. Adorno an Kracauer, 6.7.1925, in: Adorno – Kracauer, *Briefwechsel*, S. 96.
[3] Kracauer an Siegfried Unseld, 13.12.1966, KN DLM [72.1857/7].

chen ansiedeln. In *Geschichte* spiegelt sich die Originalität von Kracauers Gesamtwerk, sein hybrider und schwer zu klassifizierender Charakter. Es setzt sich aus einer Reihe von »Meditationen«[4] über Geschichte zusammen, deren erklärte Absicht darin besteht, die historiographische Praxis und deren besondere Natur zu diskutieren, zu definieren, und sie als Teil eines bestimmten Bereichs des geistigen Universums zu erhellen, diesen Ort zu bestimmen und ihm »zur Anerkennung« zu verhelfen. In diesem Vorhaben finden sich fraglos Spuren des 1922 formulierten Ziels, Geschichte jener philosophisch-theologischen Überlegungen zu entkleiden, die Kracauer dort für deplatziert hielt.

Kracauers Werk ist das eines sehr vielfältigen Autors, der sich den »klassischen« Gegenständen der Philosophie aus theoretischen Gründen verweigert. Sein Interesse richtet sich bevorzugt auf den Film und die Photographie, auf den Detektivroman, die Operette oder eben auf Geschichtsschreibung. Dieser geistig-kulturelle Raum, den Kracauer als »Vorraum« vor den letzten Dingen kennzeichnet, ist einer, der die letzten Dinge in der Negation gleichwohl aufruft. Erstaunlicherweise tauchen in *Geschichte* an exponierter Stelle theologisch oder religiös konnotierte Figuren wie Erasmus, die jüdische Legende der 36 Gerechten oder das legendarische Motiv Ahasver – der ewige Jude – auf. Eine zentrale Problematik von Kracauers Reflexionen über Geschichte ergibt sich aus diesem Paradox einer immer wieder spürbaren Präsenz des theologischen Elements innerhalb eines Ansatzes, der sich als dezidiert säkular und antimetaphysisch versteht. Dieses Paradox scheint von Anfang an Teil seines Blicks auf die Geschichtsthematik gewesen zu sein: nannte er sein Projekt von 1922 doch eine »Geschichtsmetaphysik«[5].

Im Titel von *History. The Last Things before the Last* wird allerdings auch auf den anderen Aspekt verwiesen, der in Kracauers Schriften omnipräsent ist: die Bedeutsamkeit der Dingwelt, die seinen spezifischen Realismus ausmacht und von der Überzeugung getragen ist, dass die Betrachtung des Konkreten und Einzelnen nicht nur der begrifflichen Abstraktion vorzuschalten ist, sondern selbst einen autonomen und legitimen Bereich umgrenzt, welcher der Abstraktion an die Seite zu stellen ist. »Denken *durch* die Dinge, anstatt über ihnen«[6] – auf diese Formel bringt Kracauer sein Anliegen in *Geschichte*. Er zielt auf ein »mimetisches Denken« ab, »das sich von der sinnlichen Qualität der Erscheinungen affizieren lässt, doch weder konkretistisch in den Dingen aufgeht noch sich abstrakt über sie erhebt.«[7] Das

---

[4] In der deutschen Übersetzung ist von »Betrachtungen« über Geschichte die Rede [Kracauer, *Geschichte*, S. 226], im Original von »meditations«. Ders., *History*, S. 207. Zur besseren Lesbarkeit wird im Text künftig aus der zweiten, von Jürgen Schröder bearbeiteten ersten Übersetzung von *History* durch Karsten Witte zitiert und in den Anmerkungen zusätzlich auf das englische Original verwiesen. Bei der *Theorie des Films* handelt es sich um eine von Kracauer autorisierte Übersetzung, aus der zitiert wird.

[5] Kracauer an Leo Löwenthal, 1.3.1922, Kracauer – *Löwenthal, In steter Freundschaft*, S. 38.

[6] Kracauer, *Geschichte*, S. 210. [*H.*, S. 192.]

[7] Grunert/Kimmich, »Einleitung«, S. 7.

historische Denken steht dabei für ein solches Denken im Vorraum, einem Zwischenbereich in der Mitte von Empirie und philosophischer Abstraktion, dessen ganz eigene Bedeutung Kracauer verteidigt. In einem Brief an Hans Blumenberg formuliert er: »Wenn ich selber meinen Versuch zu definieren versuche, so scheint mir, als sei ich darauf aus, die Kategorien des Denkens in jener Schicht zu bestimmen, die durch Philosophie bisher überdeckt worden ist – einer Schicht, die ich zwischen der ›Lebenswelt‹ und dem eigentlich philosophischen Denken ansetzen würde. Sie hat ihr eigenes Recht, und nicht nur der Historiker bewegt sich darin. Man könnte auch sagen, die Frage lautet: Was geschieht mit den letzten Dingen im Raum des Vorletzten, oder: was geschieht mit dem Vorletzten, wenn es in die höchsten Abstraktionen hinein verlängert wird?«[8]

Zwei Kategorien sind dabei zentral: die Zeit und der Raum. Handelt es sich auf den ersten Blick um eine »filmische« Geschichtstheorie, so erwachsen Kracauers Reflexionen aus einer Zeitkonzeption, welche die Kontinuitäten und Diskontinuitäten in der Geschichte gleichermaßen berücksichtigt.

Geschichte im Werkkontext

Auch in der Einführung zu diesem letzten Werk wendet Kracauer den Blick zurück, seine Perspektive auf Geschichte ergibt sich aus früheren Arbeiten. Nicht nur die *Theorie des Films* hat das Geschichtsbuch geprägt, sondern auch die *Angestellten*, der Roman *Ginster* (vielleicht), das *Offenbach*-Buch (bestimmt), Schriften, denen eine gemeinsame Intention zugrunde liegt, die »Absicht, jene Ziele und Verhaltensweisen zu rehabilitieren, die noch eines Namens ermangeln und folglich übersehen oder falsch beurteilt werden.«[9] Auch wenn die Nicht-Anerkennung weniger die Historiographie als die photographischen Medien betrifft, welche eng verwandt sind, ist auch dieses Genre immer noch über weite Strecken »terra incognita«.[10]

Kracauers Interesse an Geschichte erschien ihm zu Beginn der Arbeiten als Möglichkeit, einer Beschäftigung zu »entgehen«, die ihn »viel zu lange in Bann gehalten hatte«[11] – gemeint sind die Schriften über den Film, die einen Großteil der journalistischen Texte ausmachen. An Adorno schreibt Kracauer 1963: »Ich selber werde hier versuchen an meinem Geschichtsbuch zu arbeiten. Aber es geht noch nicht. Es ist so entsetzlich schwer, denn die Gedanken sind neu – mir selber neu […].«[12] Wie er dann in *Geschichte* feststellt, hatte ihn das Thema nicht wegen seiner Neuheit gefesselt, sondern weil es ihm erlaubte, »auf ein viel weiteres Feld anzuwenden, was

---

[8] Kracauer an Hans Blumenberg, 17.1.1965, KN DLM.
[9] Kracauer, *Geschichte*, S. 12. [*H.*, S. 4.]
[10] Ebd. [*H.*, S. 4.]
[11] Kracauer, *Geschichte*, S. 11. [*H.*, S. 3.]
[12] Kracauer an Adorno, 3.8.1963, in: Adorno – Kracauer, *Briefwechsel*, S. 605.

ich vorher gedacht hatte«.¹³ Die Kontinuität zwischen der Filmtheorie und dem Geschichtsbuch ist offensichtlich: Kracauer schreibt, er habe dort nur Gedanken fortgesetzt, die in der *Theorie des Films* bereits »manifest« gewesen seien. In den Vorarbeiten notiert er: »It will be written in a more personal style than my THEORY OF FILM (out of which it is growing, in a way).«¹⁴ Die Hinwendung zur Geschichte wird hier als Begegnung mit einem alten Bekannten inszeniert. Zahlreiche Parallelen zwischen photographischen Medien und der Historie seien ihm »blitzartig« klargeworden: »Seltsame Macht des Unbewussten, die einem verborgen hält, was so offensichtlich und kristallklar ist, wenn es sich schließlich enthüllt.«¹⁵

Tatsächlich schafft der Rückgriff auf frühere Werke wichtige Zugänge zu *Geschichte*, die dort nur in Anspielungen angelegt sind. Er selbst spricht von einer Kontinuität hinter dem diskontinuierlichen Oberflächenausdruck seiner Schriften. Sucht man ihn beim Wort zu nehmen, befindet man sich *in medias res* in seinen Reflexionen über Geschichte, für welche die Auseinandersetzung mit den Kontinuitäten und Brüchen des historischen Prozesses eine zentrale Rolle spielt, aber keine eindeutige Antwort findet. Mit dem Aufzeigen von Rückgriffen auf frühere Schriften in *Geschichte* soll daher keinesfalls der Wandel oder die Entwicklung von Kracauers Denken nivelliert werden. Die Berücksichtigung der Diskontinuitäten scheint umso mehr bei einem Autor angezeigt, der nicht müde wird, vor einer einseitigen Perspektive der »Totalen« zu warnen, die den Blick für Heterogenes und Neuanfänge versperrt.

Damit ist die Frage aufgeworfen, ob und inwiefern von einer gemeinsamen Tiefenstruktur in Kracauers Gesamtwerk gesprochen werden kann. Es enthält Motive, die seine Sprache ausmachen, Fragestellungen, die ihn zeitlebens beschäftigt haben. Denkfiguren des Frühwerks werden im Spätwerk unter veränderten Vorzeichen – unter denen des »Entkommen-Seins« – gebraucht.¹⁶ Die Antwort kann nicht unzweideutig sein: Je nach Blickwinkel treten eher die Kontinuitäten oder Brüche seines Denkens zutage. Einzelne Motive oder Fragestellungen von *Geschichte* müssen daher durch eine Konfrontation ihres Auftauchens in den unterschiedlichen Kontexten erläutert werden. Der Standpunkt ist dabei jedoch immer einer, der auf ein Verständnis von *Geschichte* abzielt. Es kann nicht darum gehen, den früheren Texten in ihrer eigenen Komplexität gerecht zu werden: dies führte von *Geschichte* zu weit weg.

Kracauer rekurriert in dem Spätwerk nicht nur auf einen Ausschnitt seiner frühen Arbeiten, auf die epistemologischen Überlegungen einiger seiner ersten Schriften, die er zum Teil zitiert. Er greift auch immer wieder auf Argumente zurück, die sich in allgemeiner oder persönlicher Weise auf »Lebensgeschichte« beziehen. Die-

---

¹³ Kracauer, *Geschichte*, S. 11. [*H.*, S. 3.]
¹⁴ Kracauer, Vorarbeiten, KN DLM.
¹⁵ Kracauer, *Geschichte*, S. 11 f. [*H.*, S. 4.]
¹⁶ Mülder-Bach, »Schlupflöcher«, S. 261.

se drei Aspekte – Geschichte, Werkgeschichte und Lebensgeschichte – sind auf der Ebene der Theoriebildung eng miteinander verwoben und werden folglich zusammen betrachtet.

Ein »dialogisches Werk«?

Verweist man auf das lebensgeschichtliche Element in *Geschichte*, ist die Thematik des Exils angesprochen, die das Geschichtsbuch durchzieht. Die Historie wurde auf unterschiedliche Weise zu einem Reflexionsgegenstand auch anderer deutschjüdischer Emigranten wie etwa Hannah Arendt oder Karl Löwith. Ohne die zeithistorische Erfahrung der Emigration und des Exils ist Kracauers Spätwerk nicht zu verstehen. Autobiographisch sind seine Betrachtungen jedoch noch in einem anderen Sinne: durch ihre »dialogische« Anlage.[17] Zu Recht wurde von *Geschichte* als einer »intellektuellen Autobiographie«[18] gesprochen, insofern als Kracauer nicht nur Fragen und Debatten aufgreift, die ihn zeitlebens beschäftigt hatten, sondern die er auch im Austausch mit unterschiedlichen ihm bekannten Denkern entwickelte. Das Werk enthält die Essenz von Kracauers »›Korrespondenzen‹ mit anderen Gelehrten«, wie Volker Breidecker schreibt, und »Korrespondenz« dabei im doppelten Wortsinne (als »Briefwechsel« und »inhaltlicher Bezug«) gebraucht.[19]

Sein Verdienst ist es, die intellektuellen Beziehungen zwischen Kracauer und Mitgliedern der Warburg-Schule hervorgehoben zu haben, vor allem den Austausch mit Erwin Panofsky, dem *Geschichte* manches verdankt. Breidecker trug dazu bei, Kracauers Rezeption als marginale Figur der Frankfurter Schule in eine neue Richtung zu lenken.[20] Tatsächlich wurde er lange als Teil dieser Konstellation gesehen, ein Umstand, der seine Rezeption ebenso bremste, wie er sie anfangs befördert haben mag. Inzwischen haben verschiedene Arbeiten Kracauer in andere Zusammenhänge eingeordnet. Stellte Olivier Agard (unter anderem) Bezüge zur Chicago School, Ernst Cassirer oder Hans Blumenberg her, zeigte Georg Steinmeyer Parallelen zu Hannah Arendts Werken auf.[21] Kracauer war zwar mit ihr bekannt (in Marbach ist eine Karte erhalten, auf der sie ihm 1939 ein Treffen vorschlägt[22]), jedoch findet sich in seiner Bibliothek keines ihrer Bücher. Im Folgenden ist anderes angestrebt, wenn die Debatten aufgezeigt werden, auf denen *Geschichte* gründet.

Das Werk spiegelt unterschiedliche Stationen von Kracauers Biographie. Will man die »Dialoge« kartographieren, die es durchziehen, lassen sich hinsichtlich ver-

---

[17] Vgl. Breidecker, »»Ferne Nähe««, S. 138.
[18] Agard, »Les éléments d'autobiographie«.
[19] Breidecker, »»Ferne Nähe««, S. 138.
[20] Wiggershaus, *Die Frankfurter Schule,* bes. S. 84 ff., S. 97 ff., S. 132 ff.
[21] Agard, »La légitimité«; Ders., *Le chiffonnier*; Steinmeyer, *Denker des Pluralismus*.
[22] Hannah Arendt an Kracauer, 29.11.1939, KN DLM [72.1992].

schiedener Kriterien Gruppen von »Gesprächspartnern« umreißen – ein bewusst offen gewählter Begriff, denn nur in wenigen Fällen ist es zutreffend, von »Konstellationen« im Sinne Dieter Henrichs zu sprechen, der diesen Terminus mit Blick auf den Jenaer Frühidealismus prägte.[23] Es geht in Kracauers Werk um Positionen, mit denen er sich auf unterschiedliche Weise befasst, mehr oder weniger intensiv, oftmals unvollständig oder in rein rhetorischer, ja sogar polemischer Absicht. Auch fehlen manche wichtige Vertreter geschichtstheoretischer Debatten. Nicht am sichtbarsten, aber implizit gleichwohl stark präsent sind jene Denker, die schon seit den 20er Jahren zu Kracauers persönlichem Umfeld gehörten: Walter Benjamin, Ernst Bloch und Theodor W. Adorno. Eine weitere Gruppe, die zu den persönlichen Kontakten zählt, jedoch in die Zeit der Emigration fällt, sind Alfred Schütz, Erwin Panofsky oder Erich Auerbach. Von den USA aus traf Kracauer zahlreiche europäische Gelehrte in Frankreich (Claude Lévi-Strauss), Großbritannien (Herbert Butterfield), oder Deutschland (Hans Blumenberg und Hans Robert Jauß) – Begegnungen, deren Spuren sich in *Geschichte* finden. Kracauers Nachlass eröffnet hier aufschlussreiche Perspektiven.

Mit anderen stand Kracauer nicht in brieflichem Austausch, er rezipierte sie jedoch für seine Arbeit. Auch hier lassen sich zeitliche Schichten freilegen, insofern als Kracauer auf die Debatten um den Historismus zurückkommt, die er in Frankfurter und Berliner Tagen als Journalist der *Frankfurter Zeitung* verfolgte (Oswald Spengler, Ernst Troeltsch, Max Scheler usw.), aber auch Gelehrte, die der zeitgenössischen Debatte in den USA angehören (George Kubler, Hayden White). Letztere waren in den 60er Jahren an einem Aufschwung von geschichtstheoretischen und geschichtsphilosophischen Fragestellungen beteiligt, der sich institutionell in der Gründung der Zeitschrift *History & Theory* niederschlug.[24] Deren erste Bände rezipierte Kracauer und veröffentlichte dort auch den Artikel »Time and History«, der Teil des Geschichtsbuches wurde. Schließlich bringt Kracauer eine letzte Gruppe ins Gespräch, »historische« Diskussionsteilnehmer, wenn man so will: Die Philosophen werden eher flüchtig behandelt (Hegel, Marx, Vico, Croce und Collingwood); auffallend oft werden Schriftsteller genannt (Tolstoi, Sterne, Proust); am häufigsten kommen Historiker zu Wort (Burckhardt, Namier oder Marc Bloch sind die wichtigsten), aber auch Photographen oder Filmemacher (Stieglitz, Griffith, Flaherty).

Aufgrund seines Werdegangs wie seiner Emigrationsgeschichte besaß Kracauer eine intime Kenntnis unterschiedlicher intellektueller Universen, die er in *Geschichte* zusammenführt. Rezipierte er in der Filmtheorie Repräsentanten der französischen Filmkritik, tauchen in *Geschichte* mehr Autoren aus dem angelsächsischen Raum auf, die keinesfalls nur aus dem Emigrantenmilieu stammen. Kracauers Werk zeugt von einer großen Offenheit für die ihn in den unterschiedli-

---

[23] Vgl. Henrich, »Konstellationsforschung«.
[24] Vgl. Vann, »Turning Linguistic«.

chen kulturellen Räumen umgebenden Fragen, die er seinem eigenen Interesse anzuverwandeln versteht. Allerdings erschwert dieser Reichtum an Verflechtungen auch den Zugang zu *Geschichte*, da er mit den genannten Autoren oft auf eklektizistische bis verzerrende Weise verfährt, zur Abgrenzung oder Untermauerung eigener Thesen. Die vorliegende Arbeit kann dieses Vorgehen nur spiegeln, wenn es darum geht, die Hintergründe und Zusammenhänge der angesprochenen Positionen und Debatten insoweit zu rekonstruieren, wie dies für ein Verständnis von *Geschichte* hilfreich erscheint.

Die Auswahl der hier berücksichtigten Referenzautoren orientiert sich an dem im Nachlass oder in Kracauers Schriften vorhandenen Material: sei es, dass Kracauer zu einem der Autoren bereits Texte veröffentlicht hatte (dies erklärt die unterschiedlich ausführliche Behandlung von Spengler und Toynbee); sei es, dass Korrespondenzen Einblick in Kracauers Gedankenwelt bzw. in die seiner Gesprächspartner bieten (Blumenberg oder Panofsky). In anderen Fällen zeugen die archivierten Vorarbeiten von einer intensiveren Auseinandersetzung mit dem einen oder anderen Autor, als *Geschichte* auf den ersten Blick vermuten lässt. Ein solcher Fall ist Walter Benjamin. So bestimmt ein dritter Aspekt das methodische Vorgehen dieser Untersuchung: der fragmentarische Charakter von *Geschichte*.

Ein fragmentarisches Werk – Bemerkungen zur Editionsgeschichte

Kracauers Meditationen sind Fragment geblieben. Noch im Oktober 1966, kurz vor seinem Tod, schreibt er in einem Brief, seine Arbeiten würden nun wohl nicht mehr als zwei Jahre in Anspruch nehmen.[25] Von acht Kapiteln wurden lediglich die Kapitel I, II, III, IV, VI und VII von Kracauer fertig gestellt und lagen als maschinenschriftliche Typoskripte vor.[26] Dabei ist das Kapitel VI »Ahasver oder das Rätsel der Zeit« ein Sonderfall. Kracauer hatte es wie erwähnt 1966 in *History & Theory* publiziert[27], was den Herausgebern von *Geschichte* jedoch kaum eine Hilfe war, da es noch eine andere Version für die Adorno-Festschrift[28] aus dem Jahr 1963 gab, sowie eine Synopse, die beide von dieser Artikel-Version abwichen. Kapitel V über die Struktur des historischen Universums war ebenfalls nur zum Teil fertig,[29] von der zweiten Hälfte des Kapitels gab es eine Synopsis und 9-seitige »Concise

---

[25] Kracauer an Professor Randall, 31.10.1966, KN DLM [72.3525].
[26] Vgl. Kracauer, Konvolut History – The Last Things before the Last. Die noch von Kracauer fertig gestellten Textteile Fassung 2 (verändert gegenüber Fassung 1) ohne Einleitung, KN DLM [72.3525/2].
[27] Abgedruckt in: Kracauer, *Geschichte*, S. 377–393.
[28] Kracauer, »Time and History«.
[29] Der von Kracauer fertig gestellte Teil des Kapitels endet in der deutschen Neuausgabe auf S. 135, S. 135–153 wurden auf der Grundlage von Kracauers Entwürfen ergänzt.

outline«.³⁰ Das letzte Kapitel über den Vorraum existierte schließlich nur in Form einer Synopse: ein 23 Seiten umfassender Text, dessen Gliederungspunkte durch Nummern und Buchstaben gekennzeichnet sind.³¹ Zahlen im Text verweisen auf Kracauers Sammlung von Zitaten auf Karteikarten, die im Konvolut »Vorarbeiten, Entwürfe, Materialien« erhalten sind und zu einem Text ausformuliert, mit Überleitungen und Fußnoten versehen werden mussten. Auch zu diesen Kapiteln V und VIII waren die Vorarbeiten jedoch so weit vorangeschritten, dass bei der Edition keine Eingriffe in Kracauers Gedankenwelt riskiert wurden und der endgültige Text dem Stand der Angaben genau entspricht.³²

Nichtsdestoweniger wirken Passagen von *Geschichte* unausgeführt. Offensichtlich fragmentarisch ist der rätselhafte Epilog. Besonders im Kapitel über den Vorraum haben einige Bemerkungen den Charakter bloßer Anspielungen. Dies mag nicht nur dem Stand der Arbeiten geschuldet sein, sondern auch Kracauers essayistisch geschultem Stil, einer Gewohnheit des Feuilletonisten, Gedanken in stark kondensierter Form zu präsentieren.

Der fragmentarische Charakter von *Geschichte* führte zu einer Editionsgeschichte, die von Meinungsverschiedenheiten und Konflikten geprägt war. Sie berührt konstitutive inhaltliche Momente des Textes: die autobiographische Notiz und das Kierkegaard-Zitat am Ende des Buches. Volker Breidecker warf nach dem Erscheinen der neuen Textedition der Herausgeberin Ingrid Belke in der *Süddeutschen Zeitung* vor, dass sie die Leistung des Philologen Paul Oskar Kristeller (1905–1999) bei der ersten Edition von *Geschichte* zu schmälern versucht habe.³³ Kristeller habe der Editionsarbeit »präsidiert« und das Vorwort zur Erstausgabe verfasst, das in der neuen deutschen Ausgabe in den Anhang des Buches verwiesen wurde. Sein zweites Vorwort zur amerikanischen Neuausgabe (1995)³⁴, welcher der Hinweis »Completed after the Death of the Author by Paul Oskar Kristeller« vorangestellt ist, wurde in der deutschen Neuausgabe nicht abgedruckt. Stattdessen habe Belke in ihrem Nachwort die Arbeit des Soziologen und Adorno-Schülers Rainer Koehne zu stark hervorgehoben.

---

[30] Kracauer, Konvolut History – The Last Things before the Last, KN DLM [72.3525/2].
[31] Frühe Entwürfe seiner Kapitel und Notizen enthält das 101 Blatt umfassende Konvolut: Kracauer, History, Entwürfe für die Synopsis, KN DLM [72.3525/6]. 194 Blatt enthält die Synopsis zu Kapitel 8: Kracauer, History, Konvolut 1. und 2. Fassung, KN DLM [72.3525/3].
[32] Aus acht Mappen besteht Kracauer, History, Konvolut Vorarbeiten, Entwürfe, Materialien KN DLM [72.3525/5] mit Exzerpten und frühen Gliederungen. Exzerpte und bibliographische Angaben befinden sich auch in: Kracauer, History, Zettelkästen, KN DLM [72.3525/10]. Das Konvolut Vorarbeiten enthält außerdem zwei Gliederungen, künftig zitiert als »13« bzw. »19seitiger Gesamtentwurf«. Eine Überblicksdarstellung der einzelnen Kapitel bietet der Kracauer, Guide to History, KN DLM [72.3525/1].
[33] Breidecker, »Der Historiker als Fremder«.
[34] Kristeller, »Preface«, in: Kracauer, *History*, S. VI–IX.

Hat man sich Einblick in die Editionsgeschichte verschafft, zu der im Nachlass ein eigenes Konvolut existiert[35], lässt sich die Frage der Herausgeberschaft eindeutig klären. Belke erwähnt, dass Kracauers Frau zunächst daran dachte, Kristeller mit der Fertigstellung des Manuskriptes zu betrauen. Er lehnte diesen Vorschlag ab, stellte sich jedoch als »Berater« zur Verfügung.[36] Die Wahl fiel auf Rainer Koehne, der Adorno nahe stand. Er hatte bereits die Arbeiten zur Filmtheorie verfolgt und war mit Kracauers Schriften vertraut.[37] Nach der Korrespondenz zwischen Elisabeth Kracauer und Koehne besteht kein Zweifel, dass Koehne mit ihrer Hilfe die unvollendeten Kapitel edierte. Sie versorgte ihn mit Gesprächsnotizen zu Adorno oder Blumenberg, wies auf Vorarbeiten oder frühere Schriften hin, suchte Anstreichungen in den Beständen von Kracauers Bibliothek und lieferte Nachweise für die Anmerkungen, aus eigener Initiative, aber auch auf Nachfragen Koehnes hin.[38] Von einer editorischen Tätigkeit Kristellers hingegen finden sich in dem Konvolut zur posthumen Edition (das von Elisabeth Kracauer gesammelt wurde) keine Spuren, abgesehen von einem Briefentwurf, in dem sie Kristeller im Namen der *Oxford University Press* darum bittet, ein Vorwort mit einer persönlichen Würdigung Kracauers zu verfassen. Der Eindruck, dass Kristeller und nicht Koehne an der editorischen Arbeit beteiligt war, mag dadurch entstanden sein, dass Koehne in den verschiedenen Editionen bislang an keiner Stelle genannt wird.

Im Konvolut zur Edition sind Briefe aufbewahrt, die das Zerwürfnis zwischen Elisabeth Kracauer und Koehne dokumentieren, der schließlich auf die Nennung seines Namens verzichtete, ja diese sogar ablehnte.[39] Der Konflikt betraf u. a. ein Vorwort, in dem es um seine Herausgebertätigkeit gehen sollte. Von Bedeutung sind hier nur zwei strittige Punkte: der Ort der von Kracauer so bezeichneten »autobiographischen Anmerkung« und das Kierkegaard-Zitat am Ende des Buches. Der Konflikt um die »autobiographische Anmerkung«, deren Inhalt oben skizziert wur-

---

[35] Vgl. das 1040 Blatt umfassende Konvolut Kracauer, History, Materialien zur posthumen Edition (Notizen, Vorschläge, Briefe vor allem von Elisabeth Kracauer) KN DLM [72.3525/8]. Mappe 1 enthält Vorarbeiten zu Kapitel 8, Mappe 2 die Auseinandersetzungen von E. Kracauer mit R. Koehne und Korrekturvorschläge von Werner Kaegi, Mappe 3 Notizen zur »Editor's Note«, Mappe 4 Notizen zu Kapitel 5 und 6, Mappe 5 und 6 Korrespondenzen zwischen E. Kracauer, R. Koehne und der Oxford University Press, Robert Merton, Sheldon Meyer und weiteren Personen. Auch die Konvolute mit den Korrekturfahnen sind erhalten [72.3525/7], ebenso wie Typoskripte der Druckfassung [72.3525/4], mit handschriftlichen Korrekturen.
[36] Vgl. Elisabeth Kracauer an Robert Merton, 28.2.1967, KN DLM [72.3525/8].
[37] Kracauer erwähnt Koehne gegenüber Leo Löwenthal, vgl. Kracauer an Löwenthal, 25.9.1959 und 31.10.1959, in: Kracauer – Löwenthal: *In steter Freundschaft*, S. 217 und 220.
[38] Er bat sie etwa um Photokopien von Kracauers Anstreichungen in Burckhardts *Weltgeschichtlichen Betrachtungen*, weil ein Eintrag in der Synopsis des 8. Kapitels auf »Burckhardt's excursions into highest generalities ›at the very end‹« verwies. Rainer Koehne an Elisabeth Kracauer, 24.11.1967, KN DLM [72.3525/8].
[39] Am 6.12.1968 schreibt Meyer, er akzeptiere Koehnes Wunsch, nicht genannt zu werden. Sheldon Meyer an Rainer Koehne, 6.12.1968, KN DLM [72.3525/8].

de, war kein zweitrangiger – lenkt sie doch aufgrund ihrer exponierten Stellung die Rezeption des Werkes. Nach Koehnes Ansicht sollte sie nicht in der Einführung auftauchen, sondern am Ende des Werkes. Elisabeth Kracauer bestand darauf, sie in der Einführung zu belassen: »On the Filecards Friedel expressedly says: ›Introduction to my book, Autobiographical remark‹ […]. He never declared it ›no valid‹ in almost 6 years […]. In any other place of the book it would not have the relation as Friedel wanted it.«[40]

Auch bezüglich des Epilogs gingen die Meinungen auseinander: Koehne wollte das Kierkegaard-Zitat unter dem Begriff »Addendum« oder »Author's Addendum« einfügen. Kracauer hatte es jedoch, so Elisabeth Kracauer, »Pro memoriae« notiert. Es sei darin alles enthalten, was er in einem 9. Kapitel habe ausführen wollen, das er »Epilogue: History to-day« genannt hätte ›Genuineness, free from the Beliefs‹ etc.« An Sheldon Meyer schreibt sie, dass Kracauer bereits einen Entwurf angefertigt hatte, aber bis zuletzt unentschlossen war, ob er es schreiben wollte.[41] Sie war gegen die Idee eines »Addendum«, »because the author did not add it, especially as there are already two quotations on the preceding page. In my opinion this annexing of the Kierkegaard-Quotation would besides overshadow the lucid end of the book.«[42] Sie schlug eine Lösung vor, die angenommen wurde, drei Zeilen aus einer Skizze zum 9. Kapitel dem Zitat voranzustellen: »I am giving this version the title: In Lieu of Epilogue not only to remember the intention of the author to call the 9th Chapter: ›Epilogue‹ but to have the Kierkegaard-quotation as a kind of Epilogue at the end of the book.«[43]

Anmerkungen zum Nachlass und zum Forschungsstand

Kracauers *Werke* liegen inzwischen in der deutschen Neuausgabe vor. Aus der umfangreichen Korrespondenz sind die wichtigsten Briefwechsel erschienen: Schon 1985 bzw. 1987 wurden die Briefe von und an Ernst Bloch und Walter Benjamin ediert, ein kürzerer Briefwechsel mit dem Historiker und Schriftsteller Daniel Halévy erschien 1990 im Anhang des Aufsatzbandes zum interdisziplinären Forschungskolloquium von Weingarten (1989).[44] Eine wichtige Etappe bedeutete 1996 die Herausgabe der Korrespondenz Siegfried Kracauer/Erwin Panofsky (und Mitglieder des Warburg-Instituts wie Gertrud Bing). Im Jahr 2003 erschienen der Briefwechsel mit Leo Löwenthal und ein Austausch mit dem Kameramann Eugen

---

[40] Kracauer, History, Materialien zur posthumen Edition, KN DLM.
[41] Elisabeth Kracauer an Sheldon Meyer, 17.11.1968, KN DLM [72.3525/8].
[42] Ebd. Unterstreichung im Text.
[43] Ebd.
[44] Levin, »Archäologie des Exils«.

Schüfftans und seiner Frau Marlise⁴⁵, die 1941 auf demselben Schiff in die USA emigrierten wie Kracauer und seine Frau. Die wichtigste Korrespondenz wurde erst 2008 veröffentlicht und war ein editorisches Ereignis, das auch in der Presse große Beachtung fand: der Briefwechsel mit Theodor W. Adorno.

Gleichwohl existiert ein Fundus an Briefen, die noch nicht ediert wurden und hinsichtlich Kracauers Biographie und Zeiterfahrung aufschlussreich sind. Noch wichtiger sind Korrespondenzen, die manchmal nur wenige Briefe umfassen, aber interessante Hinweise zu Kracauers Austausch mit anderen Schriftstellern liefern und dazu beitragen, Debatten zu erhellen, die in *Geschichte* eine Rolle spielen: etwa die Korrespondenzen mit Ernst Simon, Hans Blumenberg, Gershom Scholem, George Kubler, Meyer Schapiro oder Hans Robert Jauß.

Neben Materialsammlungen von Kracauer (zum Beispiel der Sonderdrucke, darunter die Aufsätze von Blumenberg mit Kracauers Anstreichungen), bot sich auch der Zugang zu Kracauers privater Bibliothek mit 3202 Bänden an, die vollständig in Marbach aufbewahrt wird und deren Bearbeitung zu diversen »Lesespuren« (Unterstreichungen, Randbemerkungen etc.) geführt hat. Einige Dokumente aus den 50er und 60er Jahren sind sehr interessant, Reise- oder Gesprächsnotizen über Diskussionen mit Ernst Bloch oder Hans Blumenberg. Als hilfreich erwies sich der *Guide to History*, eine Sammlung von Argumenten, die in gekürzter Version noch einmal in zwei *Gesamtentwürfen* vorliegen. Am wichtigsten war jedoch das acht Mappen umfassende Konvolut »Vorarbeiten, Entwürfe und Materialien«, in dem sich Notizen und Exzerpte befinden, die zum Teil identisch im Text auftauchen, zum Teil jedoch auch zusätzliche Informationen hinsichtlich Kracauers Lektüren und Gedanken liefern.

Bis vor wenigen Jahren war die Literatur zu Kracauer, besonders im Vergleich zu den umfangreichen Publikationen über Autoren wie Walter Benjamin, noch sehr überschaubar.⁴⁶ Dies gilt besonders für *Geschichte*, ein Werk, das deutlich weniger Aufmerksamkeit auf sich zog als Kracauers journalistische Schriften, die Romane⁴⁷ oder die Filmtheorie.⁴⁸ Einführende Arbeiten von Ingrid Belke und Irina Renz (1988), Gertrud Koch (1996), Momme Brodersen (2001) und Enzo Traverso (2006) behandeln das Werk, wenn überhaupt, nur sehr knapp. In der Aufsatzsammlung von Kessler/Levin (1989), die anlässlich Kracauers 100. Geburtstag herausgegeben wurde, sind *Geschichte* auch nur zwei Beiträge gewidmet.⁴⁹ In den letzten zwei Jahrzehnten hat sich jedoch eine rege Forschungstätigkeit zu Kracauer

---

[45] Asper (Hrsg.), *Nachrichten aus Hollywood*.
[46] Einen bibliographischen Überblick bis 1996 bietet Volk, »Literatur zum Werk Siegfried Kracauers«.
[47] Oschmann, *Auszug aus der Innerlichkeit*; Hogen, *Die Modernisierung des Ich*.
[48] Schlüpmann, *Detektiv des Kinos*; Volk (Hrsg.), *Siegfried Kracauer*.
[49] Kessler, »Entschleiern und Bewahren«; Mülder-Bach, »Schlupflöcher«.

entwickelt, die durch die Neuausgabe seiner Werke bei Suhrkamp Aufschwung erhielt.

Inka Mülder-Bach (1985) hatte sich in ihrer Dissertation dem literarischen Werk sowie den journalistischen und frühen theoretischen Texten zugewandt.[50] Sie zeigt Kracauers Entwicklung vom Zeitdiagnostiker, der die transzendentale Obdachlosigkeit der Moderne beklagt, über den kritischen Skeptiker, der sich sowohl gegen das theoretische, als auch gegen das religiöse Denken der 1920er Jahre richtet, bis hin zum marxistisch inspirierten Denker auf. Schon im philosophischen Traktat zum Detektivroman hat sich ihrer Auffassung nach Kracauers Abwendung von der Philosophie hin zur Geschichte vollzogen, die sein Spätwerk bestimmt. David Frisby befasste sich in *Fragmente der Moderne* (1989) vornehmlich mit dem Frühwerk in der Konstellation mit Benjamin und Simmel.

In Frankreich ging Philippe Despoix in *Ethiken der Entzauberung* (1995) bei Max Weber, Gustav Landauer, Léo Popper, dem jungen Lukács und Kracauer auf dessen frühe journalistische Texte ein. 2003 und 2004 erschienen drei Arbeiten über den Journalisten Kracauer: von Helmut Stalder *Das journalistische Werk*, sowie von Uta Beiküfner *Blick, Figuration und Gestalt*, wobei sie sich auf *Das Ornament der Masse* (1963) beschränkt und diese Sammlung (ebenso wie Texte von Walter Benjamin und Rudolf Arnheim) auf Wahrnehmungspraktiken hin analysiert. Stalder hingegen streicht Kracauers politisch-engagierten Gestus in der *Frankfurter Zeitung* heraus und untersucht, inwiefern diese Ausrichtung des Feuilletons mit Kracauers Entwicklung zum marxistisch inspirierten Denker einherging.[51] In englischer Sprache erschien 2004 *Ornaments of the Metropolis* von Henrik Reeh, der sich den essayistischen Straßentexten, aber auch *Jacques Offenbach* widmet. Kracauer als Zeitkritiker untersucht Jacques Lohourou Digbeu-Badlor in *Kracauer et les grands débats* (2005) über das Judentum, den Marxismus und den Nationalsozialismus in den Weimarer Jahren. Kracauers Beziehungen zu Frankreich hat Claudia Krebs in *Kracauer et la France* (1999) dargestellt. Es geht hier wie in den Aufsätzen von Karsten Witte (1987) oder Michel Espagne (1991) unter anderem um Kracauers Pariser Exil. Zum Offenbach-Buch, dem Krebs ein Kapitel widmet, liegt überdies eine kurze Monographie von Harald Reil *Kracauers Jacques Offenbach* (2003) vor, die sich unter anderem mit der Frage nach dem Gegenwartsbezug dieses Textes auseinandersetzt.

Die erste Monographie, in der *Geschichte* einen größeren Raum einnimmt, verfasste im englischen Sprachraum Dagmar Barnouw über das Konzept des kritischen Realismus (*Critical Realism*, 1994). In Frankreich erschienen zwei Kolloquiumsbände zu Kracauer: Zunächst eine Aufsatzsammlung von Nia Perivolaropoulou

---

[50] Mülder-[Bach], *Grenzgänger*.
[51] Im Zentrum steht Kracauers Wirklichkeitsbegriff und seine Darstellung dieser Wirklichkeit durch Oberflächenanalyse, Traumdeutung, Bildsprache, Montage. Stalder, *Das journalistische Werk*. Vorrangig mit Kracauers literaturkritischen Arbeiten befasst sich Witte, »Light Sorrow«.

und Philippe Despoix, *Culture de masse et modernité* (2001) zu Kracauers Gesamtwerk, in der sich nur Perivolaropoulou eingehender mit *Geschichte* befasst.[52] Mit Erscheinen der französischen Übersetzung von *Geschichte* mit einem Vorwort von Jacques Revel (2006)[53] publizierten Philippe Despoix und Peter Schöttler den Band zu dem Kolloquium, das 2003 in Paris stattfand: In *Siegfried Kracauer, penseur de l'histoire* (2006) werden zentrale Themen aus *Geschichte* im Lichte jüngerer historiographischer Debatten behandelt. Tobias Korta (*Geschichte als Projekt*, 2001) arbeitete über Kracauers und Benjamins Geschichtskonzeptionen und ihre Positionen zur Moderne. *Geschichte* ist dabei nur ein kurzer Teil gewidmet, die Filmtheorie wird fast ganz ausgespart, obschon grundlegende Konzepte von *Geschichte* hier angelegt sind. Einen Vergleich der Geschichtskonzeptionen von Kracauer und Benjamin stellte wenig später auch Vincent Pecora (2002) in einem interessanten Artikel über die religiösen Bezüge beider Autoren an.[54] Georg Steinmeyer veröffentlichte *Siegfried Kracauer als Denker des Pluralismus* (2008), wo er sich u. a. mit Kracauers Antideterminismus befasst, der auch in *Geschichte* zum Ausdruck kommt. Die deutsche Neuausgabe von *Geschichte* (2009 unter der Herausgeberschaft von Ingrid Belke), ist mit einer umfassenden Nachbemerkung versehen, die Materialien aus dem Nachlass berücksichtigt. Sie geht auf die *Bollingen Foundation* ein, für die Kracauer in den USA arbeitete, sowie auf die Tagungen der Forschungsgruppe »Poetik und Hermeneutik«. Es folgt ein Überblick über die Neuorientierung der Geschichtswissenschaften vor und nach dem Krieg in den USA, in Frankreich und in Deutschland, der durch eine Skizze der Grundgedanken von *Geschichte* abgeschlossen wird.

Eine ideengeschichtliche Perspektive nehmen vor allem zwei Studien ein, das Nachwort von Volker Breidecker zur Panofsky-Korrespondenz »›Ferne Nähe‹« (1996) und mehr noch Olivier Agards *Siegfried Kracauer – Le chiffonnier mélancolique* (2010) über Kracauers Auseinandersetzung mit der Moderne, zu der auch eine Aufsatzsammlung von Stéphane Füzesséry/Philippe Simay (2008) existiert.[55] Im Band von Dorothee Kimmich und Frank Grunert *Denken durch die Dinge* (2010) wird Kracauer »im Kontext« gelesen: es geht hier um die Positionen seiner Weggefährten (Adorno, Benjamin und Bloch) oder Hans Blumenberg, aber auch um Robert Musil, Aby Warburg oder Alois Riegl.

Es existiert also bislang im deutschsprachigen Raum noch keine Monographie zu *Geschichte*. Zur Aufdeckung der lebens-, werk- und theoriegeschichtlichen Verschränkung von Kracauers Betrachtungen wird sein Spätwerk im Folgenden aus einer doppelten Perspektive untersucht, indem einerseits die Texte Kracauers in den Blick genommen werden, aus denen *Geschichte* hervorgegangen ist, und zweitens

---

[52] Perivolaropoulou, »Les mots«.
[53] Revel, »Kracauer et le monde d'en bas«.
[54] Pecora, »Benjamin, Kracauer and redemptive history«.
[55] Füzesséry/Simay (Hrsg.), *Le choc des métropoles*.

die Konstellationen und Debatten aufzeigt werden, die diesen Text durchziehen. Dazu werden die Materialien, Korrespondenzen und Vorarbeiten zu *Geschichte* aus dem Nachlass im Deutschen Literaturarchiv Marbach ausgewertet. Eine solche Methode fordert sowohl der fragmentarische und »dialogische« Charakter wie auch der Anspielungsreichtum von Kracauers Reflexionen. Deutlich werden soll, in welche Ausschnitte der geschichts- und wissenstheoretischen Debatte seiner Zeit *Geschichte. Vor den letzten Dingen* zu verorten ist.

Zum Aufbau der Untersuchung

Geschichte ist das Produkt einer spezifischen Zeitdiagnostik. Darüber hinaus handelt es sich aufgrund des Gegenstands, in der Durchführung sowie auf der Ebene der Theoriebildung um ein Exilwerk, das heißt, um ein Werk, das nicht nur im Exil entstanden ist, sondern dieses auch inhaltlich verarbeitet. Um die zeitgeschichtlichen Prägungen von Kracauers Denken zu erhellen, wird in einem ersten Kapitel Kracauers historische Erfahrung behandelt, welche sich biographisch in einem hindernisreichen Weg in die französische und amerikanische Emigration niederschlug. Anders als viele seiner Weggefährten kehrte Kracauer nach 1945 nicht nach Deutschland zurück. Sein Verhältnis zu Deutschland nach dem Krieg, aber auch seine Kontakte mit der Forschungsgruppe »Poetik und Hermeneutik« sind Gegenstand des Kapitels, das die Produktionsbedingungen erhellt, die zur Entstehung von *Geschichte* beigetragen haben.

Auch wenn es sich bei *Geschichte* keineswegs um eine systematische Betrachtung handelt, lassen sich Kracauers »Meditationen« gleichwohl um drei große thematische Achsen gruppieren, welche auch die Kapitel zwei bis vier strukturieren: Erstens geht es um den Historiker, sein erkenntnisleitendes Interesse und seinen Wahrnehmungsmodus; eine zweite Achse bildet die Frage nach der Beschaffenheit des historischen Universums, seiner räumlichen und zeitlichen Verfasstheit; ein dritter Themenkomplex befasst sich mit der Historiographie als einem hybriden Genre zwischen Wissenschaft und Dichtung. Das zweite Kapitel führt in Kracauers geschichtstheoretische Position ein. Sie wird anhand einer Reihe metaphorischer Gleichsetzungen mit der Figur des Historikers erläutert, die in *Geschichte* als jeweils zu überwindende oder zu bestätigende Paradigmen einer historiographischen Wahrnehmungspraxis auftauchen: über die Figur des Untersuchungsrichters (Marc Bloch) wird die Frage nach dem historischen Urteil und, wichtiger noch, die Problematik einer wissenschaftlichen »Ermittlung« erörtert. Die Figuren des Detektivs oder des Arztes, die mit dem Indizienparadigma (Carlo Ginzburg) verbunden sind, setzen zwei sehr unterschiedliche Herangehensweisen ins Bild, welche die Haltung von Historikern charakterisieren: zum einen wird das Problem des Gegenwart-Interesses aufgegriffen (erörtert werden Positionen der Philosophen Croce und Collingwood), zum anderen die Frage nach der Nähe oder Entfernung des Historikers vom historischen Gegenstand (mit dem Ansatz des Historikers Lewis Namier). Kracauer plädiert, wie in Auseinandersetzung mit den erwähnten Referenzautoren zu zeigen sein wird, für einen Zugang zu Geschichte, der auf Selbstauslöschung sowie einer besonderen Empfänglichkeit für die »Botschaften« der Vergangenheit basiert (im Sinne eines Mystikers). Es sollte aber auch eine spezifische Form der Objektivität begründet werden, wie sie gemeinhin einem Fremden oder Exilanten eignet, Figuren, denen wie dem Photographen und Zeugen weitere Abschnitte des Kapitels gewidmet sind.

Im Kapitel »Zeit und Bild« geht es um zwei zentrale Probleme von Kracauers Geschichtstheorie. Zunächst wird seine Vorstellung von der Beschaffenheit jenes Universums erläutert, dem der Historiker seine Aufmerksamkeit zuwendet. Kracauer beschreibt es in Analogie zum Begriff der Kamera-Realität, den er in seiner Filmtheorie prägt. Das registrierende Auge der Kamera sowie der Blick des Historikers richten sich auf ähnlich strukturierte Bereiche, auch als »Fluss des Lebens« bezeichnet. Mittels eines Rückgriffs auf einen frühen Text über die Photographie zeige ich die Positionsverschiebungen von Kracauers epistemologischem Gebrauch der photographischen Metapher auf, die von einer Verlagerung seines Interesses vom Erinnerungsbild hin zum Geschichtsbild zeugt. Gemeinsam ist dem frühen Text wie dem Spätwerk eine Auseinandersetzung mit dem Verhältnis von Realismus und Formgebung in der Photographie wie in der Geschichtsschreibung.

Die wichtigste Kategorie für eine Charakterisierung von Kracauers Geschichtsdenken ist die Kategorie der Zeit. Sie ist zentral, weil sich aus ihrer Definition Konsequenzen für den historiographischen Umgang mit der Kategorie des Zeitraums oder der historischen Epoche ergeben. Über diese Thematik setzt sich Kracauer, zum Teil über Hans Robert Jauß vermittelt, mit einem literarischen Modell auseinander, das Proust in seiner *Recherche* geprägt hat. Zuvor ist indessen zu fragen, aus welchen Quellen sich Kracauers Vorstellung von der Antinomie der Zeiten speist: hier spielen Kunsthistoriker wie Henri Focillon, George Kubler, aber auch Erwin Panofsky eine Rolle, deren Einfluss auf Kracauer untersucht wird. Anschließend werde ich die Diskussion mit Hans Blumenberg hinsichtlich der Frage der Epochenübergänge rekonstruieren und seine Bedeutung für Kracauers Zeitkonzeption ermitteln. Ein impliziter Gesprächspartner, der hinter Kracauers Vorstellung von den Antinomien der Zeit steht, ist schließlich Walter Benjamin mit seinen Thesen »Über den Begriff der Geschichte« (1940), der dort eine Position vertritt, die Kracauer zumindest in Teilen zu widerlegen sucht.

Im Mittelpunkt des vierten Kapitels stehen zwei antagonistische Konzepte, die in *Geschichte* eine Rolle spielen, aber auch andere Werke von Kracauer motivisch durchziehen: die »Totale« und das Fragment. Diese in der Filmtheorie angelegten Konzepte, hinter denen die Frage nach dem »Bildausschnitt« steht, der jeweils perspektivisch erfasst wird, sind mit der Frage nach der Wissenschaftlichkeit oder Literarizität der Geschichtsschreibung verbunden. Lassen sich in der Geschichte Gesetze ausmachen? Diese Frage führt Kracauer zur Auseinandersetzung mit universalgeschichtlichen

Deutungen (Spengler und Toynbee). Ansätzen, die filmisch gesprochen der Einstellung der »Totalen« entsprechen, stellt Kracauer seinen mikrologischen, fragmentarischen Zugriff auf Geschichte entgegen, eine Position, deren Entwicklung (wie die Auseinandersetzung mit Spengler) bis ins Weimarer Frühwerk, insbesondere die *Angestellten,* zurückverfolgt wird. Dabei werde ich erneut auf Kracauers Übereinstimmung mit Benjamin eingehen, der für die Entwicklung seines mikrologischen Ansatzes eine Rolle spielte, und wichtiger noch auf die Auseinandersetzung mit Erich Auerbachs Realismusstudie *Mimesis*, ein (Exil-)Werk, mit dem sich Kracauer bereits in der *Theorie des Films* befasst. Dabei wird die Anschlussfähigkeit von Kracauers Positionen an spätere geschichtstheoretische Debatten aufgezeigt, die von Carlo Ginzburg und Hayden White geprägt wurden, dessen Bedeutung Kracauer schon früh erkannte.

Das letzte Kapitel ist Kracauers Vorhaben gewidmet, das historische Denken als Vorraumdenken zu etablieren. Wenn er das Problem der Geschichtlichkeit und das Verhältnis zwischen dem Besonderen und Allgemeinen behandelt, greift er Elemente der Historismusdebatte auf, genauer die Frage des Werterelativismus, zu der er in den Frühschriften Stellung bezog. Verschiedene Fäden aus den vorangehenden Kapiteln werden nun zusammengeführt: Wenn es Kracauer um die Bestimmung des Verhältnisses von Philosophie und Geschichte geht, werde ich auf seine Zeitkonzeption zurückkommen, um aufzuzeigen, welche Konsequenzen sich daraus für sein Geschichtsmodell bzw. für seine Fortschrittskonzeption ergeben, die ein wichtiger Bestandteil von Benjamins Kritik am Historismus ist. Kracauer artikuliert seine Position in Auseinandersetzung mit Argumenten von Hans Blumenberg, Walter Benjamin oder Karl Löwith. Die Frage nach dem Fortschritt führt schließlich zu Kracauers Verhältnis zur Utopie, das er mit Ernst Bloch diskutierte.

1 Historische Erfahrung

Kracauers Geschichtsdenken ist von seiner biographischen und zeitgeschichtlichen Erfahrung geprägt. Dabei verschränken sich die Erlebnisse eines aus Deutschland Vertriebenen mit der politischen Wahrnehmung des Soziologen, Journalisten und Essayisten. Von den Weimarer Essays bis hin zum Spätwerk berührt Kracauer immer wieder mehr oder weniger explizit die Problematik der Exterritorialität, der Heimatlosigkeit und des Exils. Bilder von Reisenden, Hotelzimmern, Koffern, Bahnhöfen und Wartehallen tauchen schon vor seiner Emigration aus Deutschland auf, in *Geschichte* jedoch in verstärktem Maße und unter veränderten Vorzeichen. Der Rauswurf aus der *Frankfurter Zeitung*, die Internierung als »feindlicher Ausländer« in Frankreich, schwerste materielle Nöte, die Deportation und Ermordung seiner Verwandten in einem NS-Konzentrationslager sind als Hintergrund von *Geschichte* nicht auszublenden, auch wenn diese Ereignisse dort nicht explizit angesprochen werden.

1.1 Der Weg ins Exil

Von Berlin nach Paris

Kracauer reagierte sensibel auf die antisemitische Bedrohung, der er schon in jungen Jahren ausgesetzt war, und die Idee der Emigration taucht bereits 1918 in seinem Tagebuch auf: »Neulich träumte mir, ich müsste auswandern. Weit in fremde Länder wurde ich verschlagen.«[1] 1930 entwirft er in dem beklemmenden Text »Erinnerung an eine Pariser Straße« ein Szenario der Bedrohung: »Ich sah: ein junger Mann sitzt auf einem Stuhl mitten in einem Zimmer. Das Zimmer ist ein Hotelzimmer, dessen Fenster geöffnet sind. Es enthält ein Bett, das benutzt worden ist, einen Waschtisch und einen Schrank. Die Gegenstände harren wie angewurzelt und starren mich so aufdringlich an, als seien sie überdeutlich gemalt. […] Umringt von Mobiliar, hat der Sitzende seinen Kopf in die Hände gestützt. […] Nichts ist für ihn vorhanden, ganz allein sitzt er auf seinem Stühlchen im Leeren. Er hat

---

[1] Zit. nach Mülder-Bach, »Der Cineast als Ethnograph«, S. 82. Vgl. Adorno, »Der wunderliche Realist«, S. 408.

Angst [...].«² Im September 1930 schreibt Kracauer an seinen Freund und Schweizer Kollegen im Feuilleton der *Frankfurter Zeitung*, Friedrich Traugott Gubler (1900–1965): »Hier sieht es politisch sehr düster aus und manche radikale Literaten haben es mit der Angst. Ich halte es nicht für ausgeschlossen, dass man eines Tages ins Ausland muss. Wenigstens vorübergehend.«³ Kurz zuvor hatte der Nationalbolschewist Ernst Niekisch in der *Deutschen Handelswacht* einen Artikel über Kracauer, den Verfasser der *Angestellten*, publiziert, in dem er drohte, der jüdische »Fremdling«, müsse damit rechnen, »ausgestoßen, verjagt, ausgemerzt zu werden«, sofern er sich nicht an die ihm gesetzten Grenzen halte.⁴ Im Oktober wiederholt Kracauer: »Uns geht es nicht ganz so gut. Wir sind nur gedrückt durch die politische Lage.«⁵

Im April 1930 war Kracauer aus der Redaktion in Frankfurt als neuer Leiter in das Berliner Feuilletonbüro der *Frankfurter Zeitung* übergewechselt, die als Sprachrohr des Liberalismus spätestens seit 1926 mit massiven Verlusten zu kämpfen hatte. Auch in den Folgejahren kam die Zeitung nicht aus der Krise heraus. Nachdem eine Kooperation mit anderen Verlagen als mögliche Lösung verworfen worden war, zog die Gründerfamilie Simon-Sonnemann Geldgeber heran, die mit der IG-Farben in enger Verbindung standen, dem damals größten Industriekonzern Deutschlands: Hermann Hummel, der seit 1925 bei dem Konzern im Aufsichtsrat saß, der Vorstandsvorsitzende der IG-Farben Carl Bosch (ein »Liberaler ohne Parteibuch«) und der IG-Farben Finanzchef Hermann Schütz erwarben beträchtliche Anteile an dem Verlag.⁶ Unbestritten ist, dass sich das politische Klima in der Redaktion daraufhin langsam aber merklich veränderte. Selbstzensur war an der Tagesordnung, wie auch Kracauers Korrespondenz zeigt. An Gubler, der Benno Reifenbergs (1892–1970) Posten als Feuilletonchef im Frankfurter Hauptsitz übernahm⁷, schrieb Kracauer noch im Juli 1930, er wolle »politisch wirken«: »Schliesslich sind auch die der Beschreibung gewidmeten Artikel implizit von der Rücksicht auf das Phänomen Berlin und auf unsere Gesamtsituation getragen und darum mittelbar kulturpolitischer Art.«⁸ Er sage damit zwar nichts Neues, sondern wolle sich über seine Berliner

---

[2] Kracauer, »Erinnerung an eine Pariser Straße«, in: *Aufsätze (1927–1931)*, S. 243–248, hier S. 245 f. [*FZ*, 9.11.1930.]
[3] Kracauer an Friedrich Traugott Gubler, 28.9.1930, KN DLM [95.44.3/26].
[4] Niekisch, »Ein Kracauer auf Entdeckungsreisen«, zit. nach Mülder-Bach, »Der Cineast als Ethnograph«, S. 82. Die Deutsche Handelswacht war die Zeitschrift des Deutschnationalen Handlungsgehilfenverbandes.
[5] Kracauer an Friedrich Traugott Gubler, 11.10.1930, KN DLM [95.44.3/28].
[6] Stalder, *Das journalistische Werk*, S. 35 ff. Frei und Schmitz sprechen von 48 %. Bis 1937 wurden die Verluste, etwa 4,5 Milliarden Reichsmark, ausgeglichen. Frei/Schmitz, *Journalismus im Dritten Reich*, S. 41.
[7] Reifenberg war seit 1924 Leiter des Feuilletons der *FZ*. Er vertrat dort die Position der Mitte und war Kracauers Verbindungsmann zu Heinrich Simon. Gillessen, *Auf verlorenem Posten*, S. 63 ff.
[8] Kracauer an Friedrich Traugott Gubler, 13.7.1930, KN DLM [95.44.3/21].

Tätigkeit klar werden. »Ich werde also weiterhin die verschiedensten Institutionen und konkreten Gelegenheiten zum Anlass nehmen, um mich über sie hinaus so allgemein zu äussern, wie es der Rahmen der Zeitung gestattet (nicht weiter!). Aber neben dieser Darstellungsart muss (im kulturpolitischen Interesse selber) immer die mittelbar politische einherlaufen, die existenzielle Aussagen über Seinszustände enthält.«[9] Kracauer grenzt diese Art des Feuilletonismus gegen die politische Berichterstattung ab: »Mit der politischen Korrespondenz ist es ja eine andere Sache. Als ich etwa am Baseler Zionistenkongress teilnahm, telefonierte ich nicht nur jeden Tag stilisierte Sitzungsberichte, sondern schrieb auch innerhalb der knappen Woche zwei lange kritische Artikel, ohne soviel damit geleistet zu haben wie eben. Die Eindimensionalität der politischen Resümees stellt keine hohen Anforderungen an die Darstellungsart, und ein täglicher politischer Kommentar will nicht so viel besagen wie zwei Feuilletonartikel in unserem Sinne pro Woche.«[10]

Kracauers Versetzung ging mit einer ganzen Reihe personeller Veränderungen in der Redaktion einher. Nach dem autobiographischen Roman *Georg* (1930–1934 verfasst und 1973 posthum veröffentlicht) waren diese eindeutig politisch bedingt.[11] War Kracauer über seinen Umzug nach Berlin zwar nicht allzu unglücklich, ist die politische Motivation dieser Ausbootung eines Autors, der nicht erst mit der Publikation der *Angestellten* in der Redaktion auf Kritik gestoßen war, doch nicht von der Hand zu weisen.[12]

Friktionen innerhalb der *Frankfurter Zeitung*
Ende 1930 bestätigte sich, wovor Kracauer gewarnt hatte: Die politische Lage spitzte sich seit den Septemberwahlen zu, bei denen es den Nationalsozialisten gelang, die Anzahl ihrer Reichstagsmandate von 12 auf 107 zu erhöhen. Kracauer geriet im Berliner Büro immer häufiger mit dem politischen Hauptkorrespondenten und Leitartikler Rudolf Kircher (1885–1954) in Konflikt. Der promovierte Jurist arbeitete seit 1912 bei der *Frankfurter Zeitung* und war in Berlin wie in der Frankfurter Politik-Redaktion eine umstrittene, politisch am rechten Rand der Zeitung angesiedelte Figur. Unter dem Nationalsozialismus spielte Kircher, der 1934 Hauptschriftleiter der *Frankfurter Zeitung* wurde, eine widersprüchliche Rolle. Als virtuoser Starjournalist wagte er sich einerseits noch 1933 mit Kritik an der NSDAP hervor, setzte sich für die sozialdemokratischen Funktionäre ein, stellte die Frage nach der nicht vorhandenen Opposition. Seine Darstellungen von Hitlers Erklärungen in der Zeitung erweckten hingegen oftmals den Eindruck, als spreche

---

[9] Ebd.
[10] Ebd. Vgl. Agard, *Le chiffonnier*, S. 118–121.
[11] Kracauer, »Georg«, in: Ders., *Romane und Erzählungen*, Werke, Bd. 7, S. 497–505.
[12] Mehrere Kapitel der *Angestellten* wurden auf Initiative Benno Reifenbergs im Feuilleton der *FZ* abgedruckt. Einige Schärfen hatte er mit Kracauers Einverständnis allerdings wegredigiert. Gillesen, *Auf verlorenem Posten*, S. 63. Vgl. Agard, *Le chiffonnier*, S. 94.

er aus eigener Überzeugung.¹³ Der Redaktion verschaffte er mit doppeldeutigen Formulierungen Bewegungsspielraum, neigte umgekehrt jedoch zu vorauseilendem Gehorsam und erfüllte die Erwartungshaltung der Machthaber nur zu gut. Er erlag wohl zunehmend der eigenen Nähe zur Macht und pflegte schließlich mit Goebbels Umgang.¹⁴ Ein Echo der Differenzen zwischen Kircher und Kracauer findet sich in einem Brief, den Kracauer Reifenberg im Februar 1933 schickte. Er klagt darin, die Zeitung sei bislang zu sanft mit den Nationalsozialisten umgegangen. Um Hitlers Aufstieg zu verhindern, hätte sie den Kampf viel schärfer und vor allem früher führen müssen. »Welche Töne aber hörte man früher? Man streichelte Hitler und verhielt sich den Arbeitermassen gegenüber nicht einmal immer wohlwollend neutral. Erinnern Sie sich an die Linie Kirchers.«¹⁵

Tatsächlich hatte die liberale Presse, also nicht nur die *Frankfurter Zeitung*, sondern auch das *Berliner Tageblatt* oder die *Vossische Zeitung* die Auseinandersetzung mit den politischen Inhalten des Nationalsozialismus lange verweigert. Auch nach dem Aufstieg der NSDAP zur Massenpartei behandelten sie diese als nicht ernst zu nehmende Erscheinung. Symptomatisch ist der Ton eines Leitartikels in der *FZ* vom 16.11.1932, in dem der Autor sich mokierte, Politik bestehe für einen Nationalsozialisten »zunächst einmal darin, einen Haufen unklarer Gefühle sein eigen zu nennen und dann jeden totzuschlagen, der es wagt, an die Klärung dieser Gefühle zu gehen.«¹⁶ Dem jungkonservativen »Tat«-Kreis um die gleichnamige Monatszeitschrift, über die auch Kracauer einen Artikel verfasste¹⁷, wurde als ideologischem Gegner deutlich mehr Aufmerksamkeit entgegen gebracht, als den »krausen« Ideen Hitlers, wie ein Mitarbeiter der Münchner Redaktion sich ausdrückte. Diese Perspektive änderte sich erstmalig nach dem Wahlkampf zu den Septemberwahlen von 1930. Nun erschien Hitlers Aufstieg als mögliches Szenario, und es wurden im darauffolgenden Winter zwei Artikelserien über die NSDAP veröffentlicht, in denen von Antisemitismus, Irrationalismus und der jugendlichen Anhängerschaft der Nationalsozialisten die Rede war.¹⁸ Auch wenn die *FZ* anders als die bürgerlich-konservativen Zeitungen bei einer Ablehnung der NS-Ideologie blieb, kam es zu einer

---

¹³ Gillesen, *Auf verlorenem Posten*, S. 70 f. Im Mai 1938 tauschte er seine Stelle gegen einen Korrespondentenposten in Rom ein. Frei/Schmitz, *Journalismus im Dritten Reich*, S. 154–159.
¹⁴ Die *Frankfurter Zeitung* wurde ab Oktober 1936 von Goebbels besonders beobachtet. Wegen ihres internationalen Ansehens und den finanziellen Interessen der IG-Farben existierte sie noch bis 1943.
¹⁵ Kracauer an Benno Reifenberg, 12.2.1933, KN DLM [72.1721/2]. Zwischen Kracauer und Adorno waren Kircher und Reifenberg mehrmals ein Thema. Adorno warnte etwa: »Brentano [...] hat mir gesagt, Kircher hasse Dich; und wenn Brentano auch selber keine ganz einwandfreie Quelle, so soll man so etwas doch nicht einfach in den Wind schlagen.« Adorno an Kracauer, 2.1.1931, in: Ebd., S. 260. Vgl. außerdem ebd., S. 244.
¹⁶ Zit. nach Frei/Schmitz, *Journalismus im Dritten Reich*, S. 40.
¹⁷ Kracauer, »Aufruhr der Mittelschichten«, in: *Aufsätze 1927–1931*, S. 405–423. [*FZ*, 10.12.1931.]
¹⁸ Gillesen, *Auf verlorenem Posten*, S. 76 ff.

Spaltung innerhalb der Redaktion, deren rechter Flügel (Rudolf Kircher, Erich Welter oder Paul Sethe) immer deutlicher in nationalen Kategorien und revisionistisch zu argumentieren begann.

Bei Kracauers Sicht auf Hitlers Machtergreifung steht nicht nur die Proletarisierung der Mittelschichten als entscheidende soziale Entwicklung im Vordergrund, sondern auch ein Interesse für die Jugend, die dem Nationalsozialismus massiven Zulauf bescherte. Nach deren spezifischer Mentalität fragte Kracauer, als er sich 1932 mit Autoren der »konservativen Revolution« befasste. Frank Thieß etwa, der sich gleichermaßen gegen Liberalismus und Marxismus richtete, war in Kracauers Augen von einer ganz typischen Unentschiedenheit, wenn er zwischen einer Anerkennung »des Geistes« oder des »blutsmäßigen Daseins« schwankte, Ausdruck eines Widerspruchs, der auch die Haltung der Jugend prägte.[19] Eine ähnlich eigentümliche Verquickung von Irrationalismus und Ratio sah Kracauer beim Tat-Kreis gegeben, vor allem bei Ernst Jünger.[20] In »A propos de la jeunesse allemande« (1933), ein Artikel, in dem Kracauer Passagen aus einer Rezension von Albert Lamms *Betrogene Jugend* aufgreift, stellt er einen prototypischen jungen Mann vor, der ihm die Existenz eines »Zaubers« bestätigte, den die NS-Bewegung für ihn ausstrahlte.[21] Kracauer sucht diesem anhand von zeitgenössischer Literatur, Romanen und Reportagen (Georg Glasers *Schluckebier* oder Hans Falladas *Kleiner Mann – was nun?*) auf den Grund zu gehen.

Im Zentrum dieser Werke steht laut Kracauer die Erwerbslosigkeit, nicht nur der proletarischen, sondern auch der kleinbürgerlichen und bürgerlichen Jugend, deren sozialer Aufstieg sich einst gleich einer »Naturgesetzlichkeit« vollzogen habe und die umso mehr mit der Depossedierung kämpfe, als Enttäuschungen ihr »nicht an der Wiege gesungen waren.«[22] Das Fehlen jeglicher Zukunft versetze sie in eine revolutionäre Lage, wobei die entscheidende Frage sei, »welche Schicht der jungen Generation zur Führung im Kampf gegen das herrschende ›System‹ berufen ist.«[23] Kracauer bezweifelt, dass die proletarische Jugend allein zum Träger einer Revolution werden könne. Dass sie (anders als das Bürgertum) über das »gebrauchsfertige Instrument des revolutionären Marxismus« verfüge, sei nicht hinreichend. Kracauer kritisiert die kommunistische Partei wegen ihrer Kämpfe mit den Sozialdemokraten und der Abhängigkeit von Moskau. Auf tragische Weise sei sie außerstande zu eigenständigen Entscheidungen zu finden, welche zur Situation in Deutschland

---

[19] Kracauer, »Zwischen Blut und Geist«, in: *Aufsätze 1932–1965*, S. 93–96. [*FZ*, 7.8.1932.]

[20] Kracauer, »Gestaltschau oder Politik?«, in: *Aufsätze 1932–1965*, S. 118–123, hier S.120. [*FZ*, 16.10.1932.]

[21] Kracauer, »Über die deutsche Jugend«, in: *Aufsätze 1932–1965*, S. 243–255, hier S. 245. [»A propos de la jeunesse allemande« in: *L'Europe Nouvelle* Jg. 16, Nr. 811 (26.8.1933), S. 108–111.] Ders., »Großstadtjugend ohne Arbeit«, in: *Aufsätze 1932–1965*, S. 124–127, hier S. 124. [*FZ*, 23.10.1932.]

[22] Kracauer, »Über die deutsche Jugend«, S. 245.

[23] Ebd., S. 246.

passten. Die Fehler von SPD und KPD sind ein häufiges Thema von Kracauers Aufsätzen jener Zeit. In »Les classes de la population allemande et le national-socialisme« (1933) wirft er den Sozialdemokraten vor, ihre Funktionäre hätten sich den Massen entfremdet. Die KPD verfüge zwar über hinreichende Radikalität, aber aufgrund ihrer theoretischen Befangenheit halte sie an einer verfehlten Analyse der sozialen Wirklichkeit fest. Gerade die KPD vergesse die Gewalt von Ideologien und vernachlässige jene »Prüfung des Untergrundes«, die Kracauer unablässig einforderte.[24] Er unterstreicht das fatale Festhalten an einem falschen Geschichtsbild auf Seiten der linken Parteien. Der »verbrauchte Begriffsapparat« habe zu einem Versagen von SPD und KPD geführt, welche die antikapitalistischen Neigungen des Mittelstands nicht erkannt hätten. Anstatt die revolutionären Energien zu nutzen, hätten sie dessen trostlose Lage einfach abgetan.[25] Das Problem des Bürgertums sei, dass es zwar dem Marxismus ideologisch keine Alternative entgegenzusetzen hatte, sich ihm jedoch nicht anvertrauen wollte, weil er ihren ureigensten Bestand angreife: den Glauben an die Persönlichkeit und den »Sinn der idealistischen Haltung«[26]. Mangelnde Elastizität wirft Kracauer dem Marxismus vor, der zu einem »Anprall« mit der bürgerlichen Jugend geführt hätte, die sich nun irriger Weise mithilfe der eigenen Tradition aus ihrer Lage zu befreien suche.

Jenseits der Klassengrenzen sah Kracauer zwei Tendenzen: eine mystisch übersteigerte Hinwendung zum Nationalen und eine Ablehnung von Kapitalismus und Liberalismus zugunsten eines deutschen Sozialismus merkwürdiger Art, der die marxistische Lehre vom Klassenkampf kategorisch ablehnte. Er gründe auf der Einsicht, dass die Krise nicht zwischen Klassen unterscheide. Ein einheitlicher sozialistischer Menschentyp sei das Ziel der deutschen Jugend, wie ihn Jüngers *Arbeiter* prototypisch verkörpere, aufgehoben in einem als Organismus vorgestellten idealen Gemeinwesen. Der »Zauber« des Nationalsozialismus basiere darauf, dass er sich diese Zielsetzung der Jugend angeeignet habe.[27] In einem der letzten Artikel, die in Deutschland erschienen, sprach Kracauer der Jugend mit ihrer »tragisch zu nennenden Wirklichkeitsfremdheit« jede politische Begabung ab.[28] An Reifenberg schrieb er Ende Februar 1933: »Sagen Sie mir doch nichts von der gläubigen Jugend bei Hitler, das ist ja nicht anzuhören. Wir geben uns selber auf, wenn wir auf

---

[24] Konkret habe dies zur Folge gehabt, dass die KPD keine Unterscheidung mehr zwischen dem Sozialdemokraten Rudolf Breitscheid und Hitler machte und sie der falschen Überzeugung war, dass er nicht an die Gewerkschaften rühren werde. Kracauer, »Die deutschen Bevölkerungsschichten und der Nationalsozialismus«, in: *Aufsätze 1932–1965*, S. 223–234, hier S. 230. [»Les classes de la population allemande et le national-socialisme«, in: *L'Europe Nouvelle*, Jg. 16, Nr. 797 (20.5.1933), S. 475–477 u. Nr. 799 (3.6.1933), S. 523–525.]

[25] Ebd., S. 226.

[26] Kracauer, »Über die deutsche Jugend«, S. 248.

[27] Ebd., S. 249 ff.

[28] Kracauer, »Zu einem Buch über deutsche Jugend«, in: *Aufsätze 1932–1965*, S. 212–216, hier S. 214 f. [*Deutsche Republik* Jg. 7 (1932/33), H.23 (5.3.1933), S. 723–727.]

diese Jugend hereinfallen, deren Mentalität Brechreiz erregt. In ihrer Gläubigkeit und ihrem Hassen ist sie undeutsch bis dahinaus und wie von einem Pestbazillus angefressen. Wie sollte sie uns eine Verführung bedeuten. Lassen Sie sie erst versorgt sein (bei der Polizei und sonst wo), und die ärgsten Spießer kriechen heraus. Ein Malheur unserer Politik (in der Zeitung) ist auch dies gewesen, dass wir der Jugend als solcher viel zu sehr nachgelaufen sind, statt dafür zu sorgen, dass eine richtig denkende Jugend heraufkommt.«[29]

Zwischen 1932 und 1933 galten die Sorgen der Redaktion und Kirchers nicht so sehr der NSDAP als vielmehr der Deutschnationalen Partei (DNVP), in der sich der Medienmagnat Alfred Hugenberg 1928 als Parteivorsitzender durchgesetzt hatte.[30] Kircher sah sie vor den Wahlen im November 1932 als »verhängnisvolle Gefahrenquelle« und plädierte dafür, dem Zentrum und den Sozialdemokraten die Stimme zu geben, um eine »Notgemeinschaft« der demokratischen Parteien als Unterbau einer neuen Regierung herzustellen.[31] Im Dezember 1932 verfasste er nach Ablösung des damaligen Reichskanzlers Franz von Papen durch Kurt von Schleicher einen optimistischen Artikel, in dem er feststellte, dass sich die demokratischen Parteien auf das Prinzip der Zusammenarbeit eingeschworen hätten. Im Januar äußerte er rückblickend, der Aufstieg der NSDAP habe nicht länger den Charakter des Unausweichlichen, die Partei hätte Anhänger verloren, mit Schleicher sei der Umschwung eingetreten. Nur wenige Wochen später musste Kircher jedoch dessen drohenden Sturz ankündigen, der am 29.1.1933 vom Reichspräsidenten Hindenburg herbeigeführt wurde. Bis zuletzt setzte Kircher auf Schleichers Beauftragung mit der Fortführung der Regierungsgeschäfte.

Mit Hitlers Ernennung zum Reichskanzler war es in Kracauers Augen für eine weitere Unterstützung der demokratischen Parteien seit langem zu spät. In den Wochen des Wahlkampfs zu den Neuwahlen, die Hitler forderte, um die absolute Mehrheit zu erzielen, vertrat Kracauer eine Haltung, die ihn in noch größeren Gegensatz zu seinem Umfeld brachte. Er schrieb im Februar 1933 häufig an Reifenberg, um ihn mit Informationen aus Berlin zu versorgen und so bei der Arbeit zu unterstützen.[32] Er beklagte, dass erst jetzt, wo das Kind in den Brunnen gefallen sei, die Haltung der Redaktion betont oppositionell geworden sei. Es mangele indessen nach wie vor an einer »kontinuierlichen Situationsanalyse«. »Schon vor Jahren hätten wir das Prinzip der formalen Demokratie zugunsten einer autoritären Demokratie aufgeben und der Sozialdemokratie ins Gewissen reden müssen. [...] Nicht so, als dass ich glaubte, wir hätten an der Entwicklung der Dinge viel ändern kön-

---

[29] Kracauer an Benno Reifenberg, 25.2.1933, KN DLM [72.1721/4].
[30] Alfred Hugenberg war 1918 Mitbegründer der DNVP, welche die Wiedereinführung der Monarchie anstrebte. Er leitete den Hugenberg-Konzern, der aus Pressediensten, Verlagen und Zeitungsbeteiligungen bestand. 1927 erwarb er die *Universum Film AG* (*Ufa*).
[31] Gillesen, *Auf verlorenem Posten*, S. 85.
[32] Kracauer an Benno Reifenberg, 18.2.1933, KN DLM [72.1721/3].

nen, aber vielleicht wäre doch einiges zu machen gewesen und wir stünden jedenfalls heute noch ganz anders da.«[33] Er war sich sicher, dass die Errichtung einer totalen Diktatur nur eine Frage der Zeit war und Hitler mit brutaler Rücksichtslosigkeit gegen Marxisten und Demokraten vorgehen werde. Das Bürgertum nannte er »verrottet«, einziger Hoffnungsschimmer war ihm ein Generalstreik der Arbeiterschaft, deren langfristige Erfolge außer Zweifel standen. Für die unmittelbare Zukunft zeigte er sich pessimistisch, er schimpfte über die »verkalkte« Führung der SPD, die »borniente« der KPD, die »Indolenz« des Bürgertums gegenüber den Arbeitern. Eine Annäherung des Militärs an Hitler hielt er für wahrscheinlich, nicht auszuschließen sei, dass Hugenberg mit einer Monarchie auftrumpfe. Seiner Überzeugung nach sollte die *Frankfurter Zeitung* die Situation so lange als möglich labil halten und sich »zur Brücke zwischen Arbeiterschaft und einsichtigem Bürgertum ausgestalten.«[34]

Eine Woche später berichtete Kracauer, er habe sich mit dem Wirtschaftspolitiker Otto Suhr des Allgemeinen freien Angestelltenbundes (Afa) getroffen, um etwas über die Situation bei den Gewerkschaften zu erfahren. Suhr sei der Auffassung, die Regierung würde versuchen, die Gewerkschaften aus der SPD herauszulösen und einem Korporationssystem nach italienischem Muster einzuverleiben.[35] Die Gewerkschaften seien schon jetzt von schweren Existenzängsten geplagt, rechneten mit der Konfiskation ihres Vermögens. Allerdings habe der Vorstand des Allgemeinen Deutschen Gewerkschaftsbundes die Arbeitermassen auf seiner Seite. Mit einem Generalstreik sei nicht zu rechnen. Widerstand gegen das berufsständische System sei seitens der Gewerkschaften nicht zu erwarten.[36] In den Tagen des offenen Terrors gegen KPD, SPD und (weniger scharf) gegen das Zentrum forderte Kracauer, der Papen-Hugenberg Kreis müsse gestützt werden: Dieser sei das einzig noch existierende Gegengewicht zu Hitler, das Zentrum eine zu vernachlässigende Größe.[37] Kracauer wollte den konservativ-reaktionären Regierungspartner der NSDAP gestützt sehen.

Die NSDAP war am 30. Januar 1933 nur mithilfe von Franz von Papen und Alfred Hugenberg zu Regierungsverantwortung gekommen, innerhalb einer mit DNVP, Stahlhelm und parteilosen Politikern gebildeten Koalition, in der NSDAP-Mitglieder in der Minderheit waren (4 von 13 Kabinettsmitgliedern). Kracauer argumentierte nun, Hitler dürfe sich keinesfalls dieser Koalition entledigen. Eine Koalition Hitlers mit dem Zentrum bedeute einen weiteren Schritt hin zur Diktatur, denn er befürchtete, dies könne es Hitler ermöglichen, die christlichen Gewerk-

---

[33] Kracauer an Benno Reifenberg, 12.2.1933, KN DLM [72.1721/2].
[34] Ebd.
[35] Die *Carta del lavoro* (21.4.1927) organisierte die Arbeitswelt in einem Korporationssystem.
[36] Kracauer an Benno Reifenberg, 18.2.1933, KN DLM [72.1721/3].
[37] Reifenberg hatte ihm geschrieben, sie wüssten in der Frankfurter Redaktion »authentisch«, dass eine Verbindung Zentrum-NSDAP nicht an Hitler, sondern an Papen gescheitert sei. Reifenberg an Kracauer, 8.2.1933, KN DLM [72.2869/2].

schaften »legal« zu gewinnen, in ein berufsständisches System umzuwandeln und anschließend umzufunktionieren.[38] Die sozialpolitische Härte der Deutschnationalen sei den »Kleinigkeiten«, die Hitler der Arbeiterschaft spendieren würde, immer noch vorzuziehen, da die konservative DNVP im Vergleich zur Mentalität Hitlers immer noch liberal sei. Auch wirtschaftspolitisch hielt Kracauer sie für besser als das, was die »irrationale Wut« der Nationalsozialisten hervorbrachte. Mit der Kampffront Schwarz-Weiss-Rot[39], wie autoritär und antiparlamentarisch auch immer, sei ein parlamentarisches Regime eher aufzurichten als mit den Nationalsozialisten. »Wir müssen erkennen, dass die Hitlerbewegung nichts, aber auch gar nichts mit den demokratischen Idealen zu tun hat, die wir bei uns haben. Täusche ich mich nicht, so haben wir bisher auch darum den Nationalsozialisten den Vorzug vor den Deutschnationalen erteilt, weil sie die Massen aufrufen, sich »sozial« gebärdeten und eher ein Verhältnis zur Demokratie zu haben schienen als die um Papen und Hugenberg. Aber das alles ist ja nur Schein. Irgendein Parlamentarismus hat bei Hitler nichts zu hoffen, seine sozialistische Allüre macht jeden echten Sozialismus viel viel gründlicher kaputt, als es die finsterste Reaktion zu tun vermag, und die integrale Demokratie Hitlers ist nur die Vorform der abscheulichsten Diktatur, die von der Geschichte je ausgesonnen worden ist.«[40] Vor diese seiner Meinung nach einzige Alternative gestellt, erschien ihm eine Monarchie, die Hugenberg anstrebte, als kleineres Übel, angesichts des Drohbilds einer Diktatur von »Horden, die den Gedanken an eine Republik überhaupt nicht mehr aufkommen lässt.«[41]

Reichstagsbrand
Kracauers Einschätzung seiner eigenen Situation war illusionslos: »[F]ür meine Person fürchte ich z. B. allen Ernstes, dass jüdische Journalisten nicht mehr werden schreiben dürfen. Eine Bewegung in der seit 10 Jahren der furchtbarste Hass genährt worden ist, will ihre Opfer haben. Antisemitismus usw.: alles das würde sich skrupellos auswirken und das geistige Leben in Deutschland ausrotten. […] Bitte, glauben Sie nicht, dass diese Dinge unterbleiben, sondern setzen Sie voraus, dass die schlimmen Drohungen wahrgemacht werden. Zu dem Bürgertum, das diese Bewegung gross werden liess, kann man nicht das Vertrauen haben, dass es ihre Ex-

---

[38] Die christlichen Gewerkschaften waren überwiegend katholisch und zählten 1932 1,3 Millionen Mitglieder, während der SPD-nahe Allgemeine Deutsche Gewerkschaftsbund 4,1 Millionen Mitglieder hatte.
[39] Die Kampffront Schwarz-Weiß-Rot (ein Wahlbündnis aus DNVP, Stahlhelm und Landbund) trat zu den Wahlen vom 5.3.1933 an, ihre Kandidaten entstammten hauptsächlich der DNVP. Die NSDAP erhielt 43,9 %, also nicht die erhoffte Mehrheit, die sie mit Unterstützung der Kampffront erreichte, deren 8 % eine außergewöhnliche Niederlage darstellte (SPD und KPD erhielten 18,3 und 12,3 % der Stimmen).
[40] Kracauer an Benno Reifenberg, 18.2.1933, KN DLM [72.1721/3].
[41] Ebd.

zesse zu unterbinden vermag. Es ist noch nicht viel länger als 100 Jahre her, dass deutsche Untertanen von ihren Fürsten als Soldaten verkauft wurden. Denken Sie auch an die Wegnahme der Pässe. Das kann uns allen geschehen.«[42]

Kracauers Bezüge waren schon bis Ende 1931 schrittweise gekürzt worden, man hatte ihm gleichzeitig untersagt, bei der *Weltbühne,* dem Forum der radikaldemokratischen bürgerlichen Linken, zu publizieren, so dass er in immer größere finanzielle Schwierigkeiten geriet. Schließlich legte ihm der Verlagsleiter Heinrich Simon nahe, sich nach einem Nebenerwerb umzusehen. Es wurde eine Mitarbeit bei der UFA vorgeschlagen, eine Lösung, die für Kracauer als Filmkritiker inakzeptabel war. Ohne große Illusionen zu nähren, wartete er darauf, dass ihm der Korrespondentenposten in Paris zugesprochen würde.[43] Eine schwache Hoffnung, die enttäuscht wurde. Nach Hitlers Machtergreifung wurde binnen weniger Wochen und Monate die gesamte Presse gleichgeschaltet. Unmittelbar nach dem Reichstagsbrand, über den Kracauer einen beeindruckenden Text verfasste, der am 2.3.1933 unter dem Pseudonym »Hellfried« in der *Frankfurter Zeitung* erschien, verließ er mit seiner Frau Berlin. Er zeichnete in »Rund um den Reichstag« mit wenigen Strichen ein gespenstisches und bedrohliches Bild von der Brandruine mit ihrer »zerzausten« Kuppel. Die ausgebrannten Glasflächen erscheinen als »schwarze Lücken zwischen dem hellen Skelett der Rippen«, der Unterbau ist lädiert, einzig die Bronzereiter sind noch unversehrt. Der Hinweis auf das Schweigen der Menge, einer »endlosen Prozession von Menschen«, welche die Spuren des ungewöhnlichen Brandes besichtigen und deuten wollen, kontrastiert in Kracauers Wahrnehmung auf irritierende Weise mit dem Mitteilungsbedürfnis, das die Leute sonst in Momenten öffentlichen Unglücks an den Tag legen. Die Sprachlosigkeit der Passanten unterstreicht die subtile Atmosphäre der Angst, der Ungläubigkeit, aber auch der Blindheit. Sie geht einher mit einem starren Blick auf den Reichstag, »an dem nichts zu entdecken ist.« Der Unheimlichkeit des Szenarios um die Ruine herum, aus der verniedlicht »leichte Rauchwölkchen aufsteigen«, entspricht die Ahnungslosigkeit der entzückten Kinder angesichts eines als unausweichlich vorgestellten Unheils: erst »die Geschichte« werde sie lehren, die Warnung, welche dieses Bild darstellte, zu deuten.[44]

Nach einem ernüchternden Gespräch mit Heinrich Simon in Frankfurt verließen Kracauer und seine Frau Deutschland und flohen nach Paris, wohin Kracauer seit 1925 immer wieder gereist war. Jahre später wies er Adorno gegenüber darauf

---

[42] Ebd.
[43] Reifenberg erklärte noch im Februar 1933, dass Heinrich Simon an Kracauers Verwendung in Paris dachte, weil der damalige Korrespondent Friedrich Sieburg nach Frankfurt zurückkehren sollte, vgl. Benno Reifenberg an Kracauer, 8.2.1933, KN DLM [72.2869/2]. Reifenberg hatte diesen Posten von 1930 bis 1932 inne, bevor er ihn Sieburg übergab, der bis 1939 blieb. Sieburg trat 1942 der NSDAP bei und war Mitglied des kulturpolitischen Koordinierungsstabs der Okkupationsregierung.
[44] Kracauer, »Rund um den Reichstag«, in: *Aufsätze 1932–1965*, S. 211–212. [*FZ*, 2.3.1933.]

hin, er sei nicht »geflohen«, sondern die *FZ* hätte ihn geschickt, um Siegburg zu vertreten, weil sie befürchtete, sich mit ihm zu kompromittieren. »Nach vier Wochen gab mir die Zeitung dann endgültig den Laufpaß.«[45] Die Auseinandersetzung über die Weiterbezahlung der Bezüge wurde hart geführt. Simon ließ ausrichten, der Pariser Aufenthalt sei als Urlaub aufzufassen, und einen solchen finanziere man aus Rücklagen. Kracauer dazu: »Das ist wahrhaft ein Hohn auf unsere Situation. Nicht nur, dass wir, der beschämenden Gehaltsverhältnisse wegen, nicht die geringsten Rücklagen haben machen können, wir sind faktisch schon lang auf eine proletarische Lebensweise herabgedrückt. [...] Tatsache ist, dass wir, meine Frau und ich, uns hinsichtlich der Kleider und der Wäsche in einem so abgerissenen Zustand befinden, dass wir jetzt die primitivsten Anschaffungen nötig hätten – aber wir sind nicht in der Lage, sie trotz eingeschränktestem Leben zu bestreiten. [...] Sollte die Zeitung wirklich ernsthaft gefährdet sein, so würde sie zweifellos nicht dadurch gerettet werden können, dass sie mich schon vorher materiell liquidiert. Und sollte sie die Zeit überdauern, so ist diese Exekution erst recht unnötig (um nicht ein schärferes Wort zu gebrauchen.)«[46]

Am 6. April erreichte Kracauer die Nachricht, dass der Verlag ihn »angesichts der Verhältnisse« nicht mehr im bisherigen Umfang beschäftigen könne und er sich eine andere Existenz suchen müsse. An seinen Anwalt Selmar Spier schrieb er: »Dieser Brief ist gleichbedeutend mit einer Kündigung, sucht nur die finanziellen Nachteile zu vermeiden. Den Juden und Linksmann wollen sie los sein, sonst nichts.«[47] Kracauer kämpfte mit Selmar Spiers Hilfe darum, eine rechtmäßige Kündigung zu erwirken. Er beschwerte sich bei Reifenberg, Simon wende ihm gegenüber dieselbe ideologisch verschleierte Manipulation an, wie sie die Großindustrie praktiziere. Indem sich Simon auf seine »rassischen und geistigen Gebrechen« berufe, werde sein Ausscheiden für notwendig erklärt, dieses als Faktum gewertet und damit anstelle einer Abfindung eine als »Hilfsleistung« deklarierte niedrige Summe gezahlt.[48] In einer Aktennotiz von Spier heißt es dazu: »Dr. L. entwickelte folgende Ansicht: Einerseits wolle man sich K. gegenüber anständig benehmen, andererseits müsse man die Interessen der Z. wahren. Das Abkommen müsse so sein, dass der Aufsichtsrat es genehmigen könne. Man habe sich die Sache überlegt. Die Rechtslage sei für die Z. nicht ungünstig, jedenfalls günstiger als für K. Die Z. sei objektiv nicht in der Lage, seine Leistungen in Empfang zu nehmen. Seine Arbeiten seien für die Z. augenblicklich nutzlos, vielleicht sogar gefährlich. Die Rechtsprechung des Arbeitsgerichts gehe sehr weit. Z. B. habe das Arbeitsgericht in erster Instanz die fristlose Kündigung gegenüber einem jüdischen Kapellmeister, der in

---

[45] Kracauer an Adorno, 1.4.1939, in: Adorno – Kracauer, *Briefwechsel*, S. 425.
[46] Kracauer an Benno Reifenberg, 5.3.1933, KN DLM [72.1721/5].
[47] Kracauer an Selmar Spier, 6.4.1933, KN DLM [72.1805/6]. Vgl. Stalder, *Das journalistische Werk*, S. 63 ff.
[48] Kracauer an Benno Reifenberg, 27.4.1933, KN DLM [72.1721/12].

einem Café auf der Kaiserstrasse spielte, für berechtigt erklärt, weil das Publikum wünsche, ihn nicht mehr an der Stelle zu sehen. – So will man selbstverständlich die Sache nicht aufziehen. Wenn man den Vertrag zu Grunde lege, so seien die Bedingungen des Normaldienstvertrages für Redakteure massgebend. Danach habe K. eine Kündigungsfrist von 3 Monaten.«[49]

Wenige Tage zuvor wurde auf einer Delegiertenversammlung des Reichsverbands der Deutschen Presse (RDP) die »Anpassung an das neue Wesen [vollzogen], das der deutschen Presse aufgeprägt worden ist durch den Durchbruch des nationalen Staates.«[50] Dort wurde auch das Schriftleitergesetz vom 5.10.1933 vorwegnehmend beschlossen, d. h. Juden und Marxisten die Mitgliedschaft im RDP zu verweigern bzw. sie auszuschließen. Nach einer langen Auseinandersetzung wurde Kracauer schließlich mit der Begründung gekündigt, er habe mit einer Rezension von André Malraux *La condition humaine* (1933) in der Exilzeitschrift *Das Neue Tage-Buch* gegen das Konkurrenzverbot verstoßen und er erhielt eine Abfindung von fünf Monatsgehältern.[51] Auch Simon musste seinen Posten als Verlagsleiter 1934 räumen (er verließ Europa 1938 endgültig), andere jüdische Kollegen, etwa Bernhard Diebold, mussten gehen. Die »Halbjuden« Reifenberg und Erich Lasswitz und die »jüdisch Versippten« Wilhelm Hausenstein, Dolf Sternberger und Otto Suhr blieben noch bis 1943 bei der *Frankfurter Zeitung*. Bis 1939 wurden beinahe vierzig neue Redakteure eingestellt.[52]

Überleben

Frankreich war aus verschiedenen Gründen Hauptziel der deutschen und zentraleuropäischen Emigranten. Allein im Sommer 1933 kamen um die 25.000 Emigranten nach Frankreich, von 1933 bis 1939 waren es bis zu 100.000 aus Deutschland und um die 10.000 aus Österreich, wobei das Land für viele nur Durchgangsstation blieb.[53] Die französische Regierung, die es zunächst in republikanischer Tradition für notwendig hielt, den von Hitler verfolgten Flüchtlingen beizustehen, änderte nach einer liberalen Periode ihre Asylpolitik. Während sich in Deutschland die Repression immer mehr verschärfte, erreichten die Restriktionen in Frankreich in den Dekret-Gesetzen (Notverordnungen mit Gesetzeskraft) von 1938 ihren Höhepunkt.[54] Die Aragon-Offensive der frankistischen Truppen in

---

49 Vgl. Aktennotiz Selmar Spiers 10.5.1933 KN DLM [72.2990/15].
50 Zit. nach Belke, »Nachbemerkung«, in: Kracauer, *Jacques Offenbach*, S. 513.
51 Vgl. Kracauer, »Mit europäischen Augen gesehen…«, in: *Aufsätze 1932–1965*, S. 234–238. [*Das neue Tage-Buch* Jg. 1, H. 2 (8.7.1933), S. 39–41.] Vgl. Gillesen, *Auf verlorenem Posten*, S. 185.
52 Frei/Schmitz, *Journalismus im Dritten Reich*, S. 52.
53 Weil, *Qu'est-ce qu'un français?*, S. 88.
54 Schor, *L'opinion française*, S. 660–670; Eggers, *Unerwünschte Ausländer*, S. 28–31. Die Dekrete vom 2.5. und 12.11.1938 schafften die Grundlage für die Internierungen.

Spanien und der Anschluss Österreichs am 13. März 1938 hatten neue Flüchtlingswellen nach Frankreich ausgelöst. Die Gesetze begrenzten nicht nur die Aufnahme von Emigranten, sondern erschwerten auch bereits in Frankreich residierenden den Aufenthalt, denn die französischen Behörden sahen sich außerstande, zwischen Flüchtlingen und NS-Agenten oder Spionen (der sogenannten »fünften Kolonne«) zu unterscheiden. Wie andere »feindliche Ausländer« wurde auch Kracauer Anfang September 1939 zwei Monate lang in einem Lager interniert.[55] Dies war beinahe die letzte Phase seines acht Jahre dauernden Aufenthalts in Frankreich, das er 1941 verließ.

Im Pariser Exil
Kracauer kämpfte in Paris erfolglos darum, sich eine halbwegs gesicherte Existenz aufzubauen. Die Korrespondenz mit seiner Mutter Rosette Kracauer und Hedwig Kracauer, der Frau seines damals schon verstorbenen Onkels, des Historikers Isidor Kracauer, die gemeinsam in einer Wohnung in Frankfurt lebten, legt davon Zeugnis ab. Die Frauen berichteten von der ständigen Verschlechterung der Situation der jüdischen Bevölkerung in Deutschland, beschrieben die Schikanen, denen sie ausgesetzt waren.[56] Auch wenn Kracauer schnell Französisch lernte, war es ihm (abgesehen von einzelnen Artikeln in *L'Europe nouvelle*) nicht möglich, regelmäßig journalistisch zu arbeiten. Er plante ein Emigranten-Tagebuch zu veröffentlichen, ein Projekt, das er jedoch aufgab, weil er zunächst seine Angehörigen in Sicherheit wissen wollte.[57] Zwei Mal lehnte er es wohl deshalb auch ab, für die emigrierte *neue Weltbühne* zu schreiben, unter Hinweis auf eine nervöse Erschöpfung, die ihm Arbeiten neben dem Offenbach-Buch unmöglich machte. Versuche, für die spanische *Revista Occidente* oder *El Sol* zu schreiben, scheiterten. Gegen Ende der 30er Jahre arbeitete er für das *Centralblaad voor Israeliten* und die *Baseler National–Zeitung* als Filmkorrespondent.[58] Überdies geriet er seinen Verwandten gegenüber immer wieder unter Rechtfertigungsdruck: »[...] denn wir hören nie, wovon ihr lebt. Immer vom pekuniären Gesichtspunkt aus ist es mehr als betrüblich, wenn das neue Jahr nicht das neue Buch bringt. Ich weiss ja, wie künstlerisch Du arbeitest, lieber Frie-

---

[55] Zwischen 1934 und 1935 diente die Immigrationspolitik unter Pierre-Étienne Flandin – und ab Juni 1935 unter Pierre Laval – im Kontext der ökonomischen Depression als politische Waffe. Sie richtete sich nicht nur gegen Flüchtlinge, sondern gegen alle 2,7 Millionen Immigranten. Eine Verschärfung der Anti-Flüchtlingspolitik begann 1938 unter Édouard Daladier. Vor dem Hintergrund eines »antibolschewistischen« Klimas seitens der Rechten und der vorherrschenden Kriegsangst im Zuge der Sudetenkrise 1938 wurde jüdischen Flüchtlingen vorgeworfen, mit kommunistischen Verbündeten Frankreich gegen Deutschland in einen Krieg ziehen zu wollen. Caron, *L'Asile incertain*, S. 237–282.
[56] Hedwig Kracauer an Kracauer, o. D. 1933, KN DLM [72.2555/1].
[57] Kracauer an Margaret Goldsmith, 20.4.1933, KN DLM [72.1368/1].
[58] Kracauer an Budzislawki, 21.3.1934, 5.7.1934 und 28.4.1935 [72.1220/1–3] und Kracauer an Daniel Halévy, 5.12.1936, KN DLM [72.1400/1–4].

del, und musste lebhaft an Dich denken, als ich dieser Tage einen Satz von Nietzsche las: An einem Satz müsse man arbeiten wie an einer Bildsäule. Wie möchten wir Dir eine solche Arbeitsmethode gönnen. Aber man kann verhungern dabei.«[59] Kracauer setzte alle Energien in das Buch über *Jacques Offenbach*, für das er im April 1935 einen Vorschuss von *Grasset* erhielt. Die deutsche Fassung wurde 1937 bei *Allert de Lange* in Amsterdam publiziert. Lange Zeit hegte er vage Hoffnungen, bei einem Filminstitut angestellt zu werden.[60] An Erwin Panofsky schrieb er Jahre später, er habe in diesen schlimmen Jahren große Sehnsucht nach der Zeit Louis-Philippes empfunden: »Es war die Sehnsucht nach der Existenz eines Boulevardiers während eines Dezenniums, in dem es, nach Heine, so still war, dass man die ›Zinsen ins Kapital träufeln hörte‹.«[61]

Mit Besorgnis verfolgte er die Entwicklungen in Deutschland, die ihn zu immer neuen Anstrengungen antrieben, seine Verwandten nach Frankreich zu holen. Er rang um eine distanzierte Sicht der Lage, wie ein Brief knapp zwei Wochen nach dem Anschluss Österreichs zeigt, als sich um die 30.000 deutsche und österreichische Flüchtlinge nach Frankreich retteten: »Die Folgen der jüngsten Ereignisse machen sich uns auf eine kuriose Art fühlbar. So müssen die hiesigen Russen vor fünf Jahren unser Kommen empfunden haben, wie wir heute das Kommen der Österreicher empfinden. Genau wie wir damals sind sie alle noch tadellos gekleidet, mit Schicksalsgenossen, die sie vorher gar nicht kannten, in Herzlichkeit verbunden und gruppenweise in Cafés vereinigt, wo sie alle zusammen sich beraten und aussprechen. Man hört einen sehr soignierten Herren stolz sagen: ›Meine Frau kocht jetzt auf Spiritusapparat‹! Natürlich wohnen sie alle in Hotelzimmern und stehen der Situation noch rührend neu gegenüber. Das Groteske dabei ist, dass wir uns ihnen gegenüber als die Erfahreneren und Gesettelten vorkommen und sie trotz ihrer zum Teil noch vorhandenen Wohlhabenheit durchaus nicht beneiden, sondern eher uns selber als die Beneidenswerten erscheinen.«[62]

Kracauer versuchte unablässig die Hindernisse auszuräumen, die eine Emigration der Verwandten verhinderten. André Malraux intervenierte vergeblich beim französischen Innenministerium.[63] Es musste jedoch zunächst eine Existenzmöglichkeit nachgewiesen werden, wozu Kracauer ehemalige Schüler seines Onkels mobilisierte, die in England und Südafrika lebten. Im Juni 1939 wurde der Antrag

---

[59] Hedwig Kracauer an Kracauer, 22.9.1935, KN DLM [72.2257/24].
[60] Kracauer an Hedwig und Rosette Kracauer, 26.3.1938, KN DLM [72.1520/16].
[61] Kracauer an Panofsky, 8.11.1944, in: Kracauer – Panofsky *Briefwechsel*, S. 38. In Heines *Lutezia* heißt es: »Hier in Frankreich herrscht gegenwärtig die größte Ruhe. Ein abgematteter, schläfriger, gähnender Friede. Es ist still wie in einer verschneiten Winternacht. Nur ein leiser, stetiger Tropfenfall. Das sind die Zinsen, die fortlaufend hinabträufeln in die Capitalien, welche beständig anschwellen. Man hört ordentlich wie sie wachsen, die Reichtümer der Reichen. Dazwischen das leise Schluchzen der Armuth.« Heine, *Lutezia*, S. 37.
[62] Kracauer an Hedwig und Rosette, 31.3.1938, KN DLM [72.1520/14].
[63] Kracauer an André Malraux, 29.6.1939, KN DLM [72.3709].

auf Einreise endgültig abgelehnt.[64] Die Korrespondenz mit Mutter und Tante bricht während Kracauers Flucht in die USA ab, wo ihn im August 1942 die Nachricht von ihrer Ermordung in den Lagern der Nationalsozialisten erreichte.

Auch seiner eigenen Emigration standen zahllose Hürden im Wege. Seit Ende 1937, Anfang 1938 suchte Kracauer mit Hilfe des amerikanischen Kunsthistorikers Meyer Schapiro nach einer Existenzmöglichkeit in den USA.[65] Schapiro hatte Kracauer über den Kunsthistoriker Richard Krautheimer kontaktiert, weil ihn ein Artikel über Greta Garbo in der *Frankfurter Zeitung* sehr beeindruckt hatte. Er wurde nicht müde, immer wieder bei amerikanischen Institutionen, Geldgebern und Hilfsorganisationen vorzusprechen, um Kracauer die nötigen Gelder für die Visa, die Überfahrt und eine Arbeitsmöglichkeit in den USA zu verschaffen.[66] Am 28.9.1938, zwei Tage nach Hitlers Rede im Berliner Sportpalast, wo dieser die Abtretung des Sudetenlands an das Reich zur letzten Revisionsforderung erklärte, wandte sich Kracauer in äußerster Verzweiflung an Friedrich Pollock, er verfüge nicht mehr über die geringsten finanziellen Rücklagen und bitte das emigrierte Institut für Sozialforschung, telegraphisch eine Summe zu überweisen, um die notwendigen Maßnahmen zu treffen. Andernfalls sei er dem Verhängnis preisgegeben.[67] Mit der vorübergehenden Stabilisierung der Krise nach dem Münchner Abkommen am 30. September 1938 nahm er seine Bitte zurück. Pollock hatte Kracauer geantwortet, er habe keinen Augenblick an den Ausbruch eines Krieges geglaubt. Der »große europäische Friede« sei für ein paar Jahre gesichert. Die Fortsetzung der Aufrüstung hatte in seinen Augen viele Vorteile: sie entschärfte die Krise, stärkte die Macht der Regierungen und hielt die Unzufriedenen in Schach. Die demokratischen Staatsmänner unterschieden sich in der Wahl ihrer Mittel wenig von ihren totalitären Kollegen. Die Mobilmachungen der Sudetenkrise hätte nur der Einschüchterung der Bevölkerungen gedient. Für den »völlig unwahrscheinlichen Fall, dass in absehbarer Zeit eine neue außenpolitische Krise eintreten sollte«, versprach er Hilfe.[68]

Kracauer warnte vor einer optimistischen Beurteilung der Lage: »Dennoch kann das an sich richtige Kalkül von den Notwendigkeiten durchkreuzt werden, die sich aus der inneren Struktur der Diktaturen ergeben. Bedenken Sie bitte, dass schon drei Monate nach der Annexion Österreichs die Unzufriedenheit und Desillusionierung der deutschen Massen wieder einen dem Regime unangenehmen Stärkegrad erreicht hatte. Sehr viel länger werden die Sudeten auch nicht vorhalten. Da

---

[64] Brief des französischen Konsuls an Hedwig und Rosette Kracauer, 22.6.1939, KN DLM [72.3709/24].
[65] Meyer Schapiro (1904–1996) war litauisch-jüdischer Herkunft und emigrierte als Kind mit seinen Eltern in die USA. 1928 wurde er Assistenzprofessor an der Columbia University, 1952 erhielt er dort eine Professur.
[66] Kracauer an Meyer Schapiro, 27.9.1938, KN DLM [81.449/9].
[67] Kracauer an Friedrich Pollock, 28.9.1938, KN DLM [72.1703/1].
[68] Friedrich Pollock an Kracauer, 4.10.1938, KN DLM [72.2835/2].

also Hitlers Aktionen – siehe auch das letzte Kapitel meiner Propaganda-Arbeit – dem Gesetz der Beschleunigung unterliegen, mag er schneller, als man denkt, den Punkt erreichen, an dem die Nachgiebigkeit der andern ihr Ende hat. Anderes Gefahrmoment: jede ökonomische Besserung erschwert paradoxerweise die innere Situation Hitlers, und so muss er immer neue Krisen zu schaffen suchen. Die Frage ist, bis zu welchem Punkt das Großkapital Interesse daran hat, die Turbulenz Hitlers zu erdulden. Wahrscheinlich träumen viele davon, dass er eines Tages die Sowjetunion liquidiert; in der Hoffnung, dass auch er geschwächt aus diesem Kampf hervorgehe und dann leichter zu erledigen sei. Doch diese Entwicklung wäre nur eine Möglichkeit unter mehreren, und ich will nicht ins Phantasieren kommen ....«[69]

Schon am 3. Februar 1939 schrieb Kracauer aufgrund der »akuten Unhaltbarkeit« seiner Situation erneut an Pollock. Er stand vor dem Nichts, musste die Zeit bis Herbst überbrücken. Meyer Schapiro hatte ihm dann einen Auftrag der Film Library des Modern Museum of Art vermittelt. Kracauer wollte seine Ausreise beschleunigen, musste dazu aber auf die französischen Quota seiner Frau überschrieben werden, die in Straßburg geboren war. Er wusste nicht, wie er bis dahin überleben sollte, seine Mittel waren aufgebraucht.[70] Pollock ließ ihm aus einem Hilfsfonds des Instituts für Sozialforschung 1000 Francs zukommen.

»Feindlicher Ausländer«

Die Haltung der französischen Regierung den deutschen Flüchtlingen gegenüber wandelte sich mit der außenpolitischen Lage. Auch wenn die Regierung 1937 kurzzeitig die Möglichkeit erwog, die französischen Truppen mit Hilfe der 400.000 »Nansen-Flüchtlinge« zu stärken, wurde diese Idee nach der Kriegserklärung aufgegeben. Ohnehin gehörten die deutschen Emigranten nicht dieser Gruppe an, die nach dem Ersten Weltkrieg staatenlos geworden war und unter dem Schutz des Hohen Kommissariats für Flüchtlinge des Völkerbunds stand, das von Fridtjof Nansen geleitet wurde: Armenier, Kurden, Russen und einige Gruppen des ehemaligen Osmanischen Reiches.[71] Gegen Ende 1939 wurde Flüchtlingen aus Deutschland kein Asylrecht mehr gewährt. Ein Dekret vom 1. September 1939 erklärte alle Ausländer, die feindlichem Territorium entstammten (Staatsangehörige der Feindmächte), offiziell zu »feindlichen Ausländern«. Sie mussten sich zu Sammelzentren begeben, wenn sie älter als 17 oder jünger als 65 Jahre alt waren.[72] Wenn sie wie

---

[69] Kracauer an Friedrich Pollock, 17.10.1938, KN DLM [72.1703/3].
[70] Kracauer an Friedrich Pollock, 3.2.1939, KN DLM [72.1703/3].
[71] Caron, *L'Asile incertain*, S. 23.
[72] Entscheidend waren die Grenzen des Reiches vom 1.9.1939, so dass auch Österreicher oder deutschsprachige Tschechen betroffen waren, vereinzelt Ungarn, Polen oder gebürtige Danziger. Das Alter wurde im Vergleich zu einem Reglement, das schon im April 1939 vorbereitet worden war, am 14.9.1939 von 50 auf 65 Jahre angehoben. Ähnliche Maßnahmen wurden von der holländischen Regierung getroffen (im Oktober 1939 wird das Lager Westerbork eingerichtet), wie

Kracauer in Paris lebten, wurden sie durch die Presse oder Plakate dazu aufgerufen, sich im Olympiastadion zusammenfinden, bevor sie auf verschiedene Lager in der Provinz verteilt wurden.

Die Maßnahmen betrafen eine sehr heterogene Gruppe, hauptsächlich Männer jüdischer und nicht-jüdischer Abstammung, sowohl Antifaschisten wie aktive Nationalsozialisten, aber auch apolitische Personen, die aus beruflichen oder familiären Gründen in Frankreich lebten. Bei den meisten handelte es sich gleichwohl um Emigranten. Zwar kam es nicht zu größeren Auseinandersetzungen, aber es herrschte ein rauer Ton.[73] Nach dem deutschen Angriff vom 10. Mai 1940 wurden zahlreiche Männer aufgrund des Verdachts festgenommen, Mitglied einer sogenannten »5. Kolonne« zu sein. Nur etwa 200 Frauen wurden in Rieucros als individuell politisch Verdächtige interniert.[74] Die Regierung war sich des Anteils der zu Unrecht Internierten wohl bewusst, jedoch sollten zunächst alle Verdächtigen gesammelt werden, um dann per »Siebung« zu entscheiden, wer freigelassen werden konnte. Dazu wurden Kommissionen in den Lagern eingesetzt, welche einer Interministeriellen Siebungskommission unterstellt waren, eine Anweisung, die am 17. September 1939 von einer Anordnung revidiert wurde, die dazu aufforderte, auch politische Flüchtlinge vorerst in den Lagern zu belassen, aber die verschiedenen Gruppen voneinander zu trennen.[75] Die Angaben über die Zahl der internierten Ausländer im September 1939 variiert zwischen 14.000 (in der amerikanischen Presse), 15.000 (nach dem damaligen Innenminister) und 18.000 (nach dem *Comité d'assistance aux réfugiés*).[76] In Kracauers Briefen ist mehrmals von einer Siebungskommission die Rede, die nur sehr langsam arbeitete. Eine Kommissionsgruppe, welche die Fälle aus Österreich zu überprüfen hatte, beschwerte sich beim Ministerium, die Interministerielle Kommission habe in den ersten drei Monaten weniger als 100 Personen frei gelassen. Sie gab deshalb aus Protest ihre Aktivität ganz auf.[77]

Kracauer wurde vom 16.9. bis zum 13.11.1939 festgehalten. Seine Frau blieb bei Freunden in Gif/Yvette, während er in das Sammellager von Maison Laffitte gebracht wurde, eine Durchgangsstation. Kracauer versuchte seine Frau zu beruhigen: mit dem »guten Vater Kahn« verstände er sich sehr gut, sie hätten alles Nötige, die Baracken seien nachts geheizt, er treffe bekannte Gesichter, die Küche sei gut, es herrsche allgemeine Hilfsbereitschaft. Er bat um eine englische Grammatik, eine amerikanische Filmgeschichte und Batterien für eine Leselampe. Alle Hoffnungen

---

    auch in Groß-Britannien, von wo aus bis 1940 ein Teil der jüdischen Flüchtlinge nach Kanada oder Australien verschickt wurde. Grynberg, *Les camps de la honte*, S. 66 f.
[73] Vgl. Eggers, *Unerwünschte Ausländer*, S. 48, S. 218 f., S. 222.
[74] Grynberg, *Les camps de la honte*, S. 66 f., S. 221.
[75] Vgl. die *Circulaire du 17.9. 1939*, in: Grandjonc/Grundtner (Hrsg.), *Zone d'ombres 1943–1944*, S. 204.
[76] Eggers, *Unerwünschte Ausländer*, S. 49.
[77] Joly/Mathieu, »Les camps«, S. 190.

richteten sich auf die USA, und er tröstete sich nach wie vor mit dem Plan, für die New Yorker Film Library zu arbeiten.[78]

In all diesen Wochen der Ungewissheit kämpfte Elisabeth Kracauer um die Freilassung ihres Mannes. Kracauer bat sie, Nathan Roger, den Generalsekretär des *Ministère de l'économie nationale* oder Jean Paulhan, den Leiter der *Nouvelle Revue française* sowie Emile Buré, den Direktor der (politisch nur schwer einzuordnenden) Zeitschrift *L'Ordre* anzuschreiben. Dieser hatte Kracauers *Offenbach* in einem Leitartikel erwähnt.[79] Auch von Gabriel Marcel und dem Comte d'Ormesson erhoffte er Hilfe. Roger sollte darauf hinweisen, welche Dienste Kracauer Frankreich im Bereich der Information als Spezialist für Propaganda leisten könne. Er hoffte auch, Jean Giraudoux für seinen Fall zu interessieren, der seit Juli 1939 Generalkommissar für Information war – über Thomas Mann könne Elisabeth den Kontakt herstellen.[80] Mit Meyer Schapiro sollte sie die Papiere für die USA organisieren. Anfang Oktober kündigt Kracauer dann seine Verlegung nach Athis–sur–Orne in eine ehemalige Schuhfabrik mitten auf dem Land an, zehn Stunden Zugfahrt entfernt von Paris. Der Ton dieser Briefe ist dennoch einigermaßen optimistisch: Die Siebungskommission sollte ihre Arbeit fortsetzen, und er konnte von d'Ormesson und Buré Bürgschaften erhalten.[81]

Kracauer dachte unterdessen an seine weiteren Projekte, Meyer Schapiro bot er eine Studie zum französischen Vorkriegskino an.[82] Er versuchte auch immer wieder, seine Frau zu trösten: »La vie commune m'intéresse d'ailleurs de maints points de vue. Tu sais que je me sens en quelque sorte un paysan, eh bien! C'est le paysan en moi qui réagit avec un certain plaisir. Le paysan intellectuel. Car je n'oublie pas de faire mes observations. Tu devrais me voir couper le pain pour les 25 copains de notre groupe et distribuer la soupe!«[83] Schließlich berichtete er von Walter Benjamin, der wie er selbst interniert war.[84] Ab Mitte Oktober machten Spekulationen über das mutmaßliche weitere Vorgehen der Behörden die Runde, und ein Gefühl wachsender Unsicherheit schien alles zu überlagern. Es stellte sich die Frage nach der Zahl der Bürgen, die benötigt wurden, um die Loyalität Frankreich gegenüber zu bestätigen und den Unterhalt zu garantieren. Gerüchte über die Existenz einer örtlichen Kommission gingen um, deren Ziel jedoch niemand kannte, eine zentrale Kommission mit drei »Vertrauensdeutschen« sollte ihren Sitz in Paris haben. In Versailles wiederum gebe es wohl eine Gruppe, die eine Vorauswahl der Freizulassenden traf. Ab Ende Oktober wurden erste willkürlich wirkende Freilassungen ge-

---

[78] Kracauer an Elisabeth Kracauer, 28. und 29.9.1939, KN DLM [hier und im Folgenden 72.1518].
[79] Buré (1876–1952) gründete *L'Ordre* 1929. Vgl. Livois, *Histoire de la presse*, S. 496.
[80] Kracauer an Elisabeth Kracauer, 3. und 7.10.1939, KN DLM.
[81] Joly/Mathieu, »Les camps«, S. 201 Kracauer an Elisabeth Kracauer, 7.10.1939, 8.10.1939, KN DLM.
[82] Kracauer an Elisabeth Kracauer, 18.10.1939, 5.10. 1939, KN DLM.
[83] Kracauer an Elisabeth Kracauer, 9.10.1939, KN DLM.
[84] Kracauer an Elisabeth Kracauer, 28.10.1939, KN DLM.

meldet, nach welchen Kriterien war nicht erkennbar, Bürgschaften spielten jedoch offenbar zuletzt keine Rolle.⁸⁵

Der Ton der Briefe wurde zunehmend besorgter, da von einer neuen Verlegung die Rede war, bevor es Anfang November Fortschritte bezüglich der Informationslage zu vermelden gab: Bald werde man über die Ergebnisse der Versailler Kommission informiert. Eine kleine Delegation der jüdischen Auswanderungshilfsorganisation HICEM tauchte im Lager auf, die alle Besitzer eines Visums oder einer Einberufung in das amerikanische Konsulat für die Ausreise einschreiben wollte.⁸⁶ Kracauer war sich jedoch zum einen nicht sicher, ob er deren Ratschläge befolgen sollte, zum anderen verfügte er ohnehin noch nicht über die erforderlichen Visa.⁸⁷ Eine Woche später schöpfte er Hoffnung: Man habe den Lagerinsassen erklärt, eine weitere Festsetzung der Immigranten sei für die Militärbehörden von keinerlei Interesse. Listen wurden erstellt nach den Kategorien Saarländer, schwer erkrankte Personen, Personen mit französischer Verwandtschaft, Besitzer von Flüchtlingspässen, Nicht-Mobilisierbare (ab 50 Jahren) und Personen über 60 Jahre. Kracauer gehörte zu den Kategorien vier und fünf und wurde Mitte November 1939 dank einer Reihe von Ehrenerklärungen, u. a. von Daniel Halévy, dem Herausgeber der *Cahiers verts* bei *Grasset* sowie von der Buchhändlerin und Verlegerin Adrienne Monnier freigelassen.⁸⁸ Er wurde auch von Henri Hoppenot, einem Freund Adrienne Monniers, unterstützt, der im französischen Außenministerium arbeitete. Es dauerte noch Monate, bis sich Kracauer von Leo und Golde Löwenthal und von Franz Neumann die Affidavits zur Einreise in die USA beschaffen konnte. Im Juni 1940 reiste er nach Marseille, wo sich auch Benjamin aufhielt.⁸⁹

Von Marseille nach New York

Mit dem Gesetz vom 14. Juli 1933 hatte Kracauer seine Staatsangehörigkeit verloren. In den Monaten von Ende 1939 bis zu seiner Einschiffung in Lissabon am 15. April 1941 führte er einen beinahe endlosen Kampf um Papiere: Einerseits mussten Pässe zur Durchreise durch Spanien besorgt werden, um nach Lissabon zu gelangen, andererseits Visa zur Einreise in die USA – beide wurden nur mit zeitlicher Befristung erteilt, und so drohte stets die eine Erlaubnis abzulaufen, während die andere noch nicht vorlag. Die Atmosphäre in Marseille verglich Kracauer mit

---

⁸⁵ Kracauer an Elisabeth Kracauer, 15.10.1939, 17.10.1939, 28.10.1939, 3.11.1939, KN DLM.
⁸⁶ Sie wurde als Zusammenschluss der HIAS (Hebrew Immigrant Aid Society), der ICA (Jewish Colonization Association) und EMIGDIRECT (Emigrationsdirectorium) 1927 gegründet, hatte bis 1940 ihren Sitz in Paris und bis 1945 in New York.
⁸⁷ Kracauer an Elisabeth Kracauer, 5.11.1939 und 6.11.1939, KN DLM.
⁸⁸ Kracauer an Elisabeth Kracauer, 9.11.1939, KN DLM. Vgl. die Entlassungsbestätigung vom 9.1.1939, Passierschein und Reiseerlaubnis vom 13.11.1939 KN DLM [72.3715/3] und [72.3715/5].
⁸⁹ Kracauer an Franz Neumann, 17.11.1938, KN DLM. Der Politologe war 1936 in die USA übergesiedelt, der Literatursoziologe Leo Löwenthal 1934.

der eines Wartezimmers, wie er in einem seiner verzweifelten Briefe an Meyer Schapiro schrieb, der ihm von New York aus zur Seite stand – ein Bild, das in *Geschichte* eine zentrale Rolle spielt.[90] Am 19. Oktober 1940 schrieb Kracauer, dass der Marseiller Konsul ihm und seiner Frau anstelle von Pässen Affidavits ausgestellt hatte, eine amerikanische Einreiseerlaubnis, welche die Überfahrt in die USA ermöglichte. Allerdings erkannte Spanien diese seit Ende September nicht mehr an, forderte für die Durchreise nach Lissabon nationale Pässe und ließ »Staatenlose« gar nicht mehr antreten. Benjamin hatte sich in dieser Situation in Port Bou umgebracht. Kracauer bat Schapiro, das amerikanische State Departement anzusprechen, um eine Sondergenehmigung der spanischen Regierung zu erwirken.[91] Er selbst ähnele immer mehr K aus Kafkas *Prozeß*. Varian Fry, der Präsident und Begründer des amerikanischen Emergency Rescue Committee, auf dessen »first list« sie ständen, kenne seinen Fall gut. Dennoch hatte er bislang nichts vermocht. Nach einem Versuch nach Lissabon zu gelangen, der an der spanischen Grenze scheiterte, musste Kracauer die Erneuerung der Transitvisa beantragen. Erst am 26. Februar 1941 konnten sie die Grenze nach Spanien passieren und gelangten zwei Tage später nach Portugal. Sie hatten den Weg in Rekordzeit zurückgelegt, in zweieinhalb Tagen. »Et déjà on respire plus librement.«[92] Zuletzt stand der Kampf um Plätze auf einem Schiff an, bis sie mit der »Nyassa« Europa endlich verlassen konnten.[93]

Die Ankunft in New York am 25. April 1941 schildert Kracauer in der Korrespondenz an seine Verwandten als eine sehr glückliche, wenn auch der Neuanfang in New York schwierig war. Knapp drei Wochen später im Mai 1941 schreibt er: »Unsere Zeit ist natürlich über und über mit Bemühungen ausgefüllt uns schnell und richtig zu settln. Es ist ein Glück, dass ich hemmungslos im Sprechen bin und mich auf Englisch schon einigermassen verständlich machen kann; das erleichtert den Kampf um einen Start. […] Von New York sind wir restlos begeistert. […] Der Anblick aus der Höhe auf die Stadt ist unbeschreiblich schön […] auf den weniger hohen Häusern, die bei weitem in der Überzahl sind, liegt ein leichter Dunst und nur die Wolkenkratzer ragen heraus. Ein Herr, den ich sprechen musste, hat ein Appartement im 32. Stock eines Wolkenkratzerhotels: man glaubt dort oben in der Sommerfrische zu sein, kein Laut von unten dringt herauf. Ihr wisst ja, dass wir Stadtmenschen sind; drum liegt uns New York doppelt gut.«[94]

---

[90] Kracauer an Meyer Schapiro, 23.5.1939, KN DLM [81.450/7].
[91] Kracauer an Meyer Schapiro, 19.10.1940, KN DLM [81.451/2].
[92] Kracauer an Meyer Schapiro, 16.12.1940, KN DLM [81.451/4].
[93] »La bestialité est déchainée, toutes les ruses sont à l'ordre du jour, et, naturellement, l'argent l'emporte. Je ne suis pas créé pour me maintenir dans une telle situation. Or, nos passages sont payés par notre ami Löwenthal et la HICEM. Mais seulement pour un bateau portugais ou espagnol ou les prix sont moins cher que sur un bateau américain.« Kracauer an Meyer Schapiro, 12.3.1941, KN DLM [81.452/3].
[94] Kracauer an Hedwig und Rosette Kracauer, 19.5.1941, KN DLM [72.1522/22].

1.2 Besuche in Europa

In New York fühlte sich Kracauer tatsächlich wohl, endlich gelang es ihm, sich eine neue Existenz aufzubauen. Die materiellen Probleme waren weniger drückend als in Paris. Benjamin gegenüber hatte er bereits 1935 mit Blick auf Frankreich oder die angelsächsischen Länder geäußert: »An sich fiele mir eine solche Umstellung leichter als manchem andern, da ich von jeher dem, was deutsche Mentalität heissen darf, fremd, ja feindlich gegenüber gestanden habe.«[95] Eine Rückkehr stand für ihn nie zur Debatte. Gleichwohl stellt sich die Frage nach seinem Verhältnis zu Deutschland in der Nachkriegszeit, zumal die intellektuellen Kontakte, die er auf seinen Reisen nach Europa pflegte, auch in *Geschichte* Eingang fanden.

Sucht man nach Spuren zu den Entstehungsbedingungen von Kracauers Spätwerk, fallen zwei Materialsammlungen ins Auge: eine zu den Reisen, die er im Auftrag der *Bollingen Foundation* unternahm und eine zu den Tagungen von »Poetik und Hermeneutik«, an denen sich Kracauer durch Vermittlung von Hans Robert Jauß beteiligte. Mit der *Bollingen Foundation* kam er 1949 durch einen Antrag auf Förderung seiner Filmästhetik in Kontakt. Sie gewährte ihm ein dreijähriges Stipendium, bevor sie ihn 1952 als ständigen Berater einstellte, eine Funktion, in der er indirekt an der Geschichte des Wissenschaftsexils und -transfers mitwirkte, denn zu den Antragstellern, deren Projekte er zu begutachten hatte, zählten zahlreiche deutschsprachige Emigranten.[96] An der Gründung der Stiftung 1940 war der ehemalige Mitarbeiter von Aby Warburg, Edgar Wind, beteiligt. Auch Panofsky, mit dem Kracauer in New York in Austausch stand, arbeitete gelegentlich für sie als Berater.

Kracauer und Nachkriegsdeutschland

Die Frage der Remigration stellte sich Kracauer auf andere Weise als etwa Adorno. Dieser kehrte schon ab dem Wintersemester 1949/50 im Alter von 46 Jahren nach Frankfurt zurück. Er vertrat dort als außerordentlicher Professor Max Horkheimer, der im Juli 1949 seinen Lehrstuhl an der Johann Wolfgang Goethe-Universität zurückerhielt, den die Nationalsozialisten abgeschafft hatten.[97] Kracauer war nicht

---

[95] Kracauer an Benjamin, 24.2.1935, in: Benjamin, *Briefe an Siegfried Kracauer*, S. 82.
[96] Vgl. Breidecker, »›Ferne Nähe‹«, S. 137; Belke, »Nachbemerkung«, in: Kracauer, *Geschichte*, S. 443–451. 1949 wurde die Stiftung von der *Saturday Review of literature* wegen angeblicher faschistischer Neigungen attackiert, eine Polemik, in der Kracauer mit Hermann Broch für sie Stellung bezog. Agard, »De Caligari à Ratti«, S. 129 f.
[97] Überliefert ist Adornos anfängliche Begeisterung über das philosophische Interesse der Studenten. Thomas Mann gegenüber, aber auch in einem Artikel in den *Frankfurter Heften* »Auferstehung der Kultur in Deutschland?« (Mai 1950), beklagte er sich bald über deren apolitische Fixierung auf die scheinbar heile Welt des Geistigen. Wiggershaus, *Die Frankfurter Schule*, S. 449 ff. Zu Adornos

nur 14 Jahre älter und damit in einer anderen Lebensphase, seine Mutter und Tante waren in einem deutschen Vernichtungslager ermordet worden. Die Frage der Rückkehr war zwischen Adorno und ihm nie ein Gesprächsthema. Dennoch kam Adorno in der Korrespondenz immer wieder auf die Frage des Gebrauchs der deutschen Sprache zurück. Kracauer verfasste sowohl *From Caligari to Hitler* (1947) als auch die *Theory of Film* (1960) und *History* (1969) auf Englisch, eine Sprache, deren Kenntnis er seit 1939 im Lager in Athis zu vertiefen begonnen hatte. Kracauer ließ sich gleich nach der Internierung eine englische Grammatik schicken und lieh sich von einem Lagerinsassen einen englischen Krimi. Als er die Grammatik erhält, erscheint sie ihm wie ein Glücksversprechen.[98] In den 60er Jahren macht er selbst kleinste Notizen, sogar Tagebucheinträge auf Englisch. An Hermann Hesse schreibt er 1947 über *From Caligari to Hitler*: »Ich habe das Buch auf Englisch geschrieben. Diese Sprache als Schriftsteller halbwegs zu erobern, ist mir eine wahre Leidenschaft, und jeder Zollbreit gewonnenen Terrains bedeutet mir viel.«[99]

Der Wunsch, sich in den USA eine Existenz aufzubauen und zu integrieren, drückt sich auch in einzelnen Formulierungen seiner Texte aus. So spricht Kracauer in »Psychiatry for Everything and Everybody« 1948 von den Amerikanern in »Wir«-Form. Interessant ist der Kontext: Er schreibt über einen positiven amerikanischen »Nationalcharakter« (an dessen Existenz er gleichwohl nicht glaubt). »In jeder Gesellschaft gibt es ein Netz von Regeln, Kodes, Sitten und Verhaltensmustern, die es den jeweiligen Mitgliedern dieser Gesellschaft ermöglichen, ihre latenten, instinktiven Energien und Fähigkeiten in einer Vielzahl allgemein verständlicher Formen zu entäußern. Doch unsere Gesellschaft ist historisch dazu konditioniert, das Emotionale zugunsten des Rationalen zu vernachlässigen und utilitaristische Zwecke stärker zu pflegen als emotionale Wünsche. Das bedeutet natürlich nicht, dass wir in emotionaler Hinsicht weniger begabt sind als andere Völker; im Gegenteil, wenn es so etwas wie einen Nationalcharakter gibt, dann zeichnen sich Amerikaner durch starke und großzügige Regungen und eine stete Bereitschaft aus, Ideale in Handlungen umzusetzen.«[100] 1956 schreibt er an Löwenthal im Anschluss an eine Reise nach Europa: »Es war alles viel schöner als wir erwartet hatten, und dennoch sind wir froh, wieder zu Hause zu sein, denn jetzt, da wir endgültig aufgehört haben, Einwanderer zu sein, ist dies unser zu Hause. Und noch etwas: mir scheint, dass die Menschen in Europa die Fähigkeit verloren haben, Neues zu integrieren. Irgendwie ist es drückend dort.«[101] Nochmals fünf

---

Rückkehr nach Deutschland vgl. Müller-Doohm, *Adorno,* S. 496–509. Zur Remigration vgl. Krauss, *Heimkehr.* Lühe/Schildt/Schüler-Springoum (Hrsg.), *Auch in Deutschland.* Boll/Gross, *Die Frankfurter Schule und Frankfurt.*

[98] Kracauer an Elisabeth Kracauer, 28. u. 29.9.1939, sowie 10.10.1939, KN DLM.

[99] Zit. nach Witte, »Nachwort«, in: Kracauer, *Von Caligari zu Hitler, Schriften,* 1984, S. 606.

[100] Kracauer, »Psychiatrie für alles und jeden«, in: *Aufsätze 1932–1965,* S. 319–331, hier S. 325. [»Psychiatry for Everything and Everybody«, in: *Commentary,* Jg. 5, Nr. 3 (März 1948), S. 222–228.]

[101] Kracauer – Löwenthal, *In steter Freundschaft,* S. 183.

Jahre später wirkt eine Notiz zu der nur implizit verhandelten Frage der Zugehörigkeit gelassener. Eine ironische Note schimmert durch: »Idee für einen Roman oder eine Komödie: Ein Europäer, der gerne völlig amerikanisiert werden möchte heiratet ein amerikanisches Mädchen, das nur einen Traum hat: sich wie ein Europäer zu verhalten und als solcher anerkannt zu werden.«[102]

Dass Adorno immer wieder auf die Frage der deutschen Sprache zurückkam, hatte gewiss mit seiner eigenen Entscheidung zu tun, nach Frankfurt zurückzukehren. Er war der Meinung, dass man »die entscheidenden Dinge nur in der eigenen Sprache sagen« könne, wie er 1951 seinem Freund schrieb.[103] Im Februar 1955 erkundigt sich Adorno nochmals, in welcher Sprache Kracauer seine Filmtheorie verfasse. »Du weißt, wie starrsinnig ich in dieser Hinsicht bin, trotz des Geschehens, das uns nur eben nicht dazu verführen dürfte, uns selber das nochmals anzutun, was der Hitler ohnehin uns angetan hat.«[104] Auf diese starke Bindung an die deutsche Sprache und Kultur führt Stefan Müller-Doohm auch Adornos Zögern Anfang der 30er Jahre zurück, Deutschland zu verlassen. Aus dieser Zeit sind von ihm nur wenige Stellungnahmen zu den politischen Entwicklungen bekannt. Antworten auf Kracauers Warnungen sind nicht überliefert, als dieser 1930 beispielsweise schrieb: »Die Lage in Deutschland ist mehr als ernst [...]. Es waltet ein Verhängnis über diesem Land und ich weiß genau, dass es nicht nur der Kapitalismus ist. Dass dieser bestialisch werden kann, hat keineswegs ökonomische Gründe allein.«[105] Noch am 15. April 1933 schrieb Adorno nach Kracauers Emigration in völliger Verkennung der Lage: »Im Übrigen ist mein Instinkt für Dich der: nach Deutschland zurückkommen. Es herrscht völlige Ruhe und Ordnung; ich glaube die Verhältnisse werden sich konsolidieren; Deine Verleger sind hier; hier kannst Du mit ihnen einig werden und zugleich noch hinzuverdienen.«[106]

Die Mahnungen bezüglich der deutschen Sprache nötigten Kracauer erst zu einer Reaktion, als Adorno sie im September 1955 mindestens zum dritten Mal wiederholte: »Ich weiß, wie gut Du es meinst, wenn Du mich warnst, dass wir das Entscheidende nur deutsch sagen können. Was Du sagst, gilt sicher für bestimmte Gebiete der Literatur – Poesie, Roman und, sehr vielleicht, auch Essay. (Ich habe keinen rechten Zug mehr zum Essay, ohne dass ich versucht hätte, mein derzeitiges

---

[102] Kracauer, Reisenotizen (1961–1965), KN DLM [72.3629a].
[103] Adorno an Kracauer, 19.7.1951, in: Adorno – Kracauer, *Briefwechsel 1923–1966*, S. 461.
[104] Adorno an Kracauer, 23.2.1955, in: Ebd., S. 475.
[105] Kracauer an Adorno, 28.8.1930, in: Ebd., S. 246 f. Müller-Doohm attestiert Adorno eine stupende politische Ahnungslosigkeit, vgl. Müller-Doohm, *Adorno*, S. 273 f.
[106] Adorno an Kracauer, 15.4.1933, in: Adorno – Kracauer, *Briefwechsel 1923–1966*, S. 308. Diese Äußerungen kontrastieren nur teilweise mit einem Brief, den Adorno Kracauer zwei Jahre zuvor geschickt hatte. Damals hatte er Kracauer geraten, sich nach einem anderen Arbeitgeber umzusehen. »[...] glaube mir, dass ich Dich nicht nervös machen will und nicht der allgemeinen Judenpsychose verfallen bin, aber ich beurteile die Situation als kritisch; die der Zeitung im Allgemeinen und Deine besonders.« Adorno an Kracauer, 2.1.1931, in: Ebd., S. 260.

Misstrauen gegen diese Form zu formulieren.) Aber Dein Catonisches Diktum trifft bestimmt nicht zu für Werke des Gedankens, der Theorie – und ich meine hier eigenste Gedanken, eigenste Theorie.«[107] Die Frage der Sprachwahl war auch eine Frage des Stils. Die Debatte brach immerhin neun Jahre später erneut auf. Kracauer notiert nach Gesprächen, die im Juli 1964 in Frankfurt geführt wurden: »T. [Teddie] rages against my writing in English… When I say that my stylistic objective ist (sic) to make the language disappear in the thought I want to convey, he replies that he writes with the very same intentions. But actually his style is obtrusive, not transparent. As for English, he holds that you cannot express in it all the overtones required. In order to minimize, somewhat, his overemphasis on style I refer to Marx. We agreed on his ›klappernde‹ antitheses. He says that Marx's style suffered from a lack of aesthetic sense. I answer that he nevertheless succeeded in putting his thoughts across.«[108]

David Kettler befasste sich in einer Studie über *Erste Briefe* zwischen Emigranten und im Herkunftsland verbliebenen Personen unter anderem mit einer Kracauer-Korrespondenz.[109] Es geht um Briefe von Emigranten an Personen, mit denen sie vor ihrer Emigration bekannt waren und die während der Hitlerjahre in Deutschland blieben. Er berücksichtigte auch Korrespondenzen, in denen Emigranten auf Briefe von Bekannten antworten, die den Kontakt zu ihnen gesucht hatten, und liest sie – ohne deren emotionale Aussagen in Frage zu stellen – als »Eröffnungszüge eines (Neu-)Aushandelns von Beziehungen unter Bedingungen der Ungewissheit.«[110] Verhandelt werden die Anerkennung der neuen Identität sowie die Bewertung des Exils. Er weist auf die Schwierigkeiten der Konzeptualisierung von Rückkehr hin: Sie bezieht sich nicht auf eine »Abfolge von Schritten«, sondern kann auch »Ersatzhandlung« sein, oder »ein Hinweis darauf, was wahrscheinlich bei einer (wirklichen oder symbolischen) Rückkehr auf dem Spiel steht.«[111]

Von Kracauer existieren Briefe an den Schriftsteller, Journalisten und Verlagslektor Wolfgang Weyrauch (1904–1980), der zeitweilig für die *Frankfurter Zeitung* schrieb, als Kracauer dort noch tätig war. Das Beispiel ist bemerkenswert, weil zwei Versionen von Kracauers erstem Antwortbrief an Weyrauch überliefert sind. Er bewahrte den ersten Entwurf, den er nach einigen Tagen umformulierte, sorgfältig auf. Kracauer weist Weyrauchs Kontaktaufnahme zunächst zurück, revidiert diese Zurückweisung jedoch vier Jahre später, als er von einem Manifest hörte, in dem Weyrauch deutsche Schriftsteller dazu aufforderte, in Deutschland verbliebene Juden zu unterstützen. Schrieb er in seinem ersten Brief, es sei ihm aufgrund der geschehenen Dinge unendlich schwer, Vertrauen zu Menschen von »drüben« zu fas-

---

[107] Kracauer an Adorno, 5.9.1955, in: Ebd., S. 484.
[108] Kracauer, Vorarbeiten, KN DLM.
[109] Kettler, »›Erste Briefe‹«, S. 81.
[110] Ebd., S. 84.
[111] Ebd., S. 85.

sen[112], legt er nun dar, weshalb eine Rückkehr für ihn nicht in Frage kommt: »Das inzwischen gelebte Leben ist des Weiterlebens wert.«[113] Laut Kettler hatten diese Art Briefe eine definitorische Funktion für das Exil, insofern als die kommunikatorische Verwurzelung im Herkunftsland einen Emigranten zu einem Exilanten machte. In ihnen nehme der Prozess der Entscheidung darüber, ob und in welcher Weise die Rückkehr von Bedeutung sei, seinen Anfang, manchmal brächten sie ihn zum Abschluss. Die Rückkehr spielte eine Rolle für die Bewertung des Exils als Erfolg oder als Scheitern – wodurch es nicht nur als Schicksal, sondern auch als Unternehmen betrachtet werden konnte.[114]

Ein anderer Briefwechsel, den Kettler nicht erwähnt, ist für Kracauers Umgang mit der Frage der Rückkehr besonders aussagekräftig: die Korrespondenz mit einem Bekannten aus Frankfurter Tagen, dem Buchhändler Max Niederlechner. Der Kontakt war wohl in den 20er Jahren über Adorno hergestellt worden, der Niederlechner 1925 in Wien begegnet war.[115] Nach einer vergeblichen Kontaktaufnahme im Mai 1947 wandte sich Niederlechner im Januar 1948 erneut an Kracauer. Dieser wartete über ein Jahr, bis er diesen Brief beantwortet, um zu begründen, warum ihm an Kontakt vorerst nicht gelegen sei. Direkter als in dem Brief an Weyrauch schreibt er: »Ich danke Ihnen für ihren Brief. Ich schreibe Ihnen, damit Sie doch wenigstens wissen, dass ich ihn erhalten habe. Aber es geht mir im Übrigen wie Herrn Heilbrunn, den sie erwähnen: ich kann mich nicht dazu entschließen alte Beziehungen wieder aufzunehmen, jedenfalls noch nicht. Es liegt zu viel dazwischen. Um nur das persönliche zu nennen: das unausdenkbar schreckliche Ende meiner alten Mutter und Tante, und die langen Jahre der ersten Emigration in Frankreich, in denen keiner der deutschen Freunde und Bekannten uns je ein Zeichen zukommen ließ, obwohl es bis 38 oder 39 noch möglich war. Dazu kommen die Unterschiede der Haltung, der Erfahrung, des Ausblicks und nicht zuletzt menschlichen Beziehungen, die in schweren Zeiten geknüpft worden sind und das gegenwärtige Leben erfüllen. Die Vergangenheit ist wirklich Vergangenheit, und selbst wenn ich es wollte, könnte ich sie nicht in Gegenwart verwandeln.«[116]

Niederlechner hatte sich in seinem ersten Brief auch über die Leiden der Deutschen ausgelassen: »Freilich kann man schwer da wieder anknüpfen wo 1933 oder 1935 oder 1939 stehen geblieben und aufgehört wurde. Denn es hat sich zu viel verändert als dass diese sachlichen realen Veränderungen nicht ihre Wirkungen auf die Menschen haben müssten. Das ist die Situation in der Welt und ich übersehe nicht, dass es auch aber unter anderem und nebenbei die der Deutschen ist, die aber darunter besonders zu leiden haben, da sie an sich selber und dann nur sehr

---

[112] Kracauer an Wolfgang Weyrauch, 13.10.47, KN DLM [72.1905/1].
[113] Kracauer an Wolfgang Weyrauch, 16.12.51, KN DLM [72.1905/4].
[114] Kettler, »Erste Briefe«, S. 84.
[115] Adorno an Kracauer, 8.3.1925, in: Adorno – Kracauer, *Briefwechsel*, S. 22.
[116] Kracauer an Max Niederlechner, 21.2.1949, KN DLM [72.1669/1].

schwer mit der Realität fertig werden und deshalb mit so schweren Situationen, wie es die Gegenwart ist, aber gar nicht fertig werden <u>können,</u> wie diese Gegenwart immer mehr erweist. Dabei ist diese Zeit doch, wovon ich überzeugt bin und war und mit rechter Freude erfüllt die interessanteste die den Menschen seit 300 Jahren zu erleben beschieden ist – so muss es nach 1648 hier auch gewesen sein, materiell und geistig und an dieser Aufgesessenheit, Erregtheit, Zerrissenheit und Dynamik, aber auch an diesem Leiden und Hemmungen, Anteil zu nehmen ....trotz allem persönlichen Leid bei allem Hunger, allen Entbehrungen, doch auch dort ein Gefühl der Befriedigung.«[117] Niederlechner stellt in seinem zweiten Brief fest, Kafka sei aufgrund des Begriffs der Angst äußerst zeitgemäß, die in seinem Werk ebenso zentral sei wie in der Mentalität oder im Weltbild der Deutschen. »Die Angst scheint weit verbreitet zu sein«, antwortet ihm Kracauer, »wenn auch aus verschiedenen Gründen.«[118] Er schließt dennoch freundlich. »Meine Frau und ich sind glücklich hier, wenn auch das Leben hart und schwer ist. Sie hat einen anstrengenden Job, und ich kämpfe mich als freier Schriftsteller durch. [...] Ich schreibe Englisch; es fällt mir jetzt beinahe so leicht, oder so schwer, wie Deutsch.«[119]

1956, über zwei Jahrzehnte nach Kracauers Emigration, kam es dann doch zu einem Treffen in Berlin[120] – ab 1957 sind Briefe von Kracauer an Niederlechner überliefert, deren Ton sehr freundschaftlich ist. Niederlechner kommt in dieser Zeit nochmals auf eine eventuelle Rückkehr zu sprechen: »Eigentlich gehören Sie als Kulturkritiker doch nach Deutschland, aber ich weiß andererseits nicht wo für Sie eine Gelegenheit wäre, in diesem Lande.«[121] Kracauer, der schon 1949 das Angebot einer Mitarbeit beim *Berliner Tagesspiegel* abschlägig beantwortet hatte[122], dazu: »[...] das bringt mich zu ihrer Idee, die Sie ja dann selber einschränken, dass mein Platz in Deutschland wäre.« Die folgenden Worte bestätigen die These von der funktionalen Bedeutung des Themas der »Rückkehr« für die Bewertung des Exils: »Hier gilt das Wort Heraklits ›man steigt nicht zweimal in denselben Fluss‹. Ich habe nun sechzehn Jahre in Amerika gelebt und bin nun doch hier mit meinem Arbeiten, Interessen und auch Freunden sozusagen zuhause. Es ist ein ganzes Gewebe von Beziehungen entstanden, auf organische Weise, und ich habe wieder einigen Einfluss gewonnen und kann von Nutzen sein. Das ist nicht wenig. Was ich aber gerne möchte, wäre jedes Jahr nach Europa kommen. Wir träumen schon jetzt von einem trip in 1958 und dann würden wir Sie natürlich wieder sehen.«[123]

---

[117] Ebd. Vgl. dazu Berg, »Die Entlastungsstrategie ist nicht neu«.
[118] Kracauer an Max Niederlechner, 21.2.1949, KN DLM [72.1669/3].
[119] Ebd.
[120] Max Niederlechner an Kracauer, 30.9.1956, KN DLM [72.2779/4].
[121] Max Niederlechner an Kracauer, 22.6.1957, KN DLM [72.2779/7].
[122] Vgl. dazu Kracauer an Karl Walther Kluger, 23.10.1949, KN DLM [72.1506/2].
[123] Kracauer an Max Niederlechner, 17.8.1957, KN DLM [72.1669/4]. Nach seinen Reisen nach Deutschland schrieb Kracauer an Alexander Kluge: »Ich möchte Ihnen gern selber sagen, dass mich Ihr Buch sehr tief betroffen hat durch die stilistische und sachliche Konsequenz, mit der Sie

Kracauer und die Forschungsgruppe »Poetik und Hermeneutik«

Wenn Kracauer nie ernsthaft an eine Rückkehr nach Deutschland dachte, so unternahm er doch in den 60er Jahren regelmäßig für die *Bollingen Foundation* Reisen nach Europa. Von Juli bis September 1960 führte er in der Schweiz, in England, Italien, Griechenland und Frankreich die »Residence-Interviews« über die Errichtung einer Forschungsstätte für europäische Geistes- und Sozialwissenschaftler in den USA. Es ging dabei um einen möglichen Standort, die Auslotung der »Grenzen des Wissens«, Kulturaustausch und die Schaffung von Stipendienprogrammen.[124] Kracauer sollte auch mit dem schweizerischen Schriftsteller Walter R. Corti (damals Redakteur der Monatszeitschrift *du*) über die Eranos-Tagungen sprechen, die die Stiftung von 1947 bis 1967 förderte, sowie über die von Corti geplante Gründung einer neuen Akademie. Diese Gespräche waren ein willkommener Anlass, Kontakte aufzunehmen oder Bekanntschaften zu pflegen. Mit mehreren Wissenschaftlern tauschte sich Kracauer über sein Buch-Projekt aus, etwa mit E. H. Gombrich und Gertrud Bing, Herbert Butterfield oder A. J. Festugière. Auch Isaiah Berlin, Claude-Lévi Strauss, Robert Caillois oder Gabriel Marcel tauchen im Archiv auf.[125]

Kracauers Beziehungen zur Forschungsgruppe »Poetik und Hermeneutik« sind noch wichtiger, da Kracauer in diesem Kontext Jauß und Blumenberg begegnete, von deren Arbeiten sich zahlreiche Spuren in *Geschichte* finden. Sie sind aber auch biographisch hinsichtlich Kracauers Verhältnisses zu Deutschland nach dem Krieg interessant, so dass an dieser Stelle etwas ausgeholt werden muss. Den ersten Kontakt zur Forschungsgruppe stellte Jakob Taubes her, der von 1956 bis 1966 Religionsgeschichte und Religionssoziologie an der Columbia University lehrte und den Kracauer, wie seine Kalender im Nachlass zeigen, in New York häufig traf. Als Kracauer Hans Robert Jauß nach begeisterter Lektüre von dessen Proust-Studie schrieb[126], wurde er zu einem Kolloquium eingeladen, dem zweiten, das die Grup-

---

die Erfahrung darstellen, dass (heute) die meisten »Lebensläufe« keine Läufe und die meisten Personen keine Personen sind. Ich wüsste niemanden, der diese Erfahrung [...] so drastisch ins grausame Licht gerückt hätte wie Sie. (Es ist ein kalkweisses Licht, scheint mir.) Ihre Zerpflückung des Biographischen, Ihre neuartige Darstellung in schief zusammenhängenden Fetzen, und Ihre rechtmässig überscharfe Genauigkeit in der Bezeichnung von Positionen, Situation, und Lokalen – all das macht schockartig den Zustand der Dinge und Menschen deutlich, mit denen wir es jetzt zu tun haben. (Oder besonders in Deutschland?)« Kracauer an Alexander Kluge, 24.12.1962, KN DLM [72.1505].

[124] Vgl. Kracauer, Konvolut Bollingen Foundation, The Residence Interviews in Europe, KN DLM [72.3709/a]. Belke, »Nachbemerkung«, in: Kracauer, *Geschichte*, S. 456–467.
[125] Kracauer, Konvolut Bollingen Foundation, KN DLM [72.3709/a].
[126] Kracauer hatte sich am 31.12.1963 als erster an Jauß gewandt, nachdem er dessen *Zeit und Erinnerung in Marcel Prousts »A la recherche du temps perdu«* (1955) gelesen hatte. Er schickte Jauß seinen Aufsatz »Time and History«, in dem er sich auf dieses Werk bezog. Belke, »Nachbemerkung«, in: Kracauer, *Geschichte*, S. 486 ff.

pe im September 1964 in Schloss Auel bei Köln überhaupt organisierte.[127] Sie hatte ihre Arbeit 1961 aufgenommen und tagte bis 1996 regelmäßig alle zwei Jahre an verschiedenen Orten, zuletzt in Konstanz. 17 Tagungsbände gingen insgesamt aus diesen Treffen hervor, deren Beteiligte in vielen Fällen den Forschungsdiskurs ihrer jeweiligen Fächer nachhaltig prägten. Im Kracauer-Nachlass existieren zwei Konvolute mit Briefwechseln, Schriftstücken und vereinzelten Beobachtungen zu diesen beiden frühen Tagungen, an denen er teilnahm.

Zu den Anfängen von »Poetik und Hermeneutik«, einer relativ geschlossenen Forschungsgruppe, die ausschließlich Männer zu ihren Mitgliedern zählte, existieren mehrere Narrative, deren bekanntestes von Hans Robert Jauß selbst stammt. Er verfasste im letzten Tagungsband (1998) einen Epilog, der ihre Geschichte von der Gründung bis zu ihrer Auflösung »als ›Glücksgeschichte‹«[128] einer »Gruppe von Vierzigjährigen«[129] erzählt, die sich einer »dialogische[n] Arbeitsweise«[130] und des »herrschaftsfreie[n] Gespräch[s]«[131] bediente und aus der eine neue Form der Literaturwissenschaft hervorging, die Rezeptionsästhetik.[132] Nach Jauß' Darstellung, der zunächst ein Stück weit gefolgt werden soll, wurde die Gruppe von ihm selbst, Hans Blumenberg, Clemens Heselhaus sowie Wolfgang Iser initiiert, um literaturtheoretische und ästhetische Themen zu diskutieren. Der Anlass soll zufälliger Art gewesen sein: Der Germanist Heselhaus hatte Jauß nach dessen Berufung an die Universität Gießen angeboten, ein Lessing-Institut für Poetik und Literaturkritik zu gründen. Jauß wollte Blumenberg in das Projekt einbinden, Iser kam hinzu und schließlich wurden nicht nur Philosophie und Literaturwissenschaft zusammengebracht, auch die Geschichts-, Sprach- und Kunstwissenschaften kamen hinzu. Gelegentlich tauchten in der Gruppe auch Theologen, Soziologen und Rechtswissenschaftler auf.[133] Die Generation der ersten Stunde wurde Anfang der 20er Jahre geboren, manche ihrer Lehrer, wie etwa Hans Georg Gadamer, Werner Conze oder Paul Böckmann hatten ihre Karrieren zu Weimarer Zeiten begonnen, unter dem Nationalsozialismus fortgesetzt und konnten sie auch nach dem Krieg weiter fortführen. Innovative Momente waren die Interdisziplinarität und die erwähnte »dialogische Arbeitsweise«, die gleichsam als Kreislauf funktionierte, in den auch Kracauer eingebunden war.[134] Die Beiträge und Diskussionsprotokolle der Tagung

---

[127] Hans Robert Jauß an Kracauer, 4.2.1964, in: Kracauer, Konvolut Kolloquium »Nachahmung und Illusion«, KN DLM [72.3718/62].
[128] Wagner, »Anfangen«, S. 54 ff. Jauß, »Epilog«, S. 525–533.
[129] Ebd., S. 525.
[130] Ebd., S. 526.
[131] Ebd., S. 529.
[132] Vgl. Erhart, »›Wahrscheinlich haben wir beide recht‹«, S. 82.
[133] Jauß, »Epilog«, S. 527.
[134] Eindrucksvoll ist die »Dynamik des Materialumlaufs« von zirkulierenden Vorlagen, Diskussionsbeiträgen, aber auch »bilateraler« Beziehungen, die aus den verschiedenen Nachlässen in Marbach rekonstruiert werden kann. Dass die Gruppe die Kommunikationsform des Briefes beibehielt,

wurden in Sammelbänden publiziert – in den ersten fünf Jahren mit »statements« versehen, die die Teilnehmer nach den Treffen formulierten. Von diesem Prozedere zeugen mehrere Dokumente im Kracauer-Nachlass. Sollten sie ursprünglich den Diskussionsverlauf dokumentieren, handelte es sich tatsächlich um einen komplizierten Prozess der Redaktion und »Ratifikation« im Nachhinein, wie man aus dem Briefwechsel Jauß-Blumenberg ersehen kann.[135] Kracauer gegenüber sprach Blumenberg von der Notwendigkeit, den Diskussionsprotokollen »rote Blutkörperchen« beizufügen. Es gehe weniger darum, die »historische Faktizität des Tagungsverlaufs« abzubilden als »den sachlich möglichen Ertrag der Vorlagen« in den Vordergrund zu rücken, so dass es sich schließlich um eine »angereicherte« Version der Diskussionen handelte.[136] »Gruppenpolitisch« wirksam wurde diese Art der Dokumentation insofern, als es bei einigen Glättungen um die Darstellung einer Einigkeit ging, die so nicht gegeben war.[137] Bemerkenswert ist, wie das Jauß-Zitat belegt, dass es den Begründern schon in diesem frühen Stadium um die Dokumentation einer »internen Geschichte« der Gruppe ging.

Folgt man zunächst noch Jauß' Erzählung, gehörten die ersten zwölf Mitglieder oder »Archonten«, wie sie sich nannten[138], größtenteils der Studierendengeneration der Kriegsheimkehrer an, die sich später für eine Studienreform und universitäre Neugründungen engagierte. Nach jedem Kolloquium wurde das Thema der folgenden Tagung ausgehandelt, seine Zielsetzung entwickelt, ohne dass es je ein langfristiges Programm gegeben hätte. Jauß beginnt die Geschichte von »Poetik und Hermeneutik« und ihrer Konstituierungsphase nicht zufällig mit Kracauers Besuch der Gruppe, wobei er ihn nicht als Außenseiter vorstellt: »Wollte man die interne Geschichte der Gruppe erzählen, so wäre daran zu erinnern, wie sich mit

auch wenn Möglichkeiten zum persönlichen Austausch bestanden, war für ihre Konstituierung von großer Bedeutung. Vgl. Wagner, »Anfangen«, S. 58 f.

[135] Vgl. dazu Möllmann/Schmitz, »»Es war einmal...««, S. 50. Vgl. auch den Brief von Jauß an Blumenberg: »Zu unserer Besprechung [...] wäre es insbesondere wichtig, Überlegungen über die generalisierenden Titel der einzelnen Diskussionen und über noch fehlende oder wünschenswerte Diskussionsabschlüsse anzustellen. Das gilt insbesondere für die elfte und letzte Diskussion, für die Herr Taubes auf meine Bitte seine Lindauer Expektorationen ausgebaut hat, wozu er aber schreibt, dass dieser Beitrag zweifellos noch einer Replik bedürfe. Ich bin der Meinung, dass dieser Beitrag schon so viel über die interne Geschichte von »Poetik und Hermeneutik« enthält, dass damit der von Ihnen zu Recht inkriminierte und törichte Beitrag zu der Iser'schen Diskussion entfallen kann. [...] Ich überlegte mir schon, ob man nicht Koselleck bitten sollte, seinen Beitrag XI, 4 so auszubauen, dass er die Funktion der Antwort auf den dialektisch-spekulativen Karfreitag von Jakob Taubes erfüllt.« Jauß an Blumenberg, 26.5.1967, Nachlass, Hans Robert Jauß, DLM.

[136] Blumenberg an Kracauer, 31.3.1965, Konvolut Kolloquium »Nachahmung und Illusion«, KN DLM [72.3718/37]. Der Versuch, eine Ganzheit der Diskussion wiederzugeben, wurde nach der fünften Tagung aufgegeben und die divergierenden Forschungsinteressen und Positionen stattdessen in einem Schlusswort thematisiert. Möllmann/Schmitz, »»Es war einmal...««, S. 50 ff.

[137] Ebd. Vgl. Blumenberg an Kracauer, 31.3.1965, Konvolut Kolloquium »Nachahmung und Illusion«, KN DLM [72.3718/37].

[138] Jauß, »Epilog«, S. 525.

dem Hinzutreten einer neuen Stimme immer wieder eine andere Gesprächskonstellation gebildet hat, die unerwartete Zugänge zur verhandelten Sache eröffnen, neue Fragen fordern und Zusammenhänge aufdecken konnte, aber auch Kontroversen auslöste, die das ansonsten durchaus herrschaftsfreie Gespräch dramatisierten. So hat zum Beispiel die Intervention von Siegfried Kracauer soziologischen und gesellschaftskritischen Interessen Bahn gebrochen, die – von Jacob Taubes, dem Geist des Widerspruchs in der Gruppe, weiterhin verfochten – schließlich zu der Einladung von Thomas Luckmann und Niklas Luhmann führten, was eine Konfrontation von Wissenssoziologie und Systemtheorie erwarten ließ, der sich deren Protagonisten indessen versagten.«[139] Kracauers Einfluss unterstreicht Jauß auch nach dessen Tod 1967 in einem Brief an Adorno: »Der Arbeitskreis verdankt ihm nicht allein manche unverlierbare Anregung, sondern auch eine allmähliche, auf der letzten Tagung evident gewordene Öffnung seiner zunächst immanentästhetischen Kunstbetrachtung auf die Realität und Theorie des Geschichtlichen.«[140]

1964 auf der Tagung in Köln steuerte Kracauer keine eigene Vorlage bei, da er mitten in der Arbeit zu *Geschichte* steckte. Jedoch beteiligte er sich an der (dokumentierten) Diskussion über die *Lyrik als Paradigma der Moderne*.[141] Auf der Tagung über *Die nicht mehr schönen Künste. Grenzphänomene des Ästhetischen* vom 4. bis zum 10. September 1966 in Lindau wurde Kracauers Vortrag, das siebte Kapitel von *Geschichte* »General history and the aesthetic approach« diskutiert und im Tagungsband veröffentlicht.[142] Kracauer starb nur wenige Wochen nach dieser Reise. Der Band wurde ihm gewidmet und auf Jauß' Bitte hin mit einem Geleitwort von Adorno ihm zu Ehren versehen. Es ging auf der Tagung um die Leitfrage nach den »Grenzphänomenen des Ästhetischen«, mit dem Ziel der »noch ungeschriebenen Geschichte und Systematik jener Realisationen der Kunst nachzugehen, die aus dem Kanon des Schönen ausgeschlossen, an den Rand verwiesen oder antithetisch ausgeglichen wurden.«[143] Zwei epochalen Zäsuren wurde besondere Aufmerksamkeit geschenkt: Erstens der christlichen Kunst und ihrem »anti-ästhetischen Anspruch«, der sich, nachdem das Mittelalter ihn »verdeckt« hatte, erst in der Romantik wieder durchsetzte. Zweitens der Zäsur der Moderne, die das Ästhetische selbst zum Grenzphänomen gemacht hatte und damit – dies war eines der Tagungsergeb-

---

[139] Ebd., S. 532.
[140] Jauß an Adorno, 4.1.1967, KN DLM [72.3444]. Bereits in seinem ersten Brief an Kracauer hatte Jauß geschrieben »sowohl die Perspektive der Geschichtserfahrung wie auch die Bedeutung des Heraufkommens von Photographie und Film für die ästhetische Erfahrung der Modernität« seien »Gesichtspunkte, von denen wir uns eine besondere Bereicherung des Programms versprechen.« Jauß an Kracauer, 4.2.1964, Konvolut Kolloquium »Nachahmung und Illusion«, KN DLM [72.3718/62].
[141] Kracauer an Jauß, 3.4.1964, KN DLM [72.3718/29]. Iser (Hrsg.), *Immanente Ästhetik*.
[142] Kracauer, »General history and the aesthetic approach«, in: Jauß (Hrsg.), *Die nicht mehr schönen Künste*, S. 111–127.
[143] »Vorwort«, in: Ebd., ohne Seitenangabe.

nisse – die Frage nach den nicht mehr nur immanenten Kategorien der Interpretation einer Ästhetik stellte.

In der Gruppe kamen ehemalige Soldaten der Wehrmacht, Verfolgte und Exilanten zusammen, die unter dem Nationalsozialismus Erfahrungen gemacht hatten, wie sie unterschiedlicher kaum sein konnten. Die Exilanten waren in der Minderheit: Außer Kracauer gab es nur noch den Romanisten Herbert Dieckmann, der die Jahre 1934–1938 in der Türkei verbracht hatte und dann in die USA emigriert war. Von den Nationalsozialisten verfolgt wurden auch Hans Blumenberg oder Werner Krauss. Reinhart Koselleck meldete sich 1941 als Oberschüler freiwillig zur Artillerie der Wehrmacht und kam in Kriegsgefangenschaft[144], Wolfgang Preisendanz war von 1939–1945 Soldat der deutschen Wehrmacht. Der 1921 geborene Hans Robert Jauß trat bekanntlich im Alter von 17 Jahren der Waffen-SS bei, worüber er, wie sein Schüler Hans Ulrich Gumbrecht betont, »mit seinen akademischen Freunden und Schülern nie freiwillig gesprochen hat und die er hinter generationstypischen Durchschnittserzählungen über seine Jugend hermetisch versiegelt hielt.«[145]

Jauß' mehrfache Betonung der zentralen Rolle, die Kracauer für die Öffnung der Gruppe hin zur »Realität« und zur »Theorie des Geschichtlichen« gespielt habe, kontrastiert vor diesem Hintergrund umso bezeichnender mit dessen Eindrücken, die er nach dem Kolloquium in Auel notierte: »The social climate is practically nonexistent in the colloquy. Hence the impression that the theoretical changes occur according to a sort of immanent logic. But this is only part of the truth. It is dangerous indeed to ignore the other part – the always possible relationships between simultaneous events in different areas.« In den Notizen zur Forschungsgruppe fährt er fort: »There is something stuffy about the behaviour of the group toward outdoor motifs and facts. It makes me suffer from claustrophobia.« Kracauer bleibt nicht bei den Gefühlen, welche die Atmosphäre auf der Tagung bei ihm auslöste, er bewertet sie eindeutig: »I cannot help feeling that this type of hermeneutics testifies to something like escapism – a desire to shut the eyes to – what?«[146]

---

[144] Als russischer Kriegsgefangener gelangte er bei Kriegsende nach Auschwitz und wurde dort mit dem Massenmord konfrontiert. Vgl. Daniel, »Reinhart Koselleck«, S. 167. Diese Erfahrung reflektierte er 50 Jahre später in der *FAZ* vom 6.5.1995. Vgl. Assmann, *Der lange Schatten,* S. 125 f.

[145] Zuerst stieß das amerikanische *Berlin Document Center* in Form eines Namenseintrags in einem SS-Führungshauptquartier auf diese Vergangenheit. Weitere Dokumente entdeckte der amerikanische Romanist Earl Jeffrey Richards, der über Jauß zu recherchieren begann, weil er sich dessen obsessive Curtius-Abneigung zu erklären suchte. Gumbrecht, »Mein Lehrer, der Mann von der SS«. In der *Frankfurter Rundschau* hatte Jauß am 28.5.1996 auf Earl Jeffrey Richards Vorwürfe reagiert. Vgl. Chervel, »Schweigen und Verstehen«, S. 13.

[146] Kracauer, Konvolut Kolloquium »Nachahmung und Illusion«, KN DLM [72.3718/71]. Von einer drückenden Atmosphäre im Umkreis von Jauß spricht Hans Ulrich Gumbrecht: Sie habe die Konstanzer Zeit für ihn zu einem »Alptraum« gemacht. Gumbrecht, »Mein Lehrer, der Mann von der SS«, S. 62.

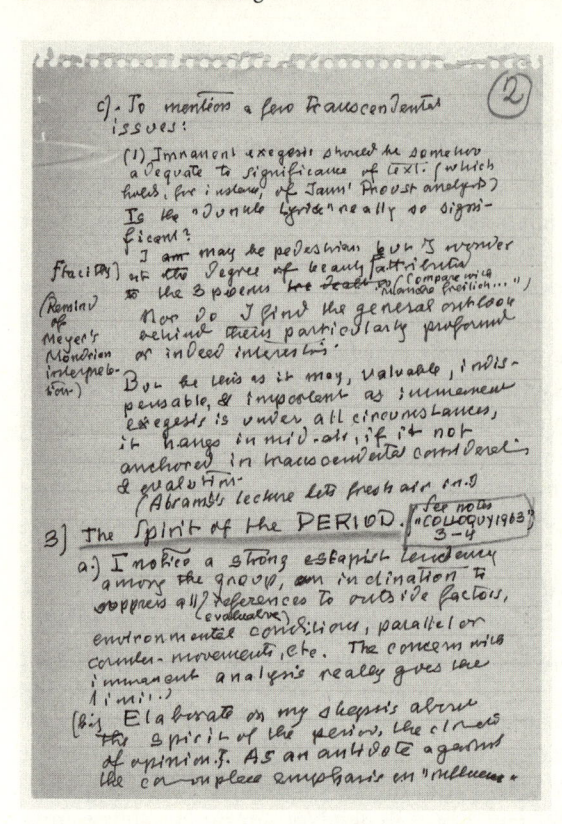

Notizen zum Kolloquium
»Nachahmung und Illusion«,
19.06.1964, KN DLM
[72.3718/1]

Wenn Jauß die »unerwarteten« Zugänge und die Offenheit der Gruppe dergestalt in den Vordergrund rückt, ist dies eine klare Abmilderung des tatsächlich vorhandenen Konfliktpotentials zwischen nicht nur theoretischen Positionen. Walter Erhart beschreibt die Anfänge der Gruppe als »Geschichte der Produktion, aber auch der Einschränkung und Verhinderung geisteswissenschaftlicher Erkenntnis«, die er als bisher vernachlässigte Kehrseite von Jauß' Meistererzählung nachzeichnet.[147] Denn tatsächlich war Kracauers wiederholtes Insistieren auf der Relevanz und Aussagekraft soziologischer Perspektiven mehr oder weniger folgenlos angesichts einer Mehrheit in der Gruppe, die sich auf formalästhetische, poetologische Interpretationen konzentrierte. Mit der Forderung nach der Berücksichtigung anderer als ästhetischer Kategorien in dieser offiziell auf Interdisziplinarität hin an-

---

[147] Erhart, »Wahrscheinlich haben wir beide recht««, S. 82 f. Haverkamp spricht nicht von Verunsicherung, sondern von »Verleugnung« als Hintergrund der Diskontinuität der deutschen Nachkriegswissenschaft, wenn er fragt, »ob und wie« die Geistes- und Kulturwissenschaften durch Krieg und Vernichtung verändert wurden. Haverkamp, »Als der Krieg zuende war.«

gelegten Gruppe stand Kracauer gleichwohl nicht allein. Dass Jakob Taubes theologische Perspektiven mehrfach anzumahnen hatte, deutet auf die schwer herzustellende Akzeptanz solcher Fragestellungen hin. Taubes verhielt sich mit seinen Ansichten aber im Übrigen auch zu Kracauers Position komplementär, wenn er auf der Wichtigkeit geschichtsphilosophischer Perspektiven beharrte, ohne welche »die Details durch die Finger wie ein Rosenkranz« laufen.[148] Er teilte mit ihm allerdings ein sozialgeschichtliches Interesse, das eher in der marxistischen oder »materialistisch« orientierten Literaturtheorie zu Hause war. Spielten Namen wie Adorno, Benjamin oder Marx bei »Poetik und Hermeneutik« keine Rolle, waren auf den ersten Tagungen mit Taubes oder Kracauer, den Romanisten Erich Köhler oder Werner Krauss Außenseiter durchaus präsent.[149] Anhand der Diskussionsbeiträge lässt sich jedoch ersehen, dass deren Einwürfe nahezu systematisch abgewiegelt wurden: Sie wurden geleugnet, an den Rand gedrängt, zurückgewiesen oder bewusst umgedeutet, so die verschiedenen Strategien, einen artifiziellen Konsens zwischen den Gruppenmitgliedern herzustellen, den es in der Realität so nicht gab.[150]

Die Gruppe erfuhr dadurch nichtsdestoweniger eine gewisse Verunsicherung, von der aus der weitere Weg in die Begründung der Rezeptionsästhetik führte, deren Entstehung Jauß in der Rückschau auf das Jahr 1967 verlegte. Ein wichtiger Moment war das Kolloquium von 1966 über *Die nicht mehr schönen Künste, Grenzphänomene des Ästhetischen*, auf dem auch Kracauers Vorlage über *General Aesthetics* diskutiert wurde. Auf dieser Tagung habe eine profunde Störung des Kommunikationszusammenhangs stattgefunden, so Erhart. Odo Marquard kritisierte, Wolfgang Preisendanz habe mit seinem Vortrag über die »Kunstperiode« in Heines Schriften die Arbeit des Kolloquiums grundlegend in Frage gestellt, gar »einen Generalangriff« gestartet, wenn er formulierte, dass das Ende des Ästhetischen, das er in Heines journalistischem, gesellschaftlich und politisch induziertem Stil sah, jede immanente Beschäftigung mit Kunst zu einem »schlechten Gewissen« verurteile. »Beklemmend« sei für Preisendanz die Frage nach der »Geschichtlichkeit der Ästhetik und ihrer Kompetenz.«[151] Ästhetische Immanenz wurde nun als historisch beschreibbare und bisher vernachlässigte Kategorie wahrgenommen. Dies war aber gerade kein Eingehen auf Kracauers Forderungen. Seine Interventionen stießen auf eher geringe Resonanz, wie die Diskussionsprotokolle zeigen. Nichtsdestoweniger war er es erneut, der während der Diskussion von Preisendanz' Vorlage formulierte: »In unserer Gruppe tritt ein gewisses Unbehagen zutage. Ich möchte in diesem Zusammenhang an den amerikanischen *new criticism* erinnern.«[152] Dieser habe dasselbe Unbehagen bereits erfahren: »Eine nur immanente Ästhetik

---

[148] Ebd., S. 85.
[149] Zur späten Rezeption Benjamins durch Jauß vgl. Haverkamp, »Als der Krieg zuende war«, S. 50.
[150] Erhart, »Wahrscheinlich haben wir beide recht«, S. 86 f.
[151] Zit. nach ebd., S. 92.
[152] Jauß (Hrsg.), *Die nicht mehr schönen Künste*, S. 711.

versagt vor dem Phänomen der modernen Kunst. [...] Es ist notwendig, die gesellschaftlichen Bedingungen bzw. Beziehungen dieser Kunst zu begreifen, in behutsamer Weise, nicht nach der älteren Soziologie z. B. A. Hausers.«[153]

Fragt man umgekehrt nach dem Einfluss von »Poetik und Hermeneutik« auf Kracauers Produktion, haben vor allem Jauß mit *Zeit und Erinnerung* (1955) und Blumenbergs vielfältige Arbeiten in *Geschichte* Eingang gefunden. Während Jauß eher punktuell zu Kracauers Proust-Rezeption beitrug, finden sich von Blumenberg umso mehr Spuren in seinem Werk. Diese Begegnung war die fruchtbarste, die für ihn aus der Teilnahme an den Kolloquien der Forschungsgruppe erwuchs. Blumenberg war 1963 in Gießen nicht nur einer ihrer vier Mitbegründer, sondern er spielte als Philosoph auch eine wichtige Rolle als Anreger für die Philologen der Gruppe, die er bezeichnenderweise schon 1974 wieder verließ.[154] Tatsächlich hätte Blumenberg die Kolloquien bald am liebsten ganz durch rein schriftlichen Austausch ersetzt.[155] Er hatte sich schon vier Jahre nach der Gründung der Gruppe mit Rückzugsgedanken getragen, wovon ihn Jauß jedoch vorläufig abhielt: »Wir sehen uns nicht in der Lage einen anderen Philosophen anzuheuern, weil wir Sie in der Forschungsgruppe für unersetzbar und das bewährte Triumvirat für die ›conditio sine qua non‹ aller weiteren Arbeit halten!«[156] Als Kracauer und Blumenberg sich kennenlernten, steckte er mitten in der Arbeit an *Geschichte,* und Blumenberg wurde zu einem wichtigen Gesprächspartner, den er häufig zur Untermauerung seiner Thesen heranzieht. Besonders in den letzten drei Kapiteln, in denen Kracauer über die Antinomie der Zeit, das Problem der Universalgeschichte und das Vorraumdenken spricht, verweist er mehrmals auf Blumenberg. Der Briefwechsel, der im Deutschen Literaturarchiv in den Kracauer- und Blumenberg-Nachlässen aufbewahrt wird, zeugt von einem Austausch, dem auch die Erfahrung der Verfolgung durch das NS-Regime zugrunde liegt. Blumenberg, nach NS-Terminologie als »Halbjude« bezeichnet, war es 1939 nicht erlaubt, an einer deutschen Universität zu studieren. Er begann sein Studium der Philosophie und Theologie zunächst an kirchlichen Einrichtungen in Paderborn und Frankfurt am Main, bevor er auch hier aufgeben musste. 1944 wurde er verhaftet, es gelang ihm jedoch dank der Hilfe seines damaligen Arbeitgebers, des Industriellen und Eigentümers der Lübecker Dräger Werke Heinrich Dräger, nach einigen Wochen aus dem Konzentrationslager Zerbst zu fliehen. Er überlebte den Krieg bei der Familie seiner späteren Frau. In Hamburg und Kiel beendete er nach dem Krieg sein Studium der Philosophie, Germanistik und Altphilologie.[157]

---

[153] Ebd.
[154] Müller, »Subtile Stiche«, S. 249 f.
[155] Vgl. Wagner, »Anfangen«, S. 59 f.
[156] Jauß an Blumenberg, 11.9.1967, Nachlass Hans Robert Jauß, DLM.
[157] Wetz u. Timm, »Vorwort«, S. 10 f. Wetz, *Hans Blumenberg*, S. 12.

Kracauer und er gehörten jedoch nicht nur unterschiedlichen Generationen an, auch ihre Interessen waren trotz einiger Gemeinsamkeiten unterschiedlich. Kracauers Betonung sozialer Aspekte bei der Deutung von Kunstwerken sah Blumenberg eher skeptisch. Dafür war er einer der wenigen Denker seiner Generation, die Simmel schätzten.[158] Auch steht die historische Anlage seiner Analysen methodisch und inhaltlich dem Typus mikrologischer Studien nahe, wie sie Kracauer vorschwebten, wie dieser anmerkte: »[I]ch glaube, dass es nur logisch und sinngemäß ist, wenn Sie Ihre generellen Gedanken nicht so direkt ausdrücken als sie in monographischen Studien bewähren und durchscheinen lassen. Das scheint mir eine Konsequenz dieser besonderen Gedanken selber. [...] Worum es geht, ist ja wirklich der Nachweis im Material. Ich könnte mir denken, dass Ihre Analysen mit ihrer Kritik am Verlauf der Tradition die sogenannte ›Ideengeschichte‹ revolutionieren helfen. Sie zeugen (wie vielleicht ein paar meiner Gedanken) von einem Strukturwandel des Denkens.«[159] Treffen sich beide auf epistemologischer Ebene, haben mehrere Arbeiten von Blumenberg einen historischen Zeitraum zum Gegenstand, der auch Kracauer in *Geschichte* immer wieder beschäftigt: den Übergang vom Mittelalter zur Neuzeit. Obschon Kracauer das Erscheinen von Blumenbergs *Legitimität der Neuzeit* nicht mehr erlebte, kannte er doch seinen Säkularisationsaufsatz[160] ebenso wie *Die kopernikanische Wende* und die *Paradigmen zu einer Metaphorologie*. Schließlich weisen beide eine bestimmte Kritik an der Moderne zurück, wie sie auf unterschiedliche Weise von Martin Heidegger, Carl Schmitt oder Eric Voegelin geäußert wurde.[161]

---

[158] Agard, »La légitimité«, S. 230 f.
[159] Kracauer an Blumenberg, 31.10.1964, KN DLM [72.3718/2].
[160] Blumenberg, »Säkularisation«.
[161] Agard, »La légitimité«, S. 239.

2 Figuren des Historikers

Unter den Vorarbeiten zu *Geschichte* befindet sich eine Notiz von Kracauer zu einer Unterhaltung mit dem Wirtschaftswissenschaftler Adolph Lowe, einem Emigranten, der seit 1943 an der *New School of Social Research* in New York lehrte. Kracauer hatte ihm sein viertes Kapitel zu lesen gegeben und notierte nach dem Gespräch: »Er [Lowe] fragt: ›Haben Sie selber Geschichte geschrieben?‹ Ich: ›Nein: meine insight entspringt rein philosophischem Interesse‹.«[1] Das philosophische Interesse, das Kracauer betont, steht auf signifikante Weise in Kontrast zu der Tatsache, dass er nicht so sehr mit Geschichtstheoretikern oder gar Geschichtsphilosophen argumentiert, sondern vornehmlich Historiker anführt: Leopold von Ranke, Johan Huizinga, Jack H. Hexter, Lewis Namier, Henri Pirenne oder Herbert Butterfield.

Marc Bloch erwähnt Kracauer besonders häufig, kritisch wie auch zustimmend, als Vertreter einer analytischen Geschichtswissenschaft. Für ein Modell, dem Kracauer seine Zustimmung hingegen verweigert, steht der Historiker und Philosoph Robin George Collingwood. Im dritten Kapitel von *Geschichte* diskutiert Kracauer Collingwoods und Benedetto Croces Theorie des Gegenwart-Interesses, bevor er im vierten Kapitel eine Route des von ihm vorgestellten Idealhistorikers und dessen »Reise« durch die Vergangenheit zeichnet.[2] Gleichsam »unterwegs« werden geschichtstheoretische Positionen zur Frage nach der Möglichkeit historischer Erkenntnis und Wahrnehmung erörtert. Marc Blochs Figur des Untersuchungsrichters und Collingwoods Auslegung des Historikers als Detektiv hält Kracauer alternative Entwürfe des Photographen, Zeugen, Fremden, Exilanten oder Mystikers entgegen. Der Historiker als Arzt, wie ihn Lewis Namier prägt, ähnelt in mancherlei Hinsicht der Figur des Detektivs, die bei Kracauer jedoch anderes verkörpert als bei Collingwood. Namier ist der Repräsentant eines mikrologischen Ansatzes, dem Kracauer in *Geschichte* besondere Bedeutung beimisst.

Die Metapher des Historikers als Detektiv steht in einer Tradition, die bis ins 19. Jahrhundert zurückreicht.[3] Als prominentes literarisches Kollektivsymbol des 20. Jahrhunderts wird er mit Forschungsethos, Wahrheitssuche und dem Streben nach Gerechtigkeit assoziiert. Diskursgeschichtlich geht dem Detektiv jedoch noch

---

[1] Kracauer, History, Materialien zur posthumen Edition KN DLM.
[2] Den Vergleich der Historiographie mit einer Reise ins Ausland entlehnt Kracauer dem Historiker Thomas Babington Macaulay (1800–1859), der eine fünfbändige Geschichte Englands verfasste.
[3] Vgl. dazu Saupe, *Der Historiker als Detektiv*.

die Figur des Richters voraus, aus der bei Marc Bloch der erwähnte Untersuchungsrichter wird. Im Folgenden werden diese verschiedenen heuristischen Fiktionen und ihre theoretischen Implikationen dargestellt. Wie ist demgegenüber Kracauers metaphorische Gleichsetzung des Historikers mit einem Fremden oder Exilanten, respektive Mystiker, Photographen und Zeugen einzuordnen? Welche geschichtstheoretischen Positionen werden über die jeweiligen Figuren ins Bild gesetzt, verworfen oder bekräftigt?

Kracauer greift in Formulierungen und Argumentation immer wieder auf seine Texte aus der Vorkriegszeit zurück, so etwa auf den Mitte der zwanziger Jahre verfassten, posthum erschienenen Traktat über den *Detektivroman* (1925/1971). Der Detektiv wird hier als Figur der Moderne interpretiert, die sich dem Rätsel einer Geschichte gegenüber sieht, das es zu lösen gilt. Es finden sich in *Geschichte* aber auch Spuren von Kracauers sogenannten »Straßentexten« der 20er und 30er Jahre. Sein Idealhistoriker teilt einige Züge mit der schon hier auftauchenden literarischen Figur des Flaneurs.

2.1 Vom Richter zum Untersuchungsrichter: Marc Bloch

Marc Bloch gehört zu den Historikern, die Kracauer am häufigsten zitiert, wobei er ihn sowohl lobt als auch kritisiert. Kracauer geht bei seiner Verarbeitung von Blochs Thesen als auch anderer Autoren selektiv vor, kommt es ihm doch weniger darauf an, ein vollständiges Bild der Historiker und ihrer Werke zu entwerfen. Stattdessen bedient er sich ihrer sehr frei zur Untermauerung oder Diskussion der von ihm jeweils erörterten Thesen. Von Marc Bloch zitiert er nur die *Apologie pour l'histoire* (1949) und *La Société Féodale* (1939/40), nicht aber *Les rois thaumaturges* (1924) (von denen sich ein Exemplar in seiner Bibliothek in Marbach befindet) oder die Artikel, die Bloch in den *Annales* veröffentlichte.[4]

Die *Apologie* ist ein unvollendet gebliebenes Manuskript, das Bloch zwischen 1941 und 1943 verfasste. Zum ersten Mal erwähnt Kracauer sie im Kapitel »Natur«, wo Bloch als Vertreter einer »wissenschaftlichen« Geschichtskonzeption vorgestellt wird, die Kracauer kritisiert und in unterschiedliche Zusammenhänge stellt – so notiert er Blochs ablehnende Haltung gegenüber dem photographischen Prinzip in der Geschichtsschreibung oder erhebt Einwände gegen die Überzeugung, dass Fortschritt in der Geschichtswissenschaft prinzipiell möglich ist.[5] Er selbst bezweifelt, dass durch eine Verfeinerung der Forschungsinstrumente ein Zu-

---

[4] Da sich Kracauer bei seinen Reflexionen zu den *Annales* auf Marc Bloch konzentriert, entsteht in *Geschichte* leider nur ein sehr begrenztes Bild von dieser Schule. Er setzt sich weder mit Lucien Febvre noch mit Fernand Braudel auseinander. Schöttler, »L'historien entre objectivisme et subjectivisme«, S. 81.

[5] Kracauer, *Geschichte*, S. 25 f., 62, 151 f. [*H.*, S. 18, 51, 137.]

gewinn an Objektivität erreicht werden kann. Die Überzeugung von der Möglichkeit eines kontinuierlichen Wissenszuwachses mittels vergleichender Ansätze oder Teamarbeit, die Historiker wie Bloch, Henri Pirenne, Henri Irénée Marrou oder Oskar Kristeller propagieren, teilt Kracauer nicht, weil sie das Wesen der Geschichtsschreibung, die für ihn immer auch Erzählung ist, in seinen Augen verfehlt.[6]

Zum einen argumentiert er mit Claude Lévi-Strauss gegen das Ziel einer »totalen« Geschichte, weil Geschichtsschreibung immer, sofern sie nach Signifikanz strebt, auf die Auswahl bestimmter Teilgebiete angewiesen ist, die sich vom Kontinuum der Geschichte abheben. Zum anderen widerlegt Kracauer Edward Carr, der einen falschen Fortschrittsbegriff zugrunde legt, wenn er glaubt, dass die Historiographie durch das Aufdecken neuer Zusammenhänge zu immer weiteren Perspektiven vorzudringen vermag. Dass Bloch das »Gespenst der Universalgeschichte«, als Produkt historiographischen Fortschritts beschwört, ist für Kracauer eine »Schande«.[7] Der Versuch, das subjektive Element der Geschichtsschreibung auszuschalten, erscheint ihm nachgerade als »abwegig«.[8]

Kracauer kritisiert Blochs Umgang mit dem historischen Material: »Marc Bloch zum Beispiel hält im Eifer, Geschichte in eine Wissenschaft zu verwandeln, nicht anders als Collingwood an der Notwendigkeit für den Historiker fest, von Anfang an mit der Angriffslust eines Wissenschaftlers vorzugehen, d. h. die Vergangenheit anhand von Konstrukten und Modellen ins Kreuzverhör zu nehmen, die aus seiner ›A-priori-Imagination‹ oder, in weiterem Sinn, aus seiner Orientierung an der Gegenwart fließen.«[9] Dieses Zitat verdeutlicht die negativen Auswirkungen des Gegenwartsinteresses für die Geschichtsbetrachtung: Es führt zu einer Projektion vorgefertigter Erklärungsschemata auf die Vergangenheit. Das Bild vom Kreuzverhör evoziert aber auch polizeiliche oder juristische Ermittlungen, die Figur des Untersuchungsrichters, die ebenso wie die des Detektivs im 19. Jahrhundert virulent war. In Blochs *Apologie* spielt der Untersuchungsrichter eine wichtige Rolle, denn er verweist auf die Problematik des historischen Urteils.

Die Verknüpfung von Rechtsdiskurs und Historie reicht bis in die antike Tradition, Aristoteles' *Rhetorik*, Cicero und Quintilian zurück. Die richterliche Variante des Untersuchungsrichters, die französische Institution des *juge d'instruction*, wur-

---

[6] Namier fehlt in dieser Aufzählung. Kracauer fragt jedoch in seinen Vorarbeiten: »How does Namier's concern with teamwork go together with his insistance that the great historian is an artist?« Kracauer, Vorarbeiten, KN DLM.
[7] Kracauer, *Geschichte*, S. 152. [*H.*, S. 137.]
[8] Kracauer, *Geschichte*, S. 151 ff. [*H.*, S. 137.] In den Vorarbeiten schreibt Kracauer mit Blick auf Oskar Kristeller: »Due to his over-confidence in the objectivity of historical knowledge, Kr. underestimates the implications of the subjective factor which precludes one-dimensional progress toward the unity of historical knowledge. To speak of progress one would have to include the hierarchy of intervening perspectives.« Kracauer, Vorarbeiten, KN DLM.
[9] Ebd., S. 87. [*H.*, S. 76.]

de 1808 mit dem *Code d'instruction criminelle* eingeführt. Es handelt sich um einen Richter, der Ermittlungen durchführt, forscht, nicht aber richtet oder urteilt wie der sogenannte *magistrat*.[10] Um diese Figur entspann sich 1935 zwischen Marc Bloch und Lucien Febvre (neben Bloch der zweite Gründer der Zeitschrift der *Annales*) eine Auseinandersetzung um politische Stellungnahmen des Historikers. Bloch verarbeitete in dem *Témoignage écrit en 1940*, ein Werk, aus dem *L'étrange défaite* hervorging, seine Erfahrungen im Krieg. Er beschränkte sich nicht auf die Darstellung der politischen, militärischen und intellektuellen Hintergründe der französischen Niederlage, sondern klagte auch das Versagen der demokratischen Intellektuellen seiner Generation an. Nachdem er sich in früheren Werken politischer Werturteile enthalten hatte, nahm er mit *L'étrange défaite* und auch in der *Apologie* praktisch und theoretisch Abstand von dieser Abstinenz. Febvre kritisierte Blochs Figur des Untersuchungsrichters, weil er sich damit in seinen Augen zu weit auf das Terrain der politischen Auseinandersetzung begab. Bloch betonte aber, dass es ihm mehr um die »Untersuchung« und nicht so sehr um den »Richter« ging. An die Stelle des historischen Urteils wollte er die fragende Ermittlung setzen.[11]

Die Vorstellung von Historiographie als Ermittlungstätigkeit verweist auf einen zentralen Punkt der Bloch'schen Methodenlehre: Er plädierte für eine historische Kritik, die er in Anschluss an Charles Seignobos und Charles Victor Langlois nicht als »Quellenkritik«, als »critique des sources«, sondern als Zeugniskritik, als »critique des témoignages« verstand.[12] Der Begriff der Quelle impliziert die Vorstellung, dass die Wahrheit aus ihr gleichsam hervorsprudele, während Historiker und Untersuchungsrichter mit Zeugnissen und Zeugenaussagen arbeiten, die auf ihren Wahrheitsgehalt hin überprüft werden müssen.[13] Mit dem Bild des Ermittlers werden bei Bloch (wie bei Collingwood) nicht nur schriftliche Texte, sondern auch Sachquellen in den Blick genommen. Aus den scheinbar bedeutungslosen Überresten extrahiert der Untersuchungsrichter das »Indiz« – ein Wandel in der historischen Erkenntnispraxis, welche nun das Lesen durch das Sehen ergänzt. Spielt bei Kracauer die Diskussion um die Quellen- oder Zeugniskritik eine untergeordnete Rolle, ist die Frage nach der historischen Wahrheit für seine Theorie jedoch keinesfalls irrelevant: Bei ihm wird der Historiker in gewisser Weise selbst zum Zeugen. Auch das erste Kapitel von Blochs *L'étrange défaite* ist mit den Worten »Vorstellung des Zeugen« betitelt, denn Bloch schrieb aus der Perspektive des historisch geschulten Beobachters, der selbst am Krieg teilgenommen hatte.[14] In der *Apologie* ver-

---

[10] Bloch, *Apologie pour l'histoire*, S. 42.
[11] Nicht zufällig hatte auch Bloch vor, einen Detektivroman zu verfassen. Raulff, *Marc Bloch*, S. 186 f., S. 190.
[12] Bloch folgt hier Langlois/Seignobos, »Introduction«, S. 38 ff.
[13] Bloch, *Apologie der Geschichtswissenschaft*, S. 91. Der Gebrauch des Zeugnis-Begriffs anstatt der »Quelle« ist auch ein Verzicht auf die Suche nach einem »Ursprung« der Wahrheit.
[14] Bloch, *Die seltsame Niederlage*, S. 41 ff., S. 67.

schwindet der Zeuge ebenso wie der Richter, um dem nüchternen Untersuchungsrichter Platz zu machen.

Eine häufig zitierte Passage aus der *Apologie* verdeutlicht, worauf Historiographie unter Blochs Vorgaben abzielt: »Anhänger von Robespierre, Gegner von Robespierre, wir flehen euch an: Sagt uns bitte nur, wer Robespierre wirklich war!«[15] Nicht mehr der Richtspruch wird anvisiert, im Zentrum steht das *Verstehen* der vergangenen Zeiten. Diese Verschiebung geht mit der Abwendung von der reinen Politikgeschichte hin zu einem kulturgeschichtlichen Ansatz einer sowie mit der Entwicklung der Mentalitätsgeschichte. Der Bruch mit der Richter-Geschichte ist auch ein Bruch mit der Historiographie der vorangehenden Generation, die von der Diskussion um den Ausbruch des Ersten Weltkriegs geprägt war.[16]

Kracauer geht die Frage des historisch-politischen Urteils abstrakter an – etwa wenn er sich unter Verweis auf Erasmus zum Umgang mit Ideologien äußert. Die Überwindung eines rein politikgeschichtlichen Zugriffs, welche die *Annales* anstrebten, hatte sich in den 60er Jahren erledigt. Für Kracauer spielte vielmehr die Sozialgeschichte als vorherrschendes Paradigma eine Rolle, sowie die Frage, wie sich Spezialgeschichten zur Allgemeingeschichte verhalten. Mit Blick auf Bloch trifft er feine Unterscheidung zwischen dem Theoretiker, gegen den er Einwände erhebt, und dem Historiker, dessen historiographische Praxis er für »vorbildlich« hält, weil er von einer flexiblen Handhabe des Kreuzverhörs ausgeht.[17] Damit ist die Frage nach dem methodischen Zugriff auf Quellen oder Zeugnisse angesprochen, sowie jene nach dem Erkenntnisinteresse des Historikers.

2.2 Detektiv oder Flaneur?

Rückwärtsdenken – Gegen Benedetto Croce und Robin George Collingwood

Das dritte Kapitel von *Geschichte* konzipierte Kracauer in polemischer Absicht, wie er an Blumenberg schrieb[18], gegen Robin George Collingwood (1889–1943)[19] und

---

[15] Bloch, *Apologie der Geschichtswissenschaft*, S. 157. Die Erwähnung Robespierres ist kein Zufall, zeichnete sich die Geschichtsschreibung zur Französischen Revolution Ende des 19. und Anfang des 20. Jahrhunderts durch einen ausgeprägten Hang zur Richter-Geschichte aus. Ginzburg, *Le juge et l'historien*, S. 19.
[16] Raulff, *Marc Bloch*, S. 196, S. 256.
[17] Vgl. Kracauer, *Geschichte*, S. 77 und 87. [*H.*, S. 67 und 76.]
[18] Kracauer an Hans Blumenberg, 18.12.1965, in: Konvolut »Kolloquium Nachahmung und Illusion«, KN DLM.
[19] Collingwood lehrte in Oxford Philosophie, war aber auch Spezialist des römischen Britanniens. In seiner Autobiographie, die er schon 1939 verfasste, geht er auf Distanz zum idealistischen Denken, in seinen Briefen an Croce stellt er sich gleichwohl als Hegelianer vor. Zu den Unterschieden zwischen Croce und Collingwood, auf die Kracauer nicht eingeht, vgl. Moss, »Croce and Colling-

Benedetto Croce (1871–1915), einem der Begründer des italienischen Neo-Idealismus.[20] Im Zentrum steht die Frage nach dem Gegenwart-Interesse des Historikers oder, anders ausgedrückt, um die »Erkenntnis-Funktion des Historiker Ichs«.[21] Kracauer stützt sich weniger auf Croces *Teoria e storia della storiografia* (1917) als auf Collingwoods ›Epilegomena‹ in *The Idea of History* (1946), die ihm gleichsam als Negativfolie seiner eigenen Position zum methodischen Vorgehen des Historikers und den damit verbundenen geschichtstheoretischen Prämissen dient. Auch wenn sich die »Mediationen« von *Geschichte* jeweils um eine thematische Einheit herum entwickeln, werden im Kapitel über das Gegenwart-Interesse des Historikers weitere Themen angeschnitten, die unten ausführlicher behandelt werden: (eher am Rande) das Verhältnis zwischen Realismus und Formgebung, zentraler die Frage nach der historischen Zeit, und schließlich das Verhältnis von Totale und Fragment.

Ein in *The Idea of History* eher randständiges Motiv, das Kracauers Aufmerksamkeit auf sich zog, ist die Figur des Detektivs, die in den Epilegomena auftaucht.[22] Dies überrascht kaum, hatte sich Kracauer doch Anfang der 20er Jahre intensiv mit dem Detektivroman auseinandergesetzt und über dieses Genre einen philosophischen Traktat verfasst, den er Adorno widmete.[23] In der erwähnten bibliographischen Ahnenreihe von *Geschichte*, die Kracauer in der Einleitung aufstellt, fehlt der erst 1971 posthum erschienene *Detektivroman*, dabei handelt es sich ähnlich wie bei Offenbachs Operetten, dem Film oder der Geschichtsschreibung um ein Genre, dem die Anerkennung lange versagt blieb. Überdies entfaltete sich die Geschichtswissenschaft genau wie der Detektivroman oder die Operette zu Beginn der Moderne im 19. Jahrhundert – worauf Kracauer jedoch nicht verweist, obschon er das gleichzeitige Auftauchen von Photographie und Geschichtswissen-

---

wood«, S. 146. Besonders die zwischen 1919 und 1932 entstandenen Werke sind von Collingwoods Hegel-Rezeption geprägt. Kracauer stützt sich ausschließlich auf *The Idea of History* (1946). Posthum erschienen 1989 Collingwoods *Essays in Political Philosophy* und 1999 *The Principle of History*. Vgl. Johnson, *R.G. Collingwood*, bes. S. 79–90; Donagan, *The later philosophy*, bes. S. 173–250; Dray, *History as Re-enactment*; Leach, *The Foundations of History*.

[20] Thiemeyer, »Benedetto Croce«, bes. S. 406–413. Zu Collingwood und Croce: Peters, *The living Past*.

[21] Kracauer, *Geschichte*, S. 72. [*H.*, S. 63.]

[22] Vgl. Collingwood, »The Historical Imagination« (1936) und »Historical Evidence« (1939), in: Ders., *The Idea of History*, S. 231–248 und S. 249–281.

[23] Kracauer, »Der Detektivroman, in: Ders., *Soziologie als Wissenschaft. Der Detektiv-Roman. Die Angestellten*, S. 107–209. Kracauers Traktat ist eine der frühen Abhandlungen zum Detektivroman. Vor ihm befasste sich George Lukács bereits theoretisch mit dieser Gattung: Lukács, *Dostojewski*. Kurz nachdem Kracauer seinen Text verfasst hatte, erschien von Régis Messac *Detective Novel et l'influence de la pensée scientifique* (1928) und von Roger Caillois *Roman policier* (1941). Mitte der 60er Jahre interessierte sich auch Ernst Bloch für das Genre: Ders., »Philosophische Ansichten über den Detektivroman«. Vgl. Thums, »Kracauer und die Detektive«, S. 390–406; Frisby, »Zwischen den Sphären«, S. 40; Rochlitz, »Avant-propos«, S. 12 f.

schaft betont (auch wenn Gleichzeitigkeit für ihn eine problematische Kategorie darstellt). Edgar Allan Poes Erzählungen aus den 1840er Jahren *The Murder in the Rue Morgue*, *The Mystery of Marie Roget* oder schließlich *The Purloined Letter*, den Kracauer in *Geschichte* zitiert, stehen am Anfang dieser Entwicklung. Als besondere Kennzeichen der Gattung, die z. T. auch in Kracauers Traktat thematisiert werden, gelten die Transnationalität der Handlung, die Metropole, das Thema der Großstadtwahrnehmung, eine säkularisierte Weltdeutung und die mediale Vermitteltheit von Erfahrung.[24] Die Affinitäten zwischen dem Historiker und dem Detektiv scheinen auf der Hand zu liegen: Beiden geht es darum, auf der Grundlage von lückenhaften Hinweisen zu wahren Aussagen über die Vergangenheit zu gelangen. Sie praktizieren das Verfahren des Rückwärtsdenkens oder der Abduktion.[25]

Collingwood zieht diesen Vergleich erstmalig in »The Historical Imagination« (1936).[26] Der Held einer Detektivgeschichte konstruiert genau wie der Historiker von einer Reihe von Fakten ausgehend das Bild eines bestimmten Tathergangs. Ein wichtiger Unterschied zwischen beiden besteht jedoch in der Beglaubigung dieses Bildes. Die Ergebnisse der Ermittlungen des Detektivs werden nach der literarischen Konvention durch das Geständnis des Täters bestätigt, wohingegen historische Dokumente Untersuchungsprozesse prinzipiell nicht zu einem Abschluss zu bringen vermögen, sondern stets neue Fragen aufwerfen, einschließlich jener nach ihrer Authentizität. Collingwood will mit seinem Vergleich auf folgende These hinaus: »[…] in history, just as there are properly speaking no authorities, so there are properly speaking no data.«[27] Mit dem Verweis auf »Autoritäten« spielt er auf die von ihm kritisierte »Schere-und Kleister-Methode« an, bei der widersprüchliche Aussagen oder Zeugnisse gegen- und nebeneinander gestellt werden, ein seiner Auffassung nach »unwissenschaftliches« Vorgehen.[28] Das Bild, das der Historiker von der Vergangenheit entwerfen sollte, müsse immer das Produkt seiner apriorischen Vorstellungskraft sein, welche allein die Quellen, die er in seiner Konstruktion verwendet, zu legitimieren vermag. Collingwood versteht diese Einbildungskraft im Kant'schen Sinne als Vermittlung zwischen Sinnlichkeit (Anschauung) und Verstand, oder wie es bei Kant heißt: »als das Vermögen, einen Gegenstand auch ohne dessen Gegenwart in der Anschauung vorzustellen.«[29] Dank dieser Einbildungskraft entsteht das historische Bild auf der Grundlage der Verknüpfung einiger Kernpunkte (*fixed points*), die sich Collingwood als ein Netz denkt, dessen Zwischenräume die Vorstellungskraft mittels »kritischen Denkens« auszufüllen sucht.

---

[24] Vgl. Lenger, »Detektive und Historiker«, S. 32.
[25] Vgl. Winks (Hrsg.), *The Historian as Detective*. Neuhaus, »Die Archäologie des Mordes«.
[26] Collingwood, *The Idea of History*, S. 243.
[27] Ebd., S. 243 f.
[28] Ebd., S. 257 f.
[29] Zitiert nach Saupe, *Der Historiker als Detektiv*, S. 229.

Aufgrund des Einsatzes der a-priori-Vorstellungskraft ähneln sich für Collingwood die Arbeit des Historikers und des Romanschreibers.[30] Seine Argumentation geht von einem Vergleich des Historikers mit dem Detektiv zu dessen Annäherung an den Romanschreiber (»novelist«) über – ein Aspekt, den Kracauer in diesem Kontext nicht aufgreift, obschon er in *Geschichte* eine zentrale Rolle spielt. Anders als der Romanautor muss der Historiker laut Collingwood jedoch nicht nur ein kohärentes und sinnvolles Bild von der Vergangenheit entwerfen, sondern die Dinge auch zeigen »wie sie wirklich waren«, so relativiert er anschließend seine Argumentation. Drei methodische Regeln sind dazu einzuhalten: er muss die Dinge in Zeit und Raum lokalisieren; das Bild muss zu den übrigen Bildern der historischen Welt passen; das Bild des Historikers steht in besonderer Beziehung zur »Evidenz«: es setzt sich aus der gesamten wahrnehmbaren Welt zusammen, soweit diese zur Verfügung steht.[31] Die Beweiskraft der Quellenaussagen lässt sich jedoch nur aus dem durch historische Einbildungskraft geschaffenen historischen Kontext ermitteln.

Wenn Collingwood drei Jahre später in »The Historical Evidence« (1939) den Vergleich des Historikers mit dem Detektiv erneut aufgreift, erwähnt er eine besondere Figur des Detektivs, Hercule Poirot von Agatha Christie.[32] Kracauer setzt mit seiner Collingwood-Kritik bei dieser Figur an und stellt ihr einen anderen Detektiv entgegen: Arnold Pike von Scotland Yard aus Philip MacDonalds *Murder Gone Mad*. Der entscheidende Unterschied dieser beiden Detektiv-Typen liegt in den jeweiligen Methoden ihres Ermittlungsverfahrens.

Der von Collingwood eingeführte Hercule Poirot verachtet die Polizei dafür, dass sie »alles aufnimmt, was sich am Ende als Anhaltspunkt erweisen könnte«, und hält den Beamten entgegen, dass man nicht Belege zusammentragen könne, »ehe man zu denken beginnt.«[33] Ironisch drückt Kracauer seine Bewunderung für Poirots a-priori-Imagination aus, »weil sie oft ohne jeden ersichtlichen Anhaltspunkt ins Schwarze trifft.«[34] Er weist aber darauf hin, dass nicht alle Kollegen von Poirot eine solche Arbeitsweise befürworteten. MacDonalds Oberinspektor Arnold Pike misstraue seiner Kombinationsgabe, solange er nicht daran gegangen sei, »Tatsachen zusammenzutragen, gleichviel ob sie etwas mit dem Fall zu tun zu haben scheinen oder nicht.« Kracauer zitiert Pikes Methode weiter: »Habe ich dann lange und zäh genug gegraben, bringe ich vielleicht etwas ans Licht, was in meinem Geist einzuhaken scheint und ein guter Ausgangspunkt zum Weiterdenken wird.« Genau dieses »Weiterdenken« hält Kracauer für wichtig und kommentiert ironisch: »Die

---

[30] Collingwood, *The Idea of History*, S. 242 f., S. 246 f.
[31] Ebd., S. 247.
[32] Ebd., S. 281. Vgl. dazu Couse, »Collingwood's Detective Image«, S. 57–77.
[33] Kracauer, *Geschichte*, S. 81. [*H.*, S. 70.] Collingwood verbindet diese Frage mit dem Hinweis, dass gute Historiker nicht Epochen, sondern Probleme untersuchen sollten. Collingwood, *The Idea of History*, S. 281.
[34] Kracauer, *Geschichte*, S. 81. [*H.*, S. 71.]

Moral ist, Collingwood hätte mehr Detektivromane lesen sollen.«[35] Er plädiert für eine induktive Methode.

Mit der Gegenüberstellung der beiden Detektiv-Figuren verdeutlicht Kracauer seine Auffassung über die Annäherung des Historikers an sein Material. Abschreckend ist für ihn ein methodischer Zugriff, der sich anhand von prä-etablierten Arbeitshypothesen und präzisen Fragestellungen an die Vergangenheit wendet, wie er am Beispiel des amerikanischen Soziologen und Historikers Charles Tilly (1929–2008) und dessen Werk über die Französische Revolution illustriert.[36] Tilly untersuchte den Aufstand der *Vendée* aus dem Jahr 1793 mit Methoden, die der Sozialwissenschaft entlehnt waren. Er bestätigt die Arbeitshypothese, nach der es vor allem in jenen Gegenden zu heftigen Auseinandersetzungen kam, wo aufgrund des Zusammentreffens von traditioneller Landwirtschaft und weltoffenem Handel bzw. Marktwirtschaft die wirtschaftlichen Konflikte zwischen den beteiligten Akteuren besonders intensiv waren. Es handelte sich um Konfrontationen zwischen dem revolutionären Bürgertum und verschiedenen Oppositionsgruppen, Konfrontationen, die eine ideologische Ausdifferenzierung der verschiedenen Lager überhaupt erst generierten.[37] »Äußerst primitiv« nennt Kracauer diese Interpretation, denn eine hypothesenbasierte Recherche auf der Grundlage vorgefertigter Begriffe entspricht dem Poirot'schen Einschalten der »kleinen grauen Zellen« noch vor der Aufnahme von Ermittlungen.

Diese methodische Kritik wird im Folgenden zu nuancieren sein, räumt Kracauer doch an anderer Stelle ein, dass es nicht möglich sei, Belege aus der Vergangenheit zu sammeln, wenn man nicht wisse, was man ihr abgewinnen wolle.[38] Handelt es sich bei dieser Kritik an Tilly also lediglich um eine Nuance, stellt sich umso mehr die Frage, worauf Kracauer mit seiner Polemik abzielt. Tatsächlich geht es um das Problem des Erkenntnisinteresses, dem seiner Auffassung nach geschichtsphilosophische Prämissen zugrunde liegen, derer er die Geschichtsschreibung entkleiden will. Nach Collingwood und Croce (»jede Geschichte ist Zeitgeschichte«) wird der Historiker vom Wunsch nach einem besseren Verständnis der Gegenwart angetrieben. Historische Werke sind ihrerseits geschichtlich determinierte Schriften. Für Collingwood sind Gegenwart und historische Betrachtung über die a-priori-Vorstellungskraft eng miteinander verbunden. Er interessiert sich für die Figur des Detektivs, weil weniger die historischen Ereignisse, als vielmehr die Aktivitäten und Handlungen der historischen Träger und ihre Motive ausschlaggebend sind.

---

[35] Ebd. [*H.*, S. 71.] Collingwood verfasste eine Detektivgeschichte mit dem Titel »Who killed John Doe?«, welche in das Kapitel »Historical Evidence« von *The Idea of History* eingelassen ist. Vgl. Collingwood, *The Idea of History*, S. 266–268. Es geht ihm um das korrelative Verhältnis von Fragestellung und Erkenntnisprozess. Vgl. Couse, »Collingwood's Detective Image«, S. 61 f.

[36] Tilly, *The Vendée*. Ein Aufsatz zum Thema erschien in *History & Theory*: Ders., »The Analysis of Counter-Revolution«, S. 30–58.

[37] Kracauer, *Geschichte*, S. 38 f. [*H.*, S. 30.]

[38] Ebd., S. 57. [*H.*, S. 47.]

Um diese erkennen zu können, muss der Historiker die Vergangenheit der »Akteure« (Individuen, Kulturen, Gruppen, aber auch politische Strukturen) erlebend nachvollziehen, ein Prozess, den Collingwood mit dem Begriff des »re-enactment« umschreibt. Er bezieht sich dabei auf vergangenes Denken *und* dessen Kontext.[39] Diese Art des »erlebenden Nachvollzugs« (eine Übersetzung, die den spielerischen Aspekt des Vorgangs tilgt, auf den der englische Begriff verweist) wird dem Historiker zur Selbsterkenntnis.

Kracauer kritisiert diesen Ansatz, weil die Kenntnis der Vergangenheit damit lediglich projektiver Art sein kann. Aus seiner Sicht dient das Konzept des re-enactment dazu, die historische Wahrheit als eine »Variable des Gegenwart-Interesses« zu präsentieren. Die Polemik zielt also vor allem darauf ab, zwei Thesen zu widerlegen, die jeder Theorie des Gegenwart-Interesses zugrunde liegen: zum einen die Annahme, dass der Geist des Historikers durch seine Zeit geprägt sei; zum anderen die Vorstellung, dass die Gegenwart das Erkenntnisinteresse, die Vorlieben des Historikers wie auch seine Vorurteile determiniert.

Collingwoods Vorstellung, dass im Gegenwartsmoment die Vergangenheit enthalten ist, erfordert einen Historiker, der vollkommen in der Gegenwart verankert sein muss, will er die Vergangenheit erfassen.[40] Kracauer kritisiert, Croce und Collingwood mäßen der Gegenwart eine »metaphysische« Bedeutung für den Geschichtsverlauf bei. Dies bringe sie jedoch insofern in Schwierigkeiten, als beide ein die gesamte Geschichte regierendes Prinzip in Abrede stellten, aber auch bekräftigten, wenn sie die »Einzigartigkeit des gegenwärtigen Augenblicks« zu erklären suchten.[41] Kracauer nimmt hier eine logische Inkonsequenz wahr, beklagt dabei Croces Fortschrittsglauben und Collingwoods Vorstellung von der Vergangenheit als intelligibler Reihe aufeinander folgender Gedanken, die ihren vorläufigen End- und Höhepunkt in der Gegenwart finden.

Daher weist Kracauer Collingwoods Auffassung zurück, wonach der Historiker ein »Kind seiner Zeit sei«[42], setzt diese (verbreitete Auffassung) doch die Existenz homogener, vom »Geist« erfüllter Zeiträume voraus, die unterschiedliche, sinnvoll miteinander verbundene Phasen eines dialektisch sich vollziehenden Geschichtsverlaufs sind. Kracauer rückt Croces Idealismus in den Vordergrund, wobei er jedoch ein stark verkürztes Bild von dessen kritischer Hegel-Lektüre entwirft.[43] Gegenüber Blumenberg verteidigt er diese Argumentation: »Zum Unterschied von Ihnen, der Sie stark zu betonen haben, was in einer historischen Periode gedacht werden muss oder nicht gedacht werden kann, versuche ich in diesem Kapitel zu

---

[39] Collingwood, *The Idea of History*, S. 215.
[40] Kracauer, *Geschichte*, S. 74. [*H.*, S. 64.]
[41] Ebd., S. 73. [*H.*, S. 63.]
[42] Ebd., S. 76. [*H.*, S. 66.]
[43] Vgl. Croce, *Lebendiges und Totes in Hegels Philosophie* (1906). Bei Cacciatore findet sich eine Bibliographie zur crocianischen Hegel-Interpretation, Cacciatore, »Croce und Bloch«, S. 389, Anm. 25.

zeigen, dass eine Periode nicht unbedingt bindend zu sein braucht, dass sie eine gewisse Marge an Freiheit zulässt. Ich glaube aber, dass der Unterschied zwischen uns nicht grundsätzlich ist, sondern einer der Emphasis; ich meinerseits muss die Fixierung an die normale historische Zeit möglichst minimalisieren.«[44]

Die Erörterung von Kracauers Zeitkonzeption ist einem eigenen Kapitel vorbehalten. Im Wesentlichen sucht er eine lineare, chronologische Zeitvorstellung zu erschüttern, ebenso wie die Vorstellung von homogenen Zeiträumen oder Epochen: Die laut Kracauer weit verbreitete Denkgewohnheit, die von der Zeit- und Milieugebundenheit des Historikers ausgeht, lässt sich nur aufrecht erhalten, »wenn man Croces Lehre akzeptiert, daß der historische Zeitraum eine vom ›Geist‹ jedes Zeitraums erfüllte Einheit ist.«[45] Weder ist jedoch der Zeitraum eine homogene, von einem spezifischen Zeitgeist[46] durchdrungene Einheit, noch hat man sich den Geschichtsverlauf als dialektischen Prozess vorzustellen, dessen einzelne Phasen in einem sinnvollen Zusammenhang zueinander stünden oder gar einem evolutiven Schema der Vervollkommnung folgten. Kann man sich aber den Zeitraum, und damit das historische und soziale Milieu, in dem sich der Historiker bewegt, nicht als »in sich geschlossenes Ganzes« vorstellen, sondern handelt es sich bei dem Zeitraum um »ein zerbrechliches Kompositum häufig inkonsistenter Strebungen im Fluss«[47], so kann dieses inexistente Ganze auch nicht den Geist des Historikers geformt haben. Die Vorstellung von der Gegenwartsbestimmtheit des Historikers ist daher für Kracauer an die Existenz eines Zeitgeistes gebunden, von dem die Menschen abhängen und der »die Rolle des Geistes im Geschichtsprozess von oben herab und von außen bestimmt.«[48] Dieses Schema widerspricht seinem Bestreben, der menschlichen Freiheit und dem unvorhergesehenen Ereignis ihren Platz in der Geschichte einzuräumen. Kracauer verweist überdies darauf, dass »große« Historiker wie Vico oder Burckhardt nicht wirklich ihrem Zeitraum angehören, sie sind vielmehr Beispiele »chronologischer Exterritorialität«.[49] Hier kündigt Kracauer Thesen an, die in den Ausführungen zu »Die Reise des Historikers« erläutert werden. Für Kracauer können es nicht wie bei Collingwood der Historiker und die Fakten sein, die sich qua »Affinität« aufeinander zubewegen.[50] Es ist der Historiker, der sich in den Zeiträumen hin und her zu bewegen hat.

---

[44] Kracauer an Blumenberg, 18.12.1965, in: Konvolut Kolloquium »Nachahmung und Illusion«, KN DLM [72.3718/7].
[45] Kracauer, *Geschichte*, S. 76. [*H.*, S. 66.]
[46] Vgl. Breckmann, »Zeitgeist«, S. 986.
[47] Kracauer, *Geschichte*, S. 77. [*H.*, S. 67.]
[48] Ebd. [*H.*, S. 67.]
[49] Ebd., S. 79. [*H.*, S. 68.]
[50] Deshalb sollte sich nach Collingwood der Historiker besonders mit ihm naheliegenden Themen befassen, denn es wirkt eine Anziehungskraft in beide Richtungen. Vgl. Kracauers Kritik: Ebd., S. 82.

Einen zweiten Aspekt von Croces und Collingwoods Thesen lehnt Kracauer ab: die Behauptung, dass der Historiker mit einer besonderen Empathie für die Probleme der Gegenwart begabt sein müsse, um ein lebendiges Verhältnis zur Vergangenheit zu entwickeln.[51] Für »gefährlich«[52] hält er diese Annahme, da sie eine Verschiebung von der realistischen Tendenz zur formgebenden bewirkt und die registrierende Funktion des Historikers vernachlässigt werden. Dazu an dieser Stelle nur so viel: Der Wille zur Formgebung bewirkt laut Kracauer, dass die Historiker ihrem Material auf grobe Weise begegnen. Oft würden quer zu den Hypothesen liegende Quellen verdunkelt oder gar nicht berücksichtigt, ja sogar »unterdrückt«: »Die Angriffslust des Forschers tendiert dazu, die Vergangenheit zurück in die Vergangenheit zu scheuchen.«[53] Der Historiker gelangt nur zu dem, was er schon wusste, riskiert Anachronismen, anstatt Erkenntnisse über die Vergangenheit zu gewinnen. Indem Collingwood Geschichte als Natur betrachtet, »erzwingt [er] wie ein wissenschaftlicher Experimentator Antworten auf seine Fragen«.[54] Hier trifft sich Kracauers Kritik an Collingwood mit seinen Einwänden gegenüber Marc Blochs Ansatz.

Am wichtigsten ist bei seiner Ablehnung von Collingwoods und Croces Thesen – und dies ist der Fluchtpunkt des Kapitels – dass beide Geschichte als »verstehbares Ganzes« begreifen, als »sinnvolle Anordnung der Dinge«.[55] Denn erst unter dieser Voraussetzung ist es möglich, sich an der Gegenwart zu orientieren und gleichzeitig etwas über die Vergangenheit zu erfahren, bzw. diese qua re-enactment zu rekonstruieren: »Die Theorie des Gegenwart-Interesses hängt von der Idee eines solchen Systems ab – d. h. von einem der Wunschträume entfesselter Vernunft.«[56] Dieser Aspekt wird in den Kapiteln über die Zeit und den Vorraum noch eine wichtige Rolle spielen.

Hercule Poirot gegen Arnold Pike – Exkurs zum Detektivroman

Achim Saupe schreibt, dass es sich bei Kracauers Ablehnung des Historikers als Detektiv um einen »späten Affekt« eigener Krimilektüren handele.[57] Jedoch richtet er sich in *Geschichte* lediglich gegen Agatha Christies Hercule Poirot, während er die Ermittlungsmethoden Arnold Pikes von Philip MacDonald durchaus gelten lässt. Ist bei Collingwood der besagte Vergleich wie auch die Detektivgeschichte »Who killed John Doe?« nicht zentral, interessierte sich Kracauer für genau diesen Passus

---

[51] Croce, *Theorie und Geschichte*, S. 3 f.
[52] Kracauer, *Geschichte*, S. 79. [*H.*, S. 69.]
[53] Ebd., S. 80. [*H.*, S. 69.]
[54] Ebd. [*H.*, S. 70.]
[55] Kracauer, *Geschichte*, S. 83. [*H.*, S. 72.]
[56] Ebd. [*H.*, S. 73.]
[57] Vgl. Saupe, *Der Historiker als Detektiv*, S. 248.

gewiss auch aufgrund seiner früheren Beschäftigung mit der Gattung.[58] Eine Kritik an massenkulturellen Erzeugnissen, die »den meisten Gebildeten nur als außerliterarisches Machwerk bekannt«[59] seien, lag ihm anders als Adorno vollkommen fern.[60] Um Kracauers Umgang mit der Figur des Detektivs in *Geschichte* zu verstehen, erscheint es sinnvoll, seine Thesen zum Detektivroman zu betrachten.

Kracauer bezeichnete seine Abhandlung programmatisch als »Traktat« und wählt damit jene philosophische Form, mittels derer die Philosophie ihren systematischen Anspruch zugunsten der Darstellung aufzugeben sucht. Benjamin schreibt in der Einleitung zum Trauerspielbuch: »Darstellung ist der Inbegriff ihrer Methode. Methode ist Umweg. Darstellung als Umweg – das ist dann der methodische Charakter des Traktats.«[61] Kracauer befasst sich in seinem Traktat mit der Frage, »wie die Welt beschaffen ist, die in wissenschaftlichen Erklärungen entsteht und was von unserer Erfahrungswirklichkeit noch in sie eingeht.«[62] Die folgende Analyse beschränkt sich auf Kracauers Darstellung des Detektivs und des von ihm vollzogenen Ermittlungsprozesses, zwei Aspekte, die es erlauben, aufschlussreiche Analogien zu Kracauers Spätwerk aufzuzeigen. Jedoch geht die im Frühwerk artikulierte Kritik nicht von denselben Voraussetzungen aus wie Kracauers spätere Positionen.

Wenn Kracauer schreibt, Croces und Collingwoods Theorie des Gegenwart-Interesses hinge von »einem der Wunschträume entfesselter Vernunft«[63] ab, erinnert dies an seine Frühschrift. Das Universum des Detektivromans, das Kracauer Mitte der 20er Jahre betrachtet, geht nach seiner damaligen Zeitdiagnostik von einer vollständig rationalisierten und von Sinnverlust geprägten Welt aus, in welcher »der bindungslose Intellekt den Endsieg erfochten hat.«[64] Kracauer erzählt über die

---

58 In dem Artikel »Spannende Romane« (1925) unterscheidet Kracauer zwischen der Gattung des Detektivromans, bei der es um das *Whodonit* und den Einsatz des detektivischen Intellekts geht, und dem Kriminalroman, der das Verbrechen weniger spielerisch, sondern realistisch darstellt. Kracauer, »Spannende Romane«, in: *Aufsätze 1915–1926*, S. 284–288, hier S. 286. [*FZ*, 7.1.1925] Vgl. Agard, *Le chiffonnier*, S. 50.
59 Kracauer, »Der Detektiv-Roman«, S. 107.
60 Die Auseinandersetzung darüber setzte sich bis in die 50er Jahre fort, als Kracauer Adornos *Minima Moralia* kritisierte, die Massenkultur sei ihm dort als »undurchdrungen« erschienen: »Vielleicht rührt das daher, daß aus Deiner frühen Periode des Denkens gewisse Grundbegriffe, die sich auf die Gegenwart beziehen, blind mitgenommen worden sind.« Kracauer an Adorno, 4.7.1951, in: Theodor W. Adorno – Siegfried Kracauer, *Briefwechsel*, S. 457. Adorno darauf: »Daß die Stücke über Massenkultur nicht etwa eine vollkommene Theorie der Sache bieten, gestehe ich Dir gern zu; [...]. Auch daß meine Bemerkungen dazu einen Erdenrest des Undialektischen tragen, würde ich Dir konzedieren; nur freilich, wenn hier die Dialektik auf die leiseste Nachsicht mit dem Gegenstand hinausläuft, würde ich bockig werden.« Adorno an Kracauer, 19.7.1951, in: Ebd., S. 460.
61 Benjamin, »Ursprung des deutschen Trauerspiels«, S. 208. Vgl. Mülder, *Grenzgänger*, S. 39.
62 Ebd., S. 36.
63 Kracauer, *Geschichte*, S. 83. [*H.*, S. 73.]
64 Kracauer, »Der Detektiv-Roman«, S. 107.

Figur des Detektivs die »Verfallsgeschichte der neuzeitlichen Rationalität.«[65] Er definiert ihn über seine Beziehung zum Verbrecher und zur Polizei, welche die Legalität verkörpert, während der Detektiv die Ratio selbst personifiziert, die verschiedene Rollen einnimmt: Sie ist sowohl »die schlechthin Bedingende, über der nichts mehr wohnt«, wie auch »die Bedingte«, welche die »Pforte […] geschlossen hält«, an die das »Höhere, das sie verstoßen hat«, klopft.[66] Der Detektiv als Verkörperung der Ratio hat Qualitäten eines Mönchs, er ist ein alleinstehender Außenseiter, ein säkularisierter Priester, der in der Hotelhalle, dem Gegenbild der Kirche, gespenstische Messen zelebriert.[67] Der Anschein von Allwissenheit und Allgegenwärtigkeit, der ihn umkleidet, bringt den Anspruch auf Autonomie zum Ausdruck, den die Ratio in der Moderne erhebt; er wird zum »Widerspiel Gottes«.[68]

Der Erscheinung nach unauffällig und glattrasiert, ist der Detektiv ein mit ebenso smarten wie immer gleichen Gesichtszügen ausgestatteter Mann. Die scheinbare Körperlosigkeit, die mit der kräftigen Konstitution der Helden älterer »Schmutz- und Schundliteratur« kontrastiert, weist seine Handlungen als intellektuelle aus. Wo er sich als Sportsmann gibt, sollen seine Fähigkeiten die Mittel der Ratio ausdrücken, »ihre Erkenntnisse zu verifizieren« – sie illustrieren den theoretischen Prozess der Ermittlung.[69] Der Prozess wird allerdings nicht vollzogen, weil sich der Detektiv »mit den Trägern des Legalitätsprinzips«, also der Polizei, identifiziere. Es geht ihm – und das ist für den vorliegenden Zusammenhang entscheidend – um den Enträtselungsprozess selbst.[70]

In einer Passage des Kapitels »Prozess« wird der Ermittlungsprozess des Detektivs beschrieben: Er setzt bei dem »›Es‹ der illegalen Fakten« an, bei einem »versächlichten Befund« irgendeines Verbrechens, das als punktuelles und zusammenhangloses Ereignis erscheint, das der Ratio zunächst unzugänglich ist.[71] Diese Begebenheit weist nicht über sich selbst hinaus: »Als ein Konglomerat von Tatsachenfetzen«, als nur dürftiges Material, fordert sie den Intellekt dazu auf, die Zusammenhänge zu rekonstruieren. Diese Zusammenhänge sind jedoch nur »Reduktionen der wirklichen Geschehnisse, der Beziehung entfremdete Restbefunde, die im ästhetischen Medium Atome darstellen und des existentiellen Seins in der Spannung entraten, das ihre restlose raumzeitliche Verwebung zur Unmöglichkeit machte.«[72] So wird im Detektivroman die »Ungegebenheit des Gegebenen« zum Stilprinzip erhoben. Nach Kracauer darf der »Prozess, der die Totalität herstellt, […] theoretisch mit

---

[65] Jakob, »Undurchdringlichkeit«, S. 112.
[66] Kracauer, »Der Detektiv-Roman«, S. 140.
[67] Ebd., S. 144.
[68] Ebd., S. 140.
[69] Ebd., S. 181.
[70] Ebd., S. 174.
[71] Ebd., S. 182.
[72] Ebd.

Vorgegebenem nicht rechnen«, auch wenn der Detektiv sich an dieser ästhetisch beabsichtigten Dürftigkeit der Indizien nicht stört.

Dass die Faktenlage widersprüchlich und undurchsichtig ist, so dass dem Intellekt kaum Anhaltspunkte zur Herstellung der Zusammenhänge bleiben, ist für Kracauer im Detektivroman »nur ein ästhetisch legitimer Kunstgriff, um den Erkenntnisprozess abzulösen von der Haft im Material und die Selbstgenügsamkeit des transzendentalen Anfangs zu erweisen.«[73] Indem das detektivische Denken von einer äußerst schmalen Materialbasis ausgeht, gleicht es der »idealistischen Immanenz-Philosophie«.[74] Die Lösung eines jeden Falls wird so zur »ästhetische[n] Darbietung des idealen Systems, das so abgeschlossen ist, dass der *progressus ad infinitum* in ihm sich vollendet.«[75] Dieser Passus liest sich wie eine frühe Formulierung von Kracauers Polemik gegen Collingwoods Detektivfigur. Kracauer kritisiert in *Geschichte* wie oben erläutert, dass Collingwood wie Croce in der Geschichte ein intelligibles Ganzes sehen, das eine sinnvolle Anordnung der Dinge voraussetzt. Ihre Gleichsetzung von Geschichte und Zeitgeschichte ist für ihn nur tragbar, wenn das Material als Teil eines konsistenten »Kosmos«[76] betrachtet wird. Eine Rekonstruktion des Vergangenen aus der Gegenwart ist nur so zu legitimieren: »Als Elemente eines sozusagen geschlossenen Systems ist von allen Bruchstücken des gesammelten Belegmaterials anzunehmen, dass sie sich von selbst zusammenfügen.«[77]

Kracauer zitiert im *Detektivroman* eine lange Passage aus *Das Alibi* von Emile Gaboriau, die den Ermittlungsprozess des scharfsinnigen Detektivs Tabaret illustriert. Dieser Passus erlaubt es, den zweiten Aspekt von Kracauers Kritik am detektivischen Ermittlungsprozess zu erhellen: die Kritik an der Dominanz des die Materie formenden Intellekts. Tabaret illustriert für Kracauer idealtypisch die detektivische Methode. Er präsentiert dem überraschten Untersuchungsrichter Gevrol eine Summe von Einzelheiten über den gesuchten Mörder: den Markennamen seiner Zigarre, die er mit einer Spitze rauchte, Details zu seiner Kleidung, sein Alter... und rekonstruiert für den Kollegen die Zusammenhänge. Ausgangspunkt seiner Überlegungen sind Gipsabdrücke der Schuhabsätze des Mörders, der im Garten eine »flüchtige Spur« im Sand hinterlassen hat, just in der Nähe der Stelle, wo ein weiteres Beweisobjekt, ein Schlüssel, gefunden wurde. Von der Beschaffenheit dieser Spuren zieht Tabaret Rückschlüsse auf den Mörder. Die Spuren des hohen Absatzes und des ebenso hohen Rists suggerieren, dass es sich um einen eleganten Herrn handeln muss. Den Weg des Mörders in der Nähe des Tatorts rekonstruiert Tabaret anhand weiterer Spuren auf der Straße und im Garten:

---

[73] Ebd., S. 183.
[74] Ebd.
[75] Ebd., S. 204. Kursivierung im Text.
[76] Zum Thema des Aufstiegs vom Chaos zum Kosmos, vgl. Waszek, »Statut de l'économie politique«, S. 176 f.
[77] Kracauer, *Geschichte*, S. 83. [*H.*, S. 73.]

»Nicht weit vom Eingang des Gartens ist er über ein Beet gesprungen. Die etwas tiefer eingesunkene Fußspitze lässt darauf schließen. Die zwei Meter hat er mit Leichtigkeit übersprungen. Er ist also sehr behend, mit anderen Worten, noch sehr jung...«[78] Für Kracauer spiegeln diese detaillierten Ausführungen die »Spontaneität der ratio wieder, die das zerpulverte Anschauungsmaterial gemäß den dem Erkenntnissubjekt innewohnenden Prinzipien in einen gesetzlichen Zusammenhang bringt.«[79]

Der Umgang des Detektivs mit den gegebenen Tatsachen rückt den Intellekt als das formgebende Instrument in den Vordergrund. So ist schließlich, und diese Feststellung wird in *Geschichte* ganz ähnlich als Kritik an einer Historiographie formuliert, die Collingwood befürwortete, der Stoff seiner Eigengestalt beraubt, er wird zur Passivität verurteilt, in die Flucht geschlagen. Er wird zum bloßen Material, das keine *eigene* Ordnung mehr besitzt und daher auf die Rekonstruktion des Intellekts angewiesen ist: »Das Objekt erleidet eine radikale Destruktion«, während »das Transzendentalsubjekt als Gesetzgeber sich bewährt.«[80] So kritisiert Kracauer ein methodisches Vorgehen, bei dem das »Ding-an-sich« (Kant) vollkommen eliminiert wird. Es klingen schon im *Detektiv-Roman* Überlegungen zu dem von ihm später erwünschten Umgang mit der filmischen oder historischen Wirklichkeit an, die in der *Theorie des Films* und in *Geschichte* im Rahmen einer stärker säkularisierten Weltsicht stehen, als dies in seinen Frühschriften und insbesondere im *Detektiv-Roman* der Fall ist.

Die Sehnsucht nach dem Vergangenen – oder das antiquarische Interesse

Wenn Kracauer sich gegen das Gegenwart-Interesse richtet, stellt sich die Frage, in welcher Absicht sich der Historiker seiner Auffassung nach der Vergangenheit zuwenden sollte. Dabei ist noch einmal auf den politischen Charakter der Geschichtsschreibung zurückzukommen, der sich laut Kracauer besonders bei einem bestimmten »pseudohistorischen Genre« der Historiographie zeigt, das zwischen Geschichte und Prophezeiung anzusiedeln ist. Autoren solcher Schriften gehen von der Wirkmächtigkeit des Vergangenen für die Gestaltung der Zukunft aus und befassen sich mit ihr aus einem existentiellen Interesse an der Zukunft. Kracauer unterscheidet zwischen »engagierten« und »existentiellen« Geschichtsdarstellungen. Während sich erstere durch ihre Treue gegenüber den historischen Tatsachen auszeichnen, sind letztere überwiegend apologetischer Natur. Geschichte wird ihnen zum »Mahnmittel« oder zur »Peitsche«.[81]

---

[78] Kracauer, »Der Detektiv-Roman«, S. 184.
[79] Ebd.
[80] Ebd., S. 185.
[81] Kracauer, *Geschichte*, S. 84. [*H.*, S. 74.]

Kracauer hat daher kaum Sympathien für den prominentesten Verteidiger eines Ansatzes, der Geschichte nach ihrem Nutzen für die Gegenwart und Zukunft befragt: Friedrich Nietzsche. Kracauer argumentiert mit der Kategorie der historischen »Wahrheit«, wo Nietzsche eine Beförderung von »Illusionen« fordere, da der Mensch den »umhüllenden Wahn«, eine »umschleiernde Wolke« brauche, so Nietzsche in den zweiten »Unzeitgemäßen Betrachtungen«.[82] Kracauers Urteil über Nietzsche ist unzweideutig, mit seinen Thesen befasst er sich kaum. »Über den Nutzen und Nachteil der Geschichte für das Leben« (1874) trägt ihm zufolge die Züge der »folgenlosen Rebellion eines Heranwachsenden«, weil Nietzsche den Historismus verurteile, ohne Alternativen aufzuzeigen.[83] Auch wenn Kracauer gewiss nicht jeglichen Gegenwartsbezug pauschal verwirft, so sollte dieser für ihn Ausgangspunkt, nicht aber das Ziel historischer Studien sein. Das antiquarische Interesse eines Johan Huizinga oder die »unerfüllte Sehnsucht nach dem Untergegangenen« Jacob Burckhardts sind unabdingbar, will man etwas über die Vergangenheit erfahren.

Mit dieser Sehnsucht erinnert Kracauers Ideal-Historiker an eine weitere literarische Figur aus den Frühschriften, die gemeinhin mit der Konstellation Franz Hessel und Walter Benjamin in Verbindung gebracht wird: an den Flaneur. Sie ist wie der Detektiv im 19. Jahrhundert verankert und auch sie wurde von Edgar Allan Poe geprägt, mehr noch jedoch von Charles Baudelaire.[84] Spuren dieser Fiktion lassen sich in *Geschichte* entdecken. Immer wieder stehen Historiker vor Monumenten, gehen an ihnen vorbei, bewegen sich auf Straßen – in Einbahnstraßen oder auf Nebenwegen der Vergangenheit. Dabei widerfahren ihnen eigentümliche Begegnungen. Kracauers Flaneur aus dem berühmten Text »Erinnerung an eine Pariser Straße« (1930) »winken« die Straßen hinter dem Nebel genauso zu wie die drei Geisterbäume dem Erzähler aus Prousts *Recherche*, die Kracauer in *Geschichte* am Ende seines Kapitels über das Gegenwart-Interesse zitiert.[85] Kracauer betont hier, Vergangenheit wie Gegenwart könnten nur dank einer Art »Selbsttranszendierung« verstanden werden. Der Passus mit den Geisterbäumen aus Prousts *Recherche* handelt von einer Kutschfahrt: Eine überwältigende Glückserfahrung ergreift den Erzähler, als er drei Bäume sieht, deren Silhouetten ein Muster in die Landschaft werfen, das ihm auf eigentümliche Weise vertraut ist. »Er glaubte, sie wären aus den vergessenen Tagen seiner Kindheit aufgetaucht.«[86] Ihre Schatten »winken« ihm

---

[82] Ebd., S. 85. [*H.* S. 74.]
[83] Kracauer, *Geschichte*, S. 85. [*H.*, S. 75.]
[84] Eine Typologie der Flaneure von 1820–1933 entwirft Keidel, *Die Wiederkehr*, S. 12–46. Zu Kracauer, Hessel und Benjamin vgl. S. 26–46. Neumeyer vergleicht französische und deutsche Flanerie-Konzeptionen. Neumeyer, *Der Flaneur*, bes. S. 327–362.
[85] Kracauer, »Erinnerung an eine Pariser Straße«, S. 243. Ders., *Geschichte*, S. 90. [*H.*, S. 78.]
[86] Kracauer, *Geschichte*, S. 90. [*H.*, S. 78.] Leutrat hat darauf hingewiesen, dass Geister und Tote im 5. und 8. Kapitel ein wiederkehrendes Motiv sind. Vgl. Leutrat, »Le diptyque«, S. 216, hier Anm. 216.

aus der Vergangenheit zu. Tatsächlich vermag dieser Passus eine Antwort auf die Frage nach der Absicht zu geben, welche die Hinwendung zur Vergangenheit motiviert.

Das Zitat kann zu dem erwähnten Straßentext »Erinnerung an eine Pariser Straße« in Beziehung gesetzt werden, der von der Suche nach einer vergessenen Erinnerung handelt. Auch hier wird schon die paradoxe Frage nach dem *wohin?* der Schlenderei des flanierenden Erzählers gestellt – ist sie doch qua Definition richtungslos. Der Flaneur erweckt in den Passanten einen Eindruck der Ziellosigkeit, die von ihm selbst als problematisch erlebt wird: »Ich glaubte ein Ziel zu haben, aber ich hatte das Ziel zu meinem Unglück vergessen.«[87] Kracauer vergleicht diesen Zustand mit dem eines Menschen, dem ein gesuchtes Wort auf der Zunge liegt, an das er sich nicht zu erinnern vermag. Seine Wünsche richten sich auf jenen Ort, an dem ein Erinnern möglich wäre. »Von der Begierde erfüllt, endlich an den Ort zu gelangen, an dem mir das Vergessene wieder einfiele, konnte ich nicht die kleinste Nebengasse streifen, ohne sie zu betreten und hinter ihr um die Ecke zu biegen.«[88] Es folgt ein Verweis nicht nur auf die Thematik der Erinnerung, sondern auch auf das Phänomen der Geschichtlichkeit. Der Flaneur bewegt sich in Paris im Raum und in der Zeit. »Am liebsten hätte ich sämtliche Höfe ergründet und Zimmer für Zimmer durchforscht. Wenn ich so nach allen Seiten spähte, aus der Sonne in die Schatten und wieder zurück nach dem Tag, hatte ich die deutliche Empfindung, dass ich mich, auf der Suche nach dem gewünschten Ziel, nicht nur im Raum bewegte, sondern oft genug seine Grenzen überschritt und in die Zeit eindrang. Ein geheimer Schmugglerpfad führte ins Gebiet der Stunden und Jahrzehnte, dessen Straßensystem ebenso labyrinthisch angelegt war wie das der Stadt selber.«[89]

Diese beiden Aspekte des Erinnerns und der Geschichtlichkeit sind auch in anderen Straßentexten präsent, etwa in »Wiederholung« (1932), ein Essay, der mit Berlin und München zu tun hat, oder in »Straße ohne Erinnerung« (1932) über den Berliner Kurfürstendamm.[90] Während Paris eine Metropole ist, in der die Geschichte überall ihre Spuren hinterlassen hat und die Zeitschichten gleich Sedimenten in den Gebäuden lagern, erscheint das Berlin Anfang der 30er Jahre als ein Ort von seltsamer Geschichtslosigkeit. Hier wurden »vielen Häusern die Ornamente abgeschlagen«, die Fassaden sind ihrer Verankerung in der Zeit beraubt.[91]

---

[87] Kracauer, »Erinnerung an eine Pariser Straße«, S. 243.
[88] Ebd., S. 243 f.
[89] Ebd.
[90] Kracauer, »Straße ohne Erinnerung«, in: *Aufsätze 1932–1965*, S. 170–174, hier S. 173. [*FZ*, 16.12.1932]
[91] In »Wiederholung« heißt es, Berlin verfüge über ein »Zaubermittel, alle Erinnerungen zu tilgen«. Dort herrscht ein »Leben von Schlagzeile zu Schlagzeile«. Kracauer, »Wiederholung«, in: *Aufsätze 1932–1965*, S. 71–75, hier S. 71 f. [*FZ* 29.5.1932] Zum Gegensatz von Berlin und Paris vgl. Fris-

Der Flaneur tritt als Zeuge des Modernisierungsprozesses auf.[92] Anders in Paris: Auf der Suche nach dem Vergessenen »späht« der Flaneur aus »Erinnerung an eine Pariser Straße« nach allen Seiten.[93] Nicht dieses Spähen führt jedoch zum Ziel, sondern eine »unwillkürliche« Bewegung: Der Erzähler bevorzugt »die ärmeren Stadtteile.«[94] Zwar lassen sich in reicheren Gegenden Verwicklungen aufspüren, die »fremden Schriftzeichen gleich«[95] auf Entzifferung warten; die proletarischen Wohnstätten sind jedoch interessanter, nicht nur wegen ihrer größeren Dichte, Hässlichkeit und Planlosigkeit. Der Flaneur spürt hier auch einen potentiellen »Aufbruch«, der als historische Ankündigung oder nahender Einbruch des zu Erinnernden in das Bewusstsein gelesen werden kann: »ungeordnete Rotten, die sich bald zerstreuen oder auch gemeinsam marschieren werden. Und manchmal ist es, als werde in der Ferne ein Trommelwirbel geschlagen.«[96]

Wenn der Erzähler schließlich von seiner Begegnung mit der besonderen Straße berichtet, an die er sich später erinnert, etabliert er eine komplexe Kartographie. Am einen Ende der Straße befindet sich ein Theater, das sie scheinbar begrenzt – ein erster Hinweis auf den »vielstöckigen Traum«[97] von Wirklichkeit, um den es in dem Essay geht. Tatsächlich ist das Theater jedoch nicht der Abschluss der Straße, vielmehr führt ein schmales Gässchen zu ihr hin. Am anderen Ende mündet sie in eine »belebte Verkehrsstraße« ein. Die Straße wird mit der Kategorie der Dauer vermessen, sie ist »wenige Minuten lang«[98]. Der Erzähler durchquert sie wie von einem Wiederholungszwang getrieben zwei Mal, nach einem Umweg über eine »Pfeilstraße«, die sich analog zu den »zweideutigen« Aushängeschildern der Hotels »krümmt« und ihn scheinbar gegen seinen Willen im Halbkreis zum Ausgang zurückleitet.[99] Sie zeigt, wenn auch nur indirekt, die Richtung an. Das Betreten der Straße erfolgt als Überfall aus dem Hinterhalt (das erste Mal er selbst) oder des »bedenkenlosen« Einbruchs (einer Kinderschar, der er beim zweiten Mal folgt); ihr Verlassen wird mit den Bildern des »Durchbruchs« (in die Verkehrsstraße) oder eines knappen Entkommens beschrieben, wenn sich der Erzähler an das ferne Lachen der plötzlich gleichsam wie weggefegten Kinder hängt, »wie an einen äußersten Zipfel.«[100] Einzig die munteren Kinder hatten ihn davon überzeugt, die Straße ein zweites Mal zu betreten: »Wo ihre Unschuld wehte, konnte kein Unheil

---

by, *Fragmente*, S. 146 f.; Mülder-Bach, »Schlupflöcher«, S. 254 f.; Neumeyer, *Der Flaneur*, S. 330–341.
[92] Vgl. Ebd., S. 341.
[93] Kracauer, »Erinnerung an eine Pariser Straße«, S. 244.
[94] Ebd.
[95] Ebd.
[96] Ebd.
[97] Ebd., S. 248.
[98] Ebd., S. 244.
[99] Ebd., S. 246.
[100] Ebd., S. 246 f.

geschehen.«[101] Später sollte er sich nie mehr auch nur in ihre Nähe wagen, denn auf der Straße wird der Erzähler von einem unheimlichen Szenario lauernder und stummer Gewalt eingefangen, das umso bedrohlicher wirkt, als er sich wie von »unsichtbaren Netzen«[102] aufgehalten, gebremst, gelähmt sieht. Nach einem kurzen Moment der Erleichterung, in dem er schneller voran zu kommen scheint, wird ihm erneut »Halt geboten« durch das »lebende Bild«[103] eines jungen Mannes, der einsam in einem der Hotels sitzt und von einer bedrohlichen Atmosphäre umgeben ist, eine Angstprojektion. Es ist dieses Bild, dem der Erzähler zwei Mal in Folge begegnet. Gleichwohl deutet nichts darauf hin, dass es sich dabei um das gesuchte und unglücklicherweise vergessene Ziel handelte. Auch in *Geschichte* gilt für den Historiker, dass er sich nicht auf der Hauptstraße, sondern auf den Nebenwegen des historischen Universums zu bewegen hat. Dort begegnet er der Vergangenheit unter keinen Umständen aufgrund eines im Vorhinein festgelegten Ziels, wie es das Gegenwart-Interesse eines Collingwoods verkörpert: »Er wird finden, wonach er nicht suchte, gerade weil er sich davon abwendet.«[104]

Für die Erhellung des Passus mit den Geisterbäumen ist abschließend zu fragen, was es mit den erwähnten Hinweisen auf sich hat, denen der Historiker begegnet, ihren Schatten oder seltsamen Erscheinungen, die ihn auf den Weg des Vergessenen zu lenken suchen? Die Verbindung zu dem Straßentext lässt sich auch mit Kracauers Notizen belegen, die er auf einer seiner Reisen nach Europa machte. Hier stellt er einen direkten Zusammenhang zwischen den drei Geisterbäumen und einer Straße her, die an »Straßen ohne Erinnerung« denken lässt. Am 21. Juli 1963 notierte er im Mailänder Hotel Rosa seine Eindrücke eines Spaziergangs, den er fünf Tage zuvor in Brügge unternommen hatte. »On our way to the CHURCH OF OUR LADYs we pass through Maria Street, one of those drab provincial Streets where nothing happens or the worst – the unbearable environment of Mme Bovary, la souriante Mme Beudet[105], and the lonesome Julian Green woman. The street looked like the model of an Utrillo picture. We passed it after 1 p.m., just the right time for it to display its sleepy sadness. I felt immediately stirred – and strangely attracted – by the obtrusive atmosphere of the locality, a product of isolated suffering, murderous thoughts, and intense longings. Why do such streets strike a chord in me? I have the kind of affinity for them, as Proust had for the three trees. What secret specifically concerning me is enshrined in them?«[106]

---

[101] Ebd., S. 247.
[102] Ebd., S. 245.
[103] Ebd. Stalder deutet dieses »lebende Bild« als Kontrafaktur des Bildprogramms in Dürers Melancholia I. Stalder, »Das anschmiegende Denken«, S. 63 f.
[104] Kracauer, *Geschichte*, S. 89. [*H.*, S. 77.]
[105] *La souriante Madame Beudet* lautet der Titel eines französischen Stummfilms von Germaine Dulac aus dem Jahr 1922. Sie taucht auch in Kracauers Filmtheorie auf. Kracauer, *Theorie des Films*, S. 285.
[106] Kracauer, Reisenotizen (1961–1965), KN DLM.

Aus den Reisenotizen:
Maria Street, Bruges 16.07.1963,
KN DLM [72.3629a]

> (Milan, Hotel Rosa, July 21, 63)
> Maria Street, Bruges,
> July 16, 1963
>
> On our way to the CHURCH OF OUR LADY, we pass through Maria Street, one of those drab provincial streets where nothing happens or the worst – the unbearable environment of Mme. Bovary, la souriante Madame Beudet, and the lonesome Julien Green women. The street looked like the model of an Utrillo picture. We passed it after 1 p.m., just the right time for it to display its sleepy sadness. I felt immediately stirred – and strangely attracted – by the obtrusive atmosphere of the locality, a product of isolated suffering, murderous thoughts, and intense longings. Why do such streets strike a chord in me? I have the kind of affinity for them, as Proust had for the three trees. What secret specifically concerning me is enshrined in them?

In dem Essay aus dem Jahr 1930 hat das lebende Bild, dem der Erzähler begegnet, etwas Beklemmendes. Im Falle der Geisterbäume Prousts hingegen ist nicht von einer Angstfigur die Rede, sondern von einem glücklich-vertrauten Bild, das den Eindruck eines Déjà-vu hervorruft. Auch wenn nicht deutlich wird, ob es sich um eine tatsächliche oder eingebildete Erinnerung aus Kindheitstagen handelt oder um Elemente eines Traums aus der vergangenen Nacht, die ins Bewusstsein aufsteigen, bitten die Schatten um Beachtung und Mitnahme. Das Andere und das Selbst des Erzählers sind dabei auf eine eigentümliche Weise miteinander verschränkt. Worum es geht, so zitiert Kracauer Proust, ist ein »Teil deiner selbst, den wir dir bringen konnten«[107], seine Bewahrung oder sein ewiger Verlust.

Dass es bei der Hinwendung zur Vergangenheit auch um ein persönliches Interesse des Historikers geht, will Kracauer offensichtlich gar nicht leugnen. Entscheidend für seine Nuancierung bezüglich des Verhältnisses von Vergangenheit, Ge-

---

[107] Kracauer, *Geschichte*, S. 90. [*H.*, S. 78.]

genwart und Zukunft sind vor allem die Prämissen der jeweiligen Referenzautoren, auf die er sich bezieht. Wenn er Collingwoods Idee ablehnt, dass die Vergangenheit in der Gegenwart enthalten sei, so weil sie auf der Vorstellung gründet, dass beide eine Einheit bilden. Dagegen bietet Prousts scheinbar nicht unähnliches Bild einer »Verschränkung« von Vergangenheit und Gegenwart Kracauer keinen Anlass zur Kritik, was mit seiner diskontinuierlichen Zeitkonzeption zu erklären ist. Hinter der Polemik um das Gegenwart-Interesse des Historikers verbirgt sich damit letztlich der Gegensatz einer einheitlich prozessualen oder vielmehr fragmentarisch gedachten Geschichte. Ein Historiker, der sein Augenmerk auf das Detail richtet und damit einer fragmentarisch vorgestellten Geschichte gerecht werden könnte, ist für Kracauer Lewis Bernstein Namier.

2.3 Der Historiker als Arzt

Lewis Namier, der »Freud der Geschichte«

In *Geschichte* taucht eine weitere Figur auf, nämlich der »Arzt«, in Verbindung mit dem »Künstler«. Kunst sollte laut Kracauer stets ein *Neben*produkt der Geschichtsschreibung sein, nicht ihr Ziel. Wenn ein Historiker Kunst produziert, kommt er damit seiner ureigensten Aufgabe nach, er wird dadurch nicht zum Künstler. Der Vergleich des Historikers mit dem Arzt verweist auf Lewis Bernstein Namier (1888–1960), der den Aktionsradius beider Berufe in der sogenannten Lebenswelt ansiedelt, d. h. in dem Bereich von »menschlichen Realitäten [...] die, um erkannt und behandelt zu werden, die ästhetische Sensibilität eines Diagnostikers voraussetzen.«[108] Namier war ein in Polen geborener Exilant jüdischer Herkunft, der 1906 nach England emigrierte.[109] Auch wenn Verweise auf ihn das gesamte Geschichtsbuch durchziehen, befasst sich Kracauer in »Das historische Universum« am ausführlichsten mit dessen Ansatz. Als Gegenspieler lässt er Namiers Kollegen Herbert Butterfield (1900–1979) auftreten, mit dem er einen kurzen Briefwechsel führte. Sie trafen sich durch ein Umfrage-Projekt für die *Bollingen Foundation* 1960, 1962 und 1964 in Cambridge und London.[110] Kracauer zitiert Namier erstmalig in »Natur« und erwähnt dort sogleich die Bezugnahme auf Freud. Namier war nicht nur ein Freud-Leser, er war auch mit Freud befreundet und ließ sich von Theodor Reik analysieren. Auch als Historiker war Namier der Überzeugung, dass

---

[108] Ebd., S. 194. [*H.*, S. 177.]
[109] Kracauer bezieht sich auf die Artikel zweier Namier-Schüler (Brooke, »Namier and Namierism«; Talmon, »The Ordeal of Sir Lewis Namier«;) sowie auf den Essay des Journalisten Ved Mehta über britische Intellektuelle, der Herbert Butterfield, John Brooke und Alan John Parzivale Taylor interviewte. Mehta, »The Flight«.
[110] Kracauer an Butterfield KN [72.1225; 72.7309a/23], Herbert Butterfield an Kracauer KN [72.3709].

»menschliches Verhalten nur in psychoanalytischen Begriffen angemessen zu interpretieren ist«.[111]

Die Verbindungen zwischen Historiographie und Psychoanalyse sind vielschichtiger Natur.[112] Wenn Kracauer auf Namiers Vergleich mit dem Arzt hindeutet, ist dies zunächst eine Variante der Detektivfigur. Carlo Ginzburg sieht den Historiker in engem Zusammenhang mit dem am Ende des 19. Jahrhunderts aufkommenden Indizienparadigma in den Humanwissenschaften: in Kunstgeschichte, Philologie, Psychoanalyse, Kriminalistik und Medizin. Sigmund Freud, Conan Doyle und sogar Giovanni Morelli, der das Indizienparadima in die Kunstgeschichte einführte, – sie alle waren ursprünglich Mediziner und setzen das Modell der medizinischen Semiotik ins Werk, einer Wissenschaft, die Krankheiten auf der Basis von Oberflächensymptomen zu diagnostizieren sucht.[113]

Auch für Kracauers Theoriebildung spielt das Indizienparadigma eine wichtige Rolle[114], wie schon die These aus »Ornament der Masse« (1927) bezeugt, wonach die Grundgehalte einer Epoche sowie deren Ort im Geschichtsverlauf aus »unscheinbaren Oberflächenäußerungen« treffender abzulesen seien als aus Äußerungen über diese Epoche selbst.[115] Kracauer geht es nicht einfach darum, phänomenale Erscheinungen der materialen Welt in die Analyse einzubeziehen, sondern er fordert wie schon Freud eine besondere Aufmerksamkeit für das Abseitige, für die nicht-intentionalen Äußerungsformen der Gesellschaft, die als Hieroglyphen »ihrer Unbewußtheit wegen« das Bewusstsein in unzensierter Weise repräsentieren.[116] In den Feuilletons der 20er und 30er Jahre oder in den *Angestellten* bedient sich Kracauer einer Indizien-basierten Untersuchungsmethode, die ihn immer wieder zur Revision ursprünglicher Intuitionen zwang, wie er an Adorno schrieb.[117] Das Indizienparadigma hat für ihn dabei eine destruktive und kritische Funktion.[118] So geht es nicht darum, eine von ihm als illusorisch entlarvte Totalität wiederherzustellen, sondern er versucht, die Oberflächenerscheinungen in einer Weise zu durchdringen, die einen Zugang zur Wirklichkeit überhaupt erst ermöglicht.

1948 veröffentlichte Kracauer in *Commentary* einen Artikel über den zeitgenössischen Erfolg der Psychoanalyse in den USA, die sich, wie er schreibt, von einer

---

[111] Kracauer, *Geschichte*, S. 28. [*H.*, S. 20.]
[112] Vgl. etwa Friedländer, *History and psychoanalysis*. Außerdem »Geschichte und Psychoanalyse« in: Wehler, *Historische Sozialwissenschaft*, S. 79–94.
[113] Ginzburg, »Spurensicherung«, S. 87. Das Interesse an Morellis Methode, sich bei der Ermittlung der Autorenschaft antiker Bilder auf Details wie Hände oder Ohrläppchen zu konzentrieren, wurde von dem Kunsthistoriker Edgar Wind neu geweckt, mit dem Kracauer Kontakt pflegte. Ebd., S. 80.
[114] Agard, *Le chiffonnier*, S. 332 f.
[115] Kracauer, »Das Ornament der Masse«, in: Ders., *Das Ornament der Masse*, S. 50–78, hier S. 50.
[116] Ebd. Vgl. dazu Mülder-Bach, »Der Umschlag der Negativität«, S. 360.
[117] Kracauer an Adorno, 25.5.1939, in: Adorno – Kracauer, *Briefwechsel*, S. 215.
[118] Agard, *Le chiffonnier*, S. 61 f.

Mode unter Intellektuellen zu einem Massenphänomen entwickelte. Symptomatisch erscheinen ihm die psychologischen Filme Hollywoods, die seit 1944 verstärkt produziert wurden und in denen die Psychoanalyse weniger als Wissenschaft, denn als »überlegenes System der Magie in den Händen von wundertätigen Zauberern« dargestellt wird.[119] Kracauer stellt wie schon im *Detektivroman* einen Bezug zwischen dem Analytiker und dem Detektiv her: in *Spellbound* (1945) trägt ein Psychiater als Mörder mit seinen gesetzestreuen Kollegen einen Kampf aus, während in *The Dark Mirror* (1946) der Psychiater den Detektiv bei der Entlarvung einer Mörderin überrundet. Der Analytiker hat also im amerikanischen Film Sherlock Holmes verdrängt, »das freie Spiel der Assoziationen den gesunden Menschenverstand und die Couch die Pistole.«[120] Allerdings, so Kracauer, findet dieser Wechsel im Bereich der Fiktion statt, denn anders als in der Wirklichkeit ist die Analyse auf der Leinwand in der Lage, jedes Problem zu lösen.[121] Er hegt indessen Zweifel an dieser Praxis, wie die Vorarbeiten zu *Geschichte* am deutlichsten zeigen. Gegenwärtig kämen die religiösen Bedürfnisse der Menschen zu kurz, was mancherlei Arten von Aberglauben, wie etwa die Psychoanalyse befördere: »[T]he role it plays bears striking resemblance to that of astrology under the Roman Empire.«[122] So ist es kaum Namiers Faible für Freud, das Kracauer interessierte, sondern sein mikroskopischer Ansatz. Beide Aspekte sind bei Namier allerdings nicht voneinander zu trennen.

Ideen – ein bloßes Libretto mangelhafter Qualität

Kracauer folgt – ähnlich wie im Fall Marc Blochs – auch Namiers theoretischen Prämissen nur zum Teil. So tauchen bei ihm nur die *Avenues of History* und das unvollendete Hauptwerk über das britische Parlament im 18. Jahrhundert auf, dem Namier die letzten neun Jahre seines Arbeitslebens widmete.[123] Seine Studien zur Genese des zweiten Weltkriegs oder über Deutschland unter dem Nationalsozialismus lässt Kracauer außen vor.[124] Namiers erstes Interessengebiet war die politische Geschichte des britischen 18. Jahrhunderts; bekannt wurde er für seinen Angriff auf die liberale Whig-Interpretation[125], bei der die politischen Parteiprogramme im

---

[119] Kracauer, »Psychiatrie für alles und jeden«, S. 319. [*Commentary*, Jg.5., Nr 3., März 1948, S. 222–228.]
[120] Ebd., S. 319 f. Auch Freud verglich sein analytisches Verfahren mit »Detektivkünsten«: Freud, »Tatbestandsdiagnose und Psychoanalyse« [1906], in: Ders., *Werke aus den Jahren 1906–1909, Gesammelte Werke VII*, S. 9. Vgl. Thums, »Kracauer und die Detektive«, S. 393.
[121] Kracauer, »Psychiatrie für alles und jeden«, S. 320.
[122] Kracauer, Vorarbeiten, KN DLM.
[123] Namier, *Avenues of History*. Ders., *The House of Commons 1754–1790*.
[124] Namier, *Diplomatic prelude, 1938–1939*. Ders., *Europe in Decay*. Ders., *In the Nazi era*.
[125] Vgl. Butterfield, *The Whig Interpretation of History*. Noack, »The Whig Interpretation«, S. 595.

Zentrum der Analyse stehen. Namier glaubt nicht an die Möglichkeit einer Beurteilung der damaligen Parteipolitik auf Grundlage aktueller Wertmaßstäbe und sucht diese als das Ergebnis von Interessenlagen zu deuten. Kracauer betont Namiers Ablehnung alles Ideologischen, die sich methodologisch in einer mikroskopischen Herangehensweise ausdrückt. Dass Namier entgegen eigener Überzeugung das Mikroskop manchmal gegen ein Teleskop eintausche und damit größere historische Einheiten in eine »Perspektive seiner Wahl« stelle – gemeint ist sein »glühender« Zionismus – wirkt auf Kracauer wie ein innerer Widerspruch des von ihm ansonsten so geschätzten Historikers.[126]

Politische Ideen, welche die Whig-Interpretation in den Mittelpunkt rückte, haben für Namier ebenso wie die dazugehörigen Parteiprogramme projektiven Charakter.[127] Geschichtswerke, die sich mit Ideologien befassen, hält er für zu allgemein. Was Kracauer etwas ungenau mit »Makro-Geschichte« gleichsetzt, ist für Namier ein heikles Unternehmen, stößt man hier doch auf Gedankenmuster, die zu einer konventionellen, trügerischen Wahrnehmung von Welt führen, »[w]eil sie sich in der Aufstellung unechter Verbindungen zwischen Scheineinheiten weitgehend anonymer Tatsachen erschöpfen.«[128]

Namiers Ziel war es nicht, eine Geschichte des 18. Jahrhunderts zu schreiben, ihn interessierte die Geschichte der Institution des *House of Commons*, vermittelt durch die Biographien ihrer Mitglieder. Er wollte über jeden einzelnen der 558 Parlamentarier zwischen 1761–1784 alles Verfügbare herausfinden, um ein repräsentatives Bild der herrschenden Klasse zu zeichnen. Er unternimmt den Versuch einer Rekonstruktion der mentalen und moralischen Atmosphäre dieses Milieus und sucht darüber die politischen Probleme jener Zeit zu erklären.[129] In seinem Artikel »Human nature in politics« warnt er davor, den Intellekt der Menschheit zu überschätzen: Die politischen Meinungen der meisten Menschen seien nicht Ergebnis vernunftbasierter Entscheidungen, sondern von unbewussten Motiven genährt.[130] Die historische Welt, wie Namier sie wahrnimmt, trägt »surrealistische« Züge, notiert Kracauer dazu, sie stellt sich ihm als ein »beunruhigendes Schauspiel«[131] dar. Gleich den Symptomen eines Neurotikers mag es sich bei politischen Überzeugungen nur um Reste traumatischer Erfahrungen lang vergangener Zeiten handeln, welche die Bewältigung aktueller Aufgaben verhindern können. Dabei geht es Namier nicht wie im 19. Jahrhundert um die große historische Persönlichkeit, was

---

[126] Kracauer, *Geschichte*, S. 129. [*H.*, S. 116.] Trotz der Unvollständigkeit seiner intellektuellen Portraits versucht Kracauer ein skizzenhaftes Bild dieser Historiker zu entwerfen. So weist er auf Namiers Konservatismus hin, der bei Mehta anekdotenreich illustriert wird. Mehta, »The Flight«, S. 184. Kracauer, *Geschichte*, S. 124. [*H.*, S. 111.]
[127] Ebd. [*H.*, S. 110 f.]
[128] Ebd., S. 125. [*H.*, S. 111.]
[129] Brooke, »Namier and Namierism«, S. 335.
[130] Namier, »Human Nature in Politics«, S. 1.
[131] Kracauer, *Geschichte*, S. 126. [*H.*, S. 113.]

auch kaum Kracauers Zustimmung gefunden hätte, sondern um das Leben der sogenannten kleinen Leute, bzw. um die Parlamentsmitglieder.[132]

Was für das Individuum zutrifft, gilt laut Namier auch für Massenbewegungen. Der Versuch, Massenbewegungen anhand der proklamierten Absichten ihrer Anführer deuten zu wollen, sei naiv.[133] Ideen seien nur ein »mangelhaftes Libretto« gegenüber der »Musik der Emotionen«: [O]nce the emotions have ebbed, the ideas, established high and dry, become doctrine, or at best innocuous clichés.«[134] Seine Bemerkungen über die Verhärtung von Ideen erinnern an Kracauers Angst vor allem Fixierten, die er mit seinem Portrait des Erasmus zum Ausdruck bringt.[135] Er nimmt bei Namier aber auch eine ästhetische Sensibilität wahr, die er teilt und die seine eigenen Reflexionen über Geschichte bestimmt. Kracauer findet Gefallen an Namiers Stil, seine Arbeiten wirken auf ihn wie Verwandte von Werken moderner Künstler, die sich die Destruktion traditioneller Wahrnehmungsweisen zum Ziel setzten.[136] Hartnäckig habe sich Namier der kontinuierlichen Schilderung von Ereignissen oder Zusammenhängen verweigert.[137] Seine Darstellungsweise bewirke ihrerseits eine Veränderung und Anpassung bestehender Wahrnehmungsmodi »an das, was von dem Netzwerk abgenutzter Konventionen übrig bleibt, sobald es einmal zerstört ist.«[138]

Kracauer fesselt Namiers Interesse für das scheinbar Abseitige, weil es ihn an seine eigene frühe Essayistik erinnert, er schätzt die Aufmerksamkeit für die »Abfälle« der Geschichte. Namier suche immerzu nach dem Belanglosen und habe sein ganzes Leben auf Nebenwegen zugebracht.[139] Sein Schüler Brooke berichtet über Namiers Eigenart, seine Bücher nie zu Ende zu schreiben: Eines Tages studierten Namier und er auf einem Landsitz Dokumente; er selbst, Brooke, habe seine Kästen drei Mal so schnell durchgesehen wie Namier. Während ihm dabei sehr wenig entgangen sei, sei Namier *nichts* entgangen. Er wollte einfach *jedes* auffindbare Detail in Betracht ziehen.[140] Namiers Wahrnehmungsmodus ist freilich auf Spezifisches gerichtet: »Der Gott den er verehrt, steckt nicht bloß im Detail, sondern im biographischen Detail« schreibt Kracauer in Anlehnung an Aby Warburg.[141] Dass man

---

[132] Kracauers Beziehung zur Biographie ist komplex. In den Vorarbeiten finden sich Notizen zu dieser Thematik, die nicht in die Endfassung von *Geschichte* eingegangen sind. Vgl. Kracauer, Guide to History, S. 8, KN DLM. Vgl. außerdem Kracauer, »Die Biographie als neubürgerliche Kunstform«, in: *Aufsätze 1927–1931*, S. 195–199, hier S. 197. [FZ, 29.6.1930]
[133] Namier, »Human Nature in Politics«, S. 2.
[134] Ebd., S. 4 f.
[135] Kracauer, *Geschichte*, S. 17. [*H.*, S. 10.]
[136] Ebd., S. 126. [*H.*, S. 112.]
[137] Ebd., S. 203. [*H.*, S. 186.]
[138] Ebd., S. 126. [*H.*, S. 112.]
[139] Ebd., S. 88. [*H.*, S. 77.]
[140] Mehta, »The Flight«, S. 187.
[141] Ebd., S. 127. Zu Warburgs Insistieren auf dem »Detail« vgl. Wuttke, »Warburgs Kulturwissenschaft«, S. 13 f.

mit Hilfe der Untersuchung der psychologischen Verfassung von Individuen tatsächlich tiefsten Grund erreichen könne, erscheint Kracauer nach wie vor fragwürdig, hält er diese »vorgeblich kleinste historische Einheit« des Individuums doch für einen »unerschöpfliche[n] Makrokosmos« in sich selbst.[142]

Gleichwohl räumt er ein, Namier sei ebenso wenig ein orthodoxer Freudianer, wie er auch nicht als orthodoxer Marxist bezeichnet werden könne. Dem Universalhistoriker Arnold Toynbee gegenüber erläuterte Namier seine Methode in Begriffen der Perspektive: »Ich erforsche die Blätter, Sie den Baum. Die übrigen Historiker erforschen die Büschel der Zweige, und beide denken wir, sie irren sich.« Kracauer fügt dem Zitat in Klammern hinzu: »(er schien höflich genug gewesen zu sein, Toynbee nicht zu sagen, was er von der Erforschung des ganzen Baumes hielt.)«[143] Wie zu zeigen sein wird, ist Kracauer der Erforschung des gesamtes Baumes nicht grundsätzlich abgeneigt: seiner Vorstellung nach sind Elemente geschichtlicher Wirklichkeit auch in der Makro-Dimension zu finden. Stattdessen wendet er gegen Namier ein, dass nicht alle Ideen auf »Derivate psychologischer Prozesse« reduziert werden könnten. Die Vergangenheit habe Ideen »kommen und gehen sehen«, die ungeachtet ihrer Richtigkeit mindestens ebenso sehr Teil der Lebensrealität waren, wie ein persönlicher Konflikt. Ideen verfügen, so Kracauer an dieser Stelle erstaunlicherweise, über eine unreduzierbare Substanz, die ein Eigenleben besitzt.[144]

Damit teilt er, wenn auch nur bis zu einem gewissen Grad, die Kritik, gegen welche sich Namier in dem programmatischen Artikel »Human nature in politics« zu wehren suchte. Ihm wurde häufig zum Vorwurf gemacht, er entlasse den Geist aus der Geschichte, sehe in Menschen stets nur Eigeninteresse oder Ehrgeiz, nicht aber politische Prinzipien und abstrakte Ideale, für die sie sich einsetzten, um die Wirklichkeit ihnen anzupassen. Geschichte, so Namiers Kritiker, werde jedoch von der Natur *und* von dem menschlichen Geist bestimmt. Namier wandte dagegen ein, der Geist sei nicht von der Rationalität, die man ihm einst zugeschrieben habe. Logische Schlüsse auf unzureichender Tatsachenbasis zu ziehen, sei gefährlich, die dem Historiker zur Verfügung stehenden Daten im Bereich der Politik notgedrungen fragmentarisch. Je weniger der Mensch das freie Spiel des Geistes mit Doktrinen und Dogmen belaste, desto besser für sein Denken. Zwar sei das Irrationale nicht notwendigerweise unvernünftig, es könne jedoch falsch interpretiert werden.[145] Auch weniger grausame politische Ideologien als die Diktatur des Proletariats oder der Nationalsozialismus, die Namier in einem Atemzug nennt, hätten dem menschlichen Wohlergehen Schaden zugefügt. »There is a fixity in them that makes

---

[142] Kracauer, *Geschichte*, S. 129. [*H.*, S. 116.] In den Vorarbeiten formuliert Kracauer: »Are the half-conscious or unconscious events prompting individuals, groups, or masses into action really the smallest units or indeed accessible at all? The microcosmos is, itself, a macrocosmos, and Namier may well chase phantoms.« Kracauer, Vorarbeiten, KN DLM.
[143] Kracauer, *Geschichte*, S. 123 f. [*H.*, S. 110.]
[144] Ebd., S. 128. [*H.*, S. 115.]
[145] Namier, »Human Nature in Politics«, S. 5.

them outlive even the few factors to which they were originally correlated; which is the reason why radicals who rely on systems so often produce mere junk.«[146] Namier schließt seinen Text mit der Hoffnung, dass man noch lange von den Arbeiten zur politischen Philosophie verschont bleiben möge, deren Fehlen manche seiner Kollegen beklagten.[147]

Kracauer sucht Namiers Ansatz zu nuancieren, vor allem mit Blick auf den Untersuchungsgegenstand, d. h. auf die jeweilige Epoche, gibt es doch Zeiträume, »die von authentischen, politischen Ideen bewegt waren«[148] wie etwa die puritanische Revolution unter Oliver Cromwell. »Sie widersetzt sich allem Wegpsychologisieren.«[149] Herbert Butterfield verabscheue Namier aus Motiven, die er selbst, Kracauer, nicht teile, denn dessen Theorien stünden im Widerspruch zu Butterfields christlichem Glauben und seiner Überzeugung von der Existenz eines übernatürlichen Planers in der Geschichte. Wenn Namiers Mikroanalyse der einzig legitime Ansatz sein solle, so Butterfields Befürchtung, werde Geschichte zu einer bedeutungslosen »Abfolge von Chancen und Konjunkturen«.[150] Dieses religiöse Argument hält Kracauer jedoch laut seiner Vorarbeiten schlechterdings für »irrelevant«.[151]

2.4 Der Historiker als Fremder, Exilant und Mystiker

Die Objektivität des Fremden

In einer berühmten Passage aus Prousts *Recherche*, die Kracauer in *Geschichte* wie in der *Theorie des Films* zitiert, werden Figuren aufgerufen, welche die Problematik der Wahrnehmung und der Aufmerksamkeit ins Bild setzen. Der Ich-Erzähler schildert, wie Marcel eines Tages seiner Großmutter überraschend einen Besuch abstattet und ihr bei dieser Gelegenheit in einem Zustand der vollkommenen Selbstentfremdung begegnet. »Von meiner Person war nur der Zeuge, der Beobachter in Hut und Reisemantel, der Fremde da, der nicht zum Hause gehört, der Photograph, der eine Aufnahme von Stätten machen soll, die man nicht wiedersehen wird.«[152] Auch bei Kracauers Historiker geht es um das »sehen« oder »ansichtig werden« des Vergangenen, zu dessen Zweck sich der Historiker seiner Freiheit be-

---

[146] Ebd., S. 6.
[147] Ebd., S. 7.
[148] Ebd.
[149] Kracauer, *Geschichte*, S. 129. [*H.*, S. 115.] Vgl. Mehta, »The Flight«, S. 192.
[150] Kracauer, *Geschichte*, S. 94. [*H.*, S. 82.]
[151] Kracauer, Vorarbeiten, KN DLM.
[152] Kracauer, *Geschichte*, S. 94. [*H.*, S. 82.]

dienen muss, um zwischen Gegenwart und Vergangenheit hin und her zu wandern.¹⁵³

Das Kapitel die *Reise des Historikers* leitet Kracauer mit dem abschreckenden Beispiel eines Touristen ein, zu dem der Historiker unversehens geraten kann, wenn er seine Kamera als Instrument benutzt, um Sehenswürdigkeiten gleichsam zu »erlegen«¹⁵⁴, ohne ihrer gewahr zu werden. Vorgefertigte Vorstellungen vom Geschichtsverlauf führen zu dieser Art touristischer Blindheit. Zwar ist auch Kracauers Historiker ein Reisender, jedoch bleibt er nicht in seiner Heimat verwurzelt, in die er nach der Reise wieder zurückkehrt, ist er doch ein Exilant. Die wahre Existenz eines Exilierten, so zitiert er seinen Schicksalsgenossen Alfred Schütz¹⁵⁵, ist aber die eines Fremden. Im Falle des Historikers bezieht sich die Fremdheit auf die Lokalisierung in der Zeit. Kracauer geht es um eine »Wahrheit des vertrauten Umgangs«¹⁵⁶ mit der Vergangenheit. Der Historiker erreicht sie nicht, indem er sich von der Gegenwart aus in die Vergangenheit begibt. Voraussetzung ist vielmehr, dass er sich seiner »Freiheit« bedient und in Kauf nimmt, dass sich sein Geist durch die Begegnung mit der Vergangenheit verändert, geht es doch immer um die Erkenntnis »fremder Dinge«, von etwas, »das noch nicht bekannt ist«.¹⁵⁷

Von Freiheit als Voraussetzung von Objektivität spricht bereits Simmel in seinem »Exkurs über den Fremden«.¹⁵⁸ Er definiert die soziologische Form des Fremden durch sein Verhältnis zum Raum: Er ist von jedem gegebenen Raumpunkt gleichermaßen gelöst und fixiert.¹⁵⁹ Er ist der »potentiell« Wandernde, der »heute kommt und morgen bleibt« und »die Gelöstheit des Kommens und Gehens nicht ganz überwunden hat.«¹⁶⁰ Fremdsein impliziert »eine besondere Wechselwirkungs-

---

¹⁵³ Ebd., S. 90. [*H.*, S. 79.]
¹⁵⁴ Ebd., S. 92. [*H.*, S. 80.]
¹⁵⁵ Schütz, »The Stranger«. Der Wiener Soziologe (1899–1959) emigrierte nach Paris, bevor er 1939 in die USA auswanderte, wo er an der *New School of Social Research* lehrte. Mit Kracauer, den er 1939 in Paris kennen lernte, unterhielt er bis 1953 eine Korrespondenz, die ab 1942 erhalten ist. Mit Schütz ist ein wichtiges Kapitel Kracauers intellektueller Biographie verbunden, nämlich das Schicksal seiner Propaganda-Schrift. Er gab sie Schütz zu lesen, nachdem es mit Adorno und Horkheimer bezüglich einer Veröffentlichung in der *Zeitschrift für Sozialforschung* zu Konflikten gekommen war, weil Adorno zu stark in den Text eingegriffen hatte. Schütz reichte sie an Eric Voegelin weiter. Schütz an Voegelin, 3.3.1939, in: Alfred Schütz/Eric Voegelin, *Briefwechsel 1938–1959,* S. 40. Am Rand des Briefes notierte dieser »Friedrich« – gemeint ist Carl Joachim Friedrich, damals außerordentlicher Professor für Politikwissenschaft in Harvard, wie aus Voegelins Brief vom 2.4.1939 hervorgeht. Ebd. S. 44. Schütz schreibt Voegelin Ende Juni, dass er sich bei Louis Rougier, der von 1941 bis 1943 an der *New School* lehrte, um eine Publikation des Textes in französischer Sprache bemühte. Ebd., S. 47. Zu Schütz vgl. Wagner, *Alfred Schütz*; Endreß, *Alfred Schütz*.
¹⁵⁶ Kracauer, *Geschichte*, S. 92. [*H.*, S. 80.]
¹⁵⁷ Vgl. dazu Kimmich, »Von der Begegnung mit fremden Dingen«, S. 80.
¹⁵⁸ Vgl. Agard, *Le chiffonnier*, S. 326 f.; Belke, »Nachbemerkung«, in: Kracauer, *Geschichte*, S. 574.
¹⁵⁹ Simmel, »Exkurs über den Fremden«, S. 764.
¹⁶⁰ Ebd.

form«[161]: der Fremde ist Teil einer Gruppe, »dessen immanente und Gliedstellung zugleich ein Außerhalb und Gegenüber einschließt.«[162] Die Objektivität des Fremden ergibt sich aus seiner wirtschaftlichen und persönlichen Konstellation. Er kommt zwar mit der Gruppe in Berührung, aber er ist nicht durch verwandtschaftliche oder berufliche Beziehungen mit ihren Mitgliedern verbunden.[163] So steht er ihnen »mit der besonderen Attitüde des ›Objektiven‹ gegenüber, die nicht etwa einen bloßen Abstand und Unbeteiligtheit bedeutet, sondern ein besonderes Gebilde aus Ferne und Nähe, Gleichgültigkeit und Engagiertheit ist.«[164] Objektivität bedeutet keineswegs »Nicht-Teilnahme«, sondern eine Art Freiheit von »Festgelegtheiten […], die ihm seine Aufnahme, sein Verständnis, seine Abwägung des Gegebenen präjudizieren könnten […]. Er ist der Freiere, praktisch und theoretisch, er übersieht die Verhältnisse vorurteilsloser, misst sie an allgemeineren, objektiveren Idealen und ist in seiner Aktion nicht durch Gewöhnung, Pietät, Antezedentien gebunden.«[165]

Auch in Alfred Schütz' Essay »The Stranger«[166], auf den Kracauer verweist, ist Objektivität eines der beiden Hauptmerkmale des Fremden. Das zweite ist das der unterstellten gespaltenen Loyalität gegenüber der neuen Gruppe, ein Vorurteil, das auch Simmel erwähnt. Die neue Gruppe tritt dem Fremden mit Verständnislosigkeit gegenüber, wenn er das neue kulturelle Modell nicht als einzig mögliches akzeptiert und übersieht, dass sie dem Fremden, auch wenn sie ihn aufnimmt, nur bedingt zum schützenden Asyl zu werden vermag, weil dieser zunächst die Orientierung verliert. Laut Schütz ergibt sich die größere Objektivität des Fremden nicht aus seiner besonders kritischen Haltung oder dadurch, dass er die Interpretationsschemata und Werte seiner Herkunftsgruppe auf die neue Gruppe anwendete.[167] Sie ist vielmehr ein Produkt der ihm gestellten Aufgabe, Kenntnis der neuen soziokulturellen Gegebenheiten überhaupt erst zu erwerben, was Auswirkungen auf seinen Wahrnehmungsmodus hat. Der Fremde analysiert mit größter Aufmerksamkeit auch das, was die übrigen Gruppenmitglieder scheinbar selbstverständlich und automatisch begreifen.[168]

---

[161] Ebd., S. 765.
[162] Ebd.
[163] Ebd., S. 766.
[164] Ebd., S. 766 f.
[165] Ebd.
[166] Schütz trug den Text mit unverkennbar autobiographischem Bezug 1942 an der New Yorker *New School* vor. Er veröffentlichte außerdem einen Essay, der die Situation des Heimkehrers beschreibt, der bei der Rückkehr in seine Ursprungsgesellschaft ähnliche Schwierigkeiten erlebt wie in der Fremde, weil sich diese wie er selbst inzwischen gewandelt haben. Schütz, »The Homecomer«, S. 363–376. Vgl. Agard, *Le chiffonnier*, S. 347 f. Wie Kracauer befasste sich Schütz seit Mitte der 30er Jahre mit dem Begriff der »Lebenswelt«. Vgl. Endreß, *Alfred Schütz*, S. 51–60.
[167] Schütz bezieht sich hier auf Max Scheler und das Konzept der »relativ natürlichen Weltanschauung«. Scheler, »Probleme einer Soziologie des Wissens«, S. 58 ff. Schütz, *L'Etranger*, S. 17.
[168] Ebd., S. 36.

Der Historiker sollte sich laut Kracauer in eine geistige Disposition versetzen, die ihm die Einnahme einer solchen Position der Fremdheit erlaubte. Viele berühmte Historiker, etwa Thukydides oder Namier, hätten sich nicht zufällig in einer realen Situation der Heimatlosigkeit befunden. Diese Erfahrung, aber auch der willentlich unternommene Versuch der Selbstauslöschung, ermöglichen einen Umgang mit dem Material, wie er Kracauer vorschwebt.[169]

Das Ich des Exilanten

In der Abhandlung über Georg Simmel (1919) hatte Kracauer von der Ich-Ausschaltung des Soziologen gesprochen: »Man kann ein Ding, einen Zustand usw. von außen her betasten und ›anfühlen‹, man kann aber auch gleichsam sein eigenes Ich verlassen und in den Kern der Sache selbst einschwingen.«[170] Die Forderung nach Selbstauslöschung ist nicht neu, sie wird von verschiedenen Autoren allerdings auf unterschiedliche Weise erhoben.[171] Mit Ranke und Dilthey konfrontiert er zwei antagonistische Vorstellungen zu der Frage, wie sich der Historiker gegenüber der Vergangenheit zu positionieren hat. Ranke ging es um die leidenschaftslose Darstellung der Dinge, um das vielzitierte »Wie es eigentlich gewesen«.[172] Er wendet sich gegen das »Richten« und »Belehren«, gegen den Stil der spätaufklärerischen Historie und strebt eine Objektivität an, in der die »Dinge selbst« zur Sprache kommen, das Ich des Historikers in den Hintergrund tritt, im Idealfall vollkommen ausgelöscht ist.[173] Kracauer verweist auf die religiöse Verankerung von Rankes Geschichtsbegriff. Die Vorstellung einer Immanenz Gottes in der Geschichte ist die Voraussetzung der Überzeugung von der Gleichwertigkeit aller Epochen, die »unmittelbar zu Gott« sind.[174] Gott erscheint als die erkenntnistheoretische Voraussetzung eines sinnvollen Geschichtsprozesses und dessen objektiver Erkennbarkeit.

---

[169] Kracauer, *Geschichte*, S. 96. [*H.*, S. 84.]
[170] Kracauer, »Georg Simmel«, in: Ders., *Frühe Schriften*, Bd. 9.2., S. 177.
[171] Dass der Historiker »sein wirkliches Selbst im Stich lassen muss«, um zu wesentlichen Erkenntnissen zu gelangen, schreibt Kracauer schon in einem Text über Spengler 1923. Kracauer, »Untergang«? in: *Aufsätze 1915–1926*, S. 243–247, hier S. 245. [*FZ*, 9.10.1923]
[172] Es handelt sich um eine Abwandlung des ›wie es war‹ von Thukydides, über den Ranke promoviert hatte. Während Thukydides nach normativen, kausalen Gesetzen jenseits der historischen Phänomene fragte, wollte Ranke im Bereich der historischen Phänomene verweilen, er historisierte die Objektivitätsforderung, die im 18. Jahrhundert gegolten hatte. Vgl. Muhlack, »Ranke«, S. 39, S. 50.
[173] Ranke, *Geschichten der romanischen und germanischen Völker* [1824], *Sämtliche Werke*, Bd. 33/34, S. 11. In der Vorrede spricht sich Ranke gegen jene aus, die »der Historie das Amt [zuweisen], die Vergangenheit zu richten«. Vgl. Nipperdey, »Objektivität«, S. 215–222.
[174] Kracauer, *Geschichte*, S. 93. [*H.*, S. 81.]

Ranke hatte 1831 die Leitung der *Historisch-politischen Zeitschrift* übernommen, die von der preußischen Regierung gegründet worden war, um nach der Julirevolution für ihre Politik zu werben. Sie wurde zur *Historischen Zeitschrift*, welche die in sie gesetzten politischen Erwartungen kaum erfüllte, bis ihr Erscheinen 1836 eingestellt wurde. Nach der Erfahrung von Revolution und Reaktion und der Auseinandersetzung mit ideologischen Lagern, die mit universalem Geltungsanspruch auftraten, machte es sich Ranke zur Aufgabe, die Gewachsenheit der europäischen Staaten zu historisieren.[175] Als Historiker des europäischen Staatensystems verlangte er Unparteilichkeit.[176] Kracauer interessiert aber gerade nicht dieser auf Unparteilichkeit abzielende Objektivitätsbegriff, sondern der spezifische Anschauungsmodus, den Ranke forderte. Unter Rückgriff auf die in der Geschichtstheorie geläufige Theatermetapher erklärt Kracauer, dass der Historiker bei Ranke beabsichtige, »teilnehmender Beobachter zu werden, der tief in das einzigartig bedeutsame Schauspiel versunken ist, das auf der Weltbühne abrollt.«[177] Gewiss ist Rankes Idealhistoriker der distanzierte Forscher, »der die Fakten, wie sie sind, herauszustellen sucht.«[178] Er verbindet diesen Anspruch jedoch mit »dem Andächtigen, wenn nicht gar dem Mystiker, der seinen Geist läutert, um den Wundern göttlicher Weisheit nachzusinnen.«[179] Rankes Objektivität gehe »auf einen Geist zurück, der sowohl vollkommen leer ist als auch mehr auf das Wesentliche gerichtet und einem weiteren Horizont geöffnet ist als jener Geist, der sich um seiner selbst willen leerte.«[180]

Objektivität durch Anschauung zu erreichen bedeutet, sich auf das historische Phänomen einzulassen und nicht deduzierend vorzugehen. Ähnlich wie Kracauer im Vorraum-Kapitel unterstreicht Ranke in *Die großen Mächte* (1833): »Aus dem Besonderen kannst du wohl bedachtsam und kühn zu dem Allgemeinen aufsteigen; aus der allgemeinen Theorie gibt es keinen Weg zur Anschauung des Besonderen.«[181] Auch hier ist auf den Zusammenhang zwischen Rankes theoretischen Reflexionen und seiner Praxis als Historiker des europäischen Staatensystems hinzuweisen, wozu er bei der Besonderheit jedes einzelnen Staates ansetzen musste: »Zu definieren, unter Abstraktionen zu bringen sind sie nicht; aber anschauen,

---

[175] So die Zielsetzung seiner beiden Abhandlungen in der *Historisch-politischen Zeitschrift* »Die großen Mächte« (1833) und »Politisches Gespräch« (1936). Vgl. Muhlack, »Ranke«, S. 42, S. 46.
[176] Ebd., S. 46 f. und S. 51.
[177] Kracauer, *Geschichte*, S. 93. [H., S. 81.] Zur Theatermetaphorik vgl. Demandt, *Metaphern für Geschichte*, S. 332–425.
[178] Kracauer, *Geschichte*, S. 93. [H., S. 81.]
[179] Ebd. Deshalb bezeichnet Kracauer seine Betrachtungen über Geschichte als »meditations«. Kracauer, *History*, S. 207. Ueding verweist auf den Husserl'schen Gebrauch des Begriffs, »der in der Suspension des empirischen Ich […] die Bedingung meditativen Verhaltens setzt.« Ueding, »Erzählte Geschichte«, S. 203.
[180] Ebd.
[181] Ranke, *Die großen Mächte*, S. 90, Anm. 6.

wahrnehmen kann man sie.«[182] Ranke, dessen Objektivitätsgedanke sich in historisch-kritischer Quellenforschung zu erfüllen suchte, ist kein naiver Realismus vorzuwerfen, formuliert er sein Diktum über die Selbstauslöschung doch konjunktivisch: »Ich wünschte mein Selbst gleichsam auszulöschen, und nur die Dinge reden, die mächtigen Kräfte erscheinen zu lassen.«[183] Auch Kracauer spricht nur von dem *Wunsch* des Historikers, sein Ich auszulöschen.[184]

Unter Bezug auf Dilthey differenziert Kracauer die Forderung nach Selbstauslöschung. Es geht weniger um die objektive Wiedergabe der Vergangenheit, als um Verstehen.[185] Nicht »Objekttreue« steht im Zentrum, sondern die Rezeptivität des Historikers. Verstehen setzt voraus, dass der Historiker sein gesamtes Ich einbringt; es ist jedoch kein ausgelöschtes Ich wie bei Ranke. Es muss sich erweitern, um zur Grundlage universalen Verstehens werden zu können.[186] Kracauer verbindet die Ansätze von Ranke und Dilthey zu einer Art Synthese und richtet seinen Fokus auf das historische Material. Um diesem gerecht zu werden, ist die »wünschenswerte Erweiterung« der Subjektivität des Historikers »von ihrer vorherigen Schrumpfung abhängig.«[187] Kracauer glaubt an seine Fähigkeit von sich selbst abzusehen, um »auf Signale zu reagieren«, die ihm andernfalls verborgen blieben.[188]

So formuliert er die klassische Forderung nach Selbstauslöschung neu: Ist sie erstrebenswert, sind ihr doch auch Grenzen gesetzt, entscheidend ist der Grad der Selbstauslöschung. Der Historiker muss sich davor hüten, sich so weit sich selbst zu entfremden, dass er die Distanz zum Material verliert; er muss die Rolle des Beobachters ausfüllen können und darf sich nicht von der Materie absorbieren lassen. Es sollte ihm also nicht wie jenen Anthropologen ergehen, die sich bei der Untersuchung eines Stammes so sehr mit den Menschen identifizierten, deren Gebräuche sie erforschen wollten, dass sie ihre eigene Identität dabei einbüßten.[189]

Das Bild des Fremden in Hut und Reisemantel aus dem erwähnten Proust-Zitat verweist auf ein wichtiges Element von Kracauers Geschichtsdenken, das Auswirkungen auf seine Konzeption des Historikers hat: seine Vorstellung vom Zeitraum als »Wartesaal eines Bahnhofes« und als »Treffpunkt für Zufallsbegegnungen.«[190] Das Bild des Bahnhofs reiht sich in die Reisemetaphorik ein, die *Geschichte* durch-

---

[182] Ebd., S. 68.
[183] Zit. nach Muhlack, »Ranke«, S. 53.
[184] Kracauer, *Geschichte*, S. 93. [*H.*, S. 81.]
[185] Vgl. Nagl-Docekal, *Die Objektivität der Geschichtswissenschaft*, S. 20–85.
[186] Kracauer, *Geschichte*, S. 94. [*H.*, S. 82.] Zu Diltheys Auseinandersetzung mit Ranke vgl. Bube, *Zwischen Kultur- und Sozialphilosophie*, S. 82–106.
[187] Kracauer, *Geschichte*, S. 94. [*H.*, S. 82.]
[188] Ebd. [*H.*, S. 82.]
[189] Ebd., S. 98. [*H.*, S. 86.]
[190] Ebd., S. 166. [*H.*, S. 150.] Das Motiv des Wartens oder des Wartesaals taucht in Kracauers Schriften häufig auf, zuerst in dem Essay »Die Wartenden«. Kracauer, »Die Wartenden«, in: *Aufsätze 1915–1926*, S. 160–170. [*FZ*, 12.3.1922] Vgl. Reeh, *Ornaments*, S. 130–134.

zieht. Der Verweis auf die Figur des Fremden ist auch eines der Selbstbildnisse in *Geschichte*, das die Lebenssituation zwischen mehreren Ländern, Kulturen und intellektuellen Universen ins Bild setzt. Zwar bezeichnete Kracauer schon 1919 Simmel mehrmals als »Fremden«.[191] Wenn er jedoch mit den deutschen, englischen, französischen und amerikanischen intellektuellen Universen jongliert, mit Denkern kommuniziert, die ihrerseits aus dem Exilmilieu stammen, schreibt er auch Exilgeschichte. Wie aus Schütz' Studien spricht aus *Geschichte* Kracauers Exilerfahrung: »Manchmal bringt das Leben selbst solche Palimpseste hervor. Ich denke an den Exilierten, der als Erwachsener aus seinem Land vertrieben wurde oder es freiwillig verließ.«[192] Die Lebensform des Exilanten sei die eines Menschen, der aufgehört habe »anzugehören«.[193] Wie Schütz beschreibt Kracauer die Mechanismen, die dem Fremden an seinem neuen Aufenthaltsort eine Sonderstellung zuweisen: Die versuchte Anpassung kann nur unvollkommen gelingen, weil das frühere Ich »unter seinem jetzigen weiterschwelt«[194] und weil die Mitglieder der neuen Gemeinschaft kaum gewillt sind, den Fremden ohne Einschränkung als Ihresgleichen anzusehen. Die Bindung an die alte Heimat ist jedoch ihrerseits Veränderungen unterworfen, was dem Fremden auch hier einen besonderen Blick ermöglicht: Er sieht sie wie einer, »der nicht mehr zum Haus gehört«, und so lebt der Exilant im »fast vollkommenen Vakuum der Exterritorialität«.[195]

Eine der tieferen Motivationen für Kracauers Beschäftigung mit Geschichte mag auch darin seine Begründung finden: Geschichtsschreibung ist ein Orientierung stiftendes Genre, das es dem Menschen erlaubt, sich in Raum und Zeit zu situieren; einem Menschen, der sich in einem gefühlten Niemandsland aufhält.

Die Passivität des Mystikers

Kracauers Ansatz ist von einer Distanztheorie geprägt, die sich sowohl auf den Raum als auch auf die Zeit bezieht. Dies zeigt folgende Kritik am Gegenwart-Interesse des Historikers: »Wenn tatsächlich, wie Croce und Collingwood als gesichert annehmen, der Gegenwartsmoment virtuell alle vorherigen Momente in sich fasst, werden nur diejenigen, welche wirklich in und mit der Gegenwart leben, imstande sein, den Kern des vergangenen Lebens zu erfassen.«[196] Kracauers Historiker ist diesem Konzept diametral entgegen gesetzt: Der Historiker, der sich nicht von den großen Fragen der Gegenwart zu distanzieren vermag, wird schwerlich in ein di-

---

[191] Kracauer, »Georg Simmel«, in: Ders., *Frühe Schriften*, Bd. 9.2., S. 270 f.
[192] Kracauer, *Geschichte*, S. 95. [*H.*, S. 83.]
[193] Ebd. [*H.*, S. 83.]
[194] Ebd. [*H.*, S. 83.]
[195] Ebd., S. 95 f. [*H.*, S. 83.]
[196] Ebd., S. 74. [*H.*, S. 64.]

rektes Verhältnis zur Vergangenheit treten können. Er soll sich daher nicht von dem »Lärm« des Meinungswirrwarrs und von den drängenden Fragen der Aktualität betäuben lassen. Kracauer plädiert stattdessen für ein »Aufhorchen« an den Quellen, um der Vergangenheit etwas zu entnehmen, das dem Historiker noch nicht bekannt ist. Er empfiehlt eine wartende Haltung gegenüber der Vergangenheit, die es ihm vielleicht erlaubt, ihre Botschaften zu enträtseln.[197] Auch dieses Element spielt in dem Bild von der Wartehalle als Aufenthaltsort des Historikers eine Rolle.

Weil sich Kracauer Zeiträume als heterogene Einheiten vorstellt, in denen es zu Zufallsbegegnungen kommt, ist bei der Wahrnehmung der historischen Wirklichkeit eine Haltung erforderlich, die den Dingen keine Gewalt antut, um sehen zu können, was dem angestrengten Suchen eines Hercule Poirot vielleicht entginge. Indem Prousts Erzähler sein Ich zu dem eines Fremden schrumpfen lässt und das innere Bild seiner Großmutter aufgibt, indem er sich also des liebenden Blicks des Enkels entledigt, vermag er die alte Frau wahrzunehmen, wie sie sich im aktuellen Moment tatsächlich darstellt. Sein Geist wird zum Palimpsest, der Geist des Enkels wird von dem Geist eines Fremden überlagert.

Die von Kracauer geforderte Passivität des Fremden kontrastiert in seiner Konstruktion mit der »Angriffslust« Marc Blochs, der nach Kracauers Lesart den Nutzen passiver Beobachtung in der Wissenschaft anzweifelt. Blochs Vorbehalte sind für ihn nicht ernst zu nehmen, Kracauer sieht in ihnen nur eine Begleiterscheinung des Bemühens um die Verwissenschaftlichung der Historie.[198] Die in *Geschichte* geforderte Passivität des Historikers ist allerdings von einem Paradox getragen: Genau genommen ist es eine *aktive* Passivität. Kracauer verweist auf den Soziologen Wright Mills, der seinen Studenten den Rat erteilte, Tagebuch zu führen, weil es nicht sinnvoll sei, Leben und Forschung voneinander zu trennen. Die persönliche Lebenserfahrung des Soziologen fließe ohnehin in seine Arbeiten ein, wichtige Erlebnisse sollten daher für die Forschung fruchtbar gemacht werden. Ebenso sollten Historiker gerade ihre zufälligen Ideen und Phantasien nicht vernachlässigen.[199] Er soll sich im Material treiben lassen, um die »Botschaften, die zu ihm dringen, mit allen angespannten Sinnen aufnehmen.«[200] Kracauer verweist auf Schopenhauers

---

[197] Ebd., S. 80. [*H.*, S. 70.]
[198] Glücklicherweise komme Bloch diesem theoretischen Anspruch nicht nach. Ebd., S. 97. [*H.*, S. 85.]
[199] Mills, *The Sociological Imagination*, S. 195 ff. Kracauer, *Geschichte*, S. 98. [*H.*, S. 85.]
[200] Ebd., S. 97. [*H.*, S. 84.] Die Figur des Mystikers taucht schon in der *Theorie des Films* auf; das »Nachspüren« gilt hier als typisch filmischer Inhalt. Für Kracauer hat das Motiv sein Vorbild im wissenschaftlichen Forschungsprozess, dessen Unabgeschlossenheit Detektivfilme spiegeln. Die Biographin Sergei Eisensteins habe dessen Leidenschaft für Detektiv-Romane unterstrichen, weil diese Geschichten »das Walten jenes ›übernormalen Bewußtseins‹« enthüllten, »mit dessen Hilfe der Mystiker aus verstreuten Fingerzeigen Material sammelt, das seine Erfahrungen bekräftigt.« Kracauer: »War Poe nicht ein Mystiker? Das Spurenlesen des Detektivs ist das säkulare Gegenstück zu theologischen Spekulationen.« Kracauer, *Theorie des Films*, S. 426 f.

Rat in *Die Welt als Wille und Vorstellung* (1819): »Vor ein Bild hat Jeder sich hinzustellen, wie vor einen Fürsten, abwartend, ob und was es zu ihm sprechen werde; und, wie jenen, auch dieses selbst nicht anzureden: denn da würde er nur sich selber vernehmen.«[201]

Kracauers Reflexionen über den Wahrnehmungsmodus des Historikers kreisen um zwei Sinne: um das Sehen und das Hören. Tolstoi etwa, die »einzigartige Personalunion eines Mystikers und eines Empirikers«, wird mit Namier als ein Vertreter mikroskopischer Beschreibungen eingeführt.[202] Seine Figur des Fürsten Kutusow aus *Krieg und Frieden* (1868/69) gilt Kracauer als die »inkarnierte Weisheit. Er plant und handelt nicht; er wartet und hört zu«; er lauscht dem »Chor verworrener Stimmen der Ursprungsregionen«.[203] Die Fähigkeit zu hören und zu deuten, ermöglicht den militärischen Erfolg gegen Napoleon. Diese Kunst ist nicht Frucht einer »Eingebung«; vielmehr legt er es darauf an, den »formlosen Gedanken und Wünschen, die er von Millionen von Russen ins Herz geschrieben findet, zum Erfolg zu verhelfen.«[204] Auch wenn sich Kracauer gegen Tolstois Determinismus wendet, steht die historische Romanfigur doch für die »Wahrheit, dass wirklich schöpferisches Handeln von intensiver passiver Beobachtung nicht zu trennen ist.«[205]

2.5 Der Photograph und der Zeuge

Historiker und Photographen wurden oft miteinander verglichen, wobei jedoch vor allem die Unterschiede zwischen diesen beiden Zugängen zur Wirklichkeit betont wurden. So unterstreicht Namier, der Historiker habe unter der Fülle der ihm dargebotenen Fakten auszuwählen, weshalb er eher mit dem Maler als mit dem Photographen verwandt sei. Marc Bloch hielt eine bloße Photographie menschlicher Angelegenheiten gar für sinnlos. Für Kracauer zeigt sich an diesen Verwerfungen ein Unbehagen, das von einer falschen Vorstellung über das Wesen der Photographie genährt wurde, dem im Übrigen auch die naiven Realisten des 19. Jahrhunderts aufsaßen, wenn sie Photographie als reine Reproduktionstechnik betrachteten.[206] Seiner Auffassung nach ähneln sich Photographie und Historie, da sie »Mittel der Entfremdung« sind.[207]

Der obige Kommentar zur Großmutter-Passage aus Prousts *Recherche* ist an dieser Stelle um einen Aspekt zu ergänzen. Der Ich-Erzähler tritt unverhofft seiner

---

[201] Zit. nach Kracauer, *Geschichte*, S. 96 f. [*H.*, S. 84.]
[202] Ebd., S. 122 f. [*H.*, S. 109.]
[203] Ebd. [*H.*, S. 110.]
[204] Ebd. [*H.*, S. 110.]
[205] Ebd. [*H.*, S. 110.]
[206] Ebd., S. 61 f. [*H.*, S. 52.]
[207] Ebd., S. 13. [*H.*, S. 5.] Das Motiv der Entfremdung taucht bereits in *Ginster* auf, wo Kracauer das Verhältnis zwischen Subjekt und Geschichte reflektiert. Vgl. Kimmich, »Charlie Chaplin«, S. 35 f.

Großmutter gegenüber und erlebt eine Entfremdungserfahrung, welche die gewohnten Wahrnehmungsmuster aufbricht: »Was auf ganz mechanische Weise in diesem Moment in meinen Augen zustande kam, als ich meine Großmutter bemerkte, war wirklich eine Photographie.«[208] Der »leere Geist« Marcels, der sich der Erinnerungen an die Vergangenheit entledigte, befähigt ihn zu einer genaueren Wahrnehmung.[209] In der *Theorie des Films* wird der die Großmutter umgebende Raum für Marcel Bestandteil einer ganz neuen Welt, der »Welt der Zeit«. Er erblickt »auf dem Kanapee sitzend, rot, schwerfällig, vulgär, krank, vor sich hindösend und mit etwas wirrem Blick über ein Buch hinweggleitend, eine alte, von der Last der Jahre gebeugte Frau«, die er nicht kannte.[210] Kracauer distanziert sich jedoch von Prousts Vorstellung von Photographie als einem Spiegel,[211] die er sich damit erklärt, dass Proust die Differenz zwischen subjektiven inneren und objektiven äußeren Erinnerungen (Photographien) besonders »effektvoll« zu markieren suche.[212] Diese Vorstellung sei jedoch ebenso veraltet, wie die Sehnsucht nach einer angeblich interesselosen Objektivität im Sinne Taines.[213] Die Übertragung von dreidimensionalen Erscheinungen in zweidimensionale Bilder, aber auch die Beschaffenheit menschlicher Wahrnehmung widerlegen die Möglichkeit einer spiegelähnlichen Reproduktion von Realität in der Photographie. Der Photograph sieht zwar die Realität mit der »Seele«, aber er ist nicht in der Lage, »seine inneren Gesichte frei [zu] vergegenständlichen«.[214] Kracauer vergleicht seine Haltung mit der eines »phantasiebegabten Lesers, der sich bemüht einen schwierigen Text zu studieren und zu entziffern«.[215] Dazu bedarf es der Einfühlung.

Der Photograph wie der Filmregisseur bedürfen der Neugierde eines Entdeckers, der sich auf einen Prozess der Entfremdung einlassen kann, eine Voraussetzung, die der Melancholiker in besonderem Maße erfüllt. Er besitzt die Fähigkeit und Neigung zur geforderten Selbstentfremdung, eine Durchlässigkeit gegenüber fremden Erscheinungen, die ihm eine Erleichterung der eigenen Niedergeschlagenheit versprechen. Kracauer argumentiert hier anders als Benjamin, der die »Einfühlung« dem Historismus zuordnet. In »Über den Begriff der Geschichte« zitiert Benjamin Fustel de Coulanges, der dem Historiker empfahl, sich alle Kenntnisse über den weiteren Geschichtsverlauf aus dem Kopf zu schlagen, wolle er eine Epoche nach-

---

[208] Kracauer, *Geschichte*, S. 94. [*H.*, S. 82.]
[209] Ebd. [*H.*, S. 82.]
[210] Kracauer, *Theorie des Films*, S. 45. Ders., *Geschichte*, S. 95. [*H.*, S. 83.]
[211] Kracauer, *Theorie des Films*, S. 46. An anderen Stellen der Filmtheorie äußert sich Kracauer allerdings anders, wenn er der Kamera die Fähigkeit zuschreibt, die Dinge der Bedeutung zu entkleiden, die sie »ursprünglich so transfigurierte, daß sie nicht erschienen, wie sie an sich waren«. Kracauer, *Theorie des Films*, S. 108.
[212] Kracauer, *Geschichte*, S. 61. [*H.*, S. 51.]
[213] Ebd., S. 63. [*H.*, S. 52.]
[214] Kracauer, *Theorie des Films*, S. 47.
[215] Ebd., S. 48, S. 82.

erleben. Dies sei das Verfahren, mit dem der historische Materialismus gebrochen habe, für den Benjamin in seiner siebten These plädiert: »Es ist die Trägheit des Herzens, die acedia, welche daran verzagt, des echten historischen Bildes sich zu bemächtigen, das flüchtig aufblitzt. Sie galt bei den Theologen des Mittelalters als der Urgrund der Traurigkeit. [...] Die Natur dieser Traurigkeit wird deutlicher wenn man die Frage aufwirft, in wen sich denn der Geschichtsschreiber eigentlich einfühlt.«[216] In die Sieger der Geschichte. Kracauer notiert dazu in seinen Vorarbeiten: »Here goes B. wrong. [...] Without the gift of empathy the historian would be lost.«[217]

Mit dem Photographen ist schließlich die Figur des Zeugen zu erwähnen. Kracauer thematisiert das Phänomen von Zeugenaussagen im »Marseiller Entwurf«: »Der Mensch sieht im Durchschnitt auch dort, wo er hinsieht, nur das, was ihm zu sehen nötig ist. Hier ist wieder an die Ungenauigkeit von *Zeugenaussagen* zu erinnern.«[218] Die Debatte um die Glaubwürdigkeit des Augenzeugen begleitet die Historiographie tatsächlich seit ihren Anfängen. Im *Peloponnesischen Krieg* schreibt Thukydides: »Was aber tatsächlich geschah in dem Krieg, erlaubte ich mir nicht nach Auskünften des ersten besten aufzuschreiben, auch nicht ›nach meinem Dafürhalten‹, sondern bin Selbsterlebtem und Nachrichten von andern mit aller erreichbaren Genauigkeit bis ins einzelne nachgegangen. Mühsam war diese Forschung, weil die Zeugen der einzelnen Ereignisse nicht dasselbe über dasselbe aussagten, sondern je nach Gunst oder Gedächtnis.«[219]

1961 trat die Figur des »Zeugen« anlässlich des Eichmann-Prozesses in die historische Debatte ein, und es kam zu einer partiellen Neudefinition der sozialen Rolle von Historikern. Erstmalig wurde Salo Wittmayer Baron, Professor für Geschichte an der Columbia University, in den Zeugenstand gerufen, um den historischen

---

[216] Benjamin, »Über den Begriff der Geschichte«, S. 696.
[217] Kracauer, Vorarbeiten, KN DLM. In Benjamins *Passagen-Werk* heißt es: »Die Konstruktionen der Geschichte sind Instruktionen vergleichbar, die das wahre Leben kommandieren und kasernieren. Dagegen der Straßenaufstand der Anekdote. Die Anekdote rückt uns die Dinge räumlich heran, läßt sie in unser Leben treten. Sie stellt den strengen Gegensatz zur Geschichte dar, welche die ›Einfühlung‹ verlangt, die alles abstrakt macht. ›*Einfühlung*‹, *darauf läuft Zeitunglesen hinaus.* Die wahre Methode die Dinge sich gegenwärtig zu machen, ist: sie in unserm Raum (nicht uns in ihren) vorzustellen. Dazu vermag nur die Anekdote uns zu bewegen. Die Dinge so vorgestellt, dulden keine vermittelnde Konstruktion aus ›großen Zusammenhängen‹.« Benjamin, *Das Passagen-Werk*, S. 1014 f. Kursivierung im Text. Vgl. Weidmann, *Flanerie*, S. 101.
[218] Kracauer, »Marseiller Entwurf«, S. 565. Kursivierung im Text.
[219] Thukydides, *Der Peloponnesische Krieg*, S. 56. Zum Verschwinden des Historikers als Zeugen im 19. Jahrhundert vgl. Müller, »Biographie«, 121–129. Müller behandelt die Figur des Zeugen unter dem Gesichtspunkt der Präsenz des Historikers in seiner Erzählung (bei Chateaubriand, der sich als letzter Chronist und Zeuge verstand, und Michelet, der diese Problematik zu überwinden suchte).

Kontext von Eichmanns Taten zu erläutern.²²⁰ 1997 nahmen im Prozess gegen Maurice Papon in Bordeaux Historiker im ganz wörtlichen Sinne die Rolle von Zeugen ein, indem sie von Anklage und Verteidigung zur Aussage berufen wurden.²²¹ Um diese Art von Zeugenschaft geht es bei Kracauer jedoch ebenso wenig wie um die Zeitzeugen, die in Deutschland seit den 80er Jahren zu einer wichtigen Instanz öffentlichen Sprechens über die Shoah wurden.²²² Kracauer thematisiert im Epilog der Filmtheorie schließlich eine ganz andere Art der Zeugenschaft, nämlich die des Films: »Indem das Kino uns die Welt erschließt, in der wir leben, fördert es Phänomene zutage, deren Erscheinen im Zeugenstand folgenschwer ist. Es bringt uns Auge in Auge mit Dingen, die wir fürchten.«²²³ Auf den Film als Medium des historischen Gedächtnisses wird unten genauer einzugehen sein.

Die Heimkehr des Reisenden – oder die doppelte Erfahrung des Historikers

Der Photograph und der Zeuge werden in »Die Reise des Historikers« mit dem Exilanten verknüpft. Kracauer rückt noch einmal sein Erleben in das Zentrum der Debatte: Was geschieht mit dem Historiker, wenn er aus der Vergangenheit in die Gegenwart zurückkehrt? Welche Auswirkungen hat die Reise auf seine Identität? Tatsächlich kehrt der Reisende oder der Historiker nicht als derselbe Mensch zurück, als der er ausgezogen ist, er kehrt auch nicht an den Ausgangspunkt seiner Reise zurück. Dieser Wandel setzt jedoch voraus, dass er sich von dem Material leiten lässt, dass er im Zustand der Selbstauslöschung Erfahrungen macht, die einen Richtungswechsel seiner Fragen an die Vergangenheit, d. h. eine Entwicklung seiner mentalen Landkarte bewirken. Bleibende Veränderungen gehen im Historiker vor sich, wenn er Erkenntnisse über die historische Realität gewinnt. Kracauer betont die geistige Außenseiterposition und die Mobilität des Historikers, das Umherwandern in Zeit und Raum. Er ist »das Kind von mindestens zwei Zeiten – seiner eigenen Zeit und der Zeit, die er erforscht. Sein Geist ist nicht lokalisierbar; er wandert ohne feste Bleibe umher.«²²⁴

---

²²⁰ Im Kracauer-Nachlass findet sich das Programm eines Seminars der Columbia University, in dem Baron vortrug. Vgl. auch Wieviorka, *L'ère du témoin*, S. 82.
²²¹ Ebd., S. 181.
²²² Das systematische Sammeln von Zeitzeugenberichten Überlebender begann gleichwohl schon 1945. Das Zeitzeugenarchiv Yad Vashem wurde 1954 angelegt, seit 1960 wurde eine große Zahl von Interviewprojekten am *Institute of Contemporary Jewry* an der Hebrew University Jerusalem durchgeführt. Die Entwicklung der Zeitzeugen-Bewegung wurde seitens der Historiker keinesfalls nur begrüßt. Vgl. Assmann, »Zeugenschaft«.
²²³ Kracauer, *Theorie des Films*, S. 467.
²²⁴ Kracauer, *Geschichte*, S. 105. [*H.*, S. 93.] Kracauer greift hier Motive des Gelehrtenportraits von Gertrud Bing über Fritz Saxl auf. Breidecker, Kracauer – Panofsky *Briefwechsel*, S. 182, Anm. 331 und 335. Bing, »Fritz Saxl«.

Die Interpretation des historischen Materials ist die geistige Operation, die der historischen Darstellung, der sprachlichen Objektivierung des subjektiven Wissens im Prozess der Erzählung vorausgeht. Der Historiker muss eine »story« erzählen, die aus einem Netz von Interpretationen besteht. Plädiert Kracauer auf der Ebene der Beobachtung für eine größtmögliche Zurücknahme des Historiker-Ichs, spielt seine Subjektivität, die Erfahrung bei der Interpretation des Materials eine zentrale Rolle. Hier nimmt Kracauers Argumentation eine wichtige Wendung: »Die Muster der Geschichte (*story*) des Historikers spiegeln jene seiner angehäuften Lebenserfahrung wider, die von dem gleichsam genährt wird, was die Vergangenheit ihm anvertraut. Seine Geschichte (*story*) ist gewissermaßen seine Deutung.«[225]

Auch wenn die Deutungen subjektiv ausfallen müssen, sind sie nichtsdestoweniger überzeugend, vorausgesetzt die Basis der menschlichen Erfahrung ist hinreichend breit. Das subjektivierende Verstehen muss sowohl auf der passiven Beobachtung wie auch auf Reflexion gründen; es setzt eine Ansammlung von Kommentaren zu den aufgefundenen Tatsachen voraus. Diese erschöpfen sich nicht in der Konstruktion von Kausalbeziehungen oder strukturellen Beschreibungen, wie sie naturwissenschaftliche oder morphologische Erklärungen liefern, die eine eigene Legitimität besitzen, auf die der Historiker nicht verzichten kann. So wie sich der Mensch im Alltag bei der Einschätzung seiner Mitmenschen, in politischen Fragen oder auf der Suche nach Lösungen für Krisen unterschiedlichster Art zumeist auf spontane Werturteile verlassen muss, sind auch die Erklärungen des Historikers erfahrungsgesättigt.[226]

Die besondere Qualität historischen Verstehens und Erklärens gründet auf der lebensweltlichen Beschaffenheit des historischen Universums, auf dem zufälligen Charakter historischer Phänomene. In manchen Fällen (etwa Jacob Burckhardts Renaissance-Studie) entwickelt der Historiker außergewöhnliche Interpretationen, die auf einem neuartigen Erklärungsprinzip beruhen und bisher unbekannte Zusammenhänge aufzeigen. Diese historischen Ideen sind das Ziel, an dem die Reise des Historikers endet. Sie sind das Ergebnis einer Verwunderung und des Wunsches, dieser mit einer Erklärung beizukommen. Dies setzt einen Moment der Eingebung voraus, für den Huizinga den Begriff der »historischen Sensation« prägte und in dem besonders »Tiefsitzendes und Fundamentales […] plötzlich ans Licht kommt« (Isaiah Berlin).[227] Das Momenthafte dieser Eingebung spielt wie in der Proust-Passage eine wichtige Rolle, aber während bei Huizinga der Auslöser dieser Eingebung

---

[225] Kracauer, *Geschichte*, S. 110. [*H.*, S. 97.]
[226] Ebd., S. 108. [*H.*, S. 96.]
[227] Ebd., S. 110. [*H.*, S. 97 f.]

kleinste Teile einer historischen Spur sein können (eine Chronik, ein Stich oder ein Lied), besteht Kracauer darauf, dass diese Auslöser der historischen Sensation nicht nur im Material liegen, sondern auch in dem Inneren des Historikers, in seiner Lebenserfahrung.[228]

---

[228] Ebd., S. 111. [*H.*, S. 98.]

3 ZEIT UND BILD

Geschichte beginnt mit einem Hinweis auf die autobiographischen Erklärungen, die antike Historiker ihren Schriften voranstellten, um den Ausgangspunkt ihrer Streifzüge durch die Vergangenheit zu verdeutlichen. Kracauer nennt als seinen archimedischen Punkt ein Werk: die *Theorie des Films*, an der er schon in Marseille geschrieben hatte, als er auf eine Ausreisemöglichkeit aus Europa wartete. Sie diente Kracauer in diesen schwierigen Tagen gleichsam als mentaler Rettungsanker. Er hatte bereits die letzten Jahre seines französischen Exils in der Pariser *Cinémathèque* mit Vorarbeiten zu dieser Arbeit verbracht, die er während seiner Aufenthalte in Marseille, Lissabon und sogar auf der Überfahrt in die USA fortsetzte. Er beendete sie zwanzig Jahre später, am 14. November 1959 in New York – ein Datum, das ihm so denkwürdig erschien, dass er es im Manuskript mit dem Vermerk »Schlussstrich« festhielt.[1]

Kracauer weist auf eine Kontinuität zwischen seinen früheren Schriften und *Geschichte* hin, die von ihm nicht als bewusst konzipiert dargestellt wird. Ihm selbst seien vielmehr erst im Zuge seiner Überlegungen zu *Geschichte* und nachdem er sich lange auf scheinbar fremdem Territorium bewegt habe, »blitzartig« die vielen Parallelen zu seinem früheren Beschäftigungsgegenstand, den photographischen Medien, klar geworden, die Analogie zwischen historischer Realität und Kamera-Realität.[2] Sein Interesse an Geschichte präsentiert er als Ergebnis einer unbewussten Sehnsucht, Erkenntnisse aus dem Bereich der Bildmedien auf ein breiteres Feld anzuwenden. Dass es kein beliebiges ist, sondern ihn schon früh beschäftigte, belegt er mit einem Verweis auf seinen Essay »Die Photographie« aus dem Jahr 1927,

---

[1] Wenn von »der Filmtheorie« gesprochen wird, ist Kracauers *Theory of Film* (1960) gemeint. Es existiert jedoch eine frühe Version dieser Studie, der »Marseiller Entwurf«, der in der neuen Suhrkamp-Ausgabe mit abgedruckt ist. Kracauer, »Marseiller Entwurf«, in: Ders., *Theorie des Films*, S. 521–779. Die Idee zu einer Soziologie des Films entwickelte Kracauer bereits 1933 in Paris, sie scheiterte jedoch an der Finanzierung. 1937 griff er das Projekt in Zusammenarbeit mit der Film Library des MoMA in New York erneut auf. Eine Projektskizze aus dem Jahr 1938 war stärker soziologisch ausgerichtet als das definitive Werk und beschränkte sich (entgegen der Wünsche von Iris Barry, damals Leiterin der Film Library) nicht auf Deutschland. Vgl. Kracauer, »Ideenskizze zu meinem Buch«, in: Ders., *Theorie des Films*, S. 807–809; Agard, *Le chiffonnier*, S. 277–279. Zum »Marseiller Entwurf« ebd., S. 279–287; Hansen, »With Skin and Hair««; Dies., »Introduction«, S. xvi–xxiv.

[2] Kracauer, *Geschichte*, S. 11. [*H.* S. 4.]

wo er einen Vergleich zwischen dem neuen Medium und dem Historismus anstellte.[3]

Zwei Aspekte machen die besondere Originalität von Kracauers Reflexionen über Geschichte aus: die filmische Grundlage seiner Geschichtstheorie und der Umgang mit der Kategorie der Zeit, die schon in »Die Photographie« thematisiert wird. Auf welche Weise finden Kracauers Überlegungen zu den photographischen Medien Eingang in die epistemologischen Reflexionen über Geschichte? Wie entwickelt sich seine Zeitkonzeption, und welche theoretischen Implikationen ergeben sich daraus? Diese Fragen führen in das Zentrum von Kracauers Vorstellungen über die Beschaffenheit des historischen Universums.

3.1 Der filmische Hintergrund des Kracauer'schen Geschichtsdenkens

In dem Kapitel »Der historische Ansatz« von *Geschichte*, das auf den ersten beiden Kapiteln der Filmtheorie basiert, unterstellt Kracauer den photographischen Medien und der Historiographie eine strukturelle Analogie. Für ihn (wie Jahre später für Barthes in *La chambre claire*[4]) ist es kein Zufall, dass sich die moderne Geschichtsschreibung im 19. Jahrhundert zeitgleich mit der Erfindung der Daguerreotypie entwickelte: Beide ähneln sich hinsichtlich der verborgenen Struktur der Universen, auf die sie sich beziehen; außerdem ist die kreative Haltung vergleichbar, die Photographen, Filmemacher und Historiker einnehmen, wenn sie sich in ihren jeweiligen Welten fortbewegen.

Bei diesen Welten handelt es sich um eine bestimmte Realität, die Kracauer »Kamera-Realität« nennt oder auch »Fluss des Lebens«. Dahinter steht die Ergründung der Wirklichkeitswahrnehmung in der säkularisierten Moderne. In Kracauers Photographie-Essay findet sich eine frühere Artikulation dieses Vergleichs der Photographie mit dem Historismus, ein Aspekt, der von manchen Interpreten unterschlagen wird.[5] Ausgehend von diesem Essay werde ich erörtern, inwiefern Kracauers medientheoretische Überlegungen und damit auch die Voraussetzungen seines filmisch-historischen Vergleichs eine Entwicklung durchlaufen. Sie hat mit seiner sich wandelnden Konzeption der Moderne zu tun. Anschließend geht es um die Funktion der medialen Analogie: Sie erlaubt es, eine Grundfigur von Kracauers historischem Denken zu artikulieren, d. h. den Antagonismus von Realismus und Formgebung als Grundkonflikt zwischen Konkretion und Abstraktion, der die photographische wie die historische Darstellung entscheidend bestimmt.

---

[3] Kracauer, »Die Photographie«, in: Ders., *Das Ornament der Masse*, S. 21–39. [*FZ*, 28.10.1927]
[4] Barthes, *La chambre claire*, S. 146. Vgl. Despoix, »Une histoire autre?«, S. 18.
[5] Vgl. Geimer, *Theorien der Fotografie*, S. 124–130. Wolf, »Positivismus, Historismus, Fotografie«, S. 32 f.

Das filmische und das historische Universum

Die zentrale Gemeinsamkeit zwischen der Geschichtsschreibung und den filmischen Künsten besteht für Kracauer darin, dass beide »Medien« danach streben, ein gegebenes Universum zu erfassen.[6] Es existiert aber auch eine Analogie zwischen der Beschaffenheit der Realität, welche die Kamera abbildet, und jener, die der Historiker erkundet. Tatsächlich durchzieht Kracauers Werk seit *Soziologie als Wissenschaft* (1922) die Frage, was Wirklichkeit ist und wie man sie erkennen kann.

Kracauer beklagt, wie bereits erwähnt, Ende der 20er Jahre, Anfang der 30er Jahre einen Wirklichkeitsverlust der Mittelschichten, die sich dem Nationalsozialismus in die Arme warfen. Im Offenbach-Buch suggeriert er eine (zu Recht) kritisierte, wenn auch von ihm selbst nicht wörtlich gemeinte Analogie zwischen dem französischen Zweiten Kaiserreich und Deutschland unter dem Nationalsozialismus. Er stellt dort dem Begriff der »Wirklichkeit« die »Phantasmagorie« gegenüber, in die das Bürgertum des 19. Jahrhunderts geflüchtet sei. Seine These lautet, die Bourgeoisie habe sich gegen den eingetretenen ökonomischen und sozialen Wandel verstockt, d. h. gegen die »Wirklichkeit«, und damit meint er an dieser Stelle: gegen die Vernunft. Der wenig eindeutige Gebrauch des Wirklichkeitsbegriffs im Offenbach-Buch ist einer der Punkte, die Kracauer Adornos Kritik einbrachten, der ihn ausgerechnet für »schlecht abstrakt« hielt. »Ja hätte sie [die Bourgeoisie] denn gegen sich selbst den proletarischen Klassenkampf führen sollen, so wie die Naumann-Juden[7] ›raus mit uns‹ riefen? Du verlangst zu viel von den Leuten«[8], schrieb Adorno an seinen Freund. Für das Verständnis von *Geschichte* ist jedoch anders als im Offenbach-Buch nicht so sehr eine von der Gesellschaft her gedachte Bestimmung von Wirklichkeit entscheidend, als vielmehr eine, die den *Konstruktionscharakter* von Wirklichkeit unterstreicht (programmatisch in den *Angestellten*). Dabei betont Kracauer gleichwohl im Anschluss an Husserls Phänomenologie und Simmels Lebensphilosophie den »konkreten« Charakter von Wirklichkeit.[9] In *Geschichte* greift Kracauer das Konzept der Kamera-Realität auf. Zum ersten Mal erwähnt er den Begriff in einem Artikel aus dem Jahr 1942, »Why France liked our

---

[6] Ebd., S. 64.
[7] Als »Naumann-Juden« wurden die jüdischen Mitglieder des 1921 von Max Naumann (1875–1939) gegründeten nationalkonservativen *Verbands nationaldeutscher Juden (VNJ)* bezeichnet, der 1935 verboten wurde. Diese marginale Vereinigung vertrat selbst antisemitische Positionen. Vgl. Hambrock, *Die Etablierung der Außenseiter*.
[8] Adorno an Kracauer, 13.5.1937, in: Adorno – Kracauer, *Briefwechsel*, S. 356 f. Kracauer antwortete auf diesen Vorwurf, sein Wirklichkeitsbegriff sei ein »konkret begrenzter, wohldefinierter«, der die bürgerliche Republik meine, die »nachdem sie 1850/1851 panikartig preisgegeben worden war, schon nach knapp 10 Jahren wieder durchschlug.« Das Zweite Kaiserreich sei eine aus Angst und Furcht entstandene Farce gewesen, so dass der Begriff der Wirklichkeit die »geschichtlich fällige Republik« bezeichne. Kracauer an Adorno, 25.5.1937, in: ebd., S. 363.
[9] Vgl. Oschmann, »Kracauers Herausforderung der Phänomenologie«, S. 194 ff.

Films«.[10] Er bezeichnet damit jene Realität, welche die Linse der Kamera erfasst. Die Besonderheit des Films besteht darin, dass er die physische Realität – »die vergängliche Welt in der wir leben«, wiedergibt. Sie dient als Modell, mit dem Kracauer die Beschaffenheit des historischen Universums zu beschreiben sucht.

Auf welche Realität die Kamera ihr Auge richtet, drückt Kracauer gleich zu Anfang des »Marseiller Entwurfs« aus: »Der Film versetzt die ganze materielle Welt ins Spiel, er versetzt zum ersten Mal – über Theater und Malerei hinausgreifend – das Seiende in Umtrieb. Er zielt nicht nach oben, zur Intention, sondern drängt nach unten, zum Bodensatz, um auch diesen mitzunehmen. Der Abhub interessiert ihn, das was da ist, am Menschen selber und außerhalb des Menschen.«[11] Diesen Abhub bezeichnet Kracauer als das »Bloßseiende«. Es geht der Kamera um Vorgänge in der materiellen Dimension, die nichts bedeuten wollen, sondern die Sinne beanspruchen.[12] Der Film zielt nicht auf Bedeutungen ab, sondern auf Bewegung, wie sich anhand des Motivs des Pferdegalopps in den so genannten archaischen Filmen verdeutlichen lässt. Im »Marseiller Entwurf« taucht zwar der Begriff der Kamera-Realität nicht auf, dafür jedoch ein Konzept, das in der *Theorie des Films* fehlt – die so genannte »Grundschicht«. Diese hat man sich nicht als außerhalb des Films liegend vorzustellen, sie ist vielmehr Teil des Films. Der Film ist in *seiner* Grundschicht, wenn er Materielles »um seiner selbst willen« zeigt, ohne nach einem Sinn zu fragen.[13] Ein vielzitiertes Element der Grundschicht ist die Straße, weil bei deren Aufnahme intentionale Kompositionen nicht möglich sind. Sie besteht aus Dingen, umfasst Menschen als Menge, Jahrmärkte, Lokale, Hotelhallen. Bahnhöfe oder Häfen sind typische Motive dieser Schicht: ihnen gemeinsam ist das Element der Bewegung, sie sind ein »Geriesel«[14], das Kracauer schon in einem seiner Städtebilder evoziert, in »Aus dem Fenster gesehen«: eine kaleidoskopische Mischung auf- und abgleitender bunter Stadtbahnzüge, blitzender Schienen, hoch und nieder gehender Signale bietet sich dem Auge dar.[15] Das Geriesel im »Marseiller Entwurf«, welches eine schimmernde und fließende Bewegung suggeriert, verweist auf ein anderes Konzept, das in der *Theorie des Films* die Grundschicht ersetzt: der »Fluss des Lebens«. Dieser »Strom von Möglichkeiten und nahezu ungreifbaren Bedeutungen […] verzaubert« auch den Flaneur, »oder [ruft] ihn gar erst ins Leben.«[16] Erst die technischen Möglichkeiten der Photographie erlaubten einen

---

[10] Kracauer, *Geschichte*, S. 69. [*H.*, S. 58.] Ders., »Warum die Franzosen unsere Filme mochten«, in: Ders, *Kleine Schriften zum Film*, Bd. 6.3., S. 347. [*New Movies*, Mai 1942] Mülder-Bach, »Der Cineast als Ethnograph«, S. 73.
[11] Kracauer, »Marseiller Entwurf«, S. 531.
[12] Ebd., S. 541.
[13] Ebd., S. 593.
[14] Ebd., S. 595.
[15] Kracauer, »Aus dem Fenster gesehen«, in: *Aufsätze 1927–1931*, S. 399–401. [*FZ*, 8.11.1931]
[16] Kracauer, *Theorie des Films*, S. 131.

Zugang zu jener Schicht, die einst hinter theologischen Vorstellungen von Welt verborgen war.[17] Es geht also um das Wirklichkeitsverständnis der Moderne.

Noch genauer lässt sich die Kamera-Realität über einige Affinitäten bestimmen, die den photographischen Medien zu Eigen sind. Die Neigung zur nicht gestellten, unverfälschten Realität, zur Natur im Rohzustand, ist die offenkundigste. In diesem Punkt unterscheidet sich der Film vom Theater, ein Gegensatz, der die gesamte Filmtheorie leitmotivisch durchzieht. Photographische Medien sind dazu geeignet, das Zufällige abzubilden. Damit sind sie »Bildern abhold«, denen – Kracauer zitiert Beaumont Newhalls *History of Photography* (1949) – eine »straffe kompositorische Organisation aufgezwungen ist«.[18] Dies ist ein weiterer Grund, weshalb sie das Motiv der Straße so häufig abbilden. Photographie und Film vermitteln dem Betrachter auf ihre je eigene Weise eine Vorstellung von Endlosigkeit, indem sie vornehmlich Zufallskomplexe zeigen, die fragmentarisch sind. Eine Photographie sollte den Gedanken an Vollständigkeit ausschließen, auf Inhalte verweisen, die außerhalb des Bildrands liegen. Darin ähnelt das Medium den Naturwissenschaften: »[B]eide suchen ein unerschöpfliches Universum zu ergründen, dessen Ganzheit sich ihnen für immer entzieht.«[19] Photographien und Filme neigen zum Unbestimmbaren, Diffusen, Unorganisierten. Ihre Bilder sind »wie von einem Saum undeutlicher und vielfältiger Bedeutungen umgeben«, zitiert Kracauer sich selbst in *Geschichte*.[20] Auch in Filmen bleiben Naturobjekte wie eine Landschaft, Gesichtsausdrücke oder Farben insofern unbestimmbar, als ihre Bedeutungen je nach Kontext unterschiedlich sein können.[21]

Von der Photographie unterscheidet sich der Film durch seine Affinität zum oben erwähnten »Fluss des Lebens«, denn Filme beschwören aufgrund der Vieldeutigkeit ihrer Aufnahmen eine umfassendere Wirklichkeit als jene, die sie faktisch abbilden. »Dieser Begriff [...] bezeichnet eine Art von Leben, das noch, wie durch eine Nabelschnur, aufs engste mit den materiellen Phänomenen verbunden ist, aus denen seine emotionalen und intellektuellen Gehalte hervorgehen.«[22] Unter dem Kontinuum des Lebens oder dem »Fluss des Lebens« versteht Kracauer »den Strom materieller Situationen und Geschehnisse mit allem, was sie an Gefühlen, Werten, Gedanken suggerieren.«[23] Es handelt sich um ein materielles Kontinuum, das gleichwohl von der geistigen Welt nicht vollständig zu trennen ist. Wie aus dem *Guide to History* hervorgeht, übernimmt Kracauer den Begriff des »stream of life« aus Isaiah Berlins Werk über Tolstoi *The Hedgehog and the Fox*.[24] Berlin bezeichnet

---

[17] Agard, *Le chiffonnier*, S. 280.
[18] Kracauer, *Theorie des Films*, S. 53.
[19] Ebd., S. 54.
[20] Ebd., S. 55. Ders., *Geschichte*, S. 70. [*H.*, S. 59.]
[21] Kracauer, *Theorie des Films*, S. 125.
[22] Ebd., S. 129 f.
[23] Ebd., S. 130.
[24] Berlin, *The Hedgehog*. Kracauer, Guide to History, KN DLM [72.3525/1].

damit Tolstois Kontinuum der Wirklichkeit, das er auch mit Virginia Woolfs Realitätsdarstellung vergleicht, auf die im Kapitel zu Auerbach noch einzugehen sein wird. Im »Marseiller Entwurf« tauchen schließlich wie schon 1927 (wie bei Benjamin) an vielen Stellen Abfälle auf: Müll, Lumpen, Schmutzwinkel, »alles das, was man hinter sich lässt, wovon das Leben sich abkehrt«.[25] Anders als der Mensch blickt die Kamera nicht an ihnen vorbei – ebenso wie sie es ermöglicht, durch Verfremdungseffekte den Blick für das allzu Vertraute (wie die Großmutter bei Proust) zu schärfen, das sich normalerweise der Wahrnehmung entzieht. Darin besteht die Unbestechlichkeit der Kamera. Indem sie die Äußerlichkeit der Moden, Kleidung, Mobiliar oder Gesten registriert, das allzu Gewohnte, das der Mensch wie eine »Schleppe« hinter sich herschleift[26], konfrontiert sie den Zuschauer mit seiner Gefangenheit in den Konventionen der Zeit: Sie »entkleidet derart die Dinge, aus denen es [das Beiwerk der früheren Existenz] bestand, der Bedeutung, die sie ursprünglich so transfigurierte, dass sie nicht erschienen, wie sie an sich waren, sondern als unsichtbare Vermittler agierten.«[27] So trägt die Kamera zu einem »Zersetzungsprozess« der wahrgenommenen Wirklichkeit bei, indem sich die Aufmerksamkeit »aufs gegebene, noch nicht ausgeformte Rohmaterial richtet.«[28]

In welchem Verhältnis steht diese nicht gestellte, von Endlosigkeit und Zufälligkeit geprägte Wirklichkeit zu dem Bild, das von ihr durch die Kamera erfasst wird? Hier erscheint eine Passage der *Theorie des Films* über den Traum-Charakter von Filmen aufschlussreich. Kracauer spricht von der Wechselwirkung zwischen Massenträumen und Filminhalten, die an die Einleitung von *From Caligari to Hitler* erinnert, in der er auf den kollektiven Charakter von Filmproduktionen hinweist.[29] Da es sich bei Filmen um Massenprodukte handelt, versuchen die Produzenten auch der Masse zu entsprechen. Allerdings kanalisiert der Film die vieldeutigen Wunschvorstellungen, die ihr oft nur undeutlich bewusst sind, indem er diesen eine spezifische Richtung verleiht. Bemerkenswert ist, wie sich das Verhältnis von »nackter Realität« zum Traumgehalt gestaltet. Denn gerade »filmgerechte« Filme haben manchmal große Ähnlichkeit mit dem Traum, und zwar dort, wo es um reale Erscheinungen geht. Als Beispiel erwähnt Kracauer dokumentarische Elemente in dem Spielfilm *The quiet one* (1948) von Sidney Meyers: »Frauen stehen nahezu bewegungslos in Hauseingängen, undefinierbare Typen lungern müßig herum. Wie die schäbigen Häuserfronten könnten sie ebensogut ein Produkt unserer durch die Handlung entzündeten Einbildungskraft sein.«[30] Entscheidend ist, dass die traumartige Wirkung der filmischen Bilder durch die exakte Wiedergabe nack-

---

[25] Kracauer, »Marseiller Entwurf«, S. 599.
[26] Er identifiziert das Gewohnte mit einem Begriff, der auf die Affinität des Films zum Sinnlich-Körperlichen hindeutet: es ist »ein Hautphänomen«. Ebd., S. 601.
[27] Kracauer, *Theorie des Films*, S. 108.
[28] Ebd.
[29] Kracauer, *Von Caligari zu Hitler, Schriften*, S. 11 f.
[30] Kracauer, *Theorie des Films*, S. 264.

ter Realität hervorgerufen wird: »Vielleicht erscheinen Filme dann am meisten als Träume, wenn sie uns durch die krasse und ungeschminkte Gegenwart natürlicher Gegenstände überwältigen – als hätte die Kamera sie gerade eben dem Schoß der Natur abgewonnen und die Nabelschnur zwischen Bild und Wirklichkeit wäre noch nicht zerschnitten.«[31]

Der Kinobesucher, dem Kracauer eine besondere Sensibilität attestiert, wird von der materialen Realität in einer Weise berührt, die Träumereien hervorruft, welche sich sowohl auf das Objekt richten als auch auf das eigene Ich des Zuschauers. Die Dinge der materialen Realität »winken« ihn zu sich heran, wie Prousts Geisterbäume[32] den Historiker in *Geschichte* – sie rufen den Flaneur ins Leben, bzw. auf die Straße, wie in der *Theorie des Films*.[33] Er irrt dann auf endlosen Wanderungen durch die Labyrinthe der Bedeutungen, die jedoch unendlich zu sein scheinen. Kracauer spricht in einer Diktion, die Gertrud Koch an Heidegger erinnert, von dem »Murmeln des Seienden«[34] (oder im »Marseiller Entwurf« von dem »Geraun des Seienden«[35]), das unbestimmbar ist, aber den Zuschauer seinem unerreichbaren Ziel der erschöpfenden Ergründung der Bedeutungen näher bringt. Gleichzeitig ruft die Unbestimmtheit der filmischen Bilder eine Flut von Assoziationen hervor, die nicht mehr unmittelbar mit den Filmbildern in Zusammenhang stehen, sondern direkt in das Innere des Zuschauers führen – wie Prousts Madeleine. So schwankt der Zuschauer im Kino beständig »zwischen Versenkung in sich selbst und Selbstaufgabe.«[36] Der Bewusstseinsstrom des Zuschauers, der sich gleichermaßen auf sich selbst und die Dingwelt im Film bezieht, ist eine Parallele zum »Strom des Lebens«, den der Film abzubilden sucht.[37]

Kracauer verortet auch diese Äußerungen über die filmische Wirklichkeitswahrnehmung historisch. Das Bedürfnis des Zuschauers nach der stellvertretenden Teilnahme an der Fülle des Lebens, die das Kino befriedigt, ist ein Merkmal der Moderne. Dabei sind nicht die *plots* angesprochen, die im Spielfilm erzählt werden. Es

---

[31] Ebd.
[32] Vgl. Proust, *A la Recherche du temps perdu*, Bd. 2, S. 77 ff. Am Ende des Passus heißt es: »Je vis les arbres s'éloigner en agitant leurs bras désespérés, semblant me dire: ›Ce que tu n'apprends pas de nous aujourd'hui, tu ne le sauras jamais. Si tu nous laisses retomber au fond de ce chemin d'où nous cherchions à nous hisser jusqu'à toi, toute une partie de toi-même que nous t'apportions tombera toujours au néant. […] Et quand je leur tournai le dos et cessai de les voir, […] j'étais triste comme si je venais de perdre un ami, de mourir à moi-même, de renier un mort ou de méconnaître un dieu.« Ebd., S. 79. Vgl. Kracauer, *Theorie des Films*, S. 131.
[33] Ebd., S. 265.
[34] Koch, *Kracauer*, S. 135.
[35] Kracauer, »Marseiller Entwurf«, S. 711.
[36] Ebd., S. 267.
[37] Der Einsatz von Sprache im visuellen Medium erscheint Kracauer problematisch, denn das Wort erschließt den Bereich des diskursiven Denkens. Filmgerecht ist Sprache im Film nur, wo ihre stofflichen Qualitäten in den Vordergrund gerückt werden. Kracauer, *Theorie des Films*, S. 178 f., S. 184 f.

sind die Fragmente des Bildmaterials, welche die Sehnsucht des Zuschauers nach dem Leben nähren. Diese Sehnsucht ist auf zwei Entwicklungen zurückzuführen, die mit Kracauers Verständnis der Moderne eng verbunden sind. Es sind zum einen die Lebensbedingungen in der modernen Massengesellschaft, in der die traditionellen Glaubensinhalte, Normen und Werte obsolet geworden sind. Das Individuum wünscht sich, sich »auf das Leben selbst« als »eigentliches Substrat« zu konzentrieren.[38] Die Sehnsucht nach dem Leben ist aber ein Produkt der Vorherrschaft des abstrakten Zugangs zu einer von den Naturwissenschaften dominierten Welt, das Produkt eines Mangels an sinnlichem Kontakt mit der Welt. Worauf der Film hingegen abzielt, ist »genau die Art von Realität, die sich nicht messen lässt.«[39]

Wie verhält sich das Gesagte nun zu der »historischen Wirklichkeit« oder zu dem »historischen Universum« – zwei Begriffe, die Kracauer in »Der historische Ansatz« synonym gebraucht? Kracauer definiert hier die historische Wirklichkeit entsprechend der oben genannten Affinitäten des Films und der Kamera-Realität über die Kategorien der Zufälligkeit, der Endlosigkeit und der Nicht-Subsumierbarkeit unter das deterministische Prinzip. Über diese postulierte Analogie hinausgehend ist Dunkelheit eines der wichtigen Merkmale, das Kracauer mit dem historischen Universum assoziiert. Die historische Wirklichkeit kommt »aus einem Dunkel hervor […], das immer weiter zurückweicht und sich in eine offene Zukunft erstreckt.«[40] Kracauer bezieht sich auf Husserl, dessen Alltagswelt dem gemeinten Universum am nächsten kommt. Allerdings entbehrt das historische Universum nicht jeglicher Struktur, handelt es sich doch um ein Material, das zwar »auf weite Strecken unfertig, heterogen und dunkel« ist, eine »trübe« Masse von Fakten. Gleichwohl lassen sich in ihm »Muster«, »Fasern« und »Sequenzen« erkennen.[41] Kracauer führt hier seine Raummetaphorik ein: Das geschichtliche Universum ist im Vergleich zu der Lebenswelt, welche die Wissenschaften in den Blick nehmen, auf »viel geringerer Höhe« angesiedelt. Diese Lebenswelt »[…] umfasst leblose Objekte, Gesichter, Massen, Leute, die sich mischen, leiden und hoffen; ihr großes Thema ist das Leben in seiner Fülle, das Leben, wie wir es gemeinhin erfahren.«[42] Die Parallele zwischen Kamera-Realität und historischer Wirklichkeit liegt also in ihrer Struktur und in ihrer allgemeinen Verfassung begründet, welche eine Folge des »halbgaren Zustands unserer Alltagswelt«[43] ist. Beiden Universen eignet derselbe Zufallscharakter des Materials, aus dem sie zusammengesetzt sind. Aufgabe des Historikers ist es, durch diesen Raum hindurchzuführen.

---

[38] Ebd., S. 272.
[39] Ebd., S. 273.
[40] Kracauer, *Geschichte*, S. 55. [*H.*, S. 45.]
[41] Ebd., S. 56. [*H.*, S. 46.]
[42] Kracauer, *Geschichte*, S. 69. [*H.*, S. 58.]
[43] Ebd. [*H.*, S. 58.]

Der Historismus – eine »Photographie der Zeit«? (1927)

Schon in den 20er Jahren stellt Kracauer einen Zusammenhang zwischen der Photographie und dem Historismus her. Er diskutiert in »Die Photographie« (1927) wie später in der Filmtheorie die Frage nach der Beschaffenheit der von der Photographie abgebildeten Realität und dem Modus der durch sie vermittelten Wahrnehmung. Sein Ansatz unterscheidet sich nicht nur von der zeitgenössischen Photographie-Begeisterung, die in zahlreichen Ausstellungen und Publikationen zum Ausdruck gebracht wurde, sondern auch von jener Lesart des Mediums, die er selbst in seinem Spätwerk entfaltete.[44]

Im Essay von 1927 wird der Vergleich von Photographie und Historismus über beider Verhältnis zur Kategorie der Zeit eingeführt. Kracauer weist auf einen Unterschied zwischen *zeitgenössischen* und *alten* Photographien hin und zeigt, wie ein einstmals aktuelles Bild zu einem Abbild der Vergangenheit wird. Bei der Betrachtung von Photographien verschränken sich unterschiedliche Zeitschichten: die abgebildete Zeit, die Zeitlichkeit des Bildes selbst und der Zeitpunkt der Betrachtung.[45] Kracauer beginnt seine Überlegungen mit der Beschreibung zweier Photographien, die jeweils eine junge Frau im Alter von 24 Jahren abbilden. Einmal handelt es sich um das Bild einer Diva in einer Illustrierten, die dem Betrachter von der Filmleinwand bekannt ist. Kracauer ergänzt diese Beobachtung um die Feststellung, dass man September schreibt – sogleich wird die Frage nach der Verbindung von Photographie und Zeitlichkeit als Thema des Essays evoziert. Auf dem anderen Bild, einer privaten Photographie, die 60 Jahre zuvor angefertigt wurde (dies ist die zweite Zeitangabe im Text), ist ebenfalls eine junge Frau zu sehen, die heute jedoch eine Großmutter ist.[46] Die Enkelkinder können die Großmutter nur dank der mündlichen Überlieferung ihrer Eltern identifizieren. Es ist eine »fragmentarisch überlieferte Ahnfrau«[47], die ihnen durch die Photographie entgegentritt. Die Ornamentik des Kostüms, die Chignons, die Krinoline sind das einzige, was von der jungen Frau, die sie einst war, übrig bleibt, während sie selbst

---

[44] Vgl. Mehring, »Kracauer's Theories of Photography«, S. 132, S. 129; Mülder-Bach, »Schlupflöcher«. Barnouw richtet den Blick stärker auf die Kontinuitäten zwischen Kracauers Früh- und Spätwerk. Zum Photographie-Essay vgl. Barnouw, *Critical Realism*, S. 29–31 und S. 60–62. Die Ambivalenzen von Kracauers Blick auf die Photographie 1927 unterstreicht Agard, *Le chiffonnier*, S. 264–270. Ausdrücklich ohne Rekurs auf den Film behandelt Lindner Kracauers Positionsverschiebungen zur Photographie: Lindner, »Augenblick des Profanen«. Nitsche vergleicht den Essay mit Benjamins Position: Nitsche, *Benjamins Gebrauch der Fotografie*, S. 249–255.

[45] Geimer, *Theorien der Fotografie*, S. 125.

[46] Kracauers Betrachtungen beziehen sich auf persönliche Photographien sowie Photographien aus Illustrierten, nicht jedoch auf Strömungen wie die »Neue Objektivität« oder Berlin Dada. Barnouw kritisiert daher, dass sich seine Texte in einem »kuriosen kulturellen Vakuum« bewegten. Barnouw, *Critical Realism*, S. 61. Anders Mehring, »Kracauer's Theories of Photography«, S. 132.

[47] Kracauer, »Die Photographie«, S. 22.

schon verschwunden ist. Aus der Großmutter ist ein »archäologisches Mannequin«[48] geworden. Darin besteht das besondere Verhältnis der Photographie zu der Zeit: die Enkelkinder werden sich bei der Betrachtung der Photographie der Zeitlichkeit bewusst.[49]

Von dieser These ausgehend führt Kracauer seine Reflexionen zum Historismus ein. Am Beispiel der Goethe-Philologie mit ihrer Detailversessenheit und dem illusorischen Glauben an die Aussagekraft genealogischen Denkens, verdeutlicht er das Ziel des Historismus in Analogie zur Photographie. So wie die Photographie ein Raumkontinuum abbilden möchte, strebt der Historismus danach, ein Zeitkontinuum herzustellen, indem er alle Elemente des zeitlichen Verlaufs in ihrer additiven Vollständigkeit aufzugreifen sucht: »Dem Historismus geht es um die Photographie der Zeit. Seiner Zeitphotographie entspräche ein Riesenfilm, der die in ihr verbundenen Vorgänge allseitig abbildete.«[50]

Der Photographie und dem Historismus stellt Kracauer wie später in *Geschichte* mit dem erwähnten Kommentar der Proust'schen Großmutter eine dritte Größe gegenüber, das Gedächtnisbild. Das Gedächtnis unterscheidet sich von den ersteren beiden dadurch, dass es eine willkürliche Auslese der erinnerten Elemente vollzieht, ohne das zeitliche Kontinuum zu berücksichtigen. Es ist lückenhaft. Es staucht oder dehnt die Zeit nach Belieben. Das wichtigste Merkmal des Gedächtnisses liegt jedoch nicht in seinem Verhältnis zu der Zeit, sondern in der Bedeutung der Gedächtnisbilder. Die Bedeutung, mit der sie aufgeladen sind, muss dem Erinnernden aber nicht notwendigerweise bewusst sein. Von dem Menschen, an den man sich erinnert, existiert im Gedächtnis ein »letztes Bild«[51], das seine eigene Geschichte ist. Diese Geschichte gleicht einem »Monogramm, das den Namen zu einem Linienzug verdichtet, der als Ornament Bedeutung hat.«[52] Entscheidend ist: die Photographie ist nicht in der Lage, diese Bedeutung abzubilden. Sie ist eine bloße Reduktion von Zeit und Geschichte. »Unter der Photographie eines Menschen ist seine Geschichte wie unter einer Schneedecke vergraben.«[53] Die Photo-

---

[48] Ebd.
[49] Ebd., S. 21 ff. In der *Theorie des Films* verweist Kracauer auf einen ähnlichen Effekt bei Dokumentarfilmen, wenn sie Moden und Gebräuche vorführen, die dem Zuschauer einst vertraut waren. Er muss über sich selbst und die von ihm gepflegten Konventionen lachen, sieht er die Staffage, die ihm mit der Unbestechlichkeit der Kamera vor Augen geführt wird. Dergestalt in die »Rumpelkammer seines Selbst zurückverschlagen«, wird er im selben Augenblick mit Schrecken der Vergänglichkeit gewahr. Kracauer, *Theorie des Films*, S. 107.
[50] Kracauer, »Die Photographie«, S. 24.
[51] Ebd., S. 25.
[52] Ebd., S. 26. Im Motiv des Monogramms als Schriftzug sieht Lindner eine theologische Konzeption, die sich von Benjamins »Orientierung [...] am Sprachlaut als höchster geistiger Manifestation« unterscheide. Vgl. Lindner, »Augenblick des Profanen«, S. 292, Anm. 7.
[53] Kracauer, »Die Photographie«, S. 26.

graphie wird in diesem frühen Essay also über das definiert, was sie *nicht* abzubilden vermag.⁵⁴

Erinnert man sich an das oben Gesagte zu Prousts Ich-Erzähler, der seine Großmutter nach der Zurücknahme seines Selbst mit photographischem Blick und ohne die »Regulative der Subjektivität«⁵⁵ zu erkennen vermag wie sie ist, tritt nun ein entscheidender Unterschied zwischen Kracauers Früh- und Spätwerk hervor. Die Grundlage des Vergleichs zwischen Geschichte und Photographie ist in dem Essay von 1927 nicht wie in *Geschichte* das Moment der Selbstentfremdung, die eine unverfälschte Erkenntnis ermöglicht, sondern »die Reduktion von Wirklichkeit auf das Neben- und Nacheinander, die räumlichen und zeitlichen Relationen ihrer Elemente.«⁵⁶

So ist auf den Unterschied zwischen den beiden Photographien der Diva und der Großmutter zurückzukommen. Gedächtnisbilder verhalten sich zu der Geschichte eines Menschen umgekehrt wie aktuelle oder alte Photographien. Die aktuelle Photographie, d.h. die Photographie eines Menschen, welcher dem gegenwärtigen Bewusstsein des Betrachters geläufig ist, funktioniert als optisches Zeichen dieser Person. Ist sie veraltet, kann sich der Betrachter nicht mehr unmittelbar auf das Original beziehen, verkleinert die Photographie hingegen die lebendige Gestalt. Das Leben zieht sich zusammen und verschwindet aus ihr. Gedächtnisbilder hingegen vergrößern den Menschen zu dem Monogramm des erinnerten Lebens: »Der Wahrheitsgehalt des Originals bleibt in seiner Geschichte zurück.«⁵⁷ Was aber bleibt auf der Photographie? »Die Photographie fasst den Restbestand, den die Geschichte abgeschieden hat.«⁵⁸ Photographie bildet ein Gemenge ab, das sich »zum Teil aus Abfällen zusammensetzt«⁵⁹, die einstmals Gegenwart gewesen sind. Sie erinnern an die erwähnte »Schleppe« des »Marseiller Entwurfs«. Im frühen Text wird die Großmutter, von der nur die Chignons und das Korsett übrig bleiben, zum Bild, das wie eine Schlossfrau durch die Gegenwart geistert. Gleich einer Spukerscheinung ist ihre gespenstische Realität unerlöst. Damit weist der Text bereits, wenn auch negativ, auf den »Rettungs«-Gedanken in der Filmtheorie voraus, von

---

⁵⁴ Auf diese Negativität wird erstmalig in einem Text von 1925 angespielt, in dem von Jahrmarktsphotographien die Rede ist, die »vampyrhaft« die Seele aufsaugen. Kracauer, »Der verbotene Blick«, in: *Aufsätze 1915–1926*, S. 296–300, hier S. 296. [*FZ*, 9.4.1925]

⁵⁵ Mülder-Bach, »Schlupflöcher«, S. 250.

⁵⁶ Ebd., S. 250 f. Mehring zu diesem Wandel: »It develops from a view which opposes history and photography to one which insists on their alliance.« Mehring, »Kracauer's Theories of Photography«, S. 129.

⁵⁷ Kracauer, »Die Photographie«, S. 30.

⁵⁸ Ebd.

⁵⁹ Ebd., S. 25.

dem sich wiederum Spuren in *Geschichte* finden, wenn Kracauer von dem Historiker als Sammler spricht.[60]

Die Photographie vermittelt ein Frösteln angesichts der Zeitlichkeit, da sie nur die »räumliche Konfiguration eines Augenblicks« abbildet: »Nicht der Mensch tritt in seiner Photographie heraus, sondern die Summe dessen, was von ihm abzuziehen ist. Sie vernichtet ihn, indem sie ihn abbildet.«[61] Die Negativität, welche auf diese Weise aus dem neuen Medium spricht, ist bei Kracauer aber auch eine, die der Moderne grundsätzlich eignet.

Kracauers frühe medientheoretische Thesen sind in eine Reflexion über die Moderne eingebettet und werden damit Teil geschichtsphilosophischer Überlegungen. Ein Bezug auf die zeitgenössische Gesellschaftsordnung durchzieht den Essay. Kracauer verweist etwa auf die massive Zunahme der Illustrierten, die ein »Schneegestöber« aus Photographien verbreiten.[62] Noch nie habe eine Zeit so viele Bilder von den Dingen gehabt. Gleichwohl trägt diese Tatsache zu keiner gesteigerten Erkenntnis der Wirklichkeit bei, sondern verhindert eine solche. Die Bilder sind das mächtigste »Streikmittel« gegen die Erkenntnis, denn der »Ansturm der Bildkollektionen«, die jeweilige »Wochenration«[63] ist so gewaltig, dass das Bewusstsein überflutet wird, ja sogar dessen Vernichtung droht. Die Begründung ist entscheidend: Das Nebeneinander der Bilder, die wegen der »Ähnlichkeit« mit dem Abgebildeten die eigentliche Geschichte verschleiern, ist ein rein additives. »Ihr *Nebeneinander* schließt systematisch den Zusammenhang aus, der dem Bewußtsein sich eröffnet.«[64] Mit dieser Bemerkung überträgt Kracauer eine Kritik, die seit dem 19. Jahrhundert am Historismus geübt wurde, auf das Medium der Photographie. Photographien sind nicht nur unfähig, historisches Verstehen zu fördern, ja sie unterminieren es sogar. Kracauer stellt dieser Deutung schließlich eine existentielle Interpretation an die Seite. Das »Photographiergesicht«, das sich die Welt zugelegt hat, ist Ausdruck der Todesfurcht: »Die Erinnerung an den Tod, der in jedem Gedächtnisbild mitgedacht ist, möchten die Photographien durch ihre Häufung verbannen.«[65]

Inwiefern verbindet Kracauer nun das Auftauchen der Photographie mit seiner Deutung der Moderne? Die mediale Wendung zur Photographie ist für ihn das »Vabanque-Spiel« der Geschichte, ein Spiel, bei dem die Bestände der Geschichte »auf eine Karte gesetzt werden«[66], da es entweder um ihre »Tilgung« oder um eine

---

[60] Ebd., S. 32. Ders., *Geschichte*, S. 150. [*H.*, S. 136.] Er spielt dabei wohl auch auf Benjamin an, vgl. Benjamin, »Eduard Fuchs, der Sammler und der Historiker«; Köhn, »Sammler«.
[61] Kracauer, »Die Photographie«, S. 32.
[62] Ebd., S. 34.
[63] Ebd. Dieselbe Idee findet sich auch in: Kracauer, »Die Revuen«, in: *Aufsätze 1915–1926*, S. 338–342, hier S. 339. [*FZ*, 11.12.1925]
[64] Kracauer, »Die Photographie«, S. 34. Kursivierung im Text.
[65] Ebd., S. 35.
[66] Vgl. Lindner, »Augenblick des Profanen«, S. 290.

»unvergleichliche Chance« für das freigesetzte Bewusstsein geht.[67] Kracauer deutet das Auftauchen der Photographie als den Endpunkt der Geschichte bildlicher Darstellungen, die von dem Symbol bis zur Allegorie reicht und das menschliche Verhältnis zur Natur wiederspiegelt. Das Symbol gehört der »naturwüchsigen Gemeinschaft« an, »in der das Bewußtsein des Menschen von der Natur noch ganz umgriffen wird.«[68] Mit zunehmender Naturbeherrschung wird die symbolische Darstellung durch die Allegorie ersetzt, die Kracauer mit Georg Friedrich Creuzer als »einen allgemeinen Begriff oder eine Idee, die von ihr selbst verschieden ist« definiert, während das Symbol die »versinnlichte, verkörperte Idee selbst«[69] ist. Der Photographie entspricht historisch gesehen die Epoche des Kapitalismus, der sie hervorgebracht hat. Kracauer vertritt die These, dass den »Veränderungen der Wahrnehmung der Wirklichkeit Veränderungen der wahrnehmbaren Wirklichkeit selbst entsprechen.«[70]

An dieser Stelle ist noch einmal auf den Vergleich der Photographie mit dem Historismus zurückzukommen. Kracauer bezieht diese Ähnlichkeit auf die skizzierten geschichtsphilosophischen Überlegungen: So wie die Photographie eine räumliche Inventarisierung der »noch weiter reduzierbaren Natur«[71] vornimmt, verfährt der Historismus auf zeitlicher Ebene. Anstelle einer »Bewahrung« der »Geschichte«, die analog eines Gedächtnisbildes aus den Ereignissen herauszulesen wäre, »bucht« der Historismus lediglich deren zeitliche Folge. Dieses leere Buchen, Kracauer spricht auch von einer »kahlen Selbstanzeige der Raum- und Zeitbestände«, wird von ihm verstanden als ein Verweis auf die Eigentümlichkeit einer Gesellschaftsordnung, deren Organisation nach dem Prinzip »ökonomischer Naturgesetze« organisiert ist.[72]

Die Negativität der Moderne ist gleichwohl nicht ohne Ausweg. Am Ende des Textes formuliert Kracauer eine Aufgabe der Photographie, die auf die Filmtheorie, aber auch auf *Geschichte* vorausdeutet. Aufgabe des photographischen Archivs sei es, das »bisher noch ungesichtete Naturfundament aufzuweisen.« Durch die Eröffnung neuer und durch die Verfremdung gewohnter Perspektiven versammelt das Archiv im Abbild »die letzten Elemente der dem Gemeinten entfremdeten Natur.« Indem diese Elemente archiviert oder »einmagaziniert« werden, wird eine Auseinandersetzung des Bewusstseins mit dieser entfremdeten Natur ermöglicht. Dem Bewusstsein, das mit der »blank herausgetriebenen Mechanik der industrialisierten Gesellschaft« konfrontiert ist, steht mit der Photographie eine Technik zur Verfügung, mit deren Hilfe es sich dem »Widerschein der von ihm abgeglittenen Reali-

---

[67] Kracauer, »Die Photographie«, S. 37.
[68] Ebd., S. 35.
[69] Ebd., S. 36.
[70] Mülder, *Grenzgänger*, S. 76.
[71] Kracauer, »Die Photographie«, S. 37.
[72] Ebd., S. 38.

tät« annähern kann.⁷³ Nachdem der räumliche Zusammenhang durch die Photographie aufgelöst wurde und das Gedächtnisbild entäußert ist, verweisen die verbleibenden Restbestände, die Abfälle, die die Photographie abbildet, auf ein *Provisorium* der Bedeutung.

Da die alten Zusammenhänge aufgelöst und zur Auseinandersetzung freigegeben worden sind, beginnt das bereits erwähnte »Vabanque-Spiel des Geschichtsprozesses«, der so als ein offener und veränderbarer gedacht werden kann.⁷⁴ Die »*Vorläufigkeit* aller gegebenen Konfigurationen nachzuweisen, wenn nicht gar die Ahnung der richtigen Ordnung des Naturbestands zu erwecken« ist dem Bewusstsein aufgetragen.⁷⁵ Von solch einer »richtigen« Ordnung wird in *Geschichte* nicht mehr die Rede sein. Die Vorstellung von der »Vorläufigkeit aller Konfigurationen« erinnert hingegen stark an die Idee des Sich-Hindurcharbeitens durch die Standpunkte, die Kracauer im Vorwort zu *Geschichte* fordert. Noch ein Element deutet auf Kracauers Geschichtswerk hin: der Verweis auf Franz Kafka. Kafka, der dort im Epilog auftaucht, nimmt in seinen Werken eine Zerschlagung der natürlichen Realität vor, um die entstandenen Bruchstücke so anzuordnen, dass sich neue Zusammenhänge ergeben. Er operiert mit einer Aufhebung der gewohnten Beziehungen zwischen den Elementen, wie sie auch die Photographien zu spiegeln vermögen. Diese Naturelemente »umzutreiben«⁷⁶, ist aber auch eine Fähigkeit des Films, der anders als die starre Photographie wie die Erzählungen Kafkas oder wie der Traum die Bruchstücke der Realität zu neuen Formationen verbindet. Kracauer schließt seinen Photographie-Essay mit der Betonung der *Offenheit* des Geschichtsprozesses: »Das Spiel zeigt an, dass die gültige Organisation unbekannt ist, nach der die in das Generalinventar aufgenommenen Reste der Großmutter und der Filmdiva einst anzutreten haben.«⁷⁷

Kracauers Kritik der Moderne säkularisiert sich zu der Zeit, als er seinen Photographie-Essay schreibt. Er bereichert sie um die Möglichkeit einer innerweltlichen Emanzipation von der Negativität der Moderne. Die photographischen Medien sind in der Lage, die Negativität abzubilden und in dieser Funktion eine notwendige Voraussetzung für jegliche Kritik an der Moderne. Sie sind darüber hinaus durch ihre Enthüllungsfunktion geeignet, diese Negativität in Frage zu stellen und damit zu überwinden: Der Weg führt durch die Negativität hindurch.⁷⁸ Ist diese Ambivalenz der Photographie bereits in dem Essay von 1927 für Kracauer ein Thema, verschieben sich 1932 die Gewichte in Richtung der Filmtheorie. In einem Artikel über die Berliner Film- und Fotoschau »An der Grenze des Gestern« for-

---

[73] Ebd.
[74] Ebd. Vgl. Frisby, *Fragmente*, S. 161.
[75] Kracauer, »Die Photographie«, S. 39. Kursivierung im Text.
[76] Ebd.
[77] Ebd.
[78] Agard, *Le chiffonnier*, S. 262 ff.

muliert Kracauer so etwas wie einen Eigenkommentar zu seinen früheren Photographie-Texten, wenn er über das Bild eines Fensters aus der »Urzeit« der Photographie, Anfang des 19. Jahrhunderts spricht. Von dem Erfinder eines der frühesten photographischen Verfahren, Joseph Nicephore Niépce (1765–1833), sagt er, es müsse für ihn ein »Glück ohnegleichen« gewesen sein, »alle todgeweihten Dinge zu bannen.«[79] Die »Nichtigkeit« des Gegenstands verweise auf das von diesen Photographien »Gemeinte«: »Sie waren zweifellos von der Mission erfüllt, das Zeitliche in einer Welt zu segnen, die das Zeitliche segnet.«[80] In dieser Passage sieht Olivier Agard eine positive Formulierung dessen, was im Photographie-Essay nur als Chance angedeutet wird. Der Photographie, die zuvor die Zeitlichkeit in ihrer Negativität abbildete, um sie der Kritik und dem Film für eine neue Komposition zur Verfügung zu stellen, ist nun mit dem Vermögen ausgestattet, das Flüchtige aufzunehmen, die Abfälle und Reste, die von Tod und Vergessen bedroht sind, abzubilden oder auch »mitzunehmen«, wie sich Kracauer schließlich in *Geschichte* ausdrücken wird.[81]

Diese Fähigkeit zur »Rettung« des Vergänglichen eignet jedoch nur den alten und vergilbten Blättern, nicht aber den modernen Photographien. Hier scheint Kracauers Überzeugung durch, dass bestimmte Kunstformen oder Medien in ihrer jeweiligen Zeit besondere Funktionen erfüllen und ihre Beurteilung stets aus diesem Kontext heraus zu erfolgen hat. Darauf deutet die Bemerkung in dem Artikel »An der Grenze des Gestern« (1932) hin, wonach eine alte Photographie, indem sie »ein flüchtiges Phänomen um seines möglichen Sinnes willen wunderbar zum Stehen bringt«[82], an die ursprüngliche Bedeutung des Mediums erinnere, »deren Nutznießer sich längst damit begnügen, die Verflüchtigung unwesentlicher Phänomene sinnlos aufzuhalten.«[83] In der Filmtheorie zitiert Kracauer Benjamins Baudelaire-Essay, der dieselbe Problematik behandelt. Auch Baudelaire schrieb Photographien eine Archivfunktion zu. Handelte es sich bei der Photographie nicht um

---

[79] Kracauer, »An der Grenze des Gestern«, in: Ders., *Kleine Schriften zum Film,* Bd. 6.3., S. 76–82, hier S. 77. [*FZ*, 12.7.1932]
[80] Ebd.
[81] Agard, *Le chiffonnier,* S. 269.
[82] Kracauer, »An der Grenze des Gestern«, S. 77.
[83] Ebd., S. 77. Dazu passt, dass Kracauer in »Bilderflut« (1950), einer Rezension von Lancelot Hogbens Werk *From Cave Painting to Comic Strip* (1949), von einer Gefahr des »ununterbrochenen Gebrauch[s] von Bildern um ihrer selbst willen« spricht, eine Formulierung, die er in *Geschichte* im positiven Sinne gebraucht, wenn es um die Mitnahme der Vergangenheit »um ihrer selbst willen« geht. Vgl. Kracauer, »Bilderflut«, in: Ders., *Aufsätze 1932–1965,* S. 336–338, hier S. 336. [»Deluge of Pictures« in: *The Reporter*, Jg. 2, Nr. 3 (31.1.1950), S. 39–40.] Er spricht wie schon 1927 von einer Bilderflut, die blind mache, das »Denken stumpf werden« lasse und die »Einbildungskraft« ersticke. Wir seien »je mehr Bilder wir sehen, desto weniger willens oder imstande, die Kunst des Sehens auszuüben.« Ebd.

Kunst, registriert sie doch jene flüchtigen Erscheinungen, welche »einen Platz in den Archiven unseres Gedächtnisses verdienen.«[84]

In der *Theorie des Films* kommt Kracauer noch einmal auf die Großmutter und ihre Enkelkinder zurück. Der Bedeutungswandel, dem Photographien im Laufe der Zeit unterworfen sind, wird in dem Spätwerk auf eine andere Weise thematisiert und im Vergleich zu der medientheoretischen Position des Photographie-Essays nun in eine neue und positivere Perspektive gerückt, die auch für die Geschichtsschreibung Geltung besitzen mag. Beim Durchblättern der Familienalben lesen Enkel und Großmutter Unterschiedliches aus den Bildern heraus. Während erstere sich voller Neugierde in vergangene Zeiten vertiefen, die sie selbst nie gekannt haben, durchlebt die Großmutter noch einmal ihre Flitterwochen. Die Enkel aber finden Neues und Unerwartetes, das ihnen die Kamera »enthüllt«.[85] Auch Schönes zeigt die Photographie, vor allem aber Dinge, die dem Photographen nicht bekannt oder bewusst sind, wenn er auf den Auslöser der Kamera drückt, und die er erst auf dem fertigen Bild sehen wird. In dieser Verzögerung liegen (im Spätwerk) die positiven, »aufdeckenden« Kräfte der photographischen Medien: Sie werden der menschlichen Wissbegierde wie auch dem Schönheitssinn gerecht.[86]

Zwischen Realismus und Formgebung

Kracauers Vorstellung von der *Beschaffenheit* der historischen Wirklichkeit ist nur formal von dem Problem der *Wiedergabe* dieser Wirklichkeit zu trennen, um die es im Folgenden geht. Die Frage, wie ein gelungenes Verhältnis zwischen den beiden antagonistischen Positionen des Realismus und der Formgebung auszusehen hätte, ist eine epistemologische Konstante von Kracauers Denken und Grundlage all seiner Reflexionen über die filmischen Medien. Es ist eine Antinomie, die sich laut Kracauer in der Geschichte der Photographie entfaltet, in der Filmgeschichte wiederholt und auch in der Historiographie eine zentrale Rolle spielt. In diesem Kontext wird auf seine Rezeption von Erwin Panofsky einzugehen sein.

Das ästhetische Grundprinzip
Die filmischen Medien wie auch die Historiographie unterliegen im Hinblick auf die Darstellung von Wirklichkeit ähnlichen Bedingungen. Im Kapitel »Der historische Ansatz« schreibt Kracauer: »Wie der Photograph verabscheut es der Historiker, über seinem Vorverständnis seine Pflicht zur Aufzeichnung zu vernachlässigen und das Rohmaterial, das er zu gestalten sucht, vollständig aufzubrauchen.«[87] Über

---

[84] Kracauer, *Theorie des Films*, S. 56.
[85] Ebd.
[86] Ebd., S. 57.
[87] Kracauer, *Geschichte*, S. 68. [*H.*, S. 57.]

das Motiv der Aufzeichnung ist das ästhetische Grundprinzip der photographischen Medien angesprochen, das Kriterium, nach dem Kracauer in seiner »materialen Ästhetik« die Qualität von Filmen und Photographien beurteilt.[88] Das Grundprinzip wird in der *Theorie des Films* unter »Die photographische Einstellung« erläutert. Es beruht auf der Annahme, dass die Erzeugnisse eines Mediums umso gelungener sind, je strenger sie seinen spezifischen Eigenschaften entsprechen. In *Geschichte* formuliert Kracauer: »Eine Leistung, die die je vorhandenen Eigenheiten des Mediums mißachtet, verletzt vermutlich unsere Gefühle.«[89] Genuin »photographisch« ist die Haltung des Photographen, wenn das formend-gestaltende Streben sein realistisches Vorhaben stützt und diesem nicht zuwiderläuft.[90]

Kracauer verortet die Entwicklung der Photographie im Kontext des Positivismus des 19. Jahrhunderts. Einen »sensationellen Realismus« schrieb man einst der Photographie zu und hegte die Vorstellung von der Kamera als einem »mit einem Gedächtnis begabten Spiegel«, der in der Lage wäre, die feinsten Einzelheiten wiederzugeben, ja sogar zu enthüllen, also Wahrheit statt Schönheit zu vermitteln.[91] Kracauer zitiert in der Filmtheorie Taines an Ranke erinnernden Ausspruch: »Ich will die Objekte so wiedergeben, wie sie sind oder wie sie wären, auch wenn ich nicht existierte.«[92] Die Debatte zwischen den Anhängern des Realismus und den Kunstphotographen über das Verhältnis von Kunst und Nachahmung wurde obsolet, als der »naive Realismus« von Taine, den einige Historiker (Namier, Bloch) der Photographie sogar noch im 20. Jahrhundert unterstellten, überwunden wurde.[93]

Die Photographie erfüllte zur Zeit ihrer Entstehung eine wichtige Funktion, schreibt Kracauer: Sie passte die Wahrnehmungsfähigkeit der Menschen dem technologischen Zeitalter an, sowohl visuell als auch intellektuell. So wie die Photographie durch die Standortwechsel der Kamera vorher Nicht-Sichtbares vertraut machte und scheinbar Vertrautes aus den ungewöhnlichsten Perspektiven zeigte, wurden im 19. Jahrhundert komplexe Wertsysteme analytischer Betrachtung unterzogen, in ihre Bestandteile zerlegt und ihres Anspruchs auf absolute Gültigkeit enthoben: »So finden wir uns mehr und mehr von geistigen Konfigurationen umgeben, die wir nach Belieben interpretieren können. Jede von ihnen nimmt vielfach schillernde Bedeutungen an, während die großen Glaubenslehren oder Ideen,

---

[88] Kracauer, *Theorie des Films*, S. 17.
[89] Kracauer, *Geschichte*, S. 65. [*H.*, S. 54.]
[90] Es wurde kritisiert, dass Kracauer damit normative Vorstellungen von den photographischen Medien entwickle. Vgl. Agard, *Le chiffonnier*, S. 299 ff. oder Geimer, *Theorien der Fotografie*, S. 175 und 178. Die Begriffe »filmwidrig« oder »unfilmisch« tauchen schon früher in Kracauers Texten auf. Vgl. Kracauer, »Film 1928«, in: Ders., *Das Ornament der Masse*, S. 295–317, hier S. 302 f. [»Der heutige Mensch und sein Publikum« in: *FZ*, 30.11./1.12.1928]
[91] Kracauer, *Theorie des Films*, S. 29 f.
[92] Ebd.
[93] Vgl. Kracauer, *Geschichte*, S. 62. [*H.*, S. 52.]

denen sie entstammen, immer blasser werden.«[94] Er schließt mit einem Kommentar zu den Auswirkungen der Photographie auf die zeittypische Wahrnehmung: Im Gegensatz zur zunehmend gängigeren Auflösungs-Tendenz traditioneller Perspektiven durch die Photographie in der Moderne wurde die Vorliebe für »weite Durchblicke« und landschaftliche Panoramen in weniger dynamischen Epochen geboren.[95] Die Photographie sensibilisierte die Wahrnehmung jedoch nicht nur bezüglich der Perspektive, sondern auch hinsichtlich der Abstraktionsebenen. Sie beeinflusste auch die Malerei und forderte eine Zunahme der Abstraktheit heraus.[96] Diese Überlegungen führt Kracauer in *Geschichte* mit dem Gesetz der Ebenen und der Perspektive fort, die unten erläutert werden.

Die widerstreitenden Tendenzen der photographischen Debatte, eine realistische und eine formgebende Strömung, finden sich auch in der Filmgeschichte. So wie Kracauer in *Geschichte* mit Beispielen aus der Historiographiegeschichte argumentiert, sucht er dank einer Gegenüberstellung zweier Portraits des »Realisten« Lumière und des »Künstlers« Georges Méliès die Filmgeschichte über diese Grundtendenzen zu erzählen.[97] Es handele sich um Tendenzen, von denen Maurice Caveing behaupte, dass sie sich nach dem Prinzip der Hegel'schen Dialektik entfalteten – ein Vergleich, der Kracauer übertrieben erscheint.[98] Während Lumière »die Natur auf frischer Tat ertappt[e]«, wollte Méliès die filmischen Möglichkeiten zur Darstellung »bezaubernder Märchenhandlungen« nutzen.[99] Er blieb ganz Theaterregisseur und bediente sich der Photographie in vor-photographischem Geiste.

Filme der *realistischen* Tendenz unterscheiden sich von der Photographie durch das Element der Bewegung. Entweder suchten sie die Bewegung materieller Phänomene darzustellen oder sie dokumentierten nicht mehr objektive, sondern subjektive Bewegung. Die Kamera stand nicht mehr fest am Boden, sondern wurde selbst in Bewegung gesetzt. Sie konnte ihr Auge sowohl auf bewegte als auch auf leblose Gegenstände richten. Der Film dynamisierte durch die Bewegung den Raum, anders als die Photographie, welche die Zeit verräumlichte, wie schon Pa-

---

[94] Kracauer, *Theorie des Films*, S. 37.
[95] Ebd.
[96] Ebd., S. 38.
[97] Bei der Arbeit an der *Theorie des Films* stieß Kracauer auf ein methodisches Problem, das er in *Geschichte* theoretisiert: »Ich habe es mit historischen Phänomenen zu tun und muss doch die ihnen innewohnenden Tendenzen systematisch herausstellen. All das, worum es hier geht, sind keine Naturdinge, sondern historische Dinge. Die große Unterlassungssünde der Phänomenologie ist es über den zeitlosen ›Wesenheiten‹ deren geschichtliche Qualität zu vergessen. Und der Historiker seinerseits kommt nicht zur systematischen Gestaltung der essentials, die in meinem Falle notwendig ist. So muss ich [...] versuchen, die ›historical approach‹ mit der ›phenomenological approach‹ zu verschmelzen.« Kracauer an Panofsky, 6.11.1949, Kracauer – Panofsky *Briefwechsel*, S. 55.
[98] Kracauer, *Theorie des Films*, S. 68. Kracauer kritisiert Caveings willkürliche Übertragung von Hegels Dialektik auf die Filmgeschichte. Vgl. Caveing, »Dialectique du concept du cinéma«.
[99] Ebd., S. 70.

nofsky in »Stil und Medium im Film« (1936) festgestellt hatte.[100] Zu Filmen der *formgebenden* Tendenz, bei denen der Filmregisseur sein schöpferisches Streben in den Vordergrund rückt, zählt Kracauer Storyfilme, aber auch Filme ohne Spielhandlung, Experimentalfilme. Letztere vernachlässigen oft die physische Wirklichkeit, während Storyfilme diese gar durch die Bedeutung ihrer Handlung überschatten.[101] Für Kracauer steht fest, dass nur Filme, die auf »physische Existenz bedacht« sind, »Einsichten und Beglückungen vermitteln, die sonst unerreichbar wären.«[102] Sehen zu lehren ist die wichtigste Aufgabe des Films, er ist ein Medium zur Erschließung der Welt.

Kracauer und Erwin Panofsky
Wichtige Impulse für die Unterscheidung von Realismus und Formgebung bezieht Kracauer aus mehreren Quellen. Häufig zitiert er Beaumont Newhalls *History of Photography* sowie die Studie »Photography and the Development of Kinetic Visualization«, die 1944 im *Journal of the Warburg and Courtauld Studies* erschien und sich mit der Entwicklung von Momentaufnahmen im 19. Jahrhundert befasst.[103] Wichtiger noch war indessen Erwin Panofsky (1892–1968), mit dem Kracauer knapp ein halbes Jahr nach seiner Ankunft in New York ein Gespräch begann, das bis zu seinem Tod fortgesetzt wurde.

Kracauer und Panofsky begegneten sich zum ersten Mal im Oktober 1941. Panofsky lehrte schon seit 1931 an der Columbia University, wobei er bis zu seiner Entlassung aus dem Staatsdienst 1933 eine Professur an der Hamburger Universität inne hatte. 1935 wurde er als ständiges Mitglied der »School of Humanistic Studies« an das neugegründete *Institute for Advanced Studies* in Princeton berufen.[104] Panofsky, der für sich später die Bezeichnung des »Exilanten« ablehnte und sich lieber als »*European*«, oder »*transplanted*« sah, teilte mit Kracauer eine Hellsichtigkeit gegenüber den politischen Entwicklungen in Deutschland und war sich früh bewusst, dass er unter den Nationalsozialisten nicht an der Hamburger Universität würde bleiben können. Dort bildete er mit Gertrud Bing, Fritz Saxl und Ernst Cassirer den Kern jener Konstellation um Aby Warburg, die emigrieren musste – mitsamt den Beständen der Warburg-Bibliothek, die im Dezember 1933 auf zwei Schiffen nach England geschickt wurden, wo das Institut als eigenständige Forschungseinrichtung der Londoner Universität angegliedert wurde.[105] Einige Jahre lang hielt Panofsky Vorlesungen an der Columbia University, bevor er diese Tätig-

---

[100] Panofsky, »Stil und Medium im Film«, S. 25. Eine doppelte Beladung des Raumes mit der Zeit findet sich im Kriminalfilm, bei dessen Betrachtung der Zuschauer nach dem künftigen wie vergangenen Geschehen fragt. Ebd., S. 31. Vgl. Kracauer, *Von Caligari zu Hitler*, S. 12.
[101] Kracauer, *Theorie des Films*, S. 77.
[102] Ebd., S. 79.
[103] Vgl. Breidecker, »›Ferne Nähe‹«, S. 170 f.
[104] Vgl. Panofsky an W. Friedländer, 2.6.1932 in: Panofsky, *Korrespondenz I: 1910–1936*, S. 504.
[105] Michels, »Die kulturwissenschaftliche Bibliothek«, S. 226.

keit 1942 aufgab, um anderen Leuten nicht als »Schmutzkonkurrenz« »das Brot vom Munde wegzudozieren«, wie er sich Kracauer gegenüber ausdrückte.[106] Panofsky stand zahlreichen Emigranten hilfreich zur Seite, so dass er als »Ein-Mann-Agentur für Emigranten nicht nur der Kunstgeschichte« bezeichnet wurde.[107] Auch Kracauer erhielt seine Unterstützung, sie trafen sich dann erstmals persönlich in Princeton. Damals arbeitete Kracauer an seiner *Theorie des Films* und hatte sich auf Empfehlung des Kunstwissenschaftlers Rudolf Arnheim an Panofsky gewandt. Dessen Arbeiten über den Film waren ihm bestens vertraut.

Als Gutachter schrieb Panofsky an Philipp Vaudrin, den Verleger der *Theory of Film* der Oxford University Press, der von Kracauer betonte Konflikt zwischen kinematographischer Struktur und »Erzählung«, Endlosigkeit und Begrenztheit, episodischer Atomisierung und Logik der Handlung des Films sei ebenso originell wie zutreffend.[108] Er fragte sich, ob dieser Konflikt nicht in der photographischen Technik selbst begründet liege. Kracauer bejahte diesen Einwand und griff die Frage in der Abhandlung zur photographischen Einstellung auf.[109] In *Geschichte* taucht sie auf, wenn es um die Differenz zwischen dem Historiker als Chronisten bzw. als Schöpfer geht.

Da der Historiker laut Kracauer gleichermaßen die Eigenschaften des Chronisten und des Schöpfers in sich vereint, bestehen auch in der historischen Disziplin seit ihren Anfängen unterschiedliche Ausprägungen der realistischen oder formgebenden Tendenz, zwischen Bloßlegung der Fakten und synthesehaften Spekulationen, Wahrheit und Schönheit. Ranke tritt als Verteidiger der realistischen Tendenz auf, während Huizingas *Herbst des Mittelalters* bei aller Wertschätzung auf eine Ebene mit den von Kracauer kritisierten Experimentalaufnahmen des Films gestellt wird: Huizingas kompositorisches Anliegen überlagert seine Fertigkeiten als Chronist. Ihm geht es mehr um Stimmung als um die wirklichkeitsgetreue Wiedergabe des jeweiligen Materials. Ranke hingegen steht für den handwerklichen Aspekt der Historiographie, für eine im Vergleich zum Literaten beschränkte Freiheit des Historikers. Auf die Historiographie angewandt lautet das ästhetische Grundprinzip, dass der Anteil der Intuition gegenüber den Tatsachen nicht überwiegen dürfe, da andernfalls Spekulationen überhandnehmen, »die wie zu weite Kleider locker am Gerippe der Fakten hängen«.[110] Als Minimalanforderungen der Historiographie gelten Aussagen, welche die »Wirklichkeit so getreu wie möglich« offenlegen. Ein behutsam ausbalanciertes Gleichgewicht findet sich in Schriften, bei denen »die

---

[106] Panofsky an Kracauer, 18.8.1942, in: Kracauer – Panofsky *Briefwechsel*, S. 11. Zu Panofskys Weg ins Exil vgl. Picht, *Erzwungener Ausweg*, S. 92–102. Zu den theoretischen Spuren der Exilerfahrung vgl. Poncet, »Panofsky: Le moment exilique«.
[107] Vgl. Bredekamp, »Panofsky (1892–1968)«, S. 69.
[108] Panofsky an Philipp Vaudrin, 17.10.1949, in: Kracauer – Panofsky *Briefwechsel*, S. 52.
[109] Ebd., S. 54. Der Entwurf ist unter »Tentative Outline of a book on film aesthetics« [1949] abgedruckt in Ebd., S. 83–92.
[110] Kracauer, *Geschichte*, S. 67. [*H.*, S. 57.]

Deutung den vorliegenden Daten so vollkommen angemessen ist, daß sie diese weder begräbt noch einen unverdauten Rest hinterläßt.«[111]

Kracauer führt in *Geschichte* ein Beispiel aus der *Theorie des Films* an: eine Photographie von Alfred Stieglitz, die eine zusammengedrängte Baumgruppe zeigt. Stieglitz bilde die physische Realität ab, »ohne ihr Gewalt anzutun«. Die Bäume böten ein denkwürdiges Bild herbstlicher Trauer, den Momentaufnahmen Cartier-Bressons nicht unähnlich, der »sehr ergreifende« Beziehungen zwischen menschlichen Gesichtsausdrücken und der Architektur herstellt. Entscheidend ist für Kracauer nicht, dass der Künstler (oder Historiker) aus den Dingen spricht, sondern dass diese selbst zum Sprechen gebracht werden. Dies gelinge zumindest dem französischen Photographen Brassai, der es verstehe, Mauern und nassen Pflastersteinen eine »Sprache zu verleihen«.[112] In *Geschichte* bezeichnet Kracauer das Bild von Stieglitz als *Allegorie* herbstlicher Traurigkeit.[113] Dieses Beispiel verweist auf Kracauers Ausführungen zu Melancholie und Photographie: Die Neigung des Melancholikers und sein Wunsch nach Aufgabe des Selbst passen zu der vom Photographen und Historiker geforderten Fähigkeit zur Selbstauslöschung.[114] Wichtiger noch ist der Bezug zur Allegorie und ihre Unterscheidung vom Symbol, die schon im Photographie-Essay thematisiert wird: Anders als das Symbol hebt die Allegorie die Nicht-Übereinstimmung zwischen Fragment und irreduziblem Ganzen nicht auf. Dieser Opposition von Fragment und Ganzem aber kommt für Kracauers Vorraumdenken zentrale Bedeutung zu.[115]

In *Meaning in the Visual Arts* (1955) interessiert sich Panofsky für das Verhältnis visueller Formen und der schöpferischen Künstlerpersönlichkeit. Er teilt mit Kracauer die Auffassung, wonach ein Kunstwerk kein exklusiver Ausdruck der Künstlerpersönlichkeit zu sein habe. Dies trifft nach Panofsky für vormoderne Kunstwerke allgemein zu.[116] Kracauers Interesse weckte besonders eine Deutung in Panofskys *Renaissance und Renascences*. Dieser sucht dort einen historischen Begriff der Renaissance als Kulturepoche zu begründen und deutet sie als Re-Integration antiker Elemente, die im Mittelalter nur separat rezipiert wurden.[117] Kracauer erwähnt diese These von dem mittelalterlichen »Disjunktionsprinzip« in *Geschichte*, wenn es um die Problematik des Realismus und der Formgebung geht.

Panofsky schreibt, dass sich im Hoch- und Spätmittelalter in vielen Kunstwerken eine eigentümliche Verschränkung von (christlicher) Bedeutung und (antik-heidnischen) Quellen beobachten lasse. Kunstwerke, die der Form nach klassisch-antiken

---

[111] Ebd., S. 67 f. [*H.*, S. 56 f.]
[112] Kracauer, *Theorie des Films*, S. 58 f.
[113] Kracauer, *Geschichte*, S. 68. [*H.*, S. 57.]
[114] Kracauer, *Theorie des Films*, S. 49.
[115] Vgl. dazu Kracauer, »Photographie«, S. 35–37.
[116] Vgl. Breidecker, »›Ferne Nähe‹«, S. 174.
[117] Diese These hatte er 1933 erstmalig mit Fritz Saxl entwickelt (Panofsky/Saxl, »Classical Mythology«.) Vgl. Hoffmann, »Panofskys ›Renaissance‹«, S. 139.

Vorbildern nacheifern, hätten häufig eine christliche Bedeutung, wohingegen Werke, die auf antiken Themen (Poesie, Legenden, Historiographie oder Mythologie) basierten, sich meist in nicht-klassischer und zeitgenössischer Form manifestierten.[118] Erst in der Renaissance treten klassische Form und klassischer Inhalt wieder zu einer Einheit zusammen. Im Hochmittelalter erkennt Panofsky demgegenüber einen »unwiderstehlichen Drang, diejenigen seelischen Erfahrungen und kulturellen Tätigkeiten aufzuteilen, die sich in der Renaissance vereinigen oder miteinander verschmelzen sollten; und eine grundlegende Unfähigkeit, das zu leisten, was wir »historische« Unterscheidungen nennen.«[119] Mangelndes historisches Distanzbewusstsein versperrt im Mittelalter den Blick auf die Einheit der Antike.

Kracauer hat diese Deutung angesprochen, erfolgt sie doch in Kategorien, die ihn selbst beschäftigten: die Frage nach Einheit oder Trennung von Form und Bedeutung, Reproduktion und Konstruktion.[120] Kracauer verweist im selben Kontext auf die zeitgenössischen Photographien *Vom Berliner Funkturm* von László Moholy-Nagy. Sie wirken wie »nichtobjektive Kompositionen«, die sich dem Beobachter bei genauerem Hinsehen als verfremdete natürliche Objekte erschließen. Sie wurden lediglich aus ungewöhnlichen Perspektiven aufgenommen.[121] Die von Moholy-Nagy etablierte Balance zwischen Reproduktion und Konstruktion ist jedoch schwer zu bewahren: Es bedarf nur einer geringfügig anderen Akzentuierung, um das Gleichgewicht zwischen beiden Tendenzen zu zerstören.[122]

Dass Panofsky eine solche Balance gelungen ist, begründet Kracauer mit dessen Insistieren auf der Empirie, welche Ausnahmefälle unerklärt lässt. Tatsächlich schreibt Panofsky, dass das Disjunktionsprinzip in der Kunst fast ohne Ausnahme gilt: Ein absichtlich antikisierender Stil sei im Hoch- und Spätmittelalter vor allem in kirchlicher Umgebung anzutreffen, nicht aber in weltlichen Handschriften. Es gebe keine Ausnahme von der Regel, dass antike Themen, die mittelalterlichen Künstlern durch Texte vermittelt wurden, anachronistisch modernisiert worden seien. Allerdings existieren Fälle von antiken Bildern, die von mittelalterlichen Künstlern christlich umgedeutet wurden. Panofsky führt diese Sonderfälle auf seine eigenen Deutungsschwierigkeiten zurück.[123]

Welche Schlüsse sind aus Kracauers Analogie zwischen Historiographie und photographischen Medien zu ziehen? Erschien die hier entfaltete Analogie Inka

---

[118] Panofsky, *Renaissance and Renascences*, S. 84 und 87 ff.
[119] Ebd., S. 109.
[120] Im *Guide to History* heißt es: »Panofsky's ›principle of disjunction‹ represents a model case of interpretation of alienation and interpretation, fact-finding and hypothesis.« So bereits Breidecker, »›Ferne Nähe‹«, S. 175.
[121] Kracauer, *Geschichte*, S. 68. [*H.*, S. 57.] Mit einem ähnlichen »Abkoppelungsphänomen« hatte sich Kracauer in der Propaganda-Arbeit befasst, wo er ein »Eigenleben« der nationalsozialistischen Massenliturgien in Deutschland und Italien konstatierte. Breidecker, »›Ferne Nähe‹«, S. 184 f.
[122] Kracauer, *Geschichte*, S. 68. [*H.*, S. 57.]
[123] Panofsky, *Renaissancen*, S. 90–95.

Mülder-Bach, wie erwähnt, als überzogen, unterstrich Jean-Louis Leutrat, dass der Vergleich hinke und greift dabei jenes Argument auf, das Kracauer zu widerlegen sucht: Während der Photograph die Gegenwart »aufzeichne«, rekonstruiere der Historiker die Vergangenheit. Dabei könne er Photographien möglicherweise als Quellenmaterial nutzen.[124] Kracauer geht es jedoch darum, einen Verfremdungseffekt in einem mit Denkgewohnheiten belasteten Bereich zu erzielen, um zu neuen Blickwinkeln zu gelangen.[125] Diese treten besonders deutlich in der historischen Erzählung zu Tage. Offenkundig ist schon jetzt eine Konsequenz, die sich aus Kracauers Beschreibung des historischen Universums ergibt: Die Vorstellung einer heterogenen und dunkel strukturierten Schicht von Fakten, d. h. der Kamera-Realität, lässt es unmöglich erscheinen, einen Geschichtsprozess zu denken, der nach Gesetzmäßigkeiten funktioniert.

3.2 Das Rätsel der Zeit

Die Frage, welche Zeitkonzeption der modernen Geschichtsschreibung zugrunde gelegt werden sollte, führt in das Zentrum von Kracauers Betrachtungen über Geschichte. Es ist eine Frage, für die er sich schon Anfang der 20er Jahre interessierte, wie aus einem Brief an seinen Freund Leo Löwenthal hervorgeht.[126] In dem Kapitel »Ahasver oder das Rätsel der Zeit« untersucht er die Gültigkeit der Vorstellung von Geschichte als einem chronologisch sich entwickelnden Prozess. Er kritisiert die lineare Zeitvorstellung als Voraussetzung des historistischen Fortschrittsdenkens, eine Kritik, die nicht zufällig auch ein wichtiger Bestandteil von Benjamins Thesen »Über den Begriff der Geschichte« ist. Kracauer lobt Benjamin für die »scharfsinnige« Überlegung, wonach die Idee eines Fortschritts der Menschheit untrennbar mit der »Idee der chronologischen Zeit als Matrix eines bedeutungsvollen Prozesses«[127] verbunden sei. Gleichwohl erhebt er auch den Vorwurf, dass Benjamin einen *undialektischen* Ansatz vertrete, der die »Nicht-Wesenheit chronologischer Zeit« einseitig betone. Benjamin verwerfe jegliche Chronologie, ohne ihre mögliche Relevanz in Betracht zu ziehen.[128]

Kracauers These von einer unauflöslichen »Antinomie der Zeiten«, die er in Auseinandersetzung mit einer Reihe von Autoren entwickelt, tritt als Kritik der

---

[124] Leutrat, »Le diptyque«, S. 211.
[125] Kracauer, *Geschichte*, S. 71. [*H.*, S. 60.]
[126] »Hältst Du eigentlich etwas von Heidegger (dem Cerberus an der Pforte der Phänomenologie)? Ich fand eine Arbeit in einer Zeitschrift von ihm zitiert: ›Die Zeitbegriffe in der Geschichte und Geschichtsphilosophie‹, die mich sehr interessiert, da ich ja meine Geschichtsmetaphysik mit einer Erörterung der Zeitbegriffe beginnen will.« Kracauer an Leo Löwenthal, 1.3.1922, in: Kracauer – Löwenthal, *In steter Freundschaft*, S. 38.
[127] Kracauer, *Geschichte*, S. 166. [*H.*, S. 149 f.]
[128] Ebd., S. 171. [*H.*, S. 155.]

Benjamin'schen Position auf. Indem Kracauer einen *dialektischen* Zeitbegriff entwirft, gewinnt seine Perspektive eine andere Stoßrichtung als dessen Thesen. Bezeichnenderweise setzt sich Kracauer dabei nicht etwa mit Fernand Braudel auseinander, der sich mit dem Zeitbegriff der Historiographie befasste,[129] sondern argumentiert mit Konzeptionen der Kunstgeschichte, etwa mit Henri Focillon oder George Kubler. Auch hier finden sich Spuren von Kracauers Panofsky-Lektüre. Es geht ihm jedoch nicht nur um eine Problematisierung linearer Zeitvorstellungen, sondern auch um die Vorstellung von Zeit*räumen*. Ist die Kategorie der Gleichzeitigkeit für Historiker von Bedeutung, und erlaubt sie es, von einer Homogenität der Zeiträume auszugehen? Hier erörtert Kracauer vor allem Jacob Burckhardts historiographische Praxis.

Schließlich stellt sich die Frage nach den Übergängen zwischen den Zeiträumen. Zwei Dialogpartner spielen hier eine Rolle: Marcel Proust und Hans Blumenberg. Vergleicht man Kracauers und Benjamins Zeitkonzeptionen, fällt auf, dass beide eine medientheoretische Komponente enthalten, geht es in dieser Auseinandersetzung doch auch um die Frage, wie Zeit und Geschichte wahrgenommen werden. Proust spielt für beide eine entscheidende Rolle, in Kracauers Fall über Hans Robert Jauß vermittelt, der ihn mit Hans Blumenberg bekannt machte. Mit Blumenberg führte Kracauer einen interessanten Briefwechsel über den Aufsatz »Time and History«, auf dem das Zeit-Kapitel von *Geschichte* aufbaut.[130] Er setzte sich ausführlich mit Blumenbergs Konzept der *Epochenschwelle* auseinander. Dabei geht es um die Frage, wie eine Geschichte zu denken wäre, die nicht von Kausalitäten und linearem Fortschrittsdenken geprägt wäre, sondern den Blick auf die Bruchstellen der Geschichte richtete.

Diese Überlegungen münden in einen paradoxen Zeitbegriff ein, dessen verschiedene Aspekte von einer rätselhaften legendarischen Figur gebündelt werden: Ahasver, der »ewige Jude«, der seit seiner Weigerung, Jesu Christi auf dem Kreuzweg Rast zu gewähren, dazu verdammt ist, für alle Ewigkeit durch die Zeiten und Räume zu wandern.

---

[129] Vgl. Braudel, »La longue durée«. Er richtet sich gegen den Zentralbegriff der Historiographie, das Ereignis. In jüngerer Zeit befasste sich vor allem Reinhart Koselleck mit der Temporalität von Geschichte(n). Koselleck, *Vergangene Zukunft*, bes. S. 105–207; Ders. »Wozu noch Historie?«; Ders., »Moderne Sozialgeschichte«; Ders., »Die Zeiten der Geschichtsschreibung«. Einen Überblick über die Problemstellungen der historischen Zeit bieten Proust, »Temps«; »Zeit«, in: Jordan, *Lexikon der Geschichtswissenschaft*; Seibt, »Zeit als Kategorie«.

[130] Der Aufsatz ist in der neuen Ausgabe von *Geschichte* abgedruckt. Er wurde erstmals 1963 veröffentlicht: Kracauer, »Time and History« in: *Zeugnisse, Theodor W. Adorno zum 60. Geburtstag*, S. 50–64. Außerdem erschien der Text in: *History & Theory*, Bd. 6, 1966, Beiheft 6, S. 65–78.

Das Rätsel der Zeit   133

Die Antinomie von leerer und sinnerfüllter Zeit

Die Zeitkonzeption, die der modernen Historiographie zugrunde liegt und auf deren Erschütterung Kracauer abzielt, bildete sich seit der Aufklärung heraus. Demnach wird Geschichte als »immanente[r] kontinuierliche[r] Prozess in linearer oder chronologischer Zeit« vorgestellt, »die ihrerseits als ein Strom irreversibler Richtung gedacht wird, als ein homogenes Medium, das unterschiedslos alle denkbaren Ereignisse erfasst.«[131]

Diese Zeitkonzeption hat ihre eigene Geschichte. Kracauer stellt zunächst fest, dass sie ihre Existenz dem Aufstieg der Naturwissenschaften verdankt und grenzt sie gegenüber früheren Vorstellungen ab. Anders als in der modernen Geschichtswissenschaft war das lineare Zeitkonzept bei den »alten Griechen«, den »alten Juden«, oder in frühen christlichen Vorstellungen weniger wichtig. In der griechischen Antike stand der lineare neben einem zyklischen Zeitbegriff, die Geschichtsvorstellung war von einem Dualismus zwischen göttlicher und menschlicher Zeit geprägt. Im frühen Judentum wurde Geschichte als »weltlicher Prozess in der Zeit« verstanden, auch wenn er als Ergebnis der menschlichen Beziehungen zu Gott gedeutet wurde. Die Antinomie von leerer und sinnerfüllter Zeit, die in Kracauers Ausführungen über das Wesen der Zeit zentral ist, hat also eine lange Tradition, die weit in die Religionsgeschichte zurückreicht: Schon die spätjüdischen Apokalypsen verweisen auf die heilsgeschichtliche Dimension der Zeit. Die Erlösung wurde hier aber nicht als Teil einer neuen historischen Epoche vorgestellt, sondern erschien als das durch Gott verhängte Ende der menschlichen Geschichte.[132] Unter Verweis auf Blumenberg erwähnt Kracauer die frühchristliche Eschatologie, die anders als der Spät-Judaismus schon ein chronologisches Element beinhaltete. Wie Blumenbergs Säkularisierungsaufsatz[133] zu entnehmen ist, erklärt sich die Genese von zwei verschiedenen Zeiten, einer Weltzeit und einer Heilszeit, mit dem Ausbleiben der Parusie. Sie zwang die Kirche, sich auf das Dasein in der Welt einzulassen, ohne jedoch den Gedanken an die Erlösung preiszugeben. Folgerichtig musste das Christentum künftig zwei Zeiten denken. Bei Augustinus findet sich die Vorstellung von der Naturzeit, die mit der Gnaden- oder Heilszeit allerdings auf geheimnisvolle Weise verwoben ist. In den Chroniken der mittelalterlichen Geschichtsschreibung zeigt sich dieses Nebeneinander zweier Zeiten in einer eigentümlichen Verquickung von Welt- und Heilsgeschichte.[134]

---

[131] Kracauer, *Geschichte*, S. 154. [*H.*, S. 139.]
[132] Ebd., 154 f. [*H.*, S. 139 f.]
[133] Blumenberg, »Säkularisation«.
[134] Kracauer, *Geschichte*, S. 155. [*H.*, S. 140.] Blumenberg kommentierte nach der Lektüre von »Time and History«: »Zum chronologischen Aspekt ließe sich noch näher ausführen, wie aus der Rückbildung der frühchristlichen Eschatologie das chronologische Moment hervorgeht, nämlich durch das in der patristischen Literatur um sich greifende Verfahren der Errechnung der Fälligkeit der eschatologischen Ereignisse aus den vermeintlich einschlägigen kryptischen Angaben der bibli-

134   Zeit und Bild

Anhand dreier Grundannahmen, welche die Vorstellung von homogener, fließender Zeit impliziert, erläutert Kracauer die zentrale Rolle der linearen Zeitkonzeption im modernen Geschichtsdenken. Eine erste Prämisse ist die Annahme von der Bedeutsamkeit des Zeitpunktes, zu dem ein Ereignis stattfindet. Auf der Grundlage von Daten konstruieren Historiker kausale Zusammenhänge, die sich in zeitlicher Reihenfolge aufeinander beziehen. Zweitens ist mit dem Vertrauen in die Richtigkeit der Chronologie die Gewohnheit verbunden, der Gleichzeitigkeit vielfältiger Ereignisse Aussagekraft beizumessen und diese in zusammenhängenden Einheiten zu deuten. Drittens impliziert die Grundannahme eines irreversibel ablaufenden Flusses der Zeit den historischen Prozess als Ganzes, in seiner Totalität, als eine fortschreitende Entwicklung hin zum Besseren zu denken – Hegel und Marx sind die einschlägigen Beispiele. Auf der Prämisse des Zeitflusses gründet auch das »Hirngespinst der Universalgeschichte«, das Kracauer als das »phantomhafte Gegenstück der fließenden Zeit« bezeichnet, dem indes von Historikern wie von Philosophen auf unterschiedliche Weise nachgejagt wird.[135]

Chronologie besitzt magische Qualitäten – zumindest für Auguste Comte und Marx, die sich jedoch vielleicht zu Unrecht auf diese Vorstellung stützen: »Was wäre jedoch, wenn [...] Kalenderzeit nicht das allmächtige Medium wäre, sondern ebenso ein leerer, gleichgültiger Strom, der ein Konglomerat unverbundener Vorgänge mit sich führte?«[136] Kracauer sucht die genannten Grundannahmen zu erschüttern, indem er ihnen die Zeitkonzeption zweier Kunsthistoriker gegenüberstellt, welche diese auf eigenwillige Weise für ihr Fach reflektiert haben: Henri Focillon und George Kubler. Kracauer erfuhr 1962 über Panofsky von Kubler, der bei diesem und Focillon studiert hatte.[137] Panofsky wies Kracauer auch auf einen Artikel hin, der einige konzeptionelle Aspekte mit Kracauers Ansatz teilt: »Über die Reihenfolge der vier Meister von Reims« (1927).

Panofsky, Focillon und Kubler – Zeitvorstellungen in der Kunstgeschichte

Panofsky befasst sich in »Über die Reihenfolge der vier Meister von Reims«[138] mit der Frage der Zeitlichkeit und dem Datierungsproblem von Kunstwerken. Er versucht wie Kracauer die historische und chronologische Zeit zu unterscheiden und zu zeigen, dass chronologische Beziehungen, besonders solche der Gleichzeitigkeit, nur etabliert werden können, wo die Möglichkeit besteht, eine *funktionale* Bezie-

---

    schen Schriften; die Fragen: wie lange noch? Und wie viel Zeit ist schon von der Endzeit verstrichen? führen in die Fülle der chronologischen Spekulationen [...].« Blumenberg an Kracauer, 22.12.1964, KN DLM [72.3718].
[135] Kracauer, *Geschichte*, S. 158. [*H*., S. 140.]
[136] Ebd., S. 47.
[137] Panofsky an Kracauer, 7.3.1962, Kracauer – Panofsky *Briefwechsel*, S. 67.
[138] Panofsky, »Zum Problem der historischen Zeit«, S. 77–82.

hung zwischen Objekten nachzuweisen, die in Sequenzen angelegt sind.[139] Bei seinem Versuch, die Skulpturen der Kathedrale von Reims einer chronologischen Reihenfolge zuzuordnen, sah er sich vor ein vielfarbiges Gewebe gestellt, innerhalb dessen sich »die verschiedensten Fäden bald verknüpften, bald nebeneinander und bald auseinanderlaufen«.[140] Nicht nur die Entwicklung, sondern die gegenseitige Durchdringung verschiedener Stilrichtungen, die innerhalb ein und derselben »Bauhütte« beinahe gleichzeitig entstanden waren, konfrontierte ihn mit dem Problem der Generation und damit der historischen Zeit. Die Diskrepanz von Gleichzeitigkeit und Verschiedenartigkeit, bzw. Verschiedenaltrigkeit der Bauelemente erschien ihm so erheblich, dass eine chronologische Klassifizierung fragwürdig wurde. Damit aber erschien auch die Idee der historischen Zeitrelation revisionsbedürftig.

Panofsky unterstreicht den Gemeinplatz, dass historische Zeit nicht der astronomischen (Natur-)Zeit entspricht: Sie ist immer vom historischen Raum abhängig. Dieser ist aber auch von dem geographischen Raum verschieden, geht es doch um die Bestimmung von Einflusssphären und Kulturzusammenhängen. Die Welt des Kunsthistorikers besteht aus mannigfaltigen Bezugssystemen (etwa die gotische Basilika oder die Kunst Albrecht Dürers), innerhalb derer »Raum und Zeit einander wechselseitig bestimmen«.[141] Jedes einzelne Bezugssystem bedeute ein »zeitliches Kontinuum von ganz bestimmt begrenzter Ausdehnung, aber völlig komplexer […] Struktur«.[142] Panofsky distanziert sich von Simmels Text »Das Problem der historischen Zeit« (1916), den Kracauer übrigens nicht erwähnt, denn dieser verbindet das Problem der Zeit nicht mit dem des Raums. Mit Simmel fragt Panofsky jedoch, ob sich der Historiker nicht eigentlich vor einem Chaos befinde, einem vollkommen inhomogenen Nebeneinander von Bezugssystemen, die in »selbstgenügsamer Isolation« verharrten. Verzichte man dann aber nicht besser darauf, nach einer zeitlichen Ordnung der Gesamtheit dieser Bezugssysteme zu fahnden?

Panofsky schlägt – ähnlich wie Kracauer – die Vorstellung zweier Ordnungssysteme vor. Nur die primäre Ordnung der Bezugssysteme sei unmittelbar nachvollziehbar, wohingegen die sekundäre Ordnung ihrer Gesamtheit nur ex post durch eine »Wiederverankerung« der Bezugssysteme in Naturzeit und Naturraum möglich wäre.[143] Dazu unterscheidet Panofsky zwischen Bezugssystemen und Beziehungssystemen: Während erstere eine sinnhafte und statische Zusammengehörigkeit darstellen, lassen sich innerhalb letzterer dynamische Zusammenhänge erkennen. Um diese Zusammenhänge zu illustrieren, greift er bezeichnenderweise auf den Bereich der Politikgeschichte zurück, die in Kategorien von Zweckhaftig-

---

[139] Panofsky an Kracauer, 16.3.1964, in: Kracauer – Panofsky *Briefwechsel*, S. 73.
[140] Panofsky, »Zum Problem der historischen Zeit«, S. 78.
[141] Ebd., S. 79.
[142] Ebd.
[143] Panofsky, »Zum Problem der historischen Zeit«, S. 80.

keit, Folgerichtigkeit und Kausalität argumentiert, während in der Kunstgeschichte von Einfluss, Rezeption, Anregung, Tradition oder Weiterbildung die Rede ist. Naturzeit und Naturraum sind Konstanten, auf welche die inkommensurablen Bezugssysteme bezogen werden müssen.

Die Geschichtswissenschaft arbeitet also mit zwei verschiedenen Zeit- und Raumbegriffen, die beständig zueinander ins Verhältnis gesetzt werden. Die Folge sind Paradoxien, die laut Panofsky zu Skeptizismus, wenn nicht sogar zu Nihilismus führen. Was bei Kracauer als Problematik der Antinomie von leerer und sinnerfüllter Zeit bezeichnet wird, führt Panofsky also 1927 auf die »Begriffsduplizität« der Zeit zurück, die auch für den Begriff der Gleichzeitigkeit gilt. Das Phänomen der Gleichzeitigkeit kann im naturzeitlichen oder historischen Sinne begriffen werden. Erstere nähert sich letzterer in dem Maße an, wie sich der zwischen zwei Erscheinungen bestehende Sinn- und Wirkungszusammenhang verdichtet, sich »der historische Raum, dem sie angehören, verengt.«[144] Panofsky bringt seine Ergebnisse bezüglich des Datierungsproblems abschließend auf die Formel: »›Datieren‹ heißt Abstimmen, d. h. (primär) Aufsuchen aller kleinsten jeweils erkennbaren Bezugssysteme, die in der zu betrachtenden Erscheinung gleichsam zum Schnitte gelangen, und (sekundär) Fixieren dieses Schnittpunktes im Verlauf der Naturzeit.«[145]

Kracauer zieht eine Reihe von Gelehrten heran, um ähnlich wie Panofsky zu einer Verunsicherung der traditionellen modernen Zeitvorstellung zu gelangen, d. h. der linearen chronologischen Zeit: Zum einen erwähnt er Claude Lévi-Strauss, den er 1960 auf seiner Reise nach Europa interviewt hatte, die er für die Bollingen Foundation unternahm. Lévi-Strauss unterscheidet in *La pensée sauvage* historiographische Gattungen (Kracauer nennt die »anekdotische Geschichte« oder »Biographien«), die sich durch unterschiedliche zeitliche Ebenen auszeichnen. Es existieren verschiedene »Klassen« von Daten, die jeweils eigentümlichen Zeiträumen angehören, die ihrerseits wiederum unverbunden nebeneinander stehen. Diese Vorstellung hat mit Lévis-Strauss' Idee von »heißen« und »kalten« Chronologien zu tun: Heiße Chronologien sind historische Zeiten, in welchen besonders viele Ereignisse das Interesse der Historiker fesseln. In anderen Phasen hingegen sind nur wenige Elemente für die Geschichtsschreibung relevant. Hier erwähnt Kracauer erstmals die Idee einer »Kluft« oder eines »Abgrundes« zwischen Zeitplänen von Geschichten auf verschiedenen Ebenen, die auf die Figur des Ahasver vorausdeutet.[146]

Zentraler sind jedoch für Kracauer Kubler und Focillon, die nicht auf der Ebene der Historiographie, sondern auf der Ebene des Ereignisses argumentieren. Folgt man den Prämissen ihrer Ansätze, wird wie schon bei Panofsky die Vorstellung eines Zeitgeistes, der auf der Gleichzeitigkeit künstlerischer Erscheinungen grün-

---

[144] Ebd., S. 81.
[145] Ebd., S. 82.
[146] Kracauer, *Geschichte*, S. 161. [*H.*, S. 145.]

det, fragwürdig. Henri Focillon (1881–1943) unterscheidet in seinem Werk *La vie des formes*[147] (1943) Kunstformen nach Altern oder Stadien: Sie entstehen in einer experimentellen Phase, auf die eine klassische Phase folgt, eine Zeit der Verfeinerung und schließlich ein barockes Zeitalter. Die Gleichzeitigkeit unterschiedlicher Kunstformen in einer Epoche ist für Focillon wie für Panofsky eine irrelevante Kategorie, da gleichzeitige Kunstereignisse durchaus verschiedenen Zeitaltern angehören können.[148] Die Idee eines Zeit*geistes*, die auch Kracauer in *Geschichte* an mehreren Stellen beschäftigt und die er wie so oft nicht unzweideutig beantwortet, wird für Focillon aus diesem Grund hinfällig.[149]

Der amerikanische Kunsthistoriker George Kubler (1912–1996) führte in *The Shape of Time. Remarks on the History of Things* (1962) Focillons Überlegungen fort und plädierte für eine Problemgeschichte der Kunstformen.[150] Kubler spezialisierte sich in seinerzeit eher marginalen Themen, d. h. der präkolumbianischen Kunst in Mexiko und Mittelamerika, sowie in lateinamerikanischer Kunst der Kolonialzeit und deren spanischen und portugiesischen Ursprüngen. Die Frage nach dem Verhältnis zwischen der zeitlosen Singularität einzelner Kunstwerke und ihrem Eingebettetsein in künstlerische oder kulturelle Strömungen, das Problem der Form-Inhaltsdeutung, beschäftigte auch schon seinen Lehrer Focillon. Von ihm stammt das Konzept, Stil als Verkettung von Kunstformen zu begreifen, die nicht ausschließlich chronologisch vorgestellt werden können. Wie Kubler beschränkte sich Focillon bei seinen Forschungen nicht auf die europäische Kunst und interessierte sich für Themen, die in die Anthropologie hineinreichen. Kubler suchte auch in *The Shape of Time*, das einzige Werk, mit dem er seine Arbeit theoretisch und methodisch zu verankern suchte, die eurozentristische Perspektive zu überwinden und einen transkulturellen Ansatz zu verfolgen.

Kubler geht es um *Arte-fakte*. Er unterzieht den traditionellen Kunstbegriff (und den Originalitätsdiskurs) einer Revision, was auf Kracauers Zustimmung gestoßen sein muss. Kubler schreibt: »Die Geschichte der Dinge soll dazu dienen, Ideen und Gegenstände unter dem Oberbegriff der visuellen Form wieder zu vereinigen: Der Terminus beinhaltet sowohl Artefakte als auch Kunstwerke, einmalige Werke und Repliken, Werkzeuge und Ausdrucksmittel, kurz gesagt, alle Arten von Material,

---

[147] Focillon, *La vie des formes*. Von Interesse ist hier besonderes »Les formes dans le temps«, in: Ebd., S. 83–100. Focillons Werk wird von Kracauer in *Geschichte* nur gestreift, nach den Vorarbeiten zu schließen, setzte er sich mit Kubler intensiver auseinander. Die französische Ausgabe von Focillons Studie findet sich übrigens auch unter Benjamins ›Verzeichnis der gelesenen Schriften‹. Benjamin, »Verzeichnis«, S. 476.
[148] Kracauer, *Geschichte*, S. 160. [*H.*, S. 144.]
[149] »L'histoire n'est pas une suite bien scandé de tableaux harmonieux, mais, en chacun de ses points, diversité, échange, conflit.« Focillon, *La vie des formes*, S. 87.
[150] Kubler, *The Shape of Time.* [*Die Form der Zeit.*] Ein Exemplar mit Anstreichungen wird in Kracauers Bibliothek in Marbach aufbewahrt. Kubler begann sein Studium 1929 in Yale, ab 1931 studierte er in Berlin, München und New York. 1940 promovierte er in Yale bei Henri Focillon.

die von Menschenhand bearbeitet worden sind, geleitet von verbindenden Ideen, die sich im Laufe einer zeitlichen Sequenz entwickelt haben. Aus all diesen Dingen lässt sich die Form einer Zeit ablesen.«[151] Er stellt die Frage, wie sich die Entwicklung künstlerischer Formen in der Zeit erfassen lasse und wie das Kunstwerk, das durch singuläre Formqualitäten bestimmt ist, als Ausdruck einer allgemeinen Zeitströmung verstanden werden könne. Ausgehend von der Idee, dass einzelne Kunstwerke oder deren Teile als Lösungsketten bestimmter Probleme oder Antworten auf Bedürfnisse gedeutet werden müssen, die auch anderen Werken eigentümlich sind, tauchen sie nach Kubler in (formalen) Sequenzen, Werkgruppen oder Werkfolgen auf.[152] So versucht er in dieser Schrift, mit der sich Kracauer auseinandersetzte, die Ansätze der Stilgeschichte, der Biographie und der Ikonologie zu überwinden. Wie bei Focillon ist bei Kubler weniger das Datum des Auftauchens eines Kunstwerkes, als vielmehr das Alter innerhalb einer solchen Sequenz, die Position innerhalb der Kette von Lösungen, von Bedeutung. Damit zieht er eine zweite Zeitebene in den diachronen Ablauf der Sequenzen ein, die ihrerseits diskontinuierlich sind, unterbrochen oder wieder aufgegriffen werden. Cassirers Definition von Kunst als »symbolischer Sprache«, aber auch der »Bedeutungsforschung« der amerikanischen Kunstgeschichte (Panofsky) hielt Kubler entgegen, dass Strukturen auch unabhängig von Bedeutungen wahrgenommen werden könnten.[153]

Tatsächlich entwarf Panofsky, in dessen Schriften sich wie bei Kracauer Anregungen von Husserl, Simmel, Karl Mannheim oder Ernst Cassirer finden, 1931 ein dreistufiges Modell der Inhaltsdeutung in der bildenden Kunst.[154] Kublers Modifizierung dieses Modells erklärt sich unter anderem aus dessen Auseinandersetzung mit Kulturräumen, denen es an schriftlichen Zeugnissen mangelt. Kracauer war indessen der Meinung, Kubler verhalte sich wenig fair gegenüber Panofskys Ikonologie. Die Frage nach der Bedeutung einzelner Bildelemente ist seiner Auffassung nach unhintergehbar. »I do not see how a form class can be established without an inquiry into the meaning of the ›problem‹ from which the class or sequence

---

[151] Kubler, *Die Form der Zeit*, S. 42. Auf die größte Resonanz stießen seine Thesen in den 60er Jahren weniger unter Kunsthistorikern als bei Künstlern, die sich mit der Frage der Form-Sequenzen auseinandersetzten. Die US-Kunstgeschichte befasste sich eher theoriefern mit positivistischen Einzelforschungen, bevor auch Kunsthistoriker gesellschaftliche und politische Fragestellungen als Form-Probleme behandelten. Kublers Theorie muss auch als Reaktion auf diese Art der Kunstgeschichtsschreibung verstanden werden. Pfisterer, »George Kubler« (1912–1996)«, S. 204 ff., S. 211 ff.

[152] Vgl. »Die Klassifizierung der Dinge« in: Kubler, *Die Form der Zeit*, S. 69 f.

[153] Ebd., S. 29.

[154] Vgl. Panofsky, »Zum Problem der Beschreibung und Inhaltsdeutung«. In *Ikonographie und Ikonologie* (1955) stellte Panofsky Warburgs Methode der Ikonologie dann zum ersten Mal systematisch dar. Panofsky unterscheidet zwischen der vorikonographischen Beschreibung eines Bildes (der werkimmanenten Analyse), der ikonographischen Deutung, welche die historischen, sozialen oder psychischen Bezüge der Bildmerkmale rekonstruiert und der ikonologischen Interpretation, die interdisziplinär verfährt und das Bild in größere Epochenzusammenhänge stellt.

issues.«[155] Allerdings räumt er ein, dass die Forderungen, die Kubler für die Kunstgeschichte entwickelte, in der Ideengeschichte bereits praktiziert werden. Auch hier mahnt er jedoch den Einbezug des »historischen Kontinuums« der Grundschicht an. »It appears that relatively immanent sequences can be assumed to develop in those historical dimensions which are reserved for ideas and meanings. But only in them; and even in them the historian cannot rely on the inherent necessities of the sequences but must time and again revert to the full historical continuum – that thick and opaque fabric of microscopic events with which Tolstoy was obsessed.«[156]

In dieselbe Stoßrichtung zielt auch Kracauers Distanzierung von Kublers Theorien im *Guide to History*. Um seine Vorstellung von regelmäßigen Entwicklungen abzusichern, greife Kubler auf zweifelhafte Konzepte zurück und tendiere dazu, diese zu hypostasieren. Weder gelinge es ihm, seine Idee von der relativen Unabhängigkeit und immanenten Entwicklungslogik der formalen Sequenzen zu begründen, noch beträfen die ausgemachten Regelmäßigkeiten deren Bedeutung. Sie hätten rein mechanischen Charakter. Es sei schwierig, die Elemente herauszuarbeiten, aus welchen Kublers formale Sequenzen zusammengesetzt seien. Sie bezögen sich zumeist nicht einmal auf einzelne Kunstwerke in ihrer Gesamtheit. »I prefer the holistic, if vague, approach in terms of style and iconological interpretation to the establishment of formal sequences, dealing with the destinies of problematic units.«[157] Kracauer hinterfragt in den Vorarbeiten auch Kublers Vorstellung, wonach künstlerische Innovationen stets eine Antwort auf Bedürfnisse seien (»but what are needs?«) oder gar Lösungen für Probleme, die bestimmte Lösungen »forderten«. Kracauer hält diese Konzepte für Konstrukte, die einzig dazu dienten, die Idee der formalen Sequenzen zu stützen.

Schließlich missfällt ihm Kublers Vorstellung von historischen Prozessen als »Eisenbahnnetzen«, die dem Künstler mehr oder minder günstige »Einstiegsmöglichkeiten« bieten, weil ein Problem entweder gerade aufgeworfen wurde, oder bereits beinahe erledigt ist und keiner Lösung mehr bedarf.[158] »This is putting the cart before the horse [...] he likewise hypostasizes the formal sequence with its subsidiary concepts at the expense of the possibilities afforded by the historical situation in general and the artist's own potentialities. Regularity is thus gained at a too heavy price.« Kracauer sieht in der Vorstellung von solchen Werkketten »a faint trace of Hegelianism [...] were he not entirely unconcerned by the meaning of these regularities and of the whole of the historical process.«[159] Seine Kritik gipfelt in der Feststellung, Kubler sei am historischen Verlauf nur insofern interessiert, als er

---

[155] Kracauer an Panofsky, 31.3.1962, Kracauer – Panofsky *Briefwechsel*, S. 68.
[156] Ebd., S. 69.
[157] Kracauer, Vorarbeiten, KN DLM.
[158] Vgl. Kubler, *Die Form der Zeit*, S. 34.
[159] Kracauer, Vorarbeiten, KN DLM.

Züge eines natürlichen Prozesses trage: »He sheds light on artistic events only in so far as they testify to a falling back of man on nature. K. is more of a behavioral scientist than an art historian. His anthropologico-biological approach tends to identify history as nature.«[160] In *Geschichte* taucht dieser Vorwurf nur in abgemilderter Form auf. Kracauer merkt hier an, Kubler schieße über das Ziel hinaus, wenn er die »Möglichkeit des Zusammenflusses von thematischen Abfolgen« ausschließe und das Nebeneinander kultureller Strömungen innerhalb eines Zeitraumes, die Querschnittsanalysen sinnvoll erscheinen lassen, einzig und allein dem Zufall zuschreibt.[161]

Trotz all dieser Einwände teilt Kracauer Kublers Abneigung gegenüber einer Allgemeingeschichte, die auf der Vorstellung chronologischer Zeit beruht.[162] Kublers Ansatz garantiert, dass Kunstgeschichte nicht als mit der allgemeinen Geschichte identisch gedacht wird. Sein Entwicklungsgedanke gründet nicht auf einer Fortschrittskonzeption, sondern auf der Beziehung zwischen Problem und Sequenz: Probleme können verschieden gestellt und gelöst werden, sie können ruhen und zu neuer Aktivität gelangen. Somit gibt es im Geschichtsverlauf nicht nur *eine* Art der Temporalisation (wie z. B. Fortschritt), sondern Kontinuitäten wie Diskontinuitäten.

Kracauer überträgt Focillons und Kublers Ideen von der Kunstgeschichte nun auf die allgemeine Geschichte, die unterschiedliche Bereiche umfasst (Politik-, Sozial-, Ideengeschichte etc.): Die verschiedenen Ereignisse, denen man zu einem gegebenen Zeitpunkt begegnet, sind nur »im formalen Sinn gleichzeitig«; der gleichförmige Zeitfluss wird von »geformten Zeiten« der verschiedenen Bereiche »überschattet«.[163] Der Zeitraum, diese scheinbar »unverzichtbare Einheit«[164] der Historiographie, setzt sich aus inkonsistenten Ereignisgruppen zusammen. Kracauer vergleicht Zeiträume mit der Beschaffenheit des menschlichen Individuums, das sich, so zitiert er Gustave Lenôtre, erstaunlich oft zum Familienvater wie zum Terroristen gleichermaßen eigne: »Die integrierte Persönlichkeit zählt zweifellos zum Lieblingsaberglauben moderner Psychologie.«[165]

Auch Hans Blumenberg hielt die Idee von einer »morphologischen Geschichtszeit« für hochaktuell. Er stellte eine Verbindung zwischen Kracauers Thesen und den kosmologischen Reflexionen Giordano Brunos her, mit dem er sich während seiner Arbeit an *Die Legitimität der Neuzeit* beschäftigte. »[Die morphologische

---

[160] Die Bemerkung findet sich unter dem Stichwort »History as Nature« in: Kracauer, Guide to History, KN DLM.
[161] Kracauer, *Geschichte*, S. 168 f. [*H.*, S. 152.] Umgekehrt spielt auch bei Hegel der Zufall eine wichtige Rolle, die Kracauer in seiner Argumentation unterschlägt. Vgl. Waszek, »Fackenheims Geschichtsauffassung«, S. 187.
[162] Kracauer, Vorarbeiten, KN DLM.
[163] Kracauer, *Geschichte*, S. 163. [*H.*, S. 147.]
[164] Ebd. [*H.*, S. 147.]
[165] Ebd., S. 164. [*H.*, S. 148.]

Geschichtszeit] tritt meines Wissens zuerst bei Giordano Bruno auf, und zwar durch die Beseitigung der aristotelischen äußersten Himmelssphäre, die in der scholastischen Tradition die kosmische Uhr der einen Weltzeit gewesen war. Indem die Umdrehung des Fixsternhimmels seit Kopernikus phänomenalisiert worden war, lag für Bruno die Konsequenz nahe, jeder seiner unendlich vielen Welten durch die ihr eigene Rotationsbewegung eine eigene und mit den übrigen Weltenzeiten nicht mehr synchronisierbare, also durch Messung vergleichbare, Weltzeit zuzuschreiben. Dieses kosmologische Modell ist freilich, soweit ich sehen kann, niemals auf das Problem der Geschichtszeit angewendet worden. Aber es ist in der modernen Kosmologie seit Einstein wieder höchst aktuell, denn jetzt ist durch die Relevanz der Lichtgeschwindigkeit für alle Zeitmessungen im kosmischen Maßstab die exakte Bestimmung der Gleichzeitigkeit unmöglich geworden.«[166] Diese Analogie sei wichtig. Spätere Historiker würden hierin eventuell doch eine homogene epochale Struktur sehen.

Kracauer fragt sich, welche Konsequenzen dies für die Historiographie hat: obgleich viele Denker, von Ernst Robert Curtius, über Meyer Schapiro, Raymond Aron bis bin zu Maurice Mandelbaum den heterogenen Charakter der Zeiträume durchaus wahrgenommen hätten und unterschiedlich zu erklären versuchten, habe keiner dessen Bedeutung für die Historiographie erkannt. Chronologie sei nicht geeignet, etwas über die Beziehungen zwischen Ereignissen auszusagen. Kalenderzeit bezeichnet Kracauer als »leeres Gefäß.« Wenngleich für die Wissenschaft unverzichtbar, könne sie doch nicht auf menschliche Verhältnisse angewendet werden. Diese Tatsache bezeugt das Funktionieren des menschlichen Gedächtnisses, das die objektive chronologische Zeit mit der subjektiv erlebten schwerlich in Einklang zu bringen vermag. Der Mensch kann chronologische Zeit nicht erfahren. Sie hat rein formalen Charakter.

Die vorläufige Schlussfolgerung von Kracauers Argumentation lautet: »dass der Zeitraum sozusagen vor unseren Augen zerfällt.«[167] An die Stelle einer »sinnerfüllten raumzeitlichen Einheit« tritt in seiner Theorie der Zeitraum als eine »Art Treffpunkt für Zufallsbegegnungen – wie etwa der Wartesaal eines Bahnhofes«.[168] Zwei Aspekte dieses Bildes sind für Kracauers Geschichtsdenken zentral: das Bestehen auf der Rolle des Zufalls[169] im Geschichtsverlauf und die Ablösung der Vorstellung eines linearen Geschichtsverlaufs durch ein räumlich determiniertes Geschichtsdenken.

---

[166] Blumenberg an Kracauer, 22.12.1964, KN DLM [72.3718].
[167] Kracauer, *Geschichte*, S. 166. [*H.*, S. 150.]
[168] Ebd. Der Bahnhof wird in der Filmtheorie häufig zitiert, handelt es sich auch hier um ein Motiv der Straße, den »Bezirk der Realität, in dem sich vergängliches Leben am augenfälligsten manifestiert.« Kracauer, *Theorie des Films*, S. 396.
[169] Vgl. dazu Hoffmann, *Zufall und Kontingenz*.

Der Burckhardt'sche Zeitraum – ein bedeutungsträchtiges Medium?

Wie kann auf der Grundlage dieses Zeitmodells Geschichte geschrieben werden? Kracauer setzt sich dazu mit Jacob Burckhardt auseinander. An die Stelle der Chronologie tritt bei diesem die Beschreibung der Morphologie eines Zeitraumes. Burckhardt interessiert sich nicht für »Längendurchschnitte« sondern für »Querdurchschnitte« und versucht so, die verschiedenen Stränge innerhalb eines Zeitraumes zu erfassen (Kultur, Staat und Religion, sowie deren Beziehungen zueinander). In den *Weltgeschichtlichen Betrachtungen* richtet er sich, was Kracauer jedoch nicht erwähnt, gegen Hegel: »Was nun die Eigenschaften der bisherigen Geschichtsphilosophie betrifft, so ging sie der Geschichte nach und gab Längendurchschnitte; sie verfuhr chronologisch. Sie suchte auf diese Weise zu einem allgemeinen Programm der Weltentwicklung durchzudringen, meist in höchst optimistischem Sinne. So Hegel in seiner Philosophie der Geschichte… Wir sind aber nicht eingeweiht in die Zwecke der ewigen Weisheit und kennen sie nicht. Dieses kecke Antizipieren eines Weltplanes führt zu Irrtümern, weil sie von irrigen Prämissen ausgehen.«[170] Burckhardts Vorstellungen vom Zeitraum sind von einer ausgeprägten Ambivalenz: Tatsächlich hat er, auch wenn seine Rhetorik anderes suggeriert, »keine eindeutige Verlaufskonzeption«.[171] Kracauer sieht in Werken wie *Weltgeschichtliche Betrachtungen*, *Die Zeit Constantin des Großen* und *Die Kultur der Renaissance in Italien* gleichwohl stets dasselbe »Desinteresse an der Dynamik des geschichtlichen Prozesses«.[172]

Er notiert, in seinen Arbeiten bringe Burckhardt die »Zeit zum Stillstand«, er staue ihre Flut.[173] In dieser Metapher ist die Schwierigkeit einer völligen Preisgabe der Vorstellung vom Fluss der Zeiten enthalten. Burckhardt dient Kracauer dazu, auf Probleme hinzuweisen, welche die Aufgabe einer Darstellung nach chronologischen Kategorien mit sich bringt. Denn bei Burckhardt schleichen sich die Chronologie und damit die Idee eines totalen Geschichtsprozesses gewissermaßen durch die Hintertür wieder ein. Auch wenn er eine chronologische Darstellung der Ereignisse verwirft und sich ähnlich wie Focillon und Kubler an die Darstellung verschiedener Bereiche hält, wird seine Absage an die Bedeutsamkeit der Gleichzeitigkeit (und damit der Chronologie) dadurch hinfällig, dass er von dem Wunsch nach der Beweisführung einer bestimmten *Idee* beseelt ist: der Idee von der Renaissance als Geburt des säkularen Individuums. Indem er versucht, diese Deutung innerhalb verschiedener Sphären nachzuweisen, gibt er die Chronologie auf theoretischer Ebene nur scheinbar preis: »Denn ist ein Zeitraum erst in seiner Komplexität als ein integriertes Ganzes anerkannt, sinken die geformten Zeiten der Bereiche wie

---

[170] Burckhardt, *Weltgeschichtliche Betrachtungen*, S. 8 f.
[171] Schütte, *Stilräume*, S. 153 ff.
[172] Kracauer, *Geschichte*, S. 167. [*H.*, S. 150 f.]
[173] Ebd. [*H.*, S. 151.]

von selbst in Vergessenheit zurück und strebt Chronologie im Verein mit dem totalen Geschichtsprozess nach Signifikanz.«[174]

Kracauer räumt daher ein, dass auch das chronologische Theorem seine Berechtigung hat. Er nuanciert Kublers Bild von dem »Querschnitt eines Augenblicks« als »Mosaik von Einzelteilen zu verschiedenen Entwicklungsstadien«.[175] Kublers Vorstellung, wonach die Gleichzeitigkeit kultureller Strömungen allein dem Zufall geschuldet sei, hält er für übertrieben. Gleichzeitigkeit mag aufgrund des »Prinzips der geistigen Ökonomie«, das er erstmalig 1922 in *Soziologie als Wissenschaft* formulierte,[176] auch zu Annäherungen führen, die einer Epoche eine eigene Physiognomie verleihen.[177] Es ist wahrscheinlich, dass Ereignisse, auch wenn sie unterschiedlichen Alters sind und zu Zeiten verschiedener Formen in Erscheinung treten, Gemeinsamkeiten besitzen. Selbst wenn der Zufall die Ereignisse im gleichen Augenblick zusammenbringt, kann doch ein »gemeinsames Muster« der Epoche das Ergebnis sein. Wichtig ist, dass gemeinsame Tendenzen und Bestrebungen innerhalb eines Zeitraums eher eine »empirische Tatsache als metaphysische ›Notwendigkeit‹« sind.[178] Bezeichnete Kracauer die integrierte Persönlichkeit als den »größten Aberglauben der Psychologie«, konzediert er, dass sich die einzelnen Fragmente einer Persönlichkeit gleichwohl zu einer Einheit »oder deren Schein« vereinen können. »Osmotische Prozesse« seien dafür verantwortlich, dass Zeiträume oder Situationen »aus einem Geiste« entstehen.[179] Zwischen labilen Einheiten eines Zeitraumes, die er als diffus und fließend begreift[180], und »der Einheit jeder Wesenheit, die wir »Gestalt« nennen«, besteht eine Analogie. Damit aber wird der Zeitraum als Ganzes »wesentlicher Bestandteil des geschichtlichen Prozesses.«[181]

Mit dieser These wendet sich Kracauer gegen Benjamins undialektischen Ansatz, der sein Augenmerk ausschließlich auf das »Unwesen« der chronologischen

---

[174] Ebd., S. 168. [*H.*, S. 152.]
[175] Kracauer, *Geschichte*, S. 168 f. [*H.*, S. 152.]
[176] 1922 thematisiert Kracauer das »Ökonomiegesetz des Geistes«. Es erklärt, weshalb nach Husserl die Dinge »im Zustand der Aktualität und im Zustand der Inaktualität bewusst sein können. [...] Wirkt sich der Geist nach einer Seite hin angespannt aus, so muss er nach anderen Seiten hin in entspanntem Zustand verharren. Dass das Bewusstsein nicht gleichzeitig mit derselben Intensität die ganze Breite des geistigen Raumes erfüllen kann, sondern immer nur linienhaft in einer einzigen Richtung das ihm zugängliche Feld durchstrahlt, ist eine mit Denkzwang verknüpfte Erfahrung, deren Notwendigkeit unmittelbar einleuchtet.« Kracauer, *Soziologie als Wissenschaft*, S. 58 f. Vgl. Kracauer, *Geschichte*, S. 29 f. Wie Kracauer in seinen Notizen anmerkt, ähnelte Blumenbergs »principle of intention« seinem »principle of mental economy«. Kracauer, »Blumenberg Main thought motifs«, in: Ders. Vorarbeiten, KN DLM.
[177] Den Begriff der Physiognomie von Epochen entlehnt Kracauer Panofsky. Von Physiognomik spricht auch Spengler, *Der Untergang des Abendlandes*, S. 135.
[178] Kracauer, *Geschichte*, S. 77. [*H.*, S. 67.]
[179] Ebd., S. 169. [*H.*, S. 153.]
[180] Ebd., S. 77. [*H.*, S. 67.]
[181] Ebd., S. 170. [*H.*, S. 153 f.]

Zeit gerichtet habe, ohne der Bedeutungsträchtigkeit homogener Zeit Aufmerksamkeit zu schenken. Gefährlich daran sei, dass die Antichronologie Zeit nur als sich selbst gleichgültige Chronologie reproduziere.[182] In einem Brief an Kracauer bestätigte Kubler, der den Aufsatz »Time & History« gelesen hatte: »You rightly point the antinomy ›at the core of time‹. I suppose we are tight rope walkers juggling towards an equilibrium which we cannot hold in situ but only in notion, an equilibrium composed of innumerable instants of near-disaster. As historians, disaster threatens whenever we over-come to either side of the awakening life.«[183] Von Kracauers Ambivalenz zeugt auch ein Brief an den französischen Historiker Henri-Irénée Marrou: »Knowing Lévi-Strauss personally, I sent him my article and he expressed his delight in the various points of agreement he found in it. But as a matter of fact, my agreement with him and Kubler is only partial. Actually, I am going beyond them and coming close to your own position with its emphasis on the uniform flow of time. As against Kubler-Focillon-Lévi-Strauss, I too affirm the validity of the idea of such a flow; but, it is true, I also uphold the notion of (Kubler's) ›shaped times‹, assigning to them the same reality character as to that continuous, linear flow.«[184]

Auf dem Lindauer Kolloquium von »Poetik und Hermeneutik« unterstreicht Kracauer Burckhardts Ambivalenz hinsichtlich der Frage der Ungleichzeitigkeit des Gleichzeitigen. Die Idee vom »Erwachen des Individuums« in der Renaissance nennt er einen »glücklichen Fund«.[185] Andernorts habe Burckhardt die Inkonsistenzen innerhalb bestimmter Epochen reflektiert. Es ist daher besser, so Kracauer, von der »Koexistenz des Gleichzeitigen und des Ungleichzeitigen« auszugehen.[186]

Übergänge im Fluss der Zeiten – Hans Blumenbergs Konzept der Epochenschwelle

Kracauer hegt große Sympathien für Burckhardt, der anders als Benjamin der Antinomie der Zeit und den daraus resultierenden Widersprüchen nicht ausweicht. Sein Versuch, diese Dialektik aufzulösen, gipfelt in dem Bild von Ahasver, dem ewigen Juden, der gleichermaßen Ewigkeit und Rastlosigkeit verkörpert. Kracauer geht von der Vorstellung von Zeiträumen als »antinomische[n] Wesenheiten« aus, in denen die erläuterten, widersprüchlichen Zeitvorstellungen begriffen sind: Auch wenn die Zeiträume Ereignisse enthalten, die unterschiedlichen Zeitplänen zugeordnet werden können, wie Kubler oder Focillon vorschlagen und damit die Vor-

---

[182] Kreuzer, »Augenblick und Zeitraum«, S. 160.
[183] Kubler an Kracauer, 12.2.1964, KN DLM [72.3525].
[184] Kracauer an Henri-Irénée Marrou, 18.5.1964, KN DLM [72.1608/2].
[185] »Diskussion, Das Ästhetische als Grenzerscheinung der Historie«, in: Kracauer, *Geschichte*, S. 411.
[186] Ebd.

stellung von Chronologie tendenziell widerlegen, sind sie dem homogenen Zeitfluss doch nicht völlig enthoben. Entscheidend ist, dass in jedem Zeitraum die Zeitlichkeit auf eine ihm eigene Weise erfahren wird, die sich von den Zeiterfahrungen in anderen Zeiträumen unterscheidet. »Konfigurationen von Ereignissen« treten zusammen, die unterschiedlichen Reihen mit jeweils verschiedenen Zeitplänen und nicht nur einem einzigen, homogenen Fluss angehören. Dies ist gemeint, wenn Kracauer von der »antinomischen Wesenheit der Zeit« spricht.[187] Der neuralgische Punkt seiner Zeitvorstellung sind die Übergänge zwischen den Zeiträumen, die möglichen Bruchstellen des Geschichtsprozesses. Kracauer verteidigt eine Vorstellung von dem Geschichtsprozess, die zwar diskontinuierlich ist, aber nicht jeglichen Zusammenhangs entbehrt. Nur durch »Sprünge« sind die Kluften zwischen den Zeiträumen zu überwinden.

Wie aber hat man sich den Ursprung der Zeiträume vorzustellen, und welche Einflüsse üben die verschiedenen Zeiträume aufeinander aus? Um diese Fragen geht es in Blumenbergs Sammelrezension »Epochenschwelle und Rezeption« (1958), von der sich ein Exemplar im Kracauer-Nachlass befindet. Auch bei Blumenberg erklärt sich das Interesse an Epochenschwellen dadurch, dass sie dem Historiker »die Geschichte selbst« vor Augen führen, die in Phasen klassischer Ausprägung »unter ihren Manifestationen verborgen bleibt.«[188] Alle Geschichten, die den »Lauf der Zeit« darstellen, das heißt eine falsche Kontinuität vortäuschen, sind für Kracauer »Trugbilder – Bilder auf einer Leinwand, die die Wahrheit, die sie dem Schein nach wiedergeben, verbirgt.«[189] Die filmische Metapher der Leinwand, hinter der sich die Wahrheit befindet, durchzieht *Geschichte* leitmotivisch. Zur Verdeutlichung der Vorstellung von der Unverbundenheit der Zeiträume dient Kra-

---

[187] Auch Simmel spricht die »antinomische Problematik« der Zeit an. Er nuanciert jedoch anders als Kracauer, wenn er sie als Antinomie von (wirklich erlebtem) Geschehen und (geformter) Geschichte identifiziert. Er stellt »historische Atome« und das »historische Bild« einander gegenüber. Ein historisches Atom (eine Regierungszeit, ein Krieg, eine Schlacht) füllt eine Zeitstrecke kontinuierlich aus und unterscheidet sich qua Setzung von der Ganzheit. Das »wirklich erlebte Geschehen« hingegen ist in ein Kontinuum eingebettet, »verläuft schlechthin absatzlos«, ist dem Verlauf der Zeit »ohne Bruch angeschweißt«. Simmel, »Das Problem der historischen Zeit«, S. 298. Auch er stellt die Vorstellung von Kontinuität infrage: Das Geschehen ist ein kontinuierliches, die Geschichte diskontinuierlich. Das historische Bild, das aus Forschung und »phantasiemäßiger Konstruktion« entsteht, besteht aus »diskontinuierlichen, gleichsam um je einen zentralen Begriff herum geronnenen Teilbildern [...].« Ebd., S. 299. Immer liegt das entstandene Bild des Lebens in einer erkenntnistheoretisch abstrakteren Ebene als die einzelnen Elemente. Simmel spricht von einer atomistischen Struktur des Geschehens. »Wir hätten schließlich lauter Momentbilder, eines ganz nahe an das andere herangedrängt, aber immer zwischen beiden das Intervall, das gar nicht ausgefüllt werden kann, weil seine stetige Ausfüllung jene Bildhaftigkeit und sozusagen Eingerahmtheit des Einzelnen aufheben würde.« So ist eine dem Zeitverlauf angeschmiegte Kontinuität »ebenso wenig zu erreichen, wie man durch noch so viele Punkte die Stetigkeit der Linie ersetzen kann.« Ebd., S. 301.
[188] Kracauer, *Geschichte*, S. 172. [*H.*, S. 156.]
[189] Ebd., S. 172 f. [*H.*, S. 156.]

cauer ein Beispiel aus der *Theorie des Films*, der Dokumentarfilm *Le Mystère Picasso* (1956) von Henri-Georges Clouzot, der im Film den Künstler bei der Arbeit beobachtet. Die Bilder, die Picasso sukzessive auf die Leinwand wirft und die in *Geschichte* für die historischen Zeiträume stehen, sind in Kracauers Augen durch ihre fast völlige Neuheit gekennzeichnet: »Wir sehen, dass Picasso unmittelbar, nachdem er skizziert hat, was er im Sinn zu haben scheint, seinen ersten Entwurf mit einem zweiten überdeckt, der sich nur noch indirekt auf ihn bezieht. Und so geht es immer weiter; jedes neuentstehende System von Linien oder Farbflecken hat so gut wie nichts mit seinem Vorgänger gemein.«[190]

Wie aus einem Brief hervorgeht, den Kracauer 1964 an Blumenberg schickte, ähnelten sich ihre Positionen: »Sie […] machen mich auch weiterhin mit einigen Ihrer Hauptgedanken vertraut – solchen, die ich teilweise schon von der Lektüre Ihrer Paradigmen und Ihres Säkularisations-Aufsatzes her kannte. Es ist mir eine wirkliche Genugtuung, dass sich diese Gedanken – ich spreche von denen allgemeiner Art – mit ein paar meiner eigenen stark decken.« Kracauer unterstreicht die von ihm wahrgenommenen Gemeinsamkeiten: »Ich denke z. B. an Ihre Insistenz auf historischer Diskontinuität und Ihre damit zusammenhängende Kritik der ›Geistesgeschichte‹, die über den morphologischen Homologien den Funktionswandel der Begriffe vernachlässigt, der inzwischen stattgefunden hat – freilich düpiert durch die Absichten derer, die das Neue als das Alte erscheinen lassen wollen.«[191] Blumenbergs »Epochenschwelle«-Rezension über Werke von Carl Schneider, Martin Werner, A.-J. Festugière sowie Hans Jonas erlaubt es, Kracauers Vorstellung von Zeitschichten und Epochenübergängen zu erläutern. Die Frage nach der Struktur von Epochenübergängen und dem methodischen Umgang mit der »Inkongruenz von Zeugnisschicht und Ereignisschicht« sind für Blumenberg Versuche, das zu komplex gewordene Problem der Geschichte anhand präziserer Fragestellungen theoretisch zu fassen.[192] Er unterscheidet zwischen »klassischen« Phasen der Geschichte und »kritischen« geschichtlichen Erscheinungen. Während in ersteren die Geschichte (wie Kracauer zitiert) weniger offen zutage tritt, haben die Zeugnisse der kritischen Erscheinungen ihren Sinn »nur in Bezug auf die Substruktur, die sie bezeugen, auf die Bewegung, die sie markieren.«[193] Deshalb hat sich der Fokus der Forschung zu Recht auf deren Untersuchung verlagert – mit Kracauer gesprochen: auf die Momente der Brüche und Übergänge im Fluss der Zeiten.

In der Besprechung von Carl Schneiders *Geistesgeschichte des antiken Christentums* (1954), führt Blumenberg in die Problematik ein, indem er die Frage diskutiert, wie es zu dem Ende der Antike kam. Er formuliert seine Kritik an den Perio-

---

[190] Ebd., S. 173. [*H*., S. 156.]
[191] Kracauer an Blumenberg, 31.10.1964, KN DLM [72.3718/2].
[192] Blumenberg, »Epochenschwelle«, S. 95.
[193] Ebd., S. 94.

disierungsschemata und dem methodischen Zugriff der traditionellen Geistesgeschichte, die Kracauer in dem zitierten Brief erwähnt. Laut Schneider ist das Christentum kein »*epoche*machendes Phänomen«, sondern das letzte Kapitel und Konsequenz der antiken Geistesgeschichte. Das antike Christentum beförderte die Entwicklung der Antike hin zur Religion und integrierte die religiösen Antriebe des griechischen Geistes. Blumenberg kritisiert Schneiders Periodisierung: Als Epochenmarke nennt dieser das Konzil von Chaldekon (451), auf dem die Trinitätslehre, das Dogma von der menschlichen und göttlichen Natur der *einen* Person Jesus Christus formuliert wurde. Blumenberg deutet es anders als Schneider: für ihn ist es nicht »Abschluss« der griechischen Philosophiegeschichte, nicht »Ende und Erfüllung« der Antike, sondern ihre Niederlage. Aus religionsgeschichtlicher Sicht wurde mit der Trinitätslehre »die letzte Spur der antiken Götterwelt«, die Vorstellung der Metamorphose Gottes verabschiedet. Philosophiegeschichtlich betrachtet gab die Philosophie ihre kritische Funktion gegenüber der christlichen Theologie auf.[194]

Für die Frage nach den Übergängen zwischen Zeiträumen ist von Bedeutung, dass für Blumenberg die Unterschiedlichkeit der Deutungen des Konzils als »Erfüllung« oder »Niederlage« der Antike keine Frage der historischen Wertung ist. Er führt sie auf ein *methodisches* Problem zurück. Schneider bewege sich zu sehr an der »Schicht philologisch greifbarer Ausdrücklichkeit«, während der geschichtliche Sinnwandel unter dieser Schicht verborgen liegt. Wie Blumenberg beschäftigte auch Kracauer die Frage nach der Homogenität von Epochen, nach der Existenz eines Zeitgeistes. Kracauer markiert in seinem Exemplar des Blumenberg-Artikels folgende Schlussfolgerung: »So gewiß nun »Geschichte« nur im Niederschlag der Dokumente erfassbar ist, so bedenklich ist doch, sie nur auf ihre Homologie hin zu vernehmen. Gerade wenn man jenes Interesse der Kontinuation in Rechnung stellen muß, führt ein Beim-Wort-nehmen der Zeugnisse zu einer geschichtslosen Geistesgeschichte, unter deren Ausdrücklichkeit sich der eigentlich geschichtliche Sinnwandel verhehlt.«[195] Blumenberg führt hier eine Idee aus, die er in der *Legitimität der Neuzeit* präzisieren wird und die Kracauer im zitierten Brief angesprochen hatte: an die Stelle einer nur morphologischen Deutung, wie sie die Geistesgeschichte vornimmt, müsse eine *funktionale* Interpretation der Aussagen oder Begriffe treten. Der Historiker habe der Frage nachzugehen, auf welche *Probleme* die geistesgeschichtlichen Entwicklungen antworten, die er darzustellen versucht. Blumenberg unterstreicht: »Zwar ist eine gegebene Sprache immer schon Sinnhorizont, innerhalb dessen vorgeprägt ist, was gesagt werden *kann*; aber ebenso gilt doch, daß Sprache ihrerseits dem Bedeutungswandel ausgesetzt ist unter dem Druck dessen, was gesagt werden *muß*.«[196] So begründet er, weshalb Begriffsge-

---

[194] Blumenberg, »Epochenschwelle«, S. 96 f.
[195] Ebd., S. 101.
[196] Ebd., S. 101 f.

schichte notwendige Voraussetzung jeder Geistesgeschichte ist. In diesem Sinne erinnert seine Position, die er mit der Feststellung »Geschichte *ist* Problemgeschichte«[197] auf den Punkt bringt, an Kublers Thesen.

In Martin Werners Werk *Die Entstehung des geschichtlichen Dogmas* sieht Blumenberg einen solchen Ansatz verwirklicht. Werner gehe von der Grundannahme aus, dass das Christentum aus der spätjüdischen Apokalyptik hervorgegangen sei und die Lehre Jesu als messianisch-eschatologische Verkündigung verstanden werden müsse. Mit dem Ausbleiben der Apokalypse und dem Fortbestand der Welt habe sich für das Christentum die Frage nach einer möglichen Realisierung der Lehre Jesu *in der Welt* ergeben: Die »Enteschatologisierung ist die Not gewesen, die die Hellenisierung [des Christentums] zur Notwendigkeit machte.«[198] Das Problem der Enteschatologisierung wird zum Motor, der es heute erlaubt, die christliche Dogmengeschichte zu erklären. Dazu gehört auch die Verlegung der kosmischen Eschatologie in das Innere des Menschen. Solch einer *funktionalen* Betrachtungsweise entspricht laut Kracauer, wie er an Blumenberg schreibt, ein gewandeltes Geschichtsmodell, das nicht von linearen Kontinuitäten geprägt ist: »So wird die Geschichte aus einer Linie zu einer Folge von Situationen oder Gestaltungen mit schwierigen Bruchstellen dazwischen – einer Folge, die jedenfalls nicht mehr linienhaft gedacht werden kann (Hierüber fand ich einiges in der Jonas-Kritik.) Wie sehr ich damit übereinstimme, mögen sie, zumindest andeutungsweise, aus meinem TIME AND HISTORY Artikel ersehen haben.«[199]

Kracauer hebt mit der Idee der absoluten Neuheit ideologischer Brüche einen Punkt hervor, der bei Blumenberg weniger im Zentrum steht.[200] Er besteht auf Blumenbergs Gedanken, wonach wir »zu Recht von einer spontanen Erzeugung

---

[197] Ebd., S. 102. Eine kurze Skizzierung von Blumenbergs Kritik an Schneider erlaubt es, diesen Gedanken zu konkretisieren: Anhand des Konzils von Chaldekon weist Blumenberg nach, dass hier neue Probleme aufgeworfen wurden, die in den Begrifflichkeiten der antiken Metaphysik nicht gedacht werden konnten. Blumenberg zeigt, wie das antike Vokabular Tertullians, der für die »Einheit des handelnden und leidenden Subjekts« den Begriff der *substantia* und nicht der *persona* gebrauchte, einem gewandelten Aussageinteresse angepasst wurde. Die Grundbedeutung des Personenbegriffs in Wendungen wie *personam agere, induere, mutare, ferre* widerstrebte eigentlich einer Konstruktion, die zwei »Naturen« zu einer »Person« integrieren wollte, wie es dem heutigen, von dieser Geschichte geprägten Personenbegriff entspricht. Indem die frühe Patristik jedoch versuchte, an die antike Tradition anzuknüpfen, habe sie die Hypothek geschaffen, »die in endlosen dogmatischen Kämpfen abgetragen werden musste.« Blumenberg schlussfolgert, dass die scheinbare begriffliche Kontinuität, wie sie die Zeugnisschicht spiegelt, nur an der Oberfläche existiert. Daher fordert er, die Aufmerksamkeit in die Schicht der »Probleme« zu verlagern: »Funktionale Interpretation verlangt demgemäß die Zuordnung der uns vorliegenden Aussagen zu den je akuten Problemen.« Ebd.
[198] Ebd., S. 103.
[199] Kracauer an Blumenberg, 31.10.1964, KN DLM [72.3718/2].
[200] Agard, »La légitimité«, S. 236.

von Gedanken und Ideen sprechen dürfen.«[201] Ein Zeitraum könne als »auftauchendes ›Ereignis‹ im Sinne Focillons tatsächlich ›aus dem Nichts‹ entstehen«.[202] Blumenberg zitiert Hans Jonas' *Gnosis und spätantiker Geist* (1954) mit Blick auf die Möglichkeit radikaler Neuanfänge in der Geschichte. Dessen Geschichtsbild erlaube es, die absolute Neuheit der Gnosis zu entdecken: »Jonas glaubt, dass die Bewegung der Gnosis so lange missverstanden werden wird, solange sie als Ergebnis früherer Ideen und Glaubensrichtungen interpretiert wird, statt dass man sie als *sui generis* akzeptiert, als etwas, das hervorgeht aus ›so etwas wie absolutem Ursprung, radikalem Neuanfang‹, das als neue ›prima causa‹ von dem Material bestehender Ideen und Motive bewegt wirkt.«[203] Die Geschichte der Gnosis hat bei Jonas auf die Dogmengeschichte eingewirkt, indem sie diese dazu brachte, »Antworten« auf bestimmte Fragen zu finden, die sie selbst »eliminiert hatte«. Diese Ideen erinnern an die oben dargestellten methodischen Prämissen von Kublers Problemgeschichte im Bereich der Künste. Blumenberg attestiert Jonas eine ganz neue Art der Forschung zu betreiben, wenn er sich auf immanente Begründungszusammenhänge stützt, die nicht notwendigerweise kausalgenetischen Sukzessionen folgen. Diese immanenten Zusammenhänge fänden nur »sporadisch-diskrete Manifestation« in den Quellen, deren »Instanzen nicht in erweisbarem Einflusskontakt stehen müssen, weil das, was solcher Kontakt »übertragen« könnte, sich auch als innere Sinnkonsequenz konstituieren kann.« Aufgrund dieses Ansatzes könne Jonas etwa einen geschichtlichen Zusammenhang zwischen dem Theologen Origenes und dem Philosophen Plotin herstellen, »auch wenn dieser von jenem nicht berührt worden ist.«[204]

Auch Blumenberg sieht die Konstruktion von immanenten historischen Kontinuitäten kritisch: Jonas macht er zum Vorwurf, er bezöge in seiner Darstellung der Gnosis die spätjüdische Apokalyptik und ihre Akutisierung in der urchristlichen Naherwartung nicht ausreichend mit ein. So verfalle er einem Geschichtsdenken, das seine Aufmerksamkeit nur auf die »immanente Konsequenz«, auf die Konstruktion von Kontinuitäten richte, anstatt die Vielschichtigkeit und Vielfalt der ideengeschichtlichen Affiliationen zu berücksichtigen. Auch hier geht es letztlich um die Bekräftigung oder Infragestellung der Vorstellung von Epochen. Der »caractère commun« einer Epoche bringe nicht nur »Exponenten« hervor, so Blumenberg, sondern räume auch »Faktoren von irritativer Freiheit« ihren Spielraum ein.[205] Nichtsdestoweniger möchte er die Vorstellung von einer epochalen Sinnstruktur nicht völlig aufgeben, wie er 1964 an Kracauer schreibt. »Diesen Anspruch auf die

---

[201] Kracauer, *Geschichte*, S. 203. [*H.*, S. 186.]
[202] Ebd., S. 172. [*H.*, S. 155.]
[203] Ebd. [*H.*, S. 155 f.]
[204] Blumenberg, »Epochenschwelle«, S. 109.
[205] Ebd., S. 113.

epochale Sinnstruktur würde ich überhaupt für eine transzendentale Idee halten, von der sich die Geschichtsschreibung gar nicht trennen kann.«[206]

Wenn die Möglichkeit von Einflüssen, die sich über chronologische Zeiten erstrecken, nicht völlig abgestritten werden kann, besteht für Kracauer in deren Beglaubigung die schwierigste Aufgabe des Historikers. Gerade die wichtigsten Ereignisse bleiben dem menschlichen Bewusstsein oftmals verborgen, wie er anhand einer lebensgeschichtlichen Erfahrung zu belegen sucht. Eine Bemerkung, die ein Freund einmal im Vorübergehen fallen ließ, habe seine gesamte Lebenseinstellung sowie seine Beziehungen zu anderen Menschen grundlegend verändert. Viele Jahre später darauf angesprochen, konnte sich der Freund an die Äußerung nicht mehr erinnern. Kracauer schlussfolgert: »Wesentliche Einflüsse scheinen prädestiniert, ins Dunkel zurückzusinken.«[207]

Im Katarakt der Zeiten

Kracauers Ahasver im Kontext der Motivgeschichte
Kracauer ruft im Kapitel über das »Rätsel der Zeit« Ahasver, den Ewigen Juden, in Erinnerung. Die Figur, welche traditionell die geschichtliche Zeit verkörpert, wird zur Inkarnation des beschriebenen Dilemmas: »Es will mir scheinen, dass der einzig verlässliche Gewährsmann in diesen Dingen, die so schwierig festzumachen sind, eine legendäre Figur ist – Ahasver, der Ewige Jude. Er wüsste über die Entwicklungen und Übergänge in der Tat aus erster Hand Bescheid, denn er allein hatte in der gesamten Geschichte unfreiwillig Gelegenheit, den Prozess des Werdens und Vergehens an sich zu erfahren.«[208]

Das Auftauchen dieses Motivs mag überraschen, ist Ahasver doch eine antijüdische Figur, die den Konflikt zwischen Judentum und Christentum thematisiert, bzw. ein antisemitisches Bild. Für die Nationalsozialisten verkörpert Ahasver den »wurzellosen Juden«, der die »Volksgemeinschaft« destabilisiert.[209] Als antijüdische Figur kann Ahasver als Parodie des »ewigen Lebens« in einer Welt ohne Vergebung und Auferstehung interpretiert werden. Tatsächlich handelt es sich um ein Motiv, das in verschiedenen Epochen, Konstellationen und Spannungsmomenten zwischen Juden und Nicht-Juden unterschiedliche erzählerische und ikonographische Ausprägungen fand. Ähnlich wie die Figur des Luftmenschen transportiert es durchaus gegensätzliche Bedeutungen. Hier wie dort wird ein anti-jüdisches Motiv von jüdischen Autoren aufgegriffen, die ihm eine neue Interpretation unterle-

---

[206] Blumenberg an Kracauer, 22.12.1964, KN DLM [72.3718].
[207] Kracauer, *Geschichte*, S. 173 f. [*H.*, S. 157.]
[208] Ebd., S. 174. [*H.*, S. 157.]
[209] Vgl. dazu Kracauer, »Der ewige Jude«, in: Ders., *Studien zu Massenmedien und Propaganda*. [»The eternal Jew«, in: *Cinéma 16 Film Notes*, 1958/59, 4.–5.11.1958.]

gen.²¹⁰ Einige Elemente der umfangreichen Bildgeschichte können dazu beitragen, das Auftauchen dieser rätselhaften Figur in Kracauers Text zu erhellen, ein Motiv, von dem sich anders als in anderen Fällen (den 36 Gerechten) in den Vorarbeiten oder Kracauers Korrespondenzen kaum Spuren finden.²¹¹

Grundelemente der Legende wurden bereits im Mittelalter erzählt. Gedruckt taucht sie erstmalig 1602 als »Kurtze beschreibung und Erzehlung/ von einem Juden/ mit Namen Ahasverus« auf. Ein anonymer Autor erzählt die Geschichte, welche ihm und einer Gruppe Studenten von dem Bischof von Schleswig Paul von Eitzen berichtet wurde.²¹² Dieser hatte, seinerzeit Theologiestudent aus Wittenberg, 1542 in Hamburg einen seltsamen Mann getroffen, den jüdischen Schuster Ahasver, der mit Wehklagen reagierte, wenn in der Kirche, Ort der Begegnung der beiden Männer, der Name Jesus Christus genannt wurde. Ahasver war um die fünfzig Jahre alt, obschon er Paul von Eitzen berichtete, dass er bereits zu Zeiten des Todes Christi gelebt habe und seitdem durch vielerlei Länder gezogen sei. In Jerusalem habe er für Jesus' Verurteilung gekämpft, der dann auf seinem Kreuzweg ausgerechnet ihn gebeten habe, auf der Schwelle seines Hauses ausruhen zu dürfen. Er versagte es ihm, woraufhin Jesus ausstieß: »Ich will ausstehen und ruhen / du aber solt gehen«. Seitdem sei er auf Wanderschaft. Er wisse nicht, warum Gott ihn so lange am Leben ließe – vielleicht um am Tag des Jüngsten Gerichts als Zeuge für den Tod Jesu Christi zu dienen. Paul von Eitzen berichtet, der Mann äußere sich nur, wenn er gefragt werde, esse und trinke kaum, lache nie, aber spreche stets die Sprache des Landes, in dem er sich aufhalte.²¹³

Im 17. Jahrhundert fand die Legende weite Verbreitung; als »ewiger Jude« wurde Ahasver in einer Erzählung aus dem Jahr 1694 bezeichnet. Eine antisemitische Ausprägung erfuhr das Motiv im 19. Jahrhundert, etwa in einer Auftragsarbeit Ludwigs I. von Bayern, die von Wilhelm von Kaulbach ausgeführt wurde: »Die Zerstörung des Tempels durch den Kaiser Titus« (1841–1846). Die Legende ist hier abgewandelt, um zu zeigen, dass der Jude seine Reise erst nach der Zerstörung des Tempels von Jerusalem durch die Römer begonnen hatte. Ahasver wurde nun zum Gegenstand antisemitischer Bilder und Texte, wie einer Karikatur des jungen Gustave Doré (1852). Er wurde hier erstmalig mit einem Kreuz auf der Stirn abgebildet, das an das Kains-Mal erinnert. Ein kurioses Beispiel für die Figur als Träger

---

210 Berg, *Luftmenschen*; Cohen, »Images et contexte«, S. 15. Ahasver wurde als Figur schließlich sogar von der zionistischen Bewegung aufgegriffen, etwa auf dem Plakat des 5. Zionistenkongresses von 1901, das von Ephraim Moses Lilien gestaltet wurde. Vgl. Cohen, »Entre Errance et Histoire«, S. 158.
211 Vgl. Bodenheimer, *Wandernde Schatten*. Leschnitzer, »Der Gestaltwandel«. Laut dem Gesamtentwurf sah der Mythen- und Religionsforscher Joseph Campbell, Kracauers Kollege bei der Bollingen-Foundation in Bloom von Joyce's *Ulysses* eine Personifizierung Ahasvers. Kracauer, Gesamtentwurf, 13 S., hier S. 11, in: Vorarbeiten, KN DLM.
212 Brady, »Ahasver«, S. 4.
213 »Courte description et histoire d'un juif nommé Ahasverus«, S. 226 f.

anti-jüdischer Stereotype ist die Abhandlung *Le juif errant à la Salpêtrière* (1893) von Henry Meige, der Charcots Vorlesungen besuchte. Dieser stellte einen jüdischen Patienten vor, den er als »wahren Nachfahren Ahasverus oder Cartophilus« bezeichnete, weil er wie viele Juden aus Polen, Ungarn oder Deutschland von dem Bedürfnis zu reisen besessen sei. Meige entband das Motiv der jüdischen Rastlosigkeit seines ursprünglich theologischen Kontextes, um ihn in die Medizin zu überführen. Der ewige Jude aus der Legende und der ewige Jude der Kliniken waren für ihn ein und derselbe Typus.[214]

Weite Verbreitung erfuhr das Motiv durch einen Feuilletonroman, der die klassischen Zuschreibungen der Legende umkehrte und Ahasver zu einer positiven Figur machte: *Le juif errant* von Eugène Sue, den dieser 1844–1845 in der antiklerikalen Zeitung *Le Constitutionnel* veröffentlichte. Kracauer erwähnt das Werk in *Jacques Offenbach*.[215] Der Roman spielt unter der Julimonarchie und erzählt die Geschichte der Nachfahren des reichen Marius de Rennepont, die in unterschiedlichen Ländern verstreut leben und sich in Paris treffen sollen, um ihr Erbe aufzuteilen. Einer gehört dem Jesuitenorden an, und seine Vorgesetzten versuchen auf kriminelle Weise an das besagte Vermögen zu gelangen. Der »ewige Jude« kommt jedoch mit seiner Schwester den armen Verwandten zur Hilfe und plädiert für mehr soziale Gerechtigkeit. Tatsächlich schreibt sich der Text in antiklerikale und sozialistische Traditionen ein. Sue kehrt in seinem Roman das antisemitische Motiv der jüdischen Verschwörung um.[216] Ahasver arbeitet an seiner eigenen Erlösung, am Ende triumphieren das »Gute« und der Glaube an die soziale Reform. Nachdem er die Familie zusammengeführt hat, beginnen er und seine Schwester zu altern. Das Motiv wird in jener Zeit zur ideologischen Demarkationslinie zwischen politischen Positionen, die sich für oder gegen die Emanzipation der Juden aussprechen. Anders als in der Ursprungsgeschichte ist der ewige Jude bei Eugène Sue nicht alt, sondern jung: Ahasver wird mit der Idee des Fortschritts verbunden, wie schon 1837 in Deutschland bei Berthold Auerbach (1812–1882) in *Spinoza. Ein historischer Roman*. Hier erscheint ein zorniger Ahasver dem Philosophen im Traum und fordert von Gott die Heimführung der Juden nach Jerusalem sowie einen Speer zur Bekämpfung der Feinde. Als er Spinoza sieht, beruhigt er sich. Dieser vermag als Vertreter der rationalistischen Ethik und des universellen Geistes die anti-jüdischen Mythen am besten zu vertreiben. Ahasver stirbt nach dieser Begegnung – und Berthold Auerbach bringt seine Hoffnung zum Ausdruck, dass der moderne Liberalismus über die Vorurteile der Vergangenheit siegen möge.[217]

Die Figur transportiert in der antisemitischen Ausprägung Geschichtskonzeptionen, welche die Feindseligkeit der jeweiligen Autoren gegenüber der Moderne

---

[214] Cohen, »Images et contexte«, S. 17 f. S. 26–30.
[215] Kracauer, *Jacques Offenbach*, S. 82.
[216] Hoog, »L'Ami du peuple«, S. 111.
[217] Skolnik, »Le juif errant«, S. 144 ff.

maskieren. Bei jüdischen Autoren weist sie hingegen den Weg zur Moderne. Ahasver wird zur Metapher einer modernen Konzeption der historischen Zeit oder zum Symbol der unvollendeten Moderne, »einer Geschichtskonzeption, die zwischen Optimismus und Pessimismus schwankt.«[218] Nach der Aufklärung ist das Motiv immer weniger Träger christlicher Zeitvorstellungen und wird gegen Ende des 18. Jahrhunderts zum Symbol der Geschichte als wissenschaftlicher Disziplin. Ahasver wird zum Chronisten, aber auch zum Erzähler einer Universalgeschichte.

Bei Kracauer ist das Gesicht Ahasvers eines, das Grauen erregt: »(Wie unsagbar schrecklich er aussehen muß! Gewiß, sein Gesicht kann nicht durch den Prozess des Alterns gelitten haben, aber ich denke es mir aus vielen Gesichtern zusammengesetzt, von denen jedes einen der Zeiträume spiegelt, die er durchquerte und die alle immer neue Muster ergeben, während er auf seiner Wanderung ruhelos und vergeblich versucht, aus den Zeiten, die ihn formten, jene Zeit zu rekonstruieren, die er zu verkörpern verdammt ist.)«[219] Kracauer denkt sich Ahasver als monströse Figur, dessen Gesicht unaussprechliches Leid widerspiegelt. Er ist bei ihm nicht länger eine utopische Figur, die auf eine »versöhnte« Geschichte hinweist.[220] Kracauer entwirft mit Ahasver das Bild einer Geschichte, die er sich aus Zeiträumen zusammengesetzt denkt, welche in unterschiedlichsten Beziehungen zueinander stehen und vielfach gebrochen sind. Die Rekonstruktion der Zeit, gar eine Aufhebung der Diskontinuitäten, erscheint unmöglich. Es gibt keine einheitliche Geschichte, die erzählt werden kann, und auch keine Befreiung in der Kunst. Die Figur erlaubt es Kracauer, seine Reflexionen über Zeitlichkeit, die Arbeit des Historikers und das Motiv des Exils, des Herumirrens und des wundersamen Überlebens über die Zeitenbrüche hinweg miteinander zu verbinden. Ein beständiger Wunsch nach Einheit treibt Ahasver, den Chronisten oder Historiker, der Wunsch nach der Beendigung der Erfahrung des Exils in den Zeiten und Räumen der Geschichte, die jedoch erst am Ende der Zeit vorgestellt werden kann.

Eine Versöhnung der Antinomien? Zeitschichten und Erinnerung
(Croce, Proust, Jauß)
Eine der Parallelen von Kracauers und Benjamins Werken, die sich nicht nur mit Zeit und Geschichte, sondern auch mit Erinnerung befassten, ist ihr häufiger Bezug auf Proust.[221] In den Vorarbeiten notiert Kracauer, dass Prousts Bedeutung für

---

[218] Ebd., S. 142.
[219] Kracauer, *Geschichte*, S. 174. [*H.*, S. 157.]
[220] Vgl. Skolnik, »Le juif errant«, S. 148.
[221] Gagnebin liest Benjamins »Über den Begriff der Geschichte« als Versuch, Freuds und Prousts Thesen über die individuelle Subjektgeschichte in den kollektiven und politischen Bereich zu übertragen. Vgl. Gagnebin, »Über den Begriff der Geschichte«, S. 291. Zu Benjamins Essay »Zum Bilde Prousts« (1929) vgl. Link-Heer, »Zum Bilde Prousts«. Zu Benjamin und Proust vgl. Finkelde, *Benjamin liest Proust*.

die Historiographie bislang verkannt worden sei.[222] Im Zeitkapitel tauchen Proust und Croce als Autoren auf, welche versuchen, die Antinomien der Zeit zu versöhnen, Croce im Bereich der Geschichtstheorie, Proust in der Literatur. Für Kracauer sind diese Versuche allerdings nicht gleichermaßen gelungen.

Wenn Kracauer Croce kommentiert, wird einmal mehr eine implizite Kritik an Hegel geäußert. Ein »unverbesserliche[r] Idealist, der keiner sein will«, lautet sein Urteil über den Autor der gleichwohl »bewundernswerten« *Theorie und Geschichte der Historiographie*: »Hegel, sagt er [Croce], postuliert einen absoluten Geist oder Weltgeist, der ebenso immanent wie transzendent ist; er verwirklicht sich im dialektischen Prozess der Weltgeschichte und hat gleichzeitig seinen Aufenthalt jenseits der Geschichte als dem Ziel des Prozesses. Croce meint, dieser ontologische Transzendentalismus habe ausgedient. Und er macht Schluß mit ihm, indem er den absoluten Geist mit Haut und Haar in die Immanenz des innerweltlichen Universums zieht.«[223] Damit verweist Kracauer auf Croces Auffassung, dass sich der Geist nur in der Geschichte manifestiere, wenn er in sich wandelnden Situationen konkrete Antworten auf immer neue Fragen liefert. In diesem Sinne ist der Geist nicht als ein Absolutes zu denken. Für die Konzeption des Zeitraums ist Croce interessant, weil er den transzendenten Charakter des Weltgeistes abstreitet, so Kracauer, um ihn stattdessen durch eine Reihe unterschiedlicher Geister zu ersetzen, die bestimmten historischen Situationen eignen und auf spezifische Erfordernisse eines Zeitraumes antworten. Für Kracauer ergibt sich daraus die Frage, wie auf der Ebene Chronologie eine Verbindung zwischen den disparaten Zeiträumen hergestellt werden kann. Er moniert, Croce sei sich dieses Problems nicht bewusst, sondern behalte einfach Hegels Fortschrittsidee bei.[224]

Kracauer vermisst also bei Croce eine Reflexion der inneren Struktur des Geschichtsprozesses. Indem Croce ihn als Prozess »zur Freiheit« deutet, macht er in Kracauers Augen seinen Bruch mit Hegel rückgängig und begeht den Irrtum nicht einzusehen, dass anders als Hegels transzendentaler Geist seine Folge immanenter Geister der Zeiträume außerstande ist, den Verlauf der Ereignisse in ihrer Gesamtheit zu bestimmen. Der antinomischen Problematik des Zeitflusses weicht Croce damit aus, er stellt nicht einmal die Frage, wie die beiden unterschiedlichen Zeitkonzeptionen seiner Geschichtstheorie aufeinander zu beziehen wären. Kracauers Kritik endet mit einer Bemerkung, mit der er sich in einen Widerspruch verstrickt. »Statt zu fragen, wie, wenn überhaupt, die beiden widersprüchlichen Zeitvorstellungen aufeinander zu beziehen sind – das heißt, wie die chronologische Zeit auf ein Nichts zu reduzieren und doch anerkannt werden kann –, stellt er sie undialektisch und geistesabwesend als nebeneinander bestehend vor. Und als Hegelianer,

---

[222] Kracauer, Gesamtentwurf, 13 S., hier S. 10, in: Vorarbeiten, KN DLM.
[223] Kracauer, *Geschichte*, S. 175 f. [*H.*, S. 158.]
[224] Vgl. Cacciatore, »Croce und Bloch«, S. 383–401.

der er ist, sticht er den Hegel-Zerstörer, der er gern wäre, aus.«[225] Kracauer zielt wohl darauf ab, die Problematik der Antinomien der Zeit noch einmal mit Croce zu formulieren, und nicht so sehr darauf, eine Lösung anzubieten. Tatsächlich ähnelt die von ihm kritisierte Vorstellung eines unverbundenen »nebeneinander« seinem eigenen »Seite-an-Seite-Prinzip«, auf das ich unten noch eingehen werde. Er wendet es auf die Beziehungen zwischen dem Zeitlichen und Zeitlosen an.[226]

Eine gelungene Versöhnung der Antinomien sieht Kracauer nicht zufällig in der Literatur mit Prousts Zeitroman, der – so deutete Kracauer schon 1928 an – Benjamins Denken verwandt ist.[227] Prousts erste Eigentümlichkeit, die Kracauer herausstellt, betrifft seine atomistische Auffassung der Zeit, die (wie Benjamin in den Geschichtsthesen fordert) eine chronologische Konzeption der Zeit unterläuft. Geschichte ist bei Proust ein »Sammelsurium kaleidoskopischer Veränderungen«. Kracauer spricht von »Wolken«, die »sich auf zufällige Weise ballen und zerstreuen.«[228] Die prozesshafte Vorstellung eines kontinuierlichen Zeitflusses ist zugunsten diskontinuierlicher Situationen, Welten oder Zeiträumen aufgehoben, die in »verschiedenen geformten Zeiten ihre Fülle erreichen und vergehen«.[229] Kracauer erwähnt die eigentümliche Verbindung zwischen den Zeitvorstellungen und der Individuation des Romanhelden in der *Recherche*. Die sukzessiven Welten, an die sich Marcel erinnert, sind Ergebnis der Projektionen des jeweiligen Ichs, in welches sich das Sein des Protagonisten verwandelt – oder dessen Gegenpole. Kracauer greift das Bild von den Abgründen zwischen den Zeiträumen auf, welche nur durch Sprünge überwunden werden können: Nach demselben Prinzip funktioniert Prousts Erzähltechnik. Der Erzähler unterminiere jedoch zuletzt den Glauben an die Wirkmächtigkeit der Zeit, indem er seinem Helden die Hoffnung nehme, das »zarteste Bindeglied« separater Zeiträume. »Marcel, der Protagonist des Romans und die Verkörperung von Prousts je vergangenem Ich, nimmt künftige Erfüllungen in jeder Situation vorweg; doch kaum sind seine Hoffnungen wahr geworden, löst sich ihr Zauber auf wie das Ich, das sie nährte; und das folgende Ich beginnt von neuem auf einem Pfad, der von anderen, wenngleich immer weniger Erwartungen umgeben ist. Die Kluft ist nicht zu überbrücken; die Zeit, weit davon entfernt, ein All-Erzeuger zu sein, erzeugt nichts.«[230]

---

[225] Kracauer, *Geschichte*, S. 176. [*H.*, S. 160.]
[226] Vgl. Ebd., S. 236. [*H.*, S. 216.] Mit Blick auf Adornos »entfesselte« Dialektik formuliert Kracauer hier allerdings auch, es sei »mit der radikalen Immanenz des dialektischen Prozesses nicht getan«. Vielmehr bedürfe es einiger »ontologische[r] Fixierungen«, um ihn mit Bedeutung und Richtung zu versehen.« Ebd., S. 220 f. [*H.*, S. 201.]
[227] Kracauer, »Zu den Schriften Walter Benjamins«, in: *Aufsätze 1927–1931*, S. 119–124, hier S. 124. [*FZ*, 15.7.1928].
[228] Kracauer, *Geschichte*, S. 177. [*H.*, S. 160.]
[229] Ebd. [*H.*, S. 160.]
[230] Ebd. [*H.*, S. 161.]

Dies ist nur eine der Stellen, an denen Kracauers Geschichtstheorie in subjekttheoretische Reflexionen übergeht, die *Geschichte* wie die *Theorie des Films* durchziehen – ein Punkt, in dem Kracauer Simmel ähnelt.[231] Seine Lesart der *Recherche* ist stark von Hans Robert Jauß' Heidelberger Dissertation über *Zeit und Erinnerung* beeinflusst, die auch Adorno schätzte. Jauß schreibt über die Zeitlichkeit der *états successifs* des Protagonisten der *Recherche*, die einer »Pluralität von Zeitparzellen« entspräche, einer »heterogene[n] Folge von Zeitatomen«, in der sich »das Vergangene, Gegenwärtige und Zukünftige nicht ›interpenetrieren‹, weil jeder einzelne ›état de conscience‹ nur von sich selbst erfüllt ist und mit seinem ›Vorher‹ und ›Nachher‹ nicht kommuniziert.«[232]

Jauß analysiert das Kompositionsprinzip der *Recherche* als Doppelspiel von erinnerndem Ich, dem Erzähler, und dem erinnerten Ich, dem Protagonisten Marcel. In der Madeleine-Episode wird es erstmalig eingeführt. Er zeigt, dass Proust zwei Erzählrichtungen miteinander verschränkt: den »Weg vorwärts« des erinnerten Ichs, der in Combray beginnt und den »Weg zurück«, den Weg der Wieder-Erinnerung durch das erinnernde Ich in die Vergangenheit.[233] Beide sind nur scheinbar diametral entgegengesetzt, tatsächlich fallen sie in demselben Kreis zusammen. Die Madeleine-Episode steht nicht einfach für die älteste Zeitschicht der Vergangenheit, die Kindheit, an die sich der Erzähler erinnert, sondern allgemeiner für den Moment, in dem sich »das Tor zur verlorenen Zeit zum ersten Mal geöffnet hatte«, so dass der Weg zurück oder der Weg der Erinnerung in die erinnerte Zeit in die Darstellung eingehen kann. Auch wird die Möglichkeit einer authentischen Erinnerung nur angezeigt, nicht aber deren (kontingenter) Weg selbst zur Anschauung gebracht.[234] Es handelt sich bei der Episode nicht um ein »nunc initial«, einen Moment, in dem sich der Erzähler an den Beginn einer Erzählung stellt. Vielmehr beginnen hier beide Wege gleichzeitig. Diesem Prinzip entspricht am Ende der *Recherche* die Wiedererinnerung eines Abends in Combray, durch welchen die Dauer der dargestellten Zeit wiederum aus doppelter Perspektive gezeigt wird. Anders als in einer klassischen Rahmenerzählung mündet die Erzählung nicht in die Gegenwart eines erzählenden Ichs ein, auch holt nicht etwa das erinnerte Ich das erinnernde Ich am Ende ein. Das erinnerte Ich verharrt vielmehr auf einer »Schwelle zwischen dem ›Heute‹ der Matinée, auf der sich sein Weg vollendet hat, und dem ›Morgen‹, mit dem seine neue Existenz als Schriftsteller beginnen wird.«[235] Bis zum Schluss verweilt der Erzähler daher in der Zeitform des »futur dans le passé«, der Zeitform der Unabgeschlossenheit.

---

[231] Kimmich, *Wirklichkeit als Konstruktion*, S. 140. Vgl. Agard, *Le chiffonnier*, S. 29 f. Er zieht eine solche Parallele erstmalig in: Kracauer, »Georg Simmel«, in: Ders., *Frühe Schriften*, Bd. 9.2., S. 150 f.
[232] Jauß, *Zeit und Erinnerung*, S. 132 [erweiterte Ausgabe 1986].
[233] Ebd., S. 104 ff.
[234] Ebd., S. 108 f.
[235] Ebd., S. 282.

Kracauer folgt dieser Interpretation, die auf die zirkuläre Struktur der *Recherche* abhebt. Er beschreibt Prousts Erzähltechnik und das Phänomen der *mémoire involontaire* in der bekannten filmischen Terminologie: Die Erinnerungsbilder, welche durch zufällige Körperempfindungen ausgelöst werden, bringt Proust, der seine »Scheinwerfer« auf diese richtet, als »Großaufnahmen« zur Darstellung. Die »mikroskopischen Einheiten«, die Augenblicke, welche so in den Blick genommen werden, sind von einer Qualität, die in zeitlichen Begriffen nicht mehr zu fassen ist: »ihre Funktion ist vielmehr, die zeitlichen Dinge in das beinahe zeitlose Reich der Wesen zu heben.«[236]

Kracauer hat das Phänomen der *mémoire involontaire* bereits in »Straße ohne Erinnerung« (1932) thematisiert. Hier erscheint der Kurfürstendamm in Berlin als »Verkörperung der leer hinfließenden Zeit«.[237] Der Text spannt eine Dialektik zwischen dem erschreckenden Verschwinden der Dinge und Erinnerungen sowie ihres plötzlichen Wiederauftauchens aus dem Gedächtnis auf. Wie bei Proust wird eine Geschichte sukzessiver Welten erzählt, die in Form von drei Betrieben die Bühne des Kurfürstendamms betreten und verschwinden, um an einem anderen Ort wieder zu eröffnen: eine Teestube, ein Café und ein Konditoreibetrieb. Die Schließung der »altvertrauten« Teestube löst in dem Ich-Erzähler bei der Entdeckung ihres Verschwunden-Seins einen Schrecken aus, der sein Vertrauen in die eigene Wahrnehmung erschüttert (»Oder täusche ich mich?«[238]). Ein bisher unbekanntes Café muss als Zufluchtsort genügen. Es handelt sich jedoch um einen schlechten Ersatz, architektonisches Unbehagen verstärkt die Abneigung gegen die dort servierten Getränke. So bleibt es bei dem einmaligen Besuch. Derselbe Vorgang des Nicht-Wiederfindens wiederholt sich jedoch ein zweites Mal, das Ereignis wird genau auf ein Jahr später datiert. Das neue Café und seine Beleuchtung wurden über das Jahr immerhin zum Orientierung bietenden Fixpunkt auf dem Weg über den Kurfürstendamm. Just an dem Tag, als der Erzähler Heimweh nach diesem Ort verspürt, muss er das Verschwinden auch dieses Cafés registrieren. Anstelle der gewohnten Lichtquelle bietet sich ihm nur noch ein Abgrund dar, der leere Raum steht zur Miete frei. Sehnsucht nach Kontinuität wird auf dem Kurfürstendamm enttäuscht, nur wenige Läden neigen zur »Seßhaftigkeit«. Die meisten Betriebe werden von »unheimlichen Winden« »hergeweht«, die Dinge selbst, die auf dem Kurfürstendamm zum Kauf feilgeboten werden, haben einen »Hang zur Ortsveränderung«, sind Obdachlose, die nur ein provisorisches Asyl in den Magazinen der Läden finden, wurzellos und immerzu zum Aufbruch bereit.[239] Diesem stetigen Wandel folgt das Gedächtnis, das vergisst. Das Phänomen der *mémoire involontaire* wird nun beschrieben, wenn die Wiederholung des Verlusts, die neuerliche Begegnung mit

---

[236] Kracauer, *Geschichte*, S. 178. [*H.*, S. 162.]
[237] Kracauer, »Straße ohne Erinnerung«, S. 170. Vgl. Zohlen, »Text-Straßen«, S. 65.
[238] Kracauer, »Straße ohne Erinnerung«, S. 170.
[239] Ebd., S. 171.

dem »Abgrund«, in dem der Erzähler bei der Entdeckung der Schließung des Cafés »versinkt«, die Erinnerung an das Verschwinden der Teestube berührt, wenn plötzlich die Erinnerungen an die verschlissenen Möbel, an die Dekoration und an die kuriosen Gäste aus dem Gedächtnis »entsteigen«.[240] Eine Konditorei, die in den alten Räumen der Teestube eröffnet worden war, und die der Erzähler häufig aufsuchte, hatte keinerlei Erinnerungen an die Teestube hervorgerufen. Sie hatte diese vielmehr völlig verdrängt, getilgt, sie wurden vom Heute »beschlagnahmt«.[241] Nur per Zufall und durch die Wiederholung der schon einmal erlebten Situation kann im alles absorbierenden Alltag die Vergangenheit aus der Vergessenheit hervorgeholt werden.

In einem weiteren Text aus dem Jahr 1932 befasst sich Kracauer mit dem Phänomen der Erinnerung in einer Weise, die mit der in *Geschichte* verhandelten Problematik der Zeitschichten in Verbindung gebracht werden kann: in »Wiederholung«.[242] Auch hier spielt Berlin eine Rolle, wiederum als Chiffre der Geschichtslosigkeit. Der Ich-Erzähler befindet sich auf Durchreise in München und sieht sich anders als viele Aufenthalte zuvor in seine Jugend von vor zwanzig Jahren zurückversetzt, als er in München studierte. Der Auslöser ist diesmal bezeichnenderweise der Faktor »Berlin«, von wo der Erzähler angereist kam: der Ort, wo das Dasein seiner Bewohner »nicht einer Linie, sondern einer Reihe von Punkten« gleicht, als reine Aktualität erfahren wird, wo das Vergangene dem Gedächtnis entrissen ist.[243] Von »verschollenen Zeiträumen« ist die Rede, die dem Gedächtnis des Erzählers vollkommen abhanden gekommen waren »und deren Fortexistenz ich noch am Tage vorher bestritten hätte.«[244] Sogar die Menschen erscheinen als dieselben, der einzige Hinweis auf die Jetztzeit sind die damals noch nicht vorhandenen Hakenkreuzfahnen. Antichronologisch werden mehrere Bilder übereinander geblendet: Bilder eines Freundes aus der Zeit vor dem Ersten Weltkrieg, der im Krieg starb, und der Tag der Kriegserklärung. Der einstige Student stellt sich noch die Frage des Berufswechsels, während der Erwachsene doch weiß, dass er diesen lange hinter sich gebracht hat. Angst ergreift ihn vor der vergangenen Zukunft. Übrig bleibt die Erfahrung, dass sich dieses Stück Vergangenheit mit der Berliner Gegenwart nicht verbinden lässt. Diese Unmöglichkeit wiederum wird als typische Erfahrung der Moderne angesehen: »Aber wie wäre eine solche Durchdringung heute auch möglich?«[245]

Bei Kracauers Proust-Lektüre in *Geschichte* geht es darum zu zeigen, wie die Destruktion der chronologischen Zeit mit der Konstruktion von Zeitlichkeit zusam-

---

[240] Ebd., S. 172.
[241] Ebd., S. 173.
[242] Kracauer, »Wiederholung. Auf der Durchreise in München«, in: *Aufsätze 1932–1965*, S. 71–75. [*FZ*, 29.5.1932]
[243] Ebd., S. 71 f.
[244] Ebd.
[245] Ebd., S. 75.

mengebracht wird. Die evozierten Situationen werden zuletzt »in eine Erzählung eingeblendet, die Marcels aufeinanderfolgende Identitäten in chronologischer Ordnung spiegelt.«[246] Auch Jauß gestehe ein, dass sich hinter dem kaleidoskopischen Mosaik der Großaufnahmen »das präzise Uhrwerk der irreversiblen Zeit« verborgen hält. Proust geht einen »Umweg«[247], um retrospektiv Kontinuität herzustellen. Die Wiederetablierung des Zeitflusses erfolgt laut Kracauer zum Schluss des Romans, indem den atomisierten Elementen durch Marcel (den er hier mit Proust in eins setzt) à posteriori eine Einheit verliehen wird: Die Episoden werden durch die Entdeckung, dass sie Teil des Individuationsprozesses des Künstlers waren, zu einem sinnhaften Ganzen verbunden. Kontinuität wird hergestellt, indem der Künstler die separaten »Wesen [der Zeit] einem Kunstwerk einverleibt.« Dessen Zeitlosigkeit mache sie umso »unverwundbarer«, die Welten seiner Vergangenheit werden vom »Fluch der Zeit«[248] erlöst. Marcel »beginnt den Roman zu schreiben, den er geschrieben hat.«[249]

Kracauer unterstreicht allerdings einschränkend und überraschend, dass diese Versöhnung der Antithesen der geformten und ungeformten Zeit, die Proust gelingt, im Bereich der Kunst stattfindet. Auf Geschichte kann sein Modell nicht angewendet werden: »Weder hat sie ein Ende, noch kann sie ästhetisch erlöst werden.«[250] Mithin glaubt Kracauer nicht an die Möglichkeit einer Auflösung des Widerspruchs, den er im Zeit-Kapitel entfaltet, es sei denn – wenn auch nur »vielleicht«, wie er zweifelnd betont – von dem »Ende *der* Zeit« aus.[251] So kommt auch bei Kracauer die Theologie unvermittelt um die Ecke geschlichen, wie er sich im *Guide to History* ausdrückt (»theology lurking around the corner«). Auch in dem 19-seitigen Gesamtentwurf zu *Geschichte* verweist er auf die Vorstellung von Ende *der* Zeit. »All history is provisional. It can be written only on the day of Judgment. What meanwhile prompts us to expose past events to view is the urge to put them on record for the future – i.e., the end of time.«[252] Das Zeitkapitel endet mit einer erneuten Aufrufung von Ahasver, die in eine ähnliche Richtung zielt: Prousts Lösung der Antinomie der Zeit kann als »Vorschein« gedeutet werden auf das »undenkbare Ende – der imaginäre Augenblick, in dem Ahasver, ehe er sich auflöst, das

---

[246] Kracauer, *Geschichte*, S. 178. [*H.*, S. 178.]
[247] Ebd., S. 179. [*H.*, S. 162 f.]
[248] Ebd. [*H.*, S. 163] Vor der letzten Figuration der Zeit, dem »Clocher de St. Hilaire« tritt die allegorische Figur des Todes auf. Das Unternehmen, Zeit in ein Kunstwerk zu verwandeln, wird Marcel zum Wettlauf gegen die Zeit. Jauß, *Zeit und Erinnerung*, S. 276 f.
[249] Kracauer, *Geschichte*, S. 179. [*H.*, S. 163.]
[250] Ebd. [*H.*, S. 163.] Die Vorstellung ästhetischer Errettung bezeichnet Kracauer in seinem Gesamtentwurf als »grauenvoll«: »What definitely separates him [Proust, S.B.] from the historian is his (horrid) conception of the redeeming function of the work of art.« Kracauer, Gesamtentwurf, 13 S., S. 10, in: Vorarbeiten, KN DLM.
[251] Kracauer, Vorarbeiten, KN DLM.
[252] Kracauer, Gesamtentwurf, 19 S., S. 5, in: Vorarbeiten, KN DLM.

erste Mal imstande ist, auf seine Wanderungen durch die Zeiträume zurückzublicken.«[253] Damit ist die Erlösung durch die Konstruktion eines Sinns in der Geschichte angesprochen, die jedoch erst am tatsächlichen Ende *der* Zeit vorgestellt werden kann. Die Vorstellung eines solchen Vorscheins kann eine Antwort auf die Frage geben, warum Kracauer mit einem Beispiel aus der Literatur argumentiert, das er für den Bereich der Geschichte dann doch nicht gelten lassen möchte. Was man bei Benjamin über die mögliche »Aktualisierung« eines solchen Moments lesen kann, sucht man bei Kracauer vergebens. Während Benjamins Bruch mit der Vorstellung von Chronologie ins Unhistorische verweist, beharrt Kracauer auf den Antinomien im Innersten der Zeit. Der Heterogenität und Endlosigkeit des historischen Universums entspricht die Vielfalt der zeitlichen Ströme, der »Katarakt« der historischen Zeiten, in dem die Menschen leben.[254]

---

[253] Kracauer, *Geschichte*, S. 180. [*H.*, S. 163.]
[254] Ebd., S. 218. [*H.*, S. 199.] Von »Katarakten« spricht Kracauer auch in der Filmtheorie. Aus »Katarakte[n] undeutlicher Fantasien und unausgeformter Gedanken« setzt sich der »Bewusstseinsstrom« des Zuschauers zusammen. Kracauer, *Theorie des Films*, S. 267.

4 Totale und Fragment

1951 schreibt Kracauer an Erich Auerbach, der ihm einen Aufsatz zu Giambattista Vico (1668–1744) geschickt hatte: »Zu meiner Freude entdeckte ich übrigens, dass ich *Die neue Wissenschaft* in der von Ihnen übersetzten und eingeleiteten Ausgabe unter meinen geretteten Büchern besitze. Ihr Aufsatz[1] hat mir wieder in verstärktem Maße die Notwendigkeit bewusst gemacht, für die ich hier seit Jahren kämpfe: die Notwendigkeit den geschichtlichen Aspekt in die *social sciences* einzuführen, die daran kranken, dass sie Geschichte unter Berufung auf ihre angebliche Unwissenschaftlichkeit ablehnen. Das Ideal unserer *social sciences* sind die Naturwissenschaften, und im Streben nach deren Objektivität lassen sie jeden Inhalt, der so oder so aufgefasst werden kann. Dies führt zu einer furchtbaren Verarmung und zu einer statistischen Lösung von Problemen, die völlig unwesentlich sind.«[2] Das schwierige Verhältnis von Geschichte und Soziologie beschäftigte Kracauer schon in *Soziologie als Wissenschaft* (1922). In *Geschichte* befasst er sich darüber hinaus auch mit deren Abgrenzung zur Kunst, beides vornehmlich in »Natur« sowie »Allgemeingeschichte und ästhetischer Ansatz«. Die Frage, ob Geschichtsschreibung Dichtung oder eine Wissenschaft sei, hatte schon im 19. Jahrhundert zu einem »Zweifrontenkrieg« geführt: gegen die »hegelianische Metaphysik« und gegen Autoren wie Auguste Comte und Henri Thomas Buckle, welche die Geschichtsschreibung verwissenschaftlichen wollten.[3] Die Debatte ist jedoch in den 60er Jahren des 20. Jahrhunderts und bis heute nach wie vor von Aktualität. Betrachtet man die Entwicklung der historiographischen Theoriebildung nach Kracauer, verlagert sich mit Hayden Whites *Metahistory* (1973) oder Paul Ricœurs *Temps et Récit* (1983–1985) der Fokus von den Bedingungen historischer Erkenntnis hin zur Bedeutung der Formen historischer Darstellung. Erzählung wird nunmehr als konstitutiv für Geschichtserkenntnis angesehen.

Kracauer vermeidet in der Debatte um die Wissenschaftlichkeit der Historie drei mögliche Positionen: Erstens Toynbees deterministischen Ansatz bzw. einen

---

[1] Es handelt sich wahrscheinlich um Auerbachs »Vico and aesthetic historism«. Aus dieser Zeit existiert aber auch ein nicht gedruckter Text mit dem Titel »Philologie als kritische Kunst«, der als Einleitung zur Neuausgabe von Vicos *Neuer Wissenschaft* gedacht war. Vgl. Vialon, »»Philologie als kritische Kunst«««, S. 231 ff.
[2] Kracauer an Auerbach, 1951, in: Treml/Barck (Hrsg.), *Auerbach,* S. 485.
[3] Kracauer, *Geschichte,* S. 24. [*H.,* S. 17.] Zur Etablierung der Geschichtswissenschaft als analytischer Sozialwissenschaft vgl. Iggers, *Geschichtswissenschaft.*

Organizismus, der den Geschichtsprozess mit einer natürlichen Entwicklung gleichsetzt (Spengler); zweitens eine Haltung, die in der Nachfolge Diltheys einen spezifischen geisteswissenschaftlichen Modus des Verstehens zu definieren sucht, der sich von den Naturwissenschaften unterscheidet; drittens die von White angedeutete Haltung, welche (stark zugespitzt) Geschichte als Fiktion betrachtet, die von rhetorischen Gesetzen regiert wird. Kracauer begreift Geschichte als hybrides Genre zwischen Wissenschaft und Erzählung, was ihn bis an die Schwelle des *linguistic turn* der 60er und 70er Jahre führt, ohne dass er diese schon überschritte. Damit lässt sich seine Theoriebildung historisch als Moment des Übergangs zwischen zwei Epochen oder *épistémè* (im Foucault'schen Sinne) verorten.

Kracauer setzt frühere Arbeiten über die Möglichkeiten unterschiedlicher Kunstformen zur Abbildung von Wirklichkeit fort, wenn er geschichtsphilosophische Fragestellungen und Gegenwartsdiagnostik mit ästhetischer Theorie verbindet, auf eine Weise, die an den jungen Lukács mit seiner *Theorie des Romans* (1916) erinnert. In *Geschichte* tritt Kracauer dazu besonders mit Auerbachs Realismusstudie *Mimesis: Dargestellte Wirklichkeit in der abendländischen Literatur* (1946) in Dialog. Formale Elemente werden von ihm wie später von Hayden White als ideologische Stellungnahmen begriffen. Zwei Kategorien dominieren dabei: die Totale und das Fragment. Sie erlauben es, das Problem der Perspektive und der Ebenen der Historie zu diskutieren, eine Frage, der sich später besonders Carlo Ginzburg zuwandte, verbunden mit der in Kracauers Werk überall präsenten Dichotomie von Abstraktion und Konkretion. Mit den erzählerischen Darstellungsformen der Historie wird schließlich eine Debatte angeschnitten, in der sich Whites und Ginzburgs Positionen unvereinbar gegenüber stehen, über die Grenzen der historiographischen Darstellbarkeit der Shoah. Auch wenn diese Diskussion erst nach Kracauers Zeit geführt wurde, finden sich zu dieser Thematik bei ihm bereits einige Gedanken, vor allem in der *Theorie des Films*.

4.1 Geschichte – »eine Wissenschaft, die anders ist«

Sozialgeschichtliche Analysen

Kracauer konstatiert, dass das Genre der historischen Erzählung gegenüber analytischen Darstellungen an Terrain verloren hat. Den Erfolgen der Sozialgeschichte werde dabei seitens der Anthropologen und Soziologen massiv Vorschub geleistet, deren Herablassung gegenüber Historikern Kracauer indes nicht teilt. Er situiert Geschichte in struktureller Analogie zur Filmtheorie zwischen Wissenschaft und Literatur: So wie er den Film nicht als Kunst, sondern als eine »Kunst, die anders ist« begreift, ist Geschichte, wenn sie überhaupt als Wissenschaft bezeichnet werden kann, »eine Wissenschaft, die anders ist«.[4] Dilthey, der sich in jungen Jahren als Historiker der Geschichte Preußens hervortat, ist, wie Kracauer schreibt, an einer endgültigen Klärung der Streitfrage um die Wissenschaftlichkeit der Historie gescheitert. Er bekräftigt zwar Diltheys Leitbegriff des *Verstehens,* mit dem dieser die Geisteswissenschaften vom *Erklären* der Naturwissenschaften abgrenzt: »Die Natur erklären wir, das Seelenleben verstehen wir«[5]. Gleichwohl kritisiert er seine »psychologisierende und etwas nebulöse Lebensphilosophie«. Nach Diltheys *Einleitung in die Geisteswissenschaften* (1883) kommt es auf das Erleben von Bewusstseinstatsachen an, auf die »kongeniale« Übernahme der Innenperspektiven anderer Subjekte. Sein Verstehens-Begriff geht mit einer Vorstellung von Geschichte als Lebensprozess einher, dessen Phänomene nur »mit unserem ganzen Sein« erfasst werden können, als »Zwiesprache« zwischen dem Leben, das wir sind, und diesem Prozess.[6]

Bei der Frage nach Gesetzmäßigkeiten der historischen Wirklichkeit geht es um zweierlei: um »universalgeschichtliche« Erklärungsansätze, wie sie nach Vico, Comte, Marx, Spengler oder Toynbee identifizierten (die sogenannten »lawgivers«[7]), oder aber um »sozialgeschichtliche« Gesetze, wie sie etwa (für Kracauer abschreckend) Charles Tilly beschreibt.[8] Kracauer spricht von »Gesetzen« im allerweitesten Sinne, die nur von begrenzter Reichweite sind. Der Gesetzesbegriff, der in den Geschichtswissenschaften angewandt wird, unterscheidet nicht zwischen Gesetzen, wie sie in den Natur- oder Verhaltenswissenschaften auftauchen (Psychologie, Ökonomie, Anthropologie und Sozialwissenschaften). Historische Gesetzmäßigkeiten nähern sich naturwissenschaftlichen Gesetzen nur an, wenn sie »invariante Ähnlichkeiten suchen und konstruieren.«[9] Über die Zukunft vermögen sie keine Auskunft zu geben. Die umgekehrte Frage nach der Rolle der Natur im Geschichtsverlauf bzw. deren Geschichtlichkeit spielt für Kracauers Argumentation keine Rolle. Auch wenn eine vom Menschen »geschaffene Natur« die ursprüngliche überlagert, ist die Kategorie, über welche er sich der Gesetzlichkeit im Geschichtsprozess zuwendet, die der Gesellschaft.

Gesellschaft als zweite Natur?
Kracauer greift auf das Prinzip der geistigen Ökonomie zurück, um (überraschenderweise mit idealistischen Begriffen) zu begründen, warum sich der »Geist«, das »Leben des Geistes« und damit die Gesellschaft in einer Trägheitszone ansiedeln, die der Dimension von Naturphänomenen angehört. Die Konzentration der geis-

---

[4] Kracauer, *Theorie des Films,* S. 461. Ders., *Geschichte,* S. 38. [*H.,* S. 129 f.]
[5] Dilthey, *Abhandlungen,* 143 f. Vgl. Jung, *Dilthey,* S. 161 f.
[6] Kracauer, *Geschichte,* S. 53. Modelle geschichtlichen Verstehens sind für Dilthey Autobiographien. Jung, *Dilthey,* S. 164 f. Vgl. Jaeger, *Autobiographie und Geschichte,* S. 20–25.
[7] Kracauer, *Geschichte,* S. 46, Anm. 43. [*H.,* S. 37.]
[8] Ebd., S. 38. [*H.,* S. 130.]
[9] Ebd., S. 27. [*H.,* S. 20.]

tigen Energien auf bestimmte Gegenstände führt dazu, dass anderen Aufmerksamkeit entzogen wird und sich Vorurteile breit machen. Kracauer überträgt dieses Prinzip von Individuen auf Gruppen. Er legt seiner Argumentation eine persönlichkeitstheoretische These zugrunde, wonach das Individuum kein homogenes Ganzes mit einer einheitlichen Geschichte sei: Die »integrierte Persönlichkeit« zählt er zu einem der größten Aberglauben moderner Psychologie. Er zitiert Marc Bloch, der einräumte, im Liegen eine andere Meinung als im Stehen zu vertreten, »zumal, wenn ich wenig gegessen habe und matt bin.«[10]

Kracauer fragt nach den Konsequenzen dieses Persönlichkeitsmodells für das Funktionieren von Gruppen. Die Trägheitszone gilt hier umso mehr, als Gruppen nur aus Persönlichkeitsfragmenten oder »reduzierten Individuen«[11] bestehen, die zur Verwirklichung einer Idee in einer Gruppenindividualität aufgehen. Verglichen mit Individuen zeigen sie ein Verhalten »plumper Riesen« mit vorhersehbaren Bewegungen.[12] Diese Vorstellung formulierte Kracauer bereits 1928 in »Die Gruppe als Ideenträger«: »Nun ist aber das für sich seiende Individuum […] ein Mikrokosmos, in dem sich mancherlei Begierden und geistige Kräfte regen, und der durch die Idee erzeugte Sinnzusammenhang füllt darum nur in den seltensten Fällen allein das Bewusstsein aus. Gedanken und Anschauungen, die anderen Provinzen der Seele entstammen, greifen in diesen Zusammenhang ein, lockern ihn auf und durchkreuzen ihn.«[13] Die Gruppe hat eine Mittlerfunktion zwischen den Einzelmenschen und den Ideen, welche die soziale Welt bestimmen: »Wann immer eine Idee aus dem Dunkel hervorbricht und Formulierung erfährt, da erzeugt sie in den Menschen, auf die sie trifft, eine gleichmäßige Seelenlagerung, und ihre Realisierung beginnt, wenn diese Menschen sich zur Gruppe vereinen, um ihr die Realität zu erkämpfen.«[14] Dabei wird keinesfalls das ganze Individuum vereinnahmt, es bleibt mehr als der Träger einer Idee: »Die Gruppe begreift eben statt vollausgebildeter Individuen nur reduzierte Iche, Abstraktionen von Menschen in sich, sie ist ein pures Werkzeug der Idee.«[15] Kracauer ruft in *Geschichte* das Bild eines Magneten auf, der Persönlichkeitsfragmente gleich Eisenteilchen aus einer Masse von Materialien anzieht. So verschwindet das Gesamt-Individuum in der Gruppe, was Folgen für die Beschaffenheit der Ideen hat. Während der Einzelmensch von Regungen bestimmt wird, die sich auf komplexe Weise verbinden und beeinflussen, sind die »Teil-Iche«, aus denen Gruppen bestehen, in sich homogen. Die Gruppenindividualität erscheint daher vergleichsweise arm, und ihre Entfaltung verläuft starr und

---

[10] Ebd., S. 164. [*H.*, S. 148.]
[11] Ebd., S. 30. [*H.*, S. 123.]
[12] Ebd., S. 31. [*H.*, S. 123.]
[13] Kracauer, »Die Gruppe als Ideenträger«, in: Ders., *Das Ornament der Masse*, S. 131. Die Idee von Gesellschaft als zweiter Natur findet sich auch in den *Angestellten*. Vgl. Ders., *Die Angestellten*, S. 254
[14] Kracauer, »Die Gruppe als Ideenträger«, in: Ders., *Das Ornament der Masse*, S. 129.
[15] Ebd., S. 133.

linienhaft. Ihre Grobheit kontrastiert mit der »Biegsamkeit und Zartheit«, der Mannigfaltigkeit der Erlebnisse, zu denen der Einzelmensch Zugang hat.[16] So lässt sich die Naturhaftigkeit gesellschaftlicher Entwicklungen begründen.

Auch das Problem der Spaltung von Bewegungen reflektiert Kracauer in *Geschichte* wie bereits in dem Essay von 1928. In ihrer Auseinandersetzung mit der Realität verhalten sich Gruppen und Individuen unterschiedlich. Die Richtungsänderungen einer Bewegung vollziehen sich nicht als konstante Anpassung an gewandelte Bedingungen, wie die der Individuen. Vielmehr verfolgen Gruppen geradlinig eine Richtung, um ab einem bestimmten Krisenpunkt abrupt eine neue einzuschlagen.[17] »Die Standpunktverschiebungen der Gruppe müssen nun immer ruck- und sprungweise erfolgen, selbst wenn die Umwelt sich allmählich wandelt. Sind einmal irgendwelche Richtlinien für das Handeln des Gruppen-Ichs festgelegt, so bewegt sich dieses auch ihnen getreu mit einer Unerschütterlichkeit, die sich durch nichts aus der Bahn bringen lässt.«[18] Zur ruckartigen Richtungsänderung kommt es nur durch den Anstoß der Anführer oder einzelner Mitglieder, wobei meist mehrere Alternativen zur Auswahl stehen. Werden die Divergenzen zwischen einzelnen Gruppenmitgliedern so dominant, dass kein Ausgleich möglich ist, kommt es zur Spaltung. Bewegungen haben Ähnlichkeit mit natürlichen Prozessen.

In *Geschichte* definiert Kracauer Gesellschaft nicht nur als »Arena vielfältiger konkurrierender Interessen«, sondern als »Entität mit spezifischen Eigenschaften«.[19] Ihre Bestandteile sind von einer Qualität, die den Geist ausschließt. Gesellschaft besteht aus Materialien, die fest oder flüssig sind. Kracauer unterscheidet zwischen starren Sedimenten – traditionell überlieferte Sitten, Gebräuche oder Institutionen, deren Existenz nicht hinterfragt wird – und flüssigeren Substanzen, d. h. zirkulierende unbeständige Meinungen. Kracauer stellt den »Sedimenten« der Überlieferung ein Bild aus der Natur zur Seite, die »Brandung« und die »Flut« der Meinungen, die dem Wandel unterworfen sind wie das Wetter.[20] Sie sind nichtsdestoweniger folgenreich, da sie sich zu Bewegungen formieren können und so auf den Geschichtsverlauf Einfluss nehmen. Diese Einflussnahme erfolgt jedoch nicht zielgerichtet. Es ist ein »Sammelsurium aus Empfindungen und Abneigungen«, ein »Getöse verworrener Ansichten«, das historische Veränderungen provoziert.[21]

Kracauer unterstreicht – und bereitet hier sein antimetaphysisches Geschichtsbild vor – dass sich die Ereignisse, aus denen sich gesellschaftliche Entwicklungen ergeben, »in einer spärlich erleuchteten Gegend ereignen, wo geistige Intensität

---

[16] Ebd., S. 134 f.
[17] Kracauer, *Geschichte*, S. 31. [*H.*, S. 23.]
[18] Kracauer, »Die Gruppe als Ideenträger«, in: Ders., *Das Ornament der Masse*, S. 143 f.
[19] Ebd., S. 144.
[20] Ebd., S. 31 f.
[21] Ebd., S. 32.

gleich null ist.«²² Ebenso wie sich die gesellschaftliche Realität alle Ideen einverleibt und verändert, entzieht sich das Handeln der gesellschaftlichen Kräfte nicht nur der Kontrolle durch die Handelnden, sondern auch dem »Geist«. Tocqueville verglich den Lauf dieses Handelns mit dem Flug eines Drachens, der sowohl vom Wind (der Gesellschaft) getrieben als auch von einer Schnur (dem absichtsvollen Handeln) gehalten wird. »Unserem Umgang mit der physischen Wirklichkeit entlehnt, legen die Metaphern von Wind und Sturm nahe, der Geist habe nicht die Macht, in gesellschaftliche Prozesse einzugreifen.«²³ Die These von der Herrschaft der Natur im Bereich der Gesellschaft scheint ihre Berechtigung zu haben. Es mag daher angemessen sein, vermutete Regelmäßigkeiten sozialen Wandels auf Gesetze hin zu untersuchen.

Kracauer verweist auf quantifizierende computergestützte Verfahren der Sozialwissenschaften in den USA, wobei er nicht wirtschaftsgeschichtliche Analysen anspricht, sondern Untersuchungen zu Massendynamiken. Die Frage, »wer wen manipuliert«, die Menschen die Computer oder umgekehrt, werfe »Probleme erster Ordnung auf«.²⁴ Darüber unterhielt sich Kracauer mit dem Philosophen Gotthard Günther (1900–1984) am 24. Juli 1962 in München.²⁵ Ihn beschäftigte die Frage nach den Konsequenzen der Arbeit mit Computern für die Historiographie. »[W]ird nicht jede bedeutende Innovation durch Träumen und Tasten angekündigt?«²⁶

Freiheit

Kracauer stellt seine Reflexionen über Gesellschaft und Natur in einen unerwarteten Zusammenhang: den der christlichen Erbsünde. Alle in der Geschichte beobachteten Regelmäßigkeiten können theologisch gesprochen auf die Tatsache zu-

---

²² Ebd.
²³ Ebd.
²⁴ Ebd., S. 34.
²⁵ Kracauer dokumentierte dieses Gespräch mit Gotthard Günther, der 1933 über Italien nach Südafrika und 1940 in die USA emigrierte. »Regarding cybernetics, Gunther has fantastic ideas. He starts from the premise that human consciousness is predetermined by biological & genetic factors and, hence, can function, or operate only within limits set by these factors. According to him, it is now possible, at least theoretically, to build a computer which is so prestructured that it does not just answer what is put into it but commands a ›consciousness‹ of virtually unlimited range, the result being that this imagination machine, operating on an unheard off-scale, enters into ever new contacts with the changing environment and, due to its unpredictable expanding relations to the world about us, develops novel functions and stores on knowledge that may well transcend pour limited human consciousness. I objected that man can only develop because he is a social being, while the computer as an isolated creature lacks a sense of direction and hence has no goals proper.« Günther habe über Computersoziologie gesprochen: »Altogether the different computers form a veritable society«. Kracauer habe gefragt, was dann mit den Menschen geschähe: »The computers will become our taskmasters, Günther unsmilingly declared.« Man würde von ihnen lernen, die Umwelt in bisher ungeahnter Weise zu beeinflussen. Kracauer, Reisenotizen (1961–1965), KN DLM [72.3629a].
²⁶ Kracauer, *Geschichte*, S. 127. [*H.*, S. 114.]

rückgeführt werden, dass die Menschheit mit der Erbsünde belastet sei. Spuren christlicher Theologie sieht Kracauer in Geschichtsbildern, die an der Idee der menschlichen Vervollkommnung festhalten. Paradoxerweise gehen diese stets mit der Annahme der »Blindheit oder Verdorbenheit« des Menschen einher, ihrer »eingeborenen Gemeinheit«.[27] Gleich Goethes Mephistopheles, einer »›Kraft, / Die stets das Böse will und stets das Gute schafft‹«, setzten sie als gesellschaftlich bestimmende Macht die als böse gedachte Natur des Menschen voraus, die »dank der Dazwischenkunft einer geheimnisvollen, über unseren Köpfen waltenden Macht« dazu bewogen wird, »den Zielen der Humanität zu dienen.«[28] Die Thesen der Denker des Liberalismus (Adam Smith, Bernard Mandeville), Kants regulative Idee einer providenziellen Natur oder Hegels List der Vernunft[29]: ihnen sei gemeinsam, dass sie negative Leidenschaften in einer Weise instrumentalisieren, die den Menschen auf geheimnisvolle Weise zum Nutzen gereichten. Auch Ranke, Marx und Burckhardt sind von solchen Vorstellungen nicht frei: »Ob die Macht, die die Fäden zieht, Vernunft sei oder ein anonymer, eingebauter Plan oder irgendein anderer Ersatz für die gute alte Vorsehung, macht nicht viel aus. [...] Die Vorstellung von einer Macht, die unser Schicksal durch versteckte Steuerung lenkte, scheint unverwüstlich.«[30] Nicht nur die Alltagserfahrung trage zur Verbreitung dieses Denkschemas bei, sondern vor allem die in christlicher Tradition wurzelnde Überzeugung von der Korruptheit des Menschen: Sie erzeuge die Notwendigkeit einer »Agentur hinter den Kulissen [...] um das Gute dem Bösen zu entreißen und so zu erlangen, was der Voraussetzung gemäß der Mensch allein nie vollenden können wird.«[31] Kracauer schlussfolgert, die Annahme von der Verderbtheit des Menschen sei »identisch« mit der Vorstellung von menschlichen Angelegenheiten als Naturereignissen sowie mit der Idee von Geschichte als Wissenschaft. Gegen eine solche Sichtweise verwehrt er sich und notiert im *Guide to history*: »To the extent that history is a manifestation of human nature the historical material must, at least in part, have the same qualities as nature itself. Like nature it must be amenable to an approach wresting regularities and laws from the given data. But historical reality is nature only in the degree that it relapses into it. Actually, however, history is not only nature but belongs to the realm of freedom as well. Spiritual explosions do occur.«[32]

Kracauer unterstreicht die Möglichkeit von Brüchen im Geschichtsverlauf: »Geschichte ist auch das Reich von unvorhergesehenen Ereignissen und neuen Anfängen.«[33] Sie haben die »zersetzende Kraft« der menschlichen Freiheit zur Vo-

---

[27] Ebd., S. 34 f. [*H.*, S. 126 f.]
[28] Ebd., S.34. [*H.*, S. 26.]
[29] Vgl. Waszek, *L'écosse des lumières* ; Ders. Kant, *Philosophie de l'histoire*.
[30] Ebd. [*H.*, S. 126.]
[31] Ebd., S. 35. [*H.*, S. 127.]
[32] Kracauer, Guide to history, KN DLM.
[33] Kracauer, *Geschichte*, S. 39. [*H.*, S. 31.]

raussetzung, eine Grunderfahrung, deren »Wahrheitswert« auch totalitäre Regime nicht widerlegen könnten.³⁴ Versuchen Historiker, Ereignisse in historischen Kausalitäten aufgehen zu lassen, stellen sie sich einer unmöglichen Aufgabe. Kracauer illustriert diese These anhand Eisensteins bezeichnenderweise nie realisierter Verfilmung des Romans *An American Tragedy* (1925) von Theodore Dreiser über die Vertuschung eines Mordfalls. Eisenstein wollte die Gründe für den Mord als inneren Monolog auf die Leinwand bringen und erstellte dazu eine Liste möglicher Bilder, Wortfetzen oder Gedankensplitter, durch deren Polyphonie die »Unendlichkeit« der Motivationen zur Darstellung gebracht werden sollte. Kracauer kommentiert, Eisenstein habe zu verdeutlichen versucht, dass eine Abbildung aller den Protagonisten motivierenden Ursachen, d. h. der Beweis des deterministischen Prinzips, eine unendliche Aufgabe sei. »Es gibt Handlungen und unerwartete Situationen, die einer Zerlegung in wiederholbare Elemente oder einer befriedigenden Erklärung aus vorhergehenden oder gleichzeitigen Umständen so hartnäckig widerstehen, dass man sie besser als irreduzible Entitäten behandelt.«³⁵ Wenn aber Geschichte aus irreduziblen Einheiten besteht, kann der Historiker ihr nur gerecht werden, indem er diese nicht wegrationalisiert, sondern eine »story« erzählt.³⁶ Mit diesem Argument verteidigt sich Kracauer schon gegen Adornos Kritik an seinem *Offenbach*: »Wenn Interpretationen im konkreten Material eine gewisse, nicht gleichmäßig festzusetzende Schwelle überschreiten, hören sie auf zu funktionieren, nehmen den Charakter subjektiver Willkür an und erlangen allenfalls den problematischen Reiz ästhetischer Kuriositäten. Dort, wo diese Schwelle bei mir liegt, geht die Konstruktion in Erzählung über.«³⁷

Historische Gesetze oder das »Hirngespinst der Universalgeschichte«

Wenn Kracauer in »Natur« von dem hybriden Genre der Geschichtsschreibung als Wissenschaft spricht, die – da auf Erzählung angewiesen – anders ist, merkt er zu Recht an, dass letztere Tatsache nicht hinreicht, um sie von den Wissenschaften zu unterscheiden. Denn auch diese bedienen sich der Erzählung, wie etwa Darwins Evolutionstheorie zeigt. Allerdings handelt es sich bei dem »erzählerischen Modus« eben nur um einen der *Darstellung*, wohingegen auf inhaltlicher Ebene angestrebt wird, »universale Gesetze« auszumachen. Kracauer wendet sich daher »Längsschnitt-Gesetzen« zu, die erklären sollen, »warum das, was geschah, geschehen musste.«³⁸ Wiederholbarkeit und andauernde Gültigkeit sind Kriterien für die Ge-

---

³⁴ Ebd., S. 35 f. [*H.*, S. 27.]
³⁵ Ebd., S. 37 f. [*H.*, S. 29.]
³⁶ Ebd., S. 40 f. [*H.*, S. 32.]
³⁷ Kracauer an Adorno, 25.5.1937, in: Adorno – Kracauer, *Briefwechsel*, S. 364.
³⁸ Kracauer, *Geschichte*, S. 42. [*H.*, S. 33.]

setzmäßigkeit der »stories« im Bereich der Natur. Kracauer fragt, inwiefern sie auch für die Geschichte der Menschheit angenommen werden können. Dazu erzählt er seine Version der Geschichte der Antworten auf die Frage nach dem Sinn der Geschichte.

Vico, Comte, Marx

Kracauer wendet sich Vicos »Neuer Wissenschaft« (1725) zu, da es bei seiner Beschäftigung mit Universalgesetzen nicht um solche der metaphysisch inspirierten Geschichtsphilosophie geht, sondern um Ansätze, die mit mehr oder weniger »wissenschaftlichem« Anspruch auftreten. Vicos Naturgesetz der Völker, mit dem dieser sich gegen die aufklärerische Vorstellung von einem linearen Fortschritt der Menschheit richtet (und von zeitgenössischen Denkern kaum rezipiert wurde, für Kracauer aber gerade wegen dieser chronologischen Exterritorialität Anlass zur Würdigung gibt), nimmt eine besondere Stellung ein: Es markiert den Übergang von theologischen hin zu säkular inspirierten Geschichtsmodellen. Kracauer sieht Vicos Werk als einen Versuch, »die transzendentale Herrschaft der Vorsehung mit der immanenten Notwendigkeit des gesamten historischen Prozesses zu versöhnen.«[39] In seiner Konstruktion einer 3-Stadien Lehre, die strukturell auf ein Modell von Herodot zurückgeht, kennt jede Nation ein göttliches, heroisches und menschliches Zeitalter, die einander ablösen. Die als notwendige Abfolge vorgestellte Entwicklung führt in den unterschiedlichen Weltteilen zur Degeneration und einem neuen Zyklus: dem Ablauf (*corso*) folgt eine Art Wiederkehr (*ricorso*).[40] Für Kracauer ist entscheidend: Das von Vico als universell vorgestellte »Naturgesetz der Nationen«[41] hat seinen Ursprung noch in der göttlichen Vorsehung, welche die Bewahrung der Menschheit vor einem Rückfall in die Barbarei zum Ziel hat. Die Vorstellung von dieser Gesetzmäßigkeit des Geschichtsprozesses wurzelt im christlichen Glauben – ein Begründungszusammenhang, der Comte oder Marx fremd ist. Auch ihnen geht es bei der Formulierung von Gesetzen um die Verbindung eines wissenschaftlichen Anspruchs mit der Frage nach dem Sinn der Geschichte, auf die ich im letzten Kapitel eingehen werde. Kracauer kritisiert diese Ansätze: Die »Aufwärtsbewegung zum Jenseits« religiösen Denkens wurde »in die horizontale Ebene projiziert« und die eschatologischen Erwartungen durch die Vorstellung einer Evolution hin zum Besseren in der Welt ersetzt. In Comtes und

---

[39] Ebd., S. 43. [*H.*, S. 34.]
[40] Das göttliche Zeitalter ist eines, in dem die Menschen »meinten, alles sei ein Gott bzw. von einem Gott geschaffen««; im heroischen Zeitalter war das Recht mit der Macht identisch, während das dritte Zeitalter das der Vernunft, der Zivilisation, der gesteigerten Abstraktionsfähigkeit ist, die um den Preis des Imaginativen erkauft wurde. Vicos Haltung ist »semi-relativistisch«, d. h. auch wenn er die Universalität bestimmter Sitten behauptet, lässt sich keine Hierarchie der Zeitalter erstellen. Burke, *Vico*, S. 68 f.
[41] Den Völkern aller Zeiten ist gemeinsam, dass sie eine Religion besitzen, Ehen schließen und ihre Toten bestatten. Vico, *Die Neue Wissenschaft*, S. 142.

Marx' Fall wurden sie mit politischen Zielen aufgeladen, sie erhielten die Funktion von »Aktionsprogrammen«.[42]

Auf Kracauers Kritik stößt besonders die Annahme, es handle sich bei dieser Art von Gesetzen um »Naturgesetze«. Mit Dilthey weist er auf ihre »unangemessene Abstraktheit« hin, eine Konsequenz ihrer Distanz gegenüber den historischen Fakten, die zu Verzerrungen führe.[43] Er kritisiert den Determinismus von Comte und Marx, die mit überholtem Fortschrittsdenken eine Verbindung eingehen sowie ihre nicht hinreichend problematisierte Zeitkonzeption. Kracauers Lesart von Namiers Marxismus gibt im Übrigen auch über sein eigenes Verhältnis zu Marx Aufschluss.[44] Namier erscheint ihm diesbezüglich sehr ambivalent: Trotz seines Konservatismus sei er stark von Marx' Basis-Überbau-Schema geprägt, wenn er versuche, den »falschen Anspruch auf Autonomie der Ideen zu entlarven.«[45] Namier sei von der Bedeutsamkeit der materiellen und sozialen Bedingungen bei der Herausbildung von Ideen überzeugt. Einzig Marx' Makro-Konzeption, seine Vorstellung von Geschichte als einer dialektisch sich vollziehenden Reihe von Klassenkämpfen habe Namier wenig zu sagen.[46] 1930 hatte Kracauer an Adorno im Kontext einiger Bemerkungen über seine Angestellten-Arbeit dazu geschrieben: »[T]atsächlich ist mir die Einsicht in die pure Verteidigungsposition des Kapitals aus der theoretisch fundierten Betrachtung der Empirie erwachsen.« Bei Marx und Lenin sei »die Dialektik noch der letzte Ausläufer der Totalitätsphilosophie, während ich sie von dieser Rückversicherung ablösen möchte und sie für ein Maschinengewehrfeuer von kleinsten Intuitionen halte.«[47] Hier setzte schon in den 20er Jahren Kracauers Kritik an Lukács an. An Ernst Bloch schreibt er, Lukács knüpfe an der Stelle an, »wo wir heute aus dem zu Ende getriebenen Idealismus austreten müssen«. Allerdings habe er »den leer- und abgelaufenen Idealismus aufgegriffen, ihn aber nicht transzendiert, sondern sich wieder in ihm verloren.«[48] In Kracauers Augen wäre erforderlich gewesen, den Marxismus »mit Realien zu durchdringen«, der »Ansatz beim Materiellen und Äußerlichen« sei »aus einer echten Revolutionstheorie nicht zu extirpieren«.[49]

In *Geschichte* kommt Kracauer auf diese Frage zurück, wenn er anmerkt, die Annahme von einer Gesetzmäßigkeit im Geschichtsverlauf habe den Effekt einer sich selbst verhindernden Prophezeiung. Werde der Geschichtsprozess als mit naturge-

---

[42] Kracauer, *Geschichte*, S. 44. [*H.*, S. 35.]
[43] Ebd., S. 45. [*H.*, S. 36.]
[44] Kracauer verfasste eine Abhandlung mit dem Titel »Der Begriff des Menschen bei Marx«, die als verloren gilt. Er interessierte sich vornehmlich für Marx' Frühwerk. Frisby, *Fragmente*, S. 125, S. 133 f.
[45] Kracauer, *Geschichte*, S. 124. [*H.*, S. 111.]
[46] Ebd., S. 124 f. [*H.*, S. 111.]
[47] Kracauer an Adorno, 25.5.1930, in: Adorno – Kracauer, *Briefwechsel*, S. 215.
[48] Kracauer an Bloch, 27. Mai 1926, in: Bloch, *Briefe, 1903–1975*, Bd. 1, S. 272 f.
[49] Ebd., S. 273 ff.

setzmäßiger Sicherheit vorherbestimmt gedacht, sei die den Arbeitern zugestandene Freiheit, im Namen derer sie zur Revolution aufgefordert werden, nur eine scheinhafte. Die Prophetie Marx' habe sich schließlich selbst widerlegt, ja »selbst vereitelt«, denn die politischen Entwicklungen des 19. und 20. Jahrhunderts, Folgen des ökonomischen Wandels, seien auch den Befürchtungen des Bürgertums zuzuschreiben, dass Marx' Vorhersagen wahr werden könnten.[50]

Spengler und Toynbee
Arnold J. Toynbee (1889–1975) stellt Kracauer als Oswald Spenglers (1880–1936) Nachfolger vor. Dessen *Untergang des Abendlandes* löste bekanntlich bei seinem Erscheinen 1918 bzw. 1922 nicht nur beim Fachpublikum eine intensive Debatte aus. Theodor Heuss dazu: »Die Faszination seines *Untergang des Abendlandes* [...] war überaus stark; diese Morphologie [...] hatte, auch im sprachlichen Vortrag etwas Bezwingendes. Die abwägende Spezialkritik der historischen Fachleute kam demgegenüber nicht auf.«[51] Kracauer erwähnte Spengler schon 1919 in der Abhandlung »Sind Menschenliebe, Gerechtigkeit und Duldsamkeit an eine bestimmte Staatsform geknüpft?«[52] Sein Name taucht immer wieder in Rezensionen, Essays, aber auch in der *Theorie des Films* (hier an exponierter Stelle im letzten Kapitel) auf.[53] Wenn sich Kracauers Urteil über Spengler seit 1919 sehr schnell wandelt, reizte ihn dieser doch weiterhin zur Auseinandersetzung – wie auch Ernst Bloch, Adorno und Horkheimer, deren Spengler-Lektüre gleichwohl aus anderer Perspektive erfolgte.[54]

Auf die kulturkritischen Töne in Kracauers Frühwerk wurde mehrmals hingewiesen, so dass es wenig überrascht, wenn er dort den *Untergang des Abendlandes* des »letzten Kulturkritikers« lobend erwähnt.[55] 1919 gebraucht er sogar Spenglers organologische Metaphern vom »Blühen« und »Welken« der Völker, die er wenig später ablehnt.[56] 1923 äußert er in »Untergang?« nicht zum ersten Mal, aber doch am grundsätzlichsten eine Kritik am »Oberbefehlshaber der Geschichte«[57], die 1933 nach Erscheinen von Spenglers *Jahre der Entscheidung* nur noch schärfer

---

[50] Kracauer, *Geschichte*, S. 46 f. [H., S. 38.] Zu Kracauers Marxismus vgl. Wiggershaus, »Ein abgrundtiefer Realist«, S. 56–59; Agard, *Le chiffonnier*, S. 69 f.
[51] Nach Beßlich, »Untergangs-Missverständnisse«, S. 29.
[52] Kracauer, »Menschenliebe, Gerechtigkeit und Duldsamkeit«, in: Ders., *Frühe Schriften*, Bd. 9.2., S. 79–138, hier S. 86, S. 243, S. 283.
[53] Kracauer, *Theorie des Films*, S. 443.
[54] Vgl. Bloch, »Spengler als Optimist«; Horkheimer, »Oswald Spengler«; Adorno, »Spengler nach dem Untergang«; Ders., »Spengler today« (ein Vortrag, den Adorno 1938 in Oxford hielt und 1941 in der auf Englisch erscheinenden *Zeitschrift für Sozialforschung* veröffentlichte). Außerdem: Ders., »Wird Spengler recht behalten?« (1955).
[55] Kracauer, »Georg Simmel«, in: Ders., *Frühe Schriften*, Bd. 9.2., S. 243. Ders., »Menschenliebe, Gerechtigkeit und Duldsamkeit«, in: Ebd., S. 86.
[56] Ebd.
[57] Kracauer, »Untergang?«, in: *Aufsätze 1915–1926*, S. 243–247, hier S. 243. [FZ, 9.10.1923]

wird. In *L'Europe Nouvelle* veröffentlicht Kracauer eine Rezension dieses Werkes, das ihm umso problematischer erscheint, nämlich als »intellektuelle Anpassung an den Hitlerismus«, »je weiter man sich [...] vom *Untergang des Abendlandes* entfernt.«[58] Auf ideologischer Ebene denunziert er Spenglers Skepsis gegenüber der nationalsozialistischen Politik als Makulatur. Auch wenn Spengler den nationalsozialistischen Rassenwahn orthodoxer Nationalsozialisten verachte, nähere sich sein eigener, »ethisch« und nicht »zoologisch« definierter Rassenbegriff der zoologischen Definition der Nationalsozialisten an.[59] Die Kluft erscheint ihm keinesfalls als eine unüberwindbare. Kracauer hält Spenglers Interpretation der sogenannten weißen und farbigen Weltrevolutionen für willkürlich: Er lasse nur »gesunden« Instinkt, Rasse, Wille, Besitz und Macht als geschichtsformende Kräfte gelten und verfolge den Geist, darin Ludwig Klages ähnelnd, voller Hass, Ranküne und Eitelkeit, nur nicht so wirkungsvoll wie dieser. Nietzsches Lehre vom Übermenschen habe er entscheidender Elemente beraubt, so dass von dessen Barbarismus nur die »Haltung des *kleinbürgerlichen Philisters*« bleibe, »der mit der Faust auf den Tisch haut, weil ihm ›all diese Finessen‹ schlicht missfallen.«[60]

Der *Untergang des Abendlandes* wurde sowohl von Philosophen als auch von Historikern gleichermaßen kritisiert, wie Kracauers Artikel in der *Frankfurter Zeitung* zeigen.[61] In einer Rezension von Theodor Haerings »Die Struktur der Weltgeschichte« (1921) spricht er von einer »Hochflut« an Reaktionen auf Spenglers ›merkwürdiges‹ Werk, die er für beängstigend hält, führten sie doch dazu, ihn zu überschätzen.[62] Die starke Resonanz dieser »Weltanschauungsliteratur« (Horst Thomé) erklärt sich mit der Irritation, die Spengler auslöste, indem er wissenschaftliche und literarische Leseerwartungen gleichermaßen bediente wie enttäuschte, durch einen hybriden Text, der laufend zwischen Wissenschaft und Literatur changiert. Beßlich spricht von einer »Wissenschaftsmimikry« Spenglers, die »wissenschaftliche Argumentationsstrukturen imitiert und zugleich literarisch unterläuft.«[63]

---

[58] Kracauer, »Eine intellektuelle Anpassung an den Hitlerismus«, S. 260.
[59] Ebd., S. 257.
[60] Ebd., 261. Kursivierung im Text. Den Vergleich mit Klages stellte ein Jahr später auch Horkheimer in der *Zeitschrift für Sozialforschung* an. Agard, »Adorno, lecteur de Spengler«, S. 153.
[61] Kracauer, »Aussprache-Abend über Spengler«, in: *FZ*, 13.2.1921; »Die Struktur der Weltgeschichte«, in: *FZ*, 27.4.1921; »Ausspracheabend über Spengler«, in: *FZ*, 2.6.1921; »Christentum und Spengler« in: *FZ*, 15.11.1921; »Spengleriana«, in: *FZ*, 7.12.1921. Die »Aussprache-Abende« wurden von der Abteilung für Geschichte des Deutschen Hochstifts organisiert. Spengler wurde bei dieser Gelegenheit sein Relativismus vorgeworfen, aber auch eine Vernachlässigung der Bedeutung der Rasse als Träger der Kultur. (Kracauer, »Frankfurter Angelegenheiten, Aussprache-Abend über Spengler«, in: *FZ*, 10.2.1921.) Die Zeitschrift *Logos* leistete von philosophischer Seite einen Beitrag zum »Spengler-Streit«: *Logos*, 9 (1920/21), 2. Zur Kritik der Historiker vgl. Breysig, »Der Prophet des Unterganges«; Meinecke, »Über Spenglers Geschichtsbetrachtung«. Es melden sich die maßgeblichen Vertreter der Historismus-Debatte zu Wort. Vgl. Schröter, *Der Streit um Spengler*.
[62] Kracauer, »Die Struktur der Weltgeschichte«, in: *FZ*, 22.4.1921.
[63] Beßlich, »Untergangs-Missverständnisse«, S. 32.

Dies erklärt, weshalb Kracauer im Kontext der Debatte über die Wissenschaftlichkeit der Historie in *Geschichte* auf Spengler zurückkommt. Spengler selbst bezeichnete den Wissenschaftsanspruch der Historiker als etwas »Widerspruchsvolles«.[64] Seine Erklärung ist jedoch eine vollkommen andere: in der Geschichte, einem »Bereich der Bedeutungen«, gehe es nicht um richtig und falsch, sondern um »flach und tief: »Der echte Physiker ist nicht tief, sondern ›scharfsinnig‹. Erst wenn er das Gebiet der Arbeitshypothesen verläßt und an die letzten Dinge streift, kann er tief sein – dann aber ist er auch schon Metaphysiker geworden. Natur soll man wissenschaftlich behandeln, über Geschichte soll man dichten.«[65]

Im Spengler-Essay aus dem Jahr 1923 findet Kracauer bereits wenig Gefallen an den »historischen Alleswissern«, die Geschichte »aus der Vogelschau« betreiben.[66] Schon hier klingen seine Einwände gegen Universalgeschichte an, die er in *Geschichte* ausformulieren wird. Laut Kracauer bezieht die Rede vom Untergang ihre verführerische Kraft daraus, dass sie auf einer welthistorischen Gesamtschau der »modernen Magier« gründet. Diese hätten die »Eingeweideschauer und Astrologen« abgelöst und stünden nun »mit wichtigen Mienen« und »ausgezogenen Fernrohren« umher, um »auf Grund ihres Einblicks in die welthistorischen Konstellationen die Schicksale der Völker« zu weissagen.[67] Der »Drehorgelballade vom Untergang« stellt Kracauer den »Sirenengesang der Erneuerung« derjenigen gegenüber, welche zwar nicht der Faszination des Verhängnisses erliegen, dafür jedoch darin irren, dass sie den subjektiven Willen für geschichtsbildend halten: »In allen Tonarten fordern sie den neuen Menschen, die neue Gemeinschaft, die neue Kunst, die neue Religion.«[68] Ihre »Auferstehungsorgien« erinnern ihn an »tumultuöse Veranstaltungen primitiver Volksstämme, die der Verscheuchung böser Geister dienen.«[69] Beiden Seiten wirft er vor, sich gegen die Wirklichkeit zu verfehlen. Er fordert, sowohl die »Sphäre welthistorischer Prophetie« als auch die des »bindungslosen Neuschöpfertums«[70] zu verlassen. Während die Anhänger der Untergangsphantasien den konkreten Standort ihrer historischen Situation aus dem Blick verlören, leugneten die Erneuerungssüchtigen gar das »Schwergewicht der Wirklichkeit«, indem sie ihren eigenen

[64] Spengler, *Der Untergang des Abendlandes*, S. 129.
[65] Ebd. Darin lag für den Historiker Erich Brandenburg der entscheidende Unterschied zu Dilthey, Windelband oder Rickert, mit deren Gegensatzpaaren von erklärender und verstehender Methode, nomothetischer und ideographischer Wissenschaft, bzw. Natur- und Kulturwissenschaft Spengler argumentiert. Während jene Geschichte von den Naturwissenschaften unterschieden, um Historiographie als Wissenschaft zu etablieren, beabsichtige Spengler mit denselben Argumenten den unwissenschaftlichen Charakter der Historie zu begründen. Vgl. dazu Merlio, »Geschichtsmorphologie«, S. 130.
[66] Kracauer, »Untergang?«, S. 243.
[67] Ebd., S. 243 f.
[68] Ebd., S. 244.
[69] Ebd.
[70] Ebd., S. 245.

Willen absolut setzten: »Dort ein Herabsinken aus der Wirklichkeit, hier ihr Überfliegen. Wo doch viel eher not wäre, dass man, Unausmachbares beiseite schiebend, die Bedingtheit unseres Wesens und unserer Einrichtungen zugestände und in eine wirkliche Beziehung zu den Dingen träte, die uns als Angriffspunkte gegeben sind.«[71] Dieses Plädoyer wird auch unter veränderten historischen Vorzeichen in den 60er Jahren für Kracauer nichts an seiner Gültigkeit verloren haben.

Jenseits dieser Kritik an Spenglers ideologischen Stellungnahmen formuliert Kracauer in *Geschichte* noch eine weitere, die mit Spenglers antichronologischem Zeitmodell zusammenhängt, das Kracauer primär gleichwohl zusagen musste. Nach Spenglers Morphologie, mit der er Goethes Methode der Naturerkenntnis auf die Erkenntnis der Geschichte anwendet, durchlaufen die acht von ihm unterschiedenen Hochkulturen (von der ägyptischen, babylonischen, indischen, chinesischen, griechisch-römischen, arabischen und mexikanischen bis hin zur abendländisch-faustischen Kultur) strukturell sich stets auf gleiche Weise wiederholende Zeitalter: Jugend, Aufstieg, Blütezeit und Verfall. Der Sinn der analogen Geschichten dieser Hochkulturen erfüllt sich in ihrem Werden und Vergehen. Nach Spengler sind Kulturen Lebewesen, die geboren werden, eine Entwicklung durchlaufen und absterben: »Sie gehören der lebendigen Natur Goethes, nicht der toten Natur Newtons an.«[72] Die einzelnen Kulturen werden als in sich geschlossene und voneinander unabhängige Monaden vorgestellt, zwischen denen keine Kommunikation, keinerlei Kulturtransfer stattfindet. Spengler verabschiedet so den linearen Zeitbegriff des 19. Jahrhunderts mit »seinem einfältigen geradlinigen Ablauf«[73] Antike – Mittelalter – Neuzeit, was Kracauer lobend festhält. Die Kulturen folgen jeweils eigenen Zeiten.[74]

In diesem Kontext ist an Spenglers geschichtsphilosophisch ungewöhnliche Vorstellung von Gleichzeitigkeit zu erinnern, die er nicht als zeitliche Identität versteht. Spengler gewinnt den Begriff aus seiner Methode der vergleichenden Betrachtung und bezieht ihn auf die relative Lage sich entsprechender Ereignisse innerhalb der unterschiedlichen Kulturen.[75] In dem Unterkapitel »Physiognomik und Systematik« unterstreicht er, dass jede Kultur, aber auch »jede ihrer innerlich notwendigen Stufen und Perioden […] eine bestimmte, immer gleiche, immer mit dem Nachdruck eines Symbols wiederkehrende Dauer« habe.[76] So wie Kracauer in *Geschichte* punktuell zu subjekttheoretischen Äußerungen übergeht, projiziert Spengler sein historisches Modell auf das Individuum. Mit Blick auf die Gleichzei-

---

[71] Ebd., S. 246 f.
[72] Spengler, *Der Untergang des Abendlandes*, S. 29. Vgl. Beßlich, »Untergangs-Missverständnisse«, S. 31 f.
[73] Spengler, *Der Untergang des Abendlandes*, S. 21. Dabei geht es Spengler auch darum, eine eurozentristische Vision des Geschichtsverlaufs zu überwinden. Ebd., S. 22 f.
[74] Kracauer, *Geschichte*, S. 48. [*H.*, S. 39.]
[75] Spengler, *Der Untergang des Abendlandes*, S. 36–39, S. 151.
[76] Ebd., S. 148.

tigkeit analoger Wachstumsphasen der Kulturen schreibt er, »mit tiefster Notwendigkeit« wiederhole »jedes irgendwie bedeutsame Einzeldasein alle Epochen der Kultur, welcher es angehört.«[77] Demnach erlebe jedes Kind des Abendlandes »seine Gotik, seine Dome, Ritterburgen und Heldensagen, das ›*Dieu le veut*‹ der Kreuzzüge und das Seelenleid des Parzival in wachen Träumen und Kinderspielen noch einmal.«[78] Bei Spengler verbirgt sich hinter diesem Vergleich jedoch anderes als bei Kracauer, dessen individualtheoretische Einschübe eher assoziativen Charakter haben. Er ist Teil seines Bestrebens, Gesetze zu formulieren.[79] Nach seinem Modell verlaufen die Entwicklungen der antiken und der abendländischen Mathematik, die antike Münze und die doppelte Buchführung »gleichzeitig«. Ebenso bezeichnet er Ionik und Barock als »gleichzeitige« Erscheinungen, Polyklet und Bach als »Zeitgenossen«.[80] Diese Homologien, so seine Begründung, lassen sich ausnahmslos in allen Kulturen nachweisen. Demgegenüber moniert Kracauer, Spengler lasse die Zeiten in einem »unerklärlichen zeitlichen Durcheinander herumwirbeln« und kritisiert in *Geschichte* wie schon 1923 den Gebrauch allgemeiner Begriffsschemata, welche Spengler den Erscheinungen der verschiedenen Kulturen überstülpe, anstatt sie aus einer Analyse derselben zu gewinnen.[81]

Kracauers Hauptkritik an Spengler lautet, dass dieser mit seiner organologischen Sichtweise – trotz der Überwindung der Idee eines kontinuierlich fortschreitenden Geschichtsprozesses[82] – die Vorstellung von Geschichte als Natur nicht aufgibt. Die Gleichsetzung gehe bei ihm sogar noch hinter Comtes und Marx' Positionen zurück. Als Reaktionär schlösse er evolutionäre Tendenzen in der Natur aus, sie sei bei ihm eine statische. Kracauer nimmt also nicht so sehr den dichterischen Aspekt von Spenglers Geschichtsmorphologie in den Blick, der für Zeitgenossen wie etwa Thomas Mann zumindest eine Zeit lang überwog. Er schweigt auch zu Passagen, in denen Spengler den Historiker mit dem Künstler vergleicht und über Physiognomik (»die ins Geistige übertragene Kunst des Portraits«) schreibt: »Ein echtes Portrait im Sinne Rembrandts ist aber Physiognomik, das heißt in einen Augenblick gebannte Geschichte. Die Reihe seiner Selbstbildnisse ist nichts anderes als eine – echt Goethesche – Selbstbiographie. So sollte die Biographie der großen Kulturen geschrieben werden. Der nachahmende Teil, die Arbeit

---

[77] Ebd., S. 149.
[78] Ebd.
[79] Spengler bezieht sich auf die Biologie, welche von einer *Homologie der Organe* spricht, wenn sie über deren *morphologische* Gleichwertigkeit spricht (Flügel und Hände) im Gegensatz zur Analogie, die auf gleichwertige Funktionen abzielt (Lunge und Kiemen). Durch die Anwendung dieser »strenge[n] Methode« sucht er die oberflächlichen Vergleiche gegenwärtiger Geschichtsschreibung zu überwinden. Ebd., S. 150.
[80] Ebd., S. 151.
[81] Kracauer, *Geschichte*, S. 48. [*H.*, S. 39.]
[82] »Aber ›die Menschheit‹ hat kein Ziel, keine Idee, keinen Plan, so wenig wie die Gattung der Schmetterlinge oder der Orchideen ein Ziel hat.« Spengler, *Der Untergang des Abendlandes*, S. 28.

des Fachhistorikers an Daten und Zahlen, ist nur Mittel, nicht Ziel. […] Staatsformen wie Wirtschaftsformen, Schlachten wie Künste, Wissenschaften wie Götter, Mathematik wie Moral. Alles was geworden ist, alles, was erscheint, ist Symbol, ist Ausdruck einer Seele.«[83]

So darf man trotz Spenglers Vorstellungen von einer »morphologischen« Geschichtsbetrachtung die Gemeinsamkeiten mit Kracauer nicht übertreiben. Spengler sei »vollständig von der Wissenschaft eingenommen«, behauptet Kracauer in *Geschichte* und unterstreicht, dass Spengler Geschichte unter die Herrschaft eines Naturgesetzes bringt, »das rigider als alle vorausgehenden nicht nur die menschliche Freiheit von Anfang an zunichte macht, sondern auch unerbittlich den Traum von dieser Freiheit erstickt.«[84] Die absolute innere Geschlossenheit der Entwicklung von Spenglers Kulturen geht mit einer ebenso absoluten Geschlossenheit gegenüber anderen Kulturen einher, zwischen denen allenfalls Pseudomorphosen denkbar sind.[85] So bezeichnet Spengler das Aufeinandertreffen zweier Kulturen, bei dem eine mächtige ältere Kultur eine jüngere gleichsam überlagert, so dass diese dazu gezwungen wird, eigene Objektivationen hervorzubringen und ihre Seele in den Formen der anderen Kultur zum Ausdruck bringt. Kunst, Wissenschaft und Politik schreiten bei Spengler im gleichen Tempo und ohne dass ein Bereich den anderen vorauseilte oder hinter ihnen zurückbliebe, dem Ende entgegen. Kein Zufall unterbricht die Entwicklung im Inneren einer Kultur.[86] In der Tat fällt Spengler trotz des antiwissenschaftlichen Affekts, von dem die Rede war, mit der Kulturphaseologie »in den primitivsten naturalistischen Determinismus« zurück.[87] Er schafft ein »Reich der Notwendigkeit, wo nur noch eines gilt: das Gebot der geschichtlichen Stunde zu erkennen und zu verwirklichen.«[88] Dieses Umkippen des Relativismus in einen strengen Determinismus, letztlich eine Verkehrung des Historismus in sein Gegenteil, betont Kracauer bei seiner Spengler-Lektüre.

Intensiver noch beschäftigte sich Kracauer – nach den Vorarbeiten zu schließen – mit Toynbees *A Study of History* (1934–61, 1972). Toynbee gilt als Vorläufer der sogenannten Weltgeschichte oder globalen Geschichte, die sich seit den 90er

---

[83] Ebd., S. 136.
[84] Kracauer, *Geschichte*, S. 48 f. [*H.*, S. 39.]
[85] Spengler, *Der Untergang des Abendlandes*, S. 784 ff. Für Kracauer sind diese Pseudomorphosen ein Beispiel jener »Luftaufnahmen«, welche Spengler durch seinen universalgeschichtlichen Standpunkt zu gewinnen vermag. Ironisch vermerkt er, dies wäre »nicht das erste Mal, dass offenkundig abwegige Vorstellungen genuine Erkenntnis hervorbringen.« Kracauer, *Geschichte*, S. 51 f. [*H.*, S. 42.]
[86] Dabei geht es Spengler nicht um die Etablierung von Kausalketten, sondern um ein intuitives Begreifen des »Prinzips, das an ihrer Wurzel liegt.« Magnano San Lio, »Weltanschauung und Universalgeschichte«, S. 203.
[87] Merlio, »Geschichtsmorphologie«, S. 139.
[88] Ebd., S. 143.

Jahren entwickelt.[89] Kracauers Lektüre stellt besonders seine Widersprüchlichkeiten in den Vordergrund.[90] Er sieht Toynbee zum einen als Nachfolger Spenglers (wie Henri Frankfort in *The Birth of Civilization in the Near East,* auf den sich Kracauer stützt). In den Vorarbeiten lobt er Toynbees Überwindung einer eurozentristischen Sichtweise der Geschichte. Als schizophren empfindet er jedoch sein Schwanken zwischen der Befürwortung einer Zyklentheorie, welcher der Historiker Toynbee in der Nachfolge Spenglers anhängt, und der Unterstützung des Christentums durch den Propheten Toynbee, der diesen Gesetzmäßigkeiten ihre Gültigkeit abspricht.[91] Tatsächlich ließ sich Toynbee von Spengler dazu anregen, ganze Zivilisationen zu untersuchen, wobei nach seinem Modell deren Anzahl variiert (1934 sind es 21, 1961 23 und 1972 schließlich 31). Die Entwicklung dieser Zivilisationen verläuft zyklisch, wobei Toynbee sie nicht als »biologische Wesenheiten« versteht. Spenglers Organizismus wird von Toynbee durch ein kausalgenetisches Verfahren ersetzt. Es geht ihm um die empirische Erklärung der Entstehung, des Wachstums und des Zusammenbruchs einer jeweiligen Zivilisation, was für Kracauer jedoch »reine Selbsttäuschung« ist.[92] Schon Frankfort erkannte in Toynbees Empirismus einen verfehlten Versuch, die naturwissenschaftliche Methode auf Geschichte zu übertragen. In seinen Augen hatte Toynbee vor allem eine intime Kenntnis der klassischen Antike und seine Art, diese zu erklären, einfach auf alle anderen Zivilisationen angewandt. Denselben Vorwurf richtet Frankfort auch an Spengler.[93]

Kracauer moniert zwar, dass sich bei Toynbee der Zerfall aller Zivilisationen stets nach demselben Muster vollziehe und er sie durch die Anwendung von Spenglers Zyklenmodell ebenfalls einem »Naturgesetz« unterwerfe. Dennoch hält er ihm im *Guide to history* die Anerkennung einer teilweisen Freiheit des Willens zugute. Zukunft werde von ihm letztlich doch als unvorhersehbar und offen gedacht.[94] In den Vorarbeiten kommentiert Kracauer außerdem, dass sich der Moralist und religiöse Führer eher in Predigten als in der Struktur seines Werkes durchsetze: »Had

---

[89] Bentley, »World History«, S. 968. Ab den 90er Jahren intensiviert sich diese Strömung. Erste Ansätze finden sich aber schon früher, etwa bei William H. McNeills *The Rise of the West: A History of the Human Community* (1963) oder *Plagues and Peoples* (1976) über die Ausbreitung von Infektionskrankheiten und ihre sozialen, wirtschaftlichen und politischen Auswirkungen.

[90] So auch Osterhammel in seiner Präsentation des »Weltorakels«. Er betont die Entwicklung zwischen Toynbees frühen Arbeiten und den letzten vier Bänden, die er nach 15-jähriger Unterbrechung ab 1954 verfasste. Die Vermischung religiös-utopischer Aussagen mit innerweltlichen Analysen findet sich hauptsächlich hier. Osterhammel, »Arnold J. Toynbee«, S. 648 f. Vgl. McIntire, »Toynbee's Philosophy of History«; Ders., »Arnold J. Toynbee«.

[91] Kracauer, *Geschichte*, S. 49 f. [*H.*, S. 40 f.]

[92] Osterhammel, »Toynbee«, S. 648. Kracauer, *Geschichte*, S. 49. [*H.*, S. 40.]

[93] Anders als Kulturanthropologen oder Ethnologen lasse sich Spengler von scheinbarer Ähnlichkeit permanent in die Irre führen. Ihm hält er Ruth Benedicts »Patterns of Culture« (1934) entgegen. Frankfort, *The Birth of Civilization*, S. 21 f., S. 26.

[94] Kracauer, Guide to history, S. 13, KN DLM.

he followed his calling to the end, he would have featured actions of freedom (showing differences) rather than retrogressions into nature (showing similarities).«[95] Für ihn spiegelt Toynbees Weltgeschichte die innere Desintegration des modernen Menschen wieder: seine Ergebenheit gegenüber der Wissenschaft wie auch sein abstraktes Bedürfnis nach spirituellen Werten. Anders als Spengler, der die Idee des Weltfriedens kurz vor seinem Tod 1936 zum Symptom der Erschöpfung einer von pazifistischen Illusionen bewegten weißen Rasse erklärt hatte, suchte Toynbee die Idee einer universalen Ordnung in einem humanitären Weltstaat mit christlicher Eschatologie zu verbinden.[96] In *Geschichte* wendet sich Kracauer kritisch gegen diese Erwartung. Der Versuch, die prophezeite Durchsetzung des Christentums mit seiner Zyklentheorie zu verbinden, erinnert ihn an die *Zerrinnende Zeit* (1931) von Dali: Toynbee biege und wende sein System »bis das Ganze, dem Beispiel der Zivilisationen folgend, in eine weiche Masse unzusammenhängender Bruchteile zerfällt.«[97]

Auch wenn Kracauer Interesse an Spenglers hybridem Werk bekundet, ist für ihn dessen organizistische Lösung, die Geschichte mit Natur gleichsetzt, sowohl aus politischen wie auch aus geschichtstheoretischen Gründen inakzeptabel. Toynbee, dessen kausalgenetisches Verfahren Kracauer ebenfalls ablehnt, kommt immerhin das Verdienst zu, dem Eurozentrismus eine Absage erteilt zu haben. Anerkennend räumt Kracauer ein, dass die Aussagen beider Denker auf einem Erfahrungsschatz gründen, der seine Wurzeln in einer Vertrautheit mit der historischen Wirklichkeit hat. Die Systeme der Universalhistoriker enthalten Wahrheiten, die von ihrem »spekulativen Zierrat« unabhängig sind. Die Annahme der Existenz von Gesetzen im Geschichtsverlauf – und damit kehrt Kracauer zu seiner Eingangsthese zurück – besitzt also durchaus ihre Berechtigung. Er verdeutlicht dies anhand eines filmischen Vergleichs: Die auf Gesetzen gründenden Geschichtsmodelle seien wie »Luftaufnahmen«, welche die Geschichte »aus extremer Höhe betrachten«.[98] Auch wenn sie auf falschen Voraussetzungen gründeten, könnten sie dennoch »genuine Erkenntnis« ermöglichen.[99]

Der Historiker will »verstehen«. So ergänzt Kracauer seine Definition von Historie als »geschichtenerzählendem Medium« darum, dass sich der Historiker nicht mit einem Bericht der Vergangenheit begnügen kann. Vielmehr geht es darum, »ihre spezifischen Formen und Eigenschaften zu erkunden.« Dazu aber muss er die Vorgänge »in ihrer Konkretheit und Einmaligkeit« erfassen. Damit wird deutlich, was Kracauer Tillys Werk *The Vendée* (1964) vorwirft: Wenn er fordert, den Aufstand als »historisches Phänomen« zu betrachten, kann es nicht nur darum gehen,

---

[95] Kracauer, Vorarbeiten, KN DLM.
[96] Demandt, »Historische Apokalyptik«, S. 33.
[97] Kracauer, *Geschichte*, S. 50. [*H.*, S. 41.]
[98] Ebd., S. 51. [*H.*, S. 42.]
[99] Ebd., S. 52. [*H.*, S. 42.]

nach soziologischen Gesetzmäßigkeiten zu suchen. Entscheidend sind die »determinierenden Faktoren« dieses spezifischen Aufstandes, nicht aber die Aufdeckung von Regelmäßigkeiten.[100]

Abschließend spricht Kracauer noch einmal über Diltheys Position, wonach es bei dem Prozess des Verstehens darauf ankommt, »individuelle Wesenheiten zu durchdringen, deren Ursprung vielleicht unauffindbar ist.«[101] Kracauers Auffassung nach können im historischen Universum, anders als Dilthey betont, durchaus Kausalitäten wahrgenommen werden.[102] Daher lässt sich die Frage, ob Geschichte eine Wissenschaft oder Dichtung sei, keiner eindeutigen Antwort zuführen: »Geschichte ist ein zweischneidiges Unternehmen. Ganz gewiss gehört sie nicht den Naturwissenschaften an, aber sie verdient den Namen einer Wissenschaft nur dann, wenn sie sich alles das aneignet, was jene anzubieten haben mögen, und sich ihnen gegenüber allgemein so verhält, als wären sie Genossen.«[103]

4.2 Zwischen Mikro- und Makroebene

Bei dem Versuch, sich gegenüber der Wissenschaft wie ein »Genosse« zu verhalten, stößt die Historiographie auf eine Schwierigkeit, die Kracauer unter das Stichwort »Toynbees Quantitätsprinzip« fasst. Toynbee verteidigt seinen universalgeschichtlichen Ansatz mit dem Hinweis auf die Notwendigkeit, der Überfülle an Informationen durch Klassifizierung gerecht zu werden. Wie ist es möglich, die Masse der historischen Fakten zu bewältigen? Kracauer beobachtet in der Historiographiegeschichte zwei Arten, mit diesem Problem umzugehen. Der Ansatz der Philosophen und Theologen gründet auf einer existentiellen Beziehung zum historischen Material. Spengler und Toynbee hingegen erfassen Geschichte als Teil der Natur. Beides lehnt Kracauer ab. Universalgeschichte hat die abstrakten Eigenschaften von »Luftaufnahmen«, die ornamentale Muster abbilden – ein spätes Echo von »Das Ornament der Masse« (1927), in dem er selbiges mit »*Flugbildern* von Landschaften und Städten« vergleicht. Bereits hier kritisiert Kracauer die falsche Abstraktheit der Moderne. Das Massenornament erwachse nicht aus dem »Innern der Gegebenheiten«, sondern erscheine »über ihnen«.[104]

---

[100] Ebd., S. 39. [*H.*, S. 30 f.]
[101] Ebd., S. 54. [*H.*, S. 44.]
[102] »Es gibt in der geschichtlichen Welt keine naturwissenschaftliche Kausalität, denn Ursache im Sinne dieser Kausalität schließt in sich, daß sie nach Gesetzen mit Notwendigkeit Wirkungen herbeiführt; die Geschichte weiß nur von den Verhältnissen Wirkens und Leidens, der Aktion und Reaktion.« Dilthey, *Der Aufbau der geschichtlichen Welt*, S. 197.
[103] Kracauer, *Geschichte*, S. 54. [*H.*, S. 44.]
[104] Kracauer, *Geschichte*, S. 51. [*H.*, S. 42.] Ders., »Das Ornament der Masse«, in: Ders., *Das Ornament der Masse*, S. 52. Zur Landschaftsphotographie der 20er und 30er Jahre vgl. Beckmann, »Abstraktion von oben«.

Universalgeschichtlichen Analysen hält er einen mikrologischen Ansatz entgegen, dem man sich aus zwei (nur formal voneinander zu trennenden) Perspektiven nähern kann: aus der Perspektive der »Wahrnehmung«, von der im Kapitel zu Namier die Rede war, oder aber aus der Perspektive des historischen Universums und seiner Struktur. Um Kracauers Ansatz zu verstehen, genügt es nicht, auf seine Konzeption des *close up* in der *Theorie des Films* zu verweisen, vielmehr sind auch hier Texte des Frühwerks, insbesondere über Georg Simmel aufschlussreich. Gezeigt werden soll, inwiefern sich Kracauer von Simmel inspirieren lässt und von welchem Punkt aus er anders argumentiert. Eine wichtige Bezugsgröße sind außerdem Benjamins Arbeiten, *Einbahnstraße* oder *Ursprung des deutschen Trauerspiels*, die Kracauer 1928 für die *Frankfurter Zeitung* rezensierte. Er verfasste schließlich mit den *Angestellten* Ende der 20er Jahre eine »mikrologische« Untersuchung, die die späteren theoretischen Stellungnahmen entscheidend beeinflusste.[105]

Kracauers »Theorie der Stufen«, wie man heute formulieren würde[106], die auch als ein Plädoyer für »reflektierte Unschärfe« verstanden wurde[107], hängt jedoch vor allem mit seiner räumlich determinierten Zeitkonzeption zusammen. In der Betonung der Vielschichtigkeit des historischen Universums und einer Analyse der »Verkehrsbedingungen« zwischen den einzelnen Ebenen liegt ein wichtiges Moment Kracauers geschichtstheoretischer Überlegungen, die einem mikrologischen Reduktionismus tatsächlich widerstehen.

Anregungen aus dem Frühwerk: Georg Simmels relationales Denken

Kracauer verfasste 1919 eine Schrift über Simmel, in der er sich von dessen relationalen Denken beeindruckt zeigt: Simmels Blick richtet sich stets auf die Mannigfaltigkeiten eines Phänomens, um dieses in all seiner Vielgestaltigkeit auszuleuchten. Mehr noch, er stellt die Problematik der Beziehungen zwischen Universalem und Partikularem als typisches Merkmal seiner Zeit dar. Fluchtpunkt des heuristischen Problems ist für ihn die Frage nach den Möglichkeitsbedingungen von Weltaneignung durch Kunst und Wissenschaft in der Moderne.[108]

In der Einleitung seiner Abhandlung stellt Kracauer Simmels Denken expositorisch dar. Simmel unterscheidet zwischen Beziehungen der »Wesenszusammengehörigkeit der Dinge« und der »Analogie«. Indem Kracauer ersteren Begriff erläutert, beschreibt er eine der beiden Methoden, mit denen sich dieser den Beziehungen zwischen den Erscheinungen annähert. Simmel besteht auf der Verbindung zwi-

---

[105] Kracauers *Jacques Offenbach und das Paris seiner Zeit* kann ebenfalls als historische Mikrolektüre gelesen werden. Vgl. auch Despoix, »La miniature urbaine«.
[106] Vgl. Revel (Hrsg.), *Jeux d'échelles*.
[107] Meyer, »Kalkulierte Unschärfe«.
[108] Vgl. Frisby, *Fragmente*, S. 55–67, bes. S. 57 f.

schen den Wesenheiten: »Aus dem Ganzen des geistigen Lebens läßt sich kein Einzelsein und kein Einzelgeschehen so herausschälen, daß es nunmehr aus sich allein erklärt und für sich allein betrachtet werden könnte. Wenn man trotzdem stets Teile absondert aus dem Mannigfaltigkeits-Zusammenhang, [...] so erfolgt das einmal aus leicht einsichtigen praktischen Bedürfnissen, das anderemal berechtigt hierzu die relative Insichgeschlossenheit vieler dieser Teile und Teilgruppen.«[109] Beispiele solcher Ganzheiten sind bezeichnenderweise Geschichtsepochen oder seelische Eigenschaften eines Menschen. Vernachlässigt würde zumeist das Verhältnis der Teile zu dem Ganzen, eine Problematik, die auch Kracauer in *Geschichte* beschäftigt. Anstatt die Verbindungen der Teile zum Ganzen zu betonen, würden diese vielmehr »für unabhängig erklärt und verdichten sich allmählich zu starren Einheiten, deren Bedeutung sich unlöslich an mehr oder minder aus ihrer Bedeutungstotalität herausgegriffene Merkmale heftet [...].«[110] Gefühle oder Charaktereigenschaften würden so »zu Gebilden von harter Kontur, zu scharf voneinander isolierten Dingen, die so zugeschnitten und zurechtgestutzt werden, daß ihr Begriff in nichts mehr hinweist auf das [...] Seinsmannigfaltige.«[111] Simmels Anliegen ist hingegen, »jedes geistige Phänomen seines fälschlichen Fürsichseins zu entheben und zu zeigen, wie es eingebettet ist in die großen Zusammenhänge des Lebens«.[112]

Die Aufgabe besteht nicht nur im Aufweisen der Beziehungen zwischen den Dingen, sondern auch darin, »das Mannigfaltige als Totalität zu begreifen und dieser Totalität irgendwie Herr zu werden.«[113] Dazu stehen zwei Möglichkeiten zur Verfügung: »[E]ntweder man faßt einen Begriff von ihrer Ganzheit und gliedert ihm alles Besondere ein, oder man hebt beim Besonderen an und dringt von ihm aus in immer abgelegenere Gebiete des Mannigfaltigen vor, derart nach und nach die Ganzheit in das Blickfeld zwingend.«[114] Simmel hebt bei dem Besonderen an, und auch Kracauer plädiert für diesen Weg, wobei er jedoch die Möglichkeit, auf diese Weise die Ganzheit in den Blick zu nehmen, skeptisch beurteilt. Bei Simmel verweisen die Zusammenhänge noch auf die Einheit der Welt – jeder einzelne ist als deren Fragment anzusehen.

Zwei Wege führten Simmel zu diesem Ansatz, der erkenntnistheoretische, der in Relativismus einmündet, und der metaphysische, der im Spätwerk zu einer Metaphysik des Lebens wird. Vorausgreifend ist anzumerken, dass der von Simmel weit gefasste Lebensbegriff, mit dem er Totalität auf ein »Urprinzip« zurückzuführen sucht, Kracauers Zustimmung nicht findet – weder 1919, noch in *Geschichte*.[115] Auch wenn Simmel daran lag, die Welt »durch ein allseitiges Ausschweifen vom

---

[109] Kracauer, »Georg Simmel«, in: Ders., *Frühe Schriften*, Bd. 9.2., S. 150 f.
[110] Ebd.
[111] Ebd.
[112] Ebd.
[113] Ebd., S. 156.
[114] Ebd., S. 158.
[115] Ebd.

Einzelphänomen aus zu erobern«[116], sieht Kracauer bei ihm ein Bestreben, das Individuelle »um seiner selbst willen« zu betrachten, wofür auch er selbst in *Geschichte* eintritt. Trifft Simmel auf individuelle Gestalten, »löst er sie aus ihrer Verwobenheit mit den Erscheinungen heraus; sie gelten ihm als selbständige Einheiten, er verschmäht es, den individuellen Mikrokosmos in die Alltotalität einzubeziehen.«[117] Dementsprechend definiert Kracauer »Totalität« als »die vom Subjekt erkannte Mannigfaltigkeit mit Ausnahme der Individualität.«[118]

War eben davon die Rede, dass Simmel vom Fragment zur Totalität fortschreitet, erscheint hier ein Widerspruch, den Kracauer bestätigt: Simmels Denktätigkeit ist eine »verbindende wie auflösende.«[119] Er bewegt sich laut Kracauer auf einer mittleren Ebene der Abstraktion, zwischen den Allgemeinheiten und den individuellen Erscheinungen. Simmel entledigt die Dinge ihrer Eigentümlichkeiten gerade soweit wie nötig, um das Verbindende zwischen ihnen aufzuzeigen. Im Vergleich zu Denkern, die im Transzendental-Idealismus wurzeln und deren Begriffe zu weitmaschig sind, verwendet Simmel ein feineres Netz, wobei die Lebensnähe letztlich, wie Kracauer anmerkt, um den Preis allgemeinerer Prinzipien erkauft wird: »Er senkt sich in die Vielgestaltigkeit ein und gibt so die allüberwölbende Einheit preis.«[120] Diese Wechselbeziehung ist auch eine Voraussetzung von Kracauers Vorraumdenken.

»Über Walter Benjamin« (1928) – Kracauer und *Einbahnstraße*

Fragt man nach den Hintergründen von Kracauers mikrologischem Ansatz, darf der Hinweis auf Walter Benjamin nicht fehlen. Seit seiner Zeit als Journalist bei der *Frankfurter Zeitung* verband Kracauer mit Benjamin eine Position, die er als »Gegenposition zum philosophischen System« beschreibt, »das sich in Allgemeinbegriffen der Welt versichern möchte.«[121] Er spricht auch von einer »Gegenposition zur abstrakten Verallgemeinerung überhaupt.«[122] In »Zu den Schriften Walter Benjamins« (1928) bespricht er sowohl dessen *Ursprung des deutschen Trauerspiels*, als auch *Einbahnstraße* (1928). Als erster wies er auf den Zusammenhang zwischen den beiden Werken hin, was ihre weitere Rezeption entscheidend beeinflusste. In der Sammlung *Das Ornament der Masse* taucht die Rezension direkt nach der dort ebenfalls abgedruckten Einleitung von Kracauers Simmel-Arbeit auf, die 1920 in

---

[116] Ebd.
[117] Ebd., S. 159.
[118] Ebd.
[119] Ebd., S. 151. Vgl. Frisby, *Fragmente*, S. 64.
[120] Ebd., S. 160.
[121] Kracauer, »Zu den Schriften Walter Benjamins«, in: Ders., *Das Ornament der Masse*, S. 249–255, hier S. 249.
[122] Ebd.

Logos veröffentlicht worden war. Mit weiteren Essays sind diese beiden Texte unter dem Titel »Perspektiven« zusammengefasst.

Teile aus Benjamins *Einbahnstraße* wurden vorab in der *Frankfurter Zeitung* publiziert, wie auch Ernst Blochs *Spuren* oder Kracauers Essays. Alle drei Autoren betrachteten das Feuilleton als paradigmatisch für modernes Schreiben: »[...] es ist der Schauplatz der hemmungslosen Erniedrigung des Worts – die Zeitung also – auf welchem seine Rettung sich vorbereitet.«[123] In *Einbahnstraße* bediente sich Benjamin erstmalig der kleinen Form. Er fasst eine Reihe von Prosastücken, Glossen und Kurztraktaten zusammen, die er unter Bezug auf Georg Christoph Lichtenberg oder Karl Kraus als »Aphorismen«[124] bezeichnete, während Adorno ihnen den Namen »Denkbilder« gab.[125] Sie müssen als »in sich geschlossene diskursive Monaden« angesehen werden, »die über sich selbst hinausweisen«, als »Momentaufnahmen«, die der Deutung bedürfen.[126] *Einbahnstraße*, eine Reflexion über die Moderne, folgt weder einem thematischen roten Faden noch einer beliebigen Reihenfolge. Das Werk wird sowohl kompositorisch, als auch typographisch und begrifflich durch Elemente zusammengehalten, die auf die Großstadtproblematik verweisen.[127]

Kracauer behandelt in seiner Rezension erneut die Frage nach dem Zusammenhang zwischen den Erscheinungen und den Ideen. Bei Benjamin ist für ihn »jede Idee eine Monade.«[128] Er betone, so Kracauer, unter Bezug auf Platon und die Scholastik anstelle des systematischen Zusammenhangs der Phänomene die »diskontinuierliche Vielheit« der Ideen, die sich im »trüben Medium der Geschichte« manifestieren.[129] Ideen – auch das barocke Trauerspiel, das als eine solche aufgefasst werden kann – entstehen »nicht aus der unmittelbaren Fühlungnahme mit den lebendigen Erscheinungen«.[130] Die Wahrnehmung der Erscheinungen in der Erfahrung oder Abstraktion erlaubt keinen Zugang zu den in den Erscheinungen verborgenen Wesenheiten (im Trauerspielbuch das »Schicksal«, die »Melancholie« oder die »Ehre«). Dazu ist ein Akt der Destruktion erforderlich: »Die Welt zeigt dem ihr unmittelbar Zugewandten eine Figur, die er zertrümmern muß, um zu den Wesenheiten zu gelangen«.[131]

---

[123] Benjamin, *Einbahnstraße*, S. 98.
[124] Schöttker verweist auf den Einfluss der Kurzprosa von Friedrich Schlegel und Novalis, mit denen sich Benjamin in dem *Begriff der Kunstkritik in der deutschen Romantik* befasst hatte. Schöttker, »Nachwort. Aphoristik und Anthropologie«, S. 555 f.
[125] Adorno »Benjamins Einbahnstraße«, in: Ders., Über Walter Benjamin, S. 55.
[126] Raulet, »Einbahnstraße«, S. 364.
[127] Vgl. Schöttker, *Konstruktiver Fragmentarismus*, S. 185 f.
[128] Kracauer, »Zu den Schriften Walter Benjamins«, S. 251.
[129] Ebd., S. 249.
[130] Ebd.
[131] Ebd., S. 250.

Benjamin begibt sich daher laut Kracauer mitten in das »Stoffdickicht«[132] hinein, anstatt es in der Abstraktion zu verdünnen. Die Vorstellung unterschiedlicher Dichtegrade von Wirklichkeit spielt auch für Kracauers historisches Universum eine wichtige Rolle. Er verdeutlicht Benjamins Vorgehen am Beispiel der Allegorie im Trauerspielbuch und unterstreicht die Wichtigkeit des »intentionalen Ursprungs« einer Idee.[133] Es gibt einen lokalisierbaren Moment in der Geschichte, in dem sich die »echte« Bedeutung, oder auch das »Extrem« der Bedeutung eines Elements enthüllt – im Falle der Allegorie des Barocktrauerspiels ist diese intentionale Bedeutung die der »todverfallenen Natur« oder anders ausgedrückt, die der »Geschichte als Leidensgeschichte der Welt«.[134]

Die intentionalen Bedeutungen einer Idee münden bei Benjamin, hat er sie erst aufgedeckt, in eine dialektische Bewegung ein – sie gehen nicht in einem abstrakten Oberbegriff auf, sondern vereinigen sich in der als Zeichen verstandenen Idee zur dialektischen Synthese, wobei jedoch die »volle Konkretheit« der einzelnen Elemente intakt bleibt. Es findet keine »Aufhebung« in der Synthese statt, vielmehr ein ineinander Überspringen, das Kracauer mit einem elektrischen Funkenschlag vergleicht. Die Bedeutungen der Elemente existieren anschließend weiterhin als Teile, »haben, jede für sich, ihre gesonderte Nachgeschichte«.[135]

Es geht in Kracauers Rezension nicht nur um das Verhältnis der Teile zum Ganzen einer Idee, sondern um das Verhältnis der Ideen zur Totalität im Sinne einer höheren Ordnung. Damit ist die theologische Ausrichtung von Benjamins Denken angesprochen, von der Kracauer sagt, dass sie seiner Zeit fremd gegenüber steht. Mit derselben Intuition, die es Benjamin erlaubt, die Ideen an ihrem historischen Ursprung aufzusuchen, gelingt es ihm auch, ihren jeweiligen Ort in der »zeitlosen Ordnung der Ideenwelt«[136] zu bestimmen. So erklärt sich die Vorstellung von der notwendigen Zertrümmerung der Figuren vor allem auf dieser Ebene der Betrachtung: Da sich die Welt Benjamin als eine »verstellte« darbietet, da die unmittelbaren Erscheinungen nur die »Fassade« der dahinterliegenden Ordnung verdecken, ist deren Destruktion erforderlich, will man zu den Wahrheitsgehalten vorstoßen.[137]

Kracauer spricht ein Motiv an, das sowohl in Benjamins Geschichtsthesen und auch bei ihm selbst, von den feuilletonistischen Essays über die *Theorie des Films* bis hin zu *Geschichte* als wesentlicher Bestandteil des mikrologischen Blicks ausgewiesen wird – nicht nur das »im Kleinen schauen« (also aus nächster Nähe), sondern auch das »Kleine« anschauen (im Sinne des Betrachtungsgegenstands), den »Be-

---

[132] Ebd., S. 251.
[133] Ebd., S. 250.
[134] Ebd.
[135] Ebd.
[136] Ebd., S. 251.
[137] Ebd., S. 251 f.

reich des Unscheinbaren, des allgemein Entwerteten, des von der Geschichte Übergangenen«.[138] Bereits Gershom Scholem hatte die Anziehungskraft des Kleinen auf Benjamin unterstrichen, wenn er erzählte, Benjamin habe ihn im August 1927 in das Pariser Cluny Museum mitgenommen, um zwei Weizenkörner zu betrachten, »auf denen eine verwandte Seele das ganze ›Schema Israel‹ untergebracht hatte.«[139]

In *Einbahnstraße* wird eine Reihe von sechs Fragmenten, die sich mit der Erfahrungswelt des Kindes befassen, unter die Überschrift »Vergrößerungen« gestellt.[140] Kracauer widmet sich in der *Theorie des Films* dem Großen und Kleinen über das Motiv von David und Goliath, anhand dessen gezeigt wird, dass »das vermeintlich Kleine und Schwache prahlerischer Größe oft überlegen ist.«[141] Auch in *Jacques Offenbach* taucht dieser als David auf, der in seinen Werken die Kleinheit gegen die Großartigkeit der Oper verteidigt.[142] Diese Umkehrung ist bei Benjamin nicht erst in »Über den Begriff der Geschichte«, sondern schon in *Einbahnstraße* mit einer rettenden Aktion verbunden, der »Enthüllung jener verborgenen Stellen und Knotenpunkte des Geschichtsverlaufs, an denen die *Erlösung* gemeint ist oder im Bild sich zeigt.«[143]

Benjamins Aphorismen haben, wie Kracauer unterstreicht, auch eine politische Dimension. Er widmete *Einbahnstraße* der russischen Marxistin Asja Lacis, mit der auch Kracauer bekannt war. Mit ihr verbrachte er im Rahmen seiner Streifzüge durch das Berliner Angestelltenmilieu für seine empirische Studie 1929 einen Abend im Lunapark.[144] Zum Barockbuch schreibt er: »Die […] verwandte Methode der Dissoziierung unmittelbar erfahrener Einheiten muß, auf das Heute angewandt, einen wenn nicht revolutionären, so doch sprengenden Sinn erlangen.« Sie sei reich an »Detonationen«.[145] Allerdings zieht Kracauer das Ergebnis in Zweifel: »Hinter dem Schutthaufen kommen weniger reine Wesenheiten als vielmehr kleine materielle Partikel zum Vorschein, die auf Wesenheiten weisen.«[146] In *Einbahnstraße* bezögen sie sich nicht auf die Geschichte, sondern auf die »diskontinuierliche Struktur der Welt«.[147] Auch wenn die Sammlung nicht revolutionär sei, habe Benjamins Ansatz doch »sprengenden Sinn«[148].

---

[138] Ebd.
[139] Scholem, »Walter Benjamin«, in: Ders., *Judaica II*, S. 199.
[140] Benjamin, *Einbahnstraße*, S. 40–44.
[141] Kracauer, *Theorie des Films*, S. 433.
[142] Kracauer, *Jacques Offenbach*, S. 165.
[143] Kracauer, »Zu den Schriften Walter Benjamins«, S. 252.
[144] Agard, *Le chiffonnier*, S. 80.
[145] Kracauer, »Zu den Schriften Walter Benjamins«, S. 253.
[146] Ebd.
[147] Ebd.
[148] Ebd.

Kracauer verweist zuletzt auf den Materialismus dieser Texte – eine weitere Gemeinsamkeit mit seinen Arbeiten jener Zeit.[149] Die Aphorismen sind nicht nur von unterschiedlicher Qualität (eine Tatsache, die auch Ernst Bloch in seiner Rezension betont[150]), sondern insgesamt weniger wirkungsvoll als das Barockbuch. Er erklärt dies mit Benjamins Skepsis gegenüber dem Gehalt der Wesenheiten, denen es sich zuwendet. Seine Zweifel an dem Vorhandenen seien so groß, dass er sich kaum darauf einlasse. So triumphiere das Gewesene über das Seiende. Nicht um die Rettung des Gegenwärtigen gehe es ihm, »der Meditierende rettet Bruchstücke der Vergangenheit.«[151] Zum Schluss formuliert Kracauer Kritik an Benjamins Methode, die auf sein eigenes Unternehmen in *Geschichte* hindeutet. Die Dialektik der Wesenheiten, von der im Kontext des Trauerspielbuchs die Rede war, verweise auf Ästhetisches, nicht aber auf die »volle Wirklichkeit«[152]. Zu dieser könne Benjamin nur gelangen »wenn er die reale Dialektik zwischen den Elementen der Dinge und ihren Figuren, zwischen den Konkretionen und dem Abstrakten, zwischen dem Sinn der Gestalt und der Gestalt selbst entspönne.«[153]

Im eingestürzten Haus der Angestellten (1929)

»Die Konstruktion des Lebens liegt im Augenblick weit mehr in der Gewalt von Fakten als von Überzeugungen.«[154] Dieser erste Satz von *Einbahnstraße* scheint in Kracauers *Die Angestellten – Aus dem neuesten Deutschland* gleichsam nachzuhallen, eine Schrift, die aufgrund ihres experimentellen Charakters manchmal in einem Atemzug mit Benjamins Textsammlung genannt wird. Sie unterscheidet sich jedoch nicht nur der Form nach von Benjamins kleinen Prosastücken, sondern zielt auch inhaltlich auf anderes ab: auf die Konstruktion einer »Diagnose der sozialen Verhältnisse« im Berlin der Weimarer Republik.[155] Diese empirische Studie über die zeitgenössische Lebenswelt der Angestellten muss erwähnt werden, da sie verschiedene Aspekte von Kracauers methodologischen Reflexionen in sich vereint. Er vollzieht hier wie bereits in den Zeitungsartikeln eine Umsetzung der in früheren Abhandlungen (etwa der Simmel-Studie oder in *Soziologie als Wissenschaft*) theoretisch geforderten Hinwendung zum Konkreten.

Ausgangspunkt seiner Überlegungen ist die Feststellung, dass sich die soziale Lage der Angestellten in den Jahren 1925–1928 mit ihrem wirtschaftlichen Rationalisierungsschub zum Schlechten gewandelt habe, ein Sachverhalt, dem indessen

---

[149] Vgl. Oschmann, »Kracauers Ideal«, S. 42.
[150] Bloch, »Revueform in der Philosophie«, S. 526. [*Vossische Zeitung*, 1.8.1928]
[151] Kracauer, »Zu den Schriften Walter Benjamins«, S. 254.
[152] Ebd.
[153] Ebd.
[154] Benjamin, *Einbahnstraße*, S. 11.
[155] Raulet, »Einbahnstraße«, S. 363.

kaum Aufmerksamkeit zuteil geworden sei. Gleich dem »entwendeten Brief« in Poes Erzählung ist trotz oder gerade wegen ihrer Offensichtlichkeit die Proletarisierung der Mittelschichten noch nicht in das kollektive Bewusstsein vorgedrungen. Kracauer möchte die sozialen und politischen Kräfte ins Blickfeld rücken, »die es hintertreiben möchten, daß einer hier etwas bemerkt.«[156] Er interessiert sich für die Mentalität der Angestellten, die zu dieser Lage beigetragen habe – eine Thematik, die nicht nur ihn, sondern auch Soziologen wie Theodor Geiger oder Erich Fromm beschäftigte.[157] Welche Elemente führen von den *Angestellten* zu dem mikrologischen Ansatz, den Kracauer in *Geschichte* propagiert?

Eine soziologische Mikrolektüre?
Die *Angestellten* sind keine historische, sondern eine soziologische Arbeit zu einer zeitgenössischen Problematik. Sie gründet nicht auf dem mikrologischen Umgang mit Quellenmaterial aus einer vergangenen Epoche, sondern auf soziologischer Feldforschung, die ihr Augenmerk auf die Mechanismen sozialer Interaktion und deren Theatralisierung richtet, auf die sprachliche Verfasstheit sozialer Beziehungen und soziale Räume.[158] Die Darstellung ist stark literarisch geprägt. Eine Affinität des Textes zum zeitgenössischen Reportage-Roman oder zur Reportage selbst wird von Kracauer thematisiert, jedoch bewusst ausgeräumt. Bereits der Untertitel »Aus dem neuesten Deutschland« spielt durch den Gebrauch des Superlativs ironisch auf deren sensationsheischende Sprache an.[159] Dies ist umso bemerkenswerter, als er die Reportage mit der Photographie vergleicht: »Die Reportage photographiert das Leben«, heißt es im ersten Kapitel, an dessen Ende sich Kracauer zu seiner Methode äußert.[160] Die Reportage stehe für Unmittelbarkeit, Reproduktion des »ungestellten Lebens« – ein Bedürfnis, das er auf einen Mangel an Konkretion zurückführt, auch

---

[156] Kracauer, *Die Angestellten*, S. 218.
[157] Geiger, *Die soziale Schichtung*; Fromm, *Arbeiter und Angestellte*. Vgl. Agard, *Le chiffonnier*, S. 74. Das Paradigma der Mentalität wurde vor allem in der französischen Historiographie, etwa von Lucien Febvre unter Rückgriff auf Durckheims »conscience collective« fruchtbar gemacht. Als Klassiker der Mentalitätengeschichte gilt das von Kracauer in *Geschichte* zitierte Werk von Huizinga, *Herbst des Mittelalters*. Zur Geschichte der Angestelltensoziologie vgl. Band, *Mittelschichten*, S. 126–142. Debatten um die Angestellten wurden schon im 19. Jahrhundert geführt, sie intensivierten sich in den 20er Jahren des 20. Jahrhunderts. Vgl. Holste (Hrsg.), *Kracauers Blick*, S. 59, Anm. 7.
[158] Vgl. Agard, *Le chiffonnier*, S. 86–91.
[159] Benjamin bezeichnet die Reportage in einer Rezension der *Angestellten* als »moderne Umgehungsstrategie politischer Tatbestände unterm Deckmanöver linker Phrasen.« Benjamin, »S. Kracauer, Die Angestellten.«, in: Ders., *Briefe an Siegfried Kracauer*, S. 113. [*Die literarische Welt*, 16.5.1930 (Jg. 6, Nr.20), S. 5.]
[160] Kracauer, *Die Angestellten*, S. 222. Es mag sich um eine Anspielung auf Egon Erwin Kischs Anthologie *Der rasende Reporter* (1923) handeln, der von der Reportage als unretuschierter »Zeitaufnahme« spricht und den Reporter mit einem standpunktlosen Zeugen vergleicht. Mülder-Bach, »Soziologie als Ethnographie«, S. 52. Band, »Kracauers Expedition«, S. 215 ff.

wenn er Zweifel anmeldet, ob die Reportage zur Abhilfe tauge: »Aber das Dasein wird nicht dadurch gebannt, dass man es in einer Reportage bestenfalls noch einmal hat.«[161] Die Reportage verfehle genau wie der Idealismus das Leben. Kracauer wirft ihr ein rein additives Verfahren vor, dem er die Montage-Technik seiner Studie entgegen hält: »Hundert Berichte aus einer Fabrik lassen sich nicht zur Wirklichkeit der Fabrik addieren [...]. Wirklichkeit ist Konstruktion.«[162] Der Unterschied zwischen Kracauers Arbeit und der Reportage besteht seiner Auffassung nach nicht so sehr in dem von ihm praktizierten Beobachtungsgestus, sondern im Umgang mit dem gewonnen Material. Der (unterstellten) Zufälligkeit der Reportage setzt er den konstruierten Zusammenhang entgegen, der auf Einzelbeobachtungen gründet. Kracauer findet für diese Form die Metapher des »Mosaiks«[163].

Die *Angestellten* sind tatsächlich ein atypisches Werk, das sich nicht eindeutig zuordnen lässt. Es handelt sich um eine soziologische und literarische Mikrolektüre, die Konstruktivismus mit politischer Kritik verbindet und den historischen Kontext spiegelt, in dem sie entstanden ist. Kracauer unternahm seine Recherchen zwischen April und Juni 1929, als bereits feststand, dass er in das Berliner Büro der *Frankfurter Zeitung* übersiedeln würde. Die *Angestellten* erschienen zu einem Zeitpunkt, als noch berechtigte Hoffnung bestand, die Stimmen der Mittelschichten den rechten Parteien abspenstig machen zu können.[164]

Kracauers Untersuchungen zeugen von einer Affinität zu Beobachtungsmethoden, wie sie von Vertretern der Chicagoer Tradition der Soziologie praktiziert wurden. Einige dieser Soziologen lernte Kracauer später tatsächlich kennen, zu anderen wie etwa Charles Wright Mills, dem Autor einer Studie über die amerikanischen Mittelschichten (*White Collar: The American Middle Classes*, 1951), suchte Kracauer vergeblich Kontakt aufzunehmen. Fruchtbarer war die Begegnung mit Everett Hughes oder David Riesman, die sich bei ihren Feldforschungen des Methodenrepertoires der Ethnographie bedienten. Kracauer verband mit ihnen die Ablehnung einer rein quantitativen Sozialforschung. Er selbst praktizierte in den *Angestellten* eine Art »Ethnographie des Städtischen«, wie sie schon Robert Ezra Park in *The City* (1925) entwickelt hatte.[165] Park suchte die Methoden von Ethnologen wie Franz Boas oder Robert H. Lowie auf unterschiedliche Milieus amerikanischer Großstädte wie Chicago oder New York zu übertragen.[166]

---

[161] Kracauer, *Die Angestellten*, S. 222.
[162] Ebd. Zu Kracauers Kritik an der Reportage vgl. Stalder, »Das anschmiegende Denken«, S. 72–79.
[163] Kracauer, *Die Angestellten*, S. 222.
[164] Agard, *Le chiffonnier*, S. 76, S. 80.
[165] Das Werk gründet auf einem Aufsatz, den Everett Hughes als Parks »Antrittsvorlesung« bezeichnete. Er gilt als Gründungstext der empirischen Soziologie. Park, »The City: Suggestions for the Investigation of Human Behaviour«. Vgl. auch Lindner, »Robert E. Park«, S. 223. Schroer, »Unsichtbares sichtbar machen«, S. 169.
[166] Agard, *Le chiffonnier*, S. 80, S. 92 f. Park hatte 1903 in Heidelberg bei dem Neukantianer Wilhelm Windelband zum Thema »Masse und Publikum« promoviert, aber auch in Berlin bei Simmel stu-

Auch Kracauer erklärt seine Ausflüge in die Angestelltenwelt zur »Expedition« ins »Innere der modernen Großstadt«, die »abenteuerlicher als eine Filmreise nach Afrika« sei, eine Metapher, die nicht nur ironisch zu verstehen ist.[167] Kracauer suchte die Angestellten selbst, ihre Vorgesetzten oder Interessenvertreter an ihren Lebensorten in Berlin, der Angestelltenstadt par excellence auf, in den Betrieben, an den Arbeitsplätzen, in Vergnügungsstätten wie dem Lunapark oder auf dem Arbeitsamt. In seinem Vorwort betont er, dass seine Beobachtungen in diesen Räumen »nicht als Exempel irgendeiner Theorie, sondern als exemplarische Fälle der Wirklichkeit gelten« wollen.[168]

Die Angestelltenwelt entspricht nicht nur dem Hintergrund Kracauers eigener Herkunftsfamilie, er betont, dass auch Intellektuelle zu diesem Milieu zu zählen sind. Benjamin kommentiert: »Der Intellektuelle ist der geborene Feind des Kleinbürgertums, weil er es ständig in sich selbst überwinden muß.«[169] Kracauers Beobachtungshaltung ist von einer Mischung aus Nähe und Distanz gekennzeichnet, die er dem Historiker wünscht. Auch die mit Benjamin geteilte Liebe zum »Kleinen« findet sich hier wieder. Als Argument für den mikrologischen Zugang zur Wirklichkeit unterstreicht Kracauer dessen Wichtigkeit, die Bedeutsamkeit des Alltags gegenüber den »großen« Ereignissen im Leben: »Man entledige sich doch des Wahns, dass es doch auch nur in der Hauptsache die großen Ereignisse seien, die den Menschen bestimmen. Tiefer und ausdauernder beeinflussen ihn die Katastrophen, aus denen der Alltag besteht, und gewiss ist sein Schicksal vorwiegend an die Folge dieser Miniaturereignisse geknüpft.«[170]

Auf die methodischen Aspekte der *Angestellten* geht Adorno in einem Brief vom 12. Mai 1930 ein und spricht die Mischung aus soziologischer Untersuchung und literarischer Darstellung an. »Kritisch wäre nur anzumerken: daß eine gewisse Divergenz herrscht zwischen ästhetischen Intentionen, die den Gegenstand als durch die Sprache zu erzeugenden auffassen, und den politischen, die ihn als vorgegeben denken und über ihn referieren, weißt Du gewiss so gut wie ich und es besagt bei der liberalen Art der Formgebung insgesamt nichts dagegen.« Adorno setzt hinzu: »Zu fragen wäre immerhin, ob zwischen der Form der prima vista Improvisation, der apriorischen Erfahrung von den Dingen, und dem dokumentarisch fundierten

---

diert. Von 1887 bis 1898 war er als Reporter in amerikanischen Großstädten tätig – der Einfluss des amerikanischen Journalismus als Erfahrungsraum war prägend, was den Inhalt, wie auch die Haltung zu den Gegenständen anbelangt, einem »Beharren auf Anschauungswissen als Basis jeder wirklichen Erkenntnis.« Damals wandten sich überdurchschnittlich viele Harvard-Absolventen dem Journalismus als »gegenkulturellem Milieu« zu. Vgl. Lindner, »Robert E. Park«, S. 219 f.
[167] Kracauer, *Die Angestellten*, S. 221. Die »Exotik des Alltags« ist ein in der neusachlichen Reportageliteratur häufig anzutreffender Topos. Band, *Mittelschichten*, S. 144. Mülder-Bach, »Soziologie als Ethnographie«, S.38.
[168] Kracauer, *Die Angestellten*, S. 213.
[169] Benjamin, »S. Kracauer. Die Angestellten.«, S. 114.
[170] Kracauer, *Die Angestellten*, S. 252.

Verfahren immer die rechte Beziehung gefunden. Ob also nicht ohne alles Studium, nur von der Oberfläche aus gehend, sich alles ebenso bestimmt und insofern stimmiger hätte sagen lassen, als ja ohne breites ökonomisches Fundament die Quellenstudien nicht entscheiden. Es will mir fast so scheinen, also ob es bei Deiner spezifischen Art des Sehens wirklich das angemessenste wäre, wenn Du Dich rein an das von Dir unmittelbar Erfaßte und damit verbindlich Geformte hieltest.«[171] Tatsächlich wirken manche der politischen Kommentare wie eine Doppelung der geschilderten Szenen. In seinem Antwortbrief besteht Kracauer indessen darauf, dass ihm »die Einsicht in die pure Verteidigungsposition des Kapitals aus der theoretisch fundierten Betrachtung der Empirie erwachsen«[172] sei. Einige seiner Annahmen hätte er, wie er schreibt, auf der Grundlage der Empirie zurücknehmen müssen.

Das Mosaik der Angestelltenwelt
Der Text folgt zwei Bewegungen, um die sich Kracauers Beobachtungen gruppieren: Erstens wirft er Schlaglichter auf die nunmehr proletarischen Lebensbedingungen der Angestellten nach dem Abbau jener Privilegien, die ihnen in Deutschland seit dem 19. Jahrhundert in ihrer Funktion als »Bollwerk« gegen sozialistische Strömungen gewährt wurden. Zweitens befasst er sich mit ihrem ideologischen »Überbau«, d. h. mit den immer noch bürgerlichen Denkmustern sowie mit dem Anpassungsprozess, welche die veränderte Lage provozierte. Die Kapitelüberschriften können in vielen Fällen als lakonische Kommentare der behandelten Themen gelesen werden, die sich gegenseitig ergänzen, erhellen und ihrerseits mosaikhaft aufgebaut sind. In den Miniaturen, die der Studie vorangestellt sind, verdichtet sich das Verfahren der wechselweisen Erhellung verschiedener Elemente. Es handelt sich um zwei Momentaufnahmen weiblicher Existenz: Eine entlassene Angestellte befindet sich vor dem Arbeitsgericht, weil sie aus Sicht ihres sechs Jahre jüngeren Abteilungsleiters zu Unrecht auf respektvoller Behandlung bestand. Eine junge Verkäuferin hingegen wird in Gegenwart ihrer eleganten männlichen Begleitung, einem »höheren Konfektionär« von der Garderobenfrau als »gnädige Frau« bezeichnet. Damit werden die gegensätzlichen Sphären der Angestelltenwelt angedeutet: die Funktionalisierung in einer zweifelhaften Hierarchie am Arbeitsplatz und eine geborgte Bürgerlichkeit.[173] Kracauer fügt in seine Darstellung Inserate ein, Auszüge aus Antworten Stellungsloser auf eine Rundfrage des Gewerkschaftsbundes, Zitate aus Gesprächen. Szenische Einblendungen erwecken den Eindruck von Großaufnahmen, die Kracauer in seiner *Theorie des Films* thematisiert.

In den ersten Kapiteln geht es um das Berechtigungswesen, das den Zugang zu Arbeitsplätzen mehr versperrt als öffnet (»Auslese«), um die Arbeitsorganisation

---

[171] Adorno an Kracauer 12.5.1930, Adorno – Kracauer, *Briefwechsel*, S. 207.
[172] Kracauer an Adorno 25.5.1930, Adorno – Kracauer, *Briefwechsel*, S. 215.
[173] Kracauer, *Die Angestellten*, S. 215.

und um innere Betriebshierarchien: Der Unterabteilungsleiter hat eine wichtige Funktion bei der Umsetzung kafkaesker Strukturen, die umso stabiler sind, als die höheren Sphären von den niedrigeren nichts erfahren. Es werden diejenigen in Augenschein genommen, die aus dem System herausgefallen sind und sich in den Arbeitsämtern oder vor Arbeitsgerichten wiederfinden. »Reparaturwerkstätten« wie die Betriebsräte, die von dem Großbetrieb gleichsam aufgesogen werden, scheitern an diesem System wie an sich selbst.

Wie Kracauer an Adorno schrieb, war sein erklärtes Ziel, den Angestellten »ihr Standesbewusstsein aus[zu]treiben«.[174] Er vergleicht die Mittelschichten mit »bürgerlichen Ruinen«, welche »mit ihren Privatgefühlen und der ganzen verschollenen Innenarchitektur in die rationalisierte Angestelltenwelt [fremd] hinein[ragen].«[175] Es ist auch das Festhalten an überkommenen moralischen und religiösen Begriffen aus einem anderen Zeitalter, der Spuk einer »verschollenen Bürgerlichkeit«, der sie mit der Realität in Konflikt bringt.[176] In »Kleines Herbarium«, »Zwanglos mit Niveau« oder »Unter Nachbarn« geht es um Distinktionsmechanismen, aufgrund derer sie ihre bürgerliche Identität vergeblich aufrecht zu erhalten suchen: »Auf das Monatsgehalt, die sogenannte Kopfarbeit und einige ähnlich belanglose Merkmale gründen in der Tat gegenwärtig große Teile der Bevölkerung ihre bürgerliche Existenz, die gar nicht mehr bürgerlich ist; durchaus im Einklang mit der von Marx ausgesprochenen Erfahrung, daß der Überbau sich nur langsam der von den Produktivkräften heraufbeschworenen Entwicklung des Unterbaus anpasse [...] Sie möchten Unterschiede bewahren, deren Anerkennung ihre Situation verdunkelt.«[177] Der Wille zur Abgrenzung beherrscht auch die Beziehungen unter den Angestelltengruppen selbst, etwa zwischen Kontoristinnen und Verkäuferinnen. Diese feinen Bedeutungsunterschiede sind »ein neuer Kosmos voller Abgründe und Gipfel«, der sich dem Beobachter »unter der Linse des Mikroskops«[178] zeigt. Sie stoßen indes nicht auf einmütige Akzeptanz, wie Kracauer zeigt.

Die Angestelltenverbände – besonders der Deutschnationale Handlungsgehilfen-Verband – tragen große Verantwortung, da sie die geschilderten Verhaltensweisen zu Tendenzen umformen. Am ehesten finden die freien Angestellten-Gewerkschaften Kracauers Zustimmung. Es sind »Kehrrichtmänner«, die »den Abfall einsammeln«[179]. Sie setzen sich wie er für das Aufgeben des falschen Bewusstseins ein, »das die Mehrzahl seiner Träger an der Erkenntnis ihrer gegenwärtigen Lage hindert und ihren organisatorischen Zusammenschluß mit der Arbeiterschaft leicht vereitelt.«[180]

---

[174] Kracauer an Adorno 20.4.1930, Adorno – Kracauer, *Briefwechsel*, S. 203.
[175] Kracauer, *Die Angestellten*, S. 260.
[176] Ebd., S. 269, S. 280.
[177] Kracauer, *Die Angestellten*, S. 279.
[178] Ebd., S. 281.
[179] Ebd., S. 286.
[180] Kracauer, *Die Angestellten*, S. 287.

In »Asyl für Obdachlose« steckt eine Parallele zu Kracauers späterer Analyse in *Jacques Offenbach*: Es wird derselbe krisenverstärkende Mechanismus eines individuellen und gesellschaftlichen Ausweichens vor der Realität beschrieben. Statt Hinwendung zum »Gehalt« wird in diesem Kapitel, auf das Adorno in *Minima Moralia* mit einem Fragment desselben Titels antwortete, die Flucht in den Sport und in den (kulturindustriellen) »Glanz« der Zerstreuung beschrieben, die »unerbittlicher Ernst« sei.[181] Kracauer bringt die geistigen Voraussetzungen der *Angestellten* ins Spiel, die er zu dem zeitdiagnostischen Befund seiner Frühschriften in Bezug setzt, der noch ausführlich dargestellt wird.

Im Unterschied zu anderen Frühschriften, etwa *Soziologie als Wissenschaft*, wird in den *Angestellten* die Obdachlosigkeit nicht metaphysisch verstanden, sondern existentiell, politisch und sozial. Dies wird deutlich, wenn Kracauer den Angestellten mit dem Proletarier vergleicht, der immerhin beim Vulgärmarxismus Zuflucht finden könne. Ist auch dieses Dach »durchlöchert«, sei der Proletarier noch immer in einer besseren Lage als der Angestellte, dessen »Haus der bürgerlichen Begriffe und Gefühle« schon »eingestürzt« ist, »weil ihm durch die wirtschaftliche Entwicklung die Fundamente entzogen worden sind.«[182] Ohne Lehre und Ziel lebt die Angestelltenschaft »in Furcht davor, aufzublicken und sich bis zum Ende durchzufragen.«[183] An die Stelle eines geistigen Obdachs treten andere Asyle im wörtlichen wie übertragenen Sinne: die farbenprächtigen Amüsierbetriebe wie das Resi, das Moka-Efti-Lokal mit seinen orientalischen Szenarien oder das Haus Vaterland mit Panoramen des 19. Jahrhunderts, in denen man nicht sitzt, sondern »reist«, Asyle trügerischer Natur. Die bunten Lichter werfen der Masse ein sie verwandelndes Kostüm über, das verschwindet, werden sie erst vom Kellner ausgeschaltet. Einen wichtigen inszenatorischen Beitrag leisten der Film oder Illustrierte, die schon im Photographie-Essay thematisiert wurden. Wie die Operette im Zweiten Kaiserreich haben sie rechtfertigende wie betäubende Funktion. Die Bilder sind auf der Flucht »vor der Revolution und dem Tod.«[184] Bei Kracauer vollzieht sich eine Umwertung des Zerstreuungsbegriffs, der Teil seiner Positionsverschiebung hinsichtlich der Moderne ist. Von einem emanzipatorischen Potential der Zerstreuung der Massenkultur wie in »Kult der Zerstreuung«, findet sich in den *Angestellten* jedoch keine Spur.[185] Mit Blick auf das Offenbach-Buch lässt sich gleichwohl anmerken, dass diese Verschiebung keine definitive ist, transportieren die Offenbachiaden, zumindest in der Halévy'schen Ausprägung, nicht nur den ablenkenden Rausch. Sie sind

---

[181] Witte, »Siegfried Kracauer im Exil«, S. 139. Kracauer, *Die Angestellten*, S. 288 f.
[182] Ebd., S. 288.
[183] Ebd.
[184] Ebd., S. 295.
[185] Kracauer, »Kult der Zerstreuung«, in: Ders., *Das Ornament der Masse*, S. 311–317, hier S. 315. [*FZ*, 4.3.1926] Mülder-Bach, »Soziologie als Ethnographie«, S. 50 f. Vgl. auch Jay, »Massenkultur«, S. 237 ff.

von einer subversiven Ambivalenz geprägt und werden in einer bestimmten Phase auch zu Trägern der Utopie.

Kracauer plädiert in den *Angestellten* durchaus nicht dafür, die »seelische Verödung« durch die Hinwendung zu »wertvollen Gehalten« in der Freizeit einzuhegen, die als »Kulturgüter« bezeichnet würden.[186] Gefordert ist kein Bewusstsein, das von der »unmerklichen Schrecklichkeit« des normalen Daseins wegblickt, sondern eines, das sich ihr zuwendet.[187] Es ist dieser »Impetus« seiner Arbeit, den Benjamin nicht wahrgenommen habe, wie Kracauer an Adorno schreibt. Benjamin habe ihn in seiner Rezension »verpaßt, wie es gar nicht anders sein kann! Er kennt nicht den Elan zu Realität. An dieser Stelle gähnt bei ihm ein Loch.«[188] Geistige Inhalte als Pharmakon gegen die Nachteile der Mechanisierung sind für Kracauer unwirksam, sogar die Vorstellung von solch einer Wirkung ist in seinen Augen »selber noch ein Ausdruck der Verdinglichung, gegen deren Wirkungen sie sich richtet.«[189]

In den *Angestellten* überführt Kracauer also die Theorie seiner früheren Essays in die empirische Konstruktion. Benjamin liest Kracauers Studie aus dem Blickwinkel seiner eigenen Konzeption einer destruktiven Montage. Er beglückwünscht Berlin dazu, diesen »Feind in ihren Mauern« zu haben[190], während er den Aspekt der Aufmerksamkeit für das Material vernachlässigt. Darin aber liegt die Ambivalenz von Kracauers Konstruktions-Begriff und seiner *Angestellten*, der auch für *Geschichte* Geltung hat: »Ich halte die Arbeit methodologisch insofern für sehr wichtig, als sie eine neue Art der Aussage konstituiert, eine, die nicht etwa zwischen allgemeiner Theorie und spezieller Praxis jongliert, sondern eine eigen strukturierte Betrachtungsart darstellt. Wenn Du willst, ist sie ein Beispiel für materiale Dialektik. Analoge Fälle sind die Situationsanalysen von Marx und Lenin, die sich aber noch mehr auf den Marxismus verlassen, als wir es heute können, und daher, nur daher den Anschein größerer Strenge erwecken.«[191] Bei Marx und Lenin sei die Dialektik »noch der letzte Ausläufer der Totalitätsphilosophie, während ich sie von dieser Rückversicherung ablösen möchte und sie für ein Maschinengewehrfeuer von kleinsten Intuitionen halte. Daß ich dabei das Abstrakte, Verbindende bis zu einem gewissen theoretisch nicht ausmachbaren Grade gelten lasse, weißt Du ja.«[192] Adorno stimmt ihm zu: »Dein Begriff von materialer Dialektik ist mir darum sehr interessant, weil in meinem Kierkegaard ein ganz analoger vorkommt unter dem Namen intermittierende Dialektik, d. h. eine, die nicht in geschlossenen Denkbestimmungen abläuft, sondern unterbrochen wird von der nicht sich einfügenden Realität, in ihr gleichsam Atem holt (Ausdruck von Kierkegaard) und jedes Mal

---

[186] Kracauer, *Die Angestellten*, S. 306.
[187] Ebd., S. 304.
[188] Kracauer an Adorno, 25.5.1930, Adorno – Kracauer, *Briefwechsel*, S. 215.
[189] Kracauer, *Die Angestellten*, S. 306.
[190] Benjamin, »S. Kracauer. Die Angestellten.«, S. 115.
[191] Kracauer an Adorno 25.5.1930, Adorno – Kracauer, *Briefwechsel*, S. 215.
[192] Ebd.

frisch anhebt. Alle meine Marxismus-Debatten drehen sich darum und ich operiere wie Du gegen den geschlossenen Dialektikbegriff mit dem Argument, daß er kraft der Totalitätskategorie als einer bloßen Denkbestimmung idealistisch sei. Wir sind also wieder d'accord, ohne erst darüber geredet zu haben.«[193]

Kracauer – am Anfang der Mikro-Historie?

Kracauer stellt seinem Kapitel »Die Struktur des historischen Universums« ein Zitat von Raymond Aron voran, der um des Fortschritts in Geschichtsphilosophie und Wissenschaftslogik willen »eine strenge Analyse der verschiedenen Gesamttypen von oben nach unten auf der Skala« fordert.[194] Universalgeschichten sind Makro-Geschichten, die sich an einem Ende der Skala befinden, während sich am anderen Ende Werke der Mikro-Historie ansiedeln, die winzige Atome der Geschichte zum Gegenstand haben. Jenseits dieser Extreme existieren Zwischenformen, die auf einem Kontinuum angeordnet werden können. Dem Umfang der Gegenstände entspricht jeweils ein bestimmter Abstand, in dem sich der Historiker zu diesen befindet, wobei bestimmte Größenordnungen historischer Darstellungen »gemeinsame Eigenarten« haben.

Wodurch zeichnet sich Mikro-Geschichte aus? Kracauer zitiert Toynbees pejorativ gemeintes Bild von »kurzsichtigen« Historikern, die »tief unten herumkriechen« und stellt diesem die positiv besetzte »Großaufnahme« entgegen, die sich auf einen kleinen Ausschnitt der Wirklichkeit beschränkt, um ihn in all seinen Einzelheiten zur Anschauung zu bringen.[195] Dem Mikrohistoriker geht es um eine Auslotung des Materials »nach allen Richtungen«, nicht jedoch um »neutrale Bestandsaufnahmen« wie Monographien.[196] Außerdem hat er auch höher gelegene Ebenen des historischen Universums durchaus mit im Blick: »In der Regel entstammen sie dem Verlangen der Autoren, jene Begriffe und Erklärungen zu ergänzen, zu verfeinern oder auch zu entkräften, die Generationen von Makro-Historikern ungefragt akzeptierten.«[197]

Als beispielhaft für eine solche Vorgehensweise kann die Studie *Weben und Überleben in Laichingen* (1996) von Hans Medick angesehen werden, der sich auch explizit auf Kracauer beruft. Er untersucht die Auswirkungen religiöser Einstellungen auf den Arbeitsalltag und die Eigentumsordnung einer ländlichen Region auf der schwäbischen Alb vom 17. bis zum 19. Jahrhundert. Aufgrund seiner Ergebnisse, die er aus statistisch-seriellen Analysen gewinnt, differenziert er für diese Region

---

[193] Ebd., S. 218 f.
[194] Kracauer, *Geschichte*, S. 117. [*H.*, S. 104.]
[195] Ebd., S. 118. [*H.*, S. 105.]
[196] Ebd., S. 119. [*H.*, S. 106.]
[197] Ebd. [*H.*, S. 106.]

Max Webers berühmte These eines Zusammenhangs zwischen protestantischer Ethik und kapitalistischem Geist. Zwar wirkte sich nach Medick die protestantische Ethik auch in dem von ihm untersuchten Gebiet durch gesteigerten Gewerbefleiß aus. Er führte jedoch nicht zu proto-kapitalistischen Strukturen. Ausschlaggebend waren in Laichingen die Verhältnisse kleinen und kleinsten Eigentums, die aus Erbteilungen entstanden und mit dem pietistischen Glauben eine prägende Verbindung eingingen. Nicht so sehr unternehmerischer Erfolg als das Überleben unter schwersten Bedingungen war hier Zeichen der Heiligung, so dass von einem Weg der protestantischen Ethik zum »Geist« des Kapitalismus nicht gesprochen werden kann. Vielmehr ist diese Ethik auch als einer der Gründe anzusehen, weshalb sich hier trotz eines ausgeprägten Gewerbereichtums keine kapitalistischen Strukturen entwickelten. Mit Blick auf Mitteleuropa ist Laichingen ein Ausnahmefall, für Altwürttemberg hingegen ein »normaler Ausnahmefall«.[198] Medick nimmt an, dass er als regelhaft für einen Modernisierungsprozess anzusehen ist, der sich durch Vielschichtigkeit auszeichnet. Er fragt, ob nicht deshalb »die Annahme eines vereinheitlichenden oder gar einheitlichen historischen Prozesses im Übergang zur Moderne konsequent de-konstruiert werden sollte, bevor sie tentativ wieder rekonstruiert wird«.[199]

Der von Kracauer gebrauchte Begriff der Mikro-Historie hat eine Geschichte, die Carlo Ginzburg nachgezeichnet hat – nicht als Selbstportrait, sondern als Gruppenbild, auf dem Kracauer an exponierter Stelle zu sehen ist. Zwar entwickelte er seine Vorstellungen von Mikro-Historie ohne Kracauers Werk zu kennen, *Geschichte* erschien ihm jedoch bei der erstmaligen Lektüre »in seltsamer Weise vertraut«[200], wohl weil Kracauers Gedanken ihm durch Adornos *Minima Moralia* bekannt waren. Hier interessiert die Begriffsgeschichte der Mikro-Historie nur insoweit, als sie Kracauer hätte bekannt sein können; der Ansatz war seit Ende der 50er Jahre in Europa wie in den USA virulent. Erstmals taucht der Begriff bei Braudel auf, dessen Arbeiten von Kracauer erstaunlicherweise nicht berücksichtigt werden. Auch hier findet sich die Vorstellung unterschiedlicher Ebenen des historischen Universums, wobei Braudel drei Ebenen unterscheidet, nicht ohne darauf hinzuweisen, dass man zwischen zehn oder hundert zu differenzieren hätte. Er definiert die Ebenen des Abstandes über die Kategorie der Zeit. Zwischen der Ereignisgeschichte (oder Mikrogeschichte) und der Strukturgeschichte der langen Dauer, die sich über Jahrhunderte erstreckt, verortet er die konjunkturelle Geschichte, die schneller als die Ereignisgeschichte abläuft, jedoch kleinere Zeiträume ins Auge fasst als die an der Grenze zum Unbewegten anzusiedelnde Strukturgeschichte.[201] Braudel hat diese Konzeption in *La Méditeranée et le monde méditerranéen à*

---

[198] Vgl. Medick, *Weben und Überleben*; Ders., »Mikro-Historie«, S. 45 f.
[199] Ebd., S. 48.
[200] Ginzburg, »Mikro-Historie«, S. 185. Vgl. Ginzburg, »Détails«, S. 64.
[201] Braudel, »Histoire et Sociologie«, S. 92.

l'époque de Philippe II (1949) zu einer *histoire totale* des Mittelmeerraums ausgearbeitet, die sich aus drei Teilen zusammensetzt und so die verschiedenen Schichten ein und desselben Gegenstands zu erhellen sucht. Auf eine geohistorische Untersuchung der unbewegten Geschichte der Umwelt folgt eine strukturgeschichtliche Untersuchung verschiedener Typen und Grundformen von Wirtschaft, Gesellschaft, Politik und Kultur des Mittelmeerraums. In einem dritten Teil der nach seiner Definition mikrologischen, ereignispolitischen Ebene betrachtet er kurzfristige Einheiten des machtpolitischen Geschehens. Man erführe gerne etwas über Kracauers Meinung zu diesem Werk, handelt es sich doch um eine morphologische Geschichtsbetrachtung, die mit der von Toynbee oder Spengler nicht zu vergleichen ist. Dennoch ist sie eine Art Querschnittsanalyse, ein Portrait des Mittelmeers und der sich im 16. Jahrhundert dort aufhaltenden Bewohner, eine Allgemeingeschichte, wie sie auch im 19. Jahrhundert praktiziert wurde, wobei Braudel den Fokus von den angeblichen Gestaltern des historischen Prozesses hin zu geographischen Sachzwängen, kulturellen Traditionen und wirtschaftlichen Bedingungen verlagert. Braudel glaubt nicht, dass Geschichte in ihrer Totalität darstellbar sei und nähert sich ihr aus unterschiedlichen Perspektiven. Er wechselt zwischen argumentativ-analytischen Phasen und einer literarischen Erzählform, die sich Anekdoten und pittoresker Details bedient: hätte Kracauer auch sie unter den »Zierrat« der Allgemeingeschichten gefasst?[202]

1959 benutzte der amerikanische Historiker George R. Stewart den Begriff der Mikrohistorie für sein Werk *Pickett's Charge. A Microhistory of the Final Attack at Gettysburg, July 3, 1863* über die letzte Schlacht des amerikanischen Bürgerkriegs.[203] Eindeutig positiv besetzt wurde er mit Raymond Queneaus Literarisierung in dem Roman *Fleurs Bleues* (1965). Queneau siedelt die Mikrohistorie noch unterhalb der Ereignisgeschichte an. In einem fiktiven Dialog zwischen dem Herzog von Aue und seinem Kaplan erklärt letzterer, die Hochzeit der Königstöchter gehöre kaum zur Ebene der Ereignisgeschichte, sondern »allerhöchstens« zur Mikrogeschichte. Queneau verweist damit auf den Aspekt des privaten Lebens. In der Tat betrifft die Diskussion um die Mikro-Historie nicht nur die Frage des Abstands vom Geschehen, sondern auch den Gegenstand selbst. Der Roman wurde zwei Jahre nach seinem Erscheinen von Italo Calvino ins Italienische übersetzt. Ginzburg sieht damit die italienische Mikro-Historie begründet.[204]

Zur Beziehung zwischen Makro- und Mikro-Ebene
In Ginzburgs Gruppenbild findet sich wie bei Kracauer der Hinweis auf Tolstois *Krieg und Frieden*. Von Tolstoi gingen laut Ginzburg nicht nur wichtige Anregun-

---

[202] Vgl. Burke, *Offene Geschichte*, S. 37–46. Raphael, »Braudel«, S. 49–52.
[203] Ginzburg, »Mikro-Historie«, S. 170.
[204] Ebd., S. 173. Zur Abgrenzung der italienischen Mikro-Historie von Pierre Chaunus *histoire sérielle* vgl. ebd., S. 176 f.

gen für seine mikrologische Schreibweise aus, wie er sie in *Der Käse und die Würmer* (1976) praktiziert, er war überhaupt für seine Beschäftigung mit Geschichte wichtig: Denn Tolstois eigentümliche Verschränkung von privater und öffentlicher Welt rückten seinen Blick auf die »peinliche Unangemessenheit der Mittel«, mit denen sich Historiker bisher *dem* historischen Ereignis schlechthin zugewandt hatten, der Schlacht.[205] Auch wenn die Polemik gegen eine Schlachten-Historie inzwischen mehr als überholt erscheint, ermöglicht der Gegenstand der (gemeinhin unsichtbaren) Schlacht, »eine prinzipielle Aporie des historischen Handwerks«[206] darzustellen: mit Kracauer formuliert, die Gesetze der Perspektive und der Ebenen. Nicht zufällig beginnt auch dessen Kapitel über das historische Universum mit dem Verweis auf Schilderungen einer Schlacht und Darstellungen des Siebenjährigen Krieges.

Wenn Kracauer mit Tolstoi argumentiert, so nicht nur aufgrund dessen Empfänglichkeit für Einzelheiten, etwa in *Anna Karenina*, sondern wegen der Bedeutung, die er diesen beimisst. Nach Tolstoi kommt den Tätigkeiten aller Individuen für die Entwicklung des historischen Prozesses eine entscheidende Bedeutung zu, denn es sind nicht nur die einzelnen großen Persönlichkeiten oder Ideen, die den Geschichtsverlauf bestimmen. Tolstoi sucht die fragmentarischen Erfahrungen der Figuren seiner Erzählung mit Passagen offizieller Berichte oder Geschichten zu kontrastieren, um Widersprüche zwischen »leeren Verallgemeinerungen« und »Eindrücken aus erster Hand« aufzudecken.[207]

Trotz Kracauers Sympathien für diesen Ansatz und entgegen aller Kritik an universalgeschichtlichen Ansätzen, ist er gleichwohl nicht der Auffassung, dass auf der Makroebene nicht auch substantielle Erkenntnisse zu gewinnen sind oder dass die Makro- durch die Mikroperspektive ersetzt werden sollte.[208] Tolstois Satire auf die Geschichtsschreibung verfehlt daher nach Kracauer ihren Gegenstand, da Ideen genau wie historische Ereignisse wie die Kirchenreform durchaus real sind, insofern als sie zur Debatte über alternative Gestaltungsmöglichkeiten und Lösungen bestehender Probleme beitragen. Ideen können dieselbe Realität besitzen wie individuelle Konflikte, auf die Namier sein Augenmerk richtet. Makrogeschichten haben zumindest die Tendenz, »in die Irre zu gehen«.[209]

Dabei ist auf einen Unterschied zwischen Kracauers und Tolstois Vorstellungen von der Verfasstheit des historischen Raums hinzuweisen. Während Tolstoi sich diesen »als ein endloses Kontinuum mikroskopisch kleiner Vorfälle« vorstellt, die »durch ihre bloße Anhäufung die makroskopisch bedeutenden Umwälzungen, Sie-

---

[205] Ginzburg, »Mikro-Historie«, S. 183.
[206] Ebd.
[207] Kracauer, *Geschichte*, S. 120. [*H.*, S. 107.]
[208] Vgl. Perivolaropoulou, »Les mots«, S. 257 ff.
[209] Kracauer, *Geschichte*, S. 131. [*H.*, S. 118.]

ge und Katastrophen hervorbringen«[210], unterstreicht Kracauer in Analogie zu den Katarakten der Zeit die Existenz von Klüften zwischen verschiedenen Ebenen der Abstraktion. Wie hat man sich die Beziehungen zwischen Mikro- und Makroebene vorzustellen? Kracauer rekurriert einmal mehr auf Proust und die Analogie zwischen persönlicher Geschichte und Historie. Makro-Einheiten sind nicht auf Mikro-Wirklichkeiten zurückzuführen. Dies lässt sich schon daran zeigen, dass sich auch Individuen in »unterschiedlichen Seinsbereichen«[211] unterschiedlich verhalten. Der Mensch »selbst« braucht nichts von dem zu wissen, was der »Dichter will, der in ihm lebt«, betont Proust, das Ganze nichts von seinen Teilen.[212] Kracauer geht es zwar darum festzuhalten, dass die einzelnen Bereiche, auch der Politikgeschichte, als autonom gedacht werden können, ganz gleich, ob kleine oder große Einheiten in den Fokus gerückt werden. Er besteht jedoch darauf, dass der Mensch, von dem Proust spricht, auch als solcher existiert – seine Geschichte besteht aus der des Menschen *und* aus der des Dichters, aus dem Ganzen *und* aus den Teilen, die im Idealfall zusammengenommen werden müssten.[213]

Woher rührt die Skepsis gegenüber der Makrogeschichte, die Kracauer trotz aller Nuancierungen nicht aufgibt? Sie gründet auf seiner Vorstellung von der räumlichen Beschaffenheit des historischen Universums. Letzteres dünnt umso stärker aus, ist von umso gröberer Textur, je weiter der Historiker sich in die Höhen der Allgemeinheit vorwagt. Damit aber büßen die Aussagen, die auf dieser oberen Ebene gemacht werden können, an Aussagekraft ein, denn der Historiker, der an seiner Geschichte »webt«[214], ist dazu gezwungen die Lücken, auf die er trifft, mit Annahmen auszufüllen, die nicht dem historischen Universum, sondern ihm selbst entstammen, sei es in Form persönlicher Überzeugungen oder philosophischer Ideen. Die gebotene Fülle und Lebenswahrheit, die ein Verständnis der Geschichte ermöglicht, findet sich eher auf der Mikro-Ebene. Die Lücken selbst müssten erforscht werden. Dabei sollen die gewonnenen Details nicht der Ausschmückung dienen, wie bei dem Historiker und Dichter Thomas Babington Macaulay (1800–1859), welcher zahlreiche Einzelheiten zur Bestätigung seiner allgemeinen Thesen anführt. Dessen Vorgehen wirkt, als seien die Details eigens zu diesem Zweck erforscht worden, anstatt dass umgekehrt, wie Kracauer fordert, die Detailstudien zu Verallgemeinerungen geführt hätten. Tatsächlich erscheint ein dritter Weg vielversprechender: eine Bewegung des Historikers zwischen den Ebenen, auf deren Grundlage »Einblendungen«[215] des Kleinen in das Große vorgenommen werden.

---

[210] Ebd., S. 121. [*H.*, S. 107.]
[211] Ebd., S. 130. [*H.*, S. 117.]
[212] Ebd. [*H.*, S. 117.]
[213] Ebd., S. 132. [*H.*, S. 118.]
[214] Ebd., S. 132. [*H.*, S. 119.]
[215] Ebd., S. 136. [*H.*, S. 122.]

Um die Möglichkeiten der Bewegung im historischen Universum zu eruieren, ist noch ein Blick auf dessen Verkehrsbedingungen zu werfen, die durch das Gesetz der Ebene und der Perspektive geregelt werden. Das von Kracauer formulierte Gesetz der Perspektive steht in direktem Zusammenhang mit dem Gesetz der Ebenen: Die Subjektivität des Autors muss auf höheren Allgemeinheitsebenen mit abnehmender Dichte der historischen Wirklichkeit zunehmen. Kracauer beschreibt diesen Mechanismus am Beispiel einer weiteren Kutschfahrt aus Prousts *Recherche*, wobei es diesmal um die Betrachtung dreier Kirchtürme geht, von denen je nach Entfernung der Kutsche zu den Kirchen und je nach Blickwinkel des Insassen nur zwei oder drei auf einmal zu sehen sind. Dieses Bild verdeutlicht, dass der Makro-Historiker notgedrungen ähnlich wie der Insasse der besagten Kutsche die historische Wirklichkeit nur um wesentliche Bestandteile reduziert wahrzunehmen vermag, da diese erst gar nicht in sein Blickfeld rücken.[216] Kracauer formuliert bereits in seiner Frühschrift über Simmel: »Die Art und Weise, in der sich uns die Erscheinungswelt darbietet, hängt von dem Grad unserer geistigen Annäherung an sie ab. Wenden wir die Aufmerksamkeit den in ihr vorkommenden Einzelphänomenen zu, so treten andere Beschaffenheiten von ihr zutage, als wenn wir, in weitem Abstand von ihr, sie als Totalität zu begreifen suchen. An irgendeine Distanz von seinem Gegenstand ist der Erkennende stets gebunden; er mag ihn aus der Ferne oder aus der Nähe betrachten: Immer ergibt sich ihm ein seinem jeweiligen Standort genau entsprechendes Bild des Objekts.«[217]

Das Gesetz der Ebenen betrifft die Bewegung des Historikers von den unteren in die oberen Schichten der historischen Realität. Zu seiner Erklärung bedient sich Kracauer eines filmischen Beispiels, indem er Großaufnahmen (*close-ups*) und Gesamtaufnahmen kontrastiert. Der Illustration dient eine Großaufnahme aus *Intolerance* (1916) von D.W. Griffith, den Kracauer in der Filmtheorie unter »Das Kleine und das Große« zitiert. Griffith schenkte als erster Nahaufnahmen die ihnen gebührende Aufmerksamkeit. Kracauer ruft eine Gerichtsszene ins Gedächtnis, in der die Hände von Mae Marsh in einer Weise ins Bild gesetzt werden, die diese als eigenständigen und von der Frau losgelösten Organismus erscheinen lassen. Die Hände haben als solche eine eigene Geschichte zu erzählen. In der Filmtheorie thematisiert Kracauer das Verhältnis von Großaufnahme und der Bedeutung des gesamten Films ausführlicher. Für Eisenstein, der sich besonders für den Schnitt und die Montage interessiert, ist die Funktion der Nahaufnahme »nicht so sehr, zu zei-

---

[216] Ebd. [*H*., S. 122.]
[217] Kracauer stellt hier die Ebene der Ideen der Alltagswirklichkeit gegenüber: »Eine große metaphysische Idee […] büßt in dem Augenblick ihre Berechtigung ein, in dem man sie an der Alltagswirklichkeit erproben und bestätigen will. Sie ist von einer bestimmten Distanz von all den zahllosen Einzelheiten des Daseins gewonnen: Sinn erlangt sie darum nur für den, der die Welt als Gesamterscheinung auf sich wirken läßt und sich nicht in ihrer Mannigfaltigkeit verliert. Von wo aus man die Realität gewahr wird, entscheidet darüber, was man an ihr erkennt, und das Nahbild ist ebenso wahr wie das Fernbild.« Kracauer, »Georg Simmel«, in: Ders., *Frühe Schriften*, Bd. 9.2., S. 205 f.

gen oder darzustellen, als vielmehr zu bedeuten, Sinn zu geben, zu bezeichnen.«[218] Die Bedeutung der Großaufnahme ergibt sich für Eisenstein nicht aus dem Gegenstand, sondern aus ihrer Verknüpfung mit den anschließenden Bildern. Kracauer hingegen betont mit Griffith, dass es nicht nur auf die Bildfolge ankommt. Vielmehr soll der Gegenstand der Nahaufnahme »um seiner selbst willen«[219] betrachtet werden. Anders als bei Eisenstein sind die großen Bilder kleiner Dinge »Entdeckungen neuer Aspekte der physischen Realität«[220], die durch die Aufnahme aus der Nähe eine Verwandlung durchmachen und als solche wahrgenommen werden müssen. In diesem Sinne besteht die Funktion der Großaufnahme der verkrampften Hände nicht nur darin, die »Seelenqual«[221] der Heldin ins Bild zu setzen, sondern sie zeugt von einem ganz eigenen Mikrokosmos. In *Geschichte* ist das Verhältnis von Mikro- und Makro-Ebene ähnlich unverbunden. Denn mag auch zutreffen, dass einige Mikro-Studien in Makro-Betrachtungen aufgehen, ist dies nicht für die Gesamtheit der beobachtbaren Elemente der Fall. Auf dem Weg in höhere Ebenen gehen sie verloren, oder sind Verbiegungen ausgesetzt, sie kommen oben »in beschädigtem Zustand an.«[222]

So lässt sich Kracauers Vorstellung von der historischen Wirklichkeit vervollständigen. Münden seine Überlegungen über die historische Zeit in das Bild von den Katarakten der Zeit ein, setzt sich das historische Universum aus »Gebiete[n] unterschiedlicher Dichte« zusammen und wird »von unerklärlichen Strudeln gekräuselt«[223]. Die Frage nach der Möglichkeit einer Bewegung zwischen den Schichten unterschiedlicher Allgemeinheit muss daher laut Kracauer – ohne die Frage abschließend zu beantworten – zumindest tendenziell verneint werden. Hier liegt eine Schwierigkeit, der sich der Historiker bewusst sein muss. In aller Regel wird die Mikro-Ebene von der Makro-Ebene absorbiert. Der Historiker Sigmund Diamond hingegen fragte zu Recht, so auch Kracauer, warum sich nicht eine Darstellung der amerikanischen Geschichte denken lässt, welche die Ereignisse von verschiedenen Abständen aus betrachtet, wie es im Film oder im Roman (bei Proust) üblich ist. Die Nahaufnahmen sollten den Aussagen der Totalen ruhig widersprechen dürften.[224] Kracauer gelangt zu dem Schluss, ohne weitere Beispiele zu nennen (etwa Braudel), dass der Versuch einer wechselseitigen Durchdringung der Ebenen zwar grundsätzlich nicht abzulehnen ist, aber unterschiedlich gelungene Ergebnisse hervorbringt. Dies hat auch mit dem proportionalen Verhältnis von zunehmender Verständlichkeit und abnehmender Informationsdichte zu tun, einer Variante des zitierten »Prinzips der geistigen Ökonomie«. Mit Lévi-Strauss (den

---

[218] Kracauer, *Theorie des Films*, S. 93.
[219] Ebd.
[220] Ebd., S. 94.
[221] Ebd.
[222] Kracauer, *Geschichte*, S. 140. [*H.*, S. 126.]
[223] Ebd., S. 141. [*H.*, S. 127.]
[224] Ebd., S. 141 f. [*H.*, S. 127 f.]

Kracauer für die *Bollingen Foundation* interviewte) merkt er an, dass der Historiker sich vor dem Dilemma sieht, dass er »je nach der Ebene auf die er sich stellt« das an Information verliere, was er an Verständnis gewinne.[225] Hans Medick spricht heute von der »Schärfe- und Unschärfe-Relation« jeder Perspektive.[226]

Kracauers Gesetze sind jedoch nicht nur über die filmische Analogie zu begreifen. Hier scheint auch die Erfahrungswelt und Vorstellungskraft des Architekten durch, der in räumlichen Begriffen denkt.[227] In der Abhandlung über Simmel spricht Kracauer von einem »Querschnitt« durch dessen gedankliche Welt und ihre Strukturen: »In genauer Analogie [...] enthüllt nur in den seltensten Fällen der architektonische Querschnitt durch irgend ein Gebäude die Struktur des ganzen Hauses, die Lagerung sämtlicher Innenräume. Einige Glieder des Baukörpers bleiben für gewöhnlich unsichtbar, um sie gewahr zu werden, ist man auf den Längsschnitt bzw. auf andere Querschnitte angewiesen. Einer von ihnen nimmt aber wohl stets den Vorrang von den übrigen ein, er versinnlicht uns das Gefüge der Hauptmassen des Bauwerks.«[228] Dieses Bild kann auf die Historiographie übertragen werden. Unterschiedliche Perspektiven enthüllen unterschiedliche Aspekte des historischen Universums. Je nach Erkenntnisinteresse ist an anderer Stelle anzusetzen, um den Querschnitt zu ziehen und kenntlich zu machen.

4.3 Wirklichkeit, Wahrheit und Rhetorik

Unter den Vorarbeiten zu *Geschichte* ist die Notiz einer Anmerkung von Hans Robert Jauß zu Kracauers Arbeit zu finden: dieser meine, außer Burckhardt gebe es kaum einen Historiker, der so ungeniert mit Kategorien wie »Zufall«, »Tragik« oder »das Absurde« arbeite. Jauß frage, wie es komme, dass diese der Herkunft nach ästhetischen Begriffe bei der »exakten« Historiographie verpönt seien. Und weiter: »Gelingt es indes, an entsprechenden Stellen ohne solche Begriffe auszukommen bzw. die Unvernunft oder Unmoral der Geschichte ohne Metaphorik in Kausalitäten aufzulösen? Was geht dabei verloren? Könnte man statt der ästhetischen Fragen auch moralische gebrauchen? Mir scheint, alle diese (und noch mögliche andere) Fragen führen immer wieder auf Ihre [Kracauers] Grundaporie zwischen dem Besonderen (Detail) und dem Allgemeinen in der Geschichte zurück.«[229] Nach der Debatte um die Wissenschaftlichkeit der Historiographie und der Auseinandersetzung mit dem mikrologischen Ansatz soll diese Fragestellung aufgegriffen werden,

---

[225] Ebd., S. 143. [*H*., S. 130.]
[226] Medick, »Mikro-Historie«, S. 49.
[227] Seine Dissertation verfasste Kracauer im Fachgebiet der Architektur. Kracauer, *Die Entwicklung der Schmiedekunst in Berlin-Potsdam*. [1915]. Vgl. Zohlen, »Schmugglerpfad«. Zu Kracauer als Architekturkritiker vgl. Agard, *Le chiffonnier*, S. 171–199.
[228] Kracauer, »Georg Simmel«, in: Ders., *Frühe Schriften*, Bd. 9.2., S. 150.
[229] Kracauer, Vorarbeiten, KN DLM.

um Kracauers Position in einer anderen »alten« Diskussion zu bestimmen: die Beziehung der Historiographie zur Dichtung bzw. das Verhältnis zwischen »Wahrheit« und Rhetorik in der Geschichtsschreibung.

Nach Aristoteles liegt bekanntlich der Unterschied zwischen den Formen des Erzählens der Historie und der Dichtung in ihren Gegenständen. Befasst sich Geschichte mit realen Ereignissen, handelt Dichtung von fiktiven Begebenheiten. Die Frage nach der Beziehung zwischen historischer Darstellung und (fiktiver) Erzählung bzw. die Auseinandersetzung mit Narrativität als Form der Erklärung, als Grundfigur historischen Denkens, begleitet die Geschichtstheorie von jeher.[230] Wenn Kracauer sich der historischen Darstellung zuwendet, berührt er Fragen, die nach ihm auf unterschiedliche Weise in das Zentrum der geschichtstheoretischen Auseinandersetzung gerückt wurden: im angelsächsischen Sprachraum von Arthur C. Danto, Lawrence Stone oder schließlich Hayden White (den Kracauer zitiert), in Deutschland von Hans Michael Baumgartner und Jörn Rüsen, in Frankreich Anfang der 80er Jahre von Paul Ricœur.[231]

Das Kapitel »Allgemeingeschichte und ästhetischer Ansatz« ist vor dem Hintergrund der *Theorie des Films* und der Frage nach den Möglichkeitsbedingungen der Repräsentation von Wirklichkeit zu lesen. Kracauer verknüpft diese Problematik mit Überlegungen zur »Perspektive« und deren Bedeutung. Der erste Ansatzpunkt ist die Frage nach den Gründen der zähen Überlebensfähigkeit eines wichtigen, aber »befremdlichen«[232] Genres moderner Geschichtsschreibung, der Allgemeingeschichte – unter manchen Gesichtspunkten eine Gegenkonzeption zur Mikrohistorie, aber vor allem ein Genre, dessen erzählerische Aspekte ins Auge fallen. Birgt es Gemeinsamkeiten mit der Universalgeschichte, so sind beide nicht identisch. Kracauer entlehnt den Begriff der Allgemeingeschichte dem amerikanischen Philosophen Maurice Mandelbaum (1908–1987), der ihn auf die Politikgeschichte bezog. Kracauers Definition beschränkt sich indessen nicht auf die politische Geschichte, vielmehr richtet sich das Interesse des Allgemeinhistorikers auf das »Ganze« eines Zeitraums. Er führt verschiedene Bereiche der historischen Wirklichkeit zusammen. Auch wenn sich Allgemeingeschichte theoretisch auf Zeiträume unterschiedlicher Größe beziehen kann, also auch auf kleine raumzeitliche Einheiten, siedelt sie sich in der Praxis zumeist auf der Makro-Ebene an. Sie strebt nicht nach besonderen Einsichten, sondern nach Synthese.[233]

Zunächst werde ich Kracauers Position zur Frage nach den Möglichkeitsbedingungen der Allgemeingeschichte nachgehen sowie der Diskussion über die Rolle

---

[230] Vgl. Fulda, *Wissenschaft aus Kunst*; Ders./Prüfer (Hrsg.), *Faktenglaube*; Kimmich, *Wirklichkeit als Konstruktion*.
[231] Danto, *Analytical Philosophy of History*; Stone, »The Revival of Narrative«; Baumgartner, *Kontinuität und Geschichte*; Rüsen, »Historisches Erzählen«; Ricœur, *Zeit und Erzählung*. [Frz. *Temps et Récit*, 1983–1985].
[232] Kracauer, *Geschichte*, S. 183. [*H*., S. 166.]
[233] Ebd., S. 181 f. [*H*., S. 164 f.]

der Ästhetik für die historische Konsistenzbildung. Wenn Kracauer über die ästhetische Dimension der Geschichtsschreibung spricht, begibt er sich auf die Ebene der »Erzählung«, eine Thematik, mit der er sich schon in der *Theorie des Films* auseinandersetzt. Die dort angestellten Überlegungen können dazu beitragen, Kracauers Sichtweise der unterschiedlichen Erzählformen im Bereich der Geschichtsschreibung zu erhellen. Verschiedene filmische Erzählformen, die sich u. a. am Theater oder am Roman orientieren, transportieren jeweils unterschiedliche Perspektiven und, laut Kracauer, wie die historiographischen Genres, ideologische Positionen.

Anschließend werde ich Kracauers Stellungnahme zur Problematik der Darstellung in der geschichtstheoretischen Debatte verorten: Mit Hayden White und dessen frühen Artikel »The Burden of History« richtet sich Kracauer gegen Allgemeinhistoriker, welche sich (veralteter) ästhetischer Mittel des Romans des 19. Jahrhunderts bedienen. Mit Erich Auerbach versucht Kracauer dank einer erneuerten Sicht auf den Realismus dieser verengten Perspektive zu entkommen. Whites Insistieren auf den literarisch-rhetorischen Aspekten der Historiographie führte zu heftiger Kritik von Historikern wie etwa Carlo Ginzburg, die damit den Wahrheitsanspruch der Geschichtsschreibung in Frage gestellt sahen.[234] Wird dieser Aspekt in *Geschichte* nicht explizit angesprochen, können doch Elemente von Kracauers Position zu dieser Frage auf der Grundlage der *Theorie des Films* und *Geschichte* rekonstruiert werden.

Funktionen des Ästhetischen in der Historiographie

Wenn sich Kracauer der Allgemeingeschichte zuwendet, werden die Konsequenzen deutlich, die sich aus den Betrachtungen über die historische Zeit und das historische Universum für die Geschichtsschreibung ergeben. Auf der Lindauer Tagung *Die nicht mehr schönen Künste. Grenzphänomene des Ästhetischen* (4. bis 10. September 1966) der Gruppe Poetik & Hermeneutik, auf der Kracauer sein Kapitel »Allgemeingeschichte und ästhetischer Ansatz« zur Diskussion stellte, wies er zu Recht darauf hin, dass »manches, was in der Vorlage vielleicht etwas schroff herauskommen mag, im vollständigen Zusammenhang wohlbegründet erscheint.«[235]

Das Kolloquium stellte die Leitfrage nach den »Grenzphänomenen des Ästhetischen«, um der »noch ungeschriebenen Geschichte und Systematik jener Realisationen der Kunst nachzugehen, die aus dem Kanon des Schönen ausgeschlossen, an

---

[234] Zu diesem »Glaubensstreit« vgl. Goertz, *Unsichere Geschichte*.
[235] Vgl. Kracauer, »General History and the Aesthetic Approach«, in: Jauß (Hrsg.), *Die nicht mehr schönen Künste*, S. 111–127. Die Diskussion wurde in die deutsche Neuausgabe von *Geschichte* aufgenommen, vgl. »Das Ästhetische als Grenzerscheinung der Historie«, in: Kracauer, *Geschichte*, S. 394–430, hier S. 398.

den Rand verwiesen oder antithetisch ausgeglichen wurden.«[236] Zwei epochalen Zäsuren wurde besondere Aufmerksamkeit gewidmet: Erstens der christlichen Kunst und ihrem »anti-ästhetischen Anspruch«, der sich erst in der Romantik wieder durchsetzte, nachdem das Mittelalter ihn »verdeckt« hatte; zweitens der Zäsur der Moderne, die das Ästhetische selbst zum Grenzphänomen gemacht hatte und die Frage nach den nicht mehr nur immanenten Kategorien der Interpretation einer Ästhetik aufwarf. Gemeinsam mit Kracauers Text wurden zwei weitere Beiträge besprochen: die »Beobachtungen an Herodot« von Christian Meier und Reinhart Kosellecks »Der Zufall als Motivationsrest in der Geschichte«. Ausgangspunkt aller drei Vorlagen ist die Frage der historischen Konsistenzbildung.

Wie ist Allgemeingeschichte möglich? Kracauer legt zunächst jene Faktoren dar, die eine solche verunmöglichen. Zum einen ist da die Widerspenstigkeit der Fakten des heterogenen historischen Universums, zum anderen die Antinomie der Zeit, die eine wesentliche Prämisse von Allgemeingeschichte untergräbt, auf die sie angewiesen ist: die Annahme eines linearen und homogenen Zeitflusses. Der Allgemeinhistoriker kämpft daher im Katarakt der Zeiten mit den Klüften, die zwischen den Zeiträumen bestehen. Die vielfältigen Ereignisse unterschiedlicher Bereiche können nicht in einer sinnvollen zeitlichen Abfolge aufgehen, entfalten sich diese doch nach getrennten Zeitplänen. Das chronologische Medium, an das sich der Allgemeinhistoriker zu halten versucht, ist ein Strom voller »Schein-Einheiten« und belangloser Ereignis-Aggregate. Wird daher der Allgemeinhistoriker trotz »günstige[r] Winde« von diesen Klüften am Fortkommen gehindert, bewegt sich der Spezialhistoriker mit größerer Leichtigkeit auf einer Zeitkurve kohärenter Phänomene.[237] Dies ist im Übrigen auch ein Argument für die Mikrohistorie.

Da Allgemeingeschichte nach Synthese strebt, bedarf sie eines »gemeinsamen Nenners«, eines »Substrats«, das die Disparatheit der Fakten zu verschleiern vermag.[238] Kracauer, der in den *Angestellten* von der Wirklichkeit als Konstruktion sprach, stellt in *Geschichte* rhetorisch die Frage, ob der Allgemeinhistoriker die Einheit, die seine historische Darstellung zusammen hält, im Material auffindet oder ob er sie postuliert. Nach dem bisher Gesagten überrascht die Antwort kaum: um das strukturelle Problem seiner Aufgabe zu lösen, ist der Allgemeinhistoriker gezwungen eine Einheit herzustellen, die im Material nicht vorhanden ist. Dies gelingt nur über »manipulative Hilfsmittel und Kunstgriffe«, auf der Ebene der Darstellung, die Leser wie Autor darüber hinwegtäuschen, dass die »Schnellstraße der chronologischen Zeit in Wahrheit uneben und holprig ist.«[239]

---

[236] Vorwort, in: Jauß (Hrsg.), *Die nicht mehr schönen Künste*. [Ohne Seitenangabe]
[237] Kracauer, *Geschichte*, S. 184. [*H*., S. 167.] Vgl. auch Loriga, »Le mirage de l'unité historique«, S. 36 ff.
[238] Kracauer, *Geschichte*, S. 182 f. [*H*., S. 165.]
[239] Ebd., S. 184. [*H*., S. 168.]

Die Hemmungslosigkeit, mit welcher der Historiker zu solchen Hilfsmitteln greift, wird durch zwei Umstände befördert, die Kracauer als Fallen zu entlarven sucht. Zum einen legt die relative Distanz zu den Fakten den Gebrauch von darstellerischen Kunstgriffen nahe. Von der größeren Entfernung aus drängen sich die Fakten eben nicht »in Scharen« auf: In der dünnen Luft der Makro-Dimension, der Ebene der Allgemeinheit, ist der Allgemeinhistoriker mit sich selbst allein. Zum anderen ermöglicht das hohe Abstraktionsniveau die Übertragung einmal konstatierter Beobachtungen auf andere Bereiche – die große »Anpassungsfähigkeit« der Allgemeinheiten erlaubt es dem Historiker, »seine Erzählung in Gang zu halten.«[240] Dabei verdunkelt er freilich Tatsachen, deren Erhellung seine Aufgabe wäre.

Diese Verdunkelung findet auf inhaltlicher und formaler Ebene statt. Kracauer verwirft die Negativbeispiele der »ideenorientierten Geschichten«, die sich an philosophischen Ideen des Fortschritts oder zyklischen Wandels orientieren. Auch sie zeichnen sich durch eine »typische Sprachform« aus. Auffallend häufig werden Verben oder Substantive gebraucht, die eine Entwicklung oder Prozesse organischen Wachstums oder Verfalls evozieren. Philosophische Ideen werden in der Historiographie so zu »irreführenden Wegweisern«, zu ideologischen »Krücken«, denen vorsichtigere Historiker eine Absage erteilen.[241]

Diese illustrieren allerdings Kracauers Kritik an Allgemeingeschichte noch besser, lassen sich hier doch subtilere Gestaltungsprinzipien nachweisen, die das Genre erfordert, möchte der Historiker die ihm vorschwebende Geschichte (im Sinne einer »story«) erzählen. An die Stelle totalisierender Gesamtentwürfe treten »leichte Retouchen«, »sanfter Druck«, ein »Zauber«, dessen Funktion darin besteht, die Vorstellung einer kontinuierlichen Zeit zu suggerieren.[242] Der Tenor der Kritik lautet, dass diese Erzählungen der Gleichzeitigkeit von Ereignissen zu starkes Gewicht beimessen, Risse und Fehlstarts im Geschichtsverlauf hingegen vernachlässigt werden. Sie sind damit unzureichend in der Wirklichkeit verankert.[243] Was der Historiker inhaltlich nicht leisten kann, sucht er auf formaler Ebene zu erschaffen. Diese Feststellung führt Kracauer zu der Frage nach dem Verhältnis von Geschichte und Dichtung.

Der bisherige Stand der Debatte, wonach Geschichte der Kunst wie der Wissenschaft gleichermaßen zuzurechnen sei, greift für Kracauer zu kurz. Er richtet sein Augenmerk nicht mehr auf die Frage nach dem Status der Historiographie, sondern auf die Frage, welche Funktion das ästhetische Element in der Historiographie übernimmt.

Kracauer unterscheidet zweierlei Funktionen des Ästhetischen in der Historiographie, wobei er wie in der *Theorie des Films* das »ästhetische Grundprinzip« an-

---

[240] Ebd., S. 185. [*H.*, S. 168.]
[241] Ebd., S. 186 f. [*H.*, S. 170.]
[242] Ebd., S. 188. [*H.*, S. 171.]
[243] Ebd., S. 191. [*H.*, S. 174.]

legt: Nicht wesensgemäß ist der Einsatz von Kunst im Sinne von »Zierrat«[244], der einer besseren Lesbarkeit dienen soll. Solche Kunst verdränge die Schönheit der historischen Untersuchung selbst. Es handle sich dabei oft um den unbewussten Versuch, mittels Ästhetik den zweifelhaften Wahrheitsgehalt der Aussagen zu kompensieren: Schönheit wird zum Ersatz für Erklärung.[245] Akzeptabel erscheint das Diktum von Geschichte als Kunst nur unter der Voraussetzung, dass die Kunstfertigkeit des Historikers sich auf die »Tiefe seines Verstehens«[246] bezieht, dass sie ein Nebenprodukt seiner Forschungen ist, das »anonym«[247] zu bleiben hat. Für Kracauer ist sie das Ergebnis einer Sensibilität, der Fähigkeit des Historikers zur Selbsterweiterung und Selbstauslöschung. Sie betrifft die »innere Qualität« seiner Arbeit.

Allgemeingeschichte ist jedoch ein Genre, das ohne Aufmerksamkeit für die Formgebung aus den oben erläuterten Gründen nicht auszukommen vermag. So wird die »nicht wesensgemäße Funktion von Kunst« doch wesensgemäß.[248] Kunstgriffe sind in diesem Fall nicht Zierrat, sondern Notwendigkeit, »willige Leser« werden dank ihrer »sicher durch die Zeit geleitet«. Kracauer greift erneut auf die Metapher des Touristen zurück: »Sie [die Leser der Allgemeingeschichte] sind etwa in der gleichen Lage wie jene Karawanen von Urlaubern und Touristen, auf die man allerorten in Europa stößt – ohne Seitenstraßen, ohne Gelegenheit, von der vorgeschriebenen Route, die ihre jeweiligen Reise-Agenturen planten abzuweichen.«[249] Kracauer etabliert eine Typologie rhetorisch und nicht sachlich bedingter Verknüpfungen, die ebenso geläufig wie fadenscheinig sind. Nicht die Glättung an sich ist dabei störend, sondern das anvisierte Ergebnis, eine Komposition, die den Ereignissen einen »Hauch von Ganzheit« verleiht, »der an Kunstwerke erinnert«.[250] Kompositorische Elemente werden umso wichtiger, als es an »ideologischen Stützen mangelt. Einheit wird geschaffen, indem der Erzähler – Kracauer spricht nun nicht mehr von dem Historiker – »aufeinanderfolgende Wellen von Ereignissen oder Seinszuständen in etwas einbring[t], was einem Epos nahekommt.«[251] Es gibt jedoch nicht nur epische, sondern auch dramatische Lösungen. Auf einer anderen Ebene siedelt sich schließlich die einheitsstiftende Methode von Huizingas Klassiker der Kulturgeschichtsschreibung *Herbst des Mittelalters* (1919) an: er »formt seine Geschichte (story) derart, daß von ihr eine einzigartige Stimmung ausgeht.«[252] Der Sinn dieser Unterscheidung epischer, dramatischer oder

---

[244] Ebd., S. 195. [*H*., S. 177.]
[245] Kracauer, Guide to history, S. 30, KN DLM.
[246] Kracauer, *Geschichte*, S. 194. [*H*., S. 177.]
[247] Ebd., S. 196. [*H*., S. 178.]
[248] Ebd. [*H*., S. 179.]
[249] Ebd. [*H*., S. 179.]
[250] Ebd. S. 198. [*H*., S. 181.]
[251] Ebd. [*H*., S. 181.]
[252] Ebd. [*H*., S. 181.]

»stimmungsmäßiger« Lösungen wird deutlicher, wirft man einen Blick in die *Theorie des Films*.

Form und Bedeutung in Geschichte und Film

Verschiedene rhetorische Darstellungen in der Historiographie können mit Film-Stories verglichen werden – laut Kracauer haben sie im Kino ihr »Gegenstück«.[253] Diesen Stories ist das dritte Kapitel der *Theorie des Films* gewidmet, wo Kracauer zwischen Experimental- und Tatsachenfilm unterscheidet; er spricht auch über die theatralische Story, die er in *Geschichte* mit der Allgemeingeschichte vergleicht. Nach einem Exkurs über das Verhältnis zwischen Film und Roman, der Kracauers Überlegungen zur historischen Darstellung erhellt, kommt er schließlich zu den beiden »filmischsten« Handlungstypen: der gefundenen Story und der Episode – beide sind Modelle für modernes historiographisches Erzählen. Kracauer charakterisiert die filmischen Formen über ihre jeweilige Perspektive, aus der sich Konsequenzen für die Darstellung von Geschichte ergeben.

Das Theater oder die Perspektive der Totale
Wenn Kracauer Stories hinsichtlich ihrer Filmgemäßheit überprüft, ist das ausschlaggebende Kriterium ihre »Durchlässigkeit« für die Kamera-Realität. Der theatralische Film bewegt sich »oberhalb der Dimension der Kamera-Realität, anstatt sie zu durchqueren«.[254] Dies ist auch Kracauers Hauptkritik an Allgemeingeschichte: Hier überwiegt die formgebende Tendenz. Er nennt in *Geschichte* die Shakespeare-Tragödie *Roméo et Juliette* (1954) von Renato Castellani als Beispiel einer theaterhaften Filmhandlung. Im »Marseiller Entwurf« wie auch in der *Theorie des Films* reflektiert er das Verhältnis des Theaters und besonders der Tragödie zum Film: Das Theater ist tatsächlich sein systematisches Gegenstück.

Das erste Merkmal des Theaters ist seine statische Natur. Es zeigt Bühnenbilder aus immer derselben Distanz und verweilt, filmisch gesprochen, bei einer einzigen Einstellung: der »tradierten«, »normalen« Distanz. Das Theater erfasst die Welt aus der Perspektive der »TOTALEN« (das Wort ist im »Marseiller Entwurf« immer in Großbuchstaben notiert): »Es sind Bilder unter normalem Bildwinkel, wie sie der Mensch traditionsgemäß sieht – Gesamtbilder, die eine Menge Details umfassen.«[255] Wie bei Panofsky, der den Zusammenhang zwischen Raum und ästhetischer Erfahrung unterstreicht, zeichnet sich das Theater bei Kracauer durch die »Unveränder-

---

[253] Ebd. [*H.*, S. 181.]
[254] Ebd., S. 199. [*H.*, S. 181.]
[255] Kracauer, »Marseiller Entwurf«, S. 547.

lichkeit« seiner Bühnenbilder aus.[256] Der Zuschauer ist weder in der Lage, seinen Platz zu verlassen, noch kann das Bühnenbild sich während des Aktes ändern. Panofsky bedenkt allerdings auch die Zeit: Den räumlichen Begrenzungen des Theaters sind Freiheiten auf zeitlicher Ebene an die Seite gestellt. Das Theater habe den Vorzug, »dass die Zeit, das Medium des in der Sprache sich mitteilenden Fühlens und Denkens, frei und unabhängig ist von dem, was im sichtbaren Raum geschieht.«[257] Im Film hingegen herrscht das umgekehrte Prinzip. Kann sich der Zuschauer auch hier nicht bewegen, so doch als »Subjekt ästhetischer Erfahrung«.[258] Durch die Identifikation mit dem Auge der Kamera kann der Zuschauer im Kino seine Perspektive beständig ändern, ebenso wie der Raum vor ihm in Bewegung ist: »der Raum selbst bewegt sich, nähert sich, weicht zurück, dreht sich, zerfließt und nimmt wieder Gestalt an«.[259]

Zweitens ist das Theater laut Kracauer anthropozentrisch. Es kann »die Dinge, die Natur nicht einbeziehen und zu Aussagen zwingen.«[260] Anders als der Film nimmt es weder das Kleine noch das Große in den Blick. Das »Kleine« bezieht sich (wie schon in den *Angestellten*) auf das Fragmentarische und Unscheinbare, auf die materielle und die soziologische Dimension der Wirklichkeit.[261] Unter dem »Großen«, das im Theater nicht auftaucht, weil es den Bühnenraum »sprengen« würde, versteht Kracauer bezeichnenderweise das Motiv der Masse oder Katastrophen.[262] Darauf wird noch zurückzukommen sein.

Besonders wichtig ist mit Blick auf die Analogie von Allgemeingeschichte und theatralischer Filmhandlung ein drittes Kennzeichen des Theaters: Seine Handlung ist eine intentionale Konstruktion, die in sich geschlossen erscheint und sich in der »Dimension der Bedeutungen« ansiedelt: »Sie setzt gewiß das Materielle voraus, aber ohne auch nur ein materielles Element zur Zeugenaussage vorzulassen.«[263] Das Theater bewegt sich hinsichtlich der Bedeutungen von unten nach oben (Kracauer verdeutlicht dies mit der Skizze eines Pfeils, der senkrecht nach oben zeigt). Dem »Bloßseienden« bietet sich im Theater keine Lücke, durch die es in den Bedeutungszusammenhang eindringen könnte um seine Entwicklung zu stören.[264] Der Film hingegen (illustriert durch einen Pfeil, der im Bogen einmal durch die Gerade hindurchgeht, um auf derselben Ebene zu enden) zielt nicht auf Bedeutun-

---

[256] »Im Theater ist der Raum statisch, das heißt: sowohl der dargestellte Raum auf der Bühne als auch die räumliche Beziehung zwischen Betrachter und Schauspiel ist unveränderlich.« Panofsky, »Stil und Medium im Film«, S. 25.
[257] Ebd.
[258] Ebd.
[259] Ebd.
[260] Kracauer, »Marseiller Entwurf«, S. 549.
[261] Ebd., S. 573.
[262] Ebd.
[263] Ebd., S. 549.
[264] Ebd., S. 551.

gen, sondern durchdringt die materielle Dimension. Während das Theater sich von der materiellen Grundschicht hin zu den Bedeutungen bewegt, durchdringt der Film die Grundschicht, um sie »mitzunehmen.«[265] Dies ist seine »Grundverpflichtung«.[266] Das Theater hingegen ist umso theatralischer, je »sinnvoller«[267] und lückenloser sich die Handlung präsentiert. Ihr Ideal ist die klassische Tragödie.

Tragödie, Groteske und Happy End
Über die Tragödie wird in der Filmtheorie die Frage der »Bedeutung« auf eine Weise behandelt, die durch die Verknüpfung von Zeitdiagnose und Ästhetik an Lukács' *Theorie des Romans* erinnert, auf die Kracauer auch in einer Randnotiz verweist.[268] Die verschiedenen kulturellen Formen, Handlungstypen oder Handlungselemente werden hinsichtlich ihrer ideologischen Implikationen betrachtet. Schon im Februar 1949 bestand Kracauer in einem Brief an Adorno auf diesem Aspekt: »Auch in diesem Buch wäre der Film nur ein Vorwand. Ich möchte zeigen, welche ästhetischen Gesetze und welche affinities für bestimmte Themen ein Medium entwickelt, das zu einer Zeit gehört, in der wissenschaftliches Interesse an den Zusammenhängen der kleinsten Elemente die Eigenkraft der großen, den ganzen Menschen umgreifenden Ideen und unsere Empfänglichkeit für solche Ideen immer mehr ›aufhebt‹. Oder um es in der Filmsprache auszudrücken: die Ästhetik des Films ist einer Epoche zugeordnet, in der die alte ›long-shot‹ Perspektive, die in irgendeiner Weise das Absolute zu treffen meint, durch die ›close-up‹ Perspektive ersetzt wird, die das mit dem Vereinzelten, dem Fragment, vielleicht Gemeinte anstrahlt. Während der Monate, die wir in Angst und Elend in Marseille zubrachten, habe ich lange Aufzeichnungen darüber gemacht.«[269]

Das Gegenstück filmischer Inhalte sind für Kracauer die Tragödie und das begriffliche Denken. Das Tragische ist ein Merkmal der theatralischen Story, für Kracauer *die* unfilmische Story schlechthin. Die klassische Tragödie lässt zielstrebig alle Bilder weg, die nicht zur Handlung beitragen. Sie ist durch die Strenge ihrer Komposition gekennzeichnet: Die in sich geschlossene Handlung ist ein Ganzes und verfolgt einen Zweck, hat ein ideologisches Zentrum, dem alle Elemente zuarbeiten. Man könnte auch sagen: ihre Elemente verfolgen keinen Selbstzweck.[270] Im Zentrum der Handlung stehen Leidenschaften, Charaktere und ihre Konflikte.

---

[265] Ebd., S. 575.
[266] Ebd., S. 675.
[267] Ebd., S. 551.
[268] Ebd., S. 681.
[269] Kracauer an Adorno, 12.2.1949, in: Adorno – Kracauer, *Briefwechsel*, S. 444 f.
[270] Kracauer, *Theorie des Films*, S. 339.

Aus komplexen Einheiten bestehend entwickelt sich die theatralische Story mittels »Totalaufnahmen.«[271]

Für den tragischen Charakter eines Konfliktes, der sich immer auf die Beziehungen zwischen Menschen bezieht, sorgen ein mythischer Glaube, eine politische Doktrin oder moralische Prinzipien, die Kennzeichen eines geschlossenen Universums sind: »Die Tragödie setzt einen begrenzten, geordneten Kosmos voraus.«[272] Einen solchen gibt es jedoch auf der Leinwand nicht, wo nur »Erde, Bäume, Himmel, Straßen und Eisenbahnen, kurz: Materie«[273], wie Roger Caillois bemerkte, aufzufinden ist. Der Tod des Helden, der den Fluss des Lebens zum Stillstand bringt, wird daher in Filmen von Chaplin vermieden.[274] Der filmische Todesfall ist vielmehr einer, bei dem ein Passant zufällig auf der Straße, dem Ort der Bewegung und der Zusammenstöße, untragisch und zufällig Opfer eines Gangsters wird. Das Tragische entzieht sich dem Kamera-Leben, weil es durch die Bilder nicht »beschworen« werden kann, sie können nur auf dieses hindeuten.[275] In der Tragödie regiert nicht der Zufall, sondern der Determinismus. Im V. Akt stirbt der Held, sein Tod ist der »Abschluß dieser in sich gerundeten, sich selber ganz genügenden Welt.«[276]

Ein Echo dieser Ausführungen findet sich in *Geschichte*, wenn Kracauer zur Illustration eines theatralischen Story-Typus das verhängnisvolle Moment des erwähnten Films *Roméo et Juliette* evoziert, in dem der Mönch Julias Brief Romeo nicht rechtzeitig zustellt. Romeo erliegt der falschen Inszenierung Julias vorgeblichen Todes und bringt sich um. Während diese Szene in der Tragödie das »Walten des Schicksals« zum Ausdruck bringt, erscheint sie in der Verfilmung von Castellani als »unmotivierter äußerer Eingriff«, sie gehört zum »ideologischen Kontinuum« des Films. Eine filmische Wirkung hätte vorausgesetzt, dass die Szene von der Kamera in ihre »psychophysischen Bestandteile zerlegt werde«.[277]

Im »Marseiller Entwurf«, den Kracauer unter dem Eindruck des Kriegsausbruchs und der ständigen Bedrohung seines Lebens verfasste, ist die »Katastrophe« omnipräsent: Es gibt Inhalte, die das Bewusstsein »zertrümmern«. Darstellungen des Entsetzlichen wirken im Film als Schocks auf die Physis des Zuschauers. Er behandelt auch die Groteske, deren Leitmotiv die Katastrophe ist und die mit der Grundschicht das Charakteristikum der Bedeutungslosigkeit teilt. In der Groteske, neben dem Dokumentarfilm *das* Genre der Grundschicht, wird die Möglichkeit

---

[271] Ebd., S. 344.
[272] Ebd., S. 412.
[273] Ebd.
[274] Kracauer, »Chaplin«, in: Ders., *Kleine Schriften zum Film (1921–1927)*, S. 269 f. [*FZ*, 6.11.1926] Zur Figur des Tramp, über welche Kracauer das Verhältnis von Geschichte, Gedächtnis, Erinnerung, Subjekt und Erzählung thematisiert vgl. Kimmich, »Charlie Chaplin«, S. 226.
[275] Kracauer, *Theorie des Films*, S. 408, S. 413.
[276] Kracauer, »Marseiller Entwurf«, S. 551.
[277] Kracauer, *Geschichte*, S. 199. [*H*., S. 182.] Vgl. Kracauer, »Marseiller Entwurf«, S. 677.

von Bedeutungen durch »bewusste Absurditäten abgewehrt«[278]. Nicht zufällig ist sie in Amerika beheimatet, wo mehr an Zufall als an Schicksal geglaubt werde. Kracauer vergisst nicht anzumerken, dass in Deutschland keine Grotesken produziert wurden. Zufällig entkommt hier der Held der Katastrophe und anders als in der Tragödie, wo der Zufall versklavt wird, ist er in der Groteske ein Handlungsträger.[279] Nicht so in der Schicksalstragödie, die sich gegen alle Faktoren des Seienden, die das »imaginierte Schicksal von seinem Lauf ablenken könnten« als »unerbittlich« erweist. »Ja, die Tragödie vergewaltigt das Seiende, damit es das Walten des Schicksals nur nicht hindert, sondern noch stützt und beschleunigt.«[280]

Kracauer, der in *Geschichte* im Kontext seiner Analysen von Prousts *Recherche* die »Hoffnung« als das »unvergänglichste und zarteste Verbindungsstück zwischen zwei sukzessiven Welten«[281] bezeichnet, hält den theaterhaften Tragödien Filme mit *happy ending* entgegen. Hier ist das Ende des Films eben kein Ende der Geschichte und die Helden dürfen wie im neorealistischen Kino Italiens »am Ende neu am Leben teilnehmen«.[282] Im »Marseiller Entwurf« geht es immer wieder um die Überwindung des Tragischen, etwa wenn Kracauer zum filmischen Motiv der Rettung notiert: »Die Rettung ist deshalb ein wunderbares Filmmotiv, weil sie das (tragische) Ende sinnfällig desavouiert. Es geht also doch weiter!«[283] Die Rettung wird als ein Motiv der Momentaufnahme gehandelt, wohingegen das Theatralische oder Tragische mittels Totalaufnahmen aufgenommen wird. Glücklich enden Chaplins Filme, wenn der Vagabund aus dem Blickfeld in eine offene Zukunft verschwindet.[284] Nicht auf das Glücksversprechen kommt es dabei an, sondern auf die Offenheit des Lebens und der Geschichten, denen auf medialer Ebene die Forderung der Kamera nach Unbegrenztheit entspricht. Hier findet sich eine weitere Analogie zu Kracauers Geschichtsbild, ist doch ein Wesensmerkmal des historischen Universums, dass es aus dem Dunkel kommt und sich in eine »offene Zukunft erstreckt«.[285] Kracauer besteht darauf, dass das offene Ende bei Chaplin nicht nur wie bei Fellini darauf abzielt, den Zuschauer zur Suche nach möglichen Lösungen zu aktivieren. Es geht bei ihm auch um besondere Qualitäten des Helden, die Betonung seiner Widerstandskraft, was das Preisen von »Fähigkeit, Elastizität, ja sogar Anpassungsfähigkeit als Waffen in einem nicht endenden Kampf« erkläre.[286] Im Exkurs über »untragische Schlüsse« in der *Theorie des Films* kommentiert Kracauer den deutschen Stummfilm *Der letzte Mann* (1924). Dort ist als ironischer Kommentar auf

---

[278] Ebd., S. 609.
[279] Ebd., S. 536.
[280] Ebd., S. 550.
[281] Kracauer, *Geschichte*, S. 177. [*H.*, S. 161.]
[282] Kracauer, *Theorie des Films*, S. 416.
[283] Kracauer, »Marseiller Entwurf«, S. 626.
[284] Kracauer, *Theorie des Films*, S. 415 f.
[285] Kracauer, *Geschichte*, S. 55. [*H.*, S. 45.]
[286] Kracauer, *Theorie des Films*, S. 417.

den Hollywood-Film an das tragische Ende einfach eine zusätzliche Episode angehängt, in der der Held, ein Hotelportier, nicht als gescheiterte und gedemütigte Figur gezeigt wird, sondern als eine, die ihr Leben in vollen Zügen genießt. Kracauer dazu: »Die Figur des Hotelportiers ist natürlich nur in einer mit autoritären und militaristischen Begriffen gesättigten Welt tragisch – genau der Welt, die eine der Zwangsvorstellungen des deutschen Films vor Hitler war.«[287]

Vom Roman zur Episode
Um zu verdeutlichen, wie sich Kracauers Reflexion über den Roman entwickelt und welche Rolle dieser in seinen Überlegungen über *Geschichte* spielt, ist erneut ein Umweg über die beiden Filmtheorien aufschlussreich. Dort widmet Kracauer dem Verhältnis von Film und Roman jeweils ein Kapitel, wobei er zunächst nach deren Ähnlichkeiten fragt, um dann ihre Unterschiede zu erörtern.

Im Spielfilm sind Handlung und Komposition besonders wichtig. Im »Marseiller Entwurf« wird er als »problematische Gattung«[288] bezeichnet, denn er ist – ähnlich wie Allgemeingeschichte – in eine Antinomie verwickelt. Einerseits tendiert seine Handlung zur Endlosigkeit. Diese kollidiert jedoch mit dem »Zwang zur Geschlossenheit«, der sich sogar in jenen Gattungen des Films bemerkbar macht, die sich der materiellen Grundschicht verschrieben haben.[289] Der Zwang zur Geschlossenheit besteht, weil »nur aufgrund der Gegebenheit des Ganzen sämtliche Teile, aus denen sich dieses Ganze zusammensetzt, ihren *letzten Sinn herausstellen* können.«[290] Der künstlerische Aspekt des Films wird mit Ganzheit in Verbindung gebracht.

Wie aber vermag der Film mit der Antinomie zwischen der Endlosigkeit des filmischen Universums und der Geschlossenheit der Handlung fertig zu werden? Er darf der Tendenz zur Geschlossenheit nicht nachgeben. Nur wenn er auf der Endlosigkeit beharrt, kann vermieden werden, dass er sich einer intentionalen Bedeutungskonstruktion hingibt, in der die materielle Dimension ihre Stellung als Handlungsträger eingebüßt hätte.[291] So hat der Film weniger mit dem Theater als mit dem Roman gemein, auf den Kracauer in *Geschichte* häufig zu sprechen kommt, steht er doch traditionell der Historiographie am nächsten: Er neigt wie der Film und das historische Universum zur Endlosigkeit. Seiner Tendenz nach ist der Film nicht dramatischer, sondern epischer Natur.

---

[287] Ebd., S. 415.
[288] Kracauer, »Marseiller Entwurf«, S. 673.
[289] Ebd.
[290] Ebd., S. 665. Kursivierung im Text.
[291] Ebd., S. 675, S. 679.

In der Filmtheorie verweist Kracauer auf den ‚Konflikt des Regisseurs zwischen dem Wunsch, die Lebensfülle abzubilden oder einen Film zum Abschluss zu bringen.[292] Er bezieht sich bezeichnenderweise auf Romane des 19. Jahrhunderts: Tolstoi und Flaubert, aber auch auf Proust. Sie alle suchen das »Leben in einem Umfang zu zeigen, der die eigentliche Handlung weit hinter sich läßt.«[293] Die Zweischneidigkeit der Handlung ergibt sich aus ihrer Funktion als »Faden durch das Labyrinth des Lebens«,[294] von dem jedoch die Gefahr einer Reduktion der Lebenskomplexität ausgeht, da Zufälligkeiten zugunsten einer scheinbar notwendigen Ereignisabfolge getilgt werden. Mit E. H. Forsters *Ansichten des Romans* verlangt Kracauer, der »Unberechenbarkeit des Lebens« ihren Platz einzuräumen, um der »Sehnsucht« nach den »weiten Räumen des Lebens« gerecht zu werden.[295] Das Epos mit seiner zyklischen Zeitvorstellung kannte aufgrund seiner Ausrichtung an der Ewigkeit noch nicht die Wirkungsmacht der chronologischen Zeit. So strebt die epische Handlung nicht nach denselben Begrenzungen wie die des Romans, der stets auf der Suche nach einem Schluss ist. Es ist die Willkür dieser Abschlusshaftigkeit, welche den Romanleser laut Kracauer unangenehm berührt.[296]

Die Unterschiede zwischen Film und Roman sind damit durch ihre jeweiligen Zeitkonzeptionen bedingt. Kracauer widerspricht dem französischen Philosophen Etienne Souriau, der von einer zeitlichen Starrheit der Filme ausgeht, weil ihnen, wie er glaubt, als einziges ästhetisches Mittel des Zeitsprungs nur die Rückblende zur Verfügung steht. Im Roman sah Souriau mehr Möglichkeiten, unterschiedliche Zeitebenen miteinander zu verknüpfen. Kracauer führt Beispiele an, die belegen, dass es sich bei dieser These zwar um eine Tendenz, nicht jedoch um einen prinzipiellen Unterschied handelt. Eindrucksvoll sind die Bemerkungen zu Ingmar Bergmans *Wilden Erdbeeren* (Smultronstället 1957), die Kracauer mit Worten beschreibt, welche an seine Schilderung des Orpheus-Mythos in *Geschichte* erinnern. Der Protagonist, der alternde Medizinprofessor Isak Borg, der auf der Reise zu seinem Promotionsjubiläum von Tag- und Alpträumen eingeholt wird, tritt ganz »leibhaftig« in die Vergangenheit ein. Er begegnet seinen einstigen Freunden wie seinem einstigen Selbst und macht durch diese Träumereien einen Wandlungsprozess durch. Er wird vom Beobachter zum neuerlichen Teilnehmer, der mit den »bleichen Figuren« der Vergangenheit in Kontakt tritt. Indem er sie auf diese Weise in die Gegenwart holt, gelingt es ihm ein anderer zu werden.[297] Der Film verfügt so mit laut Kracauer über weit mehr ästhetische Mittel Zeit darzustellen, als Souriau behauptet. Es ist im Film durchaus möglich, Kontinuitätsbrüche aufscheinen zu

---

[292] Kracauer, *Theorie des Films*, S. 364 f.
[293] Ebd., S. 363.
[294] Ebd.
[295] Ebd., S. 364.
[296] Ebd., S. 365.
[297] Ebd., S. 368.

lassen und Vergangenheit in die Gegenwart zu integrieren.[298] Auch was die Identifikationsmöglichkeiten der Kamera mit ihren Protagonisten anbelangt, täuscht sich Souriau in Kracauers Augen. Der Film *Caligari* beweist, dass das Kino mimetische Fähigkeiten hat, die es ihm erlauben, das Innere des Protagonisten an die Stelle des Erzeugers der Bilder zu setzen. Auch die Kamera ist zum Perspektivwechsel befähigt.

Der entscheidende Unterschied zwischen Film und Roman liegt folglich in dem jeweiligen Universum, auf das sie sich beziehen. Wurde eingangs behauptet, dass beide »Medien« die »weiten Räume des Lebens« in den Blick nehmen, nuanciert Kracauer diese Aussage dahingehend, dass sie jeweils unterschiedliche Aspekte dieser Räume erfassen. Während der Film sich tendenziell stärker dem materiellen Kontinuum, der Physis, zuwendet, setzt sich der Roman intensiver mit dem geistigen Kontinuum, den inneren Ereignissen und seelischen Entwicklungen auseinander. Dem Film ist dieser Bereich zwar nicht verschlossen. Der Roman vermag ihn gleichwohl auf direktere Weise zu benennen.[299] Eine Episode aus Prousts *Recherche* (*La Prisonnière*) soll diese Behauptung verdeutlichen. Scheinbar wie für den Film gemacht, ist die Szene des Romans, in welcher der Protagonist am Morgen erwacht und die Rufe der Straßenhändler hört, die bis in sein Schlafzimmer dringen und sich in seiner Vorstellung mit Gregorianischen Chorälen vermischen. Die geistige Kontinuität, die zwischen den Erinnerungen der Vergangenheit und der Gegenwart hergestellt werden, bleibt dem Film – sofern er nicht zu unfilmischen Mitteln greifen will – versperrt.[300]

Trotz einiger Affinitäten zum Kino ist auch der Roman keine filmgerechte (literarische) Form. Kracauer kann sich keine Stories vorstellen, die ein Vorbild in der Literatur haben. Dies heißt jedoch nicht, dass der Film ohne Handlung auskommen muss. Laut Kracauer stand ein obsoleter Kunstbegriff in der Vergangenheit der Entdeckung wahrhaft filmischer Handlungen im Wege, die er nun ihrer »unverdienten Anonymität zu entreißen« sucht[301]: Es handelt sich um die »gefundene Story« und die Episode, welche auch für Kracauers Reflexionen zur Historiographie eine besondere Rolle spielen.

Gefundene Stories ähneln dem, worauf auch der Historiker in seinen Dokumenten stößt – sie werden im Rohmaterial der physischen Wirklichkeit entdeckt. Kracauer vergleicht sie mit den Mustern auf einer Wasseroberfläche, die man erkennt, falls man sie nur lange genug betrachtet. Sie sind so wenig konstruiert, so wenig theatralisch wie möglich, und sie unterscheiden sich voneinander durch »den Grad ihrer Kompaktheit oder Deutlichkeit.«[302] Es handelt sich, wie es die For-

---

[298] Ebd., S. 366 f.
[299] Ebd., S. 370 f.
[300] Ebd., S. 371 f.
[301] Ebd., S. 382.
[302] Ebd., S. 383.

mel des amerikanischen Dokumentarfilmers Robert Flaherty (1884–1951) will, um eine »leicht angedeutete Handlung.«[303] Flahertys Überzeugung nach musste eine Geschichte aus dem »Volk« kommen, wobei er sich auf sogenannte »primitive Völker« bezieht. Kracauer betont jedoch, die Handlung könne auch »den Stichworten von Menschenmengen, Straßenszenen und dergleichen Gehör schenken.«[304] Die gefundene Story ist ein »interpretierende[r] Bericht [...], der an Dichtung grenzt.«[305]

Die Episode definiert Kracauer als Ereignisgruppe, die in sich aus dem Fluss des Lebens abhebt, um anschließend wieder in diesen einzugehen. Von Dokumentarfilmen, mit denen Episodenfilme vieles teilen, unterscheiden sie sich durch ihren fiktionalen Charakter sowie durch die Tatsache, dass sie nicht als typisch für ihren Bezugsrahmen in der Wirklichkeit zu gelten haben.[306] Episoden tauchen jedoch nicht nur aus dem Fluss des Lebens auf, sie werden umgekehrt auch von diesem durchdrungen, lassen ihn »durch sich hindurch passieren.«[307] Die Fähigkeit dazu bezeichnet Kracauer als »Durchlässigkeit«[308] einer Episode, deren filmische Qualität sich proportional zu dieser »Porosität«[309] verhält. Seine Beschreibung der Qualität filmischer Episoden erinnert an den Traum. Der Film *Brief Encounter* (1945) etwa besteht nur aus ganz wenigen Szenebildern. »Aber diese Szenerien sind ›offen‹: Leute zirkulieren in ihnen; man ist sich dauernd bewußt, daß sie jeden Augenblick durch andere ersetzt werden können. Die Szenerien geben dem Zuschauer das Gefühl, gleichzeitig auch anderswo zu sein, weil sie von Bewegungen oder den Vibrationen der Züge durchdrungen sind.«[310] Episoden zeichnen sich durch die Existenz von »Lücken« aus, »in die das Leben der Umwelt einströmen kann« – sie erinnern an die Burckhardt'schen »Schlupflöcher«[311] in *Geschichte*, durch die man der Geschlossenheit des Geschichtsprozesses entrinnen kann.

Auch beim Episodenfilm stellt sich die Frage nach der Verknüpfung der disparaten Elemente einer Episode. Kracauer bezieht sich hier auf den französischen Filmkritiker Henri Agel (1911–2008). Agel spricht von dem »Dahintreiben und Gleiten« der episodischen Elemente in Fellinis *I Vitelloni* (1953). Die Aufeinanderfolge der Episoden, die »Chronik« dieses Films unterscheidet sich von Handlungen, die der Vermittlung einer tragischen Handlung oder einer Philosophie dienen. Sie

---

[303] Ebd., S. 383 f.
[304] Ebd., S. 386.
[305] Ebd., S. 387.
[306] Ebd., S. 391 f.
[307] Ebd., S. 396.
[308] Ebd.
[309] Ebd., S. 401.
[310] Ebd., S. 396.
[311] Kracauer, *Geschichte*, S. 204. [*H.*, S. 186.]

habe »den Stil einer Proposition; sie gestattet uns [von den Dingen, die wir sehen], unvollständige Begriffe zu hegen«, zitiert Kracauer Agel.[312]

Die Elemente oder »Zufallsströmungen« einer Episode, die ihren Fortgang bestimmen, erfüllen nach Kracauer besonders in den Filmen des italienischen Neorealismus die Funktion von »Ideogrammen«.[313] Es sind Einzelheiten wie eine Gruppe von Menschen im Regen oder eine Häuserfassade, an welcher der Blick vorübergleitet und die dem Betrachter wie die drei Bäume bei Proust, die Kracauer auch in *Geschichte* zitiert, zuwinken. Kracauer insistiert mehrmals auf der »Dringlichkeit«, ja sogar Verzweiflung, mit denen sie ihre »wichtige Mitteilung« zu machen suchen, um die Notwendigkeit und Möglichkeit der Lesbarkeit derselben jedoch sofort in Frage zu stellen: »Jeder Versuch einer allegorischen Interpretation würde diese Ideogramme ihrer Substanz berauben.«[314] Es handelt sich bei ihnen nicht so sehr um »Rebusse«, um Bilderrätsel, als vielmehr um »Propositionen« – Kracauer greift Agels oben erwähnten Begriff auf –, um ganz eigenständige Aussagen.[315] Hier findet sich erneut Kracauers Idee des Aufbewahrens, Registrierens, der Rettung der Dinge. Denn die Sätze oder Propositionen verlangen eben nicht nur nach Enträtselung durch den Zuschauer, sondern erheben den dringlichen Anspruch auf ihr Sosein, ihre eigene Existenz, sie verlangen danach, »bewahrt« zu werden als die »unersetzbaren Bilder, die sie sind.«[316]

Geschichte und der moderne Roman: Hayden White, Erich Auerbach

Geschichte ist auch hinsichtlich seiner eigenen historischen Position interessant, denn das Werk ist zwar nicht im Umkreis postmoderner Diskussionen entstanden – gleichwohl stellt Kracauer hier Überlegungen zu Fragen an, die später auch dort auftauchen werden.[317] Ein solcher Berührungspunkt ist etwa die Erwähnung eines Aufsatzes von Hayden White »The Burden of History« (1966), der Whites *Metahistory* (1973) und seine Betonung der rhetorischen Elemente historischen Wissens und Denkens bereits andeutet. Kracauers Kritik an der Allgemeingeschichte mündet in ähnliche Fragen wie jene, die White in diesem frühen Aufsatz aufwirft: Welches sind die darstellerisch-rhetorischen Mittel, derer sich die Historiographie, bedient, worin besteht ihre ideologische Funktion und inwiefern sind diese Mittel oder Formen erneuerungsbedürftig? Interessanterweise hat sich White genau wie Kracauer mit Ernst Gombrichs *Art and Illusion* (1960) auseinander gesetzt.

---

[312] Kracauer, *Theorie des Films*, S. 398.
[313] Ebd., S. 399.
[314] Ebd.
[315] Ebd.
[316] Ebd.
[317] Kimmich, *Wirklichkeit als Konstruktion*, S. 96.

Vor allem aber beziehen sich sowohl White als auch Kracauer auf Erich Auerbachs *Mimesis* (1946). Kracauer unterhielt mit dem Exilanten Auerbach eine Korrespondenz, in der beide (ähnlich wie Kracauer gegenüber Panofsky und Blumenberg) bemerkten, dass sie gemeinsame Fragestellungen verfolgten. Teilt Kracauer Whites Kritik hinsichtlich der literarischen Modelle von Allgemeinhistorikern, lässt sich anhand von Auerbachs Realismusstudie aufzeigen, weshalb moderne Autoren für Kracauer zu Modellen historischen Erzählens werden können.

Kracauer und Hayden White
Kracauer vertritt im Kapitel »Allgemeingeschichte…« drei zentrale Thesen, die er mit White und Auerbach belegt: Die Position derjenigen, die Historiographie als »Kunst« verstanden wissen wollten, krankt daran, dass sie sich auf Kunstformen des 19. Jahrhunderts beziehen. Die künstlerischen Ideale, an denen sich der Allgemeinhistoriker orientiert und auf die er zur historischen Kohärenzbildung zurückgreift, werden von jüngeren Entwicklungen im Bereich der modernen Kunst, wie sie Erich Auerbach im letzten Kapitel von *Mimesis* beschreibt, in Frage gestellt. In dem Maße, wie sich der Schönheitsbegriff geändert hat, müssten sich auch die Stil- und Kompositionsprinzipien der Historiker entwickeln. Obwohl sich Kracauer damit auf Hayden White beruft, weist er (gleichwohl nur vage) darauf hin, dass sein eigener Ansatz von Whites Position auch in wesentlichen Punkten abweicht.[318]

Geschichtsschreibung – ein »Unfall« der Geschichte?
Die Diskrepanz zwischen dem Gebrauch veralteter ästhetischer Mittel in der Geschichtsschreibung und modernen Stilbegriffen ist die erste These von Whites »The Burden of History«. Sie geht laut diesem auf eine Fehlentwicklung innerhalb der Geschichtsschreibung zurück, welche auf einer frühen Stufe ihrer Darstellungsformen gleichsam stecken geblieben sei. So verlegt White die tatsächlich viel ältere Frage der »Zwitterstellung« der Historie zwischen Kunst und Wissenschaft, zwischen Dichtung und Wahrheit, in das 19. Jahrhundert.

White deutet die Geburtsstunde der Historiographie zu Anfang des 19. Jahrhunderts als Versuch, die Erfahrungen der Französischen Revolution zu bewältigen, und zwar durch das *gemeinsame* Bemühen von Historie und Kunst, Wissenschaft und Philosophie. Wenn viele Historiker (anders als Künstler oder Philosophen) den damaligen Vorstellungen von Kunst und Wissenschaft verhaftet blieben, so weil sie »Kunst« mit der *romantischen* Kunst und Wissenschaft mit der *positivistischen* Wissenschaft gleichsetzten. Die Ignoranz der romantischen Kunst und des Positivismus gegenüber der jeweils anderen Seite hätte im 19. Jahrhundert so etwas wie eine Mittlerrolle der Historiker erforderlich gemacht, die mit der Überwindung der Missverständnisse der einstigen Gegner obsolet wurde. Zu viele Historiker hingen jedoch weiterhin einem überholten Objektivitätskonzept an: Sie be-

---

[318] Kracauer, *Geschichte*, S. 200. [*H*., S. 245, Anm. 34.]

handelten »Fakten« als gegeben, ohne anzuerkennen, dass es sich schon bei deren Etablierung um Konstruktionen handelte. Dasselbe Objektivitätsideal binde sie nach wie vor an einen unkritischen Gebrauch der Chronologie in ihren Erzählungen.[319] So ist die Historiographie in Whites Augen eine Art »historischer Unfall«, das Produkt einer präzisen geistig-historischen Situation. Dringlichste Aufgabe der Historiker ist, den geschichtlich bedingten Charakter ihrer Disziplin auszuweisen und eine Geschichte zu betreiben, die auf der Grundlage eines Bewusstseins der *Gemeinsamkeiten* zwischen Kunst und Wissenschaft zu denken wäre.[320]

Auch Kracauer spricht von Geschichte als einer »Wissenschaft, die anders ist«. Für ihn ist offensichtlich, dass der Allgemeinhistoriker eine Geschichte erzählen muss und seine Stilmittel oft fragwürdig sind. Anders als White existiert jedoch für ihn kein Konsens unter der intellektuellen Gemeinschaft darüber, dass das Studium der Geschichte »um ihrer selbst willen« ein verwerfliches Anliegen sei, welches zur Aufklärung der Menschheit nichts beizutragen hätte. Geschichte als Selbstzweck ist für White ein antiquiertes Unternehmen, eine Flucht vor den Problemen der Gegenwart, ja sogar kulturelle »Nekrophilie«.[321] Er bedient sich der klassischen Topoi der Historismuskritik, auf die unten einzugehen sein wird. Die Vergangenheit sollte unter Perspektiven betrachtet werden, die zur Lösung der Probleme in der Gegenwart beitrügen. Darüber hinaus wird Whites literaturwissenschaftlich geprägte Perspektive deutlich, wenn er die Kritik der Sozialwissenschaften an der Historiographie beinahe ganz übergeht, aber umso ausführlicher die Einwände von Schriftstellern darstellt, unter denen die »Feindschaft« gegen die Geschichtsschreibung aufgrund der noch größeren Nähe besonders stark sei, wie er diese Entscheidung begründet.[322] Die Vorwürfe, die sich von André Gide bis Edward Albee nicht nur gegen die Geschichtstheorie, sondern auch gegen die historiographische Praxis richten, betreffen nach White durchgängig die »mangelnde Sensibilität« der Historiker. Einige Autoren verurteilen auch das »historische Bewusstsein« selbst. Dieses muss Whites Meinung nach ausgeschaltet werden, will ein Autor jene Schichten menschlicher Erfahrung in Augenschein nehmen, auf die sich moderne Kunst richtet.[323]

---

[319] White, »The Burden of History«, S. 125 ff.
[320] Ebd., S. 112 f.
[321] Ebd., S. 125.
[322] Ebd., S. 115.
[323] White geht auf drei Beispiele ein: George Eliots *Middlemarch*, Henrik Ibsens *Hedda Gabler* und André Gides *Immoraliste* (1902), welche Vorwürfe ins Bild setzen, die schon Nietzsche gegen das »Eunuchengeschlecht« erhob. Bei Eliot und Ibsen werden die Historiker von ihren Frauen zugunsten eines Künstlers bzw. eines Geschichtsphilosophen verlassen, weil sie unter der »Last der Geschichte« leiden, der sich ihre Männer verschrieben haben. Bei Gide verliert der Historiker das Interesse an den Ruinen, gibt seine akademische Karriere auf um sich den »dunklen Mächten hinzugeben«, welche die Geschichte ihm bislang verborgen hielt. Ebd., S. 116 f., S. 119.

Die fokussierende Metapher

White belässt es nicht bei dieser Kritik, er formuliert in seinem Aufsatz von 1966 auch den Ansatz eines Lösungswegs, den er in *Metahistory* weiter entwickelt. Historiker sollten sich über die Wahl ihrer literarischen Modelle Rechenschaft ablegen.[324] In »The Burden of History« spricht er bereits von einer jeden historischen Diskurs regierenden »Metapher« als »heuristischem Gesetz«, das gewisse Arten von Daten von der Betrachtung ausschließt und es dem Historiker erlaubt, eine bestimmte Perspektive durchzuhalten, die nicht den Anspruch erhebt, alle gegebenen Daten zu berücksichtigen.[325] Die historischen Fakten treten in Whites Analyse hinter der Kombination nach literarischen Mustern zurück. White zeigt sich mit der Vorstellung nicht einverstanden, wonach der Historiker seine Geschichten »finde«, so wie Kracauer zumindest von dem idealen Filmemacher sagt, er »finde« seine *Stories*. White betont, die Vorstellung von dem Auffinden von Geschichte(n) verschleiere, wie sehr auch die Arbeit des Historikers (und nicht nur die des Romanciers) von »Erfindung« geprägt sei.[326] In »The Burden of History« führt White interessanterweise als Beispiel einer solchen Erfindung das Konzept des »Individualismus« in Jacob Burkhardts Renaissance-Arbeit an, von dem auch Kracauer in *Geschichte* spricht. Dieses Konzept erfüllt nach White bei Burckhardt die Funktion der fokussierenden Metapher. Erst sie habe ihn der Aufgabe enthoben, die Chronologie zu verfolgen und eine Geschichte mit »einem Helden, einem Bösen und einem Chor«[327] zu erzählen. Die Aufgabe einer erzählerischen Herangehensweise habe es ihm ermöglicht, einen ganz neuen Blick auf das 15. Jahrhundert zu richten

---

[324] In *Metahistory* stellte er dazu das analytische Instrumentarium bereit, wenn er die »Meisterhistoriker« des 19. Jahrhunderts (Michelet, Tocqueville, Ranke und Burckhardt) und die Geschichtsphilosophen (Hegel und Marx, Nietzsche und Croce) mit Blick auf ihre rhetorischen Tiefenstrukturen, d. h. hinsichtlich des poetischen und sprachlichen Gehalts ihrer Texte untersucht.

[325] In *Metahistory* radikalisierte White diese Position dahingehend, dass es die Form sei, die das Material zur Geschichte macht. White erfasst sie über die Kategorie des Emplotments, des historiographischen Stils. Er unterscheidet im Anschluss an Northrop Fryes *The Anatomy of Criticism* (1957) zwischen vier Typen narrativer Strukturierung, Romanze, Tragödie, Komödie und Satire, die er als archetypische Grundformen menschlichen Handelns den oben genannten Autoren zuordnet. Sie sind den geschichtlichen Ereignissequenzen, welche sie zu einer Erzählung zusammenfügen, nicht inhärent, sondern nur im Bewusstsein des Historikers vorhanden. White, *Metahistory*, S. 21 ff. Jeder dieser Stile gründet außerdem auf spezifischen Erklärungsmustern, gelangt zu »formalen Schlussfolgerungen« und zeichnet sich durch den Gebrauch von spezifischen Tropen der traditionellen Poetik aus (Metapher, Metonymie, Synekdoche und Ironie), welche den »poetischen Akt« des jeweilig dazugehörigen Emplotments prägen. Die tropologischen Grundentscheidungen setzen Deutungsmuster frei, die an das historische Material angelegt werden, und begrenzen diese gleichzeitig. Unter Berufung auf Karl Mannheims *Ideologie und Utopie* fragt White schließlich nach den politischen Implikationen und sucht den einzelnen Autoren ihre jeweiligen Affinitäten zu den politischen Hauptströmungen des 19. Jahrhunderts nachzuweisen (Anarchismus, Konservatismus, Radikalismus, Liberalismus). Ebd., S. 10, S. 38 ff., S. 50 ff.

[326] Ebd., S. 20.

[327] White, »The Burden of History«, S. 128.

und Dinge zu sehen, die vor ihm noch niemand erkannt hatte. Die Auswahl dieser Metapher beruhe auf seiner eigenen »Erfahrung«.[328] Das relevante Beurteilungskriterium für historische Erklärungsansätze kann für White nicht aus der Unterscheidung von Wahrheit oder Imagination gewonnen werden. Es geht ihm vielmehr um die Qualität und den Reichtum der Metapher, um ihren heuristischen Wert.[329] Kracauer hingegen nennt Burckhardts Idee vom »Erwachen des Individuums« in der Renaissance auf dem Kolloquium der Forschungsgruppe »Poetik und Hermeneutik« in Lindau einen »glücklichen Fund«.[330]

White sucht von vornherein dem Vorwurf des Relativismus zu begegnen. Zur Verteidigung stützt er sich auf Ernst Gombrichs *Art and Illusion. A study in the Psychology of Pictural Representation* (1960), der sich mit der Frage nach der Wahrnehmung von Wirklichkeit in der Kunst befasst.[331] Wie Gombrich angemerkt habe, gehe bei einem Vergleich von John Constable oder Paul Cézanne niemand daran zu entscheiden, welche der Perspektiven auf eine Landschaft die korrektere sei. Stil habe lediglich die Funktion eines Notationssystems, das hinsichtlich seiner Kohärenz überprüft werden kann.[332] Auf die Historie gewendet, erlaubte solch ein methodologischer und stilistischer Kosmopolitismus, die Vorstellung einer wahrheitsgemäßen Darstellung zu verabschieden. White versucht so, die seiner Auffassung nach naive Sichtweise zu überwinden, dass Aussagen über eine Epoche einem bestimmten Korpus von Tatsachen entsprächen: Erforderlich sei »Takt« (auch für Kracauer eine wichtige Kategorie[333]) bei der Auswahl der Metapher, die im Übrigen aufgegeben und durch eine umfassendere ersetzt werden könne, wenn sie sich als ungeeignet erweise, eine bestimmte Reihe von Daten zu umfassen. Diesen Prozess setzt White mit der Art und Weise gleich, nach der ein Wissenschaftler eine Hypothese aufgebe, wenn ihr Nutzen erschöpft sei.[334] Historiker könnten zu impressionistischen, expressionistischen, surrealistischen und vielleicht sogar aktionistischen Darstellungsformen von Geschichte Zugang finden, um die Bedeutung der Daten zu dramatisieren, die sie aufgedeckt hätten. So könnte Geschichte Möglichkeiten kreativer Kommentare über Vergangenheit und Gegenwart bereithalten, die keiner anderen Disziplin zur Verfügung stünden.[335]

---

[328] Ebd.
[329] Ebd., S. 130.
[330] »Diskussion, Das Ästhetische als Grenzerscheinung der Historie«, in: Kracauer, *Geschichte*, S. 411.
[331] Vgl. Hoffmann, »Von der Codierung und Decodierung der Wirklichkeit«. Gombrich berücksichtigt bei diesen Untersuchungen (wie Aby Warburg) nicht nur die traditionellen Kunstformen, sondern auch Karikaturen, Comics oder Kinderzeichnungen. Auerbach, der ähnliche Fragestellungen wie Gombrich verfolgte, erweiterte seinen Gegenstandsbereich um religiöse und historiographische Texte. Stückrath/Zbinden, »Einleitung«, S. 13.
[332] White, »'The Burden of History«, S. 130.
[333] Kracauer, *Theorie des Films*, S. 390 oder Ders., *Geschichte*, S. 226. [*H.*, S. 206.]
[334] White, »'The Burden of History«, S. 131.
[335] Ebd., S. 134.

Auch Kracauer weist auf den Konstruktionscharakter von Geschichtsschreibung hin, und er tut dies wie White mit dem Ziel, das Feld der darstellerischen Möglichkeiten einer der Moderne gemäßen Geschichtsschreibung zu erweitern. Jedoch lenkt die Analogie zwischen historischem Universum und Kamera-Realität seine Reflexionen in eine andere Richtung.

Erich Auerbachs *Mimesis* (1946)

Ähnlich wie mit Blumenberg und Panofsky teilte Kracauer mit Erich Auerbach Interessen, welche die beiden in den USA miteinander ins Gespräch brachten. Auch der Romanist Auerbach war ein Emigrant: Er hatte 1936 seine Professur an der Universität Marburg verloren, emigrierte dann zunächst nach Istanbul, wo er an der von Atatürk neu gegründeten Universität eine Professur übernahm, bevor er 1947 in die USA ging und in Yale lehrte.[336] Kracauer lernte ihn 1951 bei den Kunsthistorikern Gertrud und Richard Krautheimer kennen und bat anschließend um ein Treffen: »I personally should be glad to have a good talk with you, for I feel we have many problems (and perhaps solutions) in common.«[337] Anlass dazu gab ihm die Lektüre eines Kapitels aus Auerbachs *Mimesis* über den französischen Realismus des 19. Jahrhunderts, das in der *Partisan Review* als Vorabdruck der englischen Übersetzung erschien. Kracauer war auch für Auerbach kein Unbekannter. Am 1. September 1953 betonte dieser seinerseits ihre gemeinsamen Interessen, nachdem er Kracauers Aufsatz »Für eine qualitative Inhaltsanalyse«[338] im *Public Opinion Quarterly* gelesen hatte: »mit dem gleichen Gefühl von Zustimmung und Sympathie [...] das ich schön [sic] vor vielen Jahren Ihren Artikeln in den deutschen Zeitungen gegenüber empfand.« Es sei ihm »ganz klar, dass wir in wesentlichen Punkten übereinstimmen.«[339]

---

[336] Zur Emigration deutscher Wissenschaftler in die Türkei vgl. Kubaseck/Seufert, *Deutsche Wissenschaftler*. Zu Auerbach vgl. Neuschäfer, »Servo humilis«.
[337] Kracauer an Auerbach, 4.7.1951, abgedruckt in: Treml/Barck (Hrsg.), *Auerbach*, S. 483.
[338] Kracauer, »Für eine qualitative Inhaltsanalyse«, in: *Aufsätze 1932–1965*, S. 338–351. [*Public Opinion Quarterly* 16 (1952/53) Nr. 4, S. 631–642.]
[339] Auerbach an Kracauer, 1.9.1953, in: Treml/Barck (Hrsg.), *Auerbach*, S. 486. Kracauer bezieht sich hier auf die Kommunikationsforschung und kritisiert die quantitative Exegese, wie sie am *Bureau of Applied Social Research* im Umkreis von Paul Lazarsfeld praktiziert wurde, für das Kracauer zeitweise als *Senior staff member* bzw. *Research director* arbeitete. Kracauer fordert eine Verlagerung der Tendenz hin zu qualitativen Methoden und versucht, qualitative Analysen von dem Vorwurf der mangelnden Objektivität zu befreien, indem er für eine Konzentration auf die Intentionen und vermuteten Wirkungen von Kommunikation plädiert. Er plädiert für »disziplinierte Subjektivität«, da Kommunikationen nicht so sehr »fixierte Entitäten«, sondern »ambivalente Herausforderungen« seien, die zu ihrer Analyse eine Aufnahme und Reaktion seitens des »Analytikers« erforderten. Kracauer vertritt hier dieselbe Position wie später im Bereich der Historie.

Wie Auerbach bezieht sich Kracauer auf Proust, Joyce und Woolf, die für ihn als Modelle einer modernen Geschichtsschreibung dienen können. Er rekurriert dabei auf das letzte Kapitel von *Mimesis*,[340] ein Werk, in dem Auerbach einräumt, Geschichte zu schreiben sei so schwer, dass »die meisten Geschichtsschreiber genötigt sind, Konzessionen an die Sagentechnik zu machen.«[341]

Tatsächlich gibt das Kapitel »Der braune Strumpf« in zweifacher Hinsicht darüber Aufschluss, was Kracauer unter der Modellhaftigkeit moderner Autoren für die Geschichtsschreibung versteht. Auerbach lässt sein Werk über »die Interpretation des Wirklichen durch literarische Darstellung«[342], das er mit Ausnahme des XIV. Kapitels 1942–1945 im Istanbuler Exil verfasste, nicht nur in eine Reflexion über moderne Wirklichkeitswahrnehmung einmünden. Es ist auch durch eine eigentümliche Verschränkung von literarischem Kommentar und der Reflexion über Auerbachs eigene philologische Methode gekennzeichnet, die Kracauers Aufmerksamkeit weckte. Nicht zufällig steht sie ganz am Ende und nicht, wie üblich, am Anfang des Werkes, was bereits auf formaler Ebene eine methodische Stellungnahme ist, denn von einer abstrakten Begriffsbildung sucht Auerbach bei seinen Analysen bewusst abzusehen[343]: »Die vielfältig sich kreuzenden Aspekte in einer Synthese zu begreifen, welche den Gegenständen gerecht wird, kann einer mit exakten und festen Ordnungsbegriffen arbeitenden, klassifizierenden Systematik nicht

---

[340] Auch White bezieht sich in *Metahistory* auf Auerbach. Er bezeichnet *Mimesis* als modellhaft für seine eigene Studie über die Problematik einer »fiktiven« Darstellung von »Wirklichkeit« in der Historiographie. White, *Metahistory*, S. 567, Anm. 4. Auerbach hatte sich wie Ernst Gombrich in *Kunst und Illusion. Eine Studie zur Psychologie der bildlichen Darstellung* (1967) mit *Mimesis. Dargestellte Wirklichkeit in der abendländischen Literatur* (1946) der Frage nach dem Wesen der »realistischen Darstellung« zugewandt, ohne die historische Darstellung zu berücksichtigen. White betont, dass er deren Fragestellung umkehre, wenn er nicht nach den »geschichtlichen Bestandteilen« einer »realistischen« Kunst frage, sondern nach den »künstlerischen« Elementen einer »realistischen« Geschichtsschreibung. Ebd., S. 568. Vgl. dazu Stückrath/Zbinden, *Metageschichte*. Zu White und Auerbach vgl. White, »Auerbach's Literary History«.

[341] Auerbach, *Mimesis* S. 23. (Zitiert wird aus der 10. Aufl. 2001). *Mimesis* taucht aber auch schon mehrmals in der *Theorie des Films* auf. In Notizen zu einer frühen Fassung (1954) spricht Kracauer im Kontext der realistischen Tendenz des Kinos auch von der »mimetic tendency«. Vgl. Kracauer, Theorie des Films, Abriss des entstehenden Buches, KN DLM [72.3557/2].

[342] Auerbach, *Mimesis*, S. 515.

[343] Schiffermüller, »Das letzte Kapitel«, S. 264. Dem Vorwurf, unscharfe Ordnungskategorien zu gebrauchen (Realismus, Moralismus, Stiltrennung oder Stilmischung), begegnete Auerbach mit dem Hinweis, Unschärfe sei ein beabsichtigter Teil seines Vorgehens: »Identität und strenge Gesetzlichkeit gibt es in der Geistesgeschichte nicht, und abstrakt zusammenfassende Begriffe verfälschen oder zerstören die Phänomene. Das Ordnen muß so geschehen, daß es das individuelle Phänomen frei entfaltet leben läßt.« Auerbach, »Epilegomena«, S. 15 f. Auerbach schickte Kracauer diesen Text 1953 zu. Auerbach an Kracauer, 1.9.1953, in: Treml/Barck (Hrsg.), *Auerbach*, S. 486. Zu dieser Korrespondenz vgl. Riedner, »Kracauer und Erich Auerbach«.

gelingen.«[344] Er wünscht sich, dass der Leser »zu fühlen bekommt, um was es sich handelt, noch bevor ihm eine Theorie zugemutet wird.«[345]

Welches sind nun aber die Kennzeichen jener Autoren, die als literarische Modelle einer modernen Historiographie gelten könnten? Und wie reflektiert Auerbach seine Methode, die eine Modellhaftigkeit moderner Autoren für sich selbst in Anspruch nimmt?

Auerbachs Realismustheorie in *Mimesis*

Über *Mimesis* schreibt Auerbach, es verdanke seine Existenz der Situation des Exils. »Mimesis ist ganz bewußt ein Buch, das ein bestimmter Mensch, in einer bestimmten Lage, zu Anfang der 1940er Jahre geschrieben hat.«[346] Damit ist nicht nur der Zweite Weltkrieg angesprochen, sondern auch der organisierte »Traditionsbruch«, den Atatürks Reformen eingeleitet hatten (und denen Auerbach seine Aufnahme an der türkischen Universität verdankte). In einem Brief an Benjamin schreibt er 1936: »Man hat hier alle Tradition über Bord geworfen und will auf europäische Art einen – extrem türkisch-nationalistischen – durchrationalisierten Staat aufbauen. Es geht phantastisch und gespenstisch schnell, schon kann kaum noch wer arabisch oder persisch, und selbst türkische Texte des letztvergangenen Jahrhunderts werden schnell unverständlich, seit die Sprache zugleich modernisiert und am Urtürkischen neuorientiert ist und mit lateinischen Buchstaben geschrieben wird.«[347] Auerbach hatte in Istanbul nur eingeschränkten Zugang zur einschlägigen Literatur, ein Umstand, der es ihm, wie er schreibt, tatsächlich ermöglicht habe, sein Projekt durchzuführen. Andernfalls hätte er die Darstellung der Geschichte des europäischen Realismus auf andere Weise in Angriff genommen, die angesichts der nicht zu bewältigenden Stoffmenge zum Scheitern verurteilt gewesen wäre. Auch hätte ihn die Begriffsdefinition des Realismus bereits vor unüberwindliche Hindernisse gestellt.[348] Auerbach verfasste mit *Mimesis* eine Geschichtskonstruktion, die eine »versteckte« oder »verborgene« Theorie des Realismus enthält, welche er aus der narrativen Abfolge der Analysen heraus entwickelt.[349] Er beschreibt den modernen Realismus als säkularisiertes Erbe des christlich-figuralen Realismus und der Stilmischung biblischer Quellen. »Stilmischung« (statt antiker Stiltrennung) und »Figuraldeutung« sind die beiden elementaren Kategorien seiner Realismuskonzeption, denen er von der Antike bis hin zum französischen Roman des 19. Jahrhunderts in

---

[344] Auerbach, »Epilegomena«, S. 17. Diesen Text publizierte Auerbach sechs Jahre nach dem Erscheinen von *Mimesis* und reagierte damit auf seine Kritiker, insbesondere auf Ernst Robert Curtius.
[345] Auerbach, *Mimesis*, S. 517.
[346] Auerbach, »Epilegomena«, S. 18.
[347] Auerbach an Walter Benjamin, 12.12.1936, in: Barck, »5 Briefe Erich Auerbachs«, S. 691. Zu Auerbach und Benjamin vgl. Kahn, »Eine ›List der Vorsehung‹«.
[348] Auerbach, *Mimesis*, S. 509; Ders., »Epilegomena«, S. 6. Vgl. Pourciau, »Istanbul 1945«, S. 438.
[349] Uhlig, »Auerbach's ›Hidden‹ (?) Theory of History«; vgl. Müller, »Auerbachs Realismus«; Bauer, »Selbstbehauptung«.

immer neuen Varianten begegnet. In seinem Nachwort erläutert er das Zustandekommen dieser Theorie. Er sei ursprünglich vor der platonischen Fragestellung der Mimesis »in Verbindung mit Dantes Anspruch, in der Komödie wahre Wirklichkeit zu geben«[350] ausgegangen und habe dieses allgemeine Interesse anschließend durch drei Gedanken eingegrenzt. Die beiden ersten Gedanken beziehen sich auf die antike Lehre der Höhenlagen, derzufolge »realistische Ausmalung des Alltäglichen unvereinbar sei mit dem Erhabenen und nur im Komischen ihren Platz habe, allenfalls, sorgfältig stilisiert, im Idyllischen.«[351] Nach den Ereignissen von 1789 hat der französische Realismus des 19. Jahrhunderts, haben insbesondere Stendhal und Balzac diese Lehre vollständig aufgegeben, so dass beliebige Personen Gegenstand tragischer Darstellung werden konnten. Dieser Bruch der antiken Regel ist jedoch nicht der erste in der Literaturgeschichte. Bereits im gesamten Mittelalter sowie in der Renaissance gab es einen »ernsten« Realismus. Diese Kunstauffassung geht nach Auerbach auf die »Geschichte Christi mit ihrer rücksichtslosen Mischung von alltäglich Wirklichem und höchster erhabenster Tragik, die die antike Stilregel überwältigte«, zurück.[352] Aus dem Vergleich dieser beiden Verletzungen der antiken Stiltrennung, so Auerbachs dritter präzisierender Gedanke, ergeben sich die Unterschiede für die moderne bzw. spätantike, mittelalterlich-christliche Wirklichkeitsanschauung. Letztere bezeichnet er (im Anschluss an seine Untersuchung über figura[353]) als »figural«, ein Begriff den er im Nachwort als Anschauung definiert, bei der ein »Vorgang, unbeschadet seiner konkreten Wirklichkeitskraft hier und jetzt, nicht nur sich selbst, sondern zugleich auch einen anderen, den er vorankündigt oder bestätigend wiederholt [sic]; und der Zusammenhang zwischen Vorgängen wird nicht vorwiegend als zeitliche oder kausale Entwicklung angesehen, sondern als Einheit innerhalb des göttlichen Planes, dessen Glieder und Spiegelungen alle Vorgänge sind.«[354]

Über seine Methode sagt Auerbach, er habe »absichtslos« Motive verfolgt, die ihm aus seiner bisherigen Arbeit vertraut waren, und diese an beliebigen Texten überprüft.[355] Sein Vorgehen sei insofern legitim, als sich die gesuchten Motive,

---

[350] Auerbach, *Mimesis*, S. 515.
[351] Ebd., S. 25.
[352] Ebd., S. 516.
[353] Auerbach, »Figura«. Mit diesem Aufsatz reagierte Auerbach auf eine Rede des Münchner Kardinals Karl Faulhaber, der die Bedeutung der hebräischen Bibel, das Alte Testament, für überholt zu erklären suchte. Auerbach hält ihm das figurale Verhältnis zwischen Altem und Neuem Testament entgegen, das eine Beziehung der Gleichwertigkeit zwischen den darin geschilderten historischen und heilsgeschichtlichen Ereignissen begründet. Vgl. Richards, »Auerbach und Ernst Robert Curtius«, S. 38. Zu den subtilen Differenzen zwischen *Mimesis* und »Figura«: Müller, »Auerbachs Realismus«, S. 274 ff.
[354] Auerbach, *Mimesis*, S. 516.
[355] Ebd., S. 510. Diese Äußerung nuanciert er wenige Seiten später: gewiss habe er eine »Absicht« verfolgt, die sich jedoch erst im Laufe seiner Untersuchungen herauskristallisiert habe, »im Spiel mit

wenn es sich tatsächlich um Grundmotive handelte, auch in jedem realistischen Text finden lassen mussten. Mit der wiederholten Betonung der Absichtslosigkeit beim Nachspüren gleichwohl bereits vertrauter Elemente erinnert Auerbach an jenes Gemisch aus Selbstauslöschung und Bewusstsein für die Standortbedingtheit der Wahrnehmung, das auch Kracauer für wünschenswert hält.[356] Auerbach will seine Methode als Spiegelung des Vorgehens moderner Autoren verstanden wissen. So ist das letzte Kapitel von *Mimesis* eine Art Zusatz zu der Geschichte des abendländischen Realismus, in dem sich fiktive Erzählung und kritischer Diskurs gegenseitig aufheben.[357]

Auerbach zeigt, inwiefern die moderne realistische Wirklichkeitsdarstellung, die er anhand von Stendhal, Balzac und Flaubert im Kapitel über das *Hôtel de la Mole* herausgearbeitet hatte, in eine Krise geraten ist. Die Besonderheiten der Wirklichkeitsdarstellung von Woolf und Proust betreffen im Wesentlichen die Zeitkonzeption dieser Autoren, ihr Insistieren auf den *minutiae* und eine episodische Erzählweise, die Kracauer als Modell einer aktuellen Historiographie in Erwägung zieht und schon in manchen Filmen realisiert sieht.

Auerbach geht bei seiner Analyse einiger moderner Romane in »Der braune Strumpf« von Virginia Woolfs *To the Lighthouse* (1927) aus, ein Roman, der die Stilmischung von Alltäglichem und Erhabenem, die Tragik des beliebigen alltäglichen Lebens, paradigmatisch für die Moderne erörtert.[358] Auerbachs Analyse zielt auf die Einstellung des Erzählers zur Wirklichkeit der Welt ab, die eine Verunsicherung erfahren hat. Weder die Darstellung subjektiver Inhalte, noch die Vermittlung eines »seitengängerischen« Eindrucks von Wirklichkeit ist jedoch neu. Neu ist die Darstellung von Bewusstseinsspiegelungen nicht nur eines einzigen, sondern einer Vielzahl von Subjekten. Im Zentrum des von Auerbach analysierten Textabschnitts steht das Rätsel der »sehr schöne[n], doch längst nicht mehr junge[n] Frau eines angesehenen Philosophieprofessors«[359], Mrs. Ramsay. Sie überprüft an ihrem Sohn die Länge eines Strumpfes, an dem sie strickt. Der Strumpf ist noch viel zu kurz, wie sie mit traurigem Blick feststellt.

Wesentlich für die Wirklichkeitsdarstellung des 20. Jahrhunderts, die Auerbach an dieser Passage herausarbeitet, ist der »Versuch, ihr von so vielen Seiten wie möglich nahe zu kommen [...]«[360]. Es geht um eine »Annäherung an echte objektive Wirklichkeit vermittelst vieler, von verschiedenen Personen [...] gewonnener sub-

---

dem Text«, von diesem geleitet, wobei die Auswahl der Textstellen »nach zufälliger Begegnung« oder »Neigung« stattgefunden habe. Ebd., S. 517.
[356] In »Literatursprache und Publikum in der lateinischen Spätantike und im Mittelalter« (posthum 1958) berührt Auerbach die Frage des Relativismus. Vgl. Bauer, »Selbstbehauptung und historische Konstruktion«, S. 54.
[357] Schiffermüller, »Das letzte Kapitel«, S. 267.
[358] Vgl. Ebd., S. 270. In diesem Werk setzt sich Woolf mit dem Tod ihrer Eltern auseinander.
[359] Auerbach, *Mimesis*, S. 490.
[360] Ebd., S. 498.

jektiver Eindrücke [...].«[361] Auerbach insistiert auf der spezifischen Zeitkonzeption, die Woolf, Joyce oder Proust transportieren. Mit dem »Zurücktreten des Schriftstellers von objektiven Tatbeständen« ist ein Zeitmodell verbunden, das auf der Vorstellung von Zeitschichten gründet.[362] Auf beschreibender Ebene wird die Zeit des Erzählens von Woolf nicht für die Erzählung der Handlung (das Abmessen der Strumpflänge) verwendet, sondern für Unterbrechungen, die zu dieser Handlung in unterschiedlichen zeitlichen Verhältnissen stehen. Ein erster Exkurs besteht aus (auch bei Joyce anzutreffenden) Vorstellungsreihen, die (wie Auerbachs *Mimesis*) von »absichtslose[r] Freiheit« sind. Sie nehmen ihren Ausgang von einem zufälligen Anlass und verweisen auf die Differenz der Zeiten innerer und äußerer Vorgänge. Der moderne Autor »hat sich weit mehr, als es vordem in realistischen Werken geschah, der beliebigen Zufälligkeit des Wirklichen überlassen, und wenn er auch [...] das Material des Wirklichen sichtet und stilisiert, so geschieht das doch nicht in rationalistischer Weise.«[363] Ein Sich-Einlassen auf die Kontingenz der Ereignisse und Skepsis gegenüber planvoll ausgeführten Konstruktionen spielt auch bei Kracauer eine zentrale Rolle.

In Auerbachs Kommentar zum zweiten Exkurs über den braunen Strumpf geht es nicht mehr um das Schweifen von Mrs. Ramsays Bewusstsein. Der Inhalt dieser Passage gehört weder zeitlich noch örtlich zu dem Rahmenvorgang, er umfasst Episoden, in denen die »Namenlosen«, »Leute« und der Bekannte William Bankes zu Wort kommen und die eines inneren Zusammenhangs entbehren. Der einzig gemeinsame Bezugspunkt ist das Gesicht von Mrs. Ramsay, das traurig dreinblickt, ein Bild, »welches sich gleichsam in die Zeitentiefe zu öffnen scheint.«[364] Dem unabsichtlichen Hinabsteigen in Mrs. Ramsays Bewusstseinstiefe im ersten Exkurs entspricht die Öffnung in die Zeitentiefe im zweiten. Wie Auerbach betont, kommt es jedoch nicht in erster Linie darauf an, dass die raum-zeitliche Einheit in dem zweiten Exkurs gebrochen erscheint. Die unterschiedlichen Elemente treten zu einer »vielstimmigen Behandlung des ihn auslösenden Bildes zusammen, sie wirken, ganz ähnlich wie die innere Zeit des ersten Exkurses, nicht anders als ein Vorgang im Bewußtsein irgendeines (freilich ungenannten) Betrachters, der Mrs. Ramsay in dem geschilderten Augenblick sehen und dessen Meditation über das ungelöste Rätsel ihrer Person Erinnerungen an das, was Dritte (Leute, Mr. Bankes) über sie sagen oder denken, enthalten würde.«[365] Auslöser des Vorgangs ist ein dem Wesen nach bedeutungsloser, zufälliger Moment. Dieser ist im Bereich der Philologie einem Text vergleichbar, in der Musik einem musikalischen Thema, deren Be-

---

[361] Ebd.
[362] Ebd., S. 496.
[363] Ebd., S. 500.
[364] Ebd., S. 502.
[365] Ebd.

deutung nur durch den Kommentar oder die Durchführung, also durch Spiegelung, zum Vorschein kommt.[366]

Mit dem Versuch, dergestalt zu einer »tiefer liegenden«, »wirklicheren Wirklichkeit«[367] vorzudringen, geht ein Verzicht auf Chronologie einher, den Auerbach am Beispiel von Proust erläutert, der das Bewußtsein, wie oben erörtert, nicht nur aus der äußeren Zeitenfolge, sondern auch aus der »gegenwartsgebundenen Bedeutung«[368] entlässt. Während Auerbach bei Flaubert eine Chronologie von Teilkrisen ausmacht, deren Reihenfolge einen Prozess ergibt, welcher kontinuierlich bis zur finalen Katastrophe abgespult wird, sieht er bei Woolf den unscheinbaren, kleinen Gegenständen gegenüber den großen Einschnitten oder Katastrophen den Vorzug gegeben. Diese Entwicklung begründet er mit einer »Verlagerung des Vertrauens« von der Möglichkeit einer Einsicht in die großen Zusammenhänge hin zum Kleinen.[369] Auerbach besteht zwar wie Kracauer auf der Notwendigkeit, scheinbar beliebige Vorgänge »um ihrer selbst willen«[370] zu schildern. Bei dem Verzicht auf eine chronologische Darstellung der Ereignisse werden moderne Autoren aber vor allem von der Erwägung geleitet, dass es hoffnungslos sei, den Gesamtverlauf einer Zeitspanne in seiner Vollständigkeit abzubilden. Sie haben eine Scheu davor, »dem Leben, ihrem Gegenstand, eine Ordnung aufzuerlegen, die es selbst nicht bietet.«[371] Diesen Passus zitiert auch Kracauer in *Geschichte* und führt den Gedankengang weiter: »sie suchen und finden die Wirklichkeit in atomgleichen Ereignissen, von denen man sich jedes als ein gewaltiges Energiezentrum vorzustellen hat. Tatsächlich bezweifeln sie eher, ob die kleinen zufälligen Einheiten, in denen das Leben, das wirklich greifbare Leben Gestalt annimmt, sinnvoll miteinander verbunden sind.«[372] Große Wendepunkte sind nach Auerbach in der modernen Literatur hinsichtlich ihrer Aussagekraft bezüglich des Ganzen weniger entscheidend als die beiläufigen Episoden. Der Glaube an die Bedeutsamkeit des Kleinen, die Kracauer auf den Geschichtsverlauf bezieht, ist bei Auerbach, der im Bereich der Literatur argumentiert, auf das »Leben« gewendet: in der Literatur »besteht das Vertrauen, dass in dem beliebig Herausgegriffenen des Lebensverlaufs, jederzeit,

---

[366] An dieser Stelle zeigt sich eine Analogie von literarischer Wirklichkeitsdarstellung und philologischem Kommentar, die das gesamte Kapitel allerdings auf grundsätzlichere Weise durchzieht, als explizit ausgedrückt wird. Auerbach denkt bemerkenswerter Weise an filmische Medien, wenn er konstatiert, dass sich das Verhältnis von Roman und Film hinsichtlich der darstellerischen Möglichkeiten von Raum und Zeit im Vergleich zu ihren historischen Vorläufern, dem Epos und dem Drama, umgekehrt habe. Auch wenn epische Darstellungen im Verhältnis zum klassischen Theater über eine größere raum-zeitliche Flexibilität verfügten, hat der Film den modernen Roman diesbezüglich überrundet. Ebd., S. 503, S. 507.
[367] Auerbach, *Mimesis*, S. 502 f.
[368] Ebd., S. 504.
[369] Ebd., S. 509.
[370] Ebd., S. 508.
[371] Ebd., S. 510.
[372] Kracauer, *Geschichte*, S. 200. [*H.*, S. 182 f.]

der Gesamtbestand des Geschicks enthalten sei und darstellbar gemacht werden könne.«[373] Damit beantwortet er die für Kracauer wichtige Frage, ob mikrologisch gewonnene Fragmente zum Allgemeinen in Beziehung gesetzt werden können, ohne darüber an Bedeutung zu verlieren, für die moderne Literatur affirmativ.[374] Gleichwohl wird dieses Vertrauen ins Detail im folgenden Kommentar im letzten Kapitel von *Mimesis* eine Erschütterung erfahren.

Zeitdiagnostik und Krise der Wirklichkeitsdarstellung
Für den vorliegenden Kontext ist interessant, dass sich Auerbach auf Giambattista Vicos oben erwähnte *Scienza Nuova* stützt, die er ins Deutsche übersetzt hatte. Vico geht dort von einer Identifikation der menschlichen Natur und der Geschichte aus.[375] »Wer den Gesamtverlauf eines Menschenlebens oder eines sich über größere Zeiträume erstreckenden Ereigniszusammenhangs von Anfang bis zu Ende darstellt, schneidet und isoliert willkürlich; jeden Augenblick hat das Leben längst begonnen, und jeden Augenblick läuft es immer noch weiter fort; und es geschehen mit den Personen, von denen er erzählt, weit mehr Dinge, als er je hoffen kann zu erzählen. Aber was wenigen Personen im Verlauf weniger Minuten, Stunden oder allenfalls Tage begegnet, kann man hoffen, mit einiger Vollständigkeit zu berichten.«[376] Um welche Wirklichkeit handelt es sich? Auerbach dazu: »[...] hier trifft man auch die Ordnung und Deutung des Lebens, die aus ihm selbst entsteht, nämlich diejenige, die sich jeweils in den Personen selbst bildet; die jeweils in ihrem Bewußtsein, ihren Gedanken, verhüllter auch in ihren Worten und Handlungen anzutreffen ist; denn es vollzieht sich in uns unablässig ein Formungs- und Deutungsprozess, dessen Gegenstand wir selbst sind.«[377] Moderne Autoren versuchen diese Ordnungen im jeweiligen »Augenblick« zu erfassen, und zwar die Ordnungen verschiedener Personen, aus deren Synthese eine »Weltansicht« oder eine »Aufgabe für den Deutungswillen des Lesers« entsteht.[378]

Auerbachs Auffassung von hermeneutischer Wahrheit geht aus der christlich-figuralen Welt- und Geschichtsauffassung hervor, die der Konzeption von *Mimesis* implizit zugrunde liegt. Es ist die »pathetische Verstrickung des Selbst in den Interpretationszusammenhang«, die Auerbachs philologische Methode kennzeichnet – deren »rhetorisches Paradigma« die »innergeschichtliche Konkretheit der christlichen Rhetorik« ist, die sich in der »leidenschaftlichen Teilhabe an der Schrift«

---

[373] Auerbach, *Mimesis*, S. 509. Von »Jederzeitlichkeit« des Geschehens spricht Auerbach auch mit Blick auf Thomas Manns Zeitroman *Der Zauberberg*. Ebd., S. 506.
[374] In den »Epilegomena« heißt es gleichwohl: »Man muss sich, so scheint mir, davor hüten die exakten Wissenschaften als unser Vorbild zu betrachten; unsere Exaktheit bezieht sich auf das Einzelne.« Auerbach, »Epilegomena«, S. 17.
[375] Schiffermüller, »Das letzte Kapitel«, S. 271. Vgl. Busch, »Geschichte und Zeitlichkeit«, S. 92 f.
[376] Auerbach, *Mimesis*, S. 510.
[377] Ebd.
[378] Ebd.

manifestiert und als deren säkularisierte Form Auerbachs Kommentar gelesen werden kann, der seine Methode am Ende des Buches nicht als das Ergebnis von Spekulation präsentiert, sondern von Passion und Partizipation.[379] Dies ist der Markstein, an dem Auerbach die Grenze der Erkenntnis und der Lesbarkeit der Texte kennzeichnet.[380] Sie kommt am klarsten bei Joyce zum Ausdruck, der die Weltuntergangsstimmung seiner Zeit eingefangen hat, im *Ulysses*, »mit seinem höhnischen, von Liebeshaß inspirierten Durcheinanderwirbeln der europäischen Tradition, mit seinem grellen und schmerzhaften Zynismus, mit seiner undeutbaren Symbolik«[381], deren Sinn nicht zu erkennen ist. Ein »Gefühl der Ausweglosigkeit, [...] etwas der Wirklichkeit Feindliches [...] zuweilen ein verbissener und radikaler Zerstörungsdrang«[382] spricht aus *Ulysses* wie aus anderen Werken dieser Epoche in den Jahrzehnten um den Ersten Weltkrieg. Die kulturgeschichtliche »Erzählung« von *Mimesis* steht damit genau wie Kracauers »Marseiller Entwurf« der Filmtheorie ganz im Zeichen der Krise und dem Ende der europäisch-abendländischen Kultur.[383] Zum Schluss kehrt Auerbach noch einmal zu Woolfs Strumpfszene zurück, mit der er das Kapitel eröffnete und insistiert auf der »ausweglosen Trauer« Mrs. Ramsays, deren Geheimnis nur erahnt werden kann. Einzig die absichtslose Hingabe an einen jeden Augenblick vermag seine Wirklichkeitsfülle sichtbar zu machen, sie verweist auf das »Elementare und Gemeinsame der Menschen überhaupt.« Hier aber nimmt seine Argumentation eine weitere Wendung, die der von Kracauer ähnelt: »gerade der beliebige Augenblick ist vergleichsweise unabhängig von den umstrittenen und wankenden Ordnungen, um welche die Menschen kämpfen und verzweifeln.«[384] Das Partikulare wird hier also nicht als universalisierbar gedacht. Es befindet sich wie bei Kracauer auf einer anderen eigenen Ebene – und ist von den sich wandelnden Ordnungen »unabhängig«.

Kracauer – ein Nachfolger von Erich Auerbach?
Kracauer und Auerbach beschäftigen sich beide mit der Wahrnehmung und Darstellbarkeit von Wirklichkeit, mit der Zeitkonzeption der modernen Literatur und

---

[379] Schiffermüller, »Das letzte Kapitel«, S. 275.
[380] Ebd., S. 276.
[381] Auerbach, *Mimesis*, S. 512.
[382] Ebd., S. 512 f.
[383] Vgl. Schiffermüller, »Das letzte Kapitel«, S. 279. Earl Jeffrey Richards deutet die Betonung der Absichtslosigkeit, das »*gewollt* Fragmentarische« von *Mimesis* als Indiz für »Auswahlkriterien und Vorhaben« Auerbachs. Er liest *Mimesis* als »›figurale‹ Meditation« voller Bezüge auf die europäische Katastrophe, die mit dem *Gespräch zwischen Abraham und Isaak auf dem Weg zur Opferstätte* beginnt, eine Szene, die Auerbach im ersten Kapitel von *Mimesis* mit der Heimkehr von Odysseus bei Homer vergleicht. In den Themen Opfergang und Heimkehr sieht Richards (wie ansatzweise vor ihm Jesse Gellrich) den Ausgangspunkt des Werkes. Richards, »Auerbach und Curtius«, S. 38 f. Gellrich, »›Figura‹«, S. 114.
[384] Auerbach, *Mimesis*, S. 513.

mit der Frage nach dem Verhältnis zwischen dem Partikularen und dem Allgemeinen. In der *Theorie des Films* bezieht sich Kracauer im Kapitel über das Verhältnis von Roman und Film auf Auerbach, als dessen Nachfolger er gesehen werden kann.[385] In den »Epilegomena« (1953) erwähnt Auerbach, dass die Grundidee von *Mimesis* auf seinen Aufsatz »Romantik und Realismus« aus dem Jahr 1933 zurückgehe, in dem er sich auch über den Film äußert.[386]

Auerbach formuliert hier die These, dass Realismus und Romantik nicht als Gegensätze zu denken sind, sondern dass von einem inneren Zusammenhang zwischen den ersten realistischen Werken, die noch vor 1830, also vor Comte, Renan und Taine entstanden, und der geistigen Grundhaltung der Romantik auszugehen sei. Stendhal und Balzac schildern Probleme alltäglichen Charakters und kultivieren eine fragmentarische Sichtweise auf Ereignisse, die im Fluss des empirischen Lebens angesiedelt sind. Mit der Entstehung eines neuen Mediums, dem Film, gelangt diese Tendenz zu einem neuen Höhepunkt: »Der realistische Roman findet eben jetzt, seit er die romantische und die positivistische Epoche durchschritten hat, neue Methoden, in denen die Frage nach der wahren Wirklichkeit erst eigentlich gestellt zu werden beginnt. Und neben dem Roman ergreift der tragische Realismus, dem die Bühne zu eng wurde, das Kino […].«[387] Auerbach konstatiert die Existenz zweier Wege des Romans und des Films bei der Erkundung der anderen oder wahren Wirklichkeit, die er einander gegenüberstellt. Während im Roman das »sich erinnernde Bewusstsein, das die irdische Welt aus sich herausprojiziert, eine in ihren Umrissen zitternde, jederzeit sich zerstörende und neu sich schaffende Welt« erhellt werde, wird im Kino der Weg eines neuen Aufbaus der äußeren Wirklichkeit beschrieben, »der in der Beherrschung und Zusammenfassung des Mannigfaltigen, Gleichzeitigen, in dem Ineinander verschiedenster Geschehnisse Ort und Zeit bezwingt wie nie vorher und alle ästhetischen Traditionen zwar durchaus nicht zerstört, aber […] erschüttert und sie zu neuen Formulierungen zwingt.«[388] Auerbach unterscheidet also zwischen Innerlichkeit und Äußerlichkeit – eine Unterscheidung, die sich wiederum auch bei Kracauer findet, wenn er davon spricht, dass sich Roman und Film auf unterschiedliche Universen beziehen: auf die Physis bzw. auf seelische Entwicklungen, welche dem jeweils unterschiedlichen Medium des Bildes bzw. der Sprache entsprechen. Auerbach verweist aber auch auf die Gemeinsamkeiten dieser beiden Lösungen. In beiden Fällen treten an die Stelle einzelner Ereigniseinheiten eine Vielzahl von Ereignisteilen und Bildern, welche nur in lockerem Bezug zueinander stehen, weder chronologisch angeordnet sind, noch

---

[385] Vialon, »Über Bilder«, S. 163 ff.
[386] Auerbach, »Romantik und Realismus«. Ernst Müller fragt, inwiefern sich Auerbach auf Lukács bezieht. Beide befassen sich mit historischen Formveränderungen literaturwissenschaftlicher Kategorien. Müller »Auerbachs Realismus«, S. 268 f.
[387] Auerbach, »Romantik und Realismus«, S. 437.
[388] Ebd.

zwangsläufig bis zu Ende geführt werden. Aufgegeben wird dabei die Vorstellung von einer Handlungseinheit: »Die Methode des reinen Herauslösens eines Ereignisses aus dem Gesamterleben der Welt scheint dem 20. Jahrhundert die Echtheit des Wirklichen zu verfälschen.«[389] Die objektivierende Darstellung erscheine künstlich und werde durch »neue Genauigkeit der Erfahrung aus dem erfahrenden Subjekt«[390] ersetzt. Der Roman ist das Erzeugnis eines Zeitalters, in dem die Welt ihre Totalität eingebüßt hat. Der Film hingegen ist ein Medium, das die neue Wirklichkeit in die bewegten Bilder zu übertragen vermag.

Geschichte – ein »Zwitter aus Legende und dem Ploetz«

Wenn Kracauer nach möglichen Lösungen für die Ordnungsprobleme des Allgemeinhistorikers fragt, ist es nicht überraschend, dass er sich nach einem literarischen Modell umsieht. Er bezieht sich jedoch nicht auf einen der genannten Autoren, sondern auf einen Roman des 18. Jahrhunderts, Laurence Sternes *Tristram Shandy* (1760), der schon im »Marseiller Entwurf« auftaucht. Hier unterstreicht Kracauer, dass der Roman (anders als das Theater) das »Seiende, Zuständliche« einbezieht.[391] In *Geschichte* zitiert er eine Passage, in der Tristram Shandy die Frage beantwortet, wie »das Chaos zu durchdringen sei«[392]. Shandy vergleicht den Geschichtsschreiber mit einem Maultiertreiber. Wäre dieser in der Lage, seinen Esel von Rom auf dem kürzesten Wege nach Loreto zu treiben, so wäre auch der Zeitpunkt seiner Ankunft vorhersehbar. Die Beschaffenheit der Sittenwelt bringt den Eseltreiber jedoch von seinem direkten Weg ab: »Sein Auge wird ohne Unterlass von Aussichten und Ansichten in Anspruch genommen sein, und er wird ebenso wenig umhin können, vor ihnen haltzumachen, wie er es zustande zu bringen ver-

---

[389] Ebd.
[390] Ebd., S. 437 f.
[391] Kracauer, »Marseiller Entwurf«, S. 681.
[392] Kracauer, *Geschichte*, S. 207. [*H.*, S. 189.] Auf dieses Zitat stieß Kracauer in Robert Mertons *On the shoulders of Giants. A Shandean Project* (1965), ein Werk, in dem Merton die Figur des (gelehrten) Zwergs, der auf den Schultern von Giganten (dem Wissen der vorhergehenden Generationen) sitzt, durch die Geschichte verfolgt. Kracauer schrieb an Merton, er sei sich offenbar genau bewusst, was Geschichte zur Geschichte mache: »The way in which you hold the talk about ›influences‹ up to the ridicule, the roundabout manner in which you approach your subjects, your insistant love of digressions, the feeling you give one that the whole matter is inexhaustible, and throughout the book your concern with the discontinuities and possibilities which never came true – all this could not do more justice to the stuff of which history is over – this strange ›science‹ which numbers of scientific-minded contemporary historians tend to confuse with science proper. I am afraid I have to confess that your conception of history is much of a piece with the one I try to develop in the book I am preparing on the theory of history.« Kracauer an Robert Merton, 16.3.1966, KN DLM [72.1624/1].

möchte zu fliegen.«[393] Der Historiker muss also die ganze Fülle der Lebenswelt in seine Darstellung einbeziehen. Er hat »Nachrichten zu vergleichen, Anekdoten zu sammeln, Inschriften zu lesen, Geschichten einzuweben, Überlieferungen zu sichten, Großen Herren aufzuwarten, Lobreden auf diese Tür, Schmähverse auf jene aufzukleben haben...«[394]. Loreto je zu erreichen, ist ihm schlechterdings unmöglich. Daher verwundert es nicht, wenn Kracauer diese Passage an seine Filmtheorie zurückbindet und den Historiker, der vorginge wie von Tristram Shandy gefordert, mit dem idealen Filmkünstler vergleicht: mit einem Mann, der »während der Dreharbeiten überwältigt wird von seinem eingeborenen Verlangen, die gesamte physische Realität einzubeziehen [...], dass er sich immer tiefer in den Dschungel der materiellen Phänomene hineinwagt, auf die Gefahr hin, sich unrettbar darin zu verlieren, wenn er nicht mittels großer Anstrengungen zur Landstraße zurückfindet, die er verlassen hat.«[395] Hingabe an das Material und Betonung der Umwege und Seitenpfade durch das Gestrüpp der Wirklichkeit – dies sind die gemeinsamen Züge des Filmemachers wie desjenigen, der Geschichte schreiben will.

Hayden Whites Anmerkung, dass die Selektion der Fakten immer auch mit Sinngebung verbunden sei, ist eine These, die auch Wolf-Dieter Stempel in der Diskussion von Kracauers Vorlage auf dem Lindauer Kolloquium der Forschungsgruppe »Poetik und Hermeneutik« vorbringt. Kracauer will sie nicht bestreiten und verweist dabei auf den Photographen: auch dieser wähle schließlich aus. Allerdings wendet er ein, die Auswahl der Fakten könne »mehr oder weniger realitätsgerecht« sein, der Historiker könne sich unterschiedlich »aggressiv« gegenüber den Fakten verhalten. So kann er durch das »Aufhorchen [auf die Quellen]«, von dem oben die Rede war, der Wirklichkeit näher kommen als die Synthesen webenden Verfahren der Allgemeingeschichte.[396]

Allgemeingeschichte, so schließt Kracauer, ist »ein Zwitter aus der Legende und dem Ploetz«, eine Ansammlung von Fakten und Ereignissen, aus denen eine Erzählung konstruiert wird. Dieser konstruktive Charakter des Genres erklärt zugleich seine Beständigkeit: »Unsere vorgefasste Meinung zum Verlauf von Geschichte gründet sich auf religiöse Prophezeiung, theologische Berechnungen und metaphysische Vorstellungen über das Geschick der Menschheit.«[397] Den Konstruktionen liegen Ideen aus der Theologie oder der Philosophie zugrunde, die sie zu illustrieren oder bestätigen suchen. Erst in der jüngeren Zeit hätten historische Forschungen über Imperien und Völker Ansätze »von oben« durch solche »von unten« zu ersetzen versucht, was aufgrund der Langlebigkeit überkommener Deutungsmuster nur

---

[393] Kracauer, *Geschichte*, S. 207. [*H.*, S. 189.]
[394] Ebd. [*H.*, S. 189.]
[395] Ebd., S. 208. [*H.*, S. 246, Anm. 49.] Vgl. dazu Kracauer, *Theorie des Films*, S. 397, S. 464. Jean Renoir verkörpert für Kracauer einen solchen Filmkünstler. Ebd., S. 397.
[396] »Diskussion, Das Ästhetische als Grenzerscheinung der Historie«, in: Kracauer, *Geschichte*, S. 410.
[397] Kracauer, *Geschichte*, S. 208. [*H.*, S. 190.]

teilweise gelungen sei: »Die alten Fragen, Ziele und Trugbilder schleppen sich fort und verbünden sich mit den Bedürfnissen und Interessen, die sich aus dem Engagement des Historikers für die Angelegenheiten seiner Zeit ergeben.«[398] Damit antwortet Kracauer auf die eingangs gestellte Frage, wie das Genre der Allgemeingeschichte möglich sei. Den »nicht-historischen«, theologischen, philosophischen, aber auch politischen Zielen vermag sich der Allgemeinhistoriker nicht zu entziehen. Er gelangt zu vorgezeichneten Schlussfolgerungen: »Unter der Einwirkung sowohl dieser zeitgenössischen und traditionellen Absichten kann er tatsächlich nicht umhin, seinen Maulesel geradewegs nach Loreto zu treiben.« Dies zeigt aber, dass Allgemeingeschichte größtenteils Zielen dient[e], »die nicht geschichtlich sind«[399]. Sie sind ideologischer Natur.

4.4 Die Grenzen der Darstellung und ihre Überwindung im Film: der Film als Medium des Gedächtnisses

Im Kapitel »Die Reise des Historikers« findet sich eine weitere Parallele zwischen den Erzählformen des Films und der Historiographie. Kracauer kommt auf den dokumentarischen Aspekt des Films zu sprechen, indem er zwei Filmemacher zitiert: Joris Ivens und Henri Storck, die er bereits in der *Theorie des Films* erwähnt.[400] Beide unterstrichen 1934 anlässlich ihres Films *Borinage*, dass die Darstellung des harten Lebens der dort portraitierten Bergleute eines belgischen Bergwerks eine möglichst direkte und ehrliche Darstellung erforderte. Kracauer kommentiert: »Menschliches Leiden, so scheint es, erfordert die sachliche Reportage.«[401] Das Genre der Reportage, das in den *Angestellten* 1929 wegen der häufig transportierten Sensationslust Gegenstand von Kracauers Kritik wurde, kann in *Geschichte* auch eine moralische Dimension besitzen: Gerade in der »kunstlosen« Darstellung offenbare sich das Gewissen des Künstlers. Auf den Bereich der Historiographie gewendet ist dies noch ein Einwand gegen ästhetischen »Zierrat«. Die historiographische Entsprechung der von Kracauer gelobten dokumentarischen Reportage sieht er in den tatsachenorientierten Darstellungen des britischen Historikers Herbert Butterfield realisiert: Kracauer unterstreicht Butterfields Annahme, dass der sogenannte »technische Historiker« die Sache der Moralität unterstütze, wenn er detailliert und auf objektive Weise »ein gewaltiges Massaker, die Folgen religiöser Verfolgung oder die Vorgänge in einem Konzentrationslager beschreibt.«[402] Dies ist eine der beiden einzigen Stellen in *Geschichte*, an denen Kracauer explizit auf die Verbrechen des Dritten Reichs hin-

---

[398] Ebd. [*H.*, S. 190.]
[399] Ebd. [*H.*, S. 190.]
[400] Kracauer, *Theorie des Films*, S. 320. Kracauer, *Geschichte*, S. 103. [*H.*, S. 90.]
[401] Ebd. [*H.*, S. 91.]
[402] Ebd. [*H.*, S. 233, Anm. 23.]

weist.⁴⁰³ Das Zitat zu Butterfield und der »objektiven« Darstellung von Massakern und der Vorgänge in einem Konzentrationslager wird im Folgenden anhand eines Passus aus dem Epilog der *Theorie des Films* über die »Errettung der physischen Realität« kommentiert. Auch hier spricht Kracauer die Konzentrationslager an.

Kracauer erwähnt die NS-Verbrechen im Kontext der Frage nach der Repräsentierbarkeit des Grauens im Film. Er führt das Thema über den Mythos des Perseus ein. Im griechischen Mythos gelingt es dem Helden auf Athenes Rat hin, den direkten Anblick der Medusa, mit ihren Riesenzähnen und der heraushängenden Zunge, zu vermeiden und damit nicht zu Stein zu erstarren, sondern, gerüstet mit einem blanken Schild und einer Sichel, das Bild ihres furchtbaren Gesichts zu spiegeln. Damit kann er sie enthaupten. Wirkliche Gräuel, so die »Moral« des Mythos, können aufgrund ihrer angsteinflößenden Wirkung nicht gesehen werden, es sei denn, sie finden ihre Darstellung im Bild. Die Leinwand des Kinos, für welche die Metapher des Schildes steht, ermöglicht die Sichtbarmachung angsterregender Schrecknisse, die den Menschen zur Blindheit verurteilen und lähmen. Mit »Sichtbarmachung« ist nicht gemeint, dass verborgene Realitäten durch künstlerische Phantasie dargestellt werden. Es sind die Spiegelbilder der Erscheinungen, die der Mensch zu betrachten vermag, nicht aber die Ereignisse selbst. Erst durch die distanzierte Betrachtung des gespiegelten Grauens wird seine Bewältigung möglich.⁴⁰⁴

Kracauer formuliert jedoch Zweifel an dieser Auslegung, wenn er kommentiert, eine solche Sichtbarmachung werde gemeinhin mit Kriegsfilmen intendiert. Dass sich der gewünschte Effekt tatsächlich einstellt, ist ungewiss. Auch im Mythos bedeutet die Tötung der Medusa keine Bannung des Grauens, denn Athene bediente sich künftig des von Perseus abgeschlagenen Medusenhauptes, um Feinden Angst einzujagen. Man sollte den Sinn der Schreckensbilder im Film also nicht an den Intentionen ihrer Produzenten messen oder an den mutmaßlichen Effekten. Die Spiegelbilder des Grauens verfolgen einen Selbstzweck. Sie »locken« (wie die harmloseren Geisterbäume Prousts) den Zuschauer, sie anzusehen, um »seinem Gedächtnis das wahre Angesicht von Dingen einzuprägen, die zu furchtbar sind, als dass sie in der Realität gesehen werden könnten.«⁴⁰⁵ An Bewältigung ist damit nicht gedacht.

An dieser Stelle nimmt der Text eine eigentümliche Wendung: Kracauer erwähnt einen Dokumentarfilm von George Franjus, *Le sang des bêtes* (1949), über einen Schlachthof in Paris, dessen schockierende Bilder er mit einer Reihe grausa-

---

⁴⁰³ An einer anderen Stelle wird Hitler in einem Satz erwähnt, mit dem Kracauer die Idee der Vorsehung in der Geschichte ad absurdum führt. Ebd., S. 40. [*H.*, S. 32.]

⁴⁰⁴ Kracauer, *Theorie des Films*, S. 467 f. Die Medusa taucht schon in einem früheren Text auf, in einer Rezension von Kafkas *Das Schloss* aus dem Jahr 1926. Hier geht es um die Angst, »an die keine andere Angst reicht: daß die Wahrheit verschüttet sei. […] Der Mensch, der in das Antlitz der Medusa blickt, wird nach mythologischer Vorstellung versteinert; der Jude Kafka trägt das Entsetzen in die Welt, weil sich ihr das Antlitz der Wahrheit entzieht.« Kracauer, »Das Schloss«, in: *Aufsätze 1915–1926*, S. 390–393, hier S. 393. [*FZ*, 28.11.1926]

⁴⁰⁵ Kracauer, *Theorie des Films*, S. 468 f.

mer Details beschreibt. Die Rede ist von Blut, Methodik, Gründlichkeit, von einer Aufreihung abgesägter Kalbsköpfe, von einem »rustikalen Arrangement, das den Frieden eines geometrischen Ornaments atmet.«[406] Diesen Bildern geht es nicht um die Vermittlung einer »Botschaft«. Noch weniger sind sie unter jene Gewaltdarstellungen zu fassen, denen das Kino von jeher zugeneigt ist, wenn es Funktionen übernimmt, die schon von den römischen Spielen oder Schauerdramen des *grand guignol* erfüllt wurden, Lust an der Gewalt oder Katharsis. Es geht um anderes: Die »lockenden Bilder« verwandeln den »innerlich aufgewühlten Zeugen in einen bewußten Beobachter.«[407] Kracauer kommt an dieser Stelle erneut auf die nationalsozialistischen Konzentrationslager zu sprechen: »Wenn wir die Reihen der Kalbsköpfe oder die Haufen gemarterter menschlicher Körper in Filmen über die Nazi-Konzentrationslager erblicken[408] – und das heißt erfahren, erlösen wir das Grauenhafte aus seiner Unsichtbarkeit hinter den Schleiern von Panik und Phantasie.«[409] Wie eine Befreiung wirke diese Erfahrung durch die Aufgabe eines der mächtigsten Tabus. In diesem Sinne will Kracauer den Perseus-Mythos verstanden wissen. Zwar kann die Quelle der Angst nicht aus der Welt geschafft werden, das Wagnis des Perseus besteht jedoch in der Überwindung der Furcht davor, den Blick auf das Schild zu richten und das Grauenhafte anzusehen. Dieser »Mut zur Erkenntnis«[410] bedeutet eine »Tat«.[411]

Adorno zeigte sich hinsichtlich einer solchen Auslegung des Mythos skeptisch: »Entzückt hat mich die Perseus-Theorie; Perseus ist sowieso mein Lieblingsmythos, und ich hatte den Gedanken vom Standhalten im Bilde längst ebenfalls geschöpft.« Er wendet jedoch ein: »Mir will es so vorkommen, dass der Komplex, für den das Wort Auschwitz einsteht, im Bild schlechterdings nicht mehr zu bewältigen ist […].«[412] Kracauer kommt in seinem Antwortbrief auf diese Frage zurück: »Zu

---

[406] Ebd., S. 468.
[407] Ebd., S. 110. 1942 hatte Kracauer das Bild noch als »letzte[s] Refugium verletzter Menschenwürde« angesehen: »Auf der Leinwand waren antisemitische Umtriebe beinahe so tabu wie zum Beispiel Konzentrationslager oder Sterilisationen. All das kann geschehen und in Wort und Schrift propagiert werden, aber es widersetzt sich hartnäckig bildlicher Darstellung. Das Bild scheint das letzte Refugium verletzter Menschenwürde zu sein.« Siegfried Kracauer, »Propaganda und der Nazikriegsfilm«, in: Ders., *Von Caligari zu Hitler*, S. 358. Koch, *Die Einstellung*, S. 133 f.
[408] Gemeint sind die Dokumentationen, die während der Befreiung entstanden, aber wohl auch Alain Resnais *Nuit et Brouillard* (1955). Didi-Huberman, *Bilder trotz allem*, S. 248.
[409] Kracauer, *Theorie des Films*, S. 469.
[410] Didi-Huberman, *Bilder trotz allem*, S. 251.
[411] Kracauer, *Theorie des Films*, S. 469.
[412] Adorno an Kracauer, 5.2.1965, in: Adorno – Kracauer, *Briefwechsel*, S. 688. In der *Negativen Dialektik* heißt es dazu: »Was ans Bild sich klammert, bleibt mythisch befangen, Götzendienst. […] In Gestalt der Registriermaschine, der Denken sich gleichmachen und zu deren Ruhm es am liebsten sich ausschalten möchte, erklärt Bewußtsein den Bankrott vor einer Realität, die auf der gegenwärtigen Stufe nicht anschaulich gegeben ist sondern funktional, abstrakt in sich. […] Die materialistische Sehnsucht, die Sache zu begreifen, will das Gegenteil: nur bilderlos wäre das volle Objekt zu

Auschwitz: Als der Krieg in Deutschland zu Ende war, veranlaßte Eisenhower die Herstellung von Dokumentarfilmen über Konzentrationslager. Darin lag etwas ungemein Berechtigtes. Es mag sein, daß Filme über dieses Thema – ich meine Tatsachenfilme – legitimer sind als Kunstwerke.«[413]

Der Passus über Perseus aus der Filmtheorie ist in der Literatur mehrmals kommentiert worden.[414] Laut Nia Perivolaropoulou kann die gleichzeitige Erwähnung der Ermordeten der Konzentrationslager und der Tiere der Pariser Schlachthöfe aus dem Dokumentarfilm *Le Sang des bêtes* nicht einfach als Bild für den methodischen Charakter der Vernichtung bzw. als Metapher für Auschwitz gedeutet werden.[415] Sie argumentiert, dass Kracauer die ersten Dokumentarfilme über die Lager bekannt waren, er zitiert in seiner Filmtheorie den ersten fiktionalen Film über Auschwitz, der 1948 in Polen gedreht wurde: *Ostani Etap* von Wanda Jakubowska. Der Film wurde 1949 zwei Mal in der *New York Times* besprochen, die Rezensionen dazu bewahrte Kracauer auf, sie sind im Nachlass erhalten.[416] Nach Perivolaropoulou erwähnt Kracauer den Film *Le sang des bêtes*, weil er auf die Fähigkeit des Mediums hinweisen möchte, die Dinge so abzubilden, wie sie erscheinen. Der Zuschauer macht im Film die ästhetische Erfahrung einer durch die Sinne vermittelten Erkenntnis. Kracauers Verweis auf Franjus Film ist auf das Verhältnis von historischem Wissen und Erfahrung zu beziehen, auf das Verhältnis von individueller und kollektiver Erinnerung. Das sinnliche Wissen, das der Film ermöglicht, und das Kracauer als »Erfahrung« kennzeichnet, findet seinen Ort zwischen dem historischen Wissen und der gelebten Erfahrung der Zuschauer des Films, überlagert beide und kann so zu einem Korrektiv historischen Erinnerns werden. So eröffnet Kracauer eine neue Perspektive auf die Beziehungen zwischen Geschichte und Gedächtnis: Er skizziert die Möglichkeit eines historischen Gedenkens sui generis, das auf der Erfahrung des Zuschauers gründet.[417]

Für Kracauer bedeutet die »Erfahrung« im Bild wie erwähnt eine »Erlösung« des Grauens aus seiner Unsichtbarkeit. Der Begriff taucht auch im Untertitel der Filmtheorie auf: »The Redemption of Physical Reality«, bzw. die »Errettung der physischen Realität«. Diese Ästhetik der Erlösung unterscheidet Kracauer von Adorno.[418] Das Begriffspaar »Errettung« oder »Erlösung« wurde anlässlich der von Kracauer autorisierten deutschen Übersetzung der Filmtheorie diskutiert, als Ador-

---

denken. Solche Bilderlosigkeit konvergiert mit dem theologischen Bilderverbot. Der Materialismus säkularisierte es, indem er nicht gestattete, die Utopie positiv auszumalen; das ist der Gehalt seiner Negativität.« Adorno, *Negative Dialektik*, S. 205–207. Vgl. Despoix, *Éthiques*, S. 209 f.
[413] Kracauer an Adorno, 3.3.1965, in: Adorno-Kracauer, *Briefwechsel*, S. 691.
[414] Vgl. dazu Despoix, *Éthiques*, S. 207 f. Agard, »Cinéma et horreur«, S. 7 f. Leutrat, »Le diptyque«, S. 224 ff.
[415] So etwa Leutrat, »Comme dans un miroir«, S. 238; bzw. Traverso, *La violence nazie*, S. 45.
[416] Perivolaropoulou, »Le travail de la mémoire«, S. 40.
[417] Ebd., S. 46 f.
[418] Didi-Huberman, *Bilder trotz allem*, S. 251.

no intervenierte, um die theologischen Anklänge daraus zu tilgen. Kracauer stimmte dem Begriff der ›Rettung‹ zwar zu, aber nur halbherzig, da er den theologischen Aspekt nicht aufgeben wollte, wie aus einem Brief an Siegfried Unseld hervorgeht: »Mit Teddies Vorschlag ›Rettung‹ für ›Erlösung‹ zu setzen, bin ich selbstverständlich einverstanden. Ich selber bin freilich immer noch der Ansicht, dass der term ›Erlösung‹ der beste ist; die theologische Bedeutung des Worts war beabsichtigt. Ob man im Text immer Rettung statt Erlösung sagen kann, weiß ich nicht; es mag manchmal besser sein, Erlösung beizubehalten. Ich überlasse das Herrn Michels Urteil.«[419] Dieser Brief spricht gegen das Argument von Dagmar Barnouw, die in ihrer Studie *Critical Realism* (1994) auf den Differenzen zwischen Kracauer und Benjamin besteht. Ihrer Auffassung nach tendiert der Begriff »redemption« eher in die Richtung von »einlösen« (»to save, redeem, or reclaim pawned objects or objects wrongly thought useless, or to fulfill promises – rather than ›erlösen‹ – to save, redeem a person in an existentially difficult situation).«[420] Wie so oft erscheint Kracauers Position auch hier zweideutig.

In diesem Kontext muss der Orpheus-Mythos angesprochen werden, der nicht nur in »Die Reise des Historikers«, sondern auch im Kapitel zum Gegenwart-Bezug auftaucht. Er leitet Überlegungen zu Butterfields tatsachenorientierter Geschichte ein und wirkt wie eine Antwort auf den Mythos des Perseus in der *Theorie des Films*. In beiden Mythen spielt das Motiv des Sehens eine zentrale Rolle. Der Perseus-Mythos erzählt die Geschichte eines (zeitweiligen) Sieges über die Medusa durch die Sichtbarmachung ihres Hauptes im Spiegel des Schilds. Der Orpheus-Mythos setzt die Geschichte eines Scheiterns ins Bild: Orpheus, der sich umdreht und hinter sich blickt, verliert seine Geliebte, die er aus dem Reich der Toten zu holen sucht. Das Kapitel über den Gegenwart-Bezug endet mit einer paradoxen Auslegung dieses Mythos und der Orpheus-Figur, die bei Kracauer zu einer Figur des Historikers wird. Orpheus, dem Kulturbringer, dem Reisenden, gelingt es, den wilden Hades mit seiner Klagemusik so sehr zu rühren, dass er die tote Geliebte, welche an einem Schlangenbiss starb, in die Oberwelt zurückkehren lässt. Kracau-

---

[419] Kracauer an Siegfried Unseld, 7.1.1964, KN DLM [72.1857/5]. Der Epilog, in dem sich auch der Passus über Perseus findet, sollte nach Adornos Auffassung weggelassen werden, wogegen sich Kracauer entschieden wehrte. An Unseld schrieb er: »So sehr ich Ihr Urteil, das Adorno's und Michel's respektiere […], im Falle des Epilogs bin ich unbescheiden genug zu glauben, dass Sie alle drei Unrecht haben. […]; mein Eindruck ist, dass er nicht so sehr meine Position selber kritisiert als befürchtet, dass sie in Deutschland Missverständnissen ausgesetzt sein könne.« Ebd. Adorno meinte, dass in Deutschland die These vom ›Ideologieverlust‹ in der Moderne seit zehn Jahren diskutiert werde »und zwar gerade von Leuten mit denen wir theoretisch nichts gemein haben, wie Schelsky.« Adorno an Kracauer, 17.12.1963, in: Adorno – Kracauer, *Briefwechsel*, S. 629. Kracauer antwortete, er wisse, dass »in Deutschland der Hinweis aufs Konkrete reaktionär missdeutet werden kann.« Er könne deshalb aber nicht auf sein letztes Kapitel verzichten, da hier ein Ansatzpunkt seiner Geschichtstheorie liege. Kracauer an Adorno, 16.1.1964, in: Ebd., S. 639 f.

[420] Vgl. Barnouw, *Critical Realism*, S. 54 f.

er evoziert die bekannte Bedingung des Hades: Orpheus darf nicht eher zurückschauen, bis das Sonnenlicht sicher erreicht ist, sowie den anschließenden Verstoß des Orpheus gegen diese Regel, der den endgültigen Verlust von Eurydike zur Folge hat. Wie Orpheus seine Geliebte, so sucht der Historiker die Toten in der Unterwelt auf, um sie zurückzuholen. Bei der Rückkehr in das Sonnenlicht der Gegenwart darf er sich nicht nach ihnen umdrehen, wenn sie ihm folgen sollen. Ihre »Errettung« durch den Historiker scheint in diesem Sinne von einem Paradox getragen. Das Gedenken der Toten in der Geschichte bestätigt ihr Verschwinden. Kracauer fragt: »Aber ergreift er nicht genau in diesem Augenblick zum ersten Mal von ihnen Besitz – in dem Augenblick, da sie für immer fortgehen, um in einer Geschichte zu entschwinden, die er selbst gemacht hat?«[421] Dieser Passus ist als Kommentar oder Ergänzung des Perseus-Mythos zu lesen. Die Errettung im Bild und in der Geschichte ist unmöglich, aber das Bild »bewahrt ein Wissen, und trotz allem, trotz dem Wenigen, das es vermag, zitiert es das Gedächtnis der Zeit.«[422]

Kracauers Begriff der Erlösung wurde zu Benjamins Position der Geschichtsthesen in Beziehung gesetzt, die eine montageartige »Reformulierung« des Erlösungsbegriffs enthalten, wie er sich bei Rosenzweig, Scholem, Kafka und Marx findet. Rosenzweig fasst im *Stern der Erlösung* (1921) »Erlösung« als »gewaltsamen Bruch innerhalb der Geschichte« auf, als »Eindringen einer absoluten Andersheit in das Innere der Zeit und als Form einer radikal anderen Erfahrung.«[423] Entscheidend ist, dass sich der Erlösungsbegriff nicht auf das Verhältnis zwischen Mensch und Gott, sondern nach Aufgabe der Fortschrittsillusion auf ein »›ästhetisches‹ Verhältnis des Menschen zur Geschichte« bezieht. Nicht die Vorstellung einer endgültigen Errettung am Ende der Zeiten oder gar die Überwindung des Todes in der Auferstehung sind damit angesprochen. Vielmehr geht es um »die Erwartung einer Erschütterung, die jeden Augenblick eintreten kann, ein Moment des Widerstands gegen die Fänge der Geschichte, wenn diese sich zusammenziehen.«[424] Scholem unterstreicht in einem Text über die Kabbala den katastrophischen Aspekt des klassischen jüdischen Erlösungsbegriffs: »[…] die Erlösung ist eine Zerstörung, ein titanischer Zusammenbruch, ein Umsturz, ein Unglück; es gibt in ihr keinen Raum für eine vorteilhafte Entwicklung oder einen wie auch immer gearteten Fortschritt. Das folgt aus dem dialektischen Charakter, den diese Tradition der Erlösung zuschreibt.«[425] Bei Benjamin schließlich ist Erlösung (wie bei Rosenzweig) durch ein neuartiges Verhältnis zur Geschichte definiert, durch ein Eingedenken der Vergangenheit: »Die Vergangenheit führt einen heimlichen Index mit, durch den sie auf die Erlösung verwiesen wird. Streift denn nicht uns selber ein Hauch der Luft,

---

[421] Kracauer, *Geschichte*, S. 91. [*H.*, S. 79.]
[422] Didi-Huberman, *Bilder trotz allem*, S. 249.
[423] Ebd., S. 237.
[424] Ebd.
[425] Zit. nach Ebd., S. 238.

die um die Früheren gewesen ist? Ist nicht in Stimmen, denen wir unser Ohr schenken, ein Echo von nun verstummten?«[426] Für Benjamin sind die vorüber huschenden Bilder der Vergangenheit, die »anzuhalten« dem Historiker aufgegeben ist, in ihrer Bewegung des Auftauchens und des Vorübergehens zu verstehen.[427] Der Forderung, die Bilder anzuhalten, haftet damit ebenso Unmögliches an wie dem Versuch von Kracauers Historiker-Orpheus, die Toten zu retten.

In *Geschichte* interveniert das Theologische an unterschiedlichen Stellen. Kracauer verhält sich dazu ambivalent. Er schreibt über die *technical history* Butterfields: »So scheint es, dass die Frage nach Sinngebung von ›quellenorientierter Geschichte‹ nicht zu beantworten ist. Es gibt nur ein einziges Argument zu ihren Gunsten, das ich für schlüssig halte. Es ist jedoch ein theologisches Argument. Ihm zufolge ist die ›vollständige Ansammlung der kleinsten Fakten‹ aus dem Grund erforderlich, dass nichts verloren gehen soll. Es ist, als sollten die tatsachenorientierten Darstellungen Mitleid mit den Toten haben. Dies rechtfertigt die Gestalt des Sammlers.«[428] Mülder-Bach unterstreicht Kracauers Distanz zu diesem Argument, das er »vielleicht in Erinnerung an Benjamin« vorbringe »ohne sich mit ihm zu identifizieren«.[429] Vor dem Hintergrund des Briefes an Unseld lassen sich jedoch Spuren theologischen Denkens bei Kracauer nicht leugnen, wie seine Notizen zeigen. In dem 19-seitigen Gesamtentwurf schreibt er zunächst: »We cannot today accept the theological approach.«[430] Er plant gegen Benjamin, Butterfield und Toynbee zu argumentieren. Auf Butterfields Überzeugung, dass Geschichte eines Sinns bedürfe, entgegnet er: »Must it? We should not presuppose this. In our age decency requires that we go the secular road«.[431] Gegen Toynbee wendet er ein: »In our age theol. and metaph. attempts to embrace the whole of hist. had better be ignored.« Dann folgt jedoch die Bemerkung: »But theology inevitably lurks around the corner [...] Theological conceptions might assert themselves at the end of the road, but they should not be imposed upon the narrative at the outset. In this respect history ressembles FILM = the cinematic narrative. The visuals may carry symbolic implications, but they degenerate if they are to illustrate symbolic meanings introduced from the outside.«[432] Kracauers Distanzierung vom Theologischen ist also tatsächlich paradox. Es erfüllt seine Funktion lediglich »at the end of the road«.

---

[426] Benjamin, »Über den Begriff der Geschichte«, S. 693.
[427] Didi-Huberman, *Bilder trotz allem*, S. 240.
[428] Kracauer, *Geschichte*, S. 150. [*H.*, S. 136.] Koch, *Die Einstellung*, S. 130.
[429] Mülder-Bach, »Schlupflöcher«, S. 266, Anm. 28. Für dieses Argument spricht Kracauers Bemerkung gegenüber Löwenthal aus dem Jahr 1957 zu Benjamins *Gesammelten Schriften*: »Manches hält stand, vieles ist verblasst und leidet unter einem Messianischen Dogmatismus, der in der Ebene, in der ich mich aufhalte abstrus und willkürlich wirkt.« Kracauer an Löwenthal, 6.1.1957, in: Löwenthal – Kracauer, *In steter Freundschaft*, S. 186.
[430] Kracauer, Gesamtentwurf, 19 S., S. 2, in: Vorarbeiten, KN DLM.
[431] Ebd.
[432] Ebd.

Auch wenn es übertrieben erscheint, Kracauers Reflexionen über die Sichtbarmachung auf die Frage der Repräsentierbarkeit der Shoah zu reduzieren, ist abschließend auf die Debatten zu verweisen, die sich nach Kracauer in Folge von Whites Intervention über das Verhältnis von Wahrheit und Rhetorik in der Historiographie entwickelten.[433] Ein wichtiger Moment dieser Diskussionen war die Tagung über die »Grenzen der Repräsentation der Shoah«, die 1990 von Saul Friedländer infolge einer Auseinandersetzung zwischen White und Ginzburg über das Wesen der historischen Wahrheit organisiert wurde.[434] Nach *Metahistory* und *The Content of the Form* (1987) musste sich White den Vorwurf gefallen lassen, sein Ansatz käme einer Preisgabe des Wahrheitsanspruchs der Geschichtsschreibung gleich. Schon im Titel der letztgenannten Essaysammlung betont White die Idee, dass der Inhalt historischer Werke von ihrer Form nicht abzulösen sei und erst der narrative Diskurs, die Form der sprachlichen Darstellungsweise »Fakten« ihre Bedeutung verleiht.[435] Ginzburg lehnt eine Perspektive auf Geschichte und historisches Erzählen ab, die es – wie er sagt – nicht gestattet, zwischen »wahrhaftiger Interpretation und Lügen« zu unterscheiden. Er vertritt die Auffassung, dass die Stimme eines einzigen Zeugen hinreichend sei, um sich der historischen Wahrheit anzunähern.[436] White betrachtet die Problematik aus einer vollkommen anderen Perspektive. Er unterstreicht, dass »wenn es darum geht, die historisch belegten Tatsachen zu verstehen, diese [Tatsachen] selbst keine Gründe für die Bevorzugung einer Art von Sinnkonstruktion zugunsten einer anderen enthalten.«[437] Konkurrierende Erzählungen könnten jedoch durchaus »beurteilt, kritisiert und eingeordnet werden« und zwar auch hinsichtlich ihrer »getreuen Widergabe von nachweislichen Tatsachen«[438]. Allerdings gingen diese Fakten *auch* in eine Story ein. White führt sein Argument anhand zweier »Erzählungen« vor, Art Spiegelmanns (nach Whites Klassifizierung) »komische« Darstellung *Maus. A Survivors Tale* (1986) und Andreas Hillgrubers »tragischer« Bericht *Zweierlei Untergang, Die Zerschlagung des Deutschen Reiches und das Ende des europäischen Judentums* (1986). Sowohl die »komischen« Elemente des Comics von Spiegelmann als auch die historische Narration Hillgrubers, die durch die strukturelle Parallelisierung des Endes des Dritten Reichs und der Shoah die Zerschlagung des NS-Reichs als »tragische« erscheinen lässt, stehen laut White konträr zu der Auffassung, dass »die Formen der Plotbildung ihrem Wesen nach den erzählten Tatsachen nachkommen sollten.« Kriterium für das Gelingen einer Darstellung von Ereignissen könne nicht das intrinsische Ergebnis der

---

[433] Vgl. Hartog, »Aristote et l'histoire«, S. 540 f.
[434] Friedländer (Hrsg.), *Probing the Limits*.
[435] Zu den Einwänden gegen White, u. a. was Whites Bedeutungserweiterung des Fiktionsbegriffs anbelangt, vgl. Nünning, »›Verbal Fictions‹?« S. 364–368.
[436] Ginzburg, »Just one witness«.
[437] Zit. nach Young, »Hayden White«, S. 141.
[438] Zit nach Ebd., S. 143.

Fakten sein, sondern einzig die historischen Schlussfolgerungen, welche aus den Darstellungsformen gezogen werden.[439]

Will man Kracauer mit Blick auf diese später aufkommenden Debatten einordnen, so nimmt er an der einzigen Stelle, an der er sich dazu äußert, eine dritte Position ein, die jedoch Ginzburg näher zu stehen scheint als White. Auch wenn er sich auf White bezieht und von Historiographie als Erzählung spricht, tritt er doch für Butterfields »tatsachenorientierte« Geschichte ein, wenn es um die Historiographie der Shoah geht.[440]

---

[439] Einigkeit konnte schließlich bezüglich Whites Analyse von Hillgrubers Darstellung erzielt werden. White, »Historical Emplotment«, S. 42–44, bzw. diese Diskussion analysierend Young, »Hayden White«, S. 144–151.
[440] Kracauer, *Geschichte*, S. 103. [*H.*, S. 91.]

5 Eine Philosophie des Vorläufigen

Nachdem Kracauer im ersten Kapitel von *Geschichte* das Thema der Wissenschaftlichkeit der Historiographie behandelt und im siebten Kapitel ihren Bezug zur Kunst diskutiert, sucht er in der achten und letzten Meditation, die unvollendet geblieben ist, den Ort der Geschichte in ihrem Verhältnis zur Philosophie zu bestimmen. Er betont noch einmal seine Intention und die Analogie zur *Theorie des Films*. Er möchte verdeutlichen, dass die photographischen Medien und die Geschichtsschreibung einem »Zwischenbereich« angehören, der einen eigenen Anspruch zu verteidigen hat »zwischen den Nebelfeldern, in denen wir Meinungen bilden, und den Hochebenen [...], die die Erzeugnisse des höchsten menschlichen Strebens beherbergen.«[1] Damit möchte er ihnen zu einer vorurteilslosen Anerkennung verhelfen.

Im Folgenden werde ich Wesen und Bedeutung der »Vorraum-Einsicht« zu klären suchen, stellt sich doch die Frage, weshalb man sich mit den »vorletzten Dingen« befassen soll, anstatt sich den letzten zuzuwenden, die in Kunst, Philosophie und Theologie verhandelt werden. Die philosophische Argumentation verteidigt einen Anspruch auf höchste Bedeutung: Philosophie handelt von den »allerletzten Dingen«, ist von größter Allgemeinheit und zielt im Falle der Geschichtsphilosophie auf eine Erklärung des gesamten Geschichtsverlaufes ab; sie strebt nach objektiver Gültigkeit, der Bestätigung oder Leugnung von Absolutheiten. Die Aussagen des Philosophen zeichnen sich – aus Sicht des Historikers – durch eine Radikalität und Strenge aus, aufgrund derer »Gradunterschiede« nicht berücksichtigt werden können, um die es Historikern geht.[2] Die Geschichtsschreibung hingegen ist eine empirische Wissenschaft, die der Husserl'schen *Lebenswelt* nahe steht. Kracauer verdeutlicht den Unterschied anhand der Ideengeschichte: »Während es dem Philosophen [...] darum geht, die einer Idee innewohnenden Potentialitäten als treibende Kraft ihrer Entwicklung hervorzuheben [...], verfolgt der Historiker [...] die Idee, deren Entfaltung in der Zeit er aufzeichnet, lieber durch das Unterholz der Geschichte.«[3] Historiker empfinden gleichwohl häufig ein gewisses Misstrauen gegenüber Philosophen, weil »sie selten gerüstet sind, dem Philosophen auf sei-

---

[1] Kracauer, *Geschichte*, S. 209. [*H.*, S. 191.]
[2] Ebd., S. 211 f. [*H.*, S. 193 f.]
[3] Ebd., S. 213. [*H.*, S. 195.]

nem eigenen Gebiet entgegenzutreten.«[4] Umgekehrt mag der Philosoph den Bereich der Historiker als bloßen Vorraum betrachten, dessen Relevanz Kracauer indessen verteidigt: »Doch in diesem ›Vorraum‹ atmen wir, bewegen wir uns und leben wir.«[5] Für die Geschichte gilt, was er für die photographischen Medien formulierte: Sie dient der Überwindung der Abstraktheit, indem sie es ermöglicht, »durch die Dinge zu denken, anstatt über sie hinweg.«[6] Sie erleichtert es, »die flüchtigen Phänomene der Außenwelt in uns aufzunehmen und sie so vor dem Vergessen zu erretten.«[7]

Nichtsdestoweniger lassen sich laut Kracauer Philosophie und Geschichte nicht streng voneinander trennen, sind ihre Grenzen fließend, da einige Begriffe in beiden Feldern zu Hause sind, etwa der »Fortschritt« oder die »Universalgeschichte«. Beide haben »ihren Ursprung in theologischen und metaphysischen Spekulationen« und sind auch für Historiker von Belang.[8] Kracauer verknüpft die Frage nach dem Sinn der Geschichte mit den erkenntnistheoretischen Fragen nach der Geschichtlichkeit und dem Verhältnis des Allgemeinen zum Besondern. Diese sind geeignet, die Zweideutigkeit der Begriffe des Fortschritts oder der Universalgeschichte zu erhellen und den Bereich des Historischen, den Vorraum, in seiner Eigenheit zu erfassen.

Kracauers Bestreben nach einer Verortung der Geschichte taucht keinesfalls *ex nihilo* auf; er behandelte diese Frage vielmehr schon in *Soziologie als Wissenschaft* (1922). Im letzten Kapitel von *Geschichte* geht es um epistemologische Debatten, die Kracauer in Rezensionen und Essays über Max Weber, Ernst Troeltsch, Max Scheler oder Georg Simmel beschäftigten, wozu Kracauers Kant-Lektüre beigetragen hatte, die er 1907 begann und nach dem Krieg mit Adorno fortsetzte. Kracauer schreibt der Historiographie schon in den 20er Jahren die Fähigkeit zu, aus der Sackgasse herauszuführen, in der sich die zeitgenössische Soziologie befindet. Er fordert in diesen frühen Texten, auch durch seine journalistischen Arbeiten inspiriert, eine Hinwendung zu mehr Konkretion, die er dann in den *Angestellten* einzulösen suchte.[9]

Kracauers Nachdenken über die Soziologie muss im Kontext epistemologischer Kontroversen verortet werden, welche die Herausbildung der Sozialwissenschaften zu Beginn des 20. Jahrhunderts begleiteten: die Debatte über die Spannung zwischen einer »formalen« und einer »empirischen« Soziologie; die Diskussion um eine »Krise der Wissenschaften« nach dem Ersten Weltkrieg; schließlich die sogenannte »Historismusdebatte« und die Frage, ob das Bewusstsein von der Geschicht-

---

[4] Ebd. [*H.*, S. 195.]
[5] Ebd. [*H.*, S. 193.]
[6] Ebd., S. 210. [*H.*, S. 192.]
[7] Ebd. [*H.*, S. 192.]
[8] Ebd., S. 213. [*H.*, S. 195.]
[9] Vgl. Oschmann, »Kracauers Ideal«, S. 36.

lichkeit jeglichen Wissens unausweichlich in den Relativismus führt. Das Vorraumdenken, für das Kracauer in den 60er Jahren eintritt, steht im Kontext einer Reihe von Auseinandersetzungen, die er in *Geschichte* mehr oder weniger explizit (mit Hans Blumenberg oder Ernst Bloch) oder auch nur implizit (mit Walter Benjamin) führt. Dabei geht es um die erwähnte Idee des Fortschritts, aber auch um die Frage, wie sich das Vorraumdenken zum utopischen Denken verhält.

5.1 Geschichte *im Kontext der Historismusdebatte der 20er und 30er Jahre*

Unter dem Stichwort »Geschichtlichkeit« behandelt Kracauer in »Der Vorraum« das Problem des Historismus, der sich im 19. Jahrhundert herausbildete und verantwortlich »für die dauerhafte Bildung des Bewusstseins von der Geschichtlichkeit des Menschen, den Glauben an die formgebenden Kräfte von Zeit und Ort«[10] wurde. Kracauer setzt sich mit einem Dilemma des zeitgenössischen Denkens auseinander, welches auf dem Bewusstsein gründete, dass aufgrund der geschichtlichen Bedingtheit menschlichen Wissens Werterkenntnisse notgedrungen relativ sind. Dieses weltanschauliche Problem wurde durch die Verwissenschaftlichung der Geschichtsschreibung im 19. Jahrhundert verschärft. Die generelle Historisierung des Denkens betonte die Wandelbarkeit aller kulturellen Erscheinungen im Bereich der Künste, der Religion oder des Rechts, welche mit dem Anspruch allgemeiner Gültigkeit und Absolutheit aufgetreten waren. Die Einsicht in die Relativität der Erkenntnisse wie der aus ihr ableitbaren Werte trug zu einer weiteren Erschütterung des Glaubens an die Fähigkeit des Menschen bei, mittels Vernunft zu absoluten Wahrheiten zu gelangen. Es geht im Folgenden um Kracauers Verortung in der Debatte über den Relativismus (das Wertproblem) und die Frage, unter welchen Bedingungen die Suche nach absoluten Wahrheiten mit der Erkenntnis der Geschichtlichkeit des Wissens zu versöhnen sei. Damit verbunden ist die Frage nach den Bedingungen und Möglichkeiten historischer Erkenntnis überhaupt und der Art dieser Erkenntnis (das Objektivitätsproblem). Vor dem Hintergrund dieser Problematik entwirft Kracauer sein Plädoyer für das Vorraumdenken und für Geschichte als den Bereich, indem sich dieses realisiert.

Zur Problemgeschichte des Historismus-Begriffs

Mit dieser Eingrenzung des Problems ist ein besonderes Verständnis des problematischen, weil vieldeutigen Historismus-Begriffs geliefert, der in seiner jeweiligen Anwendung der Erläuterung bedarf. Im 19. Jahrhundert taucht das Wort vereinzelt

---

[10] Kracauer, *Geschichte*, S. 214. [*H.*, S. 195.]

als Bezeichnung eines Denkens auf, das historische Perspektiven in den Mittelpunkt der Betrachtung rückt, wobei die Frage einer etwaigen kulturellen oder politischen Bedeutung des Historismus zunächst ausgespart wurde.[11] Nachdem die Geschichtswissenschaft zur Leitwissenschaft des Jahrhunderts geworden war und mit Gustav Droysens *Historik* (1857) ihre erkenntnistheoretische Fundierung erhalten hatte, wurde der Begriff des Historismus Ende des 19. und Anfang des 20. Jahrhunderts bekanntlich gebraucht, um im Anschluss an Nietzsches »Unzeitgemäße Betrachtungen« (1874) Kritik an einem »Zuviel« des historischen Wissens zu artikulieren.[12] Die Frage nach den Ursachen der intensiven Auseinandersetzung mit Geschichte stellten schon Droysen und Burckhardt. Letzterer führte das gesteigerte historische Interesse seiner Zeit auf den raschen Wandel der Lebenswelt zurück, der seit der Französischen Revolution innerhalb weniger Jahrzehnte in Gang gesetzt worden war. Er sah in der Geschichtsschreibung eine Möglichkeit zur Bewältigung der Krisen und Kontinuitätsbrüche, denen die Menschen im 19. Jahrhundert ausgesetzt waren. Für Droysen hingegen war die Geschichtlichkeit des menschlichen Lebens selbst der entscheidende Grund jeglicher Beschäftigung mit Vergangenheit. Da der Mensch sein Leben als Bestandteil der Geschichte und sich selbst als mit dieser verwoben wahrnimmt, interessiert er sich für die historische Entwicklung der Welt.

Gegen das gesteigerte Interesse an Geschichte wurde jedoch kritisch vorgebracht, dass die Humanwissenschaften unter einem »historischen Selbstverlust der Gegenwart« litten und die Vergangenheit in einer Weise betrachteten, die hinderlich für die praktische Bewältigung der Gegenwart sei.[13] Nicht erst für Nietzsche geriet die Historie, nachdem sie zur »Wissenschaft« geworden war, mit dem »Leben« in Konflikt. Auch Burckhardt kritisierte die lebensfeindliche Eigendynamik, die eine rein kumulative Anhäufung historischen Wissens mit sich brachte. Er sah die Gefahr, dass Geschichte zur »massenhafte[n] Erzählung von bloßen Ereignissen« würde, »deren ungeheure Überzahl wir mit dem besten Willen in keine Beziehung zu uns setzen können.«[14] Nietzsche, der bei Burckhardt Vorlesungen gehört hatte, griff dessen Feststellung in der zweiten »Unzeitgemäßen Betrachtung« »Vom Nutzen und Nachteil der Historie für das Leben« auf. Anders als seine Vorgänger richtete er sich sowohl gegen die spekulative Geschichtsphilosophie, gegen Hegels Postulat von der Zielgerichtetheit und Vernünftigkeit des Geschichtsprozesses, als auch gegen die empirische Geschichtswissenschaft. Letztere unterschied sich laut Nietzsche von früheren Formen der Geschichtsschreibung durch beständigen Rückgriff auf das Material und die Unendlichkeit des Erkenntnisprozesses, der im-

---

[11] Jaeger/Rüsen, *Geschichte des Historismus*, S. 5. Vgl. dazu auch Scholtz, »Historismus«; Wittkau, *Historismus*.
[12] Vgl. dazu Meyer, *Ästhetik der Historie*; Lipperheide, *Nietzsches Geschichtsstrategien*.
[13] Jaeger/Rüsen, *Geschichte des Historismus*, S. 5.
[14] Burckhardt, *Über das Studium der Geschichte*, S. 107.

mer neue und letztlich belanglose Wissensbestände hervorbrächte. Diese stünden nicht nur ohne Beziehung zu konkreten Lebensfragen, sondern beraubten den Menschen auch aufgrund der Relativierung aller Werte seiner festen Bezugspunkte. Die Vorwürfe, die Nietzsche gegen die »historische Krankheit«[15] formulierte, wenn auch ohne den Begriff des Historismus zu verwenden, wurden in den 80er und 90er Jahren des 19. Jahrhunderts auch gegen Nationalökonomie, Jurisprudenz und die evangelische Theologie erhoben. Schließlich erfasste der Streit zu Beginn des 20. Jahrhunderts Philosophie und Soziologie – Disziplinen, für die sich Kracauer besonders interessierte.

Die Historismusdebatte verlief in Schüben, erlebte in der ideologisch-politischen Umbruchszeit nach dem ersten Weltkrieg einen Höhepunkt, bevor sie 1933 zu einem abrupten Ende kam. Anfang des 20. Jahrhunderts wurden – nach Nietzsche und Dilthey, die sich der Problematik seitens der Lebensphilosophie zu nähern suchten – zwei Stimmen laut, auf die sich Kracauer in dem Artikel »Die Wissenschaftskrisis«[16] bezieht: Max Weber mit *Wissenschaft als Beruf* (1919) und Ernst Troeltsch mit *Der Historismus und seine Probleme* (1922). Suchte Weber durch die strikte Trennung von historischen und normativen Denkformen zu einer Lösung des Relativismusproblems zu gelangen, setzte sich mit Troeltschs Intervention eine Neudefinition des Historismusbegriffs durch. Er vertrat die Auffassung, dass der Konflikt zwischen Wissenschaft und Werterkenntnis mit Hilfe der Geschichtsphilosophie aufgelöst werden könne. An seiner Feststellung, der Historismus sei in eine »Krise« geraten, wird deutlich, dass er mit dem Begriff keinen Vorwurf mehr verband, er betrachtete ihn als konstitutives Kennzeichen der Moderne. Daher rührte auch Kracauers Interesse an dieser Diskussion: Sie ist die epistemologische Übersetzung einer Problematik, die durch die säkularisierte Moderne aufgeworfen wurde, mit der sich Kracauer zeitlebens befasste – die Frage, ob oder wie angesichts des modernen Orientierungsverlusts nach der Auflösung traditioneller Strukturen, Denkformen und Glaubensüberzeugungen absolute Werterkenntnis möglich ist.[17]

Die Doppeldeutigkeit des Historismusbegriffs bestimmt die Diskussion der 20er Jahre. 1936 setzte sich mit Friedrich Meineckes Werk *Die Entstehung des Historismus* ein drittes Verständnis durch. Die Probleme, die seit Nietzsches zweiter »Unzeitgemäßer Betrachtung« diskutiert wurden, Werterelativismus und die Frage nach dem Verhältnis von Leben und Geschichtswissenschaft, sparte Meinecke aus. Er definierte stattdessen den Historismus als »die große deutsche Bewegung von Leibniz bis zu Goethes Tode«, wie er das Geschichtsdenken des deutschen Idealismus bezeichnete und verwies damit auf eine Epoche, die das Problem des Wertre-

---

[15] Nietzsche, »Unzeitgemäße Betrachtungen«, S. 325.
[16] Kracauer, »Die Wissenschaftskrisis«, in: *Aufsätze 1915–1926*, S. 212–221. [*FZ*, 8.3.1923]
[17] Agard, *Le chiffonnier*, S. 27 ff.

lativismus noch nicht kannte.[18] Auch Kracauer verbindet mit dem Begriff mindestens drei Aspekte historischen Denkens. Erstens: die von Droysen begründete Methode der deutschen historischen Schule (Empirismus und Positivismus), die sich eine überprüfbare Ermittlung historischer Fakten zum Ziel setzte. Zweitens: ein relativistisches Geschichtsdenken, das sich nicht für die Bedeutung der Vergangenheit für die Gegenwart interessiert, sondern die jeweilige Besonderheit, den »Sinn« einer jeden Epoche für sich würdigt. Übergreifende Wertmaßstäbe historischen Urteilens weichen dabei der Überzeugung von einer beständigen Wandelbarkeit der Verhältnisse. Drittens wird der Begriff in einer nicht mehr polemischen, sondern positiven Bedeutung gebraucht, um ein Geschichtsdenken zu bezeichnen, dass die Verschiedenheit, die Veränderung und Veränderlichkeit als positives Merkmal der menschlichen Welt hervorhebt und mit den Leitbegriffen Fortschritt und Entwicklung operiert.[19]

Kracauer befasste sich mit diesen Fragen, die in Ernst Troeltschs *Der Historismus und seine Probleme* (1922) zusammengefasst sind, nicht erst in *Geschichte*, sondern schon in den 20er Jahren. Troeltsch widmete Kracauer in der *Frankfurter Zeitung* 1922 den Artikel »Schule der Weisheit«[20], im Jahr darauf dann den Essay »Wissenschaftskrisis« (1923). Auch in der Abhandlung über »Georg Simmel« (1919), in einem Artikel über Max Scheler mit dem Titel »Katholizismus und Relativismus« (1921) sowie in *Soziologie als Wissenschaft* (1923) geht Kracauer auf das Problem des Wertrelativismus ein. Schließlich taucht der Historismus-Begriff wie oben erwähnt in dem Essay »Photographie« (1927) auf.

Das Relativismusproblem in der »Georg Simmel«-Abhandlung (1919)

Auch wenn sich Kracauer schon in jungen Jahren mit einem Projekt über Geschichte trug, befasste er sich zunächst mit der Soziologie. In seiner Abhandlung über »Georg Simmel« (1919) deutet er den Relativismus als Zeitphänomen. Simmel ist in seinen Augen der Denker, der dieses mit seiner Philosophie aus der »Froschperspektive« am deutlichsten repräsentiert, da er die Welt nicht durch eine Idee begreife, sondern sich in das »Eigensein der Objekte« versenke.[21] Eine außergewöhnliche Erlebnisfähigkeit sieht Kracauer bei Simmel mit großer Assoziationsgabe verbunden. In seinem Werk findet sich »wie in einem Brennspiegel« die Verfassung der Zeit verdichtet und gebündelt.[22] Im Kapitel »Zivilisation« der

---

[18] Raulet, »Strategien des Historismus«, S. 2.
[19] Vgl. Jaeger/Rüsen, *Geschichte des Historismus*, S. 6 f.
[20] Kracauer, »Schule der Weisheit. Zu der Tagung in Darmstadt«, in: Ders., *Essays, Feuilletons, Rezensionen 1906–1923*, S. 500–507. [*FZ*, 5.10.1922]
[21] Kracauer, »Georg Simmel«, in: Ders., *Frühe Schriften*, Bd. 9.2., S. 177 f.
[22] Ebd., S. 242.

Abhandlung analysiert Kracauer die Gegenwart in kulturkritischen Begriffen, die auch in anderen Frühschriften anklingen.[23] Wenig später wird er sich von dieser Position jedoch distanzieren.

Relativismus als das Schicksal der Moderne
Kracauer verortet das Relativismus-Problem historisch als Ausdruck der geistigen Situation einer Zivilisation, die er in zeittypischer Manier der Kultur gegenüberstellt.[24] Zwischen den Menschen der Kultur herrscht eine »innige Gemeinschaft des Denkens, Wollens, Fühlens«, die auf geteilten Wertüberzeugungen, einem in der Gemeinschaft begründeten »Ur-Glauben« basiert. Der Mensch der Zivilisation verfügt nicht über solch ein einheitliches Weltbild. An die Stelle einer »Wesensverknüpftheit sämtlicher Individuen« ist eine »ziellose Freiheit der einzelnen Individuen« getreten.[25] Kracauer greift hier auf Spengler zurück, dem er die Rede vom »furchtbaren Untergang« der Zivilisation entlehnt, den zu durchleben das Schicksal der Gegenwart sei.[26]

Der »Georg Simmel«-Text wie auch *Soziologie als Wissenschaft* zeugen von einer gewissen Nähe zum Katholizismus, die ein idealisiertes Bild vom Mittelalter begründet: Die Kirche verkörperte damals laut Kracauer eine Formenwelt, welche dem »Seelentum« der westeuropäischen Menschheit entsprach. Dies gilt nicht nur für die religiöse, sondern auch für die ethische, künstlerische und geistig-intellektuelle Sphäre, denn die Kirche durchdrang Alltag und Lebensrhythmus der mittelalterlichen Menschen. In *Soziologie als Wissenschaft* führt Kracauer im Anschluss an Lukács' *Theorie des Romans* den Begriff der »sinnerfüllten Epoche« ein, in der alle Dinge »auf den göttlichen Sinn bezogen« waren.[27] Es gab in ihr weder leeren Raum noch leere Zeit, wie sie die moderne Wissenschaft voraussetzt, beide unterhielten ein direktes Verhältnis zum Sinn. Der Verlust dieser allumfassenden Gebundenheit des Menschen durch das Erlöschen des Katholizismus, eines Weltbildes, das »wie ein runder Himmel das ganze menschliche Sein überspannt«[28], ist in der Moderne einer ziellosen Freiheit und Wertanarchie gewichen. Grundmacht dieser Zivilisation ist die Idee des Kapitalismus.

Kracauer untersucht die Konsequenzen dieses Verlusts auf ideeller wie auf sozialer Ebene. Die hochkapitalistische Art zu wirtschaften und zu leben ist für ein »freies Schweifen von Idee zu Idee«[29] verantwortlich, welches das Absolutwerden

---

[23] Vgl. etwa Kracauer, »Über den Expressionismus, Wesen und Sinn einer Zeitbewegung. Abhandlung [1918]«, in: Ders., *Frühe Schriften,* Bd. 9.2., S. 7–78. Vgl. Agard, *Le chiffonnier,* S. 17–23.
[24] Vgl. Knobloch u. a. (Hrsg.), *Kultur und Zivilisation,* bes. S. 327–371.
[25] Kracauer, »Georg Simmel«, in: Ders., *Frühe Schriften,* Bd. 9.2., S. 243–245.
[26] Ebd, S. 243.
[27] Kracauer, *Soziologie als Wissenschaft,* S. 12. Vgl. auch Kracauer, »Georg von Lukács Romantheorie«, in: *Aufsätze 1915–1926,* S. 117–123. [*Neue Blätter für Kunst und Literatur,* 4.10.1921.]
[28] Kracauer, »Georg Simmel«, in: Ders., *Frühe Schriften,* Bd. 9.2., S. 244.
[29] Ebd., S. 247.

einzelner Überzeugungen verhindert. Mehrere Faktoren spielen dabei eine Rolle. Erstens die Horizonterweiterung der Menschen, die im Lebensraum der modernen Großstadt mit Produkten aus allen Teilen der Welt konfrontiert werden. Die Gewöhnung an Unbekanntes, an unterschiedliche Ideale relativiert das Vertraute und bringt ein ungebundenes »Allerweltsmenschentum« hervor.[30] Die Dominanz des rechnenden Verstandes und des logischen, analytischen Denkens bewirkt eine Unterwerfung des Seelischen unter den Intellekt, die eine Ausrichtung der seelischen Kräfte auf das Absolute behindert. Feiert der Intellekt in der ersten Phase des Kapitalismus, in der sich die Zivilisation vertrauensvoll in die Hände der Vernunft begab, im wissenschaftlichen, politischen und ethischen Bereich Erfolge, folgt eine zweite resignative Epoche, in der die Einsicht der Historizität aller Erkenntnisse zum Allgemeinplatz geworden ist. Kracauer verweist auf den Zusammenhang zwischen Historismus und Relativismus an dieser Stelle gleichwohl, ohne ersteren explizit beim Namen zu nennen.[31]

Simmel als Relativist
Im Kapitel »Typus« skizziert Kracauer zwei Begründungen des Simmel'schen Relativismus. Simmel geht zunächst von der Existenz eines Absoluten aus, dem sich der erkennende Mensch jedoch immer nur annähert, da keine Letztbegründung mit unanfechtbarer Bestimmtheit als solche ausgewiesen werden kann. Andernorts streitet Simmel die Existenz eines solchen Absoluten ab, da die Prozesshaftigkeit der Erkenntnis prinzipiell unabschließbar sei. Der Erkenntnisprozess wird nicht als linear fortschreitend, sondern als kreisförmig gedacht. Da Anfang und Ende sich berühren, kann an jeder Stelle eingesetzt werden, um von dort aus zu anderen Punkten zu gelangen. Der Wahrheitswert einer jeden Erkenntnis gründet in ihrer jeweiligen Beziehung zu anderen Erkenntnissen. Ideen, die der Welterklärung dienen, werden so zu heuristischen Prinzipien, die zu Standpunkten führen, welche einander gegenseitig bedingen.[32] Der Einheit der Erkenntnis entspricht für Simmel die Einheit des Gegenstandes: Die mannigfachen Elemente stehen ihrerseits, wie die Erkenntnisse, aus denen sich das Weltbild zusammensetzt, in einem relationalen Verhältnis zueinander. Das relationale Denken betrachtet Kracauer jedoch als *das* Kernprinzip von Simmels Werk: »Alle Äußerungen des geistigen Lebens [...] stehen in unnennbar vielen Beziehungen zueinander, keine ist herauslösbar aus den Zusammenhängen, in denen sie sich mit anderen befindet.«[33]

Kracauer unterscheidet zwischen zwei Arten von Beziehungen zwischen den Dingen, die Simmel herstellt. Erstens zeigt Simmel die »Wesenszusammengehörigkeit« zwischen den verschiedenen Phänomenen auf, durch welche deren Einbet-

---

[30] Ebd., S. 248.
[31] Ebd., S. 250.
[32] Ebd., S. 232 f.
[33] Ebd., S. 150.

tung in die »großen Zusammenhänge des Lebens« deutlich wird. Zweitens weist er Analogien nach, d. h. formale oder strukturelle Wesenseigenheiten, die einer Reihe von Gegenständen eignen.[34] Aus dem relationalen Prinzip ergibt sich nach Kracauers Lesart eine eigentümliche Dialektik zwischen Fragment und Totalität, die der zwischen Relativismus und einem Auflösen der Sehnsucht nach dem Absoluten in der Lebensphilosophie entspricht. Zur Bewältigung von Totalität beschreitet Simmel zwei Wege. Während er auf dem erkenntnistheoretischen Weg, etwa in der *Philosophie des Geldes*, zu einer relativistischen Leugnung des Absoluten, zum »Verzicht auf ein selbsteigenes Begreifen der Totalität und zur Darbietung mannigfacher typischer Weltbilder« gelangt, führt ihn der Weg des Spätwerks zu seiner Metaphysik des Lebens, einem »groß angelegten Versuch, das Erscheinende aus einem absoluten Prinzip heraus zu verstehen.«[35] Zur *Philosophie des Geldes* bemerkt Kracauer, wie später zu seiner eigenen *Soziologie als Wissenschaft*, zur *Theorie des Films* und *Geschichte* – sie sei in »rein philosophischer Absicht« verfasst, um »die Verwobenheit sämtlicher Teile des Weltmannigfaltigen zum Bewusstsein zu bringen. [...] Von jedem Punkt der Totalität aus kann man zu jedem anderen Punkt gelangen, ein Phänomen trägt und stützt das andere, es gibt nichts Absolutes, das unverbunden mit den übrigen Erscheinungen existiert und an und für sich Geltung besitzt.«[36]

Kracauer äußert zu dieser Position sowohl Lob als auch Kritik. Einerseits wirft er Simmel vor, dass sich dieser im Endlosen verliere und Unsystematisches zum System mache. Er übersetzt diesen Eindruck in das Bild einer Welt, von der ein »seltsames Flimmern« ausgeht, »wie von einer sonnigen Landschaft, in der die harten Konturen der Gegenstände aufgelöst sind und die nur noch ein einziges Gewoge zitternden Lichtes ist, das die Einzeldinge überspielt.«[37] Andererseits schätzt er Simmel aufgrund seiner eigentümlichen Bewegung zwischen Empirie und Metaphysik als hervorragenden Mittler zwischen den Erscheinungen und den Ideen. Die Oberfläche der Dinge ist Simmel nur ein Ausgangspunkt, von dem er über das Aufzeigen von Analogien zu den dahinter liegenden Ideen gelangt. Hinter dem Flimmern der Oberfläche erscheint Simmels Welt transparent wie Glas, und er dringt in Seinsschichten vor, die anderen verborgen bleiben. Er gehört damit zu jenen Denkern, die in die Mannigfaltigkeit der Welt hineinführen, anstatt diese von einer Idee aus zu begreifen. Bei Simmel fehlt laut Kracauer eine solche Idee, er versucht stets sein »Inkognito zu wahren«.[38]

Kracauer führt dies auf einen grundsätzlichen Mangel an Wertideen zurück, einen Wunsch nach wissenschaftlicher Objektivität kann er hingegen bei Simmel

---

[34] Ebd., S. 152 f.
[35] Ebd., S. 157.
[36] Ebd., S. 168.
[37] Ebd., S. 170.
[38] Kracauer, »Georg Simmel«, in: Ders., *Frühe Schriften*, Bd. 9.2., S. 182.

nicht entdecken. Es herrsche vielmehr eine »Stummheit« in den Tiefen seiner Persönlichkeit, welche ihm die notwendige Freizügigkeit ermögliche und die zahlreichen Perspektivwechsel und sich wandelnden Begriffsdeutungen erkläre. Nuancierend fügt Kracauer hinzu, dass Wertentscheidungen auch bei Simmel nicht vollständig fehlten, jedoch keine Rolle für die Organisation seiner Werke spielten: Sie haben ornamentalen Charakter. So setze Simmel nirgends seine Seele ein – angetrieben weniger von Überzeugungen, als von einem Interesse an den Gegenständen. In dieser Richtungslosigkeit sieht Kracauer Simmels Tragik begründet, insofern als sie Vorbedingung seines Denkens ist: »Dem Glück über die ihm zuteil gewordene Gabe des Hineinleuchtens in zahllose seelische Mannigfaltigkeiten mag sich das Leiden an der Grundbeschaffenheit seines Wesens beigesellt haben, in manchen Stunden mag er von einer Art Horror vacui, einer Art Heimweh der Seele nach Festland und Grenze, nach einem runden Himmel über sich befallen worden sein.«[39]

Simmel – ein unglücklich Liebender des Absoluten
So macht Kracauer neben der relativistischen Entsagung Simmels auch dessen Hang zum Unbedingten aus. Letzteren führt er im Kapitel zu Simmels intellektueller Entwicklung aus, von den erkenntnistheoretischen Reflexionen der *Philosophie des Geldes,* über seine Auseinandersetzung mit Kant, bis hin zur Aufhebung des Relativismus im absoluten Prinzip des Lebens.

Simmels Interesse für Kant begründet er mit der von beiden Denkern geteilten Überzeugung, dass die Leistung und Aktivität des erkennenden Subjektes darin bestehen, die Mannigfaltigkeit kraft des Ichs zur Einheit zusammenzuschließen. Um den Unterschied zwischen Kant und Simmel zu charakterisieren, benutzt Kracauer das Bild der »geistigen Höhenlage«. Während Kant sich in der obersten Schicht der Vernunft und in der untersten Schicht der chaotischen Empfindungen bewege, halte sich Simmel vornehmlich in der mittleren Höhenlage auf (eine frühe Variante von Kracauers »Gesetz der Ebenen« in *Geschichte*). Dort geht es um die Vielfalt ungeformter Eindrücke der historischen oder sozialen Welt, die bei Kant nur logisch erschlossen, aber nicht sinnlich erlebt werden können. Bei Simmel lassen sie sich annäherungsweise *erfahren*. Simmel versetzt Kants Kategorien aus der Ewigkeit in die Zeit und enthebt sie so der fundamentalen Bedeutung, die sie für diesen haben. Er erweitert Kants apriorische Normen, deren Existenz er nicht nur im naturwissenschaftlichen Bereich gegeben sieht, sondern in der gesamten psychologischen und historischen Welt, im Bereich des Rechts, der Kunst und der Religion. Kracauer betont, dass sich Simmels Individualitätsbegriff grundlegend von jenem Kants unterscheidet. Während bei Kant Erkenntnis- und Wertpersonen wesensgleich sind, hat Simmel sich den qualitativen (und nicht mehr quantitativen) Individualismus des 19. Jahrhunderts zu eigen gemacht, bei dem das unverwechselbare

[39] Ebd., S. 187.

Eigensein des Einzelnen Grundlage des Denkens, Fühlens und der Wertfundierung sind.[40] So ist Simmel ein Nachfolger Kants, wenn er eine »Entwertung des Gegebenen zugunsten des erkennenden Subjekts« vornimmt und die »Leistung des Ichs in der Bewältigung des Mannigfachen« betont.[41] Simmels Relativismus ist keinesfalls mit Skeptizismus zu verwechseln. Die Unmöglichkeit, den Geschichtsverlauf realitätsgetreu abzubilden, so Simmel in seinen geschichtsphilosophischen Betrachtungen, stellt nach Kracauer den historischen Erkenntniswert ebenso wenig in Frage wie der Kant'sche Idealismus, der von der Unmöglichkeit spricht, das Ding an sich zu erfassen. Nur ein Realist mit seinem übersteigerten Glauben an die Fähigkeit zur Enthüllung der Wirklichkeit fühlt sich von der Erkenntnis entmutigt, dass das Gegebene erst durch den Filter der apriorischen Formen des Geistes erkannt wird: »Als ob Wahrheit in der völligen Übereinstimmung zwischen Erkenntnis und Erkanntem bestünde! Es hieße Unmögliches von der Geschichte fordern, wollte man aus ihr einen Spiegel der gelebten Wirklichkeit machen.«[42]

In den Jahren, in denen sich Simmel mit Goethe befasste, wird das Leben zum alleinigen Erklärungsprinzip.[43] Für ihn existierten nur individuelle Wahrheiten: Jeder Mensch kann aus der Gesamtheit aller möglichen Erkenntnisse nur die ihm gemäßen erfassen. Die Überzeugung, dass sich keinem Menschen die Welt in ihrer Gesamtheit erschließt, ist jedoch keinesfalls mit Skeptizismus zu verwechseln. »Nur sämtliche Menschen erkennen die Natur, nur sämtliche Menschen leben das Menschliche«, zitiert Kracauer Goethe.[44] Mit dieser Position gibt Simmel seinen Relativismus jedoch nur scheinbar preis, denn die monistische Lebensphilosophie, die Überzeugung von der Standortgebundenheit jeglicher Welterkenntnis »treibe über sich hinaus zum Dualismus oder Pluralismus«, wie Simmel selbst sagte: »Er, dem alles Absolute eine Vereng[er]ung bedeutete, drängt zuletzt selber zum Absoluten. Welches andere Prinzip aber könnte er aufstellen, als ein solches, das seinen Relativismus unterbaut und ihm unbedingte Gültigkeit verleiht? [...] Simmel gibt zwar den Relativismus preis, aber lediglich deshalb, um ihn eine Stufe tiefer wiederzugewinnen, er befreit sich aus ihm, um sich inniger als je zuvor an ihn zu binden, er sucht das Absolute und findet es in der das Absolute wegschwemmenden Bewegung, hierin einem rastlosen Wanderer gleich, dem das Wandern selbst zum normalen und einzig sinnvollen Zustand wird.«[45]

Kracauer zeigt in seiner Simmel-Studie die Aporien eines Denkens auf, das er als Ergebnis einer bindungslosen Moderne deutet. Dies geschieht einerseits vom Standpunkt einer noch theologisch geprägten Konzeption des Wissens aus, die als

---

[40] Ebd., S. 196 ff.
[41] Ebd., S. 204.
[42] Ebd., S. 235.
[43] Ebd., S. 211.
[44] Ebd., S. 326.
[45] Ebd., S. 239.

absolute Erkenntnis einer als sinnvoll vorgestellten Realität gedacht wird. Gleichzeitig fühlt er sich von Simmels Methode und Zugang zur Realität angesprochen.[46] Diese Ambivalenz sieht er in Simmels Lebensphilosophie selbst, die er als Sehnsucht nach Erlösung durch ein einheitliches Weltprinzip deutet, als gescheitertes Bemühen um Einheit. So wird Simmel bei Kracauer zu einem abgewiesenen Verehrer des Absoluten, dessen »schicksalhafte[s] Drängen nach der absoluten Wahrheit« Frucht der Sehnsucht eines unglücklich Liebenden ist.[47]

»Katholizismus und Relativismus« – Max Scheler (1921)

Anfang der 20er Jahre verfasste Kracauer weitere Texte über das Relativismusproblem, darunter einen Essay über Max Scheler, »Katholizismus und Relativismus«. Neben Simmel ist Scheler der zweite Autor, der laut Adorno großen Einfluss auf Kracauer ausübte, was Adorno auf deren beider Verbindung von Philosophie und Soziologie zurückführt.[48] Kracauer verweist in *Geschichte* auf seinen Scheler-Text aus dem Jahr 1921, in dem er, so Adorno, »brüsk und aufrichtig« das Ideologische »beim Namen nannte«.[49] In einem Brief an Alfred Schütz bezeichnet Kracauer diesen Essay als Moment der Befreiung von Kierkegaard und einer Hinwendung zu einem stärker »weltlichen« Denken.[50]

Bei Scheler, den Kracauer in *Ginster* mit der Figur des Professor Caspari porträtierte[51], sieht Kracauer eine ähnliche Ambivalenz wie bei Simmel gegeben. Schelers Religiosität erscheint ihm zeittypisch, die Grundposition jedoch unhaltbar: Beständig zwischen einer Infragestellung des katholischen Dogmas und der Hingabe an einen »verschämten« Katholizismus schwankend, habe sich Scheler mit *Vom Ewigen im Menschen* (1921) zwischen alle Stühle gesetzt.[52] Er versuche in philosophischer und pädagogischer Absicht die Grundlagen einer »natürlichen« Theologie zu entwickeln, welche über religiöse und konfessionelle Glaubenssätze hinaus eine Begeg-

---

[46] Agard, *Le chiffonnier*, S. 31 f.
[47] Kracauer, »Georg Simmel«, in: Ders., *Frühe Schriften*, Bd. 9.2., S. 241.
[48] Adorno, »Der wunderliche Realist«, S. 391. Neben »Katholizismus und Relativismus« (in: *Aufsätze 1915–1926*, S. 123–130. [*FZ*, 19.11.1921]) schrieb Kracauer 1917 eine Rezension von Schelers *Krieg und Aufbau*. Kracauer, »Max Scheler. Krieg und Aufbau«, in: *Aufsätze 1915–1926*, S. 23–26. [*Das neue Deutschland* Jg.5 (1916/17), H. 16 (15.5.1917), S. 443–445.] 1923 rezensierte er Schelers *Schriften zur Soziologie*: Kracauer, »Das zeugende Gespräch«, in: *Aufsätze 1915–1926*, S. 222–227. [*FZ*, 30.3.1923] 1928 veröffentlichte er in der *FZ* den Nachruf »Max Scheler«, in: *Aufsätze 1927–1931*, S. 112–117. [*FZ*, 22.5.1928] 1932 publizierte er eine Rezension über Schelers *Idee des Friedens und der Pazifismus* unter dem Titel »Max Scheler und der Pazifismus«, in: *Aufsätze 1932–1965*, S. 29–22. [*FZ*, 7.2.1932]
[49] Kracauer, *Geschichte*, S. 214. [*H.*, S. 196/247.] Adorno, »Der wunderliche Realist«, S. 395.
[50] Kracauer an Alfred Schütz, 6.5.1942, KN DLM [72.1772/1].
[51] Kracauer, *Ginster*, S. 125–130. Vgl. Agard, *Le chiffonnier*, S. 337.
[52] Kracauer, »Katholizismus und Relativismus«, S. 128 f.

nung der verschiedenen Bekenntnisse ermöglichte. Abgesehen davon, dass Kracauer den Begriff einer »natürlichen« Religion für verhängnisvoll unklar hält, erscheinen ihm Schelers Ergebnisse fragwürdig. Indem er Philosophie und Religion als voneinander getrennte Erkenntnismodi begreife, glaube er auf der Grundlage einer phänomenologischen Philosophie Gesetze über das religiös Richtige und Falsche herausarbeiten zu können. »Wahre Wunderkräfte« müssten der Phänomenologie jedoch innewohnen, merkt Kracauer ironisch an, wenn sie dies zu leisten vermöchte.

Kracauer fragt nach der Herkunft von Schelers Wertmaßstäben. Seine Befunde erscheinen ihm widersprüchlich, etwa wenn dieser verschiedene Ideen vom Geiste Gottes gelten lässt, um dann Calvins »entsetzliche Irrungen« zu verurteilen.[53] Schelers Urteile wurzeln, so Kracauer, mal im Verzicht auf einem eigenen Standpunkt, dann wiederum sind sie im Katholizismus verankert: »Ein Münchhausen, der sich am eigenen Schopf aus dem Wasser zieht! Als Relativist malgré lui billigt er jedem Volk eine eigene Art der Gotteserkenntnis zu, huldigt dem Pluralismus etc.; als Katholik lässt er keine andere Art der Gotterkenntnis als die katholische gelten, die aber beileibe nicht bei ihrem richtigen Namen genannt werden darf, sondern eben eine pure Wesensnotwendigkeit ist.«[54] Subjektiv bedingte Meinungen verwandeln sich so unter der Hand in objektive Wahrheiten, die im Sein der Gegebenheiten selber gründen sollten: »Stets muss das Wesen der Dinge dran glauben.«[55] Kracauer gelangt zu dem Schluss, dass weder die pädagogische, noch die philosophische Fragestellung durch Scheler gelöst wird. Er hat wenig Sympathie für den »Schleichweg der Schwäche«, mit dem glaubenslosen Intellektuellen ein Unterschlupf im Katholizismus gewährt werden soll.[56] Für Kracauer ist dieses Denken das Symptom einer Epoche des geistigen Umbruchs, die »Ende mehr schon als Anfang, in den tausend gebrochenen Farben des Übergangs schillert.«[57] Sieben Jahre später wird er in einem Nachruf auf Scheler die Entmythologisierung seines Denkens hervorheben. Der Philosoph, der »manche Leuchteffekte seiner Gabe der Verzauberung verdankte«, hat im Spätwerk, so Kracauer, seine eigene Welt entzaubert.[58]

Das Relativismusproblem in *Soziologie als Wissenschaft* (1922)

Der erste längere Text, den Kracauer 1922 publizierte, ist für die Genese von *Geschichte* wichtig, handelt es sich doch um die epistemologische Reflexion über So-

---

[53] Ebd., S. 125 f.
[54] Ebd., S. 127.
[55] Ebd. Auch Ginster lauscht Caspari bei seiner Wesensschau der Völker, versucht wie dieser die Wesen anzuschauen, scheitert jedoch, da »kein Wesen vorhanden«. Vgl. Oschmann, »Kracauers Herausforderung der Phänomenologie«, S. 193.
[56] Kracauer, »Katholizismus und Relativismus«, S. 129.
[57] Ebd., S. 130.
[58] Kracauer, »Max Scheler«, S. 115.

ziologie, ein benachbartes Gebiet der Geschichtswissenschaft.[59] Ausgangspunkt ist die Frage, wie eine Wissenschaft, die auf Regelhaftigkeiten sozialer Vergesellschaftung abhebt, der Mannigfaltigkeit der Erscheinungen gerecht werden kann ohne an Allgemeinheit einzubüßen. Kracauer dazu 1964 an Adorno: »Ich glaube nicht, dass ich es versäumt hätte, mich um die Extrapolierung des Allgemeinen aus dem extrem Besonderen zu bemühen; ich glaube vielmehr, dass es immer eines meiner Hauptprobleme war, herauszufinden, wie das zu geschehen habe (belegt durch Stellen im Soziologiebuch, den »Angestellten«, der Filmtheorie). Mein Geschichtsbuch wird im Versuch einer expliziten Lösung dieses Problems gipfeln.«[60]

Soziologie siedelt sich als wertfreie Wissenschaft, die nach allgemeingültigen Aussagen strebt, in der Sphäre der Immanenz an, im »leeren Raum des reinen Denkens«. Die Sphäre der Wirklichkeit ist in Kracauers Frühwerk die Sphäre der Transzendenz, d. h. ein Raum, der von einem Sinn »überdacht« ist. Am Beginn von *Soziologie als Wissenschaft* steht die Feststellung einer Verfehlung: Die Soziologie ist mit ihrem Versuch, diese Sphäre der Transzendenz zu erfassen gescheitert, weil sie als Formalphilosophie mit Kategorien arbeitet, die zwar in der Immanenz ihre Gültigkeit besitzen, aber auf die Wirklichkeit nicht übertragbar sind.[61] Kracauer versucht einen Beitrag zur Überwindung der zeitgenössischen geistigen Lage zu leisten, und »innerhalb enger Grenzen eine Wandlung vorbereiten [zu] helfen, die eine vertriebene Menschheit wieder in den neu-alten Bereich der gotterfüllten Wirklichkeit führt.«[62] Diese Absicht erscheint vor dem Hintergrund seiner Scheler-Rezension paradox, hatte er doch dessen Anlehnung an den Katholizismus als »Schleichweg der Schwäche« denunziert.[63] Seine Argumentation folgt tatsächlich einem paradoxen Schema. Kracauer analysiert zunächst die Struktur der Erkenntnisgebilde, die der (vergebliche) Versuch, von der immanenten in die transzendente Sphäre zu gelangen, hervorbringt.[64] Dann untersucht er die Möglichkeit, die Soziologie mit Husserls Phänomenologie als »reine« Wissenschaft zu begründen. Durch eine Konfrontation der formalen Soziologie mit der Empirie gelangt Kracauer zu dem Schluss, dass dieses Unterfangen undurchführbar sei: Die Problematik der Soziologie erscheint damit, wie schon im »Georg Simmel«-Text, als eine »tragische«.[65]

---

[59] Vgl. Kracauer, *Geschichte*, S. 223. [*H.*, S. 204.]
[60] Kracauer an Adorno, 3.11.1964, in: Adorno – Kracauer *Briefwechsel*, S. 678.
[61] Kracauer, *Soziologie als Wissenschaft*, S. 11.
[62] Ebd.
[63] Vgl. Agard, »Situation de la sociologie schelerienne«, S. 159.
[64] Ebd., S. 10 f.
[65] Ebd., S. 95 und S. 99. Agard spricht von einer ironischen Struktur des Werkes, die sich weniger gegen Husserl als Autoren wie Otto Gründler richte, der versuchte, Soziologie als Wesensschau in den Dienst einer natürlichen Theologie zu stellen. Vgl. Agard, *Le chiffonnier*, S. 42 f.

Das Prinzip der Soziologie

Kracauer nähert sich seinem Thema aus vergleichender Perspektive: Wie verhalten sich Geschichte, Soziologie und Geschichtsphilosophie zum Regelhaften und zur Mannigfaltigkeit? Ein Vergleich zwischen Geschichte und Soziologie liegt nahe, weil sich beide auf dieselbe Materie beziehen. Die Geschichtswissenschaft unterscheidet sich von der Soziologie durch die Kategorien des Raumes und der Zeit, weil sie sich mit dem unwiederholbaren Nacheinander der Dinge auseinandersetzt. Soziologie befasst sich mit dem, was in einer gegebenen Situation immer geschieht und richtet ihr Interesse auf gesetzmäßig verknüpfte Momente.

Kracauer verbindet die Frage der Verallgemeinerbarkeit mit dem Problem der Objektivität. Er differenziert zwischen historischen Darstellungen, die in »sinnerfüllten« oder »nicht-sinnerfüllten« Epochen verfasst werden und verweist auf die *Theorie des Romans* von Lukács, der es unterlassen habe, den »erkenntniskritischen Gehalt« dieser Begriffe zu erschöpfen.[66] Objektive Darstellungen sind nur in sinnerfüllten Epochen möglich, wobei sie dann der Geschichtsphilosophie oder Theologie zuzurechnen sind. In nicht-sinnerfüllten Epochen ist objektive Geschichte nur als Chronik denkbar, als Registrieren historischer Tatsachen, die unverbunden nebeneinander stehen. Objektive historische Darstellungen scheinen in keiner Situation möglich: »Die historische Individualität offenbart sich einzig und allein dem sie erlebenden Gesamt-Ich.«[67] Da das Ich in der nicht sinn-erfüllten Epoche jeden Standpunkt einzunehmen vermag, zeigt die historische Materie ein jeweils unterschiedliches Gesicht: »[E]ine objektiv wahre Geschichte ist aus erkenntnistheoretischen Gründen ein Unding.«[68]

Anders die Soziologie. Da sie auf das Gesetzmäßige abzielt, entschleiert sie Prinzipielles. Kracauer grenzt beide Disziplinen gegen die vergleichende Kultur- oder Gesellschaftsgeschichte sowie gegen die Geschichtsphilosophie ab. Wenn Kulturgeschichte parallele Entwicklungen verschiedener Kulturkreise vergleicht, sucht sie wie die Soziologie nach dem Typischen. Sie gründet ihre Erkenntnisse immer auf historische Erfahrung, nähert sich der Soziologie an, liefert dieser das Material für weitere Abstraktionen. Geschichtsphilosophie hingegen zielt nicht auf Erkenntnis des Seins, sondern auf die Erkenntnis des Sinns des Seins, es kann sie also nur in einer nicht-sinnerfüllten Epoche geben. Ihre Deutungen sind perspektivisch determiniert – wie jede Geschichtsdarstellung. Jedoch ist Geschichtsphilosophie weltanschaulich durch ein Prinzip gebunden, »das die schlechte Unendlichkeit der Ereignisfolge aufhebt, indem es ihr eine Richtung auf den Sinn zuerteilt.«[69] Nicht so die wertfreie Soziologie: Diese »bildet ihre Abstraktionen so, dass das Moment der Ein-

---

[66] Kracauer, *Soziologie als Wissenschaft*, S. 12.
[67] Ebd., S. 19.
[68] Ebd.
[69] Ebd., S. 21.

maligkeit des Geschehens nicht in sie eingeht.«[70] Eine vermittelnde Position nimmt die materialistische Geschichtsauffassung ein. Aber auch hier steht die Darstellung der Vergangenheit im Dienst eines politischen Ziels in der Zukunft. Sie ist Agitationsmittel, und der Wille zur Sinngebung bestimmt die Erkenntnis.[71]

Das Stoffgebiet der Soziologie präsentiert sich dem Soziologen in der Gegenwart als »schlechte Unendlichkeit«, die in ihrer Totalität nicht zu erfassen ist. Die uferlose Realität wird zum Spiegelbild des uferlos gewordenen Selbst. In dieser Realität gibt es weder Anfang noch Ende. Hier findet sich ein Echo von Kracauers Aussagen zu Simmel: »Jede Einsicht trägt andere Einsichten und wird von wiederum andren getragen in einem allseitig unendlichen Fortgang.«[72] Entscheidend ist die Konsequenz: Es bleibt stets ein ungelöster Rest, den jede Erkenntnis übrig lässt. Diese Reste interessieren Kracauer besonders.

Eine phänomenologische Soziologie?
Im Teil zur *Begründung* der Soziologie setzt sich Kracauer mit Husserl auseinander. Er fragt nach der Legitimität des Anspruchs der Soziologie, zeitlos gültige Erkenntnisse zu liefern. Soziologie geht induktiv vor, wenn sie davon ausgeht, dass das Leben, wie es sich in der Vergangenheit ausdrückte auch in der Zukunft wiederholen wird – eine Prämisse, die Kracauer in Zweifel zieht. Aufgrund ihrer Erfahrungsbasiertheit sind die von der Soziologie ermittelten Gesetze für ihn »Pseudo-Gesetze«, die nur zeitlich bedingte Gültigkeit beanspruchen können.[73]

Die Idee der Notwendigkeit interpretiert Kracauer als Relikt aus der »Epoche des Sinns«, in der das Göttliche als sichere Basis und Begrenzung der »leeren Unendlichkeit« funktionierte.[74] Hier finden sich Spuren einer Säkularisierungstheorie, welche Kracauer nach seiner Auseinandersetzung mit Hans Blumenberg so nicht mehr vertreten wird. Dem verlassenen Subjekt der Moderne, dem die Wege des Heils von den Trümmern einer wesenlos gewordenen Realität verschüttet sind, stellt Kracauer den Gesamtmenschen der Vergangenheit gegenüber, dem die Dialektik von Freiheit und Notwendigkeit noch kein Begriff war. Gerade weil in der Moderne Form und Materie auseinanderklaffen, versucht der moderne Mensch mit Hilfe der Idee der Notwendigkeit das Chaos zu bewältigen. Dieser Vorgang entspringt einem metaphysischen Bedürfnis.[75]

Da es sich bei den Gegenständen der Soziologie um geistige Phänomene handelt, kann sie nicht auf kausale Erklärungen zurückgreifen, sondern hat ihre Fundamente in der Struktur des menschlichen Geistes. Zur Beurteilung ihres Wahr-

---

[70] Ebd.
[71] Ebd., S. 22 f.
[72] Ebd., S. 29.
[73] Ebd., S. 33.
[74] Ebd.
[75] Ebd., S. 34.

heitsgehalts bezieht sich Kracauer auf Husserls *Ideen zu einer reinen Phänomenologie* (1913). Er verweist auf die Problematik phänomenologischer »Wesensschauungen«, die hier nur extrem verkürzt skizziert werden kann.[76] Einsicht in die Struktur des Geistes ist nach Husserl nur durch eine Veränderung der gewohnten Einstellung des Ichs zur Außenwelt möglich. Das Erkenntnissubjekt muss sich des Urteilens und der Setzungen enthalten, diese »einklammern« (Epoché), um sich auf das Erleben der Außenwelt zu konzentrieren. Im Angesicht des Erlebnisstroms ist das Ich in der Erfahrungswelt seines Innern gefangen, es trifft auf Erfahrungen, die jedoch genauso »zufällig« sind, wie das Geschehen in der Außenwelt. Dieser Zufälligkeit muss sich das Ich entledigen, indem es sich nicht dem individuellen Bewusstseinsverlauf, sondern Erlebnisgattungen zuwendet, die Verallgemeinerungen des Individuellen, ihr »Wesen« sind. So gelangt es von typischen Erlebnissen zu immer höheren Gattungen bis zu den Wesenheiten höchster Allgemeinheitsstufe, deren Anordnung als Kegel vorgestellt werden kann. Bei der Wesensschau eines Ichs, das sich die Erschauung seiner Bewusstseinsgehalte zum Ziel setzt, vollzieht sich ein Wandel innerhalb dieses Ichs: »[B]ei fortschreitender Generalisierung seiner Objekte entselbstet sich das Ich des Wesensschauers, bis es am Ende, den obersten Erlebnisgattungen, den kategorialen Wesenheiten gegenüber, zum reinen Ich wird, dessen Intuitionen nicht mehr von besonderen Beschaffenheiten des Subjekts abhängen. Der an dem Objekt durchgeführte Entindividualisierungsprozess vollzieht sich so gleichzeitig auch an dem Erkenntnissubjekt.«[77] Diese Entselbstung, so nun Kracauers Einwand gegen Husserl, ist jedoch nur in der Moderne möglich. Die eidetische Reduktion der Erkenntnisse hat die Entlassung des Subjektes aus der Gebundenheit durch den Sinn zur Voraussetzung. Die reine Phänomenologie vollendet damit den Prozess der Entindividualisierung, so Kracauers Kritik, und dieser Prozess bedingt das Scheitern der Phänomenologie. Der Zersetzungsprozess des Ichs, der mit Descartes begann, kommt mit ihr zum Ende und verweist gleichzeitig auf einen Neubeginn, »weil sie in dem Geist, der nicht mehr weiter sich verlieren kann, wieder die Ahnung von dem allein wesentlichen Sinn wachruft.«[78]

Kracauer weist auf ein phänomenologisches Feld hin, das den Axiomen der Mathematik ähnelt: Das oberste Ende des Kegels, der die gesamte phänomenologische Mannigfaltigkeit abbildet.[79] Diese Kegelspitzen bieten sich in einer Epoche des ungebundenen Sinns als unerschöpfbare Vielheit dar, als »schlechte Unendlichkeit«. Einzig subjektive Bedingtheiten des schauenden Ichs ermöglichen die Auswahl von Kategorien aus dieser Unendlichkeit der Wesenheiten. Darin unterscheidet sich die Mannigfaltigkeit der Phänomenologie von jener der Mathematik,

---

[76] Ebd., S. 36.
[77] Ebd., S. 41.
[78] Ebd., S. 43.
[79] Ebd., S. 50.

welche ihre Gebilde immer weiter auf einen Punkt zu reduzieren vermag.[80] Eine solche »Notwendigkeit« bleibt der Phänomenologie verwehrt: Das Tuch kann immer auch in andere Falten gelegt werden, andere oberste Kategorien können immer erschlossen werden. Eine systematische Erforschung »regionaler Ontologien«, die Husserl fordert, hält Kracauer nur in der Annäherung für denkbar. Drei Aspekte charakterisieren somit das phänomenologische Feld: seine Unabschließbarkeit, Reste subjektiver Bedingtheit bei seiner Erschließung und die Unerschöpflichkeit seiner Gehalte.[81]

Ein undurchführbares Denkbegehren
Im Kapitel zur »Problematik der Soziologie« kommt Kracauer auf sein »kryptotheologisches Referenzmodell«[82] zurück. In der sinngebundenen Welt stellt sich die Frage des Individuellen nicht, sie wird erst nach dem Zerfall des Dogmas, dem »Höllensturz des Menschen in die historische Zeit« virulent.[83] Die Objektivität des Geschauten wird eingebüßt: »Ihre Freizügigkeit ermöglicht den Subjekten die Errichtung mannigfacher Systeme des Weltbegreifens.«[84] Kracauer formuliert hier eine Idee, auf die er in *Geschichte* in gewandelter Form zurückkommen wird, wenn er von »Hohlräumen« zwischen den Zeiten spricht: »Gerade der leere Raum [...] fehlt einer Epoche des Sinnes. Der Geist ist in ihr so gefesselt, daß ihm nirgends ein Spalt offen bleibt um gleichsam ins Freie zu schlüpfen, [...] und um nunmehr die Prinzipien, die das Mannigfaltige soeben noch für ihn eindämmten, als ein von ihnen unabhängiger Beschauer von einem jenseitigen Standpunkt aus zu prüfen.«[85] Es ist Aufgabe des Individuums, der Welt ordnend zu begegnen, weshalb der Weg der wissenschaftlich objektiven Erkenntnis beschritten wird. Objektive Erkenntnis erfordert einen Verzicht auf Wertung und Hinwendung zur Abstraktion.

Kracauer fragt, wie es möglich sei, die Ergebnisse der empirischen Soziologie auf die der formalen Soziologie zurückzuführen. Er unterscheidet zwischen der materialen, empirischen Soziologie von Max Weber oder Ernst Troeltsch und einer formalen Soziologie, in deren Feld sich »dem reinen Ich die Beschaffenheiten und Gegebenheitsweisen der nicht weiter reduzierbaren kategorialen Wesenheiten« enthüllen.[86] Seine Antwort wird in *Geschichte* aufgegriffen: Ist es kein Problem, von dem Erfahrungsraum in den leeren Raum der reinen Phänomenologie zu gelangen, stellen sich der umgekehrten Bewegung Hindernisse in den Weg.[87]

---

[80] Ebd., S. 53.
[81] Ebd., S. 54. In der Debatte um eine Konkretisierung der Phänomenologie engagierte sich auch Adorno 1924 mit seiner Dissertation. Vgl. Raulet, »Verfallenheit ans Objekt«, S. 122 f.
[82] Agard, *Le chiffonnier*, S. 38.
[83] Kracauer, *Soziologie als Wissenschaft*, S. 78.
[84] Ebd.
[85] Ebd., S. 79.
[86] Ebd., S. 83.
[87] Ebd., S. 81.

Der erste Schritt auf diesem Weg vom Allgemeinen zum Individuellen besteht darin, wie Simmel von der Fülle der Gestaltungen ausgehend *typische* und nicht allgemeine Schemata anzunehmen. Was sich als Gedankenexperiment darstellt, muss in der Empirie auffindbar sein. Das Verhältnis zwischen apriorischer Konstruktion und gegebener Tatsache kehrt sich auf dem Weg vom Allgemeinen zum Individuellen in dem Maße um, wie die Wirklichkeit, welche Gegenstand der Betrachtung ist, an Fülle gewinnt. Geben zunächst Erkenntnisse des reinen Ichs den Ausschlag, geht Soziologie von der Mannigfaltigkeit aus, aus deren Erleben sich die Begriffsreihen ergeben, welche zu den Axiomen hinleiten. Dabei erweitert sich nach Kracauer das »reine Ich« immer mehr zum »vollgehaltigen Ich«. Es wird mit Gegenständen konfrontiert, die nur noch subjektiv erlebt werden können. Das einzige Ergebnis, das auf dem Weg von oben nach unten erzielt werden kann, besteht also darin, einer subjektiven Auffassung von der betreffenden Erscheinung Ausdruck zu verleihen. In dem Maße, wie sich Soziologie den empirischen Tatsachen annähert, werden diese »in immer höherem Grade zu Exponenten des sie aussendenden Gesamt-Ichs.«[88]

Der Weg von den Erkenntnissen der formalen Soziologie zu der sozialen Mannigfaltigkeit ist nach dieser Argumentation »wesensunmöglich«. Es handelt sich um eine unauflösbare Antinomie, da die unmittelbare Erlebniswirklichkeit der Kategorie der objektiven Notwendigkeit unzugänglich ist. Diese Erlebniswirklichkeit zu »umranden«, wäre nur möglich in der Welt eines Sinns, welche das Individuum und sein Erleben einbezieht. Die Begriffe der materialen Soziologie erklärt Kracauer daher zu »Truggebilden«, einer »merkwürdige[n] Frucht eines prinzipiell undurchführbaren Denkbegehrens.«[89] Seine vorherige Konstruktion ist widerlegt – der »Umweg« über die Begründung der Soziologie als formale Wissenschaft endet in einer Sackgasse.

Die paradoxe Struktur dieser Argumentation spiegelt die Paradoxie der Soziologie, die Kracauer aufzeigen möchte. Der Bankrott der Soziologie als Wissenschaft ist für ihn schon dadurch erwiesen, dass sie zur Bewältigung ihrer Mannigfaltigkeit der Untermauerung durch Geschichte bedarf. Auch wenn die Soziologie sich aus der historischen Zeit zurückziehen muss, um ihre Regelhaftigkeiten zu bilden, ist zur Erfassung der Mannigfaltigkeit ein Rekurs auf die Ereignisfolgen im Fluss der Zeiten unabdingbar. Allein die historische Dimension vermag eine Verbindung zwischen den Punkten herzustellen, von denen aus Soziologie in den leeren Raum soziologischer Zusammenhänge gelangen kann. Insofern durchbricht Soziologie ihr Prinzip, indem sie es stetig verfolgt.[90]

Das Streben nach Allgemeingültigkeit, das keine Erfüllung finden kann, führt wie schon bei Simmel laut Kracauer zu einer »Verzweiflung« und zweierlei Arten

---

[88] Ebd., S. 86.
[89] Ebd., S. 89.
[90] Ebd., S. 91 f.

von Ausweichmanövern. Entweder lässt die Einführung von Wertgesichtspunkten Soziologie in Geschichtsphilosophie einmünden. Nicht soziologische Notwendigkeit, sondern eine »verkleidete Notwendigkeit des Sinns« ist das Ergebnis. Oder das wertende Gesamt-Ich vernachlässigt die Quellen soziologischer Erkenntnis und verwechselt Soziologie mit Sozialphilosophie. Kracauer fragt noch einmal, welche soziologischen Erkenntnisse in der sinnüberwölbten Zeit denkbar wären. Die Antwort bleibt vage. Sie hätten die Gestalt »praktischer Erfahrungsregeln« und siedelten sich in einer Ebene an, die man weder mit Kategorien der Notwendigkeit noch einer »vom autonomen Ich ausstrahlenden Werterkenntnis sozialer Mannigfaltigkeit begreifen wollte«.[91]

Verkündete Kracauer im »Georg Simmel«-Text die Ankunft einer Philosophie, welche den »göttlichen Geist wieder seine altangestammten Herrscherrechte über das Leben zurückerstatten«[92] werde, fällt seine Bilanz in *Soziologie als Wissenschaft* zurückhaltender aus. Die geistige Situation der Zeit ist, wie er schreibt, von der Existenz eines formalen Subjektbegriffs gekennzeichnet. Die Vorstellung von einem Kosmos, in dem »das Subjekt ein Erzeugnis des Sinnes ist und nicht umgekehrt dieser jenem entwächst«, ist nur schwer nachzuvollziehen.[93] Für Kracauer ermöglicht es einzig das Verständnis der metaphysischen Situation, die Antinomien des gegenwärtigen Denkens aufzuzeigen. Die idealistische Philosophie, welche bei dem reinen Subjekt anhebt, erscheint ihm ungeeignet, die konkrete Wirklichkeit zu bewältigen.[94] Husserls Phänomenologie, die auf Vereinigung mit dem Kantischen Formalismus abzielt, scheitert an derselben Stelle wie dieser: Wenn es darum geht, aus den stoffentleerten Erkenntnissen zur konkreten sozialen Wirklichkeit hinunter zu gelangen. Sowohl Kants Transzendentalsubjekt als auch das reine Ich der Phänomenologie gelangen Kracauers Ansicht nach nur zu Scheinnotwendigkeiten. So hat die Soziologie lediglich eine begrenzte Gültigkeit als empirische Wissenschaft, wenn sie den Anspruch auf absolute Grundlagen aufgibt.

»Wissenschaftskrisis« – Ernst Troeltsch und Max Weber (1923)

In »Wissenschaftskrisis« (1923) entwickelt Kracauer weitere Thesen, die er später in *Geschichte* aufgreift. Wenn er zur »Krise der Wissenschaften« Stellung bezieht, die Anfang der 20er Jahre in aller Munde war, setzt er sich mit zwei Autoren auseinander, die in dieser Debatte gegensätzliche Positionen bezogen: Ernst Troeltsch und Max Weber. Taucht in dem frühen Essay implizit bereits das »Seite-an-Seite-

---

[91] Ebd., S. 95.
[92] Kracauer, »Georg Simmel«, in: Ders., *Frühe Schriften*, Bd. 9.2., S. 280.
[93] Kracauer, *Soziologie als Wissenschaft*, S. 96.
[94] Ebd., S. 97.

Prinzip«[95] auf, das auch in *Geschichte* zentral sein wird, so geschieht dies hier noch im Horizont seiner bereits erwähnten damaligen Kulturkritik.

Die Krise der Wissenschaften drückt sich laut Kracauer im »Wissenschaftshass« der Jugend aus, die sich sowohl gegen die flache Zusammenschau des unübersehbar gewordenen Stoffmaterials richtet, als auch gegen das Spezialistentum. Besonders in den Fächern Geschichte und Soziologie stellt sich in seinen Augen die Frage nach der Legitimität des Anspruchs auf Allgemeingültigkeit und der Bewertung einmal gewonnener Erkenntnisse. Führt Wertfreiheit zum »inhaltsleeren Begriffsformalismus« und »uferlosen Tatsachenfeststellungen«, sind wertende Positionen wissenschaftlich objektiv nicht zu begründen. Unüberwindbar erscheint die schlechte Alternative von Subjektivismus und Relativismus.[96] Kracauer untersucht Ernst Troeltschs und Max Webers Antworten auf dieses Problem. Er liest Troeltschs *Historismus und seine Probleme,* sein Konzept einer Kultursynthese, als Abwehr des »phantastischen Mystizismus« der jungen Generation, die sich religiösen Autoritäten in die Arme wirft.[97] Troeltsch setzt ihnen den Versuch einer Rehabilitierung des wissenschaftlichen Denkens und der Geschichtsphilosophie entgegen, so Kracauer, wenn er die Weltanschauung des Historismus verteidigt.

Für Troeltsch, der mit Kracauer eine Vorliebe für Georg Simmel teilte, ist der Historismus die eigentümliche Signatur der Moderne. In »Die Krisis des Historismus« (1922) schreibt er: »Das geistige Leben ist nicht mehr Teilhaber an überirdischen und übersinnlichen, festen, unveränderlichen Wahrheiten, auch nicht mehr Erhellung der allgemein-menschlichen Vernunft- oder Commonsense-Wahrheiten gegenüber den Irrungen des Aberglaubens und der Phantastik, nicht mehr die Erforschung des Naturrechts und ein darauf begründeter Umbau von Staat und Gesellschaft, sondern es ist ein kontinuierlicher, aber stets sich verändernder Lebensstrom, in dem sich stets nur vorübergehende, den Schein der Dauer und Eigenexistenz vortäuschende Wirbel bilden.«[98] Das Relativismusproblem, die Einbuße aller »Wert-Selbstverständlichkeiten« ist auch für ihn eng mit dem Objektivitätsproblem verbunden, der Frage nach der Entsprechung der Historie mit dem wirklichen Verlauf der Dinge, aber auch mit der Erschütterung des ethischen Wertsystems und seiner Begründung.

Das Zerbrechen der alten Wertordnungen ist bei Troeltsch wie bei Kracauer ein Problem der Gesellschaft wie der Geschichtswissenschaft: Die Historie betrieb, so Troeltsch, durch ihre umfassende Historisierung die Erschütterung der Werte und verlor den Leitfaden, mit dem sie den Geschichtsprozess zu erfassen suchte. Er möchte diesen Prozess nun umkehren, um durch wissenschaftlich gesicherte Werterkenntnis zur Begründung einer Ethik, zum »material-geschichtsphilosophischen

---

[95] Kracauer, *Geschichte*, S. 236. [*H.*, S. 108.]
[96] Kracauer, »Wissenschaftskrisis«, S. 213.
[97] Ebd., S. 215.
[98] Troeltsch, »Die Krisis des Historismus«, S. 438. [*Neue Rundschau* 1, 1922, S. 527–590.]

Ziel einer gegenwärtigen Kultursynthese« zu gelangen.⁹⁹ Sie soll der Sicherung eines Kultursystems aus der Vergangenheit für Gegenwart und Zukunft dienen. Die Objektivität der historischen Erkenntnis begründet Troeltsch zum einen aus einer möglichst vorurteilslosen Versenkung in die Tatsachen, zum anderen aus der »Herausbildung von Idealen dieses Kulturkreises aus dem tatsächlichen Leben«.¹⁰⁰ Objektivität soll nicht im Sinne einer überzeitlichen Gültigkeit verstanden werden. Vielmehr lässt sich die Einheit und der Sinn des Ganzen nur »ahnen und fühlen«, nicht aber »wissenschaftlich ausdrücken und konstruieren«.¹⁰¹

Troeltsch versucht Geschichte durch Geschichte zu überwinden, indem er historische Erkenntnisurteile und ethische Werturteile zwar unterscheidet, aber gleichzeitig aufeinander bezieht. Die Grundzüge der ihm vorschwebenden Kultursynthese, deren Präzisierung er nicht mehr ausführen konnte, skizziert er in *Der Historismus und seine Probleme* als Universalgeschichte der europäischen Kultur auf der Basis ihrer Grundgewalten, dem hebräischen Prophetismus, der griechischen und römischen Antike und dem Mittelalter. Es geht ihm um die normative Aneignung zuvor identifizierter kultureller »Grundkräfte«. Die erkenntnisleitenden Prinzipien basieren letztlich auf einer religiös-metaphysischen Grundlage. Kracauer stimmt Troeltschs Feststellung zu, dass eine rein kontemplative Herangehensweise an den Geschichtsprozess es nicht erlaubt, diesen in seiner Absolutheit zu erfassen. Das Verständnis gründet stets auf Wertüberzeugungen, welche sich aus der Standortgebundenheit des Betrachters ergeben, der in der Gegenwart steht und auf die Zukunft ausgerichtet ist. Problematisch wird Troeltschs Ansatz für Kracauer mit dem Konzept der gegenwärtigen Kultursynthese. Sie bietet keinen Ausweg aus dem Dilemma zwischen Relativismus und Subjektivismus, weil die Wertmaßstäbe, welche die Synthese herstellen sollten, erst aus ihr gewonnen werden müssten.¹⁰² Aus diesem Paradox sucht Troeltsch laut Kracauer einen Ausweg, indem er unter Berufung auf Kierkegaards Lehre von dem »Sprung«, von dem »Wagnis« der Intuition spricht, dank derer die Wertmaßstäbe gefunden werden sollten. Kracauer hält diesen Versuch, dem Relativismus zu entrinnen, für verfehlt: »[D]er Sprung der Intuition« schließt »rein wissenschaftlich-objektiv betrachtet [...] keineswegs das gleichzeitige Vorhandensein anderer Wertmaßstäbe aus, die ebenfalls auf Grund historischer Erfahrung intuitiv gewonnen sind und darum allesamt ohne Unterschied eine überrelative Bedeutung für sich in Anspruch nehmen können.«¹⁰³

---

⁹⁹ Oexle, *Geschichtswissenschaft*, S. 79.
¹⁰⁰ Troeltsch, *Der Historismus und seine Probleme*, S. 181.
¹⁰¹ Oexle, *Geschichtswissenschaft*, S. 79 f.
¹⁰² Kracauer, »Wissenschaftskrisis«, S. 215.
¹⁰³ Ebd. Das Bild des »Sprungs« benutzt nicht nur Kierkegaard 1844 in den »Philosophischen Brokken«, sondern auch Lessing 1777 in »Über den Beweis des Geistes und der Kraft«. Er unterschied zwischen »zufälligen Geschichtswahrheiten« und »notwendigen Vernunftwahrheiten«, zwischen denen ein »garstige[r] breite[r] Graben« besteht, den man nur im »Sprung« überwinden kann. Vgl. Oexle, *Geschichtswissenschaft*, S. 87.

Tatsächlich vollzieht Troeltsch den Sprung nicht, er sei »nur so ein wenig gesprungen«, wie Kracauer ironisch anmerkt.[104] Kierkegaard hingegen nehme die »Paradoxie, dass das Ewige einmal in die Zeit eingetreten ist, gerade um ihrer Absurdität willen« an und springe so mitten in das Absolute hinein.[105] Entscheidend sei, dass der archimedische Punkt Kierkegaards *außerhalb* des Geschichtsprozesses liege und er es unterlasse, diesen wieder in die Geschichte hinein zu verlegen. Nicht instinktives Bedürfnis, sondern pure Verzweiflung habe Kierkegaard dazu animiert. Troeltsch hingegen könne sich nicht entscheiden zwischen dem Wunsch, dem Relativismus zu entkommen und gleichzeitig doch Geschichte zu treiben: »Es entgeht ihm, dass mit dem Eintritt in die Beziehung zum Absoluten sofort der Historismus unmöglich wird, und dass umgekehrt dort, wo dieser statthat, sich unweigerlich der Zugang zum Absoluten verschließt.«[106] Der Relativismus sei für den Geschichtsbetrachter eine nicht vermeidbare Klippe, und diese beziehe sich im Falle von Troeltschs Kultursynthese auch auf die Stoffauswahl. In *Geschichte* wird Kracauer Troeltsch zu den »Transzendentalisten« zählen, die ein Reich absoluter Wahrheiten und Normen einfach voraussetzten.[107]

Max Webers Position in der Historismus-Debatte findet zwar auch nicht Kracauers uneingeschränkte Zustimmung, aber sie scheint ihm doch derjenigen von Troeltsch überlegen. Plädiert Nietzsche für eine Befreiung des Lebens von der Wissenschaft, versucht Troeltsch objektive Wissenschaft mit der Begründung von Werten zu verbinden. Weber hingegen strebt mit »Wissenschaft als Beruf« (1917/1919) nach einer alternativen Wissenschaft, indem er für eine Unterscheidung von Wissenschaft und Leben eintritt. Auf Fragen der Werte, des Urteilens und Handelns, »was sollen wir tun?« und »wie sollen wir leben?« vermag Wissenschaft keine Antwort zu geben und ist deshalb »sinnlos«. Da sie unendlich fortschreitet, kann sie nur zu ausschnitthaften Erkenntnissen führen, die niemals universal sind. Diese Preisgabe der absoluten Kompetenz der Wissenschaftlichkeit begründet – gerade indem Weber für eine Anerkennung ihrer Begrenztheit plädiert – deren Eigenständigkeit gegenüber Metaphysik und Theologie.[108] Auch wenn sie keine Handlungsanweisungen gibt, kann Wissenschaft für den, »der die Frage richtig stellt« doch etwas leisten: Kenntnisse über Technik, Methoden des Denkens und – da Wissenschaft die Konsequenzen von Wertentscheidungen aufzuzeigen vermag – »Klarheit« darüber, welchen Wertstandpunkt man einnehmen will.[109]

Kracauer schätzt an Weber, dass er Troeltschs Kompromiss vermeidet. Er versuche nicht Wertmaßstäben, »die aus der Geschichte herausgeholt und in die Ge-

---

[104] Kracauer, »Wissenschaftskrisis«, S. 215.
[105] Ebd.
[106] Ebd., S. 217.
[107] Kracauer, *Geschichte*, S. 214 f. [*H.*, S. 196.]
[108] Oexle, *Geschichtswissenschaft*, S. 83–92.
[109] Wittkau, *Historismus*, S. 139 f. Vgl. auch Daniel, »Alte Gänsefüßchen«.

schichte eingebettet werden« hinterher noch absolute Bedeutung »anzuschminken«.[110] Er urteile radikaler, wenn er befinde, dass der Sprung zum Absoluten in den Bereich des Glaubens und aus der Wissenschaft herausführe. Für Weber sei die Kluft zwischen der Sphäre Wissenschaft und der des religiösen Heils »unüberbrückbar« und damit verwerfe er jede Form von »Kathederprophetie« zugunsten des wissenschaftlichen Objektivitätsideals.[111]

Stellt sich jedoch die Frage, wie dieses einzulösen ist. Kracauer erscheint Webers Konzept der *Idealtypen*, mit dem dieser das Verhältnis von Begriff und Wirklichkeit neu bestimmen will, fragwürdig. Er versucht sich gegen die historistische Überzeugung einer Identität von Wirklichkeit und Deutung abzugrenzen, wie sie etwa mit der »historischen Idee« (Ranke) aufgefasst wurde. Weber entwickelt die Vorstellung von Idealtypen als konstruierten Begriffssystemen und »reinen Gedankenbildern« ohne Realitätscharakter. Sie seien ein »Versuch, auf Grund des jeweiligen Standes unseres Wissens und der uns jeweils zu Verfügung stehenden begrifflichen Gebilde, Ordnung in das Chaos derjenigen Tatsachen zu bringen, welche wir in den Kreis unseres Interesses jeweils einbezogen haben.«[112] Kracauer kritisiert, diese Art das Objektivitätsideal zu verteidigen, führe zu einer Vereinfachung und Schematisierung der jeweiligen Zusammenhänge. Er betreibe sie so lange, bis er durch »einseitige Hervorhebung irgendwelcher Gesichtspunkte, das eine oder andere in sich widerspruchslose unwirkliche Gedankenbild, den sogenannten *Idealtypus* [...] gewinnt, der dann dank seiner Eindeutigkeit und völligen Fasslichkeit als Ausgangspunkt für das Wirklichkeitsverständnis zu dienen vermag.«[113] Einseitigkeit, Widerspruchslosigkeit, Unwirklichkeit seien das Ergebnis, wenn Weber die Erfahrungsmannigfaltigkeit Idealtypen zu unterwerfen suche. Immerhin verwechsle er diese Idealtypen nicht mit der Wirklichkeit.

Kracauer kommt zu einem ambivalenten Schluss. Weber wird zwar dem Anspruch gerecht, sich persönlicher Wertbehauptungen zu enthalten. Aber genauso wenig wie Troeltsch dem Relativismus entkommt, vermag Weber die angestrebte Objektivität zu realisieren, sondern erzielt nur einen Aufschub der Wertungen. An irgend einem Punkt, so Kracauer hier wie schon in *Soziologie als Wissenschaft*, müsse der Wissenschaftler die Bestimmung der unendlichen Verknüpfungen, die eine Realität ausmachen, abbrechen – dies ist der Moment, an dem sich der subjektive Faktor einschaltet. Webers Methode bezeichnet er als eine »abschlusslose Hetzjagd im Schattenreich der Empirie, bei der er sowohl Verfolger, als auch Verfolgter ist; hinterrücks überfallen ihn die Wertungen, die er ins Angesicht hinein verleugnet, während das Objektive, dessen er habhaft zu werden trachtet, vor ihm ins Unend-

---

[110] Kracauer, »Wissenschaftskrisis«, S. 217.
[111] Ebd., S. 218.
[112] Weber, *Gesammelte Aufsätze zur Wissenschaftslehre*, S. 207.
[113] Kracauer, »Wissenschaftskrisis«, S. 219.

liche flieht – und fliehen muß, da er in ihm ja, ergriffe er es je, das Absolute selber, wenn auch im Spiegelbild nur, gleichsam als Leerform gewönne.«[114]

Weber und Troeltsch haben für Kracauer Recht in der Akzeptanz jeweils einer Seite des Dilemmas und geraten in Schwierigkeiten, wenn sie nach Abhilfe suchen. Um die Wissenschaftskrisis zu lösen, ist jedoch ein »Austritt aus der ganzen geistigen Situation« vonnöten, in der die Wissenschaft eine zu große Rolle spielt. Dies erfordert einen »in Wirklichkeit vollzogenen Wandel des ganzen Wesens«.[115] In *Geschichte* wird Kracauers Forderung anders ausfallen als 1923.

5.2 Dialoge zur Fortschrittsidee. Walter Benjamin, Karl Löwith, Hans Blumenberg

Nicht nur Kracauer, auch Exilanten wie Erich Auerbach (der bei Troeltsch studiert hatte), Walter Benjamin oder Hannah Arendt kommen während oder nach dem Krieg auf die Historismusdebatte zurück. Obwohl Benjamin in *Geschichte* nur selten genannt wird, zeigen die Vorarbeiten, dass sich Kracauer oft auf »Über den Begriff der Geschichte« bezieht.[116] In einer zweiseitigen Skizze mit der Überschrift »Progress« findet sich die Notiz »Discuss Benjamin's argument against progress as a moment in empty chronolo'l time.«[117] Benjamins Dekonstruktion des Geschichtsbegriffs zielt auf die Frage ab, wie ein »wahres Bild der Vergangenheit« zu konstruieren wäre, das sowohl dem Determinismus der Fortschrittsideologie, als auch dem vorgeblich interesselosen Anspruch des Historismus auf Beschreibung einer Universalgeschichte eine Absage erteilte.[118]

Kracauer befasst sich im achten Kapitel, in dem er seine Definition des Fortschrittsbegriffs zur Debatte stellt, jedoch nicht nur mit Benjamin, sondern auch mit so unterschiedlichen Denkern wie Karl Löwith und Hans Blumenberg, die sich ihrerseits in dieser Frage aufeinander beziehen. Vor diesem Hintergrund formuliert Kracauer seine Position zu Geschichtlichkeit und Relativismus, »dem Schlüsselproblem moderner Philosophie«. Er argumentiert jedoch auch mit den beschriebenen Vorstellungen über die Verfasstheit des historischen Universums und dessen Verkehrsbedingungen. Die philosophischen Konsequenzen der Antinomien der Zeit und der historischen »Wirklichkeit« werden damit deutlich. Sie begründen die Konstruktion eines Geschichtsbegriffs, der in die Metapher von Geschichte als *Vorraum* vor den letzten Dingen einmündet.

---

[114] Ebd., S. 220. Vgl. dazu Mülder, *Grenzgänger*, S. 34.
[115] Kracauer, »Wissenschaftskrisis«, S. 221.
[116] Vgl. auch Agard, *Le chiffonnier*, S. 338 f.
[117] Kracauer, Vorarbeiten, KN DLM.
[118] Benjamin, »Über den Begriff der Geschichte«, S. 695. Zur Geschichte der Fortschrittsidee vgl. Koselleck, »Fortschritt«.

Walter Benjamins Historismus- und Fortschrittskritik

Im *Guide to history* beginnt die Rubrik »Progress« mit dem Verweis auf Benjamins Ablehnung der Idee einer Perfektibilität der Menschheit. Es folgt das Zitat: »Die Vorstellung eines Fortschritts des Menschengeschlechts in der Geschichte ist von der Vorstellung ihres eine homogene und leere Zeit durchlaufenden Fortgangs nicht abzulösen. Die Kritik an der Vorstellung dieses Fortgangs muss die Grundlage der Kritik an der Vorstellung des Fortschritts überhaupt bilden.«[119] Es ist die (einseitige) Vorstellung der kontinuierlichen Zeit als Voraussetzung der Fortschrittsideologie, gegen die sich Benjamin wie Kracauer richten. Allerdings setzen sie dieser Unterschiedliches entgegen: Benjamin einen diskontinuierlichen Zeitbegriff und das Konzept einer theologisch aufgeladenen Jetztzeit, Kracauer das paradoxe Konzept der Antinomie der Zeit. Mit welchen Konsequenzen? Kracauers Position unterscheidet sich von Benjamins Historismuskritik, die Günther Anders als »dunkel und verworren« bezeichnete, während Brecht sie für »klar und entwirrend« hielt.[120] Dazu liegt inzwischen eine unüberschaubar gewordene Literatur vor. Die Problematik muss hier gleichwohl aufgegriffen werden, da sich Kracauer implizit auf diese Kritik bezieht und sie zur Klärung seiner Position beiträgt.[121]

Eine Schwierigkeit liegt dabei wiederum in dem vielschichtigen Historismusbegriff. Er tritt bei Benjamin in Form eines »Generalvorwurfs« gegen unterschiedliche Geschichtskonzepte auf, weshalb sein Text, wie Anders meinte, so verwirrend wirkt. Das von Brecht genannte entwirrende Element hingegen liegt in der »Radikalität« seines Angriffs[122], an dem Kracauer manches übertrieben oder widersprüchlich erscheint.

Die Kritik an der Fortschrittsidee ist pointiert in der berühmten 9. These formuliert, in der die Allegorie des Engels auftaucht, dessen Antlitz der Vergangenheit zugewandt ist. Sie versammelt die zentralen Gedanken der Geschichtsthesen und verbindet bekanntlich profane mit religiösen Ideen. Der »Sturm, der aus dem Paradies weht« weckt Assoziationen an die Vertreibung Adams aus dem Paradies. Der Engel, der in der Bibel die Zukunft verkündet, wird zum Propheten der Vergangenheit. Er möchte die Geschichte anhalten, aber der Sturm treibt ihn zur Anhäufung weiterer Katastrophen. »Die Trümmer«, die vor ihm anwachsen, wurden als Anspielung auf Hegels Geschichte als »Ruinenfeld« gedeutet, von dem die namen-

---

[119] Kracauer, Guide to History, S. 38, KN DLM.
[120] Raulet, »Benjamins Historismus-Kritik«, S. 110.
[121] Vgl. einführend Gagnebin, »Über den Begriff der Geschichte«. Weiterführende Literatur ebd., S. 299 f. Zur Historismuskritik vgl. u. a. Kittsteiner, »Benjamins Historismus«; Mosès, »Benjamins Kritik«; Ders., *Der Engel der Geschichte*; Müller, »Benjamins Historismuskritik«. Zu den medialen Umbrüchen und Benjamins Zeitkonzeption vgl. Pethes, »›Die gerettete Nacht.‹«
[122] Vgl. Raulet, »Benjamins Historismus-Kritik«, S. 110.

losen Klagen der Individuen aufsteigen, die im Dienst eines substantiellen Ziels stehen, der Realisierung des Weltgeistes.[123]

Benjamin kehrt diese Sicht der Geschichte um, indem der Fortschritt als der Sturm erscheint, der den Engel gegen dessen Willen aus dem Paradies vertreibt. Die Hoffnung auf Fortschritt wird mit dem Hinweis auf das Antlitz des Engels als Illusion entlarvt. Wie Ahasvers schreckliches Gesicht bei Kracauer drückt es mit seinem wie zum Schrei geformten Mund den Schrecken über die katastrophische Geschichte aus. Das Moment der Wiederholung der immer gleichen Tragödie in der Geschichte, die auch noch die Gegenwart bestimmt, wird auch in der VI. These im durativen Präsens ausgedrückt: »[A]uch die Toten werden vor dem Feind, wenn er siegt, nicht sicher sein. Und dieser Feind hat zu siegen nicht aufgehört.«[124] Benjamin schreibt dies unter dem Eindruck des Nichtangriffspakts von Hitler und Stalin, der ihn, wie Soma Morgenstern erzählt, tief erschütterte.[125] Entscheidend ist für ihn die epistemologisch-politische Fragestellung, die »gedankliche Verknüpfung von historiographischer und politischer Reflexion, von dem ›wahre[n] Bild der Vergangenheit‹ [I, 695] und der ›Herbeiführung des wirklichen Ausnahmezustandes‹ [I, 697] um den Faschismus zu bekämpfen.«[126]

Hier ist der Zusammenhang zwischen Fortschrittskritik und Benjamins Zeitkonzeption bedeutsam. Für ihn beschreibt die gedachte Kontinuität der Geschichte nur die der Sieger, nicht aber die der Unterdrückten. Wollte man deren Geschichte erzählen, handelte es sich ähnlich wie bei Kracauer um eine der Brüche und der zeitlichen Diskontinuität. Die lineare Zeitvorstellung impliziert eine Interpretation, die politisch mit einer Akzeptanz der Sieger und der gegenwärtigen Situation einhergeht. Die Einfühlung der Historiker kommt den Herrschenden als Erben derer, die gesiegt haben, zugute. Deshalb hat die Gegenwartsinstanz des Historikers die Geschichtsbetrachtung zu prägen; er darf nicht länger ein neutraler Punkt in der Zeit sein. Eine »qualitative« Zeitvorstellung muss die lineare ersetzen. Die Vorstellungen von Vergangenheit und Zukunft können nur von dem Moment der »Jetztzeit« aus beschrieben werden: Die historische Situation der Gegenwart verbindet den Menschen mit den Kämpfen vergangener Generationen, welche der

---

[123] Benjamin, »Über den Begriff der Geschichte«, S. 697 f. Rohbeck, *Geschichtsphilosophie*, S. 135. »Die Weltgeschichte ist diese göttliche Tragödie, wo sich der Geist über Mitleid, Sittlichkeit und alles, was ihm sonst überall heilig ist, erhebt, wo der Geist sich hervorbringt. Mit Trauer kann man den Untergang großer Völker ansehen, die Ruinen von Palmyra und Persepolis, wie in Ägypten alles erlegen ist. Aber was hinunter ist, ist hinunter und musste hinunter. Der Weltgeist hat kein Schonen, kein Mitleid.« Hegel, *Vorlesungen über Naturrecht*, S. 256 f. Für den Hinweis bedanke ich mich bei Norbert Waszek.

[124] Benjamin, »Über den Begriff der Geschichte«, S. 695.

[125] Vgl. dazu Soma Morgensterns Erinnerungen, die im Kommentar zur Entstehungs- und Publikationsgeschichte der Geschichtsthesen von Gérard Raulet zitiert werden in: Benjamin, *Über den Begriff der Geschichte, Werke und Nachlass*, S. 161–208, hier S. 181.

[126] Gagnebin, »Über den Begriff der Geschichte«, S. 288 f.

Historiker aktualisiert, um sie auf diese Weise fortzuführen. Mit seiner Kritik an der Linearität der Zeit richtet sich Benjamin (wie Kracauer) gleichzeitig gegen das Prinzip der Kausalität. Die kontingente Beschaffenheit des Geschichtsprozesses verbietet eine Betrachtungsweise, die mit Kausalitäten argumentiert: »Der Historismus begnügt sich einen Kausalnexus von verschiedenen Momenten der Geschichte zu etablieren. Aber kein Tatbestand ist als Ursache eben darum bereits ein historischer [...]. Der Historiker, der davon ausgeht, hört auf, sich die Abfolge von Begebenheiten durch die Finger laufen zu lassen wie einen Rosenkranz.«[127] Der Kausalnexus erlaubt kein Verstehen, das sich erst aus der »Begegnung« der Vergangenheit mit der Gegenwart des Historikers ergibt.[128]

Für das Verständnis von Benjamins Kritik an der historischen Zeitlichkeit ist die Tatsache von Bedeutung, dass das »Kontinuum der Unterdrücker« und das »Diskontinuum der Unterdrückten« nicht als zwei Seiten ein und derselben Medaille bestehen. Folglich kann die Geschichte der Unterdrückten weder wie in der marxistischen Historiographie als tragische »Heldengeschichte« interpretiert werden, noch sollte der Besiegten der Geschichte einfach als Opfer gedacht werden. Mit der Forderung nach einer »Aktualisierung« der Vergangenheit fordert Benjamin vielmehr eine Art des Eingedenkens, die nicht nur politisch motiviert ist, sondern die darüber hinaus auch in der jüdischen Tradition steht: Sie zielt darauf ab, das Gedachte nicht nur aufzubewahren, sondern in der Gegenwart aufzugreifen. Durch die Wiederaufnahme des gescheiterten Erbes des Besiegten soll eine Vollendung der ungelösten Aufgaben ermöglicht werden. Die Geschichtsschreibung unterhielte damit zur Vergangenheit eine besondere Form der Beziehung: »Wenn es die Geschichte übernimmt, der Besiegten zu gedenken, dann entlehnt sie dabei der Tradition das, was diese an ganz charakteristischen Zügen aufweist: ihre Nichtlinearität, ihre Brüche und Unregelmäßigkeiten, kurz gesagt, den Umstand, dass in ihr eine unaufhebbare Negativität präsent ist. Im Gegensatz zur Rationalität der Geschichte, die auf der Fiktion eines homogenen zeitlichen Stromes aufbaut, [...] gehört zur Tradition – der Übertragung einer kollektiven Erinnerung von einer Generation auf die andere – als deren eigentliche Bedingung der zeitliche Schnitt, die Fraktur zwischen den Epochen, der Lehrraum zwischen Vätern und Söhnen.«[129] Allein eine solche Geschichte wäre geeignet, dem Neuen seinen Platz einzuräumen. Nicht aus dem endlosen Fließen der Augenblicke kann Neues auftauchen, sondern »aus

---

[127] Benjamin, »Über den Begriff der Geschichte«, S. 704.
[128] Mosès, »Benjamins Kritik«, S. 64 f.
[129] Mosès, *Der Engel der Geschichte*, S. 144. Zwischen Tradition und Erlösung besteht eine innere Beziehung: »[A]us dem zeitlichen Schnitt entsteht Sinn. ›Der Messias bricht die Geschichte ab‹, schreibt Benjamin, ›der Messias tritt nicht am Ende einer Entwicklung auf.‹« Ders., »Benjamins Kritik«, S. 63. Eine säkularisierte Form der religiösen Erfahrung des Einbruchs einer qualitativ anderen Zeit sind revolutionäre Momente, wie sie mit der Einführung eines neuen Kalenders in der Französischen Revolution ausgedrückt werden. Vgl. Benjamin, »Über den Begriff der Geschichte«, S. 701.

dem plötzlichen Stillstand der Zeit, aus der Zäsur, jenseits derer das Leben erneut beginnt.«[130]

Auch Kracauer besteht darauf, den Brüchen in der Geschichte Aufmerksamkeit zu schenken, jedoch ist dieser Gestus bei ihm nicht mit derselben politischen Aussage verbunden. Benjamins Thesen durchziehen Angriffe auf die Sozialdemokratie und deren tragisch-naive Fortschrittsgläubigkeit: Der Glaube an den Fortschritt hätte eine tatkräftige Bekämpfung des Faschismus behindert und zu einer völligen Verkennung der wirklichen Lage geführt. Kracauer schreibt nicht wie Benjamin 1940 im Angesicht der unmittelbaren Bedrohung, sondern zwanzig Jahre nach dem Zweiten Weltkrieg und der Shoah. Es gibt jedoch auch ein theoretisches Argument für diese Differenz. Kracauer war mit Benjamins politisch motivierter VII. These nicht in all ihren Aspekten einverstanden, insbesondere mit der Idee, dass die »Einfühlung« in eine vergangene Epoche, die Fustel de Coulanges dem Historiker nahelegt, unausweichlich eine Einfühlung in die Sieger bedeuten müsse. Für Benjamin sind die jeweils Herrschenden »die Erben aller, die je gesiegt haben. Die Einfühlung in den Sieger kommt demnach den jeweils Herrschenden allemal zugut.«[131] Benjamin führt die kontemplative Haltung des positivistischen Historikers, der sich durch eine unreflektierte Selbstverleugnung einer angeblichen methodologischen Unschuld verpflichtet sieht, auf dessen »Trägheit des Herzens« zurück, auf eine Passivität, die sich in der prinzipiellen Akzeptanz der Gegenwart wiederholt. So aber beteiligt sich der Historist unabhängig von seinen politischen Auffassungen an der Aufrechterhaltung des status quo. »Here goes B. wrong«, notiert Kracauer zu dieser These wie oben erwähnt auf einer Karteikarte in den Vorarbeiten. Einfühlung bedeutet für ihn keinesfalls zwangsläufig Einfühlung in die Sieger.[132] Allerdings nuanciert Kracauer seinen Einwand dahingehend, dass Benjamin zwar die Nichtbeachtung der Ausgebeuteten, Armen und Schwachen durch die Historiker übertreibe, dass er aber gleichwohl darin recht habe, dass Geschichte nur zu Essentiellem vorzudringen vermöge, wenn es sich abseits der »highways« bewege und weniger »offiziellen« Sichtweisen öffne.[133] Auch er plädiert für die Aufnahme des Vergessenen, für eine alternative Lesart des Geschichtsverlaufs und dessen unbeachtete Möglichkeiten, für eine Sichtweise, die in Rechnung stellt, dass die Geschichte auch anders hätte verlaufen können und dieses Andere der Rettung bedarf: »Consider also that, if the past demands to be saved & preserved for the day of final

---

[130] Mosès, »Benjamins Kritik«, S. 63.
[131] Benjamin, »Über den Begriff der Geschichte«, S. 696.
[132] Die Geste der kritischen Unterbrechung und Benjamins Einfühlungskritik findet ihre Entsprechung in Brechts epischem Theater, der eine passive Identifikation des Zuschauers mit den Bühnenfiguren zugunsten einer kritischen Stellungnahme zu verhindern suchte. Kracauer hatte für Brechts Arbeiten wenig übrig, was auch zu Differenzen mit Benjamin führte. Vgl. Kracauer an Gershom Scholem, 23.6.1965, KN DLM [72.1768/3]. Vgl. dazu S. 102.
[133] Kracauer, Vorarbeiten, KN DLM.

> Benjamin,Gesch.Th.   Benjamin wrongly contends that   3
>   historism always takes sides with
>   the ruling class.   10
>
> 497 "Fustel de Coulanges empfiehlt dem Historiker, wolle er eine
> Epoche nacherleben, so solle er alles, was er vom spaeteren Verlauf
> der Geschichte wisse, sich aus dem Kopf schlagen. Besser ist das Ver-
> fahren nicht zu kennzeichnen, mit dem der historische Materialismus
> gebrochen hat. Es ist ein Verfahren der Einfuehlung. Sein Ursprung
> ist die Traegheit des Herzens, die acedia.... Sie galt bei den Theo-
> logen des Mittelalters als der Urgrund der Traurigkeit. ...Die Natur
> dieser Traurigkeit wird deutlicher, wenn man die Frage aufwirft, in
> wen sich denn der Geschichtsschreiber des Historismus eigentlich ein-
> fuehlt. Die Antwort lautet unweigerlich, in den Sieger. (=Here goes B.
> wrong*) Die jeweils Herrschenden sind aber die Erben aller, die je ge-
> siget haben. Die Einfuehlung in den Sieger kommt demnach den jeweils
> Herrschenden allemal zugut."
>
> 498 "Der historische Materialist .... betrachtet es als seine Aufgabe,
> die Geschichte gegen den Strich zu buersten."
>
> = Without the gift of empathy the historian would be lost.

Karteikarte aus den Vorarbeiten: Notizen zu Walter Benjamins »Über den Begriff der Geschichte«, KN DLM [72.3525/5]

reckoning, it is the forgotten rather than triumphant events which call for resurrection.«[134]

Es wäre gleichwohl ebenso übertrieben zu behaupten, dass die Einfühlungskritik von Benjamin das bewahrende Moment der historistischen Geschichtsschreibung in seiner Gesamtheit verdammte, bekennt sich doch auch er in der III. These zur Figur des Chronisten: »Der Chronist, welcher die Ereignisse herzählt, ohne große und kleine zu unterscheiden, trägt damit der Wahrheit Rechnung, daß nichts, was sich jemals ereignet hat, für die Geschichte verloren zu geben ist.«[135] Dieses Zitat notiert Kracauer auch in den Vorarbeiten und verweist auf den (scheinbaren) Widerspruch in Benjamins Argumentation hin: »This is also an adequate defense of historism which B. repudiates.«[136] Der Widerspruch löst sich auf, wenn man die theologische Wendung des Gedankens berücksichtigt, die Benjamin anfügt: »Freilich fällt erst der erlösten Menschheit ihre Vergangenheit vollauf zu.«[137]

---

[134] Ebd.
[135] Benjamin, »Über den Begriff der Geschichte«, S. 694.
[136] Kracauer, Vorarbeiten, KN DLM.
[137] Benjamin, »Über den Begriff der Geschichte«, S. 694. Gagnebin zitiert die französische Version der Geschichtsthesen, wo die Rede von einer »possession intégrale du passé reservée à une humanité restituée et sauve« ist. Sie verweist auf das Konzept der restitutio/apokatastasis, das bei Benjamin in »Der Erzähler. Betrachtungen zum Werk Nikolai Lesskows« (1936) und im Passagenwerk auf-

Ein weiterer Einwand von Kracauer zielt in dieselbe Richtung, gegen Benjamins Kritik an Ranke aus der VI. These. »Vergangenes historisch artikulieren heißt nicht, es erkennen, ›wie es eigentlich gewesen ist‹. Es heißt sich einer Erinnerung bemächtigen, wie sie im Augenblick einer Gefahr aufblitzt. Dem historischen Materialismus geht es darum, ein Bild der Vergangenheit festzuhalten, wie es sich im Augenblick der Gefahr dem historischen Subjekt unversehens einstellt. Die Gefahr droht sowohl dem Bestand der Tradition wie ihren Empfängern. Für beide ist sie ein und dieselbe: sich zum Werkzeug der herrschenden Klasse herzugeben.«[138] Kracauer äußert in den Vorarbeiten Zweifel an der Vertrauenswürdigkeit solcher Erinnerungsblitze im Moment der Gefahr, da sie zwar nicht notwendigerweise, aber doch möglicherweise in die Irre führen könnten: »But the memory flash at a moment of danger may or may not lead one astray.«[139] Benjamin scheint sich dieses Einwands gegen die Übertragung von Prousts (und Freuds) individuellen Erinnerungstheorien auf die kollektive Geschichte bewusst gewesen zu sein. Völlig offen bleibt, wie die historiographische Konstruktion des historischen Materialisten und das sprengende Eingreifen der unterdrückten Klasse in den Geschichtsverlauf miteinander zusammenhängen.[140] Für Kracauer besteht die historiographische Konsequenz seines Misstrauens in die Zuverlässigkeit der Erinnerungsblitze in der Bekräftigung von Rankes Diktum und der nicht genauer präzisierten Forderung einer »kritischen« Geschichtsschreibung: »In order to find out about its truth, one will have to learn, ›wie es eigentlich gewesen ist‹. Hence the need for critical history.«[141]

---

taucht. Die häretische christliche Lehre von der apokatastasis, die Ähnlichkeiten mit dem Tikkun des Kabbalisten Isaak Luria aufweist, bedeutet nach Origenes, dass in einer wahrhaft guten von Gott geschaffenen Welt niemand unwiderruflich zur ewigen Hölle verurteilt sein kann, sondern am Ende eine *restitutio* stehen muss, durch die auch die größten Sünder der Gnade des allmächtigen Gottes teilhaftig werden. Im Erzähler-Essay verbindet Benjamin diese Motive der Geschichtsthesen mit seiner Erzähltheorie. Die Vorstellungen von einer befreiten Menschheit und einer befreiten Natur entsprechen sich in den Märchen, die (wie bei Kracauer) utopisch aufgeladen sind. Dem Erzähler wie dem Historiker kommt die Bergung der Vergangenheit zu »bis die ganze Vergangenheit in einer historischen Apokatastasis in die Gegenwart eingebracht ist.« Zit. nach Gagnebin, »Über den Begriff der Geschichte«, S. 289. Benjamin unterscheidet jedoch in einem unveröffentlicht gebliebenen Hebbel-Aufsatz (1929) eindeutig zwischen dem Chronisten und dem Historiker: »Der Historiker hält sich an ›Weltgeschichte‹, der Chronist an den Weltlauf. Der eine hat es mit dem nach Ursache und Wirkung unabsehbar verknoteten Netz des Geschehens zu tun […]; der andere mit dem kleinen, eng begrenzten Geschehen seiner Stadt oder Landschaft – aber das ist ihm nicht Bruchteil oder Element des Universalen sondern anderes und mehr. Denn der echte Chronist schreibt mit seiner Chronik zugleich dem Weltlauf sein Gleichnis nieder. Es ist das alte Verhältnis von Mikro- und Makrokosmos, das sich in Stadtgeschichte und Weltlauf spiegelt.« Zit. nach Schöttker, »Der Erzähler«, S. 562. Benjamin wollte nicht chronistisch erzählen.

[138] Benjamin, »Über den Begriff der Geschichte«, S. 695.
[139] Kracauer, Vorarbeiten, KN DLM.
[140] Gagnebin, »Über den Begriff der Geschichte«, S. 294.
[141] Kracauer, Vorarbeiten, KN DLM.

Benjamins Programm der Historiographie gründet nicht mehr auf großen Zusammenhängen, die sich aus dem Fluss der homogenen Zeit ergeben, sondern stellt zwei isolierte Zeitpunkte ins Zentrum, die zueinander in Beziehung gesetzt werden. Wenn Benjamin von der Historiographie fordert, sich der Bedeutung der »Jetztzeit« gewahr zu werden, die »von einem bestimmten historischen Ereignis ›gemeint‹ ist«[142], benutzt er die berühmte Metapher des Aufblitzens, die zunächst auf das messianische Element seines Denkens verweist. Das von ihm geforderte Eingedenken ergibt sich aus dem Zusammentreten zweier Augenblicke der Gegenwart und Vergangenheit zu einem Bild, durch das beide Momente zur Lesbarkeit gelangen. Im Passagen-Werk heißt es: »[...] Bild ist dasjenige, worin das Gewesene mit dem Jetzt blitzhaft zu einer Konstellation zusammentritt. Mit anderen Worten: Bild ist Dialektik im Stillstand.«[143] Auf einer Karteikarte formuliert Kracauer die oben angedeutete Kritik an Benjamins Geschichtskonzeption noch schärfer. Er bezieht sich auf die XIV. Geschichtsthese, in der Benjamin die Idee der Stillstellung anhand des historischen Beispiels von Robespierre illustriert: »So war für Robespierre das antike Rom eine mit Jetztzeit geladene Vergangenheit, die er aus dem Kontinuum heraussprengte.«[144] Kracauer notiert dazu einen weiteren Passus aus der XVI. These: »Der Historismus stellt das ›ewige‹ Bild der Vergangenheit, der historische Materialist eine Erfahrung mit ihr, die einzig dasteht.«[145] Für ihn ist keinesfalls erwiesen, dass Robespierres Konzeption des alten Rom eine historische Wahrheit transportierte, sie scheint ihm eher als Propaganda. Diese Gefahr birgt Benjamins Ablehnung des Historismus: »Benjamin's notion of history runs the risk of resulting in a misuse of history rather than its redemption. On this view, the historism he scorns – who would not? – is quite justified. At least historism really tries to rescue the past from oblivion.«[146]

Benjamin bedient sich neben der auch photographisch zu deutenden Metapher des Aufblitzens der Metapher des »Vorbeihuschens« der Bilder, welche Pethes wiederum als filmisch interpretiert: »Das wahre Bild der Vergangenheit huscht vorbei. Nur als Bild, das auf Nimmerwiedersehen seiner Erkennbarkeit eben aufblitzt, ist die Vergangenheit festzuhalten.«[147] Die Frage, wie in der Historiographie Zusammenhänge zwischen Einzelereignissen hergestellt werden, muss zu Benjamins medientheoretischen Überlegungen in Beziehung gesetzt werden.

Benjamin teilt Kracauers These von der Erfahrungsarmut in der Moderne. Er diagnostiziert das Ende kontinuierlicher Erfahrungen, an deren Stelle Ketten unverbundener Erlebnisse treten. In der photographischen Technik manifestiert sich

---

[142] Benjamin, »Über den Begriff der Geschichte«, S. 695.
[143] Benjamin, *Das Passagen-Werk, Gesammelte Schriften*, Bd. V1.2, S. 576 f.
[144] Benjamin, »Über den Begriff der Geschichte«, S. 701.
[145] Ebd., S. 702.
[146] Kracauer, Vorarbeiten, KN DLM.
[147] Benjamin, »Über den Begriff der Geschichte«, S. 695. Pethes, »›Die gerettete Nacht‹«, S. 266.

dieses Ende der Fähigkeit, isolierte Bilder in einen Zusammenhang zu bringen.[148] Mit der Veränderung der Wahrnehmung kontinuierlicher Erfahrungen in der bildlichen Repräsentation wird analog auch das Modell historischen Erzählens obsolet, das aus einer Aneinanderreihung kontinuierlicher Bilder besteht. Laut Benjamins Aufsatz »Das Kunstwerk im Zeitalter seiner Reproduzierbarkeit« geht (anders als bei Kracauer) auch der Film in diese Richtung: Zwar reiht der Film die Bilder aneinander, allerdings wird »der Assoziationsablauf dessen, der diese Bilder betrachtet, sofort durch ihre Veränderung unterbrochen. Darauf beruht die Chockwirkung des Films...«[149] Für die moderne Historiographie hat dies zur Folge, dass sie mit der Vereinzelung und Isolation der Ereignisse rechnen muss. Exemplarisch für eine solche Geschichtsschreibung ist die enzyklopädisch, fragmentarisch und archivarisch angelegte Passagenarbeit über das französische 19. Jahrhundert, die keine kontinuierlichen Zusammenhänge mehr anstrebt, sondern ihr »Telos [...] auf ein genuines Programm der Unschreibbarkeit hin verschiebt.«[150]

Benjamins »Chockwirkung des Films« taucht gleichsam als Echo in *Geschichte* auf. Kracauer spricht von »Blitzen« im Geist des Historikers, die ebenfalls Ergebnis einer Schockwirkung sind, die bei ihm jedoch nicht durch die Aneinanderreihung von Bildern, sondern durch das Zusammentreffen zweier Elemente unterschiedlicher Abstraktionsebenen entsteht. Es geht Kracauer um die Frage nach der Entstehung sogenannter historischer Ideen, die man mit Benjamins historischem Bild vergleichen kann: »Historische Ideen scheinen von anhaltender Bedeutung zu sein, weil sie das Besondere mit dem Allgemeinen auf wahrhaft einzigartige Weise verbinden. Da jede Verbindung dieser Art ein ungewisses Wagnis ist, ähneln sie Blitzen, die die Nacht erhellen. Daher wurde ihr Auftauchen im Geist des Historikers eine ›historische Sensation‹ genannt und gesagt, daß sie ›dem ganzen System einen Schock versetzt..., den Schock... des Wiedererkennens‹. Sie sind Knotenpunkte – Punkte, an denen das Konkrete und Abstrakte zusammentreffen und eins werden. Wann immer dies geschieht, wird der Strom der unbestimmten historischen Ereignisse plötzlich angehalten, und alles, was dann sichtbar ist, wird im Licht eines Bil-

---

[148] Pethes verweist auf Benjamins Baudelaire-Essay, wo es (mit Bezug auf Bergsons Unterscheidung von Erfahrung und Erlebnis in *Matière et Mémoire* (1896) unter umgekehrten Vorzeichen) heißt: »Je größer der Anteil des Chockmoments [sic] an den einzelnen Eindrücken ist..., desto weniger gehen sie in die Erfahrung ein; desto eher erfüllen sie den Begriff des Erlebnisses«. [I, 615] Bergson kritisiert diese Unterteilung eines von ihm noch als einheitlich vorgestellten Wahrnehmungsprozesses, während sie bei Benjamin zur Grundlage von dessen Wahrnehmungstheorie wird. Pethes, »Die gerettete Nacht«, S. 266 f.
[149] Benjamin, »Das Kunstwerk im Zeitalter seiner Reproduzierbarkeit« (Zweite Fassung), S. 503.
[150] Pethes, »Die gerettete Nacht.« S. 278. Benjamin begründet dieses Programm folgendermaßen: »Ich habe nichts zu sagen, nur zu zeigen. Ich werde nichts Wertvolles entwenden und mir keine geistvolle Formulierung aneignen. Aber die Lumpen, den Abfall: die will ich nicht inventarisieren, sondern sie auf die einzig mögliche Weise zu ihrem Recht kommen lassen: sie verwenden.« Benjamin, *Das Passagen-Werk*, *Gesammelte Schriften*, Bd. VI.2, S. 574.

des oder einer Vorstellung gesehen, die es dem fließenden Strom entheben, um es auf das eine oder andere der gewichtigen Probleme und Fragen zu beziehen, die uns ewig begleiten.«[151] Wie bei Benjamin findet sich hier die Metapher der Stillstellung der Zeit, des Ausstiegs aus dem Fluss der Zeiten, und die einer Helligkeit, welche die Vergangenheit, die im Dunkeln liegt, einen Moment lang beleuchtet. Kracauer zitiert den Philosophen Isaiah Berlin, mit dem er 1960 in seiner Funktion als Consultant der *Bollingen Foundation* Kontakt aufgenommen hatte und den er anschließend in London traf.[152] In Kracauers Reisenotizen finden sich Erinnerungen an dieses Gespräch, die ebenfalls auf die Thematik der schockartigen Erkenntnis und der Erhellung des scheinbar Vertrauten verweisen: Sie unterhielten sich über das Konzept des »Profunden«. Isaiah Berlin habe ihn gefragt, welche Historiker er für »profound« halte – er suchte nach einer Phänomenologie dieses Konzeptes. Wissen, das diese Bezeichnung verdiene, so seien sie übereingekommen, müsse das Vertraute und das Alltagsleben zum Gegenstand haben, »and exert a shock-like effect because it suddenly illumines a landscape which we believed to know and yet did not. It shows the seemingly familiar in a strange light. I added that profound knowledge must touch on the ›essences‹.«[153] Berlin habe zugestimmt, dass Burckhardt profund sei, ebenso wie Proust, und habe seiner Intention zugestimmt, Proust als Historiker zu interpretieren.

Die Besonderheit von Kracauers Variante des historischen Blitzes liegt also nicht in dem Zusammentreffen von Vergangenheit und Gegenwart zur Monade, sondern in der Berührung unterschiedlicher Ebenen der historischen Wirklichkeit, der sich der Historiker als Photograph, Fremder oder Mystiker anheim gibt. So kann man die Figuren des Historikers und ihre Modi der Wahrnehmung, die Kracauer in Geschichte dekliniert, auch als spezifische Wahrnehmungsweisen deuten, die sich auf unterschiedliche Ebenen des historischen Universums beziehen und unterschiedliche Grade des Registrierens bzw. der reflektierenden Verallgemeinerung erlauben. Was aber bezeichnen die »Knotenpunkte« an der Schnittstelle des Allgemeinen und Besonderen? Es handelt sich um Ideen, die ein Produkt der historischen Sensation sind, wie Marx' Basis-Überbau-Theorie und Burckhardts Renaissance-Konzept, die für Kracauer nicht nur einfache Verallgemeinerungen sind, sondern »Schneisen« im »Reich der allgemeinen Wahrheiten, die absolute Gültigkeit haben, gleichgültig ob sie leer oder erfüllt von Ewigkeit sind wie Irrlichter.«[154]

---

[151] Kracauer, *Geschichte*, S. 114. [Im Original ist die Rede von »questions that are forever staring at us.« *H.*, S. 101.] Kracauer bezieht sich auf Isaiah Berlin, die Idee der »historischen Sensation« findet sich jedoch auch bei Johan Huizinga als einem »unmittelbaren Kontakt zur Vergangenheit« durch »echte historische Überreste«, welche das Interesse des Historikers auslösen. Vgl. Strupp, »Johan Huizinga (1872–1945)«, S. 201.
[152] Vgl. Kracauer an Isaiah Berlin, 19.6.1960, KN DLM [72.3709a/19].
[153] Kracauer, Reisenotizen (1961–1965), KN DLM [72.3629a].
[154] Kracauer, *Geschichte*, S. 115. [*H.*, S. 101.]

Kracauer verortet historische und philosophische Ideen in einer »Hierarchie der Begriffe«.¹⁵⁵ Am 29. September 1964 (Rom) formuliert er: »Historical ideas can in a measure be tested; philosophical ideas are, so to speak, excursions into the blue, unverifiable, if perhaps necessary & indeed beneficient ventures. They must be believed. With Plato & Aristotle philosophical thought approached theology; in Western thinking philosophical thought cannot deny its origin in theology.«¹⁵⁶ Ausgemacht ist für ihn, dass es an der Grenze zwischen Historie und Philosophie einen intensiven Austausch gibt, da Historiker »Trost« bei der Philosophie suchen, während letztere, in Gestalt der Geschichtsphilosophie, immer wieder an Modellen feilt, die geeignet wären, dem Chaos des historischen Universums eine Ordnung zu unterlegen. Es ist ein Verdienst des Historismus, solcher »Almosen« »überdrüssig« geworden zu sein.¹⁵⁷

Kracauer unterscheidet zwischen Verallgemeinerungen und Ideen. Er räumt ein, dass historische Ideen zwar auch Verallgemeinerungen seien, insofern »als sie von einem harten Kern zutage geförderter Daten abgeleitet sind und auf ihn zurückweisen.«¹⁵⁸ Es geht ihm jedoch darum, die Legitimität der Erklärungsprinzipien von Historikern zu verteidigen, welche sich diesen als plötzliches Moment der Eingebung enthüllen, als »Produkt informierter Intuition«¹⁵⁹, die sich von bloßen Verallgemeinerungen dadurch unterscheiden, dass sie umgeben sind von einem Saum von Bedeutungen und Konnotationen, die in dem breiten Wissen, in der Erfahrung des Historikers wurzeln und nicht im Material auffindbar sind. In diesem Sinne handelt es sich um »echte Allgemeinbegriffe«¹⁶⁰, wie Kracauer unter Bezug auf Diltheys Äußerungen zur Begriffsbildung im *Aufbau der geschichtlichen Welt in den Geisteswissenschaften* anmerkt. Dilthey weist allerdings auf die Grenzen der Begriffsbildung in den Geisteswissenschaften hin: Geisteswissenschaftliche Begriffe zielen auf »Typen«, die aus Vergleichen erwachsen. Es sind nicht einfach »Generalisationen« des Gemeinsamen, die aus einer Summe von Fällen gewonnen werden.¹⁶¹

Der Anspruch historischer Ideen auf Gültigkeit und Wahrheit steigt nun nach Kracauer in dem Maße, wie es dem Historiker gelingt, sich des ihm innewohnenden Erfahrungsschatzes zu bedienen, wobei es nicht um Projektionen geht, sondern um Entdeckungen. Diese sind unter der Voraussetzung möglich, dass der Historiker über ein dynamisches Ich verfügt, welches wie oben beschrieben zur Selbstauslöschung und Selbsterweiterung fähig ist, d. h. in der Lage, Botschaften zu empfangen und sich diese mit seiner Erfahrung anzueignen. Im Insistieren auf

---

[155] Ebd., S. 111. [*H.*, S. 98.]
[156] Kracauer, Vorarbeiten, KN DLM.
[157] Kracauer, *Geschichte*, S. 112. [*H.*, S. 99.]
[158] Ebd., S. 111. [*H.*, S. 98.]
[159] Ebd. [*H.*, S. 98.]
[160] Ebd. [*H.*, S. 98.]
[161] Dilthey, *Der Aufbau der geschichtlichen Welt, GS*, Bd. 7, S. 188.

Erfahrungen, die indes keinen projektiven Charakter haben sollen, kann man eine abgemilderte Form von Benjamins Aktualisierung des Vergangenen in der Gegenwart des Historikers sehen. Subjektivität dient bei Kracauer als »Wünschelrute« zum Auffinden historischer Ideen.[162] Sie sind nicht nur mehr als Verallgemeinerungen, sondern auch mehr und anderes als eine Ansammlung von Details. Damit verwahrt er sich gegen den Vorwurf einer allzu positivistischen Herangehensweise. Es ist unmöglich, von unten, von der Grundschicht auf direktem Weg nach oben zu der Idee zu gelangen: »Man muss hoch springen, um sie zu erfassen.«[163] Mit dem Theologen Rudolf Bultmann formuliert Kracauer das Paradox, wonach die größte Subjektivität einer historischen Interpretation zugleich die höchste Objektivität erreichen könne, die durch die Aktivität des Historikers erzielt wird. Auf diese Weise transzendiert sich Subjektivität »in höchster Spannung selbst.«[164] An zwei Stellen des Geschichtsbuchs verweist Kracauer auf die dem Kino entlehnte Metapher der »Leinwand, [die] uns von der Wahrheit trennt.«[165] Für ihn fällt es diesen historischen Ideen oder Knotenpunkten am leichtesten, die Leinwand zu »durchlöchern«[166] und der Wahrheit näher zu kommen.

Im Kapitel zum Vorraum taucht das Bild von der Leinwand nach Kracauers Versuch auf, eine Fortschrittsdefinition vorzuschlagen, die der paradoxen Natur der historischen Zeit gerecht wird. Er stellt eine Definition zur Diskussion, die in der Konsequenz des Gesagten die *Offenheit* des Geschichtsprozesses betont: »Die Idee des Fortschritts stellt sich zu verschiedenen Zeiträumen, deren Abfolge auf einen Fortschritt hinauslaufen mag oder nicht, verschieden dar.« Und er fährt fort: »Ideen und philosophischen Wahrheiten gelingt es noch am ehesten, die Leinwand zu durchlöchern, die uns von dem, was wir als Wahrheit ergründen, trennt. Die coincidentia oppositorum, die Cusanus in ›De visione Dei‹ die ›Mauer des Paradieses‹, hinter der Gott wohnt, nannte, manifestiert sich nicht diesseits der Leinwand.«[167]

---

[162] Kracauer, *Geschichte*, S. 116. [*H.*, S. 102 f.] In den Vorarbeiten setzt sich Kracauer mit Bury auseinander, der zwischen der Subjektivität des Historikers und des Zeithistorikers unterscheidet, der denselben Zeitgeist atmet wie die politischen Akteure, die er beobachtet. Der Historiker einer weiter zurückgelegenen Epoche scheint zu größerer Unparteilichkeit fähig. Kracauer stellt diese Behauptung in Frage, wie überhaupt Subjektivität als relevante Kategorie. (In diesem Punkt stimmt er Benjamin zu, der sich für ihn in einer Tiefenstruktur bewegt, in der Subjektivität keine Rolle spielt). »The I in me which finds itself confronted with hitherto hidden aspects of the past is negligible; all that counts is the recognition of something not yet seen. Its truth value overshadows the subjective factor inherent in this, as in any, truth.« Kracauer, Vorarbeiten, KN DLM.
[163] Kracauer, *Geschichte*, S. 112. [*H.*, S. 99.]
[164] Ebd., S. 116. [*H.*, S. 103.]
[165] Ebd. und S. 222. [*H.*, S. 103 und 202.]
[166] Kracauer, *Geschichte*, S. 116. [*H.*, S. 103.]
[167] Ebd., S. 222. [*H.*, S. 202.]

Hohlräume im Katarakt der Zeiten oder der doppelte Aspekt absoluter Wahrheiten

Um diesen Vorschlag zu verstehen, ist noch einmal auf das Problem der Geschichtlichkeit einzugehen. Jugendliche Schwärmerei ist für Kracauer Nietzsches Plädoyer, es möge nicht die Wissenschaft über das Leben, sondern das Leben über die Wissenschaft herrschen.[168] Er wirft Nietzsche vor, den Historismus zu zerstören, ohne eine triftige Alternative aufzuzeigen oder nach seiner Bedeutung zu fragen. Beides versucht Kracauer im Kapitel über den Vorraum. Die Frage, wie die Erkenntnis der Relativität allen Wissens mit dem Streben nach allgemeingültigen Wahrheiten versöhnt werden kann, ist das »Schlüsselproblem« der modernen Philosophie. Kracauer unterscheidet zwei Gruppen, die sich diesem Problem gestellt haben: die Transzendentalisten und die Immanentisten. Zu den ersteren zählt er so unterschiedliche Positionen wie Troeltsch, Rickert und Meinecke, aber auch Ranke, Droysen und Scheler »mit Einschränkung«[169]: Sie versuchen, dem als gefährlich empfundenen Relativismus zu entkommen, um in das innig ersehnte »verlorene Paradies« Einlass zu finden. Kracauer wirft ihnen vor, sich in einen performativen Widerspruch zu verstricken, wenn sie ein Reich absoluter Wahrheiten und Normen einfach voraussetzen. Rickert etwa fordere, den Historismus durch Geschichtsphilosophie zu bekämpfen, weil er glaube, dass dieser »in Nihilismus und völligem Relativismus« enden müsse. Stattdessen stelle er sich eine Kulturpsychologie vor, »welche die Gesamtheit der allgemeinen Kulturwerte erforscht und systematisch darstellt und damit zugleich ein System der Prinzipien des historischen Geschehens liefert.«[170] Kracauer versteht diese Ansätze als »Rückwirkungen säkularisierter theologischer

---

[168] Ebd., S. 84 f. [*H.*, S. 74 f.]
[169] Ebd., S. 214 f. [*H.*, S. 196.]
[170] Kracauer, *Geschichte*, S. 215. [*H.*, S. 248.] Der Neukantianer Rickert greift Windelbands Unterscheidung zwischen nomothetischen und idiographischen Wissenschaften auf, die sich die Erkenntnis allgemeiner Gesetzmäßigkeiten bzw. individueller Ereignisse zum Ziel setzen. Diese Unterscheidung betreffe nicht die Wissenschaften, sondern Methoden und Verfahren. Er grenzt wertverbindende »Kulturwissenschaften« von den wert- und bedeutungsfreien Naturwissenschaften ab. Geschichtswissenschaft richtet ihr Interesse auf die Erfassung einmaliger Individualität, ihre Erkenntnismethoden sind interessen- und wertbezogen. Sinn und Wert bekomme die Individualität eines historischen Objektes dadurch, dass sie zu einem allgemeinen Wert in Beziehung stehe, »für dessen Verwirklichung sie durch ihre individuelle Gestaltung etwas leistet.« Dem Problem der Objektivität weicht er aus: In einem bestimmten Kulturkreis existieren verbindliche Werte, auf deren Anerkennung sich ein Historiker wie »auf ein Faktum« berufen könne. Außerdem gibt es ein System universell gültiger Werte, das sich intersubjektiv geschichtlich herausbildet. In dem Maße, wie die Geschichtswissenschaft sich auf dieses System bezieht, partizipiert sie an einem Objektivitätsfortschritt. In diesem Punkt aktualisiert Rickert Prämissen des historistischen Denkens, nämlich die geschichtsphilosophische Voraussetzung, dass sich der Geschichtsprozess ideengeleitet vollzieht. Daher bezeichnet Kracauer ihn als »idealistischen Philosophen«. Jäger/Rüsen, *Geschichte des Historismus*, S. 154 f. Kracauer, *Geschichte*, S. 215. [*H.*, S. 248.]

Begriffe und traditioneller Metaphysik mit der Evolutionsidee als Dreingabe.«[171] Die genannten Autoren vollziehen einen indischen Seiltrick, merkt Kracauer belustigt an, wie schon in *Ginster* Professor Caspari, ein Double Max Schelers, mit einem indischen Fakir verglichen wird, der »an einem Seil zum Himmel emporkletter[t]«.[172] Die Selbsttäuschung der Transzendentalisten sei besonders offensichtlich, wenn es um die Verteidigung ihrer Zeitkonzeption gehe. Sie bedienten sich alle stets desselben Verfahrens: »Man glaubt, noch im Strom der Zeit zu schwimmen, und findet sich unversehens ans Ufer gespült, Auge in Auge mit der Ewigkeit.«[173]

Eine andere Gruppe vollzieht die gegenteilige Bewegung. Zeitlosigkeit und die Existenz absoluter Wahrheiten werden als unvereinbar mit der Erkenntnis von Geschichtlichkeit angesehen. Kracauer nennt sie Immanentisten, weil sie das Absolute in die Immanenz des Geschichtsprozesses verlagern. Dilthey etwa sei der idealistischen Tradition, auch wenn er sie bekämpfe, zutiefst verhaftet. Kracauer nennt in einem Atemzug Heidegger, Mannheim, Gadamer: Sie alle müssten Geschichte »verabsolutieren«, um das Absolute aus ihr wiederzugewinnen.[174]

Kracauers Lösung gründet hingegen auf der Anerkennung der paradoxen Natur der Zeit. Die erwähnten Versuche mit dem Relativismus umzugehen, scheitern daran, dass sie sich »auf einen zu sehr vereinfachten Begriff von geschichtlicher Wirklichkeit verlassen«[175], wenn sie diese als kontinuierliche Abfolge von Ereignissen betrachten, die sich im chronologischen Zeitfluss einwickelt. Unter dieser Prämisse sei dem Relativismus nicht zu entkommen, den die Immanentisten befürworten und dem die Transzendentalisten mit Manövern (einem »Hang zum Ontologischen«[176]) auszuweichen suchen. Kracauers Vorstellung vom historischen Universum stellt sich wie beschrieben als ein Katarakt der Zeiten dar, in dem sich unterschiedliche Bereiche sowohl diskontinuierlich als auch gemeinsam entfalten. Über dieses Bild versucht er, das Element der Zeitlichkeit auszuschalten: Entscheidend ist, dass in dem Katarakt »Hohlräume und Blasen« (»›pockets‹ and voids«[177]) existieren. Aus diesen können Ideen auftauchen, deren Relativität »begrenzt« ist – da sie zeitlich nicht bestimmt werden können. »Man hat sie sich sowohl als in der fließenden Zeit seiend als auch ihr enthoben vorzustellen.«[178] Man gewinnt den Eindruck, dass sich Kracauer selbst eines Tricks bedient. Zwar fragt er, ob der An-

---

[171] Ebd., S. 214. [*H*., S. 196.]
[172] Kracauer, *Ginster*, S. 125. Vgl. Agard, *Le chiffonnier*, S. 337.
[173] Kracauer, *Geschichte*, S. 215. [*H*., S. 197.]
[174] Ebd., S. 217. [*H*., S. 198.]
[175] Ebd., S. 218. [*H*., S. 199.]
[176] Ebd., S. 220. [*H*., S. 201.]
[177] Ebd., S. 218 f. [*H*., S. 199.]
[178] Ebd., S. 219. [*H*., S. 200.]

spruch auf »zeitliche Exterritorialität«[179] bestimmter Ideen legitim sei. Diese Frage ist jedoch in seinen Augen falsch gestellt.

Kracauers Vorschlag geht von einer neuen Perspektive auf die Problematik aus, wenn er den Gegensatz absoluter zeitloser Wahrheiten und zeitlich bedingter relativer Wahrheiten aufgrund des paradoxen Charakters der Zeit selbst ins Paradoxe wendet: »Weder kann sich das Zeitlose der Spuren von Zeitlichkeit entledigen, noch umfaßt das Zeitliche völlig das Zeitlose.«[180] Jede Idee birgt vielmehr zeitlose *und* zeitbedingte Aspekte. Einer theoretischen Definition der Beziehung zwischen diesen beiden Aspekten entzieht sich Kracauer, denn er hält sie für unmöglich. Stattdessen interveniert etwas vage die erwähnte Kategorie des Takts[181], der auch Adorno zustimmte: »We see eye to eye with respect to ›tact‹. He [Adorno] calls it a ›erkenntnistheoretische Kategorie‹«.[182] Spekulationen über die Natur des Universums seien unausweichlich, wie Wetten im Sinne Kafkas: »Sie betreten bei unvorhersehbaren Gelegenheiten auf sinnvolle Weise die Bühne und üben dann vermutlich eine entscheidende Funktion aus.«[183] Kracauer belässt es einmal mehr bei einer Anspielung. Vorläufig schließt er, und hier weist seine Argumentation wieder eine Art Umwegstruktur auf, dass die dargestellte Alternative zwischen Transzendentalisten und Immanentisten keine substantielle sei. Anstatt sie als ein Entweder-Oder zu denken, existieren beide Ansätze *nebeneinander* und bilden eine Einheit.

Bevor Kracauer zu diesem Ergebnis kommt, unterzieht er Karl Löwith einer scharfen Kritik, welche die Debatte über die Säkularisierung berührt, auf die Kracauer mehrmals in *Geschichte* zu sprechen kommt.

Die Blumenberg-Löwith-Debatte

Kracauers Kritik an Karl Löwith
Kracauer richtet sich im Vorraumkapitel gegen den als Jude verfolgten Exilanten Karl Löwith (1897–1973), der 1934 nach Rom, 1938 nach Sendai in Japan und 1941, kurz vor dem japanischen Überfall auf Pearl Harbour, in die USA emigrierte. Dort lehrte er zunächst dank der Vermittlung von Paul Niebuhr und Paul Tillich am theologischen Seminar von Hartford (Conn.), bevor er 1949 an die *New School for Social Research* in New York berufen wurde. 1952 kehrte er nach Deutschland auf einen Lehrstuhl in Heidelberg zurück.

Löwith teilt mit Kracauer, wenn auch unter anderen Prämissen, eine kritische Haltung gegenüber philosophisch-theologischen Geschichtsdeutungen. In *Mean-*

---

[179] Ebd. [*H.*, S. 200.]
[180] Ebd. [*H.*, S. 200.]
[181] Ebd., S. 226. [*H.*, S. 206.]
[182] Kracauer, Vorarbeiten, KN DLM. Zur Kategorie des Takts vgl. Barnouw, »Oberflächen«, S. 17.
[183] Kracauer, *Geschichte*, S. 220. [*H.*, S. 200.]

ing in History (1949) [*Weltgeschichte und Heilsgeschehen*] heißt es: »Es ist das Vorrecht der Theologie und der Philosophie, Fragen zu stellen, die sich empirisch nicht beantworten lassen. Von dieser Art sind diejenigen Fragen, die erste und letzte Dinge betreffen. Sie behalten gerade deshalb ihre Bedeutung, weil keine Antwort sie zum Schweigen bringt. Es gäbe gar keine Fragen nach dem Sinn der Geschichte, wenn dieser in den geschichtlichen Ereignissen schon selbst offensichtlich wäre. Andererseits kann die Geschichte auch nur im Hinblick auf einen letzten Sinn als sinnlos erscheinen.«[184] Löwiths Geschichtskonstruktion, die von einem konservativen Affekt gegen die Moderne begleitet wird, besteht aus Vorträgen über Burckhardt, Marx, Hegel bis hin zur biblischen Geschichtsauslegung.[185] Er beabsichtigt zu zeigen, »dass die moderne Geschichtsphilosophie dem biblischen Glauben an eine Erfüllung entspringt, und dass sie mit der Säkularisierung ihres eschatologischen Vorbildes endet.«[186] Es geht um die historischen Bedingungen, unter welchen der »moderne Glaube in die Geschichte« entstand, der mit Vico, Fontenelle und Lessing beginnt und in der »Heilslehre« des Marxismus seine Vollendung findet. In den Abhandlungen äußert sich Löwith kaum zu ihrem zeitgeschichtlichen Entstehungskontext, von dem *Mein Leben in Deutschland vor und nach 1933* (1986) Zeugnis ablegt. Wenn Löwith die Existenz eines »Sinns« der Geschichte negiert, so nicht mit Bezug auf seine Gegenwart, sondern über eine Kritik der Geschichtsphilosophie. Kagel vergleicht sein Werk mit der *Dialektik der Aufklärung*, wobei Löwith anders als Adorno und Horkheimer nicht Auschwitz zum Bezugspunkt seiner Reflexionen mache, sondern eine Kritik »mit abgewandtem Gesicht« betreibe: Die Frage nach der Möglichkeit eines Sinns der Geschichte ist bei ihm nicht moralisch oder ideologiekritisch gewendet, sondern diesen Perspektiven »vorgelagert«.[187]

Für Kracauer ist Löwiths Versuch, den »Konsequenzen der Geschichtlichkeit durch einen sympathisierenden Verweis auf die antikisierende Kosmologie und das, wofür sie steht, aus dem Wege zu gehen« hochproblematisch und unzeitgemäß. Er spricht von einem »Ausweichen in unverblümten ontologischen Transzendentalismus«[188] und bezieht sich dabei auf Löwiths Aufsatz »Mensch und Geschichte« (1960).[189] Dieser stellt hier dem historistischen Denken mit seiner Betonung der geschichtlichen Einmaligkeit aller Erscheinungen das antike Denken der Griechen gegenüber. Die Antike ließ sich »von der ewigen Ordnung, der Größe und Schönheit der sichtbaren Welt«, von dem »wohlgeordneten ewigen Kosmos« beeindrucken und trennte diesen gedanklich von der Vorstellung einer möglichen

---

[184] Ders., *Weltgeschichte und Heilsgeschehen*, S. 13 f.
[185] Habermas, »Stoischer Rückzug«, S. 198. Riedel, »Karl Löwiths philosophischer Weg«, S. 130 f.
[186] Ebd., S. 12.
[187] Kagel, »Heillose Historie«, S. 36. Zu Löwiths privatistischer Abwendung von der politischen Welt vgl. Habermas, »Stoischer Rückzug«, S. 214 f.
[188] Kracauer, *Geschichte*, S. 220. [*H.*, S. 201.]
[189] Vgl. Dabag, *Löwiths Kritik*, S. 67, S. 117–139.

Einheit der »vergänglichen *pragmata* der menschlichen Geschichten in einer Geschichte«.[190] Es gab mithin keine Geschichtsphilosophie, was nicht mit einer mangelnden Aufmerksamkeit antiker Denker für große Ereignisse zu begründen ist, sondern mit der Erkenntnis, »daß es vom einmalig Zufallenden und Wechselnden nur Bericht oder ›Historie‹, aber kein wahres Wissen geben kann.«[191] Es geht ihnen nicht um die substantivische Historie, sondern um das verbale *historein*, das »Erkunden, Kennen, Wissen und Berichten«[192] der Geschehnisse, die jedoch nicht als Weltgeschichte mit einem Sinn versehen sind, der erst mit dem eschatologischen Futurismus der jüdischen und christlichen Heilslehren in die Welt kam. Auf diese greifen noch die weltlichen Fortschritts- und Verfallsideologien zurück. »Daß der Mensch geschichtlich existiere, ist eine Behauptung der jüngsten Vergangenheit, die ihre fernste Herkunft im theologisch-anthropologischen Weltbegriff des Christentums hat.«[193]

In *Weltgeschichte und Heilsgeschehen* sucht Löwith die antike gegen die moderne Position abzugrenzen. Für ihn enthüllt sich im sprachlichen Vertauschen der Begriffe »Sinn« und »Zweck« sowie »Sinn« und »Ziel« die Bedeutung des modernen Blicks auf Geschichte. Der Sinn der geschaffenen Dinge besteht in ihrem Zweck, dem »Wozu?« – der Zweck der geschichtlichen Ereignisse liegt zwangsläufig in ihrem Ziel, ihr Sinn ergibt sich aus der Erfüllung in der Zeit: »Die Annahme, daß die Geschichte einen letzten Sinn habe, antizipiert also einen Endzweck als Endziel, das die tatsächlichen Ereignisse überschreitet.«[194] Diese zeitliche Dimension des Ziels der Geschichte ist eine eschatologische Zukunft, welche nur als Hoffnung oder Glaube erfahren werden kann. Bei den jüdischen Propheten sei eine solche Hoffnung am leidenschaftlichsten gelebt worden. In der jüdisch-christlichen Tradition wird Vergangenheit als Zukunftsversprechen gedeutet – sie ist »rückwärtsgewandte Prophetie«.[195]

Die griechische Tradition hingegen betont die Gleichartigkeit von Vergangenheit und Zukunft, die sich nach dem immergleichen *logos* ereignen. Herodot ist ein typischer Vertreter einer zirkulären Zeitvorstellung, innerhalb derer sich die Ereignisse als Ausgleich von *hybris* und *nemesis* organisieren. Thukydides' Geschichtsauffassung gründet auf der Überzeugung von der statischen Natur des Menschen, welche die Unveränderlichkeit der Geschichte mit sich bringt. Polybios hingegen kommt der moderneren Auffassung näher, weil bei ihm die Ereignisse auf ein Ziel, die Weltherrschaft Roms hinauslaufen. Aber auch er beschreibt Geschichte als Kreislauf eines quasi-natürlichen Geschehens, in dem sich Glück und Missgeschi-

---

[190] Löwith, »Mensch und Geschichte«, S. 155.
[191] Ebd.
[192] Ebd., S. 156.
[193] Ebd., S. 154.
[194] Löwith, *Weltgeschichte und Heilsgeschehen*, S. 15.
[195] Ebd.

cke abwechseln.[196] Insofern lassen sich bei antiken Autoren aus der Vergangenheit Aussagen über die Zukunft treffen, die nach alttestamentarischer Auffassung nur aus dem Mund der Propheten zu vernehmen sind und ihren Ursprung in Gottes Willen haben. Für die Modernen ist diese Voraussehbarkeit der Zukunft widersinnig und unerwünscht. Sie bleibt undurchsichtig und dunkel.[197]

In »Mensch und Geschichte« stellt Löwith die ontologische Frage, ob die »Verbindung von Mensch und Geschichte eine so verbindliche ist, daß der Mensch überhaupt kein Mensch wäre, wenn er nicht geschichtlich existierte.«[198] Dass er nicht nur eine Geschichte habe, sondern auch eine geschichtliche Existenz sei, ist für Löwith ein zeitgeschichtliches Vorurteil. Wenn vormoderne Generationen keine Verabsolutierung der Geschichte vornahmen, so weil sie in einen übergeschichtlichen Horizont eingebunden waren, durch die logische Ordnung des Kosmos bzw. durch die Schöpfungsordnung. Der Glaube an die Geschichte ist Folge einer Entfremdung von diesen Ordnungen. Das historische Bewusstsein ist für ihn eine Art Besessenheit, die das »Immerseiende und Immerwährende« leugnet. Auch wenn es nichts Ewiges gebe, so doch immerhin Dauerndes. Für ihn ist »Dauer […] die elementarste Form der Historie«, mehr als die »Verluste und Wunden«[199] der großen Umstürze und Katastrophen. Eine anthropologische Betrachtung müsse sich der Frage zuwenden, was den Menschen »instand setzt, die geschichtlichen Wechselfälle zu überstehen.«[200] Weltgeschichte taugt nicht als sinnstiftender Horizont, in dem sich der Mensch verorten könnte: »Sich inmitten der Geschichte an ihr orientieren wollen, das wäre so, wie wenn man sich bei einem Schiffbruch an den Wogen anhalten wollte.«[201]

Geschichte ist vom Zufall bestimmt.[202] Geht es um die Lesbarkeit des Zufälligen, erteilt auch Löwith dem christlich-theologischen Modell eine Absage, jedoch mit einem Geschichtsverständnis, das auf Unwandelbarkeit gründet und nicht wie Kracauer Brüche und Neuanfänge akzentuiert. Er kritisiert daher auch an Spengler, anders als Kracauer, nicht das zyklische Element, sondern dessen Schicksalsbegriff: Mit Nietzsche fordere Spengler, das Schicksal zu lieben, zu wollen und damit auch zu erfüllen, eine Vorstellung, die griechischen Denkern fremd war, insofern als Schicksal für sie entweder ein wirkliches »Seinmüssen« oder aber »selbstgewählte Bestimmung« war. Ihnen wäre nicht in den Sinn gekommen, so Löwith, »daß man das Schicksal des Untergangs wählen und wollen solle.«[203]

---

[196] Ebd., S. 17 ff.
[197] Ebd., S. 19 f.
[198] Löwith, »Mensch und Geschichte«, S. 157.
[199] Ebd., S. 163.
[200] Ebd.
[201] Löwith, »Mensch und Geschichte«, S. 163. Dieselbe Warnung sprach Löwith bereits in »Marxismus und Geschichte« (1957/58) aus, vgl. Lutz, »Karl Löwith«, S. 424.
[202] Löwith, »Mensch und Geschichte«, S. 168.
[203] Ebd., S. 22.

Die Fortschrittsidee – Gespräche mit Hans Blumenberg
Im Vorraumkapitel schreibt Kracauer zur Herkunft der Fortschrittsidee, sie nähre sich »aus einer fragwürdigen Analogie zum Lernprozess.«[204] Sie erreiche ihren »vollen Umfang« erst, wenn man sie auf »Geschichte als Ganzes« wende, wobei er in Zweifel zieht, dass eine solche Pauschalisierung möglich sei.[205] Dieser Gedanke findet sich auch bei Blumenberg. »Natürlich hat die Fortschrittsidee nicht ›die Fortschritte‹ hervorgebracht, die es immer, im einzelnen Menschenleben, in der einzelnen Generation, im Zusammenhang der Generationen, als Erfahrung, als Willen und Übung, gegeben hat; ›der Fortschritt‹ ist die höchstgradige Verallgemeinerung, die Projektion auf die Gesamtgeschichte, die offenbar nicht zu jedem Zeitpunkt möglich war.«[206] Kracauer zitiert Blumenbergs These, wonach die Fortschrittsidee eine »Überanstrengung« der ursprünglich auf den Bereich der Ästhetik begrenzten Idee sei. Es sei darum gegangen, »eine Frage zu beantworten, die gleichsam herrenlos und ungesättigt, im Raume stehen geblieben war, nachdem die Theologie sie virulent gemacht hatte. Die Fortschrittsidee […] als eine der möglichen Antworten […] wurde […] in die Bewusstseinsfunktion der Eschatologie *hineingezogen*.«[207] Schon im Kapitel über Allgemeingeschichte hatte Kracauer diese These eingeführt und ihr seine Zustimmung erteilt, allerdings ohne Löwith als Zielscheibe zu nennen.[208] Die Anspielung auf Blumenberg wird jedoch deutlich, wenn man sie vor dem Hintergrund seiner Löwith-Kritik liest.

Im oben zitierten Aufsatz »Säkularisation« sind wesentliche Ideen der *Legitimität der Neuzeit* angelegt, die Kracauer mit Blumenberg diskutierte. Blumenbergs Auseinandersetzung mit der Fortschrittsidee ist in die Debatte um die Moderne eingebettet, die er sowohl gegen blinden Fortschrittsoptimismus als auch gegen kulturpessimistische Lesarten verteidigt.[209] Er richtet sich gegen den Säkularisie-

---

[204] Kracauer, *Geschichte*, S. 221. [*H.*, S. 202.]
[205] Ebd. [*H.*, S. 202.]
[206] Blumenberg, *Die Legitimität der Neuzeit*, S. 39.
[207] Blumenberg, »Säkularisation«, S. 249. Kracauer, *Geschichte*, S. 222. Kursivierung im Text. [*H.*, S. 202.]
[208] Ebd., S. 203. [*H.*, S. 185.]
[209] Die Neuzeit wird von Blumenberg als Epoche der humanen Selbstbehauptung charakterisiert, als Antwort auf den spätmittelalterlichen theologischen Absolutismus, wie ihn der Nominalist von Ockham vertrat. Gott erscheint als »potentia absoluta«, die Welt als kontingent, so dass Zweifel an einem sinnvollen Ordnungszusammenhang aufkamen, wie ihn noch im Hochmittelalter die göttliche Schöpfung verkörpert hatte. Der allmächtige Gott wurde als verborgener Gott erlebt, woraus eine innere Notwendigkeit zur Selbstbehauptung erwuchs. Faust ist der Repräsentant des neuzeitlichen Menschen, der seine Selbstbehauptung auf die eigene Rationalität zu gründen sucht. Die seit Augustinus in Verruf geratene theoretische Neugierde findet ihre Rehabilitierung, Naturwissenschaft und Technik sind Mittel, mit denen die Menschen eine Verlässlichkeit der Welt wiederherzustellen versuchen, deren sie der theologische Absolutismus beraubt hatte. Die Neuzeit ist nach Blumenberg außerdem eine zweite, gelungene Überwindung der spätantiken Gnosis. Gnostiker wie Basilides oder Valentinus brachten der Welt eine Grundhaltung entgegen, die nicht von

rungsbegriff, wie er von Karl Löwith oder Carl Schmitt aufgefasst wird (letzterer wird bei Kracauer nicht erwähnt).[210] Während Löwith die moderne Geschichtsphilosophie und die ihr innewohnende Enderwartung in *Weltgeschichte und Heilsgeschehen* als säkularisierte Eschatologie deutet, interpretiert Schmitt in seiner *Politischen Theologie* (1922) Begriffe der modernen Staatstheorie als säkularisierte theologische Begriffe. Für Blumenberg ist dies »die stärkste Formulierung des Säkularisierungstheorems.«[211] Gemeint sind Theorien, die von einer Umformung theologischer in weltliche Inhalte ausgehen, wie etwa der Schuldbegriff des modernen Strafrechts als Säkularisation der christlichen Vorstellung der Sünde; das moderne Arbeitsethos als Säkularisation der Askese oder das Kommunistische Manifest als Säkularisation messianischer Prophezeiungen vom biblischen Paradies.[212] Ihnen sei gemeinsam, dass sie analog zu dem einstmals juristischen Bedeutungsgehalt des Säkularisationsbegriffes von der Idee einer »Enteignung« ausgehen (ursprünglich bezog sich der Begriff auf die Enteignung von Kirchengütern).[213]

Blumenberg bestreitet die den modernen Vorstellungen von der Neuzeit zugeschriebene »Illegitimität«.[214] Der Vorstellung von Säkularisationen als Verformung genuin theologischer Inhalte liegt eine Deutung zugrunde, welche diese als mit einer »objektiven Kulturschuld«, als Entfremdung dieser Inhalte, belastet sieht.[215] Gegen diese implizite Annahme bezieht Blumenberg Stellung: »Die Säkularisation als Kategorie historischen Verstehens ist ein Symptom (unter vielen) für die Unsicherheit des Legitimationsbewusstseins der Neuzeit; sie ist eine theologisch beding-

---

antikem Weltvertrauen, sondern von Weltangst geprägt war. Sie unterschieden daher zwischen einem Schöpfer- und Erlösergott. Im Mittelalter, dessen Philosophie diese Unterscheidung nicht nachvollzog, musste die Frage, wem das Übel in der Welt zuzuschreiben sei, eine andere Antwort finden: Es wurde dem sündigen Menschen angelastet. Die Beseitigung des Dualismus war damit nicht gelungen, was der spätmittelalterliche Nominalismus mit seinem verborgenen Gott zum Ausdruck brachte. Eine Überwindung der Gnosis im Sinne einer erneuten Weltpositivierung erreichte laut Blumenberg erst die Neuzeit. Vgl. Wetz, *Hans Blumenberg*, S. 33–38.

[210] Vgl. dazu Lübbe, *Säkularisierung*, bes. S. 35 ff., S. 136 ff. Schmitt, *Politische Theologie*. Zu Blumenberg und Schmitt vgl. Monod, *Hans Blumenberg*, S. 204–211. Außerdem Kervégan, »Les ambiguïtés d'un théorème«, S. 107–122.

[211] Blumenberg, *Die Legitimität der Neuzeit*, S. 102. In seinem Säkularisierungsaufsatz erwähnt Blumenberg Carl Schmitt und Karl Löwith noch nicht explizit, sondern erst in der *Legitimität der Neuzeit*. Vgl. Ebd., S. 102–112. Zu Löwith vgl. »Der Fortschritt in seiner Enthüllung als Verhängnis«, Ebd., S. 35–38.

[212] Zur Debatte zwischen Blumenberg und Schmitt über das Thema Politische Theologie vgl. Schmitz/Lepper, »Logik der Differenzen und Spuren des Gemeinsamen«, S. 262-275 sowie die Korrespondenz. Dies. (Hrsg.), Hans Blumenberg – Carl Schmitt, *Briefwechsel 1971-9178*.

[213] Blumenberg, »Säkularisation«, S. 240. Anders Lübbe, *Säkularisierung*, S. 138–143.

[214] Blumenberg, »Säkularisation«, S. 242.

[215] Laut Wetz überinterpretiert Blumenberg Löwith, wenn er schreibt, dieser verstehe Geschichtsphilosophie als »Umformung der heilgeschichtlichen Substanz des Mittelalters«. Er selbst habe lediglich von einer »Ermöglichung« gesprochen. Wetz, *Hans Blumenberg*, S. 46. Vgl. Heidenreich, *Mensch und Moderne*, S. 197–202; Monod, *La querelle de la sécularisation*, S. 216–229.

te Unrechtskategorie.«²¹⁶ Indem er von einem Symptom oder gar von einem »Säkularisationssyndrom« spricht, unterstreicht er den ideologischen Charakter der Säkularisierungstheorien.²¹⁷ Aus dieser Perspektive ist die Neuzeit etwas, das nicht sein sollte. Blumenberg versucht zu zeigen, dass viele säkulare Größen keine solchen »Verformungen« sind, insbesondere die neuzeitliche Fortschrittsidee. Er sieht in der Verweltlichung keine Transformation von Gegebenem, sondern die »Urzeugung« von jener Weltlichkeit, die des »Übergriffs über ihre Kompetenz hinaus beschuldigt werden konnte.«²¹⁸

Löwiths These von der Fortschrittsidee als Säkularisat der Eschatologie zeigt in Blumenbergs Augen keines der Merkmale, die ein methodischer Beweis erforderte, gibt es doch schon eine formale Differenz zwischen den beiden Konzepten. Bei der Eschatologie gehe es um ein *von außen* in die Geschichte einbrechendes Ereignis, wohingegen die Fortschrittsidee von einer der Geschichte *immanenten* Struktur aus in die Zukunft extrapoliere.²¹⁹ Die Lehre von der Eschatologie sei eine Antwort auf die Frage nach dem Sinn der Geschichte *im Ganzen*, während die Fortschrittsidee sich ursprünglich nur auf *theoretische* Prozesse und den ästhetischen Bereich bezog. Dieses von Kracauer zitierte Argument geht tatsächlich auf Hans Robert Jauß' Artikel über die *Querelle des Anciens et des Modernes* zurück, der im selben Band wie Blumenbergs Aufsatz veröffentlicht wurde. Glaubten die Vertreter der »Alten«, dass die Kunstwerke der Antike in ihrer Vollkommenheit unerreichbar seien und bestenfalls nachgeahmt werden könnten, waren die Anhänger der »Neuen« überzeugt, dass in der Gegenwart Kunst geschaffen werden könne, die der antiken gleichwertig sei. Nach Jauß handelt es sich bei der Fortschrittsidee um eine »Protestformel gegen das humanistische Verbindlichkeitsideal konstanter Vorbilder.«²²⁰

---

²¹⁶ Blumenberg, »Säkularisation«, S. 256.
²¹⁷ »Als Unrechtskategorie enthält sie [die Säkularisierung] ein Potential der Berufbarkeit, die Implikation eines Schuldtitels, und darin liegt das *ideologische* Moment dieser Vorstellung. Als *ideologisch* möchte ich hier verstanden wissen, das in einem Zusammenhang theoretischer Objektivierung latent wahrgenommene und immer aktivierbare theoriefremde Interesse. Nicht zufällig eignet sich das Säkularisationssyndrom so gut für den kulturkritischen Betrieb, der sich nach möglichst fernen Verantwortlichkeiten für das an der Gegenwart empfundene Unbehagen heute zu einem großen Teil darin besteht, über die Begründung der Neuzeit und die daran beteiligten Faktoren Schuldansprüche zu fällen.« Ebd., S. 256 f. Kursivierung im Text.
²¹⁸ Ebd., S. 248 f.
²¹⁹ Ebd., S. 243.
²²⁰ Ebd. Auch Kracauer verweist auf diesen Aufsatz, den Jauß ihm geschickt hatte. Kracauer, *Geschichte*, S. 203. Jauß, »Zum geschichtlichen Ursprung«. Vgl. Kracauer an Jauß, 27.12.1964, KN DLM [72.3718/32]. Die *Querelle* betraf die alte Debatte der Vorbildlichkeit der Antike, die in der Renaissance mit der Fortschrittsidee und im 18. Jahrhundert in Frankreich zum Abschluss gebracht wurde. Dieses Ende des in der Literaturgeschichte wiederkehrenden Phänomens liegt laut Jauß in der »Wahrnehmung der absoluten Verschiedenheit des Antiken und des Modernen« durch die mündig gewordene Moderne begründet, mit der die Voraussetzungen für den Streit entfielen. Mit Blick auf das Entstehen der Fortschrittsidee zeigt Jauß, dass zunächst *Anciens* und *Modernes* dem humanistischen Perfektionsideal anhingen. In beiden Lagern lässt sich auch die Präsenz zyklischer

Eine religiöse Abstammung der Fortschrittsidee hingegen ist auch für ihn eine illusionäre Vorstellung.

Um von einem Prozess der *Ver*weltlichung sprechen zu können, so Blumenbergs zweites Kriterium, müsste die Ursprungsidee einem authentisch *theologischen* Gehalt zugeordnet werden können. Deren eigene Herkunft sei jedoch bereits fragwürdig, wie etwa der Theologe Rudolf Bultmann zeige, welcher die Idee der biblischen Eschatologie als Verkürzung des zyklischen Modells der ständigen Welterneuerung deutet, wie es sich bei der antiken Stoa findet.[221] Seit dem Mittelalter existieren tatsächlich zwei Formen der Eschatologie. Als die apokalyptische Naherwartung des Frühchristentums aufgrund des Ausbleibens der Endereignisse und durch den Fortbestand der Welt enttäuscht wurde, erforderte dies eine Umformung ihres Gehaltes. Die biblischen Aussagen vom Ende der Welt wurden schließlich allegorisch gedeutet. Nach Blumenberg gesellte sich im Mittelalter zu dieser Historisierung der Eschatologie eine Aufspaltung in eine kosmische und eine individuelle Eschatologie, indem die Vorstellung von einem Weltgericht durch die Idee eines besonderen Gerichtes für jeden Einzelnen verdrängt wurde. Geschichtsphilosophie ist für ihn »in dem Augenblick schon da, in dem die biblischen Aussagen vom Ende der Welt nicht mehr beim Wort genommen werden können, sondern mehr oder weniger allegorisch gedeutet werden müssen.«[222]

Drittes Kriterium einer Säkularisation wäre für Blumenberg das Element der Enteignung und Entstellung der Eschatologie »zu einer dem Ursprung entfremdeten Gegebenheit«. Von Enteignung aber könnte man seiner Auffassung nach jedoch nur sprechen, wenn die Eschatologie tatsächlich durch das »autonome Denken« usurpiert und umgeformt worden wäre. Angestoßen durch die Evidenz der Widerlegbarkeit der apokalyptischen Erwartungen hat das autonome Denken die Frage nach dem Ziel und Ende der Geschichte nicht »an sich gerissen, spekulativ usurpiert und mit Gewaltsamkeit umgeformt.«[223] Eschatologie hat sich vielmehr selbst historisiert, indem neue Fragen aufgeworfen wurden, die einer Antwort be-

---

Geschichtsbilder nachweisen. Eine zeithafte Auffassung von Geschichte entstand aus dem Widerspruch zwischen der Vorstellung der Perfektion im ästhetischen Bereich und dem Begriff der Perfektibilität im naturwissenschaftlichen Bereich. Der Historismus ging aus diesen ästhetischen Diskussionen hervor und die Positionen der *Anciens* wie die der *Modernes* fanden in diesen Eingang: die Kritik der *Modernes* an der Autorität der Tradition und die Kritik der *Anciens* an der Einbeziehung der Künste in die Perspektive des Fortschritts. »Während sich auf der einen Seite die cartesianische Lehre von der Perfektibilität der Vernunft bei Terrasson, Turgot und Condorcet zur Ideologie des unbegrenzten Fortschritts verfestigt, wird auf der anderen Seite die historische Betrachtung der Kunst allmählich zu einem geschichtlichen Verständnis weitergeführt, für das jede Epoche der Welthistorie ihr eigenes, unvergleichbares Gewicht gewinnt, im Geiste eines Historismus, der seinen ästhetischen Ursprung nicht verleugnen kann.« Ebd., S. 71 f. Vgl. auch Waszek, »Der junge Hegel und die ›querelle‹.«

[221] Blumenberg, »Säkularisation«, S. 245.
[222] Ebd., S. 247.
[223] Ebd., S. 248.

durften. Die Vorstellung von einer Konkurrenz zwischen geistlichen und weltlichen Instanzen hält Blumenberg von geistesgeschichtlicher Warte aus für falsch. Theologische Unzuständigkeit, wie er hier »Weltlichkeit« definiert, sei ein Ergebnis der Enttäuschung der Enderwartung, so dass diese in »spekulative Unbestimmtheit« zurückverwiesen worden sei. »Säkularisation [ist] also gerade nicht Enteignung als einseitiger, widerrechtlicher Akt des Entzuges, sondern die Konstitution einer zuvor ungekannten Weltlichkeit aus der religiösen Bestreitung und Entwirklichung selbst heraus. Die primäre Verweltlichung ist nicht die Transformation von Gegebenem, sondern die Urzeugung, die primäre Kristallisation jener Weltlichkeit, die im Begriff der Säkularisation allererst des unrechtmäßigen Übergriffs über ihre Kompetenz hinaus beschuldigt werden konnte.«[224] Der Dualität von Geistlichkeit und Weltlichkeit haftet nichts Ursprüngliches an. Eine solche Konkurrenz hält Blumenberg für Fiktion. Die Dualität ist vielmehr aus den dargelegten Entwicklungen des eschatologischen Denkens selbst entstanden. Mit Cassirer vollzieht Blumenberg den Übergang von einem Substanzdenken zu einem Funktionsdenken, was Kracauer mit seinem Hinweis auf die »Surplus-*Funktionen*« andeutet, welche den Vorstellungen von Fortschritt angelastet worden seien.[225]

Die »Überanstrengung« der Fortschrittsidee hat in Blumenbergs Augen nicht die Lehre von der Eschatologie ihrer eigentlichen Intentionen beraubt. Es ist vielmehr die Fortschrittsidee, welche die Funktion einer Antwort auf die von der Eschatologie freigesetzte Frage nach dem Ziel und Ende der Geschichte besetzt hat. Zu Unrecht, wie Blumenberg meint, denn die Fortschrittsidee wurde damit »für eine Erklärungsleistung in Anspruch genommen, die ihre Rationalität überforderte. [...] Die Entstehung der Fortschrittsidee und ihr Einspringen für die religiöse Geschichtsdeutung sind also zwei völlig verschiedene Vorgänge.«[226] Für Blumenberg ist der Fortschritt mithin keine *säkularisierte*, sondern eine *säkulare* Kategorie: Eschatologie und Fortschritt besetzen beide dieselbe Funktion oder Stelle in dem System der Welt- und Selbstdeutung des Menschen, der entscheidende Vorgang ist keine Umsetzung (Transposition), sondern »Umbesetzung einer vakant gewordenen Position, die sich als solche nicht eliminieren ließ.«[227]

Kracauer betont im Dialog mit Blumenberg die Vorstellung vom Auftauchen *neuer* Ideen, hier der Fortschrittsidee. Anders als Löwith akzentuiert Blumenberg in seinem Säkularisationstext den Gedanken der Neuheit dieser Fortschrittsidee. Um dieselbe Problematik ging es 1964 auf der Tagung von »Poetik und Hermeneutik« auf Schloß Auel bei Köln über das Moment der Neuheit der modernen Lyrik. Hier nahm Blumenberg eine etwas andere Position ein, wie sich aus Dokumenten ergibt, die im Nachlass erhalten sind. Er fordert Kracauer in einem Brief dazu auf,

---

[224] Ebd., S. 249.
[225] Vgl. dazu Cassirer, *Substanzbegriff und Funktionsbegriff*. Monod, *Hans Blumenberg*, S. 128.
[226] Blumenberg, »Säkularisation«, S. 249.
[227] Ebd., S. 250.

einen Kommentar zu der Debatte zu verfassen, an der außer ihm Jauß und Herbert Diekmann beteiligt waren. Blumenberg schreibt, es gehe ihnen darum, den Protokollen »noch einige rote Blutkörperchen zuzuführen.«[228] Gegen Diekmann, der die Kontinuität zwischen der poetischen Theorie des 18. und des 19. Jahrhunderts betonte, bestand Jauß auf den neuen Elementen in der Lyrik Baudelaires, die seiner Meinung nach nicht mit Blick auf die Tradition erklärt werden konnten. Blumenberg vermittelt, wie oben erwähnt[229], »aus gruppenpolitischem Interesse«.[230] »Ältere Theorie [könne] sehr wohl Implikationen haben [...], ob sie nun in der Theorie angelegt sind und ganz und gar zu ihr gehören.«[231] (Es handelt sich um Kracauers Zusammenfassung des Sachverhalts.) Kracauer unterstreicht, dass Blumenberg und Jauß im Grunde einer Meinung sind: »Blumenberg verneint nicht das Neue, wenn er es auch als eine ästhetische Erfahrung kennzeichnet und abschiebt; und Jauß ist bereit, frühen Vorzeichen ihr Recht als ›Vorstufen‹ einzuräumen.« Sie akzentuierten lediglich unterschiedlich. Kracauer plädiert gleichwohl für Jauß' Position, und zwar »aus strategischen Gründen [...] weil er damit der in der Ideengeschichte vorherrschenden Tendenz entgegenarbeitet, Einflüsse auch dort festzustellen, wo entweder gar keine existieren oder wo es sich bestenfalls um ›Einflüsse‹ vielfach gebrochener Art handelt. Je mehr Licht auf echte Diskontinuitäten fällt, desto mehr wird die anscheinend unausrottbare Idee vom sogenannten historischen Prozess diskreditiert, die immer wieder das Dickicht der historischen Realität zu überschatten und einzuebnen droht.«[232] Wenn man so will, schreibt Kracauer Blumenbergs Argument gegen Löwith in der Diskussion über die Fortschrittsidee eine strukturell ähnliche Rolle zu, wie Kubler in der Zeitdiskussion. Er lässt Blumenberg vornehmlich als kritischen Gewährsmann der Brüche und Diskontinuitäten auftreten, um seinerseits *sowohl* diesen *als auch* den der Kontinuität zu verteidigen: »[E]r [Blumenberg] vertritt die Ansicht, dass wir zu Recht von einer spontanen Erzeugung von Gedanken und Ideen sprechen dürfen.«[233] Dabei betont er einen Gegensatz, der bei Blumenberg tatsächlich weniger stark ausgeprägt ist.[234]

---

[228] Blumenberg an Kracauer, 31.3.1965, KN DLM [72.3718].
[229] Vgl. S. 55.
[230] Blumenberg an Kracauer, 31.3.1965, KN DLM [72.3718].
[231] Kracauer an Blumenberg, 15.4.1965 KN DLM [72.3718/6]. »Sie werden es meinem Beitrag anmerken, daß ich mich dabei bemüht habe, die Antithese Dieckmann – Jauß aus einem extern gewählten Aspekt ein wenig zu entschärfen [...].« Ebd.
[232] Kracauer an Blumenberg, 15.4.1965, KN DLM [72.3718/6]. Die dem Brief beigefügten Diskussionsbeiträge finden sich abgedruckt in: Iser (Hrsg.), *Immanente Ästhetik*, S. 417 f.
[233] Kracauer, *Geschichte*, S. 203. [*H.*, S. 186.]
[234] Vgl. dazu auch Agard, »La légitimité«, S. 237.

Kracauers Wille zur Zuspitzung kann anhand der Korrespondenz verdeutlicht werden.[235] Blumenberg reflektiert in einem Brief an Kracauer die methodischen Konsequenzen von dessen antinomischer Zeitkonzeption für die Historiographie. Er ist der Auffassung, dass der »Anspruch auf die epochale Sinnstruktur« des Geschichtsprozesses als »transzendentale Idee« nicht aufgegeben werden könne. Kracauers Feststellung der Ungleichzeitigkeit müsse gleichwohl in die methodische Reflexion der Historiographie mit aufgenommen werden.[236] In der Praxis erscheint dies jedoch schwierig: »[...] in der geschichtlichen Betrachtung kann immer nur einer der beiden Aspekte gewählt werden, entweder die Verfolgung des Nexus spezifisch homogener Ereignisse und Daten in der Horizontale der chronologischen Sukzession oder die Fragestellung der vertikalen Zugehörigkeit spezifisch heterogener Ereignisse und Phänomene unter Zulassung des time lag, also der Verfrühungen und Verspätungen, der Liquidität und der Trägheit der autonomen Verläufe.«[237] Unter Bezugnahme auf Ahasver führt er weiter aus: »[D]er imaginäre Beobachter hätte zwei Möglichkeiten, entweder sich innerhalb der Region durch den Nexus der Ereignisse zu bewegen, also nach der Art des Ahasver zu ›wandern‹, oder als ruhender Zuschauer nach Art des Laplace'schen Dämons auf eine Gleichzeitigkeit zu beziehen, die an keine kosmische Uhr gebunden wäre. Auf diese Weise würde ein neuer Begriff von ›Gegenwart‹ entstehen, der entweder den Aspekt der Gleichzeitigkeit des Heterogenen oder den der Ungleichzeitigkeit des Homogenen implizierte.«[238] Blumenberg bittet Kracauer um eine Rückmeldung zu dieser Skizze.

Kracauer antwortet wenig später. Er kommt auf das Problem des Historikers zurück, sich für den chronologischen oder morphologischen Aspekt der Zeit entscheiden zu müssen, laut Blumenberg eine Analogie zum Bohr-Heisenberg'schen Komplementaritätsprinzip.[239] Kracauer betrachtet sie als Bestätigung seines »side-by-side-principle«: »Es ist genau diese Konstruktion, in der Sie, ohne dass Sie es

---

[235] Den Zusammenhang zwischen den Thesen zur Eschatologie und der Chronologie stellte Blumenberg nach seiner Lektüre von Kracauers »Time and History« her: »Zum chronologischen Aspekt ließe sich noch näher ausführen, wie aus der Rückbildung der frühchristlichen Eschatologie das chronologische Moment hervorgeht, nämlich durch das in der patristischen Literatur um sich greifende Verfahren der Errechnung der Fälligkeit der eschatologischen Ereignisse aus den vermeintlich einschlägigen kryptischen Angaben der biblischen Schriften; die Fragen: wie lange noch? Und wie viel Zeit ist schon von der Endzeit verstrichen? führen in die Fülle der chronologischen Spekulationen [...].« Blumenberg an Kracauer, 22.12.1964, KN DLM.
[236] Ebd.
[237] Ebd.
[238] Ebd.
[239] Das Komplementaritätsprinzip im Bereich der Quantenmechanik wurde 1927 zum ersten Mal von Niels Bohr formuliert. Zur Beschreibung atomarer Erscheinungen sind zwei verschiedene Bilder, das Teilchen- und das Wellenbild, erforderlich. Beide sind komplementär und können nie gleichzeitig beobachtet werden, »sich zwar gegenseitig ausschließen, aber dennoch ergänzen.« *Meyers Großes Taschenlexikon*, Bd. 3, S. 321.

wussten, vollkommen mit mir übereinstimmen. Das letzte Kapitel meines Geschichtsbuchs läuft auf den Versuch hinaus, im Gebiet der materialen Logik ein ›side-by-side principle‹ zu establieren, das nicht nur besagt, dass die beiden Aspekte der Geschichtszeit nebeneinander existieren, sondern auch auf das Verhältnis des Allgemeinen und Besonderen seine Anwendung findet: nach diesem Prinzip muss im Bereich des materialen Denkens von einer schwierigen Koexistenz des Allgemeinen und Besonderen gesprochen werden. Und genau wie Ihnen erscheint mir das Komplementaritätsprinzip der Quantum Physik als eine passende Analogie. Ist es nicht wunderbar, wie wir hier zusammentreffen?«[240]

Mit dem »side-by-side principle« ist das Verhältnis des Besonderen und Allgemeinen angesprochen, worüber Kracauer die Verfasstheit des Vorraums charakterisiert.[241] Das historische Universum ist ein Grenzfall der »allgemeinen Welt des Geistes«[242], die nicht homogen ist und in der »Verkehrsprobleme« anzutreffen sind. Dieser Hinweis bereitet Kracauers Idee von der Relevanz der mittleren Ebene des Vorraums vor. Dazu dienen zwei Thesen. Die erste besagt, dass »philosophische Wahrheiten nur unzulänglich die Erfahrungen und Vorfälle ab[decken], die sie verallgemeinern.«[243] Auf Historiographie gewendet bedeutet dies, dass Universalgeschichte »illegitim« geworden sei, da sie diese Denkbewegung »von oben nach unten« vollzieht.[244] Man muss sich des Gegensatzes zwischen der Reichweite allgemeiner Definitionen und der zunehmenden Bedeutungsfülle auf niedrigerer Ebene gewahr sein. Allgemeine Wahrheiten und konkrete Vorstellungen existieren nebeneinander, ohne dass »die Abstraktion die Konkretion logisch impliziert.«[245]

Kracauer kommt in der Korrespondenz wie in den Vorarbeiten auf diese scheinbare Übereinstimmung mit Blumenberg zurück. In einem Brief erinnert er sich an ein dreistündiges Gespräch in der Bar des Frankfurter Hofs »in Hemdsärmeln«, über das er sich in der Schweiz Notizen machte »und auch über die Hintergründe Ihres (historischen und systematischen) Denkens […] und nicht zuletzt über ein paar Punkte, in denen wir, glaube ich, voneinander abweichen.«[246] Hier nuanciert

---

[240] Kracauer an Blumenberg, 17.1.1965, KN DLM.
[241] Auch diese Problematik taucht bereits im Frühwerk auf. Vgl. Kracauer, »Der Fachmann«, in: *Aufsätze 1927–1931*, S. 401–405. [*Die neue Rundschau*, Jg. 41 (1931), S. 718–720.] Dort beklagt er das Spezialistentum, das sich den Anforderungen in einer Zeit, in der »die Spezialprobleme nicht einem verhältnismäßig gesicherten Untergrund entwachsen, sondern das gesamte Daseinsfundament selber ins Wanken geraten ist« (ebd., S. 401), nicht gewachsen zeige. Wenn Fachleute scheiterten, so entweder weil sie »das Allgemeine verschwommen denken oder spezielle Kategorien fälschlich zu allgemeinen erheben«. Der Weg einer Vermittlung zwischen dem Oberen und dem Konkreten sei verstellt: »[V]on den Oberbegriffen, deren Ort ja die Unendlichkeit ist, führt kein kontinuierlicher und eindeutiger Weg mehr ins Konkrete zurück.« Ebd. S. 401 f.
[242] Kracauer, *Geschichte*, S. 223. [*H.*, S. 203.]
[243] Ebd. [*H.*, S. 203 f.]
[244] Ebd., S. 224. [*H.*, S. 204.]
[245] Ebd., S. 226. [*H.*, S. 206.]
[246] Kracauer an Blumenberg, 18.12.1965, KN DLM [72.3718]

er die zuvor betonten Gemeinsamkeiten, ähnlich wie im Falle George Kublers. So heißt es in den Notizen, Blumenberg habe das Komplementaritätsprinzip nicht in allen Implikationen erfasst: »He insists on abandoning all totality claims in philosophy, but he fails to see that we just cannot give up these Quixoteries. My own assumption is that the speculations on the total nature of the universe are called for, or indeed indispensable, as gambles in Kafka's sense. They meaningfully enter the scene on (unpredictable) occasions and then presumably fulfill a vital function. Exemplify by Sancho Pansa. [...] The same allergy to the double-pronged proposition of the complementary-principle also shows in Bl's reluctance to acknowledge the significance of chronol'l time as a carrier of meanings. Even though he recognizes its significance for the advance of scientific knowledge, he seems to be disinclined to assign to it any important function. This may be traced to his anti-»geistesgeschichtliche« attitude. But my impression is that he goes too far in one direction.«[247] Die Bedeutung des Verweises auf Kafka und Don Quixote werden im folgenden Kapitel erläutert.

5.3 Historisches Denken als Vorraumdenken

Löwith weist auf einen Historiker hin, bei dem er seine Auffassungen von Geschichte gespiegelt sieht: Jacob Burckhardt.[248] Auch *Geschichte* durchziehen Verweise auf Burckhardt wie ein roter Faden, im achten Kapitel ist ihm ein ganzer Abschnitt gewidmet. Kracauer deutet Burckhardt jedoch anders als Löwith, er ist für ihn ein Vertreter des Vorraumdenkens. Anhand Kracauers Rezeption dieses Historikers wird erläutert, wie er den Vorraum konturiert. In diesem verortet er auch sich selbst, wenn es um die Utopie geht.

Jacob Burckhardt als Modell

Löwith publizierte 1936 eine Abhandlung über Burckhardt: *Der Mensch inmitten der Geschichte*.[249] Kracauer greift in *Geschichte* nicht nur auf dieses Werk, sondern auch auf das Burckhardt-Kapitel in *Weltgeschichte und Heilsgeschehen* zurück. Tatsächlich dient der Humanismusforscher beiden als Projektionsfigur ihrer jeweiligen

---

[247] Kracauer, »Blumenberg main thoughts/motifs«, in: Vorarbeiten, KN DLM. Diese Unterhaltung 1965 war der letzte Austausch der beiden. Im Juni 1966 sagte Blumenberg ein Treffen ab, weil er an der *Legitimität der Neuzeit* schrieb: »[I]ch meine, an einem erschöpften oder über seine ungeschriebenen Sätze nachgrübelnden Partner kann Ihnen nicht gelegen sein.« Blumenberg an Kracauer, 8.6.1966, KN DLM [72.3718/38].

[248] Löwith, »Mensch und Geschichte«, S. 161. Rohbeck bezeichnet ihn als frühen Vertreter der Posthistorie. Vgl. Rohbeck, *Geschichtsphilosophie*, S. 120 f.

[249] Löwith, *Jacob Burckhardt*.

Geschichtskonzeptionen. Auch wenn Kracauer sich auf Löwiths Texte bezieht, akzentuiert er doch ganz anders.

Sein Portrait von Burckhardt, dem er eine »komplexe und ambivalente Physiognomie«[250] attestiert, beginnt mit einer Distanzierung. Nennt er ihn zwar »zutiefst human«, weist er jedoch auf seinen Antisemitismus und die Rede vom ehrenvollen Krieg in den *Weltgeschichtlichen Betrachtungen* (1905) hin, auf die Ablehnung der Fortschrittsidee und eine Abneigung gegen Massenbewegungen und Revolutionen, schließlich auf Zukunftsvisionen, die er nicht genauer erläutert.[251] Aus den Vorarbeiten geht hervor, dass er sich dabei auf Löwiths Analyse in *Weltgeschichte und Heilsgeschehen* bezieht.[252] Dort unterstreicht Löwith Burckhardts leidenschaftlich antirevolutionäre Haltung als die eines Mannes, der die restaurative Phase nach dem Wiener Kongress bis zur 48er Revolution als Intermezzo eines »Zeitalters der Revolutionen« betrachtet, das er insgesamt nicht positiv wertet, sondern dessen Fortschreiten er vielmehr durch die Verteidigung des »historischen Bewußtseins« zu verlangsamen sucht.[253] Löwith legt ausführlich jene Zukunftsvisionen dar, auf die Kracauer nur anspielt: das Schreckbild eines brutalen Totalitarismus, der sowohl die Arbeiter wie auch liberale Demokraten rücksichtslos unterwerfen würde. »Lange freiwillige Unterwerfung unter einzelne Führer und Usurpatoren steht in Aussicht. Die Leute glauben nicht mehr an Prinzipien, werden aber wahrscheinlich periodisch an Erlöser glauben. […] Aus diesem Grunde wird die Autorität wieder ihr Haupt erheben in dem erfreulichen zwanzigsten Jahrhundert, und ein schreckliches Haupt.«[254] In *Geschichte* verweist Kracauer auf den Historiker Hermann Heimpel, der von Burkhardts Argwohn gegenüber technischen Fortschritten spricht und von seiner apolitischen Haltung »ohne zugreifende Liebe für die Opfer der neuen Zeit, deren dumpfer Ruf nach einem gerechten Leben ihn als der Schrei proletarischer Sucht nach Wohlleben beleidigt.«[255]

Nach diesen einleitenden Bemerkungen erläutert Kracauer, weshalb Burckhardt trotz der genannten Einschränkungen den Antinomien des historischen Denkens am ehesten gerecht wird. Seine Haltung zeichnet sich durch Dilettantismus und absichtliche Nicht-Systematik aus, deren Richtschnur seine Neugierde ist. Er flaniert frei von apriorischen Konstruktionen im historischen Universum, hält Terminologie und Zeiträume beweglich. Burkhardt ist auch einer, der das »leise Aufhorchen« an den Quellen »bei gleichbleibendem Fleiß« praktiziert.[256] Er legt seinen

---

[250] Kracauer, *Geschichte*, S. 79. [*H.*, S. 68.]
[251] Ebd., S. 227 f. [*H.*, S. 207 f.] Kracauer befasste sich schon als Journalist mit Burckhardt: Kracauer, »Jacob Burckhardt's Briefe an seinen Freund Friedrich von Preen«, in: Ders., *Essays, Feuilletons, Rezensionen 1906–1923*, S. 550 f. [*FZ*, 5.1.1923]
[252] Löwith, *Weltgeschichte und Heilsgeschehen*, S. 12.
[253] Ebd., S. 33.
[254] Ebd., S. 34.
[255] Heimpel, *Zwei Historiker*, S. 38.
[256] Kracauer, *Geschichte*, S. 98. [*H.*, S. 86.]

Studenten das »Weglassen des Tatsachenschutts« nahe, allerdings nur aus ihren Arbeiten, nicht aber aus dem Forschungsprozess.²⁵⁷ Die Subjektivität kommt zu ihrem Recht, wobei Burckhardt ohne zu zögern, Werturteile fällt. Kracauer erkennt einen Zusammenhang zwischen dem Vorgehen des Amateurs und einem Humanismus, der niemals das »Individuum und dessen Leiden im Lauf der Ereignisse« vergisst. Burckhardts Empfänglichkeit für die »Großartigkeit« des Geschichtsprozesses steht dazu zwar im Widerspruch. Kracauer sucht sie etwas hilflos mit einer doppelten Prägung einerseits durch die Theologie zu erklären, Grundlage seiner Humanität, und andererseits durch eine klassische Bildung, auf deren Konto er die »Bewunderung für weltgeschichtliche Taten« verbucht.²⁵⁸ Kracauers Begeisterung für Burckhardt speist sich jedoch vor allem aus dessen Umgang mit der Chronologie.²⁵⁹ Ohne auf sie zu verzichten, erlaubt sich Burckhardt Freiheiten, die beweisen, dass er die Wichtigkeit des homogenen Zeitflusses nicht anerkennt. Zeiträume werden von ihm morphologisch ergründet.²⁶⁰ Erkenntnisleitend sind weder Probleme der Gegenwart, noch Bedrohungen der Zukunft, Burckhardts Darstellungen basieren vielmehr auf einem »leidenschaftliche[n] Bedürfnis, die verlorenen Dinge (*lost causes*) aufzudecken«.²⁶¹

Schließlich ist Burckhardts Verhältnis zum Allgemeinen und Besonderen wichtig: Er lässt beide Aspekte gelten, zur Universalgeschichte unterhält er laut Kracauer ein zwiespältiges Verhältnis.²⁶² Kulturgeschichtliche Darstellungen nimmt Burckhardt von seinem Verdikt vollständig aus, zugunsten eines Stufenmodells der kulturellen Fortentwicklung, die er in der Geschichte einzelner Völker bzw. deren Gesamtheit ausmacht. Ebenso ambivalent verhält er sich zu Philosophie und Theologie: So wie Burckhardt Hegel kritisiere, um dann »nach Hegel'scher Manier zu

---

²⁵⁷ Ebd., S. 101. [*H*., S. 88.]
²⁵⁸ Ebd., S. 228. [*H*., S. 208.]
²⁵⁹ Vgl. dazu auch Kracauers Unterhaltung mit Werner Kaegi vom 10.8.1960, in: Kracauer, Reisenotizen (1961–1965), KN DLM [72.3629a].
²⁶⁰ Kracauer, *Geschichte*, S. 167. [*H*., S. 151.]
²⁶¹ Ebd., S. 229 und S. 90. [*H*., S. 209 und 79.] Auch hier bezieht sich Kracauer auf Blumenberg, wie eine Karteikarte vom 24.10.1964 zeigt. Blumenberg stellt laut Kracauer fest, dass die Gegenspieler einer neuen »alsbald unangefochten siegreichen Idee« selten zum Gegenstand historischer Forschung werden, weil der Widerstand gegen siegreiche Ideen meist als dogmatisches Beharrungsvermögen abgetan werde, das der Erforschung wenig würdig erscheine. Würde dieses Bewusstsein jedoch »fragwürdig, […] dann tauchen aus dem Dunkel, in dem die Geschichte auch die Erfolglosen verwahrt, auch die konturlosen Gestalten derer auf, die widersprochen haben, dann kann sogar jener Kleinmütig-Starre, der nicht durch Galileis Fernrohr das verbotene Spiel der Jupitermonde ansehen mochte, zu der späten Satisfaktion gelangen, das ein bedeutender Gelehrter von ihm sagt: ›To applaud him is by no means impossible for a reasonable being.‹« Blumenberg, »Melanchthons Einspruch gegen Kopernikus«, S. 174. Kracauer, Vorarbeiten, KN DLM.
²⁶² Kracauer, *Geschichte*, S. 230. [*H*., S. 210.]

philosophieren«, verwerfe er die Theologie, um sich anschließend »völlig absurden theologischen Spekulationen« hinzugeben.[263]

Löwiths Lesart des Historikers ist eine völlig andere: Nicht Burckhardts Widersprüchlichkeit, sondern seine Sehnsucht nach Kontinuitäten steht bei ihm im Vordergrund: »Und doch liegt gerade im Dahinströmen der Geschichte eine Art von Beständigkeit, nämlich ihre Kontinuität. Sie bildet das einzige in Burckhardts *Weltgeschichtlichen Betrachtungen* erkennbare Prinzip.«[264] Gemeinsam ist Kracauer wie Löwith die Feststellung, dass Burckhardt eine konstruktive Sinnstiftung in der Geschichte meistens ausschließe und ein bescheideneres Ziel verfolge, nämlich »eine Anzahl von geschichtlichen Beobachtungen an einen halbzufälligen Gedankengang anzuknüpfen«, wie Löwith Burckhardt zitiert.[265] Dies liest sich bei Kracauer ähnlich, wenn er unterstreicht, Burckhardts Werke zeugten (auf rhetorischer Ebene durch seinen häufigen Gebrauch des Wörtchens »nun«) von den unzähligen Schlupflöchern, welche die Geschichte »buchstäblich durchlöchern.«[266] Dank ihrer entweiche der Erzähler »immer wieder der Tyrannei der chronologischen Ordnung der Dinge in zeitlose Regionen, wo er frei ist, phänomenologischen Beschreibungen zu frönen, seine Erfahrungen zu übermitteln und seinen Einsichten in die Natur des Menschen reinen Lauf zu lassen.«[267] Das Ergebnis ist für Kracauer gleichwohl keine Beliebigkeit des Urteils. Burckhardts Betrachtungen »werfen moralische Fragen auf in Form von laufenden Kommentaren zu den bunten Szenen, die vor dem Auge des Betrachters abrollen.«[268] Dies ist für Kracauer der wesentliche Unterschied zwischen seinen Erzählungen und denen des Allgemeinhistorikers: Es geht Burckhardt darum zu zeigen, »daß Geschichte voll von Kontingenzen ist, die wir zu bewältigen haben.«[269]

Vorraum und utopisches Denken – der Dialog mit Ernst Bloch

Der Verweis auf Burckhardt zeugt von dem Wunsch, historisches Denken gegenüber der Philosophie zu rehabilitieren. Kracauer bleibt jedoch nicht bei Burkhardts Skeptizismus, denn eine herausragende Rolle spielt für ihn auch das utopische Denken. An Adorno schreibt er: »Schließlich, am utopischen Ende Deines Essays konfrontierst Du meine Beziehung zu den Dingen, mein stetes Hinhören auf sie, mit meiner Skepsis gegenüber der Veränderungsmöglichkeit der condition hu-

---

[263] Ebd., S. 231. [*H.*, S. 211.]
[264] Löwith, *Weltgeschichte und Heilsgeschehen*, S. 31.
[265] Ebd., S. 30 f. Zu Löwiths Burckhardt-Rezeption vgl. Kagel, »Heillose Historie«, S. 45–47. Jaeger, *Autobiographie und Geschichte*, S. 175 ff. u. S. 180–203.
[266] Kracauer, *Geschichte*, S. 204. [*H.*, S. 186.]
[267] Ebd. [*H.*, S. 186.]
[268] Ebd., S. 204 f. [*H.*, S. 187.]
[269] Ebd., S. 205. [*H.*, S. 187.]

maine in einer Weise, die ich nicht anerkenne, weil sie die Skepsis übersteigert. Siehe hierfür meine Filmtheorie. (Im Geschichtsbuch werde ich einiges über den Zug zum Utopischen zu sagen haben.)«[270] Schon in frühen Entwürfen zu *Geschichte* erscheint an letzter Stelle stets das Stichwort »Utopie«. Der wichtigste Gesprächspartner in dieser Frage ist weniger Adorno, der im letzten Kapitel von *Geschichte* eher beiläufig kritisiert wird, als vielmehr Ernst Bloch.[271]

Bloch gilt mit *Das Prinzip Hoffnung*, das zwischen 1938 und 1947 im amerikanischen Exil entstand, als wichtigster Vertreter des utopischen Denkens in der deutschen Philosophiegeschichte des 20. Jahrhunderts. Ein positiver Utopiebegriff entwickelte sich seit dem letzten Drittel des 19. Jahrhunderts in mehreren europäischen Sprachen: Es fand eine Verschiebung von einzelnen Manifestationen utopischen Denkens (häufig verstanden als unrealisierbares Hirngespinst) hin zu dem Begriff »das Utopische« statt.[272] Blochs Utopiebegriff ist sehr weit gefasst: »Sinngemäß ist utopische Intention weder auf die bloße innere Traum-Enklave noch aber auch auf die Probleme der besten Gesellschaftsverfassung beschränkt. Ihr Feld ist vielmehr gesellschaftlich breit, hat sämtliche Gegenstandswelten der menschlichen Arbeit für sich, es dehnt sich [...] nicht minder in Technik und Architektur, in Malerei, Dichtung und Musik, in Moral wie Religion.«[273] Die Sehnsucht nach einem besseren Leben verfolgt er in Märchen, Filmen, Mode, Tanz, Detektivromanen, auf Jahrmärkten, oder auch in Architektur, Musik oder Dichtung.[274] Im dritten Band findet sich der methodologische Schlüssel des Werkes, das Paradox, dass weder die Hoffnung ohne Säkularisierung zu haben ist, noch die Säkularisierung ohne das Erbe der Hoffnung gedacht werden kann.[275]

Blochs Haltung zur Utopie umschreibt Kracauer mit Figuren, die seine Meditationen gleichsam einrahmen: Erasmus und Sancho Pansa. In »Zwei Deutungen in zwei Sprachen«, die Kracauer 1965 Ernst Bloch zum 80. Geburtstag schrieb, bekennt er sich zu seinen Schwierigkeiten mit Blochs utopischem Denken, die er ähnlich in *Geschichte* formuliert: »Du kennst mein ängstliches Misstrauen gegen

---

[270] Kracauer an Adorno, 3.11.1964, Adorno – Kracauer *Briefwechsel*, S. 678.
[271] Kracauer kritisiert, dass in Adornos *Negativer Dialektik* (1966), die »Ablehnung jeder ontologischen Bestimmung zugunsten einer unbegrenzten Dialektik, die alle konkreten Dinge und Wesenheiten durchdringt« mit einer gewissen Willkür einhergehe, »einem Fehlen von Inhalt und Richtung in diesen Reihen materialer Bewertungen.« Dies habe Auswirkungen auf den Utopiebegriff, der bei Adorno am Ende wie ein »deus ex machina« auftauche. Kracauer, *Geschichte*, S. 220. [*H.*, S. 201.]
[272] In Horkheimers *Anfänge der bürgerlichen Geschichtsphilosophie* (1930) wird »Utopie« wie von Karl Mannheim im semantischen Gegensatz zur »Ideologie« gebraucht (*Ideologie und Utopie* 1930). Vgl. Hölscher, »Utopie«, S. 786.
[273] Bloch, *Das Prinzip Hoffnung*, S. 727 f.
[274] Wie in Kracauers Filmtheorie gibt es im *Prinzip Hoffnung* einen Passus über das »Happy-end, durchschaut und trotzdem verteidigt«. Bloch, *Das Prinzip Hoffnung*, S. 512–519.
[275] Raulet, *La philosophie allemande après 1945*, S. 246. Vgl. auch Bouretz, *Témoins du futur*, S. 563–629; Vidal (Hrsg.), »*Kann Hoffnung enttäuscht werden?*«; Braun, »Alle Menschen«.

große Träume, die nicht an den Rand geschrieben sind, sondern sich überall einmischen und dabei das Nächste, mit dem wir es zu tun haben, so überaus transparent machen, dass wir kaum noch sehen was es ist. Und Du kennst meinen Zug zur Nüchternheit […], der mich immer wieder dazu bestimmt, mich im Verkehr mit den umliegenden Dingen und Verhältnissen zu verzögern und sie nicht gleich alle auf ein letztes Ende hin zu interpretieren. Dazwischen liegt so viel; und die Dinge selber sind so zäh und vielgestaltig. Kurz, meine Einstellung ist der jener Figur nicht unähnlich, die Kafka als Sancho Pansa identifizierte.«[276] Das Portrait des Erasmus, der zweite Teil des Briefes bzw. Aufsatzes »Zwei Deutungen in zwei Sprachen«, taucht in *Geschichte* in der Einleitung auf. Es handelt sich laut Kracauer um eine »utopische Exkursion«, die das Verbindende zwischen ihm und Bloch aufzeigen soll.[277] Die Betonung des »Verbindenden« mag Kracauer umso notwendiger erschienen sein, als ihre Freundschaft von Brüchen geprägt war, denen theoretische und politische Differenzen zugrunde lagen.[278]

Eine erste Begegnung fand noch vor dem ersten Weltkrieg in Berlin statt, wo beide Simmels Vorlesungen besuchten. Zum Konflikt kam es erstmalig 1922, als Kracauer in der *Frankfurter Zeitung* Blochs *Thomas Münzer* kritisierte.[279] Nach Kracauers marxistischer Wende näherten sie sich bei einem zufälligen Treffen in Paris im Spätsommer 1926 erneut an. Bloch erzählte später, er habe Kracauer in einem Café an der *Place de l'Odéon* gesehen, sei zu ihm gegangen und habe sich zu ihm gesetzt: »Kracauer blieb die Spucke weg, daß ich nach einem solchen Angriff von ihm auf mich und nach meinen Reaktionen darauf, die auch nicht von Pappe waren, zu ihm ging und ihm die Hand entgegenstreckte. Ich sagte: ›Ja, bevor Sie meine Hand nehmen, will ich ihnen sagen, ich habe Ihre schändliche Rezension von damals jetzt verstanden, Sie haben die Adressaten verwechselt, Sie meinten Buber und nicht mich.‹ Er mimte (oder war es echt?) einen Blitz der Erleuchtung. […] Ein Wort gab das andere, und seit diesem Abend waren wir dicke Freunde. Also ein sonderbarer, nicht einmal dialektischer Umschlag.«[280] Kracauer vermittelte Blochs Artikel, bis Anfang der 30er Jahre erneut ideologische Differenzen auftraten – wegen Meinungsverschiedenheiten zu Tretjakov und Brecht. Erst zwei Jahre, nachdem Bloch aus politischen Gründen von der Universität Leipzig emeritiert worden war, suchte dieser 1959 erneut den Kontakt.[281]

---

[276] Kracauer an Bloch, o.D., 1965, in: Bloch, *Briefe 1903–1975*, S. 399–404. Der Brief ist der erste Teil von »Zwei Deutungen in zwei Sprachen«, in: Kracauer, *Aufsätze 1932–1965*, S. 351–360. [*Ernst Bloch zu ehren*, hrsg. v. Siegfried Unseld, Frankfurt a.M. 1965, S. 145–155.]
[277] Kracauer an Bloch, o.D. 1965, in: Bloch, *Briefe 1903–1975*, S. 403.
[278] Ähnlich ambivalente Beziehungen unterhielten Bloch und Benjamin, die sich bezüglich des Messianismus näher standen. Palmier, *Benjamin*, S. 153–164.
[279] Kracauer, »Prophetentum«, in: *Aufsätze 1925–1926*, S. 196–204. [*FZ*, 27.8.1922]
[280] Münster (Hrsg.), *Tagträume*, S. 47 f.
[281] Vgl. Bloch, *Briefe 1903–1975*, S. 259 ff.

In Kracauers Kritik von *Thomas Münzer als Theologe der Revolution* (1921) klingen Reflexionen an, deren Echo sich in *Geschichte* wiederfindet.[282] Er sieht darin ein Manifest, in dem politische Propaganda, theoretische Reflexion und chiliastische Leidenschaft so eng verflochten sind, dass Geschichte zum Vorwand wird. Bloch reduziert in seinen Augen die geschichtliche Komplexität zugunsten einer Motivreihe, die stringent auf Revolution und Apokalypse hinausläuft. Nicht um eine Geschichtserzählung, sondern eine »seltsam vermummte Botschaft« handelt es sich für ihn.

Echt sei die Botschaft nicht – eine prophetische Rede, für welche die gegenwärtige Zeit empfänglich sei. Sie entbehre schon deshalb der Überzeugungskraft, weil sie anders als ein aus Bewährung geborener Chiliasmus die wirklich Bedrängten ausschließe. Kracauer richtet sich gegen die Verknüpfung der chiliastischen Erwartung eines tausendjährigen Reiches mit der kommunistischen Revolution. Dies sei eine Verflachung der Idee des religiösen Sprungs, an dessen Stelle bei Bloch der historische Prozess trete, eine Verknüpfung von Inner- und Übergeschichtlichem, die Kracauer ablehnt. Bloch setze sich über die »tragischen Bedingtheiten menschlicher Einrichtungen« hinweg, weder sein Chiliasmus, noch sein Kommunismus seien in der Wirklichkeit verwurzelt. Das Ergebnis sieht er als »Geschichtsklitterung«, die in Verbindung mit Blochs Stil gefährlich sei. Dieser »tosende, nicht selten unverständliche Wortschwall« werde zum »unfreiwilligen Verräter.«[283] Bloch tue den Worten Gewalt an: »[Er] berauscht sich an ihren überladenen Häufungen, schüttelt sie rasend durcheinander, hetzt sie, ihrem heimlichen Sinne entgegen, in zügellosen Schwärmen vor sich her. Strudelnd schäumt alles heraus, verschlingt sich labyrinthisch, windet sich in orgiastischem Taumel.«[284] Blochs säkularisierter Messianismus ruft bei Kracauer eine ähnlich schroffe Reaktion hervor wie der Stil der Bibelübersetzung von Rosenzweig und Buber. Tatsächlich hatte er schon ein Jahr zuvor Bloch in einem Brief an Löwenthal einen »Amoklauf zu Gott« (wie er Scheler zitiert) vorgeworfen und die Echtheit seines Gefühls angezweifelt: »Es steckt in diesem Messianismus, der die ganze Welt überspringt, ein Krampf, der mir bis ins Innerste fremd ist. [...] Gott selbst kann diese rasende Wut zu ihm nicht gewollt haben, oder er hat Menschen und Welt in einem Anfall von teuflischer Bosheit erschaffen. Aufrichtig gesagt: Ich glaube nicht an die messianische Zeit (die ›sinnerfüllte Zeit‹ von Lukács bedeutet ja etwas anderes.) Ich glaube nicht an diesen Gott, und wenn nur diese Desperado-Haltung religiös ist, so bin ich ein ganz unreligiöser Mensch und bleibe es auch.«[285] Dieselbe Zurückweisung des pompösen

---

[282] Vgl. Münster, *Utopie*, S. 198–221. Diese Rezension ist auch im Kontext der Debatte mit Franz Rosenzweig über dessen Bibel-Übersetzung und den Propheten zu lesen. Vgl. Baumann, »Franz Rosenzweig an Siegfried Kracauer«.
[283] Bloch, *Briefe 1903–1975*, S. 203.
[284] Ebd., S. 203.
[285] Kracauer an Löwenthal, 4.12.1921, in: Löwenthal – Kracauer, *In steter Freundschaft*, S. 31 f.

Pathos von Wagners Opern wird Kracauer Jahre später in seinem *Offenbach* zum Ausdruck bringen, in dem das utopische Moment der Operette indes eine wichtige Rolle spielt.

Am 1. September 1922 schrieb Bloch einen Brief, in dem er um »Genugtuung« und die Möglichkeit einer Antwort in der *FZ* bat. Kracauer gehe fehl in der Annahme, er müsse das Publikum vor seinen Schriften warnen: Sie stünden quer zu aktuellen Denkgewohnheiten.[286] Blochs Erwiderung wurde nicht gedruckt.[287] Umso überraschender ist der Brief, den er knapp dreieinhalb Jahre später im Mai 1926 an Kracauer richtet. Benjamin hatte ihm Kracauers Rezension der Rosenzweig-Buber-Übersetzung übermittelt. Erst jetzt habe er Kracauers Kritik an seinem *Münzer* verstanden. Das Wesentliche sei ihm entgangen, nämlich dass sich alle Wahrheit an der »Aktualität« zu bewähren hätte, eine Forderung, die Kracauer auch in seiner Bibelrezension erhob.[288]

Kracauer geht in seiner Antwort auf Blochs Verhältnis zu Lukács ein, der auf die Verquickung von Theologie und Marxismus verzichtete. Auch zu ihm hält Kracauer Distanz: »Statt den Marxismus mit Realien zu durchdringen, führt er ihm Geist und Metaphysik des ausgelaugten Idealismus zu und lässt dabei noch unterwegs die materialistischen Kategorien fallen, die zu interpretieren gewesen wären.«[289] Er sei aber mit Bloch gegen Lukács der Meinung, »[d]ass man sich diese materiale Totalität nicht verkümmern lassen dürfe […].«[290] Er stimme Bloch überdies darin zu, dass die aktuellste Forderung darin bestehe, dass man den von den Sowjetphilosophen verformten Marxismus wieder zu einer revolutionären Theorie machen müsse. Wie dies zu bewerkstelligen sei? Da helfe Lukács nicht weiter. Denn dieser gebe »die Möglichkeit der Dissoziierung des Marxismus nach den Realitäten hin zugunsten seiner an den Idealismus fixierten formalen Systematisierung preis.«[291]

Gegen die Versuche, die Wahrheitsgehalte des Idealismus (Lukács) oder der Theologie (Bloch) mit der marxistischen Revolutionstheorie zu verbinden, schlägt Kracauer einen dritten Weg vor, eine »Entmythologisierung« dieser Gehalte. Der Theologie muss im Profanen begegnet werden, »dessen Löcher und Risse zu zeigen wären, in die die Wahrheit herabgesunken ist«.[292] Schon hier taucht wie später in *Geschichte* das Bild von den »Schlupflöchern« der Wirklichkeit auf. Während für Kracauer um 1920 die religiöse Sphäre noch ihre eigene Legitimität besaß, fordert er sechs Jahre später, die Religion auszurauben und »die geplünderte, ihrem Schicksal [zu] überlassen.«[293]

---

[286] Bloch an Kracauer, 1.9.1922, in: Bloch, *Briefe 1903–1975*, S. 265 f.
[287] Vgl. Ebd., S. 268, Anm. 15.
[288] Bloch an Kracauer, 20.5.1926, in: Bloch, *Briefe 1903–1975*, S. 269 f.
[289] Kracauer an Bloch, 27.5.1926, in: Bloch, *Briefe 1903–1975*, S. 273.
[290] Ebd.
[291] Ebd.
[292] Ebd., S. 274.
[293] Ebd.

Zum erneuten, unausgesprochenen Bruch kam es Anfang der 30er Jahre anlässlich eines Berichts, den Kracauer in Reaktion auf einen Vortrag des sowjetischen Schriftstellers Sergej Tretjakov (1892–1939) über den neuen Typus des Schriftstellers und der Arbeiter- und Bauernkorrespondentenbewegung in Russland schrieb. Kracauers Beschreibung Tretjakovs ist wenig schmeichelhaft: ein »Funktionärstypus mit einem Schädel von harten Konturen, auf dem wie aus Protest gegen veraltete Formen der Schriftstellerei sämtliche Dichterlöckchen liquidiert worden sind. Wenn er eine Uniform trüge, erinnerte er an einen Literatur-Brigadeoffizier.«[294] Kracauer stößt sich an einer Weltbetrachtung, mit der man zwar Fünfjahrespläne umsetzen könne, die aber kaum etwas mit Marxismus zu tun habe, wie er schreibt. Der Individualismus, gegen den Tretjakov sich richte, sei nicht mehr als ein Zerrbild. Blochs Reaktion markiert den Beginn eines Zerwürfnisses, das die völlige Entfremdung einleitete. Bloch wirft Kracauer vor, er habe seine Haltung zur Revolution und Philosophie verändert. Ohne Theorie könne es aber keine Konkretheit geben. Kracauer solle die »Seinsgrundlagen« seines Angriffs auf Russland und seinen »Hass gegen das Kollektiv« reflektieren.[295]

Ein Jahr später, am 25. Mai 1932, geht es um Kracauers Artikel über das Verbot von Brechts *Kuhle Wampe*.[296] Bloch wirft Kracauer vor, seine Abneigung gegen Brecht habe ihm das Wort geführt, wenn er »Arm in Arm mit der Zensur in der immer deutlicher antimarxistischen Zeitung«[297] seiner Kritik Ausdruck gegeben habe. Der politische Hintergrund, das Filmverbot, mache ihm Kracauers Vorgehen unerträglich. Tatsächlich weist Kracauer die Vorwürfe der Filmprüfstelle (Verächtlichmachung des Reichspräsidenten, der Justiz und der Religion) als Vorwände zurück und verurteilt den »Generaleinwand« gegen den Film. Gleichwohl seien dessen Analysen »verschwommen«[298]. Intendiert sei, die kommunistischen Aktivitäten in ein positives Licht zu rücken. Dies könne jedoch nicht gelingen, wenn die kleinbürgerlichen Essmanieren verhöhnt würden wie in »irgendein[em] mondäne[n] Gesellschaftsfilm«.[299] Kracauer spricht den Filmautoren die Solidarität mit den proletarisierten Mittelschichten ab, die er in den *Angestellten* untersucht hatte und von deren politischer Orientierung für ihn die eigentliche politische Gefahr in Deutschland ausging.

Die Anschuldigung, er vermenge Privates mit der Sache, weist Kracauer in seiner Antwort an Bloch ebenso zurück wie den Vorwurf eines politischen Gesinnungswandels: »Ich habe mich sichtbar genug und mehr als andere für den Marxis-

---

[294] Kracauer, »Instruktionsstunde in Literatur«, in: *Aufsätze 1927–1931*, S. 308–311, hier S. 308. [*FZ*, 26.4.1931]
[295] Bloch an Kracauer, 29.4.1931, in: Bloch, *Briefe 1903–1975*, S. 353.
[296] Kracauer, »›Kuhle Wampe‹ verboten!«, in: Ders., *Kleine Schriften zum Film 1932–1961*, Werke, Bd. 6.3., S. 50–55. [*FZ*, 5.4.1932]
[297] Bloch an Kracauer, 25.5.1932, in: Bloch, *Briefe 1903–1975*, S. 357.
[298] Kracauer, »›Kuhle Wampe‹ verboten!«, S. 51.
[299] Ebd., S. 52.

mus exponiert und exponiere mich weiter.«[300] Für Bloch war genau dies Kracauers blinder Fleck und verweist darauf, ihre »Meinungsverschiedenheit« sei ja »nicht von heute«.[301] Immer wieder kritisiert er Kracauers mangelndes Engagement für die Revolution. Sie erinnere ihn an Sozialdemokratie, wäre da nicht Kracauers Abneigung gegen die SPD-Kultur. All dies verbinde sich mit einem »wachsenden Rationalismus von nicht sehr ›beladener‹ (ein Zitat von früher), sich wachsend unphilosophischer Beschaffenheit.«[302] Es gäbe einen fundamentalen Unterschied: »Ich bin auch von der Ratio, aber setze doch gewisse dunkle Substanzen, denen ich sie zuwende; Substanzen, die Sie perhorreszieren, mindestens auszulassen wünschen. Auf diese Weise senken Sie das Niveau des Marxismus. Ihre Abneigung gegen Hegel (die Revisionisten hatten sie zuerst) gehört ebenfalls hierher.«[303]

Kracauer bestätigt diese Sichtweise, mit Einschränkungen bezüglich seiner Haltung zur Utopie: »Ich [...] bin genauso getroffen und geblendet vom überall und nirgends verifizierbaren Utopischen und genauso engagiert wie Sie beim revolutionären Marxismus und bei der Herbeiführung von Veränderungen, die der Marxismus wünscht und erzielen kann. Nur mit dem wichtigen Unterschied: dass ich die von Ihnen unbewusst dargestellte (nicht vollzogene) Mischung der miteinander unversöhnlichen oder jedenfalls sich windschief zueinander verhaltenden Elemente des auf den Durchbruch ausgerichteten (zuletzt statischen) und des marxistischen (dynamischen) Denkens bewusst in eine reale Dialektik zu verwickeln trachte. Alle meine Schwierigkeiten rühren von diesem Punkt her, der einen Menschen buchstäblich zerfetzen kann.«[304]

In den Exiljahren wurden die Briefe seltener. Eine letzte Nachricht schickt Bloch aus Marseille, danach sind bis 1959 keine Briefe überliefert.[305] Von Leipzig aus nahm Bloch 1959 den Kontakt wieder auf – anlässlich seiner Lektüre der deutschen Erstausgabe von *Von Caligari bis Hitler*, die 1958 unter diesem Titel (»bis« Hitler«, nicht »zu« Hitler«, wie in der Ausgabe der *Schriften*) und stark gekürzt erschien. Er wundert sich, dass *Ginster* nicht in der Aufzählung von Kracauers Schriften auftauchte. »Freilich fehlt auch, wie ich mich vor wenigen Wochen überzeugen

---

[300] Kracauer an Bloch, 29.5.1932, in: Bloch, *Briefe 1903–1975*, S. 360.
[301] Bloch an Kracauer, 1.6.1932 , in: Ebd., S. 363.
[302] Ebd.
[303] Ebd., S. 363 f.
[304] Kracauer an Bloch, 4.6.1932, in: Bloch, *Briefe 1903–1975*, S. 367.
[305] Bloch verließ Deutschland im März 1933, ging in die Schweiz und kam nach einem kurzen Aufenthalt in Österreich im Juni 1935 nach Paris, wo er am *Kongress zur Verteidigung der Kultur* teilnahm. Anschließend zog er nach Prag um, das er am Vorabend der Invasion verließ, um in die USA zu emigrieren. Das amerikanische Exil erlebte er als komplizierter als manche seiner Freunde, er hatte Schwierigkeiten mit der Kultur der USA (die er als »un-philosophisches Land *par excellence*« bezeichnete) und lebte dort von den Einkünften seiner Frau. 1948 kehrte er nach Europa zurück, erhielt einen Lehrstuhl für Philosophie in Leipzig, bis er 1957 aus politischen Gründen emeritiert wurde. Die Kontaktaufnahme mit Kracauer erfolgte, als er eine Gastprofessur in Tübingen innehatte. Bouretz, *Témoins du Futur*, S. 563 f.

konnte, auf der Place de l'Odéon das kleine Café, wo ich Sie [...], einen gar sehr erheblichen Krach beendend, mit Lili wieder begrüßte. Vielleicht ist das Café doch noch vorhanden, in der gleichen Stadt, wo wir uns unausgesprochen, doch schweigend getrennt haben.«[306]

Im Nachlass sind Notizen von Reisen aufbewahrt, die Kracauer 1961–1965 unternahm: ein kleiner Stapel von sieben Blättern, die aus einem Notizblock gerissen sind. Kracauer beschreibt detailliert sein Wiedersehen mit Bloch, mehrmalige Treffen zwischen dem 21. und 23. Juli 1962 in München, meist im Bayrischen Hof. Die Notizen beziehen sich über weite Strecken auf Blochs gewandelte Haltung zur DDR.[307] Philosophisch habe er sich nicht geändert. Bloch hielt in München einen Vortrag, über den sie sprachen: »He interpreted in his Munich lecture the tragedy as conducive not to fear & pity but to defiance & hope. Like Santa Claus he reasons. He puts all things of this world in his enormous gift bag and presents them to us as tokens & portent of man's longing for Utopia.«[308] In *Geschichte* klingt sein Urteil positiver. Kracauer greift dabei Motive aus der dargestellten Diskussion auf, unterstreicht Gemeinsamkeiten, markiert jedoch auch Differenzen.

Wie er 1965 an Bloch (bzw. in »Zwei Deutungen in zwei Sprachen«) schreibt, ist Kracauer der Überzeugung, dass einer »der nicht verstrickt ins Hier ist, niemals in ein Dort gelangen könne.«[309] In diesem Punkt sieht er keinen Unterschied zu Bloch. Denn auch er, der Philosoph, kenne eine nicht-utopische Existenz. Kracauer erinnert sich an einen gemeinsamen Spaziergang über einen französischen Jahrmarkt, dessen Glücks- und Schießbuden Bloch in all ihrer Vorläufigkeit entzückt hätten. Gegen Adorno gerichtet, fügt er hinzu: »Der Zirkus kann Dir noch Zirkus sein, ehe Du ihn als industrielles Unternehmen registrierst.«[310]

Umgekehrt muss auch der Historiker die »mögliche Bedeutung philosophischer Wahrheiten mit ihrem Anspruch auf objektive Gültigkeit anerkennen«[311], schreibt Kracauer in *Geschichte*. Er projiziert ihre jeweiligen Positionen auf ein inzwischen vertrautes Gegensatzpaar: Burckhardt und Nietzsche. Wie er selbst hatte Burckhardt in einem Brief an Nietzsche den Ort seines Denkens zu bestimmen gesucht

---

[306] Bloch an Kracauer, 12.9.1959, in: Bloch, *Briefe 1903–1975*, S. 392.
[307] Bloch habe davon gesprochen, einen »großen Fehler« begangen zu haben. »Altogether he holds – and this seems to be a newly acquired theoretical insight – that, in trying to achieve an economical equality, the Communists have forgotten the natural lay with is claim to human dignity and many other things of the same. So the existing democracies are no longer sheer bogey to him; he speaks of them with restraint and finds even friendly words for America.« Kracauer, Reisenotizen (1961–1965), KN DLM [72.3629a]. Zu Bloch in Leipzig vgl. Caysa u. a., »Hoffnung kann enttäuscht werden«.
[308] »Nice: good food is to him a manifestation of ›present eschatology‹.« Kracauer, Reisenotizen (1961–1965), KN DLM [72.3629a].
[309] Kracauer an Bloch, o.D., 1965, in: Bloch, *Briefe 1903–1975*, S. 400.
[310] Ebd.
[311] Kracauer, *Geschichte*, S. 236. [*H.*, S. 216.]

und dafür das Bild des *Peribolos* gefunden: die Hallen, die in antiken Tempelanlagen den heiligen Bezirk umgrenzen. Kracauer verweist darauf, dass Burckhardt (wie er selbst, muss man hinzufügen) stets in Bildern gedacht habe. Er habe »mit einer ›Mischung von Furcht und Vergnügen‹ beobachtet, wie sicher Nietzsche auf den ›schwindelnden Felsgraten‹ wandle, und suche sich ein Bild davon zu machen, was er wohl in der Tiefe und Weite sehen müsse.«[312] Zwischen Bewunderung und Skepsis bewegt sich hier Kracauers Urteil über Nietzsche.

Burckhardt, der sich nur in den Hallen vor dem Heiligtum aufhält und in ihnen »ergötzt«, assoziiert Kracauer mit Sancho Pansa, wie Kafka ihn als einen »freien Mann« definierte. Kracauer zitiert aus Kafkas Aphorismen- und Prosasammlung *Beim Bau der chinesischen Mauer* (1931): »Sancho Pansa [...] gelang es im Laufe der Jahre, durch Beistellung einer Menge Ritter- und Räuberromane in den Abend- und Nachtstunden seinen Teufel, dem er später den Namen Don Quixote gab, derart von sich abzulenken, dass dieser dann haltlos die verrücktesten Taten aufführte, die aber mangels eines vorbestimmten Gegenstandes, der eben Sancho Pansa hätte sein sollen, niemandem schadeten. Sancho Pansa, ein freier Mann, folgte gleichmütig, vielleicht aus einem gewissen Verantwortungsgefühl, dem Don Quixote auf seinen Zügen und hatte davon eine große und nützliche Unterhaltung bis an sein Ende.«[313] Der Verweis auf Don Quixote und Sancho Pansa hat gewiss einen ironischen Unterton. Tatsächlich findet sich aber auch im *Prinzip Hoffnung* ein Kapitel über Don Quixote, laut Ueding jene Interpretation, die Blochs philosophische Gedanken so vollständig wie kaum eine andere enthält: »die Bedeutung des subjektiven Faktors für geschichtliches Sein, die Funktion des Traums, der messianische Wille zur Weltveränderung, die überschreitende Wirksamkeit der Leitfigur und der Einschlag in den absoluten Augenblick« – um nur einige Schlagworte zu nennen, welche als Qualifikationen Don Quixotes, seines »utopischen Geschicks«, wie auch Blochs Philosophie gelten können.[314]

Wofür Sancho Pansa bei Kracauer steht, erhellt der »Marseiller Entwurf« der Filmtheorie. Hier ist es der Film, der mit dieser Gestalt verglichen wird. Sie erfüllt eine regulative Funktion gegenüber den Don Quixoterien der bloßen Intention, die Sancho Pansa mit dem Leben abzugleichen hat.[315] Ist Don Quixote ein Narr? Kracauer verwirft Blochs utopischen Elan *nicht* als Narrheit, weil sie sich mit einer

---

[312] Ebd., S. 237. [*H*., S. 217.]
[313] Ebd., S. 237 f. [*H*., S. 217.]
[314] Bloch, *Das Prinzip Hoffnung*, S. 1214–1242. Im Kapitel über »Leittafeln abstrakter und vermittelter Grenzüberschreitung« stellt Bloch Don Quixote Faust entgegen. Vgl. dazu Ueding, »Don Quijote«, S. 22 f.
[315] »[...] es ist dem Film vorbehalten [...], Sein und Bedeutung zu konfrontieren, sei es, um diese zu bestätigen, sei es zum Zweck der Dégonflage. Insofern der Film durch die Darstellung des Materiellen das Werk der Entlarvung betreibt, kann er der Sancho Pansa heißen, der die Donquichoterien hohler Ideologien und intentionaler Konstruktionen bloßstellt.« Kracauer, »Marseiller Entwurf«, S. 621.

Qualität verbindet, die nicht nur dem Philosophen, sondern auch dem Erzähler zu eigen ist. An der Lust am Erzählen erweise sich Blochs utopische Verstricktheit ins Hier, sie mache seine Utopie zu einer bewahrenden.[316] So empfindet er den Unterschied zu Bloch als einen des Temperaments: »Nun ist wahr, Du stürmst dorthin. Und Dein Stürmen verschlüge dem Sancho Pansa in mir zuweilen den Atem, wäre es nicht von eigener Art: es vereinigt auf wunderbare Weise utopische Ungeduld mit dem Verweilen-Können des deutenden Erzählers. Obwohl Du die Hoffnung zum Prinzip erhebst, eilst Du nicht immer gleich weg vom Bestehenden zum Erhofften, sondern treibst Dich gern in den Vorräumen herum, alle jene befragend, für die gehofft werden muss. Die Hoffnung ist schwer befrachtet, und der Sturm nicht nur ein Bedrängen des Endes. Dazwischen mengt sich viel Nachdenkliches ein, die Problematik des Vorletzten betreffend, das unaufschließbar ist und dennoch erschlossen zu werden verlangt.«[317] Laut Kracauer ist Blochs Marxismus einer der »Hauptdietriche« für Entschlüsselungen, die ins »Helle, Nüchterne, Aufgeklärte weisen«. Wenn seine Utopie auch nicht frei von Mythen sei (Kracauer hatte Mitte der 20er Jahre die Entmythologisierung der Wahrheitsgehalte gefordert), seien sie doch frei von deren »Beschwörungsgewalt«[318]. So hatte Kracauers Urteil über Bloch nicht immer geklungen. Cervantes' Don Quixote taucht im Übrigen schon 1921 in Kracauers Lukács-Rezension auf, und zwar als Vertreter des Romans des »abstrakten Idealismus«: »Der Held ergreift zwar unmittelbar Besitz vom Ideal, aber er vermag infolge der Enge seiner Seele nicht die Wirklichkeit zu verarbeiten. Diese ist für ihn eine träge, sinnlose Masse, zu der ihm jedes echte Verhältnis fehlt. Er durchwandert sie, um das von ihm festgehaltene Ideal aktiv in sie einzusenken, jedoch er lebt so abgetrennt von der objektiven Realität, dass seine Taten lediglich zu problemlosen Abenteuern in einer von ihm mißverstandenen Welt werden.«[319] Kracauer will indes nicht über die Unterschiede hinwegtäuschen und fragt: »Wirst Du es einem, der auf seinem Esel hinterher trottet, verargen, dass er Dir nicht in alle Fernen und Tiefen zu folgen vermag? Bewundernd und nicht ohne Zagen sehe ich von weitem zu, wie Du mit spekulativem Wagemut die Natur ins Spiel mischst, so dass das ganze Universum in Bewegung gerät und sich mit allem, was Mensch heißt, auf die Fahrt begibt.«[320]

Kracauers Utopie ist verhaltener. Er umschreibt sie als ein »Utopia des Dazwischen.« Um diesen Gegenentwurf zu Blochs Utopie zu verstehen, ist der Fokus zum einen auf das Erasmus-Portrait zu richten, eine »utopische Exkursion«[321], zum anderen auf den Kafka-Passus, der umso wichtiger erscheint, als Kracauer

---

[316] Kracauer an Bloch, o.D., 1965, in: Bloch, *Briefe 1903–1975*, S. 401.
[317] Ebd., S. 401 f.
[318] Ebd., S. 402.
[319] Kracauer, »Georg von Lukács Romantheorie«, S. 120.
[320] Kracauer an Bloch, o.D., 1965, in: Bloch, *Briefe 1903–1975*, S. 402.
[321] Ebd., S. 403.

auch im Epilog von *Geschichte* auf Kafka verweist. Der Textauszug über Sancho Pansa taucht bereits in einer Kafka-Rezension aus dem Jahr 1931 auf, die er in die Sammlung *Das Ornament der Masse* aufnahm.

Humanismus – Kracauers Utopie des »Dazwischen«

Geschichte beginnt mit dem Portrait des Erasmus, einer »utopischen Skizze«, bei der Kracauer sich auf einen Artikel von Albert Salomon stützt, »Democracy and Religion in the work of Erasmus« (1961).[322] Das Portrait dient ihm jedoch vor allem zur Beschreibung seiner eigenen geistigen Haltung. Erasmus ist eine Projektionsfigur, über die Kracauer sein Vorhaben zu begründen versucht. Motive werden hier aufgerufen, die sich am Ende des Vorraumkapitels wiederfinden: Anti-Dogmatismus, Humanismus und eine Abneigung gegen absolute Gewissheiten sind die wichtigsten.[323]

Kracauer betont, dass er sich für den *statu nascendi* großer ideologischer Bewegungen interessiert, für Epochen, in denen die großen Streitfragen gestellt wurden und das Christentum, die Reformation oder die kommunistische Bewegung noch der Institutionalisierung und ihrer dogmatischen Verfestigung entbehren. Nicht auf das Schicksal der Bewegungen selbst richtet sich seine Aufmerksamkeit, sondern sein Interesse gilt ähnlich wie das Blumenbergs den Fragen selbst, welche in diesen Augenblicken des Geschichtsprozesses zur Diskussion stehen. Er glaubt, hier eine Integrität, einen »kostbaren Kern«[324] der Botschaften zu entdecken, den sie, einmal zur Bewegung geworden (wie oben anhand von »Die Gruppe als Ideenträger« beschrieben) notgedrungen einbüßen. Die Zeit des Beginns hat »die größte Transparenz gegenüber den Wahrheiten […], auf die sie inmitten der Zweifel zielt.«[325] Kracauer betont, dass es ihm um eine »Botschaft« zu tun sei. Wenn er sich für Streitfragen interessiert, so enthalten diese doch selten die Botschaften, um die es ihm geht. Diese liegen vielmehr in den Zwischenräumen dieser Themen und

---

[322] Ein Sonderdruck mit Anmerkungen wird in Marbach aufbewahrt. Albert Salomon (1891–1966) emigrierte 1935 nach New York und lehrte an der *New School of Social Research*. Er stellt Erasmus' »liberalen« oder »sozialen Spiritualismus« dar, der in seinen Augen kein utopischer Denker, sondern ein Reformer war, der weniger auf eine Veränderung der Institutionen als der menschlichen Seelen abzielte.

[323] Zur Auseinandersetzung mit dem Humanismus der Renaissance (viele Beispiele in *Geschichte* stammen aus dieser Epoche) wurde Kracauer u. a. durch den Spezialisten der italienischen Renaissance Paul Oskar Kristeller angeregt, der über Italien in die USA emigriert war. Mit dem Verweis auf humanistisches Denken lässt sich Kracauer in eine Reihe deutsch-jüdischer »Humanisten« einordnen, die in der Emigration geistige Gegenwelten schufen, mit denen sie die Voraussetzungen der Aufklärung und des Neuhumanismus verteidigten. Vgl. Hartung/Schiller, »Einführung«, S. 10 f.

[324] Kracauer, *Geschichte*, S. 15. [*H.*, S. 17.]

[325] Ebd. [*H.*, S. 17.]

verlangen geborgen zu werden. Der besondere Ort steht bei Kracauer für den Inhalt der Botschaft, die überdies mit einer Lebens- und Denkweise verbunden ist: »Die Botschaft, die ich meine, spricht von der Möglichkeit, dass keiner der widerstreitenden Standpunkte das letzte Wort sei zu den letzten Fragen, um die es geht.«[326] An die Stelle von abschließenden Urteilen setzt er eine »Weise des Denkens und Lebens, die, [...] uns gestattete, dass wir uns erschöpfend durch die Standpunkte hindurcharbeiten, um uns ihrer zu entledigen [...].«[327] In seinen Notizen spricht Kracauer auch von seiner »Philosophie des Vorläufigen«.[328] In diesem Kontext taucht in *Geschichte* erstmalig – ausgerechnet unter Verweis auf den Altphilologen Werner Jaeger, einen Vertreter des »Dritten Humanismus«[329] – die Bezeichnung des »Humanen« auf. Jaeger habe auf den gemeinsamen »humanistischen« Kern des Christentums und der griechischen Kultur hingewiesen. In Kracauers Augen haben jedoch beide diese humanistische Einheit verfehlt. Für Kracauer gibt es Momente im Geschichtsverlauf, in denen sich fundamentale Fragen mit größerer Dringlichkeit aufdrängen als zu anderen Zeiten. Ein solcher Moment ist jener, zu dem Erasmus wirkte. Sein Lebensweg zeugt von dem Eintreten für das »Humane«, das für Kracauer in der Freiheit von ideologischen Zwängen liegt.[330]

Im Zentrum von Kracauers Erasmus-Analyse steht das Motiv der Furcht vor dem endgültig Fixierten, die Überzeugung, »daß die Wahrheit aufhört, wahr zu sein, sobald sie zum Dogma wird und so die Doppeldeutigkeit verwirkt.«[331] Dies scheint ihm der gemeinsame Ursprung verschiedener Haltungen und Verhaltensweisen des Erasmus zu sein, der Antrieb, aus dem sich seine weiteren Positionen verstehen lassen: das Misstrauen gegen philosophische Spekulation, der Widerwille gegen bindende Verpflichtung, der Skeptizismus gegenüber vorgeblichen Lösungen religiöser Streitfragen, und der »Haß gegen die absolute Selbstsicherheit [...],

---

[326] Ebd., S. 16. [*H.*, S. 18.]
[327] Ebd. [*H.*, S. 18.]
[328] »Nov. 4, 1961. I told Salomon that my philosophy, from *Soziologie als Wissenschaft* on, can be called a ›Philosophy des Vorläufigen‹. It rehabilitates the intermediary realms (›the anterooms‹) which have always been overshadowed either by metaphysics & science on the other hand, or by impressionism on the other [sic].« Kracauer, Reisenotizen (1961-1965), KN DLM [72.3629a].
[329] Der nationalkonservative Altphilologe Werner Jaeger (1888–1961) stand der Weimarer Republik skeptisch gegenüber, emigrierte 1934 in die USA, um eine Gastprofessur in Berkeley anzunehmen, gab 1936 seinen Berliner Lehrstuhl auf und nahm Professuren in Chicago und später in Harvard an. Seine Geschichte der griechischen Bildung *Paidaia* wurde auch unter dem Nationalsozialismus in Deutschland rezipiert und von Teilen der Emigration aufgrund ihrer möglichen Instrumentalisierung durch die Politik abgelehnt. In den USA erhielt sie überwiegend negative Kritiken. Vgl. Schiller, »Historismuskrise«, bes. S. 78–89. Mehring, »Humanismus«.
[330] Auch Salomon betont diesen Zug: »He preferred death to intellectual slavery. [...] He could not be partisan and had to remain alone in order to preserve his intellectual integrity intact.« Salomon, »Democracy and Religion«, S. 229.
[331] Kracauer, *Geschichte*, S. 17 f. [*H.*, S. 10.]

die Luther sich erlaubte.«³³² Zahlreiche Missverständnisse hat diese Haltung des Erasmus ausgelöst, da weder konservative Katholiken noch Reformer seine Botschaft richtig zu deuten vermochten: Als Schwächling, als Kompromissler wurde er angesehen – nicht bereit, Partei zu ergreifen und sich zu engagieren.³³³ Erasmus' Zweideutigkeit ließ ihn für eine neue Auslegung der Heiligen Schrift stimmen, ohne die Gläubigen zu einer Befreiung von überkommenen Strukturen anzuhalten. Kracauer erklärt dies mit einem christlich geprägten Friedensbegriff, auf den Erasmus sich mit größter Entschlossenheit zubewegt habe.³³⁴ Hier liegt seine Kompromisslosigkeit: im Festhalten an dem Ziel »die Streitfragen aus dem Weg zu räumen, die der Ankunft des Friedens im Wege standen.«³³⁵

Kracauer scheint einen impliziten Vorwurf Blochs von sich zu weisen: »Utopische Visionäre verdammen alle, die sich an den Mittelweg halten, mit der Behauptung, dass jene im Versuch, den Zustand der Unvollkommenheit zu perpetuieren, die Menschen bedenkenlos verrieten. Im Fall des Erasmus war der Mittelweg der direkte Pfad nach Utopia – der Weg des Humanen. Nicht von ungefähr war er der Freund von Thomas Morus.«³³⁶ Barnouw merkt an, dass Morus sein Utopia nicht absolut gesetzt habe, sondern relational: »Anders als für viele spätere Utopisten war Utopia für Morus der ›mögliche Vorraum‹ des Gegendenkers Hythloday, des im Anderswo und Anderswann reisenden Historikers, der […] mit weniger Wahrheitsanspruch erzählt.«³³⁷ Nicht nur auf die Beendigung von Kämpfen, sondern auch auf eine besondere Art der Freiheit zielt Erasmus' Humanismus ab: die Ermutigung zu »freierem Ausdruck des Wortes« als Voraussetzung einer besseren Gesellschaft. So schuf er eine Atmosphäre, in der es sich »freier atmen« ließ.³³⁸

Was den Inhalt seiner Botschaft anbelangte, weise sie indessen in einen »Abgrund«, der bedeutete, dass auch »die heidnischen Weisen von göttlicher Offenba-

---

³³² Ebd. Erasmus trat für einen spirituellen Pluralismus ein. Vgl. Salomon, »Democracy and Religion«, S. 231. Vgl. Kracauers Anstreichung: »Erasmus radically opposed Luther. Nobody has a monopoly of religious truth; none is justified in practicing fanaticism. […] Erasmian liberalism is irreconcilable to any kind of Christian orthodoxy. […] He could not be a citizen of a national state; he did not want to be a cosmopolitan; he was striving for the citizenship of Civitas Coelestis.« Salomon, »Democracy and Religion«, S. 232.
³³³ »He was of the opinion that a conscientious scholar could not recommend a revolution which would serve the progress of more cruel and oppressive despotism. However, he longed for the renascence of the extinct race of Brutus […].« Kracauer merkt handschriftlich an: »Wavering about revolution.« Ebd., S. 235.
³³⁴ Vgl. Salomon: »Erasmus main concern to point out that peace is *telos* of divine creation. […] Erasmus turned all social and political analyses to the problems of war and peace as the fundamental problems of individual and collective relationships.« Kracauer: »In these analyses he is as cautious and disillusioned as in the analyses of social and political institutions.« Ebd., S. 242.
³³⁵ Kracauer, *Geschichte*, S. 21. [*H.*, S. 14.]
³³⁶ Ebd. [*H.*, S. 14.]
³³⁷ Barnouw, »Träume«, S. 7 f.
³³⁸ Kracauer, *Geschichte*, S. 19. [*H.*, S. 11.]

rung inspiriert waren und daß, aufgrund der strahlenden Manifestation des Logos in Jesus Christus, das Christentum die Vollendung des Besten der Antike sei.«[339] Abgründig sei diese Botschaft gewesen, weil sie auf etwas abzielte, das »jenseits der Grenze des Christentums lag.«[340] Es gab aber auch etwas bei Erasmus, das von ihm nicht angesprochen werden konnte, sondern verschwiegen bleiben musste. »Dinge, die […] zu gefährlich waren, um enthüllt zu werden.«[341] Bei seinen Reflexionen über den eingeschlagenen Weg konnte er zu Schlussfolgerungen gelangt sein, die ihn »mit solchem Entsetzen erfüllten, daß er sie lieber in seinem Herzen verschloss.«[342] Bis zu Ende durchgeführt, zielte sein Unternehmen auf die Abschaffung der Glaubenssätze selbst ab, »um jener ›letzten Einheit‹ willen, die die Glaubenssätze angeblich meinen und in der Tat hintertreiben.«[343] Breidecker hat darauf hingewiesen, dass sich in dieser Passage ganze Motivreihen eines Essays der Kunsthistorikerin Gertrud Bing über ihren Kollegen Fritz Saxl vom Warburg-Institut wiederfinden: die Ablehnung religiöser Orthodoxie, die Motive der Standpunkttreue, des Non-Konformismus, der Nicht-Zugehörigkeit und die Bewahrung von Dingen, die »unausgesprochen bleiben«. Er deutet den Passus als Hinweis darauf, »wie das Allerpersönlichste einer Einzelseele mit dem Allertraumatischsten des kollektiv Erfahrenen zusammenzudenken ist«.[344] Es liegt nahe, eine der Bedeutungsebenen dieser Bemerkungen als Anspielung auf das »Unsägliche« zu betrachten, das Adorno ins Zentrum seiner Arbeiten stellte.[345] Unmittelbar auf das obige Zitat folgt im Text jedoch ein Motiv, das dem Chassidismus entstammt: die Legende der 36 Gerechten. Kracauer informierte sich bei Gershom Scholem über den genauen Inhalt dieser Legende, die ihm aus seiner Kindheit geläufig war.[346] In einem Brief an Scholem merkt er an, dass es vor allem die Vorstellung der Verborgenheit der Gerechten sei, welche ihn an diesem Motiv fasziniere.[347] Kracauer erzählt die Legende wie folgt: Es gebe »in jeder Generation sechsunddreißig Gerechte, die die Welt aufrechterhalten. Ohne ihre Gegenwart würde die Welt zerstört werden und untergehen. Doch keiner kennt sie, noch wissen sie selbst, daß die Welt vom Verhängnis verschont ist, weil sie da sind.«[348] Das Motiv taucht in Kracauers Korrespondenzen und Werk mehrmals und schon in den 20er Jahren auf, in abgewandel-

---

[339] Ebd., S. 21. [*H.*, S. 14.]
[340] Ebd., S. 22. [*H.*, S. 15.]
[341] Ebd. [*H.*, S. 15.]
[342] Ebd. [*H.*, S. 15.]
[343] Ebd. [*H.*, S. 15.]
[344] Breidecker, »Ferne Nähe««, S. 182 f.
[345] Vgl. Waszek, »L'indicible.«
[346] Kracauer an Gershom Scholem, 10.1.1961, KN DLM [72.1768/1]. Kracauer schreibt dort, er erinnere sich nur noch vage an diese Geschichte, die man ihm in seiner Kindheit erzählt hatte.
[347] Kracauer an Scholem, 24.1.1961, KN DLM [72.1768/2].
[348] Kracauer, *Geschichte*, S. 22. [*H.*, S. 15.]

ter Form beispielsweise in *Ginster*.³⁴⁹ Es findet sich auch bei Benjamin in dem »Erzähler«-Text über Leskov, der von Gerechten spricht, hinter deren unerkannter Präsenz sich die Apokatastasis, die Wiederherstellung einer ursprünglichen Harmonie verbirgt. Bei Kracauer illustriert sie die Achtsamkeit für das Profane als einem Bereich, in dem verborgene Elemente auf unbekannte und nicht erfahrbare Wahrheiten hindeuten.³⁵⁰ Dieses Element der Verborgenheit und Nicht-Erfahrbarkeit letzter Wahrheiten begründet die Bedeutsamkeit des Vorraums.

Die Legende der 36 Gerechten ist mit dem Bild der »Lücke«, der »Löcher« als dem Ort dieser verborgenen Wahrheiten und mit Sancho Pansa verbunden. Auch diese Motive finden sich bereits in einer Rezension von Kafkas *Beim Bau der chinesischen Mauer* und in einem Brief an Ernst Bloch aus dem Jahr 1926, in dem Kracauer seine religiöse Haltung und politische Orientierung mit dem Unglauben Kafkas verglich: »Weder die kulturelle, gewachsene Einheit, noch die gesellschaftliche Organisation kann von dieser Norm her zu ertragen sein. Je mehr Löcher und Spalten, desto unverstellter der Blick. Die Frage ist nur, ob und wie die Annäherung an die von dem Anarchismus gemeinte Realität möglich sei. Hier erfüllt mich, gerade weil ich glaube, ein Unglaube, dem Kafkas gleich, und mir scheint, als ob die Wahrheit in ihrer Realität immer genau an der Stelle läge, über die wir gerade geschritten sind (freilich auch an der kommenden).«³⁵¹ Mit Kafka befasste sich Kracauer mehrmals als Journalist: er rezensierte *Der Prozeß* (1925), *Das Schloß* (1926) und *Amerika* (1927). Ein Blick auf diese Rezension erlaubt es, nicht nur Bezüge zum Vorraumkapitel herzustellen, sondern auch den rätselhaften Epilog, ein Kafka-Zitat, das in *Geschichte* eingefügt ist und das eigentlich ein Kierkegaard-Zitat ist, in einen gedanklichen Kontext einzuordnen.³⁵² Hier findet sich die Aufforderung, eine Tradition der *lost causes* zu begründen und den Wahrheiten Beachtung zu schenken, die in den Zwischenräumen der fixierten Dogmen verborgen sind. Das Zitat wirkt wie ein Echo der Legende der 36 Gerechten, deren Suche Kracauer

---

³⁴⁹ In einem Brief fragt sich Kracauer 1922, ob nicht der Rabbiner Nobel, den er im Frankfurter Lehrhaus traf, zu den Gerechten gehöre. Vgl. Kracauer an Leo Löwenthal, 24.1.1922, in: Löwenthal – Kracauer, *In steter Freundschaft*, S. 35. 1961 erzählt er Daniel Halévy von der Legende und betont den Charakter der Unerkanntheit der 36: »Jewish folktales of the 16ᵗʰ or 17ᵗʰ century have enriched the legend by a new motif: The 36 just ones are not known to their contemporaries, and they themselves do not know that it is they who, through their shear presence, keep the world going.« Kracauer an Daniel Halévy, 8.10.61, KN DLM [72.1400/23]. Agard, *Le chiffonnier*, S. 341.
³⁵⁰ Ebd., S. 342.
³⁵¹ Kracauer an Bloch, 29.6.1926, in: Bloch, *Briefe 1903–1975*, S. 281.
³⁵² Kracauer fand es in Max Brods Kafka-Biographie. Wie erwähnt, plante Kracauer zeitweilig ein letztes Kapitel mit dem Titel »Epilogue: History today«. Vgl. Elisabeth Kracauer an Sheldon Meyer, 17.11.1968, KN DLM [72.3525, Fiche 5354]. Dem Zitat wurden auf Elisabeth Kracauers Initiative einige Zeilen aus Kracauers Notizen vorangestellt, die mit dem Gesagten über das Zeitbedingte und Zeitlose in Zusammenhang gebracht werden können: Es geht um das »Genuine«, das aus den Hohlräumen der Zeit auftaucht und »das in den Zwischenräumen der dogmatisierten Glaubensrichtungen der Welt verborgen liegt.« Kracauer, *Geschichte*, S. 239. [*H.*, S. 219.]

in der Einleitung von *Geschichte* als eines der spannendsten Abenteuer bezeichnet, das die Geschichte bereit hielte. Es geht um die verwandelnde Kraft des einzelnen Menschen, welcher den Mut hätte zu sagen: »Wie die Welt auch ist, ich bleibe bei einer Ursprünglichkeit [im englischen Originial: *simplicity*[353]], die ich nicht nach dem Gutbefinden der Welt zu verändern gedenke.« Dieses Wort, einmal gesagt und gehört, wäre das Zauberwort, wie es in den Märchen auftaucht, wenn sich das »seit hundert Jahren verzauberte Schloß öffnet und alles Leben wird: so wird das Dasein lauter Aufmerksamkeit.«[354] Kracauer wiederholt hier eine argumentative Struktur von »Das Ornament der Masse«, ein Text, den er ebenfalls mit einem Hinweis auf das Motiv des Märchens beendet.[355]

Auch bei Kafka geht es um eine verborgene Wahrheit. In der Rezension über *Das Schloß* beschreibt Kracauer eine Welt, in der sich »Schwierigkeiten ohne Zahl, die so nur der einzige Kafka ausklügeln kann [...] dem Drängen K.s nach einer Verbindung mit der Behörde« entgegenstellen.[356] Die unsichtbare höchste Stelle, die K. vergeblich zu erreichen sucht, liegt »an einem Ort des Grauens« und der »Instanzweg zu ihr« ist ein verstellter: Diesen Sachverhalt evoziert Kracauer über sein Pfeilmotiv, das auch in den Städtetexten auftaucht (etwa die Pfeilstraße aus »Erinnerung an eine Pariser Straße«[357]): »Stets werden die Pfeile, die von unten nach oben zielen, zur Umkehr gezwungen, und während sie niedergehen, beschreiben sie verschlungene Kurven wie Schlangen.«[358] Der Pfeil deutet auf das von Kafka »Gemeinte«. Oben befindet sich weder das »göttliche Gerichts- und Gnadenverfahren«, noch die Hölle, welche die Existenz eines Paradieses voraussetzt. Das Gemeinte liegt vielmehr »hinter und unter den gestalthaften theologischen Kategorien des Gerichts, des Paradieses, der Hölle: es ist die *Abgesperrtheit des Menschen von der Wahrheit.*«[359]

Der Roman *Das Schloß* ist für Kracauer nach der Matrize des Märchens konstruiert, das von ihm stets mit utopischen Gehalten assoziiert wird.[360] In der Frühschrift »Über den Expressionismus« heißt es etwa: »Auch das Märchen (im weitesten Sinne des Worts) bringt Unwahrscheinliches. Indem es aber von der Wirklichkeit abbiegt, bestätigt es diese nur umso mehr, da ja in ihm absichtlich das »unwirkliche« und

---

[353] Kracauer, *History*, S. 219.
[354] Kracauer, *Geschichte*, S. 239. [*H.*, S. 219.]
[355] Kracauer, »Das Ornament der Masse«, in: Ders., *Das Ornament der Masse*, S. 78.
[356] Kracauer, »Das Schloß, Zu Franz Kafkas Nachlaßroman«, S. 391.
[357] Kracauer, »Erinnerung an eine Pariser Straße«, S. 246. Vgl. auch Kracauers Illustration in: Adorno – Kracauer, *Briefwechsel*, S. 376.
[358] Kracauer, »Das Schloß, Zu Franz Kafkas Nachlaßroman«, in: *Aufsätze 1915–1926*, S. 391. [*FZ* 28.11.1926]
[359] Ebd., S. 392. Kursivierung im Text.
[360] Auch Kracauers Photographie-Aufsatz ist ein merkwürdiger Auszug aus Grimms Kinder- und Hausmärchen vorangestellt. Kracauer, »Die Photographie«, S. 83. Vgl. Mülder, *Grenzgänger*, S. 101.

»Wunderbare« gegeben werden soll.«[361] In *Das Schloß* sind die Märchen der »Vortraum des vollendeten Einbruchs der Wahrheit in die Welt.«[362] Wenn hier die blinden Naturgewalten eine Niederlage erleiden, ist das kein Beweis für die Dazwischenkunft des Wunders, sondern vielmehr dessen »Abschaffung [...] um der Wirklichkeit der Wahrheit willen.«[363] In den Märchen wird »die dem Anschein nach unverrückbare natürliche Ordnung zersprengt, um die Dinge an den richtigen Platz zu stellen, den sie von Natur aus gar nicht einnehmen«.[364] Kafka hebe »die gewohnten Zusammenhänge auf und verschiebe die nunmehr vereinzelten Gegenstände, damit sie ihre Rückenansicht dem Beschauer zuwenden«, um die »Unzugänglichkeit ihrer Voreransicht« darzutun.[365] So entsteht ein »Mosaik von Tatsachen und Begründungen, das die vertrauten Gegebenheiten völlig verdrängt [...] Lebenserfahrungen, die als Gewißheiten gelten, sind hier das Allerungewisseste.«[366] Es werden Situationen zur Darstellung gebracht, »die weder den erwarteten Sinn noch den Gegensinn in sich tragen, sondern einen anderen, verdeckten – lauter Teilstücke des alten Lebens sind herausgegriffen und in verstellter Reihe miteinander verbunden. Nur aus der einzigen Perspektive des ungegebenen Wahren erschienen sie in der richtigen Ordnung.«[367]

Kracauers frühe Texte haben einen gnostischen Tonfall. Es geht darum, die Negativität der Moderne in das Bewusstsein der Menschen zu heben, um damit die Voraussetzungen ihrer Überwindung zu schaffen.[368] Das Thema der Sprengung und der Rekomposition enthält eine messianische Komponente, bzw. erinnert es an den *Tikkun* der kabbalistischen Tradition, an das Bild der zerbrochenen Vasen, deren Scherben sich als Lichtstrahlen in der dunklen Welt verstreut finden und am Ende der Zeiten zusammen gesetzt werden.[369] In seiner Rezension von 1931 bestreitet Kracauer dann jedoch eine theologische Auslegung von Kafkas Texten. Gleichwohl charakterisiert er dessen Kunstverfahren als eines, das darauf abzielt, »zerstreute Bruchstücke zu einem Bild zu vereinen.«[370]

In »Franz Kafka« begründet Kracauer Kafkas Einstellung zum Glauben mit den zeitgeschichtlichen Voraussetzungen des Ersten Weltkriegs, Revolution und Inflation als unerwähntem Hintergrund der Erzählungsfragmente. Er sieht sie in folgendem Aphorismus begründet: »Es kann ein Wissen vom Teuflischen geben [...],

---

[361] Kracauer, »Über den Expressionismus«, in: Ders., *Kleine Schriften*, Bd. 9.2., S. 7–78, hier S. 30.
[362] Kracauer, »Das Schloß, Zu Franz Kafkas Nachlaßroman«, S. 392.
[363] Ebd.
[364] Ebd.
[365] Ebd.
[366] Ebd., S. 393.
[367] Ebd.
[368] Agard, *Le chiffonnier*, S. 108 f.
[369] Ebd., S. 110 f.
[370] Kracauer, »Franz Kafka, Zu seinen nachgelassenen Schriften«, S. 367.

aber keinen Glauben daran, denn mehr Teuflisches, als da ist, gibt es nicht.«[371] Interessant sind Kracauers Kommentare zu »Forschungen eines Hundes«, »Riesenmaulwurf« und »Beim Bau der chinesischen Mauer«, dem das Sancho-Pansa-Motiv entlehnt ist. All diese Texte durchzieht das Motiv des Baus, dessen Funktion darin besteht, die Existenzangst der Menschen einzudämmen und diesen vor den Unsicherheiten des kreatürlichen Daseins zu beschützen. Kracauers Beschreibung von Kafkas Bau kreist um das Gegensatzpaar von Gefangenschaft und Freiheit. Indem der finstere Bau eine Sicherheit schaffen soll, die es für den Menschen nicht gibt, wirkt er als die eigentliche Gefährdung menschlicher Existenz. Hier taucht das Motiv der Lückenlosigkeit (und in der Negation: des Schlupflochs) auf, des Erstickens im Kerker, in dem man nicht atmen kann, je systematischer der Bau durchgeführt wird. Auch die Wissenschaft wird von Kafka als Bau wahrgenommen, deren Entdeckungen nicht als solche bestehen dürfen, sondern, »in die Gesamtheit der Wissenschaften geleitet« werden. Jede Entdeckung »geht im Ganzen auf und verschwindet«.[372] Das Mauerwerk der Bauarbeiter ist schließlich »so dicht, daß kein Laut mehr zu uns dringt. Törichte Erwartung, doch noch herauszuschlüpfen!«[373], kommentiert Kracauer. Diesem Bild wird die Vorstellung von einer anderen Wissenschaft entgegengehalten, »die möglicherweise in Freiheit zu erwerben sei.«[374] Kracauer nennt Kafka »beinahe das Gegenteil von einem Fortschrittsgläubigen«, weil er den Fortschritt in die Vergangenheit verlege, als die Möglichkeit, das wahre Wort zum Eingreifen zu bewegen. Diese Rückschau sei jedoch ganz »unromantisch gemeint«, es ist keine Sehnsucht nach Gewesenen, die Kafka antreibt. Vielmehr dient sie dazu, das Verlorene in »unwirkliche Ferne« zu rücken, »wie um darzutun, daß kaum noch der Traum von ihm einen Zufluchtsort hat.«[375]

Das Sancho-Pansa-Zitat, von dem oben die Rede war, taucht in dieser Rezension mit der Feststellung auf, dass Kafkas Texte als umgekehrte Abenteuerromane gelesen werden müssen. Es sei hier nicht der Held, der sich die Welt unterwirft, sondern die Welt, welche sich selbst »aus den Angeln« hebe.[376] Das Zitat in *Geschichte* lässt sich dank der Rezension von *Beim Bau der chinesischen Mauer* erhellen. Kracauer schreibt dort, Kafka wolle mit der historischen Schilderung, als die er seine Untersuchung präsentiert, nicht »die frühere Daseinsweise zur verwirklichten Utopie erheben«, sondern vielmehr »die Verschlossenheit des heutigen Zustands kennzeichnen.«[377] Besondere Aufmerksamkeit gilt dabei dem »System des Teilbaus«, wie Kafka die Methode bezeichnet, nach der die Mauer errichtet wurde. An irgendeiner Stelle wurden Teilmauern errichtet, die aufeinander hinzeigen. Bevor

---

[371] Ebd., S. 363.
[372] Ebd., S. 365.
[373] Ebd.
[374] Ebd.
[375] Ebd., S. 366.
[376] Ebd., S. 369.
[377] Ebd., S. 371.

sie sich ganz trafen, wurde an anderem Ort mit dem Bau weiter gemacht, so dass überall große Lücken blieben. Doch war dieses Vorgehen nur scheinbar unzweckmäßig, denn der offizielle Sinn der Mauer, Schutz vor den Nordvölkern zu bieten, sei nur ein Vorwand gewesen. In Wirklichkeit war der Mauerbau schon länger beschlossene Sache, die Nordvölker nur ein Vorwand *a posteriori*. Damit erscheint die Geschichte des Mauerbaus als »Beschwörung« einer Vergangenheit, in der die Menschen noch nicht damit befasst waren, alle Lücken zu verschließen. Sie verweist aber auch auf einen »Schwebezustand« zwischen der alten Zeit und der Gegenwart, stellt gar eine »Mahnung« dar, sich des Lichts gewahr zu werden, das aus der Vergangenheit herüber strömt: »[N]icht um uns zu seinem Glanz zurückzulenken, sondern um unsere Finsternis gerade soweit aufzuhellen, daß wir den nächsten Schritt zu tun vermögen.«[378]

Zum Schluss fragt Kracauer, ob man in der Gegenwart in der Lage sei, diesen Schritt zu tun. Es wirkt wie eine Vorwegnahme seiner Reflexionen in *Geschichte*, wenn Kracauer über Kafka schreibt: »Wie er den Fortschritt weder anerkennt noch ganz verwirft, ebenso zweideutig verkoppelt er Ferne und Nähe.« Er zitiert Kafka: »Der wahre Weg geht über ein Seil, das nicht in der Höhe gespannt ist, sondern knapp über dem Boden. Es scheint mehr bestimmt stolpern zu machen, als begangen zu werden.«[379] Dieser Wunsch, den Leser zum Stolpern zu bringen, ist ein wichtiger Bestandteil von Kracauers Frühwerk, in der die Welt auf die Erlösung wartet. 1929 schreibt Kracauer über Max Picard: »Ökonomie statt expliziter Theologie!« Und fügt hinzu: »Aber es gibt Theologie, und ich messe wie Sie dem Wort Ewig Realität bei. Nun gut, so soll man die revolutionierende Negativität derart konstruieren, daß für das ungesagte Positive die Räume (die Hohlräume) frei bleiben.«[380]

Mit dieser Strategie, das destruktive Potential der Theologie für seine Kritik der existierenden Ordnung zu nutzen, greift Kracauer eine Marx'sche Figur aus dessen Text *Zur Kritik der Hegelschen Rechtsphilosophie* (1843/44) auf, den er 1925–26 liest.[381] In *Geschichte* findet sich der Verweis auf die Negativität der Moderne so nicht. Es bleibt jedoch ein utopisches Moment, deutet Kafkas Sancho Pansa doch auf ein »Utopia des Dazwischen«, auf »eine terra incognita in den Hohlräumen zwischen den Gebieten, die wir kennen.«[382] Trotz Kracauers Reserviertheit gegenüber der Utopie Bloch'schen Typs und seinem Bestehen auf der Verankerung des

---

[378] Ebd., S. 372.
[379] Ebd.
[380] Kracauer, »Zwei Arten der Mitteilung«, in: *Aufsätze 1927–1931*, S. 165–171, hier S. 166. [Typoskript, undatiert, wahrscheinlich 1929]
[381] Agard, *Le chiffonnier*, S. 69.
[382] Kracauer, *Geschichte*, S. 238. [*H.*, S. 217.] Die Interpretation des Sancho Pansa hatte Kracauer bereits 1931 in seiner Rezension von *Über den Bau der chinesischen Mauer* verfasst. Kracauer, »Franz Kafka, Zu seinen nachgelassenen Schriften«, in: *Aufsätze 1927–1931*, S. 363–373, hier S. 369. [*FZ*, 3.9.1931 und 9.9.1931]

Utopischen in der konkreten Lebenswelt betont er, dass beide Haltungen nicht ohne einander existieren. Auch Sancho Pansa kommt bei Cervantes ohne Don Quixote nicht vor.[383] Damit aber steht Kracauer Blochs bekannter Äußerung aus dem *Prinzip Hoffnung* nicht fern: »*Es gibt keinen Realismus, der einer wäre, wenn er von diesem stärksten Element in der Wirklichkeit, als einer unfertigen, abstrahiert.*«[384]

---

[383] Kracauer an Bloch, 11.9.1965, in: Bloch, *Briefe 1903–1975*, S. 404. Auch Benjamin rezensierte *Beim Bau der chinesischen Mauer* und verweist auf den Passus mit Sancho Pansa, den er als »die Figur des religiösesten Menschen« deutet, »der sich aus der Promiskuität mit dem Dämon erlöst hat«. Vgl. Benjamin, »Franz Kafka, Beim Bau der Chinesischen Mauer«, in: *Aufsätze, Essays, Vorträge, Gesammelte Schriften*, Bd. II.2, S. 682 f.
[384] Bloch, *Das Prinzip Hoffnung*, S. 728. Kursivierung im Text.

Schlussbetrachtung

Seit Anfang der 50er Jahre trug sich Kracauer mit dem Wunsch, eine Autobiographie zu verfassen. An Adorno schreibt er am 1.10.1950 aus New York: »Während der letzten Wochen ordneten Lili und ich viele alte Papiere, die noch ungeordnet in zwei Kisten aus Paris lagen. Es war eine echte Sensation: *the past revisited, le temps retrouvé*. Ich habe nun eine ganze Mappe mit deinen Arbeiten, lieber Teddie – gedruckte Aufsätze und Manuskripte. Ein Exemplar des »Detektivroman« ist wieder aufgetaucht. Daß ich ein Manuskript in voller Länge über Georg Simmel geschrieben hatte, war mir nicht mehr bewusst gewesen. [...] Und dann fand ich eine Kollektion meiner besten Straßenaufsätze in der Frankfurter Zeitung (Berlin, Paris, Marseille etc.), die bei Bruno Cassirer unter dem Titel »Straßenbuch« erscheinen sollte. Aber dann kam Hitler. [...] die Hauptsache ist, dieses Wühlen in der Vergangenheit, mit vieler Korrespondenz dabei, erregte in mir eine unbändige Lust meine Memoiren zu schreiben – ich meine, wirklich im großen Stil. Doch das würde ein Luxus sein, den ich mir vielleicht nie werde leisten können.«[1] Seine Memoiren verfasste Kracauer genauso wenig wie eine »Geschichtsmetaphysik«, deren Ausarbeitung er in den 20er Jahren geplant hatte. Gleichwohl schuf er mit *Geschichte* ein Werk, bei dem es in vielfacher Hinsicht um das »Wühlen in der Vergangenheit« geht, um seine Lebensgeschichte, um alte Manuskripte, Aufsätze und Werke, wie um die Werke jener Autoren, die für *Geschichte* rezipiert wurden.

Kracauers Lebensgeschichte ging unübersehbar in seine Betrachtungen ein: In den Verweisen auf die Exilerfahrung, deren Umstände im ersten Kapitel geschildert wurden, zeigt sich dies nur am offensichtlichsten. In einem Brief an den französischen Historiker Henri-Irénée Marrou (1904–1977) aus dem Jahr 1964 schreibt Kracauer: »Indeed, even as an individual I believe to live in a veritable cataract of times.«[2] In seinem Insistieren auf den Kontinuitäten und Diskontinuitäten auch

---

[1] Kracauer an Adorno, 1.10.1950, in: Adorno – Kracauer, *Briefwechsel*, S. 449. Kursivierung im Text. In der Pariser Emigration hatte Kracauer bereits kurzzeitig erwogen, ein Emigranten-Tagebuch zu veröffentlichen. Vgl. Kracauer an Margaret Goldsmith, 20.4.1933, KN DLM [72.1368/1]. An Daniel Halévy schreibt er 1947 »Combien j'aimerais faire un livre sur le passé.« Kracauer an Daniel Halévy, 8.1.1947, KN DLM [72.1400/13].
[2] Kracauer an Henri-Irénée Marrou, 18.5.1964, KN DLM [72.1608/2]. Kracauer interessierte sich für dessen Analyse der Zeitkonzeption Saint-Augustins: »[I] t would be surprising indeed if in the subsequent processes of secularization the humanly impenetrable tangle of the ›time of nature‹ and the ›time of grace‹ had dissolved into thin air without leaving a trace. Since you also speak of the

den Spiegel der lebensgeschichtlichen Erfahrung eines Emigranten zu sehen, dessen Biographie von Brüchen gekennzeichnet war, liegt nahe. Als Exilant, der nicht nach Deutschland zurückkehrte, aber doch nach 1947 alte Beziehungen in Deutschland aufgriff, als ein Denker, dessen deutsche Referenzen von dem französischen und amerikanischen intellektuellen Universum überlagert wurden, gehört das Nebeneinander von Kontinuitäten und Diskontinuitäten wohl zu einer wesentlichen Grunderfahrung. In *Geschichte* wird das Exil zur heuristischen Metapher für einen bestimmten Modus der Hinwendung zur historischen Vergangenheit an sich: ein Modus, der sich aus aufeinander folgenden Phasen der Selbstauslöschung und anschließenden Selbsterweiterung zusammensetzt, und jene Mischung aus Objektivität und empathischer Subjektivität zulässt, welche die Geschichtsschreibung nach Kracauers Verständnis erfordert.

Mit dem Plädoyer für die Betrachtung der Vergangenheit »um ihrer selbst willen«, in der die Benjamin'sche Figur des Sammlers anklingt, grenzt sich Kracauer nicht nur von »szientifischen« Ansätzen ab, wie sie Blochs Untersuchungsrichter für ihn verkörpert. Wichtiger noch, er distanziert sich damit von den Positionen Croces und Collingwoods, welche eine Gegenwartsorientierung des Historikers verteidigen. Eine solche lehnt Kracauer ab, ist sie nach seiner Argumentation doch nur unter der Prämisse möglich, dass die Vergangenheit als Teil eines sinnvollen prozessualen Ablaufs begriffen wird, der in der Gegenwart seinen vorläufigen Höhepunkt und Abschluss findet. Kracauers Ziel besteht darin, gegen ein solches Geschichtsmodell Einspruch zu erheben. In einem Entwurf der Vorarbeiten bestätigt er gleichwohl die existentielle Beziehung, die der Historiker beinahe zwangsläufig zur Geschichte unterhält. Diesbezüglich formuliert er jedoch eine Regel: »History is not only a field of investigation but also a live matter which represents a challenge to which we must respond. As actors we get immersed in its flow. We swim; we are not the watcher on the beach. Rule for the historian: be careful not to transcend the borderline that separates existential invocations of the past from history proper.«[3]

Die Originalität von Kracauers Beitrag zur geschichtstheoretischen Debatte liegt gewiss zuallererst in der umstrittenen Analogie von Film und Geschichte, welche für ihn die Funktion eines »Verfremdungseffekts« in der – seiner Meinung nach stagnierenden – Diskussion übernimmt. Der Vergleich des historischen Universums mit der endlosen, zufälligen wie fragmentarisch und dunkel strukturierten Kamera-Realität entzieht nicht nur den Annahmen hinsichtlich der Existenz von Gesetzmäßigkeiten im Bereich der Geschichte jeglichen Boden, von denen Comte

---

›polyphonic structure‹ of time, the difference, if any, between our approaches may lie only in the fact that you seem to emphasize more than I do the share of homogenous chronological time in the historical process, whereas I also stress the significance of the various existing peculiar time sequences and therefore hesitate to dientify [sic] history as a process.« Ebd.

[3] Kracauer, Gesamtentwurf, 19 S., hier S. 2, in: Vorarbeiten, KN DLM.

oder Marx, Spengler oder Toynbee ausgehen. Über den filmischen Vergleich bindet Kracauer seine geschichtstheoretischen Reflexionen auch an eine bestimmte Deutung der säkularisierten Moderne, die er schon 1927 im Photographie-Essay formuliert: Die neue Technik der Kamera ermöglicht (wie idealerweise die Geschichtsschreibung) den Zugang zu einer Schicht der Wirklichkeit, die zuvor von religiösen Deutungen überdeckt wurde. Kracauers Thesen sind indes nicht frei von Widersprüchen. Wenn er darauf verweist, dass sich die Photographie im 19. Jahrhundert *gleichzeitig* mit dem Historismus entwickelt habe, geht er implizit von der Existenz eines »Zeitgeistes« aus, die er mit Blick auf seine Zeitkonzeption prinzipiell in Frage stellt. Ungeachtet dessen erlauben es ihm die epistemologischen Metaphern der Photographie und des Films und die Debatte um das Verhältnis zwischen »Realismus und Formgebung«, die Argumentationsebene zu bestimmen, auf der sich Historiker bewegen und den »Abstand« der historischen Problematik zu jenen Fragen zu unterstreichen, mit denen sich die (Geschichts-)Philosophie befasst. Kracauers Plädoyer für die Konkretion und seine Kritik an der überzogenen Abstraktheit in der Moderne ist das Element, das seine Schriften bis hin zu *Geschichte* kontinuierlich, wenn auch unter sich wandelnden Vorzeichen, durchzieht.

Neben der filmischen Komponente wurde als zentrales Element von Kracauers Theoriebildung seine spezifische Zeitkonzeption in ihren Konstellationen untersucht, da sie nicht nur für die Bestimmung zentraler Begriffe wie den der »Epoche« wichtig ist, sondern auch Voraussetzung für das Verständnis von Kracauers Historismuskritik. Die These von den Antinomien der Zeit basiert auf einer Abgrenzung gegenüber Benjamins Position in »Über den Begriff der Geschichte«. Mit Benjamins Kritik an der Vorstellung eines homogenen und linearen Zeitflusses ist Kracauer einverstanden. Die von Historikern gemeinhin vorausgesetzte Bedeutsamkeit der Gleichzeitigkeit von Ereignissen verliert damit jede Selbstverständlichkeit. Kracauer überträgt die Vorstellung von diskontinuierlich in der Zeit auftauchenden und verschwindenden Erscheinungen, wie sie Focillon und Kubler in der Kunstgeschichte entwickelten, auf den Geschichtsprozess. Er gelangt so zur Vorstellung einer »morphologischen« Geschichtszeit, die sich in unterschiedlichen Bereichen (Politik, Kultur, Wirtschaft) unterschiedlich entwickeln kann – eine Idee, die Blumenbergs Zustimmung fand. An die Stelle einer »sinnerfüllten raumzeitlichen Einheit«, tritt bei Kracauer die Vorstellung vom Zeitraum als Wartesaal, in dem sich zufällige Begegnungen ereignen.

Laut Kracauer kann jedoch die Vorstellung eines homogenen und linearen Zeitflusses anders als bei Benjamin, für den die Komponente der messianischen Zeit eine wichtige Rolle spielt, nicht vollständig aufgegeben werden – sie ist antinomisch zu denken. Ahasvers Antlitz, das die Antinomien der Zeit verkörpert, besteht aus vielen Gesichtern, die einander überlagern, ohne je ein Ganzes zu bilden. Auch bei Hans Blumenberg, mit dessen Überlegungen zur Epochenschwelle sich Kracauer befasste, wird die Geschichte zu einer Abfolge von Situationen, zwischen denen Leerstellen existieren. Wenn es überzogen erscheint, die Idee von Kontinuitäten aus dem Geschichtsverlauf verbannen zu wollen, betont Kracauer mehr noch als Blumenberg gleichwohl die Möglichkeit absoluter Neuanfänge. Die Frage, ob und wie die Antinomien der Zeit miteinander zu versöhnen wären, erörtert er anhand eines literarischen Beispiels, über das er sich mit Jauß auseinandersetzte. In Prousts *À la Recherche du temps perdu* sieht Kracauer einen gelungenen Versuch, dem Dilemma zwischen den Antagonismen des linearen Zeitflusses und einer Betonung der Diskontinuitäten zu entkommen: den atomisierten Elementen des Lebens wird von dem Helden à posteriori eine Einheit verliehen, die sich aus der Entdeckung ergibt, dass diese Teil seines Individuationsprozesses als Künstler waren. Diese Lösung ist jedoch nur in der Kunst möglich und nicht auf die Interpretation der Geschichte übertragbar. Die Antinomien der Zeit sind nicht aufzulösen.

Ist es auf den ersten Blick vor allem die filmische Analogie, die ins Auge sticht, wurde im vierten Kapitel gezeigt, dass auch die Literatur für Kracauers Betrachtungen über Geschichte eine eminent wichtige Rolle spielt. So ist sein Geschichtsdenken historisch an der Schwelle zu den sogenannten »postmodernen« Theorien des *linguistic turn* zu verorten. Anhand der Kategorien der »Totalen« und des »Fragments«, welche eine Reihe von Fragestellungen zur historischen Darstellung strukturieren, wurde untersucht, wie sich Kracauer in der alten Debatte, ob die Geschichtsschreibung als Dichtung oder als Wissenschaft zu betrachten sei, positioniert. Kracauer unterzieht drei mögliche Haltungen einer Kritik: erstens einen Determinismus, der universalgeschichtlichen Deutungen gemeinhin zugrunde liegt; zweitens eine Position, die Kausalitäten im Geschichtsverlauf vollkommen bestreitet; drittens eine Haltung, wonach der Sinn der historischen Erzählung zugespitzt formuliert in deren Rhetorik begründet liegt. In unterschiedlich ausführlicher Auseinandersetzung mit so verschiedenen Autoren wie Vico, Comte, Marx, Toynbee, Spengler, Dilthey bzw. Erich Auerbach oder Hayden White sucht Kracauer den hybriden Charakter der Geschichtsschreibung herauszustreichen, der es letztlich nicht erlaubt, sie der Wissenschaft oder der Dichtung eindeutig zuzuordnen.

Sucht man dieses geschichtstheoretische Modell positiv zu bestimmen, sticht der mikrologische Ansatz heraus, der mit Blick auf Kracauers Rezeption des Historikers Lewis Namier und dessen von der Psychoanalyse beeinflussten Ansatz behandelt wurde. Unterschiedliche Erscheinungsformen mikrologischen Denkens wurden in Kapitel vier aus werkgeschichtlicher Perspektive untersucht. Die Hinwendung zum Kleinen und Nahen, also zum Fragment, ist eine Variante des Kracauer'schen Plädoyers für mehr Konkretion. Erste Reflexionen dazu finden sich bereits in seiner soziologisch-literarischen Studie über die *Angestellten*, mit der er Ende der 20er Jahre ein mosaikhaftes Bild der Lebenswelt eines sozialen Milieus zu zeichnen suchte, das für den Aufstieg des Nationalsozialismus eine entscheidende Rolle spielte. Zu Kracauers politischer Hellsichtigkeit, von der im ersten Kapitel die Rede war, mögen auch Erkenntnisse beigetragen haben, die er im Rahmen dieser Untersuchungen im Berliner Angestelltenmilieu erwarb. Gewinnbringend wäre in diesem Kontext gewiss eine Untersuchung des Werks *From Caligari to Hitler* (1947) – auch hinsichtlich eventueller Widersprüche, die sich mit Blick auf die in *Geschichte* vertretenen theoretischen Positionen ergeben, denn Kracauer widerspricht in seinem Spätwerk an mehr als einer Stelle früheren Arbeiten. Beispielhaft ist der Umgang mit dem Gegenwart-Interesse, gegen das sich *Geschichte* richtet. Die Gesellschaftsbiographie *Jacques Offenbach oder das Paris seiner Zeit*, die als Mikrostudie gelesen werden kann, durchziehen gleichwohl zahlreiche Verweise auf die zeitgenössische Aktualität.

Zu betonen ist jedoch, dass der mikrologische Zugang, der sich mit Carlo Ginzburg in der geschichtstheoretischen Diskussion durchgesetzt hat, für Kracauer keinesfalls die methodische *ultima ratio* darstellt: Sowohl das Kleine als auch das Große sind legitime Gegenstände des Historikers. Auch auf der Makro-Ebene lassen sich wichtige Erkenntnisse gewinnen. Entscheidend ist für Kracauer, dass sich der Historiker zwischen den unterschiedlichen Ebenen hin und her zu bewegen vermag. Je größer die Verallgemeinerungen, desto geringer die Informationsdichte, und umgekehrt. Es geht ihm um Schattierungen, die Mikroperspektive kann die Makroperspektive nicht ersetzen, sondern muss diese ergänzen. Anders als für Simmel, von dessen relationalem Denken Kracauers Überlegungen zur Mikrologie beeinflusst wurden, kann für Kracauer das Ganze nicht aus der Summe seiner Teile rekonstruiert werden. Auch Benjamins Modell einer dialektischen Verbindung verschiedener Elemente ohne Aufhebung folgt Kracauer nicht: Die »volle Konkretheit« der einzelnen Elemente bleibt dabei, wie er anmerkt, zwar intakt: Um zur Wirklichkeit zu gelangen, müsse Benjamin jedoch der Dialektik zwischen den Konkretionen und dem Abstrakten Aufmerksamkeit widmen. Mit Blick auf die Geschichte verbirgt sich hier ein Problem: Die Diskontinuitäten oder Klüften zwischen den Zeitschichten (ein Konzept, das sich später bei Koselleck findet), lassen keine direkten Übergänge von einer Schicht zur anderen zu: Neben dem Gesetz der Ebenen greift hier das Gesetz der Perspektive. Je nach Abstand und Standort geraten lediglich unterschiedliche Ausschnitte der Wirklichkeit in den Blick.

Die Grenzen zwischen Geschichte und Dichtung, die dritte Perspektive, aus der die Frage der historischen Darstellung erörtert wurde, sucht Kracauer über eine Kritik der Allgemeingeschichte auszuloten, welche die verschiedenen Bereiche des heterogenen historischen Universums in den Blick zu nehmen sucht. Nicht das erzählerische Element dieses Genres erscheint Kracauer problematisch. Vielmehr ist das Unterfangen der Allgemeingeschichte an sich zum Scheitern verurteilt: Allgemeinhistoriker suchen die Brüche und Lücken zwischen den sich disparat entwickelnden Bereichen der historischen Realität zu glätten, indem sie mittels Rhetorik eine Einheit herstellen, die im historischen Material nicht zu finden ist. Unter Rückgriff auf die *Theorie des Films* und den »Marseiller Entwurf« wurde gezeigt, was Kracauer meint, wenn er Allgemeingeschichte mit dem theaterhaften Film identifiziert. Das Theater bringt eine geschlossene und statische Wirklichkeit auf der Bühne zur Anschauung, es ist das gattungsmäßige Gegenstück des episodischen Films, der als filmisches Modell einer modernen Historiographie fungiert, die ihre *stories* im Material »fände« und nicht konstruierte (wie zumindest zum Teil noch in der Angestelltenarbeit). Diese Art unvollständige Geschichten entsprechen, auf zeitlicher Ebene, dem fragmentarischen Bild, das die Kamera aus der sichtbaren Welt »ausschneidet«.[4] Kracauer unterscheidet – unter Rückgriff auf Intuitionen, die Lukács in seiner Romantheorie formuliert, in der *Theorie des Films* die literarischen Genres hinsichtlich ihrer möglichen Nähe zur Kamera-Realität und verortet sie historisch. Ist das Epos das Genre der Antike, gehört der Roman zur Ära des bürgerlichen Zeitalters. Dem episodischen Film, aber auch Romanautoren wie Proust, Joyce oder Woolf mit ihrer Vorliebe für *minutiae* spricht Kracauer (darin mit White übereinstimmend) den Status von Erzählungen zu, die der veränderten Wirklichkeit und ihrer Wahrnehmung in der Moderne am ehesten gerecht werden.

Für ein Verständnis der literarischen Beispiele, die *Geschichte* wie ein roter Faden durchziehen, erwies sich Kracauers Auseinandersetzung mit Erich Auerbach und dessen Realismusstudie *Mimesis* als ergiebig. Im Nachlass befindet sich eine Notiz, in der Kracauer von einer »Philosophie des Vorläufigen« spricht.[5] Der Exilant Auerbach schrieb vor seiner Ausreise in die USA 1946 in einem Brief: »Türken sind wir nicht geworden, nicht einmal rechtlich, jetzt sind wir wieder ›passlose Deutsche‹; alles ist provisorisch.«[6] Auch für ihn sei die Einsicht in die geschichtlich wandelbare Existenz des Menschen von großem Einfluss auf seine philologische Arbeit gewesen: »Das praktische Seminar der Weltgeschichte, an dem wir teilgenommen haben und noch teilnehmen, hat mehr Einsicht und mehr Vorstellungskraft für geschichtliche Gegenstände ausgebildet als man früher besaß, so dass uns selbst manche hervorragenden Erzeugnisse der historischen Philologie aus der spätbürgerlichen Epoche ein wenig wirklichkeitsfremd und eng in der Problemstellung erscheinen.«[7] Er benennt, auf welche Weise sich die Exilerfahrung in seinem Fall in der Theoriebildung niederschlug: »Man lernt allmählich, in den geschichtlichen Formen selbst die elastischen, immer nur provisorischen Ordnungskategorien zu

---

[4] Vgl. Despoix, »Une histoire autre?«, S. 21.
[5] »Philosophy of the provisional: 1. Like Theory of film, this treatise represents an attempt to isolate, and rehabilitate, the ›anteroom‹ areas, or intermediary areas, which we live in today. 2. They are being overshadowed by philosophy or: metaphysics, which does not tolerate the last before the Last, in exactly the same way as photography and films are overshadowed by Art. And the sciences on their part ignore these areas. 3. So what I really aim at is a philosophy of the provisional situation in which we find ourselves. Such a philosophy does not provide a belief, sustain an ideology. But perhaps it strengthens the sense of genuineness.« Kracauer, Vorarbeiten, KN DLM.
[6] Erich Auerbach an Martin Hellweg, 22.6.1946, in: *Erich Auerbachs Briefe*, S. 69 f. Der Hinweis auf das Zitat findet sich bei Bormuth, »Krise des Historismus«, S. 149.
[7] Vgl. Auerbach, »Philologie der Weltliteratur«, S. 306. Bormuth, »Krise des Historismus, S. 148.

finden, derer man bedarf.«[8] Wie in Auerbachs *Mimesis* hat auch bei Kracauer das letzte Kapitel von *Geschichte* eine herausgehobene Funktion. Auerbach kommentiert am Schluss und nicht am Anfang der *Mimesis*-Studie seine philologisch-historiographische Methode und setzt damit auf formaler Ebene die theoretischen Voraussetzungen seines Werkes um, wonach die Begriffe seiner Analyse aus dem Material zu entwickeln seien. Nicht anders als bei Auerbach wird in Kracauers letztem Kapitel ein wichtiger Aspekt derjenigen theoretischen Prämissen reflektiert, die Kracauers Zugang zu Geschichte als »Medium« ausmachen. Seine Betrachtungen zur Geschichte sind gleichsam Konstruktionen im Material der Debatte um die Historiographie[9] und leiten zu den Reflexionen über den »Vorraum« hin.[10]

Mit dem Plädoyer für das Vorraumdenken greift Kracauer, wie im letzten Kapitel deutlich gemacht wurde, Fragestellungen aus der Historismusdebatte auf, die in den 20er Jahren als Folge der Historisierung des Wissens und der sich daraus ergebenden Relativierung des Denkens, Forschens und Wertens in den Wissenschaften geführt wurde. Hinter dieser Thematik steht auch die eingangs gestellte Frage nach dem theologischen Element in *Geschichte*. Nicht für Troeltschs Lösung einer Kultursynthese, sondern für Webers Überzeugung, dass Werte und Wissen nicht zusammen gedacht werden können, hegt Kracauer schon in den 20er Jahren die größeren Sympathien. In *Geschichte* finden sich keine Spuren von der quasi-romantischen Sehnsucht nach einem sinnerfüllten Universum, die noch in Frühschriften wie »Über Georg Simmel« oder in *Soziologie als Wissenschaft* an manchen Stellen durchscheint. Wie dargelegt wurde, ist nach seiner damaligen Lesart von Simmel und Scheler beiden eine ambivalente Sehnsucht nach dem Absoluten gemeinsam, die gleichwohl mit einer relativistischen Grundhaltung einhergeht. Kracauer fordert schon damals dazu auf, sich dieser Sehnsucht zu entledigen, wie der Versuchung, der Geschichte einen Sinn zu verleihen, der außerhalb dieser selbst zu suchen wäre.

---

[8] Auerbach, *Literatursprache und Publikum*, S. 15. Zit. nach Bormuth, »Krise des Historismus«, S. 149.

[9] An Löwenthal schreibt er dazu: »In philosophischer Beziehung sind die gelegentlichen Gedanken, die sich *practising historians* über ihr Metier machen, aufschlußreicher als die meisten Geschichtsphilosophen proper.« Kracauer an Löwenthal, 27.2.1962, in: Kracauer – Löwenthal, *In steter Freundschaft*, S. 237.

[10] Kimmich weist darauf hin, dass Kracauer widersprüchlich argumentiert, wenn er einerseits Joyce, Woolf und Proust als Modelle für moderne Historiographie zu etablieren sucht, und andererseits das Vorraum-Denken für unvereinbar mit »wahrer Kunst« hält: »Es ist nicht nur die Abgeschlossenheit des Werkes, sondern auch die Vorstellung von »Ganzheit« im Sinne von Harmonie, die er mit Kunst assoziiert. Daher kann Kunst in Kracauers Sinne kein Medium für ›Vorraum-Denken‹ sein.« Dieses Urteil sei indes einer »anachronistischen Vorstellung von Kunst im Sinne einer Repräsentation des Schönen verpflichtet. Im Gegenteil ist es möglicherweise […] gerade die Literatur des 19. Jahrhunderts, die – neben der Photographie – an der Ausbildung des ›Vorraum-Denkens‹ teilhat.« Kimmich, *Wirklichkeit als Konstruktion*, S. 99.

Kracauer wendet sich im Vorraum-Kapitel der Historismusdebatte in ihren unterschiedlichen Aspekten noch einmal zu. Die Vorarbeiten im Nachlass waren hier besonders aufschlussreich, denn dank ihrer wurde deutlich, dass Kracauers Position zur Kategorie des Fortschritts auf seiner Auseinandersetzung mit Benjamins Historismuskritik in »Über den Begriff der Geschichte« gründet. Richten sich beide Autoren gegen die (einseitige) Vorstellung der kontinuierlichen Zeit als Voraussetzung der Fortschrittsideologie, da diese stets, wie Benjamin kritisiert, mit einer Siegergeschichte einhergeht, so setzen sie dieser doch Unterschiedliches entgegen: Benjamin einen diskontinuierlichen Zeitbegriff und das Konzept einer theologisch-messianisch aufgeladenen Jetztzeit, Kracauer das paradoxe Konzept von der Antinomie der Zeit und eine Fortschrittsdefinition, welche die Offenheit des Geschichtsprozesses betont: »Die Idee des Fortschritts stellt sich zu verschiedenen Zeiträumen, deren Abfolge auf einen Fortschritt hinauslaufen mag oder nicht, verschieden dar.«[11] Anders als bei Benjamin wird bei Kracauer die Begegnung zwischen Gegenwart und Vergangenheit nicht als Monade begriffen, sondern als Verschränkung unterschiedlicher Ebenen der historischen Wirklichkeit. Medientheoretische Überlegungen, die mit bestimmten Deutungen der Moderne einhergehen, spielen bei beiden Autoren eine Rolle, denn Benjamin teilt Kracauers Thesen von der modernen Erfahrungsarmut. Ketten unverbundener Erlebnisse im Leben des Individuums entsprechen den Bildproduktionen der photographischen Technik, die das Ende der Fähigkeit anzeigt, isolierte Bilder in einen Zusammenhang zu stellen. In der Moderne wird für Kracauer wie Benjamin aber auch ein Modell historischen Erzählens obsolet, das auf der Aneinanderreihung kontinuierlicher Bilder gründet. Dem monadischen Bild Benjamins stellt Kracauer die historische Idee gegenüber, welche schockhaft als ›historische Sensation‹ im Geist des Historikers auftaucht – der Schock ist allerdings auch bei Kracauer einer des Wiedererkennens. Er vollzieht sich dennoch nicht nur auf zeitlicher Ebene. Historische Ideen sind vielmehr »Knotenpunkte«, an denen das Konkrete und Abstrakte zusammen treffen. Sie unterscheiden sich von Verallgemeinerungen wie auch von reinen Ansammlungen von Details dadurch, dass sie von einem Saum von Bedeutungen umgeben werden, die in der Erfahrung des Historikers wurzeln. Kracauers Vorschlag sucht so den Gegensatz absoluter zeitloser Wahrheiten und zeitlich bedingter relativer Wahrheiten mit dem paradoxen Charakter der Zeit zu begründen: Jede Idee birgt zeitlose *und* zeitbedingte Aspekte.

Hier drängt sich eine Anmerkung auf: Wenn Kracauer fordert, wie in der Einleitung zitiert, »durch die Dinge zu denken, anstatt über sie hinweg«, ist damit zum einen die Hinwendung zur »Dingwelt« angesprochen. In dem Zitat scheint jedoch noch ein anderer Aspekt auf, der auf ein kontinuierliches Element seiner Schriften verweist: Kracauers Denken vollzieht sich bevorzugt in Kategorien des Raums, in der Metapher des »Vorraums« findet diese Tatsache in *Geschichte* nur ihre offen-

---

[11] Kracauer, *Geschichte*, S. 222. [*H.*, S. 202.]

sichtlichste Formulierung.¹² Schon in den Frühschriften zeigt Kracauer ein starkes Interesse für topographische Beschreibungen oder Betrachtungen des sozialen Raums.¹³ In *Le concept et le lieu* bezeichnet Thomas-Fogiel die Zeit als jenes Schema, innerhalb dessen sich im 19. und zu Beginn des 20. Jahrhunderts alle Widersprüche aufheben.¹⁴ Diese Verzeitlichung der Gegensätze, die sich bei Hegel und Marx finde, werde indes seit zwei Generationen in Frage gestellt. So schreibt Foucault 1967 fast zeitgleich mit Kracauer: »L'époque actuelle serait peut-être plutôt l'époque de l'espace. Nous sommes à l'époque du simultané, nous sommes à l'époque de la juxtaposition, à l'époque du proche et du lointain, du côte à côte, du dispersé.«¹⁵

Kracauer teilt Hans Blumenbergs Kritik an Karl Löwiths Deutung des Fortschrittsdenkens als säkularisierter Eschatologie, die Blumenberg als Teil eines verbreiteten »Säkularisationssyndroms« betrachtet. Seine Kritik lautet, dass Vorstellungen von Säkularisationen als Verformung genuin theologischer Inhalte die Moderne als etwas zu diskreditieren versuchen, das nicht sein sollte. Blumenberg deutet die Fortschrittsidee indessen als die »Überanstrengung« einer ursprünglich auf den Bereich der Ästhetik begrenzten Idee (wie sie in der *Querelle des Anciens et Modernes* diskutiert wurde) auf die Geschichte. Diese Idee stellt eine Antwort auf die ungelöste Frage nach dem Sinn und Ziel der Geschichte dar, welche die Theologie virulent gemacht hatte. Blumenberg wie Kracauer richten sich, trotz einiger Differenzen, sowohl gegen einen blinden Fortschrittsoptimismus, als auch gegen kulturpessimistische Deutungen, die Kracauer in seinen allerersten Schriften selbst vertrat. Mit Löwith teilt Kracauer vergleichsweise wenig, es sei denn eine Vorliebe für Jacob Burckhardt, der beiden zur Projektionsfigur ihrer jeweiligen Konzeption der Geschichtsschreibung wird. Kracauer schätzt Burckhardts großzügigen Umgang mit der Chronologie sowie dessen Verzicht auf eine konstruktive Sinnstiftung. Jedoch bleibt er nicht bei diesem Skeptizismus stehen, sondern wendet sich der Frage der Utopie zu.

Blochs Werk über *Thomas Münzer* warf Kracauer Anfang der 20er Jahre die Verbindung kommunistischer und chiliastischer Ideen vor, eine Verknüpfung von Inner- und Übergeschichtlichem, die er in *Geschichte* erneut kritisiert. Er vergleicht

---

¹² Vgl. dazu Benoist/Merlini, *Historicité et spatialité*.
¹³ Ein Beispiel ist »Über Arbeitsnachweise« (1930), wo es heißt: »Jeder typische Raum wird durch typische gesellschaftliche Verhältnisse zustande gebracht, die sich ohne störende Dazwischenkunft des Bewußtseins in ihm ausdrücken. Die Raumbilder sind die Träume der Gesellschaft.« Kracauer, »Über Arbeitsnachweise. Konstruktionen eines Raumes«, in: *Aufsätze 1927–1931*, S. 185–194, hier S. 186. [FZ, 17.6.1930] Schon bei Simmel ist der Raum entscheidend für die Bestimmung sozialer Beziehungen. Vgl. Simmel, »Soziologie des Raumes«. Vidler, »Spatial Estrangement«, S. 32. Vgl. außerdem Kracauer, »Analyse eines Stadtplans«, in: *Aufsätze 1915–1926*, S. 401–403. [Druckfahne der FZ, undatiert.]
¹⁴ Vgl. Thomas-Fogiel, *Le concept et le lieu*, S. 40.
¹⁵ Foucault, »Des espaces autres« [1967], in: Ders., *Dits et écrits II, 1976–1988*, (1984), S. 1571.

Bloch und sich selbst mit Don Quixote und Sancho Pansa. Die Verstricktheit ins »Hier«, in die Wirklichkeit, die er dem Bloch des *Thomas Münzer* abgesprochen hatte, sieht er in den 60er Jahren in Blochs Lust an der Erzählung gegeben. Neben dessen ungestümer Art nimmt Kracauer in den 60er Jahren auch ein Verweilen-Können im *Peribolos* wahr, wie Burckhardt formuliert: in dem Bereich, der in antiken Tempeln den heiligen Bezirk umgrenzt. Blochs Marxismus weist für ihn ins Aufgeklärte. Seine eigene Utopie des »Dazwischen« spiegelt er im Humanismus des Erasmus, der für ihn die Freiheit von allen ideologischen Zwängen verkörpert. Wie die Utopie von Thomas Morus ist diese Utopie nicht absolut, sondern relational zu denken.

Steinmeyer stellt in seiner Studie fest, dass für Arendts Denken die Erfahrung der Totalitarismen des 20. Jahrhunderts ausschlaggebend war, wohingegen Kracauer stark von den Erfahrungen zur Zeit der Weimarer Republik geprägt worden sei.[16] Sicher ist dies zutreffend, doch fehlt der Verweis auf den Totalitarismus auch bei Kracauer nicht. Unter seinen Vorarbeiten findet sich ein Notizzettel vom 27. Juni 1964, auf dem er notiert, die Erfahrung des Totalitarismus sei die Voraussetzung seiner Warnung vor allen Ideologien oder Religionen.[17] Wie Steinmeyer außerdem anmerkt, fehle bei Kracauer anders als bei Arendt auch der Bezug auf die jüdisch-christliche Tradition, der sich durch Arendts Schriften zieht.[18] Gleichwohl wird dieser Bezug bei Kracauer durchaus, wenn auch nur in Anspielungen wie der Figur des »ewigen Juden«, Ahasver, oder der »Legende der 36 Gerechten« hergestellt. Jenseits dieser motivischen Anspielungen auf das Judentum stellt sich die Frage, wie sich Kracauers Thesen zu dem historiographischen Feld der jüdischen Geschichte verhielten, zu der er besonderen Zugang hatte. Sein Onkel Isidor Kracauer (1852–1923) war der Verfasser einer *Geschichte der Frankfurter Juden*, die bis heute als Standardwerk gilt.[19] Noch 1966 setzte sich Kracauer für eine Neu-

---

[16] Steinmeyer, *Denker des Pluralismus*, S. 222.
[17] »Preliminar: retrogression into totalitarism. Warning of total ideology (class-combat, religion?)« Kracauer, Vorarbeiten, KN DLM. Unter dem Stichwort »Implications & Conclusions« fügt er an: »Dangers: Wars, Catastrophes, Superstition, Totalitarian trends.« Ebd.
[18] Steinmeyer, *Denker des Pluralismus*, S. 223.
[19] Isidor Kracauer begann eine Rabbiner-Ausbildung am Jüdisch-Theologischen Seminar in Breslau, die er zugunsten eines Studiums der Geschichte aufgab. Neben seiner Lehrtätigkeit am Philanthropin (1875 bis 1919) widmete er sich lokalhistorischen Forschungen und war Mitglied und Vorstand des Frankfurter *Vereins für Geschichte und Altertumskunde*. Im *Archiv für Frankfurts Geschichte und Kunst* veröffentlichte er Arbeiten zur Geschichte Frankfurts unter Napoleon, bevor er sich seinem Spezialgebiet, der Geschichte der Frankfurter Juden, zuwandte. Noch vor dem Erscheinen seiner *Geschichte der Frankfurter Juden (1150–1824)*, [hrsg. vom Vorstand der israelitischen Gemeinde Frankfurt a.M., 1925 und 1927.] und der Quellensammlung *Urkundenbuch zur Geschichte der Juden in Frankfurt am Main*, 1150–1400, [Frankfurt a.M., 1914], publizierte er unter anderem in der *Monatsschrift für Geschichte und Wissenschaft des Judentums* oder in der *Zeitschrift für die Geschichte der Juden in Deutschland*. Zu Isidor Kracauer vgl. Agard, »De Breslau à Francfort«.

herausgabe dessen Werkes ein[20], die ein optimistisches Plädoyer für die Akkulturation der jüdischen Minderheit darstellte und eine Absage an jegliche Form des religiösen Obskurantismus.[21] An der Columbia University in New York, wo Kracauer ein Forschungsseminar über »Interpretation« besuchte, wurde im Übrigen auch der erste Lehrstuhl für jüdische Geschichte an einer amerikanischen Universität geschaffen. Dort lehrte bis 1963 Salo Wittmayer Baron (der auch in Kracauers Notizen auftaucht). Er gilt als einer der letzten Historiker, die eine Universalgeschichte des jüdischen Volkes schrieben, wobei er mit den Traditionen einer apologetischen Geschichtsschreibung oder einer »Leidensgeschichte« des jüdischen Volkes zu brechen suchte. Er stieß auch eine theoretische Reflexion darüber an, was es bedeutet, eine »jüdische« Geschichte zu schreiben, die von seinem Schüler Yosef Hayyim Yerushalmi mit *Zachor* fortgesetzt wurde.[22] Bei Olivier Agard findet sich der Hinweis auf die These Jacques Ehrenfreunds, wonach es in der jüdischen Historiographie eine besondere Rezeption des deutschen Historismus gegeben habe.[23] Wie sie zu Kracauers Rezeption des Historismus in Beziehung zu setzen wäre, ist eine Frage, die weitere Vertiefung verdient. Im Nachlass findet sich immerhin eine Spur, die zeigt, dass solche Überlegungen Kracauer nicht fernlagen, auch wenn er sie in *Geschichte* nicht explizit thematisiert: »The mourners sit together. A child asks: ›How was he?‹ then: ›What happened thereafter?‹ then: ›Why?‹ This is history. Inquire into narrative of ›Sederabend‹ (or ›Laubhüttenfest‹?)«[24] Paradoxerweise sieht umgekehrt Franz Rosenzweig im *Stern der Erlösung* das jüdische Volk gerade auch wegen des liturgischen Charakters der jüdischen Feste, auf die Kracauer in diesem Zitat anspielt, als das »Volk der Ewigkeit«, während ihm die Christenheit als das »Volk der Geschichte« gilt.[25]

Die eingangs aufgeworfene Frage nach dem theologischen Element in *Geschichte* wurde in unterschiedlichen Zusammenhängen und paradoxen Formulierungen verfolgt. Die wichtigsten Bezugspersonen in dieser Debatte sind Walter Benjamin, Ernst Bloch und Hans Blumenberg. In *Die Legitimität der Neuzeit* bezeichnet die-

---

[20] Kracauer an Adorno, 12.5.1966, in: Adorno – Kracauer, *Briefwechsel*, S. 711.
[21] Aus diesem Werk spricht Isidor Kracauers Prägung durch seine Breslauer Studienzeit zur Zeit der deutschen Reichsgründung, in der die jüdische Bevölkerung sich Hoffnungen auf ihre vollkommene Gleichberechtigung und Integration in der deutschen Gesellschaft machen durfte. Die unhinterfragte Zusammenarbeit von christlichen und jüdischen Historikern im historischen Verein Breslaus und später im *Verein für Geschichte und Altertumskunde* war eine wichtige positive Erfahrung für Isidor Kracauer, die seinen Patriotismus mitbegründet haben mag; er wurde Mitglied im *Centralverein deutscher Staatsbürger jüdischen Glaubens*, der für eine Synthese zwischen Deutschtum und Judentum eintrat. Hoffmann, »Von Heinrich Heine zu Isidor Kracauer«, S. 41 f. Vgl. dazu Meinert, »Der Frankfurter Verein für Geschichte.«
[22] Yerushalmi, *Zachor*; Brenner, *Propheten*, S. 165–174.
[23] Ehrenfreund, *Mémoire juive*, S. 129. Ders., »Les usages juifs.« Vgl. Agard, *La Critique de la Modernité*, S. 373.
[24] Kracauer, Vorarbeiten, KN DLM.
[25] Rosenzweig, *Stern der Erlösung*, S. 365 und S. 377.

ser die moderne Geschichtsphilosophie als den Versuch, »eine mittelalterliche Frage mit den nachmittelalterlich verfügbaren Mitteln zu beantworten.«[26] Wie der Begriff des Fortschritts wurden auch Begriffe wie Geld, Nation und Macht »überanstrengt« und metaphysisch aufgeladen, zur Auffüllung jener Leerstellen, die das christliche Mittelalter hinterlassen hatte. Da die mittelalterlichen »großen Fragen« nicht einfach aufgegeben wurden, stünden nun Sinnerwartungen und Wissensbedürfnisse im Raum und verlangten nach einer Antwort. Blumenbergs und Kracauers Positionen ähneln sich darin, dass sie diese Sinnansprüche letztlich für uneinlösbar halten. In *Die Sorge geht über den Fluß* (1987) fragt Blumenberg, »ob jene Sinnlosigkeit nicht die Entbehrung von etwas beschreibt, was es nicht gibt und als das unterstellt Verlorene nie gegeben hat.«[27] Kracauers Plädoyer für das Vorraumdenken trifft sich mit der Blumenberg'schen Frage, ob der adäquate Umgang mit überhöhten Sinnansprüchen nicht in ihrem Abbau bestünde. Blumenberg sieht im wissenschaftlichen und technischen Fortschritt vor allem die Errungenschaften für die Menschheit – wenn sich Zivilisationskritiker mit den Anfängen oder Untergängen des Abendlandes befassten, vernachlässigten diese die Segnungen, welche die Wissenschaft dem Menschen alltäglich bescherte. Allerdings räumt er ein, dass die Zivilisation die Leerstelle, welche Metaphysik und Theologie hinterlassen hätten, nicht ausfüllen könne. Er plädiert dafür, die Erwartungen und Hoffnungen, die das Christentum hinterlassen hat, so weit als möglich zu streichen. Kracauer, der die Offenheit des Geschichtsprozesses betont, argumentiert ähnlich, wenn er von der Unbeantwortbarkeit der letzten Fragen ausgeht. Von einer Aufgabe des kritischen Impetus der Weimarer Schriften oder einer rein autobiographischen Selbstbespiegelung, die *Geschichte* bisweilen vorgeworfen wurde, kann damit keine Rede sein, denn umso wichtiger ist eine Aufmerksamkeit für den Vorraum *vor den letzten Dingen*.

---

[26] Blumenberg, *Legitimität der Neuzeit*, S. 59 f.
[27] Blumenberg, *Die Sorge geht über den Fluß*, S. 57.

Dank

Das vorliegende Buch ist die leicht gekürzte Fassung meiner im Dezember 2011 von der U.F.R. 5 der Universität Vincennes/Saint-Denis (Paris 8) und von der Philosophischen Fakultät der Eberhard-Karls Universität Tübingen angenommenen Dissertation.

Besonders herzlich danke ich Prof. Dr. Dorothee Kimmich (Universität Tübingen) und Prof. Dr. Norbert Waszek (Universität Paris 8) für die Betreuung dieses Projekts und für die stets fürsorgliche Anteilnahme an allen Belangen. Die Archivaufenthalte wurden durch ein Stipendium der Gerda-Henkel-Stiftung sowie durch die Förderung durch die EA 1577 (*Les mondes allemands, histoire des idées et des représentation*s) der Universität Vincennes/Saint-Denis (Paris 8) ermöglicht. Beiden Institutionen möchte ich auch für die Förderung der Drucklegung danken.

Mein Dank richtet sich an alle Mitarbeiter/innen des Deutschen Literaturarchivs in Marbach, an Jan Bürger, Marcel Lepper und besonders an die Mitarbeiter/-innen der Handschriftenabteilung. Bettina Blumenberg, Helga Jauß-Meyer und dem Suhrkamp Verlag danke ich für die Zitier- und Publikationsgenehmigungen aus den Nachlässen Blumenberg, Jauß und Kracauer. Alexander Schmitz (KUP) danke ich besonders für seine sachkundige, liebenswürdige und geduldige Hilfe in der Endphase der Arbeit.

Für Korrekturen, Hinweise, kritische Anmerkungen und vielfältige Unterstützung danke ich sehr herzlich meinen Eltern Barbara Baumann und Dieter Baumann, Alejandro Abbud-Torres, Barbara Berzel, Gianluca Briguglia, Stefanie Diekmann, Myriam-Isabelle Ducrocq, Claudine Heinz, Annette Jacob, Judith Koch, Géraldine Kortmann, Dorit Krusche, Barbara Lambauer, Caroline Mutz, Camila Nicácio, Kerstin Schoor, Bénédicte Terrisse und Nicolas Weill.

Meinen Eltern ist diese Arbeit gewidmet.

Paris, im Juli 2013

Anhang

Dokumente

Nov. 6, 1960 First draft 1

HISTORY

I. Analysis of a given hist. period — vs. universals.
  Intention: To demonstrate incoherence of elements comprising that period.
  Result: Oriented historical composition falsify reality. Ranke's Dictum — to show "wie es eigentlich gewesen" is either unrealizable or leads to "foul infinity." (3 portraits of the same historical figure, each in another size and context.)

II. Pro universals
  see Collingwood: Even though general concepts (= Renaissance or so=) covers history's reality inadequately, reality cannot be grasped without their aid.
  propositions, These general concepts must be considered "throws," projects,
  52: he derives propositions, prophecies visions. Indeed, they are applied to a kind of reality mana-
  division of history geable only by dint of "idea-ventures." (as crutches.)
  into periods from
  Christian influ-
  ences.
  &
  94-5: about Kant

III. Historical reality.
  Historical reality is material which does not confront us but is with us. We cannot observe it objectively; rather, in observing it, we help shape it. (Merton's paper on "self-fulfilling prophecy." Heisenberg's "indeterminacy principle.") Hence the need for "throws" (anti-Semantic). Take up here my thought sequence: "Accuracy in the approximate." The "beauty" of historical composition (see Croce).

IV. Subjectivity?
  Do the various conceptions, or "throws" which historians bring to bear on historical reality involve subjectivity of viewpoints, unaccountable impreciseness?
  Thesis: they do not.
  (1) In any period there is only a limited number of approaches
  (2) Historians move away the present situation toward the past, thus reducing one-sidedness; they asymptotically approach objectivity. (Three histories of the French Revolution)
  Are the throws or visions converging at the end of times. — in Utopia. The isomorphic analogies — Spengler, Toynbee.

V. (or at the beginning) Different concepts of history
  All this Greek - Roman (no progress included, or only in special way)
  more or less in Medieval ↑. (Here study relation between chronicle and
  Collingwood. vertical salvation history)
  Modern, or history proper.

VI. Progress
  No progressive Progress standing for salvation, in modern, secularized
  thought in Roman history (In the Middle Ages progress might mean perfection —
  Empire (Colling- perfection of soul, increasing closeness to redemption.)
  wood p. 38) was not Since historical reality is not detachable from us, but with
  us, progress indeed comes true in various really isomor-
  see Collingwood, p. 85 phisms. The antinomy between progress
  (criticism of 18th c. belief in progress) and true culture — vs. liberalism & Marx.

Entwurf aus den Vorarbeiten, »First Draft« 1/2, KN DLM [72.3525/5]

2

VII. History in the process.

The impass and the unforeseeable solution

See Collingwood 48, 51-52. 55.
Blueprint & Achievement. (Compare Communist ideology with what has come out of it.

The "dust of opinions" in any period — and the consequence of ignorance, or power drive. (Discuss the "coming of reason"

VIII. Man in history

The Individual & the Revolution (Guizot, Thiers, Tolstoy)

The Mingling of antagonists (5th cent. A.D.; Reformation with Erasmus; 19th century)

Comfort of the lost.

IX. Utopian thought (or Apocalyptic)

Entwurf aus den Vorarbeiten, »First Draft« 2/2, KN DLM [72.3525/5]

HIST: Re: INTRODUCTION

Rome, Sept. 18, 1964
Re: INTRODUCTION to
HIST book 1

1) I confine myself to modern historiography
2) History stands here for all manifestations and thought in the anteroom area which is perhaps not the Lebenswelt proper, but not the area of systematic philos'l thought either. It is an in-between area, overshadowed by alt. thought.
3) It lies in the nature of my project that its underlying systematic intentions, if systematic they are, should come out only at the end. The "morphology" of the anteroom area requires detours and seemingly uncommon meditations. There are no straight lines here, as in the dimension of highest generality. Accordingly, I retrace one way I not to go.
4) In connect. keeping with my v. climate intentions — which appeared to me only at a late date (so they will in the book) I rely largely on the thoughts of historians about their craft and naturally on their practice. My book is a construction in the material of historiography.

Rome, Sept. 19, 1964
Re: INTRODUCTION to
HIST. book 2

(5) I have to go much-trodden paths. Each concept used has a long tradition; each problem touched upon has found diverse solutions. But perhaps I cannot attain my objectives at all unless I disregard the tradition up to a point; perhaps the issues I have in mind call for a certain deta naivety of approach, a certain detachment from historically given formulations. To dissolve certain philosophical systems you cannot even stay within them but must also approach them from without. It is not really possible to overcome Hegel's identity philosophy in Hegel's language (as J Wild Haag). The same held true of the Ptolemaean system. New questions require a fresh start — which may be abrupt & childish. J am unscrupulous, with trembling.

Rome, Sept. 28, 1964
Re: INTRODUCTION to
HIST. book 3

(6) At the end of the Introduction J'll have to outline, and emphasize the novelty & significance of, the 2 main thoughts of my book — the paradoxical nature structures of TIME & the nonhomogeneous structure of the intellectual universe. Trace the latter thought to my "Soziologie als Wissenschaft." Also say that in a sense this book is a continuation of my "Theory of Film." So the continuity of my work will come to the fore.

(7) The Introduction should also highlight the comparison between camera-reality & hist'l reality.

F which J discovered only while preparing the book.

72.3525

Notizen zur Einleitung aus den Vorarbeiten, KN DLM [72.3525/5]

> First draft Ch. 5
> June 12 – 22, 1966
>
> Ch. 5 1
> CONCISE OUTLINE
> MOTTO: Aron 1295

Aron 1295

1. DEFINITIONS

(1) Histories differ in **scope** or **magnitude**.
A continuum ranging from univ'l hist'y to small atom-like units. Battle of Leuthen, Frederick's campaign as a whole, European history of the period, etc.

957. (2) Differences in scope = diff's in distance.
532   Toynbee: bird's-eye view vs. "myopic." Mehta 957 & Toynbee 532
[Note About the 2 meanings of the term "distance"]

1266. (3) Histories of the same magnitude show common traits...
They form a "**class**" (Lévi-Strauss: L.-St. esp. 1266) – are at the same level.
Histories of the same class aspire to the same scope of intelligibility.

(4) To simplify matters, let me differentiate between 2 major classes: **micro & macro history**. B'ries fluid.

(5) Altogether the different classes of history constitute, and explore the "**historical universe**."

2. THE CLOSE-UP

1. How do micro- and macro history relate to each other?

   But before approaching this question, I wish to take a closer look at the meaning of **micro history**, thus resuming a matter I expressly left undiscussed when proceeding, in Ch. 4, from fact-oriented accounts to interpretative hist'y proper. (see MS 82, lines 7-8 & ch.)

   see MS 82

   (a) Interpr'e micro histories may be called "close-ups" in analogy to the film shot of this name.

   MS. 78 (Spec.n.1)
   (b) The affinity between close-ups and fact-oriented accounts. The latter may expand into the former. The micro-dimension comprises the close-ups & a majority of fact-oriented histories.

   MS 43 & Pan 730 (c) Examples: Pan's principle of disjunction (Pan 730).
   Sheet A   Jedin (Sheet A)
            Hexter (Aristy in Renaissance)
            Diamond's example. (Hexter, p. 68)

   (d) Purpose: to supplement, test, qualify, etc. macro hist's.

   MS 42-3 (Spec.n.1)
   (e) As said before (pp. 42-3), close-ups favor an equilibrium between spontaneity & receptivity.

Notizen aus den Vorarbeiten Close-up/Namier 1/2, KN DLM [72.3525/5]

3. THE TOLSTOY-NAMIER POSITION

(1) Supposing now, the different classes of hist'y form a hierarchy does the highest class – univ. hist. – set the tune for all the lower ones? Or is it, conversely, micro hist upon which the other classes depend?

Curtius 1339-40 — The second alternative epitomized by Abe W's: "God is in detail". (Refer to Curtius!) Representatives: TOLSTOY & NAMIER. Both coincide in identifying the micro dimension as the seat of (hist'l) reality proper.

(2) TOLSTOY

Berlin 662-7!
(a) Vs. great-men hist. – emphasis on ideologies –, high abstractions, panoramic views (Hegel = gibberish). All this possible only for the ancients who believed in God, Providence, inspired leaders.

Tolsty Sheet B
(b) What is power (now that this belief is dead)? What force behind the mvts of peoples?

my book Sheet C
(c) Reality must be sought in infinitely small elements. (with The opaque web of smallest interaction — interactions. (gaps) In W&P.: Pierre on Battlefield. Micro reality confronted with official accounts. In A. Karenina: The moth-catching lawyer.
Conclusion: The force behind the mvts of peoples = the actions of all participants.
Refer to Léger's monstre film. T's attitude v. Woolf's.

(Participating computers)
(d) The unfulfillable task of hist: to recover these smallest elements. Were they found, and integrated (comparison with calculus), we would have LAW of history. T's fallacious belief in determinism = necessity of hist.

(e) Because chain of real causes inexhaustible, we assign to men more or less freedom of will. Freedom a fact of consciousness, not of reason; this argument not quite clean.

(f) T.'s nostalgia for an explanatory principle integrating micro analysis. In reaching out for it, he postulates wisdom = sensitivity to the force behind the mvts of peoples.
KUTUZOV (Quote Prince Andrey)

(3) NAMIER

Namier 761-5
(a) Like Tolst., N. rejects panoramic views, great-men hist'y, hist'y of ideas as unreal. His THE STRUCTURE's...break away from the usual Whig interpretation...., ignoring such (hollow) concepts

Mehta 964-8 & 971-2, 970
as ideology, party, gen. tendencies.... socio-economic determinism... His motto, too: God is in detail. 970: Namier ñ Toynbee.

Taylor article
(b) But what detail? Unlike Tolst., N. does not imagine the smallest elements (comprising the mvts of peoples to be elements of a natural process. He is concerned about the discrepancy between conscious ideas & unconscious urges. Sensitive to

NAMIER, sheet D
the effects of material conditions on the psyche. (Marx's influence). He wants to get at the psychological springs of ideas in individuals & masses. Quote from SYN. p. 44)

Consult for Namier approach: I. 772-3.

Notizen aus den Vorarbeiten Close-up/Namier 2/2, KN DLM [72.3525/5]

General histories

672: Burckhardt acknowledging the subjective factor in his RENAISSANCE, which is a general history after all.
681: Kubler, Shapes, about the insufficiency of chronological time (which must be resorted to in general histories.) "Calendrial time indicates nothing about the changing pace of events." That is, general histories extending over several dimensions neutralize the shape of time in any such dimension, by referring to the illusionary common denominator of chronological time.
688: Festugière attributes the decline of Greek thought to the lack of experiment in antiquity. This is the unsatisfactory sort of explanation bound up with history writing on a more general level.
726 Panofsky, Renaissance, exemplifying the fact, that histories, esp. more general histories, inevitably set their material in this or that perspective. Ref. to Proust's 3 church steeples.
747: Comment on Kubler, Shapes: He judiciously criticizes the recourse to chronological time in general, histories; this is entirely in keeping with Proust's and Burckhardt's approaches.
836-41: I exemplify the necessity, for histories at a level of higher generality, to resort to superficial transitions, doubtful explanations, etc., by reference to Wendland, Hellenism. He often falls in idle prattle, makes unchecked general assumptions which then serve as starting-points for alleged explanations. Thus he speaks of Augustus' "daemonischer Kraft" or says: "Mit Recht hat man gesagt, dass das Griechentum zum Teil am Kultus der schoenen Form zugrunde gegangen ist."
844-46: Important statement on chronological time: To the extent that general histories fall back on chronological time, they cannot explain events adequately; this is an essential shortcoming of general histories. Reference to Kubler, Shapes. General histories want to follow all trains that arrive or depart at once. But this is not possible.

879-898: Schmidt, Marx. Marx's dialectical materialism shows the same defects as any general history.
964: Taylor about Namier's inability for sustained narration
973: Butterfield about " " " " " (good!)
1022-26: Marrou about the use of general concepts — among them the ideal-type. He cautions against hypostatizing general concepts. + 1041
1072: Cohen vs. hypostatizing spirit of age and general concepts
1074-75: Cohen about causal explanations, he admits contingency
1077: Cohen ref. to Law of Levels
997: Croce about general & specialized histories [my comments]
× 1008: Croce: artificial transitions in "poetic" histories — good examples
1119: Barraclough insists on need for general ideas (e.g. Europ'n civilizat'n) without them, the historian cannot establish a single fact.

1091 | 1091: What counts, says Harnack, are only such ideas as have really
191: Harnack vs | moved a period; vs. hypostasizing of ideas.
516: Droysen
1175/6

× 1131: Lietzmann: good example for artificial transition
1133: Huizinga: Incoherence of periods. 19th-c. ideas (Marx, Darwin) exert little influence on 19th-c. historiogr'y
1134: Huizinga justifying use of universals in hist.
1167-1170: Droysen justifies narratives which proceed from the effects
92a of events — effects not intended or foreseen by the actors. These
Comments narratives are entitled to trace the effects to (non-existent) initial impulses. (A Hegelian procedure)
1174: Droysen about the "investigating" hist'l presentation.
1175/6: ": the "erzählende Darstellung" traces the results of a hist'l sequence to impulses at the outset — which may be a sheer fantasy, see 1170
1178: Droysen: pragmatic presentation follows a hist'l sequence from the initial efforts to their intended effects
1202-3, 1217-19, 1204-10: About the relations between the ideological & social areas. (See also "Law of Levels")

Seite aus dem »Guide to History«, KN DLM [72.3525/1]

6.

B. Mental operations leading to the establishment of the facts

    scarcity of remains

1. Disregard document collection and all that it involves in clarification of the texts or of the archaeological evidence (Dating, etc.)

2. Macauley compared history to foreign travel. But, as he himself proves, one can do a lot of sightseeing without seeing the sights. ~~see also~~ People photographing the Acropolis. Query, how see the sights?

   Example: Wendland, pp. 9-10

3. First stage: Due to the prevalence of preconceptions and uncontrolled hypotheses, everything enveloped in a "primeval fog."
   (As a rule, the preconceptions & hypotheses are bound up with the idea of a period or some pattern) This movement mostly in the wake of some history seeing a new "Gestalt", say, to check on the accuracy of Weber's Calvinist theory, or so. → Doubtful construction

   ← ll.p.1 For: continuation of strip-tease act: 0 → p.7

4. Second stage: The process of estrangement (= alienation?) or "self-emptying" (Butterfield's expression). [Proust seeing his grandmother as would "a stranger, a witness, an observer" -- as if looking at a photograph of her. His mind a palimpsest, with the "lover" erased under the "stranger."
   (For the technique of fast "erasing", refer to MIRACLE OF PICASSO. Refer to the superficiality of Carr, "What Is History?", (---) 32-35, in dealing with "facts & interpretation."
   The importance of estrangement for the historian illustrated by Thucydides,, Polybius, and, of late, Namier(!) Living in the vacuum of exile a boon to the historian. Exterritoriality a benefit for him.

   Letting the factual material sink into the "unconscious" which I identify as the psychological continuum conforming to the historical continuum (for the latter, see next chapter)

5. Third stage: Absorption in the facts with a relatively blank mind. It is evident that this must be done purposelessly. And since the facts are not yet really known, random study of the still uncontoured complexes under consideration is of the essence. Comparison with the odds and ends from which the embryo is composed in the womb. (See Mills, "The Social Imagination," esp. p.196). Collingwood forgets that his sleuth must pass through the random phase also, in order to find "clues."

6. Fourth stage: Establishment of the complex of facts investigated by way of analysis... Analysis, to be sure, involves interpretation, but (micro-)
   the subjective factor is still kept subdued, confining itself to fact-oriented (= minimum) interpretation. [Generally speaking, from a target of interpretation, the facts turn into a starting-point for it.]
   Example: Kristeller: "Renaissance Thought"

The result are intelligible expositions of complexes of facts. One may call them factual or "technical" accounts. In Butterfield's terminology, they make up "technical history" -- history free from interpretation of an evaluative sort and coming as close as possible to an objective rendering of historical reality. Following the realistic tendency, technical history conforms to the "minimum requirement" of the historical approach. The technical accounts it comprises resemble documentary films intent on recording physical existence. Their near-objectivity is bought at a price; they do not penetrate all aspects of hist. reality; they are colorless. [On the other hand, interpretative history -- history proper, that is -- can lay claim to validity only if it is not at variance with the knowledge established by technical history. Hence the indispensability of the latter.]

   [ ]: This belongs to next chapter-

   Like camera records

Notizen aus den Vorarbeiten »Mental Operations« 1/2, KN DLM [72.3525/5]

It lies in the nature of things that technical accounts as a rule deal with small matters [=micro-analysis] [the small]. They have an affinity for microscopic contexts. This being so, they usually, if not necessarily, take on the form of monographs. Anticipatory reference to the hist. continuum on which technical hist. deals. Exemplify technical accounts -- e.g., Panathenean Amphoras - see footnotes in Panofsky's "Renaissance..." for monograph titles.

7. Fifth stage: Return from the technical account to interpretative history. Of special interest is the full penetration of some complex of facts established by a technical account. Example: Panofsky: "Renaissance and Renascences." Because of its limited scope any such investigation may be called a "close-up." Like the technical account, it gravitates toward the form of a monograph. Interpretation in the "close-up" is no longer merely fact-oriented, but based on the acquaintance with the facts. It incorporates them into the vaster body of knowledge, with the historian's previous preoccupations -- the eraser "lover" under the "stranger" (the mind as palimpsest) -- again coming into play. Example: Panofsky's "Principle of disjunction"

← O p.6

The relations between the "close-up" and histories on higher levels of generality will be discussed later on.

II

Notizen aus den Vorarbeiten »Mental Operations« 2/2, KN DLM [72.3525/5]

Feb. 17, 1962

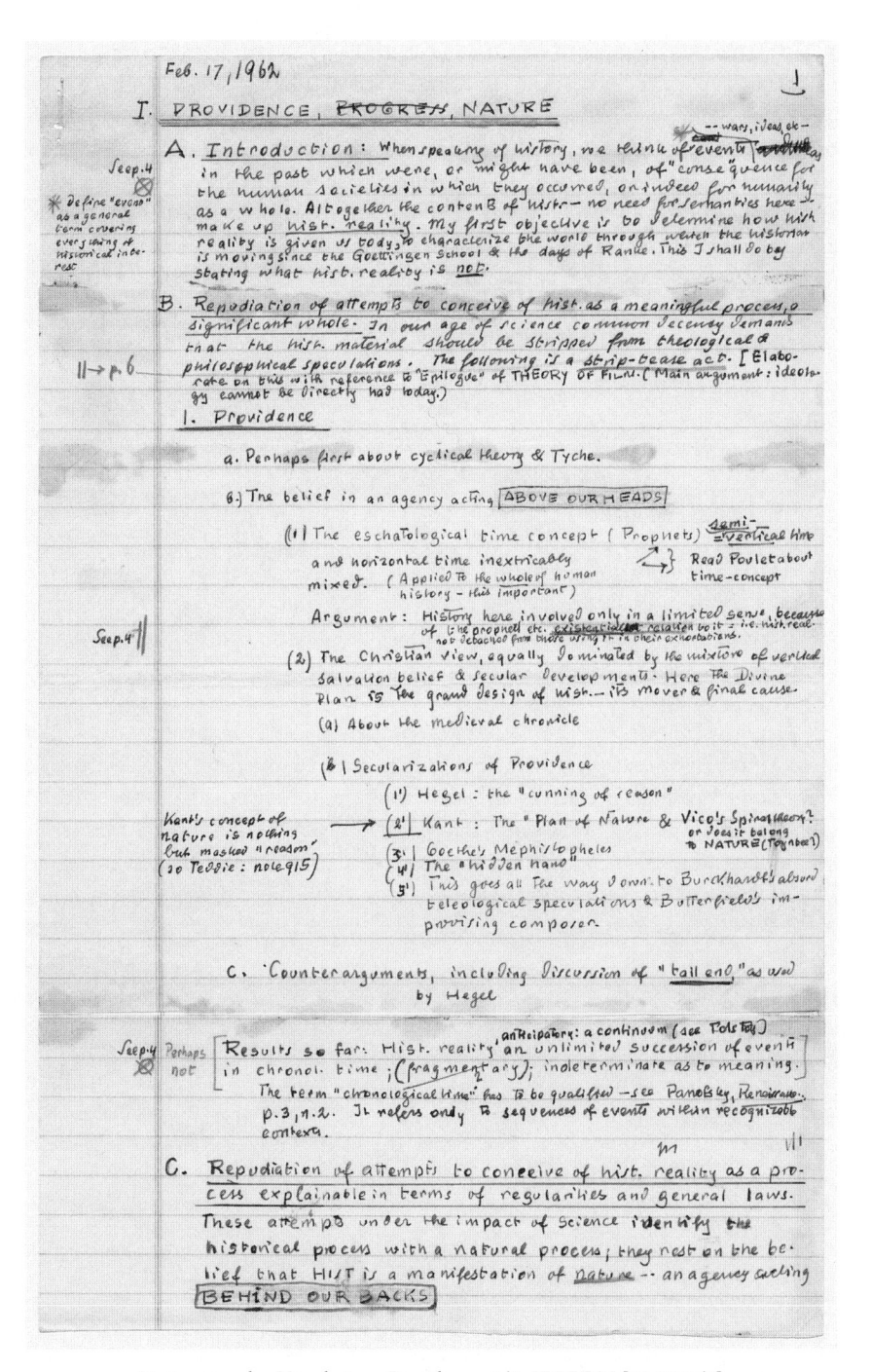

I. PROVIDENCE, ~~PROGRESS~~, NATURE

See p.4
※ define "event"
as a general
form covering
everything of
historical interest

A. Introduction: When speaking of history, we think of events ~~which~~ -- wars, ideas, etc. -- in the past which were, or might have been, of "consequence" for the human societies in which they occurred, or indeed for humanity as a whole. Altogether the contents of hist.— no need for semantics here — make up <u>hist. reality</u>. My first objective is to determine how hist. reality is given us today; to characterize the world through which the historian is moving since the Goettingen School & the days of Ranke. This I shall do by stating what hist. reality is <u>not</u>.

II → p.6

B. Repudiation of attempts to conceive of hist. as a meaningful process, a significant whole. In our age of science common decency demands that the hist. material should be stripped from theological & philosophical speculations. The following is a <u>strip-tease act</u>. [Elaborate on this with reference to "Epilogue" of THEORY OF FILM. (Main argument: ideology cannot be directly had today.)

1. Providence

   a. Perhaps first about cyclical theory & Tyche.

   b.) The belief in an agency acting ABOVE OUR HEADS

   (1) The eschatological time concept (Prophets) semi-vertical time and horizontal time inextricably mixed. (Applied to the whole of human history — this important)   → Read Pouletabout time-concept

   Argument: History here involved only in a limited sense, because of the prophets etc. existential relation to it — i.e. hist. real. not detached from those using it in their exhortations.

   See p.4

   (2) The Christian view, equally dominated by the mixture of vertical salvation belief & secular developments. Here the Divine Plan is the grand design of hist.— its mover & final cause.

   (a) About the medieval chronicle

   (b) Secularizations of Providence

   (1') Hegel: the "cunning of reason"

   Kant's concept of nature is nothing but masked "reason". (so Teddie : note 915)
   → (2') Kant: The "Plan of Nature" & Vico's Spinoza theory? or does it belong to NATURE (Toynbee?)
   (3') Goethe's Mephistopheles
   (4') The "hidden hand"
   (5') This goes all the way down to Burckhardt's absurd teleological speculations & Butterfield's improvising composer.

   c. Counterarguments, including discussion of "tail end," as used by Hegel

See p.4 Perhaps not ※

Results so far: Hist. reality an unlimited succession of events anticipatory: a continuum (see Tolstoy) in chronol. time; (fragmentary); indeterminate as to meaning.

The term "chronological time" has to be qualified — see Panofsky, Renaiss..., p.3, n.2. It refers only to sequences of events within recognizable contexts.

C. Repudiation of attempts to conceive of hist. reality as a process explainable in terms of regularities and general laws. These attempts under the impact of science identify the historical process with a natural process; they rest on the belief that HIST is a manifestation of <u>nature</u>.— an agency acting BEHIND OUR BACKS

Notizen aus den Vorarbeiten »Providence« 1/2, KN DLM [72.3525/5]

a. Fallacy of argument that hist. emphasizes the unique, while science deals with the general. Nevertheless it remains true that hist. concentrates on the succession of events in chronol.l time.

b. The relation of the behavioral sciences to hist.
   (e.g. Hist. of primitive Greek religion profiting by ANTH)

c. Kant's reference to statistical regularities. Counterargument, corroborated by Toynbee of late: These regularities are a falling back on nature. But hist. not only concerned with human latitude.

   Does Vico belong here or already under PROVIDENCE?
d. Spengler's & Toynbee's conception of civilizations as organic-nature processes.
   Basic criticism: their reduction of the historical process to a natural process, which implies denial of contingencies, the emergent new. The dangers of the comparative method. (See Henry Frankfort's criticism of Toynbee.
   Nevertheless astonishing insight. (reminiscent of photos from unusual angles. — see ch. on PATTERNS)

e. Perhaps here discussion of free-will vs. determinism (but don't go into philosophical argumentation proper)

See p.4 | Perhaps not | [f. Results so far: Hist. reality includes the fortuitous, much of what is new and irregular. (See Tocqueville quote.) n. 640]

Notizen aus den Vorarbeiten »Providence« 2/2, KN DLM [72.3525/5]

Progress

a. The semi-vertical time turning into the horizontal secular chronological time: ↗→

From the theological point of view, the idea of progress in chronological time is a poor substitute of the idea of progress toward Salvation in vertical time. Its inherent injustice to the past and its immorality prompted Fourier to re-introduce the doctrine of metempsychose. See also Niebuhr quote. Discuss Benjamin's argument against progress as a movement in empty chronolc'k time.

b. Factual evidence of progress only in selected areas, such as science, economics;
But these facts do not sufficiently bear out the idea of general progress.

c. The illusion of general progress upheld by a developmental phenomenon which Gombrich strongly emphasizes — that each generation tends to utilize the know-how acquired by previous generations. HIST as a learning process. Yet the learning involves different issues at different times, and many an issue becomes irrelevant and is abandoned in the process.
The champions of the idea of progress mistakenly use as prop for their idea the fact that each generation stands on the shoulders of the preceding one — a development, that is, which is not, or need not be, identical with progress. (Indeed, often the topmen have to jump down again and restart from scratch, as, for instance, in the case of scholasticism, or the Ptolemaic world view)

PROGRESS: ⟶
LEARNING PROCESS ⟳⟳⟳
See Kubler, Shapes...
See paper by Ackerman in: "A Theory of 'Style'" in HIST folder.

(study Dewey's James concept of "experience" in process)

d. Finally, it is only fair to weigh the liabilities against the assets.
(1) No progress in art, religion... (Collingwood's stupid assumption of religious improvements)
(2) Among the losses: handicrafts, etc.
(3) The 17th-c. turn from the Why to the How, from quality to quantity, endangering the humanistic ideal.
{ From this angle, new light may be shed on the aspirations of the Humanists whose goals are obscured if they are considered philosophers, religious men, or proto-scientists. }
Study Goethe vs. Newton.

Dimensions: In each Dimension historical developments are relatively intelligible. With respect to them, one may speak, as Kubler does, of shapes of time. Each Dimension comprises a sequence of, in a measure, interrelated events, each of which occupies a definite place in the sequence.

{Don't reveal here too much} In any given period, the simultaneous events of different dimensions may occupy different places in their respective sequences. How are these events interrelated? And since any period has a unifying characteristic — which may be called its spirit — the further question arises as to how the events making up that period relate to its spirit.

Notizen aus den Vorarbeiten »Progress«, KN DLM [72.3525/5]

HIST.
Historical & philosophical ideas

Rome, Sept. 24, 25, 1964 1
Re: HISTORICAL & GENERAL Ideas
Important notes or PHILOSOPHICAL

Throughout the book think of the difference, worked out in ch. 8, between general, or philos'l, ideas which are conceived at the highest level of generality, and historical ideas -- all three, that is, which arise from close touch with particulars and, hence, are more or less limited in range. (Marx transformed a historical idea into a philosophical idea.)
At this stage of my thinking I am not yet able to define the differences between philos.'l & hist'l "ideas."
(It may be important to discuss the fact that Rousseau's ideas were adapted only as the Revolution was already well under way.)
The significance of Kant within this context.
The importance of Anglosaxon empiricism & positivism as a revoltagainst the "phantom" character of general metaphysics. These schools of thought side with the particular against the general — but at what costs!

ROME, Sept. 29, 1964 2
Re: HISTORICAL & GENERAL, or PHILOSOPHICAL IDEAS.
Important notes

Historical ideas can in a measure be tested; philosophical ideas are, so to speak, excursions into the blue, unverifiable, if perhaps necessary & indeed beneficent ventures. They must be believed. For ch. 8, pp. 39-41.
With Plato & Aristotle philosophical thought approached theology; in Western thinking philosophical thought cannot deny its origin in theology.

Notizen aus den Vorarbeiten »Historical and philosophical ideas«, KN DLM [72.3525/5]

SIEGFRIED KRACAUER

498 Westend Avenue
New York 24, N.Y.
October 31, 1964

Lieber Herr Blumenberg:

Ich moechte Ihnen wenigstens kurz danken fuer die drei Separatabdrucke die Sie mir freundlichst schickten -- Epochenschwelle (mit der Jonas Kritik), Melanchton, und Patristik. Gerne schriebe ich Ihnen laenger darueber, doch die Zeit reicht einfach nicht aus. Lassen Sie mich immerhin dies sagen: Ich habe Ihre drei Stuecke mit grossem Gewinn gelesen; sie floessen mir nicht nur einen Respekt vor Ihrer scholarship ein, der durch mein geringeres Mass daran nicht erhoeht wird, sondern machen mich auch weiterhin mit einigen Ihrer Hauptgedanken vertraut -- solchen, die ich teilweise schon von der Lektuere Ihrer Paradigmen und Ihres Saekularisations-Aufsatzes her kannte. Es ist mir eine wirkliche Genugtuung, dass sich diese Gedanken -- ich spreche von denen allgemeinerer Art -- mit ein paar meiner eigenen stark decken. Ich denke z.B. an Ihre Insistenz auf historischer Diskontinuitaet und Ihre damit zusammenhaengende Kritik der "Geistesgeschichte", die ueber den morphologischen Homologien den Funktionswandel der Begriffe unberxxxinkx vernachlaessigt, der inzwischen stattgefunden hat -- freilich dupiert durch die Absichten derer, die das Neue als das Alte erscheinen lassen wollen. So wird die Geschichte aus einer Linie zu einer Folge von Situationen oder Gestaltungen mit schwierigen Bruchstellen dazwischen -- einer Folge, die jedenfalls nicht mehr linienhaft
/ werden kann.   gedacht/ (Hierueber fand ich einiges in der Jonas Kritik.) Wie sehr ich damit uebereinstimme, moegen Sie, zumindest andeutungsweise, aus meinem TIME AND HISTORY Artikel ersehen haben. (Wenn Sie einmal Zeit finden, schreiben Sie mir doch ein Wort darueber.) Allgemein noch: ich glaube, dass es nur logisch und sinngemaess ist, wenn Sie Ihre generellen Gedanken nicht so sehrfxxixxxpluxk direkt ausdruecken als sie in monographischen Studien bewaehren und durchscheinen lassen. Das scheint mir eine Konsequenz dieser besonderen Gedanken selber. Und ueberdies, ich habe meine handwerkliche Freude daran, wie Sie den Begriffen auf den Puls fuehlen. Worum es geht ist ja wirklich der Nachweis im Material. Ich koennte mir denken, dass Ihre Analysen mit ihrer Kritik am Verlauf der Tradition die sogenannte "Ideengeschichte" revolutionieren helfen. Sie zeugen (wie auch vielleicht ein paar meiner Gedanken) von einem Strukturwandel des Denkens. - Zum Einzelnen nur gerade soviel, dass ich Ihre Interpretation der Rezeption der Antike durch die Patristik vom Gesichtspunkt ihres leitenden "Interesses" dabei ungemein einleuchtend finde. Ihr einer Satz ueber die Sprache ("Epochenschwelle...","S.101,Z.4 von unten - S.102,Z.1) hebt die ganze modische Sprachvergoetzung einschliesslich der Wittgenstein-Nachfolge aus den Angeln. Bei Ihrer Jonas Kritik bin ich mir nicht ganz sicher ob Sie nicht der starken Heidegger Komponente in seiner Konstruktion der Gnosis -- vor allem seiner Uebernahme des Gedankens von der Geschichtlichkeit des Seins -- zu tolerant begegnen. Aber auch ich bin von der Fruchtbarkeit der Konstruktion ueberzeugt, und zudem, in seiner Anerkennung des Einbruchs von Neuem trifft er sich mit Ihnen (und mir). Ihre Cues-Anthologie habe ich mir bestellt. Haben Sie nochxxixxxt ein Exemplar von nr.29 Ihrer Bibliographie zu freier Verfuegung? Leider ist mein Brief vollkommen ung enuegend; wir sollten eben miteinander diskutieren koennen.

Sehr herzliche Gruesse,
Ihr,

Siegfried Kracauer an Hans Blumenberg, 31.10.1964, KN DLM [72.3718/2]

Abbildungsverzeichnis

Notizen zum Kolloquium »Nachahmung und Illusion« 19.06.1964, KN DLM [72.3525/5]
Aus den Reisenotizen, Maria Street, Bruges 16.07.1963, KN DLM [72.3629a]
Karteikarte zu Walter Benjamins »Über den Begriff der Geschichte«, KN DLM [72.3525/5]
Entwurf aus den Vorarbeiten, »First Draft« 1/2, KN DLM [72.3525/5]
Entwurf aus den Vorarbeiten, »First Draft« 2/2, KN DLM [72.3525/5]
Notizen zur Einleitung aus den Vorarbeiten, KN DLM [72.3525/5]
Notizen aus den Vorarbeiten Close-up/Namier 1/2, KN DLM [72.3525/5]
Notizen aus den Vorarbeiten Close-up/Namier 2/2, KN DLM [72.3525/5]
Seite aus dem »Guide to History«, KN DLM [72.3525/1]
Notizen aus den Vorarbeiten »Mental Operations« 1/2, KN DLM [72.3525/5]
Notizen aus den Vorarbeiten »Mental Operations« 2/2, KN DLM [72.3525/5]
Notizen aus den Vorarbeiten »Providence« 1/2, KN DLM [72.3525/5]
Notizen aus den Vorarbeiten »Providence« 2/2, KN DLM [72.3525/5]
Notizen aus den Vorarbeiten »Progress«, KN DLM [72.3525/5]
Notizen aus den Vorarbeiten »Historical and philosophical ideas« 1/2, KN DLM [72.3525/5]
Siegfried Kracauer an Hans Blumenberg, 31.10.1964, KN DLM [72.3718/2]

Bibliographie

1 TEXTE VON KRACAUER

1.1 Werkausgabe

KRACAUER, Siegfried, *Werke in neun Bänden,* hrsg. v. Inka Mülder-Bach und Ingrid Belke, Frankfurt a.M. 2004–2011.

—, *Soziologie als Wissenschaft. Der Detektiv-Roman. Die Angestellten,* Werke Bd. 1, hrsg. v. Inka Mülder-Bach unter Mitarbeit von Mirjam Wenzel, Frankfurt a.M. 2006.

—, *Von Caligari zu Hitler,* Werke Bd. 2.1, hrsg. v. Sabine Biebl, Frankfurt a.M. 2012.

—, *Studien zu Massenmedien und Propaganda,* Werke Bd. 2.2, hrsg. v. Christian Fleck und Bernd Stiegler, Frankfurt a.M. 2012.

—, *Theorie des Films. Die Errettung der äußeren Wirklichkeit,* Werke Bd. 3, hrsg. v. Inka Mülder-Bach unter Mitarbeit v. Sabine Biebl, Frankfurt a.M. 2005.

—, *Geschichte – Vor den letzten Dingen,* Werke Bd. 4, hrsg. v. Ingrid Belke unter Mitarbeit v. Sabine Biebl, Frankfurt a.M. 2009.

—, *Essays, Feuilletons und Rezensionen,* Werke Bd. 5.1–4, hrsg. v. Inka Mülder-Bach und Ingrid Belke, Berlin 2011.

—, *Kleine Schriften zum Film,* Werke Bd. 6.1–4, hrsg. v. Inka Mülder-Bach unter Mitarbeit von Mirjam Wenzel und Sabine Biebl, Frankfurt a.M. 2004.

—, *Romane und Erzählungen,* Werke Bd. 7, hrsg. v. Inka Mülder-Bach unter Mitarbeit v. Sabine Biebl, Frankfurt a.F. 2004.

—, *Jacques Offenbach und das Paris seiner Zeit,* Werke Bd. 8, hrsg. v. Ingrid Belke unter Mitarbeit v. Mirjam Wenzel, Frankfurt a.M. 2005.

—, *Frühe Schriften aus dem Nachlass,* Werke Bd. 9.1–2, hrsg. v. Ingrid Belke unter Mitarbeit v. Sabine Biebl, Frankfurt a.M. 2004.

1.2 Weitere Ausgaben und Einzeltexte

Deutsche Ausgaben

KRACAUER, Siegfried, *Von Caligari bis Hitler. Ein Beitrag zur Geschichte des deutschen Films,* Reinbek bei Hamburg 1958.

—, *Pariser Leben. Jacques Offenbach und seine Zeit,* München 1962.

—, *Geschichte – Vor den letzten Dingen, Schriften,* Bd. 4, hrsg. u. übers. v. Karsten Witte, Frankfurt a.M. 1971.

—, *Das Ornament der Masse: Essays,* mit einem Nachwort von Karsten Witte, Frankfurt a.M. 1977.

—, *Von Caligari zu Hitler. Eine psychologische Geschichte des deutschen Films*, übers. v. Ruth Baumgarten und Karsten Witte, *Schriften*, Frankfurt 1984.

—, *Straßen in Berlin und anderswo*, Berlin 1987.

—, *Aufsätze, Schriften*, Bd. 5.1–3, hrsg. v. Inka Mülder-Bach, Frankfurt a.M. 1990.

—, *Die Entwicklung der Schmiedekunst in Berlin, Potsdam und einigen Städten der Mark vom 17. Jahrhundert bis zum Beginn des 19. Jahrhunderts*, Berlin 1997. [1915]

Englische Ausgaben

KRACAUER, Siegfried, *From Caligari to Hitler. A Psychological History of the German Film*, Princeton 1947.

—, »The Photographic Approach«, in: *Magazine of Art* 44.3 (1951), S. 107–113.

—, »The eternal Jew«, in: *Cinéma 16 Film Notes*, 1958/59, 4.–5.11.1958.

—, »Time and History«, in: *History & Theory. Studies in the History of Philosophy of History*, Bd. 6, 1966, Beiheft 6, S. 65–78. [Zuvor in: Max Horkheimer (Hrsg.), *Zeugnisse. Theodor W. Adorno zum 60. Geburtstag*, Frankfurt a.M. 1963, S. 50–64.]

—, »General History and the Aesthetic Approach«, in: Hans Robert Jauß (Hrsg.), *Die nicht mehr schönen Künste. Grenzphänomene des Ästhetischen* (Poetik und Hermeneutik III), München 1968, S. 111–127.

—, *History. The Last Things before the Last*, mit e. Vorw. v. Paul Oskar Kristeller, New York 1969.

—, *Theory of Film. The Redemption of Physical Reality*, London, New York 1960 bzw. neu mit einer Einführung v. Miriam Bratu Hansen, Princeton 1997.

Französische Ausgaben

KRACAUER, Siegfried, *Jacques Offenbach ou le Secret du Second Empire*, übers. v. Lucienne Astruc, mit einem Vorw. v. Daniel Halévy, Paris 1937.

—, *Les Employés. Aperçus de l'Allemagne nouvelle (1929)*, suivi d'une récension de Walter Benjamin, übers. v. Claude Orsoni, hrsg. v. Nia Perivolaropoulou, Paris 2004.

—, *L'Histoire. Des avant-dernières choses*, mit e. Vorw. v. Jacques Revel, übers. v. Claude Orsoni, hrsg. v. Nia Perivolaropoulou u. Philippe Despoix, Paris 2006.

—, *L'ornement de la masse. Essais sur la modernité weimarienne*, mit einem Vorw. v. Olivier Agard, übers. v. Sabine Cornille, hrsg. v. Olivier Agard und Philippe Despoix, Paris 2008.

—, *Théorie du film. La rédemption de la réalité matérielle*, übers. v. Daniel Blanchard u. Claude Orsoni, hrsg. u. mit einem Vorw. v. Philippe Despoix und Nia Perivolaropoulou, Paris 2010.

2   VERÖFFENTLICHTE KORRESPONDENZEN

ADORNO, Theodor W. – Siegfried KRACAUER, *Briefwechsel 1923–1966*, hrsg. v. Wolfgang Schopf, Frankfurt a.M. 2008.

ASPER, Helmut G. (Hrsg.), *Nachrichten aus Hollywood, New York und anderswo: der Briefwechsel Eugen und Marlise Schüfftans mit Siegfried und Lili Kracauer*, Trier 2003.

BENJAMIN, Walter, *Briefe an Siegfried Kracauer. Mit 4 Briefen von Siegfried Kracauer an Walter Benjamin*, Marbach am Neckar 1987.
BLOCH, Ernst, *Briefe 1903–1975*, 3 Bde., hrsg. v. Karola Bloch u.a., Frankfurt a.M. 1985.
BLUMENBERG, Hans – Carl SCHMITT *Briefwechsel 1971-1978 und weitere Materialien*, hrsg. und mit einem Nachwort v. Alexander Schmitz und Marcel Lepper, Frankfurt a.M. 2007.
KRACAUER, Siegfried – Erwin PANOFSKY, *Briefwechsel 1941–1966*, hrsg. v. Volker Breidecker, Berlin 1996.
KRACAUER, Siegfried – Leo LÖWENTHAL, *In steter Freundschaft: Briefwechsel 1921–1966*, hrsg. v. Peter-Erwin Jansen u.a., Springe 2003.
PANOFSKY, Erwin, *Korrespondenz I: 1910–1936*, hrsg. v. Dieter Wuttke, Wiesbaden 2001.
SCHÜTZ, Alfred/Eric VOEGELIN, *Eine Freundschaft, die ein Leben ausgehalten hat. Briefwechsel 1938–1959*, Konstanz 2004.
VIALON, Martin (Hrsg.), *Erich Auerbachs Briefe an Martin Hellweg (1939–1950)*. Edition und historisch-philologischer Kommentar, Bern 1997.

3   WEITERE PRIMÄRTEXTE

ADORNO, Theodor W., »Spengler today«, in: *Studies in Philosophy and Social Science*, IX/1941, New York, Institute of social research, S. 305–335.
—, »Spengler nach dem Untergang«, in: Ders., *Kulturkritik und Gesellschaft I (Prismen – Ohne Leitbild), Gesammelte Schriften*, Bd. 10.1, hrsg. v. Rolf Tiedemann, Frankfurt a.M. 1977, S. 47–71.
—, »Wird Spengler recht behalten?« (1955), jetzt in: Ders., *Gesammelte Schriften*, Bd. 20.1., hrsg. v. Rolf Tiedemann, Frankfurt a.M. 1986, S. 140–148.
—, »Benjamins Einbahnstraße«, in: Ders., Über Walter Benjamin, Frankfurt a.M. 1990, S. 55–61.
—, »Der wunderliche Realist. Über Siegfried Kracauer«, in: Ders., *Noten zur Literatur, Gesammelte Schriften*, Bd. 11, hrsg. v. Rolf Tiedemann, Frankfurt 1990, S. 388–408.
—, *Minima Moralia. Reflexionen aus dem beschädigten Leben, Gesammelte Schriften*, Bd. 4, hrsg. v. Rolf Tiedemann, Frankfurt a.M. 2003.
—, *Negative Dialektik. Jargon der Eigentlichkeit, Gesammelte Schriften*, Bd. 6, hrsg. v. Rolf Tiedemann, Frankfurt a.M. 2003.
AUERBACH, Berthold, *Spinoza. Ein historischer Roman*, Stuttgart 1837.
AUERBACH, Erich, »Figura«, in: *Archivum Romanicum*, 22 (1938), S. 436–489.
—, »Epilegomena zu Mimesis«, in: *Romanische Forschungen* 65 (1953), S. 1–18.
—, *Literatursprache und Publikum in der lateinischen Spätantike und im Mittelalter*, Bern 1958.
—, »Vico and aesthetic historism«, in: Ders., *Gesammelte Aufsätze zur romanischen Philologie*, hrsg. v. Fritz Schalk, Bern 1967, S. 266–274.
—, »Philologie der Weltliteratur«, in: *Gesammelte Aufsätze zur romanischen Philologie*, hrsg. v. Fritz Schalk, Bern 1967, S. 301–310.

—, *Mimesis: Dargestellte Wirklichkeit in der abendländischen Literatur*, 10. Aufl., Tübingen/Basel 2001.

—, »Romantik und Realismus«, in: Karlheinz Barck/Martin Treml (Hrsg.), *Erich Auerbach: Geschichte und Aktualität eines europäischen Philologen*, Berlin 2007, S. 426–438. [*Neue Jahrbücher für Wissenschaft und Jugendbildung*, 9 (1933) H.2, S. 143–153.]

BARTHES, Roland, *La chambre claire*, Paris 1980.

BENJAMIN, Walter, »Eduard Fuchs, der Sammler und der Historiker«, in: *Zeitschrift für Sozialforschung*, 1937, 6. Jg., S. 346–381.

—, »S. Kracauer, Die Angestellten. Aus dem neuesten Deutschland«, in: Ders., *Briefe an Siegfried Kracauer. Mit 4 Briefen von Siegfried Kracauer an Walter Benjamin*, Marbach am Neckar 1987, S. 113–115. [*Die literarische Welt*, 16.5.1930 (Jg. 6, Nr. 20), S. 5.]

—, »Das Kunstwerk im Zeitalter seiner Reproduzierbarkeit (Zweite Fassung)«, in: Ders., *Gesammelte Schriften* I.2, hrsg. v. Rolf Tiedemann/Hermann Schweppenhäuser, Frankfurt a.M. 1974, S. 471–508.

—, »Über den Begriff der Geschichte«, in: Ders., *Gesammelte Schriften*, Bd. I.2, hrsg. v. Rolf Tiedemann/Hermann Schweppenhäuser, Frankfurt a.M. 1974, S. 691–704.

—, »Ursprung des deutschen Trauerspiels«, in: Ders., *Abhandlungen. Gesammelte Schriften*, Bd. I.1, hrsg. v. Rolf Tiedemann, Frankfurt a.M. 1982, S. 203–430.

—, *Das Passagen-Werk. Gesammelte Schriften*, Bd. VI.2, hrsg. v. Rolf Tiedemann, Frankfurt a.M. 1989. [1982]

—, »Franz Kafka. Beim Bau der Chinesischen Mauer«, in: Ders., *Aufsätze, Essays, Vorträge. Gesammelte Schriften*, Bd. II.2, hrsg. v. Rolf Tiedemann/Hermann Schweppenhäuser, Frankfurt a.M. 1989, S. 676–683.

—, »Kleine Geschichte der Photographie«, in: Ders., *Aufsätze, Essays, Vorträge. Gesammelte Schriften*, Bd. II.1 hrsg. v. Rolf Tiedemann/Hermann Schweppenhäuser, Frankfurt a.M. 1989, S. 368–385.

—, »Verzeichnis der gelesenen Schriften«, in: Ders., *Nachträge. Gesammelte Schriften*, Bd. VII.1, hrsg. v. Rolf Tiedemann/Hermann Schweppenhäuser, Frankfurt a.M. 1989, S. 476.

—, *Einbahnstraße. Werke und Nachlaß*, hrsg. v. Detlev Schöttker unter Mitarbeit v. Steffen Haug, Frankfurt a.M. 2009.

—, Über den Begriff der Geschichte. Werke und Nachlass. *Kritische Gesamtausgabe*, hrsg. v. Gérard Raulet, Berlin 2010.

BERLIN, Isaiah, *The Hedgehog and the Fox: An Essay on Tolstoy's View of History*, New York 1953.

BLOCH, Ernst, »Spengler als Optimist«, in: *Der Neue Merkur* 5 (1921–1922), S. 290–292.

—, *Thomas Münzer als Theologe der Revolution*, Frankfurt a.M. 1963.

—, »Philosophische Ansichten über den Detektivroman«, in: *Gesammelte Schriften IX*, Frankfurt a.M. 1965, S. 242–263.

—, *Das Prinzip Hoffnung*, 3 Bde., Frankfurt a.M. 1985.

—, *Der unbemerkte Augenblick. Feuilletons für die ›Frankfurter Zeitung‹ 1916–1934*, Frankfurt a.M. 2007.

—, »Revueform in der Philosophie«, in: Walter Benjamin, *Einbahnstraße. Werke und Nachlass*, Frankfurt a.M. 2009, S. 525–529. [*Vossische Zeitung*, Nr. 182, 1.8.1928.]
BLOCH, Marc, *La Société Féodale*, Paris 1949. [*Die Feudalgesellschaft*, Stuttgart 1999.]
—, *Apologie pour l'histoire ou Métier d'historien*, Paris 1949. [*Apologie der Geschichtswissenschaft oder der Beruf des Historikers*, hrsg. v. Peter Schöttler, Stuttgart 2002.]
—, »Pour une histoire comparée des sociétés européennes« (1928), in: Ders., *Mélanges historiques*, Bd. I, Paris 1963, S. 16–40.
—, *Les rois thaumaturges*, Paris 1983. [*Die wundertätigen Könige*, München 2001.]
—, *L'étrange défaite: Témoignage écrit en 1940*, Paris 1990. [*Die seltsame Niederlage: Frankreich 1940. Der Historiker als Zeuge*, Frankfurt a.M. 1995.]
BLUMENBERG, Hans, »Epochenschwelle und Rezeption«, in: *Philosophische Rundschau* 6 (1958), H.1/2, S. 94–120.
—, »Melanchtons Einspruch gegen Kopernikus, zur Geschichte der Dissoziation von Theologie und Naturwissenschaft«, in: *Studium Generale* 13 (1960), H. 3, S. 174–182.
—, *Paradigmen zu einer Metaphorologie*, Bonn 1960.
—, »›Säkularisation‹«. Kritik einer Kategorie historischer Illegitimität«, in: Helmut Kuhn/ Franz Wiedemann (Hrsg.), *Die Philosophie und die Frage nach dem Fortschritt*, München 1964, S. 240–265.
—, *Die kopernikanische Wende*, Frankfurt a.M. 1965.
—, *Die Legitimität der Neuzeit*, Frankfurt a.M. 1985. [1966]
—, *Die Sorge geht über den Fluß*, Frankfurt a.M. 1988.
BRAUDEL, Fernand, *La Méditerranée et le monde méditerranéen à l'époque de Philippe II*, Paris 1949. [*Das Mittelmeer und die mediterrane Welt in der Epoche Philipps II.*, 3 Bde., Frankfurt a.M. 1990.]
—, »Histoire et Sociologie«, in: Georges Gurvitch, *Traité de sociologie*, Paris 1958, S. 83–98.
—, »Histoire et Sciences Sociales. La longue durée«, *Annales* 13 (1958), S. 725–753.
BREYSIG, Kurt, »Der Prophet des Unterganges. Oswald Spengler«, in: *Velhagen & Klasings Monatshefte*, 35 (1921), S. 261–270.
BROOKE, John, »Namier and Namierism«, in: *History & Theory* 3 (1964), Nr. 3, S. 331–347.
BURCKHARDT, Jacob, *Über das Studium der Geschichte. Der Text der »Weltgeschichtlichen Betrachtungen« nach den Handschriften*, hrsg. v. Oeter Ganz, München 1982.
—, *Die Kultur der Renaissance in Italien*, hrsg. v. Horst Günther, Leipzig 2003.
—, *Weltgeschichtliche Betrachtungen*, Wiesbaden 2009.
BUTTERFIELD, Herbert, *Christianity and History*, New York 1950.
—, *Man on his past: The Study of the History of Historical Scholarship*, Cambridge 1955.
CAVEING, Maurice, »Dialectique du concept du cinéma«, in: *Revue internationale de filmologie I, Nr. 1*, (Juli–August 1947), S. 71–78, und Nr. 3/4 (Oktober 1949), S. 343–350.
COLLINGWOOD, Robin George, *An Autobiography*, New York 1978. [1939]
—, *The Idea of History*, New York 1993. [1946]
CROCE, Benedetto, *Lebendiges und Totes in Hegels Philosophie*, dt. Übers. v. K. Büchler, Heidelberg 1909.

—, *Theorie und Geschichte der Historiographie und Betrachtungen zur Philosophie der Politik*, Tübingen 1930. [Ital. 1917.]

DILTHEY, Wilhelm, *Abhandlungen zur Grundlegung der Geisteswissenschaften. Gesammelte Schriften* Bd. 5, hrsg. v. Georg Misch, Stuttgart/Göttingen 1982.

—, *Der Aufbau der geschichtlichen Welt in den Geisteswissenschaften. Gesammelte Schriften* Bd. 7, hrsg. v. Bernhard Groethuysen, Stuttgart/Göttingen 1992.

DROYSEN, Johann Gustav, *Historik. Vorlesungen über Enzyklopädie und Methodologie der Geschichte*, hrsg. v. Rudolf Hübner, 4. Aufl., München 1960.

FESTUGIÈRE, A.-J., *La Révélation d'Hermès Trismégiste. Le Dieu Inconnu et la Gnose*, Paris 1954.

FOCILLON, Henri, *La vie des formes*, Paris 2010. [1943]

FOUCAULT, Michel, »Des espaces autres« (1967), in: Ders., *Dits et écrits II. 1976–1988*, Paris 1994, S. 1571–1581.

FRANKFORT, Henri, *The Birth of Civilization in the Near East*, Garden City, New York, Doubleday 1950.

—, »The Dying God«, in: *Journal of the Warburg and Courtauld Institutes*, 21 (1958), Nr. 3/4, S. 141–151.

FREUD, Sigmund, »Tatbestandsdiagnose und Psychoanalyse« [1906], in: Ders., *Werke aus den Jahren 1906–1909. Gesammelte Werke VII*, hrsg. v. Anna Freud u.a., London 1947, S. 3–15.

FRIEDLÄNDER, Saul (Hrsg.), *History and psychoanalysis: an inquiry into the possibilities and limits of psychohistory*, New York 1974.

—, *Probing the Limits of Representation. Nazism and the »Final Solution«*, Cambridge/Massachusetts 1992.

FROMM, Erich, *Arbeiter und Angestellte am Vorabend des Dritten Reichs. Eine sozialpsychologische Untersuchung*, bearb. und hrsg. v. Wolfgang Bonß, Stuttgart 1980.

GINZBURG, Carlo, »Spurensicherung. Der Jäger entziffert die Fährte, Sherlock Holmes nimmt die Lupe, Freud liest Morelli – die Wissenschaft auf der Suche nach sich selbst«, in: Ders. (Hrsg.), *Spurensicherungen. Über verborgene Geschichte, Kunst und soziales Gedächtnis*, Berlin 1982, S. 78–125.

—, »Just one witness«, in: Saul Friedländer, *Probing the Limits of Representation. Nazism and the »Final Solution«*, Cambridge/Massachusetts 1992, S. 82–96.

—, »Mikro-Historie. Zwei oder drei Dinge, die ich von ihr weiß«, in: *Historische Anthropologie* 1 (1993), S. 169–192.

—, *Der Käse und die Würmer. Die Welt eines Müllers um 1600*, Berlin 1993. [Ital. 1976]

—, *Le juge et l'historien. Considérations en marge du procès Sofri*, Paris 1997. [Ital. 1991].

HAERING, Theodor L., *Die Struktur der Weltgeschichte. Philosophische Grundlegungen zu einer jeden Geschichtsphilosophie in Form einer Kritik Oswald Spenglers*, Tübingen 1921.

HALÉVY, Daniel, »Die Offenbachiade«, in: Siegfried Kracauer, *Jacques Offenbach und das Paris seiner Zeit*, Frankfurt a.M. 2005, S. 503–508.

HEGEL, Georg W. F., *Vorlesungen über Naturrecht und Staatswissenschaft: Heidelberg 1817/18 mit Nachträgen aus der Vorlesung 1818/19*, nachgeschrieben von P. Wan-

nenmann. hrsg. v. C. Becker u.a. mit einer Einleitung v. Otto Pöggeler, Hamburg 1983.
—, *Vorlesungen über die Philosophie der Geschichte. Werke* 12, Frankfurt a.M. 1986.
HEIMPEL, Hermann, *Zwei Historiker. Friedrich Christoph Dahlmann – Jacob Burckhardt*, Göttingen 1962.
HEINE, Heinrich, *Lutezia. Berichte über Kunst, Politik und Volksleben, DHA,* Bd. 14/1, Hamburg 1990.
HORKHEIMER, Max, »Oswald Spengler. Jahre der Entscheidung«, in: *Zeitschrift für Sozialforschung*, 2 (1933), S. 421–424.
HUIZINGA, Johan, *Herbst des Mittelalters*, hrsg. v. Kurt Köster, Stuttgart 1987.
HUSSERL, Edmund, *Ideen zu einer reinen Phänomenologie und phänomenologischen Philosophie*, Hamburg 2009.
ISER, Wolfgang (Hrsg.), *Immanente Ästhetik – Ästhetische Reflexion. Lyrik als Paradigma der Moderne* (Poetik und Hermeneutik II), Kolloquium Köln 1964, München 1966.
JAUSS, Hans Robert (Hrsg.), *Zeit und Erinnerung in Marcel Prousts* »A la recherche du temps perdu«. *Ein Beitrag zur Theorie des Romans*, Heidelberg 1955.
—, »Zum geschichtlichen Ursprung der Fortschrittsidee«, in: Helmut Kuhn/Franz Wiedmann (Hrsg.), *Die Philosophie und die Frage nach dem Fortschritt*, München 1964, S. 51–72.
—, *Die nicht mehr schönen Künste. Grenzphänomene des Ästhetischen* (Poetik und Hermeneutik III), München 1968.
—, »Epilog auf die Forschungsgruppe ›Poetik und Hermeneutik‹«, in: G. von Graevenitz/O. Marquard (Hrsg.), *Kontingenz* (Poetik und Hermeneutik XVII), München 1988, S. 525–533.
JONAS, Hans, *Gnosis und spätantiker Geist*, Teil I und II, 2. durchgesehene Auflage, Göttingen 1954.
KAFKA, Franz, *Beim Bau der chinesischen Mauer und andere Schriften aus dem Nachlass*, Frankfurt a.M. 2008.
KOSELLECK, Reinhart, »Wozu noch Historie?«, in: *Historische Zeitschrift* 212 (1971), S. 1–18.
—, *Vergangene Zukunft. Zur Semantik geschichtlicher Zeiten*, Frankfurt a.M. 1979.
—, »Der Zufall als Motivationsrest in der Geschichtsschreibung«, in: Ders., *Vergangene Zukunft. Zur Semantik geschichtlicher Zeiten*, Frankfurt a.M. 1979, S. 158–175.
—, »Die Zeiten der Geschichtsschreibung«, in: Ders., *Zeitschichten. Studien zur Historik*, mit einem Beitrag v. Hans-Georg Gadamer, Frankfurt a.M. 2000, S. 287–297.
—, *Zeitschichten. Studien zur Historik*, mit einem Beitrag v. Hans-Georg Gadamer, Frankfurt a.M. 2000.
KRACAUER, Isidor, *Aus der inneren Geschichte der Juden Frankfurts im XIV. Jahrhundert. Jahresbericht des Philanthropins*, Realschule und Lyzeum der israelitischen Gemeinde zu Frankfurt am Main, Frankfurt a.M. 1914.
—, *Urkundenbuch zur Geschichte der Juden in Frankfurt am Main*, 1150–1400, Frankfurt a.M. 1914.

—, *Geschichte der Juden in Frankfurt am Main (1150–1824)*, 2 Bde., hrsg. vom Vorstand der israelitischen Gemeinde Frankfurt am Main, Frankfurt a.M. 1925 und 1927.

KUBLER, George, *The Shape of Time. Remarks on the History of Things*, New Haven, London, 1962. [*Die Form der Zeit. Anmerkungen zu einer Geschichte der Dinge*, übersetzt v. Bettina Blumenberg, mit einer Einleitung v. Gottfried Boehm, Frankfurt a.M. 1982.]

LANGLOIS, Charles-Victor/Charles SEIGNOBOS, »Introduction«, in: Charles Seignobos (Hrsg.), *Les méthodes historiques appliqués aux sciences sociales*, Paris 1901.

LÖWITH, Karl, *Jacob Burckhardt. Der Mensch inmitten der Geschichte*, Luzern 1936.

—, »Mensch und Geschichte«, in: Ders., *Gesammelte Abhandlungen. Zur Kritik der geschichtlichen Existenz*, Stuttgart 1960, S. 152–178.

—, »Das Verhängnis des Fortschritts«, in: Helmut Kuhn/Franz Wiedemann (Hrsg.), *Die Philosophie und die Frage nach dem Fortschritt*, München 1964, S. 15–29.

—, »Marxismus und Geschichte«, in: Ders., *Sämtliche Schriften*, Bd. 2, Stuttgart 1983, S. 330–345.

—, *Mein Leben in Deutschland vor und nach 1933. Ein Bericht*, Stuttgart 1986.

—, *Weltgeschichte und Heilsgeschehen. Die theologischen Voraussetzungen der Geschichtsphilosophie*, Stuttgart 2004.

LUKACS, George, *Dostojewski. Notizen und Entwürfe*, Budapest 1985.

—, *Die Theorie des Romans. Ein geschichtsphilosophischer Versuch über die Formen der großen Epik*, München 2000.

MAC DONALD, Philip, *Murder Gone Mad*, New York 1965.

MACAULAY, Thomas Babington, *History of England from the Accession of James II.*, 5 Bde., London 1849–1855.

MEHTA, Ved, *Fly and the Fly-Bottle. Encounters with British Intellectuals*, London 1963, S. 155–214. [»The Flight of the Crook-Taloned Birds«, in: *The New Yorker*, 8. 12. 1962, S. 59–147 und 15.12. 1962, S. 47–129.]

MEIGE, Henri, *Étude sur certains névropathes voyageurs. Le juif errant à la Salpêtrière*, Paris 1893.

MEINECKE, Friedrich, »Über Spenglers Geschichtsbetrachtung«, in: *Wissen und Leben* 16 (1923), S. 549–561.

—, *Die Entstehung des Historismus*, hrsg. v. Carl Hinrichs, München 1965.

MILLS, Charles Wright, *Menschen im Büro*, Köln-Deutz, 1955.

—, *The Sociological Imagination*, New York 1959.

NAMIER, Lewis, *Diplomatic prelude. 1938–1939*, London 1948.

—, *Europe in Decay: A Study in Disintegration. 1936–40*, 1950.

—, *Avenues of History*, London 1952.

—, *In the Nazi era*, London 1952.

—, »Human nature in politics«, in: *Personalities and Powers*, London 1955, S. 1–7.

—, *The House of Commons 1754–1790*, 3 Bde., London 1964.

NEWHALL, Beaumont, »Photography and the Development of Kinetic Visualization«, in: *JWCI* 7 (1944), S. 40–45.

—, *The History of Photography from 1839 to the Present Day*, New York 1949.

NIEKISCH, Ernst, »Ein Kracauer auf Entdeckungsreisen«, in: *Deutsche Handelswacht* 38 (1930) 2, S. 27f.
NIETZSCHE, Friedrich, »Unzeitgemäße Betrachtungen. Vom Nutzen und Nachteil der Historie für das Leben« (1874), in: Ders., *Werke. Kritische Gesamtausgabe* III/1, hrsg. v. Giorgio Colli u. Mazzino Montinari, Berlin/New York 1972, S. 239–330.
PANOFSKY, Erwin, »Zum Problem der historischen Zeit«. Anhang zu »Über die Reihenfolge der vier Meister von Reims«, in: *Jahrbuch für Kunstwissenschaft*, hrsg. v. Ernst Pall, 1927, S. 55–82. [Erneut in: Ders., *Aufsätze zu Grundfragen der Kunstwissenschaft*, hrsg. v. Hariolf Oberer u. Egon Verheyen, Berlin 1964, S. 77–83.]
—/Fritz SAXL, »Classical Mythology in Medieval Art«, in: *Metropolitan Museum Studies* IV, New York 1933, S. 228–280.
—, *Die Renaissancen der europäischen Kunst*, übers. v. Horst Günther, Frankfurt a.M. 1979. [Ders., *Renaissance and Renascences in Western Art*, Stockholm 1960.]
—, »Stil und Medium im Film«, in: Ders., *Die ideologischen Vorläufer des Rolls-Royce Kühlers & Stil und Medium im Film*, mit Beiträgen v. I. Lavin u. W.S. Heckscher, hrsg. v. H. u. U. Raulff, Frankfurt a.M./New York 1993, S. 21–54.
—, *Die ideologischen Vorläufer des Rolls-Royce Kühlers & Stil und Medium im Film*, mit Beiträgen v. I. Lavin u. W.S. Heckscher, hrsg. v. H. u. U. Raulff, Frankfurt a.M./New York 1993.
—, »Zum Problem der Beschreibung und Inhaltsdeutung von Werken der Bildenden Kunst«, in: *Logos* 21 (1932), S. 103–119. [Erneut in: Ders., *Deutschsprachige Aufsätze*, hrsg. v. Karel Michels und Martin Warnke, Berlin 1998, Bd. 2, S. 1064–1077.]
PARK, Robert Ezra, »The City: Suggestions for the Investigation of Human Behaviour in the City Environment«, in: *AJS*, Bd. 20 (1915), S. 577–612.
PROUST, Marcel, *A la Recherche du temps perdu*, Paris 1988.
RANKE, Leopold v., *Die großen Mächte. Politisches Gespräch*, mit einem Nachwort v. Theodor Schieder, Göttingen 1955.
—, *Geschichten der romanischen und germanischen Völker* [1824], *Sämtliche Werke*, Bd. 33/34, Leipzig 1877.
RICŒUR, Paul, *Zeit und Erzählung*, 3 Bde., München 1988–91. [*Temps et récit*, 1983–85]
ROSENZWEIG, Franz, *Der Stern der Erlösung*, Frankfurt 1988.
SADOUL, Georges, *L'Invention du cinéma 1832–1897*, Paris 1946.
SALOMON, Albert, »Democracy and Religion in the Work of Erasmus«. Reprinted from *The Review of Religion*, March 1950, Columbia University Press, 2 July 1961, S. 227–248.
SCHELER, Max, *Die Wissensformen und die Gesellschaft*, Leipzig 1926.
SCHMITT, Carl, *Politische Theologie. Vier Kapitel zur Lehre von der Souveränität*, Unveränderter Nachdruck der 1934 erschienenen 2. Aufl., Berlin 1985.
SCHNEIDER, Carl, *Geistesgeschichte des antiken Christentums*, 2 Bde., München 1954.
SCHRÖTER, Manfred, *Der Streit um Spengler*, München 1922.
SCHÜTZ, Alfred, »The Homecomer«, in: *American Journal of Sociology*, 50 (1945), S. 363–376. [»Der Heimkehrer«, in: Ders. *Gesammelte Aufsätze, Bd. II: Studien zur soziologischen Theorie*, hrsg. v. Arvid Brodersen, Den Haag 1972, S. 70–84.]

—, »The Stranger«, in: *The Amercian Journal of Sociology* 49 (1944), Nr. 5, S. 499–507. [»Der Fremde. Ein sozialpsychologischer Versuch«, in: Ders., *Gesammelte Aufsätze, Bd. II: Studien zur soziologischen Theorie*, hrsg. v. Arvid Brodersen, Den Haag 1972, S. 53–69. Frz. Ders., *L'Etranger, un essai de psychologie sociale*, Paris 2003.]

SIMMEL, Georg, »Soziologie des Raumes«, in: *Jahrbuch für Gesetzgebung, Verwaltung und Volkswirtschaft* 27 (1903), S. 27–71.

—, *Philosophie des Geldes. Gesamtausgabe*, Bd. 6, hrsg. v. David Frisby/Klaus Christian Köhnke, Frankfurt a.M. 1989.

—, »Exkurs über den Fremden«, in: Ders., *Soziologie. Untersuchungen über die Formen der Vergesellschaftung. Gesamtausgabe*, Bd. 11, hrsg. v. Ottheim Rammstedt, Frankfurt a.M. 1992, S. 764–771.

—, »Das Problem der historischen Zeit«, in: Ders., *Gesamtausgabe*, Bd. 15, hrsg. v. Uta Kösser, Hans-Martin Kruckis und Ottheim Rammstedt, Frankfurt a.M. 2003, S. 287–304.

SPENGLER, Oswald, *Der Untergang des Abendlandes. Umrisse einer Morphologie der Weltgeschichte*, München 2003.

STONE, Lawrence, »The Revival of Narrative. Reflections on a New Old History«, in: *Past and Present* 85 (1979), S. 3–24.

STRAUSS, Leo, »On Collingwoods Philosophy of History«, in: *The Review of Metaphysics* 5 (1952), H. 4, S. 559–586.

TALMON, Jakob Leib, »The Ordeal of Sir Lewis Namier: The Man, the Historian, the Jew«, in: *Commentary* 33 (1962), Nr. 3, S. 237–346.

THUKYDIDES, *Der Peloponnesische Krieg*, übers. u. hrsg. v. Helmuth Vretska, Stuttgart 1990.

TILLY, Charles, »The Analysis of Counter-Revolution«, in: *History & Theory* 3 (1963), Nr. 1, S. 30–58.

TILLY, Charles, *The Vendée*, Cambridge 1964.

TROELTSCH, Ernst, »Rezension zu: *Der Untergang des Abendlandes*«, in: Ders., *Gesammelte Schriften*, Bd. IV, hrsg. v. Hans Baron, Tübingen 1925, S. 677–695.

—, *Der Historismus und seine Probleme. Gesammelte Schriften*, Bd. 3, 2. Neudruck der Ausgabe Tübingen 1922, Aalen 1977.

—, »Die Krisis des Historismus«, in: *Kritische Gesamtausgabe. Schriften zur Politik und Kulturphilosophie (1918–1923)*, Bd. 15, hrsg. v. Gangolf Hübinger u. Johannes Mikuteit, Berlin 2002, S. 437–455. [*Neue Rundschau* 1, 1922, S. 527–590.]

VICO, Giambattista, *Die Neue Wissenschaft über die gemeinschaftliche Natur der Völker*, nach d. Ausgabe von 1744 übers. u. eingel. v. Erich Auerbach, München 1924.

WEBER, Max, *Gesammelte Aufsätze zur Wissenschaftslehre*, hrsg. v. Johannes Winckelmann, 6. Aufl., Tübingen 1985.

WERNER, Martin, *Die Entstehung des christlichen Dogmas, problemgeschichtlich dargestellt*, Bern/Tübingen o.J. (1. Aufl. 1941).

WHITE, Hayden, »The Burden of History«, in: *History & Theory* 5 (1966), Nr. 2, S. 111–134.

—, *The Content of the Form, Narrative Discourse and Historical Representation*, Baltimore/ London 1987.
—, *Metahistory. Die historische Einbildungskraft im 19. Jahrhundert in Europa*, Frankfurt a.M. 1991. [Engl. 1973]
—, »Historical Emplotment and the Problem of Truth«, in: Saul Friedländer (Hrsg.), *Probing the Limits of Representation. Nazism and the ›Final Solution‹*, Cambridge/Massachusetts 1992, S. 37–53.
—, »Auerbach's Literary History. Figural Causation and Modernist Historicism«, in: Seth Lerer (Hrsg.), *Literay History and the Challenge of Philology: The Legacy of Erich Auerbach*, Stanford 1996, S. 50–60.
WORRINGER, Wilhelm, *Abstraktion und Einfühlung. Ein Beitrag zur Stilpsychologie*, mit einem Nachwort v. Sebastian Weber, Amsterdam 1996.
YERUSHALMI, Yoseh Hayim, *Zachor: Erinnere Dich! Jüdische Geschichte und jüdisches Gedächtnis*, Berlin 1982.

4 SEKUNDÄRLITERATUR ZU SIEGFRIED KRACAUER

4.1 Werke und Artikelsammlungen

AGARD, Olivier, *La critique de la modernité dans les écrits de Siegfried Kracauer*, Dissertation, Université Paris IV, 2000.
—, *Siegfried Kracauer, Le chiffonnier mélancolique*, Paris 2010.
ANDERSON, Mark M. (Hrsg.), *Special Issue on Siegfried Kracauer. New German Critique, An Interdisciplinary Journal of German Studies*, 54 (1991).
BAND, Henri, *Mittelschichten und Massenkultur: Siegfried Kracauers publizistische Auseinandersetzung mit der populären Kultur und der Kultur der Mittelschichten in der Weimarer Republik*, Berlin 1999.
BARNOUW, Dagmar, *Critical Realism: History, Photography, and the Work of Siegfried Kracauer*, Baltimore u.a. 1994.
BEIKÜFNER, Uta, *Blick, Figuration und Gestalt, Elemente einer aisthesis materialis im Werk von Walter Benjamin, Siegfried Kracauer und Rudolf Arnheim*, Bielefeld 2003.
BELKE, Ingrid/Irina RENZ, *Siegfried Kracauer 1889–1966*, Marbach am Neckar 1988 (= Marbacher Magazin, 47).
BRODERSEN, Momme, *Siegfried Kracauer*, Reinbek 2001.
CAMPBELL, Jan (Hrsg.), *Kracauer. Contents* 61, London 2007.
DESPOIX, Philippe, *Éthiques du désenchantement. Essais sur la modernité allemande au début du siècle*, Paris 1995. [*Ethiken der Entzauberung. Zum Verhältnis von ästhetischer, ethischer und politischer Sphäre am Anfang des 20. Jahrhunderts*, Berlin u.a. 1998.]
—/Peter SCHÖTTLER, *Siegfried Kracauer, penseur de l'histoire*, Paris 2006.
DIGBEU-BADLOR, Jacques Lohourou, *Siegfried Kracauer et les grands débats intellectuels de son temps*, Stuttgart 2005.
FRISBY, David, *Fragmente der Moderne: Georg Simmel, Siegfried Kracauer, Walter Benjamin*, Rheda-Wiedenbrück 1989.

FÜZESSERY, Stéphane/Philippe SIMAY (Hrsg.), *Le choc des métropoles. Simmel, Kracauer, Benjamin*, Paris/Tel Aviv 2008.

GRUNERT, Frank/Dorothee KIMMICH (Hrsg.), *Denken durch die Dinge. Siegfried Kracauer im Kontext*, München 2009.

GÜNTER, Manuela, *Anatomie des Anti-Subjekts: zur Subversion autobiographischen Schreibens bei Siegfried Kracauer, Walter Benjamin und Carl Einstein*, Würzburg 1996.

HAENLEIN, Leo, *Der Denk-Gestus des aktiven Wartens im Sinn-Vakuum der Moderne: zu Konstitution und Tragweite des Realitätskonzeptes Siegfried Kracauers in spezieller Rücksicht auf Walter Benjamin*, Frankfurt a.M./Bern/New York 1984.

HOGEN, Hildegard, *Die Modernisierung des Ich: Individualitätskonzepte bei Siegfried Kracauer, Robert Musil und Elias Canetti*, Würzburg 2000.

HOLSTE, Christine, *Kracauers Blick. Anstöße zu einer Ethnographie des Städtischen*, Berlin 2006.

KESSLER, Michael/Thomas Y. LEVIN, *Siegfried Kracauer: neue Interpretationen. Akten des internationalen, interdisziplinären Kracauer-Symposions Weingarten, 2.–4.3.1989*, Akademie der Diözese Rottenburg-Stuttgart, Tübingen 1989 (= Stauffenburg Colloquium, 11).

KOCH, Gertrud, *Kracauer zur Einführung*, Hamburg 1996.

KORTA, Tobias F., *Geschichte als Projekt und Projektion. Walter Benjamin und Siegfried Kracauer zur Krise des modernen Denkens*, Frankfurt a.M. 2001.

KREBS, Claudia, *Siegfried Kracauer et la France*, Saint-Denis 1999.

MÜLDER[-BACH], Inka, *Siegfried Kracauer – Grenzgänger zwischen Theorie und Literatur. Seine frühen Schriften 1913–1933*, Stuttgart u.a. 1985.

OSCHMANN, Dirk, *Auszug aus der Innerlichkeit. Das literarische Werk Siegfried Kracauers*, Heidelberg 1999.

OTT, Ulrich (Hrsg.), *Im Reich der Schatten. Siegfried Kracauers ›From Caligari to Hitler‹*, Marbach 2004.

PERIVOLAROPOULOU, Nia/Philippe DESPOIX (Hrsg.), *Culture de masse et modernité. Siegfried Kracauer, sociologue, critique, écrivain*, Paris 2001.

REEH, Henrik, *Ornaments of the Metropolis. Siegfried Kracauer and Modern Urban Culture*, London 2004.

REIL, Harald, *Siegfried Kracauers Jacques Offenbach: Biographie, Geschichte, Zeitgeschichte*, Exilstudien = Exile studies, Bd. 5, New York 2003.

SCHLÜPMANN, Heide, *Ein Detektiv des Kinos. Studien zu Siegfried Kracauers Filmtheorie*, Basel, Frankfurt a.M. 1998.

Siegfried Kracauer, Text + Kritik, H. 68, München 1980.

STALDER, Helmut, *Siegfried Kracauer: Das journalistische Werk in der ›Frankfurter Zeitung‹ 1921–1933*, Würzburg 2003 (= Epistemata: Würzburger Wissenschaftliche Schriften, Reihe Philosophie; 438).

STEINMEYER, Georg, *Siegfried Kracauer als Denker des Pluralismus: eine Annäherung im Spiegel Hannah Arendts*, Berlin 2008.

TRAVERSO, Enzo, *Siegfried Kracauer: itinéraire d'un intellectuel nomade*, Paris 2006.

VOLK, Andreas (Hrsg.), *Siegfried Kracauer: zum Werk des Romanciers, Feuilletonisten, Architekten, Filmwissenschaftlers und Soziologen*, (= Soziographie 7 [1994], H. 1/2), Zürich 1996.

4.2 Artikel

AGARD, Olivier, »Contributions juives à l'ethnographie urbaine: Simmel, Kracauer et l'Ecole de Chicago«, in: *Références juives et identités scientifiques en Allemagne. Revue germanique internationale*, Paris 17 (2002), S. 147–162.

—, »De Breslau à Francfort: l'itinéraire de l'historien Isidor Kracauer«, in: Dominique Bourel/Gabriel Motzkin (Hrsg.), *Les voyages de l'intelligence. Passage des idées et des hommes, Europe, Palestine, Israël*, Paris 2002, S. 81–104.

—, »De Caligari à Ratti: Philosophie de la culture et lecture du fascisme chez Hermann Broch et Siegfried Kracauer«, in: *Austriaca. Cahiers universitaires d'information sur l'Autriche*, Dez. 2002, Nr. 55, S. 129–154.

—, »La légitimité des avant-dernières choses. La discussion Blumenberg/Kracauer sur la modernité«, *Archives de Philosophie* 67 (2004), S. 227–248.

—, »Cinéma et horreur chez Siegfried Kracauer«, in: *Germanica* 37 (2005), S. 2–11.

—, »Les éléments d'autobiographie intellectuelle«, in: Philippe Despoix/Peter Schöttler, *Siegfried Kracauer, penseur de l'histoire*, Paris 2006, S. 141–164.

—, »Weder Zionist noch assimiliert. Kracauers Verhältnis zur jüdischen Identität«, in: *Akten des XI. Internationalen Germanistenkongresses 2005*, hrsg. v. Jean-Marie Valentin/Jean-François Candoni, Bd. 12, Bern 2007, S. 347–354.

—, »L'ornement de la masse. Siegfried Kracauer, Phénoménologue de la crise moderne«, in: Siegfried Kracauer, *L'ornement de la masse. Essais sur la modernité weimarienne*, übers. v. Sabine Cornille, hrsg. v. Olivier Agard und Philippe Despoix, Paris 2008, S. 5–15.

ANDERSON, Mark, »Siegfried Kracauer and Meyer Schapiro: a friendship«, in: *New German Critique* 54 (1991), S. 19–29.

ANSELM, Sigrun, »Indizienjäger im Alltag. Siegfried Kracauers kritische Phänomenologie«, in: *Kultursoziologie – Symptom des Zeitgeistes?*, Würzburg 1989, S. 170–194.

BAND, Henri, »Siegfried Kracauers Expedition in die Alltagswelt der Berliner Angestellten«, in: Andreas Volk (Hrsg.), *Siegfried Kracauer: zum Werk des Romanciers, Feuilletonisten, Architekten, Filmwissenschaftlers und Soziologen*, Zürich 1996, S. 213–231.

BARNOUW, Dagmar, »An den Rand geschriebene Träume. Kracauer über Zeit und Geschichte«, in: Michael Kessler/Thomas Y. Levin (Hrsg.), *Siegfried Kracauer: neue Interpretationen. Akten des internationalen, interdisziplinären Kracauer-Symposions Weingarten, 2.–4.3.1989, Akademie der Diözese Rottenburg-Stuttgart*, Tübingen 1990, S. 1–16.

—, »Marginale Intellektuelle: Postmodernismus, Messianismus und Weimar«, in: *Jahrbuch zur Kultur und Literatur der Weimarer Republik* 6 (2001), S. 9–33.

BARNOUW, Dagmar, »Vielschichtige Oberflächen. Kracauer und die Modernität von Weimar«, in: Frank Grunert/Dorothee Kimmich (Hrsg.), *Denken durch die Dinge. Siegfried Kracauer im Kontext*, München 2009, S. 29–46.

BAUMANN, Stephanie, »Le Jacques Offenbach de Siegfried Kracauer: une critique culturelle en contrepoint?, in: Daniel Azuelos (Hrsg.), *Les penseurs allemands et autrichiens à l'épreuve de l'exil*, Paris 2010, S. 329–352.

—, »Franz Rosenzweig an Siegfried Kracauer – drei Briefe«, in: *Zeitschrift für Religions- und Geistesgeschichte*, 63.2, 2011, S. 166–176.

BELKE, Ingrid, »Siegfried Kracauer, ein Kritiker der Kultur der Weimarer Republik«, in: Julius H. Schoeps (Hrsg.), *Juden als Träger bürgerlicher Kultur in Deutschland*, Stuttgart und Bonn 1989, S. 281–310.

—, »Nachbemerkung und editorische Notiz«, in: Siegfried Kracauer, *Jacques Offenbach und das Paris seiner Zeit*, Werke Bd. 8, hrsg. v. Ingrid Belke unter Mitarbeit v. Mirjam Wenzel, Frankfurt a.M. 2005, S. 509–557.

—, »Nachbemerkung und editorische Notiz«, in: Siegfried Kracauer, *Geschichte – Vor den letzten Dingen*, Werke, Bd. 4, hrsg. v. Ingrid Belke unter Mitarbeit v. Sabine Biebl, Frankfurt a.M. 2010, S. 435–627.

BREIDECKER, Volker, »Kracauer und Panofsky: ein rencontre im Exil«, in: *Konstruktionen der Moderne*, hrsg. von der Hamburger Kunsthalle, Hamburg 1994, S. 125–147.

—, »›Ferne Nähe‹, Kracauer, Panofsky und ›the Warburg tradition‹«, in: Siegfried Kracauer – Erwin Panofsky, *Briefwechsel 1941–1966*, hrsg. v. Volker Breidecker, Berlin 1996, S. 129–226.

BUB, Stefan, »Jacques Offenbach bei Walter Benjamin und Siegfried Kracauer«, in: *Euphorion. Zeitschrift für Literaturgeschichte* 100 (2006), H. 1, S. 117–128.

BUTZER, Günter, »MedienRevolution. Zum utopischen Diskurs in den Medientheorien Kracauers und Benjamins«, in: Frank Grunert/Dorothee Kimmich (Hrsg.), *Denken durch die Dinge. Siegfried Kracauer im Kontext*, München 2009, S. 153–168.

CHRISTEN, Matthias, »›Wo Abfälle und Sternbilder sich treffen‹. Lichtschriften und photographische Chiffren im Werk Siegfried Kracauers«, in: Hans-Georg von Arburg u.a. (Hrsg.), *Wunderliche Figuren, über die Lesbarkeit von Chiffrenschriften*, München 2001, S. 165–186.

DESPOIX, Philippe, »La miniature urbaine comme genre. Kracauer entre ethnographie urbaine et heuristique du cinéma«, in: Nia Perivolaropoulou/Philippe Despoix (Hrsg.), *Culture de masse et modernité. Siegfried Kracauer, sociologue, critique, écrivain*, Paris 2001, S. 162–177.

—, »Une histoire autre? (Re)lire *History – The Last Things before the Last*«, in: Philippe Despoix/Peter Schöttler (Hrsg.), *Siegfried Kracauer, penseur de l'histoire*, Paris 2006, S. 13–28.

—/Nia PERIVOLAROPOULPOU, »Introduction. Une théorie intempestive du cinéma«, in: Siegfried Kracauer, *Theorie du film. La rédemption de la réalité matérielle*, Paris 2010, S. VII–XXIX.

ESPAGNE, Michel, »Siegfried Kracauer et Paris«, in: *Pardès* 14 (1991), S. 146–171.

FORREST, Tara, »On the Significance of Exterritoriality in Siegfried Kracauer's Writings on Film and History«, in: Gerald Hartung/Kay Schiller (Hrsg.), *Weltoffener Humanismus. Philosophie, Philologie und Geschichte in der deutsch-jüdischen Emigration*, Bielefeld 2006, S. 171–184.

FRISBY, David, »Zwischen den Sphären, Siegfried Kracauer und der Detektivroman«, in: Michael Kessler/Tomas Y. Levin (Hrsg.), *Siegfried Kracauer: neue Interpretationen. Akten des internationalen, interdisziplinären Kracauer-Symposions Weingarten*, 2.–4.3.1989, Akademie der Diözese Rottenburg-Stuttgart, Tübingen 1989 (= Stauffenburg Colloquium, 11), S. 39–58.

GEULEN, Eva, »Eine große Zwakelei«, in: *Die Zeit*, 16.12.2008.

GINZBURG, Carlo, »Détails, gros plan, micro-analyse«, in: Philippe Despoix/Peter Schöttler (Hrsg.), *Siegfried Kracauer, penseur de l'histoire*, Paris 2003, S. 45–64.

GRUNERT, Frank/Dorothee KIMMICH, »Einleitung«, in: Dies. (Hrsg.), *Denken durch die Dinge. Siegfried Kracauer im Kontext*, München 2009, S. 7–12.

HANSEN, Miriam, »›With Skin and Hair‹. Kracauers Theory of Film, Marseille 1940«, in: *Critical Inquiry*, 1993, S. 437–69.

—, »Massenkultur als Hieroglyphenschrift: Adorno, Derrida, Kracauer«, in: Christoph Menke/Martin Seel (Hrsg.), *Zur Verteidigung der Vernunft gegen ihre Liebhaber und Verächter*, Frankfurt 1993, S. 333–367.

HELMS, Hans G., »›Kolumbus musste nach seiner Theorie in Indien landen; er entdeckte Amerika‹: Siegfried Kracauers Bemühungen um die Reflexion konkreter Wirklichkeit und sein polit-ökonomischer Ansatz«, in: *Weimarer Beiträge* 36 (1990), S. 1009–1018.

HELMSTETTER, Rudolf, »Unanschaulichkeit mit Zuschauer. Kracauer und die Lesbarkeit der modernen Welt«, in: Almut Todorow u.a. (Hrsg.), *Unbegrifflichkeit. Ein Paradigma der Moderne*, Tübingen 2004, S. 125–144.

JACOB, Joachim, »Ornament und Raum: Worringer, Jünger, Kracauer«, in: Sigrid Lange (Hrsg.), *Raumkonstruktionen in der Moderne: Kultur-Literatur-Film*, Bielefeld 2001, S. 135–158.

—, »Undurchdringlichkeit, Oder: über Kracauer und die ‚Fruchtbarkeit des gegenständlichen Widerstandes' in der deutschen Kulturphilosophie der 1920er Jahre«, in: Frank Grunert/Dorothee Kimmich (Hrsg.), *Denken durch die Dinge. Siegfried Kracauer im Kontext*, München 2009, S. 103–118.

JAY, Martin, »Politics of translation. Siegfried Kracauer and Walter Benjamin on the Buber-Rosenzweig Bible«, in: *Yearbook of the Leo Baeck Institute*, Bd. XXI, 1976, S. 3–24.

—, »Massenkultur und deutsche intellektuelle Emigration. Der Fall Max Horkheimer und Siegfried Kracauer«, in: Ilja Srubar (Hrsg.), *Exil, Wissenschaft, Identität. Die Emigration deutscher Sozialwissenschaftler 1933–1945*, Frankfurt a.M. 1988, S. 227–251.

KESSLER, Michael, »Entschleiern und Bewahren. Siegfried Kracauers Ansätze für eine Philosophie und Theologie der Geschichte«, in: Michael Kessler/Thomas Y. Levin (Hrsg.), *Siegfried Kracauer: neue Interpretationen, Akten des internationalen, interdisziplinären Kracauer-Symposions Weingarten*, 2.–4.3.1989, Akademie der Diözese Rottenburg-Stuttgart, Tübingen 1990, S. 105–128.

KIMMICH, Dorothee, »Charlie Chaplin und Siegfried Kracauer. Bemerkungen zum Verhältnis von Geschichte, Kunst und Kino«, in: Stefan Deines/Stephan Jaeger/Ansgar Nünning (Hrsg.), *Historisierte Subjekte – subjektivierte Historie. Zur Verfügbarkeit und Unverfügbarkeit von Geschichte*, Berlin 2003, S. 225–238.

—, »Geschichte in Großaufnahme. Siegfried Kracauers Reflexionen zu einer Medientheorie als Geschichtsphilosophie«, in: *Akten des X. Internationalen Germanistenkongresses Wien 2000: Zeitenwende – Die Germanistik auf dem Weg vom 20. ins 21. Jahrhundert*, hrsg. v. Peter Wiesinger. Bd. 10, Geschlechterforschung und Literaturwissenschaft, Bern 2003, S. 359–366.

—, »Begrenzen ohne zu definieren. Kracauers Ästhetik der Aufmerksamkeit als ›praktische Phänomenologie‹«, in: Frank Grunert/Dorothee Kimmich (Hrsg.), *Denken durch die Dinge. Siegfried Kracauer im Kontext*, München 2009, S. 85–102.

—, »Siegfried Kracauer«, in: Fernand Hörner/Harald Neumeyer/Bernd Stiegler (Hrsg.), *Praktizierte Intermedialität. Deutsch-französische Porträts von Schiller bis Goscinny/Uderzo*, Bielefeld 2010, S. 145–158.

KOCH, Gertrud, »›Not Yet Accepted Anywhere‹: Exile, Memory, and Image in Kracauer's Conception of History«, in: *New German Critique: An Interdisciplinary Journal of German Studies* 54 (1991), S. 95–109.

KOEBNER, Thomas, »Von Caligari führt kein Weg zu Hitler: Zweifel an Siegfried Kracauers Methoden der Kulturanalyse«, in: Stephan Braese/Werner Irro (Hrsg.), *Konterbande und Camouflage: Szenen aus der Vor- und Nachgeschichte von Heinrich Heines marranischer Schreibweise*, Berlin 2002, S. 143–170.

KÖHN, Eckhardt, »Konstruktion und Reportage, Anmerkungen zum literaturtheoretischen Hintergrund von Kracauers Untersuchung ›Die Angestellten‹ (1930)«, in: *Text und Kontext* 5 (1977), H. 2, S. 107–123.

KRISTELLER, Oskar, »Preface«, in: Siegfried Kracauer, *History. The Last Things before the Last*, Princeton 1995, S. VI – IX.

LEUTRAT, Jean Louis, »Comme dans un miroir confusément«, in: Nia Perivolaropoulou/Philippe Despoix (Hrsg.), *Culture de masse et modernité. Siegfried Kracauer, sociologue, critique, écrivain*, Paris 2001, S. 233–246.

—, »Le diptyque de Siegfried Kracauer ou comment être présent à sa propre absence«, in: Philippe Despoix/Peter Schöttler (Hrsg.), *Siegfried Kracauer, penseur de l'histoire*, Paris 2006, S. 209–228.

—, »Un penseur discret«, in: Siegfried Kracauer, *La théorie du film*, Paris 2010, S. I–VI.

LEVIN, Thomas Y. (Hrsg.), »Archäologie des Exils: Siegfried Kracauers Briefe an Daniel Halévy 1935–1962«, in: Michael Kessler/Thomas Y. Levin (Hrsg.), *Siegfried Kracauer: neue Interpretationen; Akten des internationalen, interdisziplinären Kracauer-Symposions Weingarten, 2.–4.3.1989, Akademie der Diözese Rottenburg-Stuttgart*, Tübingen 1989, S. 345–417.

LINDNER, Burckhardt, »Augenblick des Profanen. Kracauer und die Photographie«, in: Annette Simonis/Linda Simonis (Hrsg.), *Zeitwahrnehmung und Zeitbewusstsein in der Moderne*, Bielefeld 2000, S. 287–309.

LORIGA, Sabina, »Le mirage de l'unité historique«, in: Philippe Despoix/Peter Schöttler (Hrsg.), *Siegfried Kracauer, penseur de l'histoire*, Paris 2006, S. 29–44.

LÖWENTHAL, Leo, »As I remember Friedel«, in: *New German critique* (1991), N. 54, S. 5–17.

LÜTKEHAUS, Ludger, »Die Kritik am Freunde«, in: *Neue Züricher Zeitung*, 14.1.2009, S. 43.
MEHRING, Christine, »Siegfried Kracauer's Theories of Photography. From Weimar to New York«, in: *History of Photography* 21 (Summer 1997) Nr. 2, S. 129–136.
MENKE, Bettine, »Ursprung des deutschen Trauerspiels«, in: Burckhardt Lindner (Hrsg.), *Benjamin-Handbuch. Leben – Werk – Wirkung*, Stuttgart/Weimar 2006, S. 210–229.
MEYER, Thomas, »Quälende Liebe, bereit zur Attacke«, in: *SZ*, 24.11. 2008.
—, »Kalkulierte Unschärfe«, in: *Die Zeit*, 4.2.2010.
MICHAEL, Klaus, »Vor dem Café. Walter Benjamin und Siegfried Kracauer in Marseille«, in: Michael Opitz/Erdmut Wizisla (Hrsg.), *Aber ein Sturm weht vom Paradiese her: Texte zu Walter Benjamin*, Leipzig 1992, S. 203–216.
MÜLDER-BACH, Inka, »Vorbemerkung«, *Briefwechsel Siegfried Kracauer – Ernst Bloch 1921–1966*, in: Ernst Bloch, *Briefe 1903–1975*, Bd. 3, hrsg. v. Karola Bloch u.a., Frankfurt a.M. 1985, S. 259–263.
—, »Der Umschlag der Negativität. Zur Verschränkung von Phänomenologie, Geschichtsphilosophie und Filmästhetik in Siegfried Kracauers Metaphorik der ›Oberfläche‹«, in: *Deutsche Vierteljahrsschrift* 61 (1987), S. 359–373.
—, »›Mancherlei Fremde‹. Paris, Berlin und die Exterritorialität Siegfried Kracauers«, in: *Juni* 3 (1988), H. 1, S. 61–73.
—, »Schlupflöcher: die Diskontinuität des Kontinuierlichen im Werk Siegfried Kracauers«, in: Michael Kessler/Thomas Y. Levin (Hrsg.), *Siegfried Kracauer: neue Interpretationen. Akten des internationalen, interdisziplinären Kracauer-Symposions Weingarten, 2.–4.3.1989, Akademie der Diözese Rottenburg-Stuttgart*, Tübingen 1989, S. 249–266.
—, »History as autobiography: ›The last things before the last‹«, in: *New German Critique* 54 (1991), S. 139–157.
—, »Der Cineast als Ethnograph. Zur Prosa Siegfried Kracauers«, in: Evout van der Knaap (Hrsg.), *Die (k)alte Sachlichkeit. Herkunft und Wirkungen eines Konzepts*, Würzburg 2004, S. 73–84.
—, »Siegfried Kracauer an Theodor W. Adorno (1963)«, in: Andreas Bernhard/Ulrich Raulff (Hrsg.), *Briefe aus dem 20. Jahrhundert*, Frankfurt a.M. 2005, S. 229–334.
—, »Soziologie als Ethnographie. Siegfried Kracauers Studie ›Die Angestellten‹«, in: Christine Holste (Hrsg.), *Kracauers Blick. Anstöße zu einer Ethnographie des Städtischen*, Berlin 2006, S. 37–62.
MÜLLER, Bertrand, »Biographie, autobiographie, ego-histoire. À propos d'une préface de Kracauer«, in: Philippe Despoix/Peter Schöttler (Hrsg.), *Siegfried Kracauer, penseur de l'histoire*, Paris 2006, S. 119–140.
MÜLLER-DOHM, Stefan, »Immer war einer von beiden zutiefst gekränkt«, in: *FAZ*, 17.11.2008.
MÜNSTER, Arno (Hrsg.), *Tagträume vom aufrechten Gang. Sechs Interviews mit Ernst Bloch*, Frankfurt a.M. 1977.
NIEFANGER, Dirk, »Gesellschaft als Text: zum Verhältnis von Soziographie und Literatur bei Siegfried Kracauer«, in: Gerhart von Graevenitz/David E. Wellbery (Hrsg.), *Wege*

deutsch-jüdischen Denkens im 20. Jahrhundert, Stuttgart u.a. 1999 (= Deutsche Vierteljahrsschrift für Literaturwissenschaft und Geistesgeschichte 73 (1999), Sonderheft, S. 162–180.

OSCHMANN, Dirk, »Kracauers Herausforderung der Phänomenologie. Vom Essay zur ›Arbeit im Material‹«, in: Wolfgang Braungart/Kai Kauffmann (Hrsg.), *Essayismus um 1900*, Heidelberg 2006, S. 193–211.

—, »Kracauers Ideal der Konkretion«, in: Frank Grunert/Dorothee Kimmich (Hrsg.), *Denken durch die Dinge. Siegfried Kracauer im Kontext*, München 2009, S. 29–46.

PECORA, Vincent P., »Benjamin, Kracauer and redemptive history«, in: *Genre* XXXV, Spring 2002, S. 55–88.

PERIVOLAROPOULOU, Nia, »Les mots de l'histoire et les images de cinéma«, in: Nia Perivolaropoulou/Philippe Despoix (Hrsg.), *Culture de masse et modernité. Siegfried Kracauer, sociologue, critique, écrivain*, Paris 2001, S. 248–265.

—, »Le travail de la mémoire dans Theory of Film de Siegfried Kracauer«, in: *Protée* 32 (Frühling 2004) Nr.1, S. 39–48.

PETRO, Patrice, »Kracauer's epistemological shift«, in: *New German critique* (1991), Nr. 54, S. 127–138.

PRALLE, Uwe, »Philosophie in Bruchstücken: Siegfried Kracauers Feuilletons«, in: Andreas Volk (Hrsg.), *Siegfried Kracauer: zum Werk des Romanciers, Feuilletonisten, Architekten, Filmwissenschaftlers und Soziologen*, Zürich 1996, S. 63–79.

RAULET, Gérard, »Verfallenheit ans Objekt. Zur Auseinandersetzung über eine Grundfigur dialektischen Denkens bei Adorno, Benjamin, Bloch und Kracauer«, in: Frank Grunert/Dorothee Kimmich (Hrsg.), *Denken durch die Dinge. Siegfried Kracauer im Kontext*, München 2009, S. 119–134.

REVEL, Jacques, »Siegfried Kracauer et le monde d'en bas«, in: Siegfried Kracauer, *L'Histoire. Des avant-dernières choses*, Paris 2006, S. 7–42.

RICHTER, Gerhard, »Homeless Images: Kracauers Exterritoriality, Derrida's Monolingualism of the Other«, in: Ders., *Thought-Images. Frankfurt School Writers' Reflections from Damaged Life*, Stanford 2007, S. 107–146.

RIEDNER, Johannes Otto, »Siegfried Kracauer und Erich Auerbach – Anmerkungen zu einer späten Freundschaft«, in: Martin Treml/Karlheinz Barck (Hrsg.), *Erich Auerbach: Geschichte und Aktualität eines europäischen Philologen*, Berlin 2007, S. 167–179.

ROCHLITZ, Rainer, »Avant-propos«, in: Siegfried Kracauer, *Le roman policier*, Paris 2001, S. 7–33. [1981]

RODOWICK, David, »The last things before the last. Kracauer and History«, in: *New German Critique* 14 (1987), Nr. 41, S. 109–139.

SCHLAFFER, Heinz, »Denkbilder. Eine kleine Prosaform zwischen Dichtung und Gesellschaftstheorie«, in: Wolfgang Kuttenkeuler (Hrsg.), *Poesie und Politik. Zur Situation der Literatur in Deutschland*, Stuttgart u.a. 1973, S. 137–154.

SCHÖTTKER, Detlev, »Film als Herausforderung der Kulturwissenschaft: Siegfried Kracauer und Erwin Panofsky«, in: *Merkur. Deutsche Zeitschrift für europäisches Denken*, 51 (1997), 8 = 581, S. 726–733.

—, »Bild, Kultur und Theorie. Siegfried Kracauer und der Warburg-Kreis«, in: Frank Grunert/Dorothee Kimmich (Hrsg.), *Denken durch die Dinge. Siegfried Kracauer im Kontext*, München 2009, S. 207–224.

—, »Raumerfahrung und Geschichtserkenntnis. Die ›Architektur der Gesellschaft‹ aus Sicht der historisch-soziologischen Wahrnehmungstheorie: Giedion, Benjamin, Kracauer«, in: Joachim Fischer/Heike Delitz (Hrsg.), *Die Architektur der Gesellschaft. Theorien für die Architektursoziologie*, Bielefeld 2009, S. 137–162.

SCHROER, Markus, »Unsichtbares sichtbar machen. Visualisierungsstrategien bei Siegfried Kracauer«, in: Frank Grunert/Dorothee Kimmich (Hrsg,), *Denken durch die Dinge. Siegfried Kracauer im Kontext*, München 2009, S. 169–188.

STALDER, Helmut, »Das anschmiegende Denken. Kracauers Erotik der Wirklichkeit«, in: Frank Grunert/Dorothee Kimmich (Hrsg.), *Denken durch die Dinge. Siegfried Kracauer im Kontext*, München 2009, S. 47–84.

TANNER, Jakob, »Le voyage de l'historien. Temps et contingence chez Kracauer«, in: Philippe Despoix/Peter Schöttler (Hrsg.), *Siegfried Kracauer, penseur de l'histoire*, Paris 2006, S. 65–75.

THUMS, Barbara, »Kracauer und die Detektive: Denk-Räume einer ›Theologie des Profanen‹«, in: *Deutsche Vierteljahresschrift für Literaturwissenschaft und Geistesgeschichte*, 3 (2010) 84, S. 390–406.

TODOROW, Almut, »Unbegrifflichkeit und Essayismus: Siegfried Kracauers Ornament der Masse«, in: Almut Todorow u.a. (Hrsg.), *Unbegrifflichkeit. Ein Paradigma der Moderne*, Tübingen 2004, S. 107–123.

TRAVERSO, Enzo, »Sous le signe de l'exterritorialité. Kracauer et la modernité«, in: Nia Perivolaropoulou/Philippe Despoix (Hrsg.), *Culture de masse et modernité. Siegfried Kracauer, critique, sociologue, écrivain*, Paris 2001, S. 212–232.

UEDING, Gert, »Erzählte Geschichte. Über einige rhetorische und ästhetische Aspekte von Kracauers Geschichtsphilosophie«, in: Ders., *Aufklärung über Rhetorik. Versuche über Beredsamkeit, ihre Theorie und praktische Bewährung*, Tübingen 1992, S. 203–215.

VIALON, Martin, »*Über Bilder, Mimesis, ein Gespräch über den Roman und den Film*. Erich Auerbach und Siegfried Kracauer«, in: Michael Ewert/Martin Vialon (Hrsg.), *Konvergenzen. Studien zur deutschen und europäischen Literatur*, Festschrift für E. Theodor Voss, Würzburg 2000, S. 157–167.

VIDLER, Anthony, »Spatial Estrangement in Simmel and Kracauer«, in: *New German Critique* 54 (1991), S. 31–45.

VOLK, Andreas, »Literatur zum Werk Siegfried Kracauers seit 1985: eine Bibliographie«, in: Andreas Volk (Hrsg.), *Siegfried Kracauer: zum Werk des Romanciers, Feuilletonisten, Architekten, Filmwissenschaftlers und Soziologen*, Zürich 1996, S. 303–348.

VOLKENANDT, Claus, »Gruppenportrait und Ornament der Masse. Zum Verhältnis von Geschichtsphilosophie, Ästhetik und Soziologie bei Alois Riegl und Siegfried Kracauer«, in: Frank Grunert/Dorothee Kimmich (Hrsg.), *Denken durch die Dinge. Siegfried Kracauer im Kontext*, München 2009, S. 189–206.

WIGGERSHAUS, Rolf, »Ein abgrundtiefer Realist. Siegfried Kracauer, die Aktualisierung des Marxismus und das Institut für Sozialforschung«, in: Michael Keßler/Thomas Y. Levin (Hrsg.), *Siegfried Kracauer: neue Interpretationen. Akten des internationalen, interdisziplinären Kracauer-Symposions Weingarten, 2.–4.3.1989*, Akademie der Diözese Rottenburg-Stuttgart, Tübingen 1990, S. 285–296.

WITTE, Karsten, »Nachwort des Herausgebers«, in: Siegfried Kracauer, *Von Caligari zu Hitler. Eine psychologische Geschichte des deutschen Films*, Frankfurt a.M. 1984, S. 605–615.

—, »›Light Sorrow‹. Siegfried Kracauer as Literary Critic«, in: *New German Critique*, 54 (1991), S. 77–94.

WITTE, Karsten, »Siegfried Kracauer im Exil«, in: *Exilforschung: Fluchtpunkte des Exils und andere Themen. Ein internationales Jahrbuch*, Bd. 5 (1987), S. 135–149.

ZOHLEN, Gerwin, »Text-Straßen«, in: *Siegfried Kracauer, Text + Kritik*, H. 68, München 1980, S. 62–72.

—, »Schmugglerpfad. Siegfried Kracauer, Architekt und Schriftsteller«, in: Michael Keßler/ Thomas Y. Levin (Hrsg.), *Siegfried Kracauer: neue Interpretationen. Akten des internationalen, interdisziplinären Kracauer-Symposions Weingarten, 2.–4.3.1989*, Akademie der Diözese Rottenburg-Stuttgart, Tübingen 1990, S. 325–344.

5 WEITERE LITERATUR

»Courte description et histoire d'un juif nommé Ahasverus«, in: *Le juif errant, un témoin du temps*, Catalogue de l'exposition au Musée d'art et d'histoire du Judaïsme, Paris 2001, S. 226f.

AGARD, Olivier, »Situation de la sociologie schelerienne«, in: Gérard Raulet (Hrsg.), *Max Scheler. Philosophische Anthropologie in der Zwischenkriegszeit*, Paris 2002, S. 158–182.

—, »Adorno, lecteur de Spengler«, in: Gilbert Merlio/Gérard Raulet (Hrsg.), *Linke und rechte Kulturkritik*, Frankfurt a.M. 2005, S. 149–172.

ANGERMEIER, Heinz, »Ranke und Burckhardt«, in: *Archiv für Kulturgeschichte*, 69 (1987), S. 407–452.

ASSMANN, Aleida, *Der lange Schatten der Vergangenheit. Erinnerungskultur und Geschichtspolitik*, München 2006.

—, »Vier Grundtypen der Zeugenschaft«, in: Michael Elm/Gottfried Kößler (Hrsg.), *Zeugenschaft des Holocaust. Zwischen Trauma, Tradierung und Ermittlung*, Frankfurt a.M./ New York 2007, S. 33–51.

BACHMANN, Michael, *Der abwesende Zeuge. Autorisierungsstrategien in Darstellungen der Shoah*, Tübingen 2010, S. 185–212.

BADIA, Gilbert, u.a. (Hrsg.), *Les barbelés de l'exil. Études sur l'émigration allemande et autrichienne (1938–1940)*, Grenoble 1979.

BALKE, Friedrich, »Friedrich Nietzsche«, in: Clemens Kammler/Rolf Parr/Ulrich Johannes Schneider (Hrsg.), *Foucault Handbuch. Leben – Werk – Wirkung*, Stuttgart 2008, S. 172–176.

BARCK, Karlheinz, »5 Briefe Erich Auerbachs an Walter Benjamin in Paris«, in: *Zeitschrift für Germanistik* 9 (1988) 1, S. 688–694.
BAUER, Markus, »Selbstbehauptung und historische Konstruktion. Erich Auerbachs philologische Geschichtsbetrachtung in ›Mimesis‹«, in: Jörn Stückrath/Jürg Zbinden (Hrsg.), *Hayden White und Paul Ricœur. Dargestellte Wirklichkeit in der europäischen Kultur im Kontext von Husserl, Weber, Auerbach und Gombrich*, Baden-Baden 1997, S. 39–59.
BAUMGARTNER, Hans Michael, *Kontinuität und Geschichte. Zur Kritik und Metakritik der historischen Vernunft*, Frankfurt a.M. 1974.
BECKER, Ralf, »Philosophie unterm Strich. Ernst Blochs Beiträge für die Frankfurter Zeitung 1916–1934«, in: Ernst Bloch, *Der unbemerkte Augenblick. Feuilletons für die ›Frankfurter Zeitung‹ 1916–1934*, Frankfurt a.M. 2007, S. 9–66.
BECKMANN, Angelika, »Abstraktion von oben. Die Geometrisierung der Landschaft im Luftbild«, in: *Fotogeschichte. Beiträge zur Geschichte und Ästhetik der Fotografie* 12 (1992) H. 45/46, S. 105–116.
BENOIST, Jocelyn/Fabien MERLINI, *Historicité et spatialité. Le problème de l'espace dans la pensée contemporaine*, Paris 2001.
BENTLEY, Jerry H., »World History«, in: D.R. Woolf (Hrsg.), *A Global Encyclopedia of Historical Writing*, Bd. 2, New York 1998, S. 968–971.
—, »The new World History«, in: Lloyd Kramer/Sarah Maza (Hrsg.), *A Companion to Western Historical Thought*, Oxford 2002, S. 393–461.
BERG, Nicolas, »Eine deutsche Sehnsucht. Die Entlastungsstrategie ist nicht neu: Seit 1945 gibt es den Versuch, neben die Verbrechen der Nazis die Leiden des deutschen Volkes zu stellen«, in: *Die Zeit*, Nr. 46, 6.11.2003.
—, *Luftmenschen. Zur Geschichte einer Metapher*, Göttingen 2008.
BESSLICH, Barbara, *Faszination des Verfalls. Thomas Mann und Oswald Spengler*, Berlin 2002.
—, »Untergangs-Missverständnisse. Spenglers literarische Provokation und Deutungen der Zeitgenossen«, in: Manfred Gangl/Gilbert Merlio/Markus Ophälders (Hrsg.), *Spengler – ein Denker der Zeitenwende*, Frankfurt a.M. 2009, S. 29–52.
BETZ, Albrecht, *Exil et engagement, les intellectuels allemands et la France, 1930–1949*, Paris 1991.
BIALAS, Wolfgang/Gérard RAULET (Hrsg.), *Die Historismusdebatte in der Weimarer Republik*, Frankfurt a.M. 1996.
BIENENSTOCK, Myriam (Hrsg.), *Der Geschichtsbegriff: eine theologische Erfindung?* Würzburg 2007.
BING, Gertrud, »Fritz Saxl 1891–1948«, in: D. J. Gordon (Hrsg.), *A Volume of Memorial Essays*, London, 1957, S. 1–46.
BIRNBAUM, Pierre, »Le retour du juif errant. Juif errant, juif de cour et juif d'état«, in: *Le juif errant, un témoin du temps*, Catalogue de l'exposition au Musée d'art et d'histoire du Judaïsme, Paris 2001, S. 127–139.
BODENHEIMER, Alfred, *Wandernde Schatten. Ahasver, Moses und die Authentizität der jüdischen Moderne*, Göttingen 2002.

BOEHM, G., »Kunst versus Geschichte: ein unerledigtes Problem. Zur Einleitung in Georg Kublers ›Die Form der Zeit‹«, in: Kubler, *The Shape of Time*, übers. v. Bettina Blumenberg, Frankfurt a.M., S. 7–26.

BOLL, Monika/Raphael GROSS, *Die Frankfurter Schule und Frankfurt. Eine Rückkehr nach Deutschland*, Frankfurt 2009.

BORMUTH, Matthias, »Krise des Historismus und provisorische Existenz. Hannah Arendt, Erich Auerbach und Walter Benjamin«, in: *Hannah Arendt: verborgene Tradition – Unzeitgemäße Aktualität*, Deutsche Zeitschrift für Philosophie, Sonderband 16, Berlin 2007, S. 145–166.

BOTERMAN, Frits, »*Oswald Spengler und sein ›Untergang des Abendlandes‹*«, Köln 2000.

BOURETZ, Pierre, *Témoins du futur. Philosophie et messianisme*, Paris 2003.

BOUTCHER, Warren, »From Germany to Italy to America: The Migratory Significance of Kristeller's Ficino in the 1930s«, in: Gerald Hartung/Kay Schiller (Hrsg.), *Weltoffener Humanismus. Philosophie, Philologie und Geschichte in der deutsch-jüdischen Emigration*, Bielefeld 2006, S. 133–153.

BRADY, B.V., »Ahasver: on a problem of identity«, in: *German life and letters: a quarterly review*, 22 (1968), S. 3–11.

BRAUN, Eberhard, »›Alle Menschen, die ein beßres Leben wünschen, sollen aufstehn.‹ Die Utopie des Systems«, in: Francesca Vidal (Hrsg.), »*Kann Hoffnung enttäuscht werden?«: anlässlich des 20sten Todestages von Ernst Bloch*, Mössingen-Thalheim 1998, S. 84–103.

BRECKMANN, Warren, »Zeitgeist«, in: D. R. Woolf, *A Global Enzyclopedia of Historical Writing*, Bd. 2, New York 1998, S. 986.

BREDEKAMP, Horst, »Erwin Panofsky (1892–1968)«, in: Ulrich Pfisterer (Hrsg.), *Klassiker der Kunstgeschichte, Von Panofsky bis Greenberg*, Bd. 2, München 2008, S. 61–75.

BREIDECKER, Volker, »Der Historiker als Fremder und als Fotograf«, in: *SZ* 18.1.2010.

BRENNER, Michael, *Propheten des Vergangenen. Jüdische Geschichtsschreibung im 19. und 20. Jahrhundert*, München 2006.

BUBE, Tobias, *Zwischen Kultur- und Sozialphilosophie. Wirkungsgeschichtliche Studien zu Wilhelm Dilthey*, Würzburg 2007.

BURKE, Peter, *Vico. Philosoph, Historiker, Denker einer neuen Wissenschaft*, Berlin 1985.

—, *Offene Geschichte. Die Schule der Annales*, Berlin 1991.

BUSCH, Walter, »Geschichte und Zeitlichkeit in ›Mimesis‹. Probleme der Vico-Rezeption Erich Auerbachs«, in: Walter Busch/Gerhart Pickerodt (Hrsg.), *Wahrnehmen, Lesen, Deuten. Erich Auerbachs Lektüre der Moderne*, Frankfurt a.M. 1998, S. 85–122.

—/Gerhart PICKERODT (Hrsg.), *Wahrnehmen, Lesen, Deuten. Erich Auerbachs Lektüre der Moderne*, Frankfurt a.M. 1998.

CACCIATORE, Giuseppe, »Croce und Bloch über den Begriff des Fortschritts«, in: *Jahrbuch für Recht und Ethik*, Bd. 12 (2004), hrsg. v. B. Sharon Byrd, Joachim Hruschka, Jan C. Joerden, Berlin 2004, S. 383–401.

CAPEILLERES, Fabien, »Néokantismes en exil Américain. ›Ins Paradies vertrieben‹?«, in: Daniel Azuelos (Hrsg.) *Les penseurs allemands et autrichiens à l'épreuve de l'exil*, Paris 2010, S. 253–284.

CARON, Vicky, *L'Asile incertain. La crise des réfugiés juifs en France 1933–1942*, Paris 2008.
CASSIRER, Ernst, *Substanzbegriff und Funktionsbegriff. Untersuchungen über die Grundfragen der Erkenntniskritik*, Darmstadt 1990.
CAYSA, Petra/Volker CAYSA/Klaus-Dieter EICHLER/Elke UHL, ›*Hoffnung kann enttäuscht werden‹. Ernst Bloch in Leipzig*, Frankfurt a.M. 1992.
CHAPOULIE, Jean-Michel, *La tradition sociologique de Chicago 1892–1961*, Paris 2001.
CHERVEL, Thierry, »Schweigen und Verstehen«, in: *SZ*, 6.9.1996.
COHEN, Richard L., »Entre Errance et Histoire. Interprétations juives du mythe de Gottlieb à Kitaj«, in: *Le juif errant, un témoin du temps*, Catalogue de l'exposition au Musée d'art et d'histoire du Judaïsme, Paris 2001, S. 151–171.
—, »Images et contexte du juif errant depuis le mythe médiéval jusqu'à la métaphore moderne«, in: *Le juif errant, un témoin du temps*, Catalogue de l'exposition au Musée d'art et d'histoire du Judaïsme, Paris 2001, S. 13–32.
COUSE, C.S., »Collingwood's Detective Image of the Historian and the Study of Hadrian's Wall«, in: *Reassessing Collingwood, History & Theory*, Beiheft 29, Wesleyan University 1990, S. 57–77.
CROHN, Claus-Dieter, u.a. (Hrsg.), *Handbuch der deutschsprachigen Emigration 1933–1945*, Darmstadt 1998.
DABAG, Mihran, *Löwiths Kritik der Geschichtsphilosophie und sein Entwurf einer Anthropologie*, Bochum 1989.
DANIEL, Ute, »Alte Gänsefüsschen unterwegs im Wertedschungel – Eine Lektüre von Max Webers ›Wissenschaftslehre‹«, in: Moshe Zuckermann (Hrsg.), *Geschichte denken: Philosophie, Theorie, Methode. Tel Aviver Jahrbuch für deutsche Geschichte*, Bd. XXIX, Gerlingen 2000, S. 183–206.
—, »Reinhart Koselleck«, in: Lutz Raphael (Hrsg.), *Klassiker der Geschichtswissenschaft. Von Fernand Braudel bis Natalie Z. Davis*, Bd. 2, München 2006, S. 166–194.
DANTO, Arthur C., *Analytical Philosophy of History*, Cambridge 1965.
DELACROIX, Christian/François DOSSE/Patrick GARCIA/Nicolas OFFENSTADT (Hrsg.), *Historiographies. Concepts et Débats*, 2 Bde., Paris 2010.
DEMANDT, Alexander, *Metaphern für Geschichte. Sprachbilder und Gleichnisse im historischen Denken*, München 1978.
—, »Historische Apokalyptik«, in: Ders./John Farrenkopf (Hrsg.), *Der Fall Spengler. Eine kritische Bilanz*, Köln, Weimar, Wien 1994, S. 21–44.
—, /John FARRENKOPF (Hrsg.), *Der Fall Spengler. Eine kritische Bilanz*, Köln, Weimar, Wien 1994.
DIDI-HUBERMANN, Georges, *Bilder trotz allem*, München 2007.
DIGL, Werner/Gerhard KWIATKOSKI (Hrsg.), *Meyers Großes Taschenlexikon*, Mannheim/Wien/Zürich 1987.
DONAGAN, Alan, *The later philosophy of R.G. Collingwood*, Chicago, London 1985. [1962]
DRAY, William Herbert, *History as re-enactment: R. G. Collingwood's idea of history*, Oxford 1995.

EHRENFREUND, Jacques, *Mémoire juive et nationalité allemande. Les juifs berlinois à la Belle Epoque*, Paris 2000.

—, »Les usages juifs de l'historicisme allemand. Naissance et professionnalisation d'une discipline judéo-allemande, 1871–1914«, in: Dominique Bourel/Gabriel Motzkin (Hrsg.), *Les voyages de l'intelligence. Passages des idées et des hommes Europe, Palestine, Israël*, Paris 2002, S. 203–228.

ENDRESS, Martin, *Alfred Schütz*, Konstanz 2006.

ERHART, Walter, »»Wahrscheinlich haben wir beide recht‹. Diskussion und Dissens unter ›Laboratoriumsbedingungen‹. Beobachtungen zu ›Poetik und Hermeneutik‹ 1963–1966«, in: *IASL*, 1 (2010) 35, S. 77–102.

FINKELDE, Dominik, *Benjamin liest Proust. Mimesislehre – Sprachtheorie – Poetologie*, München 2003.

FREI, Norbert/Johannes SCHMITZ (Hrsg.), *Journalismus im Dritten Reich*, München 1989.

FULDA, Daniel, *Wissenschaft aus Kunst. Die Entstehung der modernen deutschen Geschichtsschreibung 1760–1860* (= European Cultures; Bd. 7), Berlin 1996.

—/Thomas PRÜFER (Hrsg.), *Faktenglaube und fiktionales Wissen. Zum Verhältnis von Wissenschaft und Kunst in der Moderne* (= Kölner Studien zur Literaturwissenschaft; Bd. 9), Frankfurt a.M. 1996.

GAGNEBIN, Jeanne Marie, »Über den Begriff der Geschichte«, in: Burkhardt Lindner (Hrsg.), *Benjamin-Handbuch. Leben, Werk, Wirkung*, Stuttgart, Weimar 2006, S. 284–299.

GANGL, Manfred/Gilbert MERLIO/Markus OPHÄLDERS (Hrsg.), *Spengler – ein Denker der Zeitenwende*, Frankfurt a.M. 2009.

GEIGER, Theodor, *Die soziale Schichtung des deutschen Volkes*, Stuttgart 1932.

GEIMER, Peter, *Theorien der Fotografie zur Einführung*, Hamburg 2009.

GELLRICH, Jesse, »»Figura‹, Allegory, and the Question of History«, in: Seth Lerer (Hrsg.), *Literary History and the Challenge of Philology: The Legacy of Erich Auerbach*, Stanford 1996, S. 107–123.

GILLESSEN, Günther, *Auf verlorenem Posten. Die Frankfurter Zeitung im Dritten Reich*, Berlin 1986.

GOERTZ, Hans-Jürgen, *Unsichere Geschichte. Zur Theorie historischer Referentialität*, Stuttgart 2001.

GRANDJONC, Jacques/Theresa GRUNDTNER (Hrsg.), *Zone d'ombres 1943–1944. Exil et internement d'Allemands et Autrichiens dans le sud-est de la France*, Aix-en-Provence 1990.

GRATHOFF, Richard, »Portrait: Albert Salomon 1891–1966«, in: *International Sociology* 10, 1995, S. 235–242.

GRYNBERG, Anne, *Les camps de la honte. Les internés juifs des camps français 1939–1944*, Paris 1999. [1991]

GUMBRECHT, Hans Ulrich, »Mein Lehrer, der Mann von der SS«, in: *Die Zeit*, Nr. 15, 7.4.2011, S. 62.

GUTH, Suzie, »Masse und Publikum. La thèse de Robert E. Park«, in: Dies., *Modernité de Robert Ezra Park,* Paris 2008, S. 31–58.

HABERMAS, Jürgen, »Karl Löwith. Stoischer Rückzug vom historischen Bewußtsein (1963)«, in: Ders., *Philosophisch-politische Profile,* Frankfurt 1987, S. 195–216. [*Merkur,* Jg. XVII, 6 (1963).]

HAMBROCK, Matthias, *Die Etablierung der Außenseiter. Der Verband nationaldeutscher Juden 1921–1935,* Köln/Weimar/Wien 2003.

HARTOG, François, »Aristote et l'histoire, une fois encore«, in: *Critique* (Juni–Juli 2011) Nr. 769–770, S. 540–552.

HARTUNG, Gerald/Kay Schiller (Hrsg.), *Weltoffener Humanismus. Philosophie, Philologie und Geschichte in der deutsch-jüdischen Emigration,* Bielefeld 2006.

—, »Einführung«, in: Dies., (Hrsg.), *Weltoffener Humanismus. Philosophie, Philologie und Geschichte in der deutsch-jüdischen Emigration,* Bielefeld 2006, S. 7–12.

HAVERKAMP, Anselm, »Als der Krieg zuende war. Dekonstruktion als Provokation der Rezeptionsästhetik«, in: Dorothee Kimmich/Bernd Stiegler (Hrsg.), *Zur Rezeption der Rezeptionstheorie,* Berlin 2003, S. 39–62.

HEIDENREICH, Felix, *Mensch und Moderne bei Hans Blumenberg,* München 2005.

HENRICH, Dieter, »Konstellationsforschung zur klassischen deutschen Philosophie. Motiv – Ergebnis – Probleme – Perspektiven – Begriffsbildung«, in: Martin Lusow/Marcelo Stamm (Hrsg.), *Konstellationsforschung,* Frankfurt a.M. 2005, S. 15–30.

HENRICH, Dieter, *Hegel im Kontext,* Frankfurt a.M. 1967.

HOFFMANN, Arnd, *Zufall und Kontingenz in der Geschichtstheorie,* Frankfurt a.M. 2005.

HOFFMANN, Christhardt, »Von Heinrich Heine zu Isidor Kracauer: Das Frankfurter Ghetto in der deutsch-jüdischen Geschichtskultur und Historiographie des 19. und frühen 20. Jahrhunderts«, in: Fritz Backhaus et al. (Hrsg.), *Die Frankfurter Judengasse. Jüdisches Leben in der Frühen Neuzeit,* Frankfurt a.M. 2006 (Schriftenreihe des Jüdischen Museums Frankfurt am Main Bd. 9), S. 33–51.

HOFFMANN, Detlev, »Von der Codierung und Decodierung der Wirklichkeit. Überlegungen zu Ernst Gombrichs ›Kunst und Illusion‹«, in: Jörn Stückrath/Jürg Zbinden (Hrsg.), *Metageschichte. Hayden White und Paul Ricœur. Dargestellte Wirklichkeit in der europäischen Kultur im Kontext von Husserl, Weber, Auerbach und Gombrich,* Baden-Baden 1997, S. 60–72.

HOFFMANN, Konrad, »Panofskys ›Renaissance‹«, in: *Erwin Panofsky. Beiträge des Symposions Hamburg 1992,* hrsg. v. Bruno Reudenbach, Berlin 1994, S.139–144.

HÖLSCHER, Lucian, »Utopie«, in: *Geschichtliche Grundbegriffe. Historisches Lexikon zur politisch-sozialen Sprache in Deutschland,* hrsg. v. Otto Brunner, Werner Conze, Reinhart Koselleck, Bd. 6, Stuttgart 1990, S. 733–788.

HOOG, Anne Hélène, »L'Ami du peuple ou ›Le juif errant‹ d'Eugène Sue«, in: *Le juif errant, un témoin du temps,* Catalogue de l'exposition au Musée d'art et d'histoire du Judaïsme, Paris 2001, S. 109–125.

IGGERS, Georg, *Geschichtswissenschaft im 20. Jahrhundert. Ein kritischer Überblick im internationalen Zusammenhang,* Göttingen 2007.

JAEGER, Friedrich/Jörn RÜSEN, *Geschichte des Historismus. Eine Einführung*, München 1992.
JAEGER, Michael, *Autobiographie und Geschichte. Wilhelm Dilthey, Georg Misch, Karl Löwith, Gottfried Benn, Alfred Döblin*, Stuttgart/Weimar 1995.
JOHNSON, Peter, *R.G. Collingwood. An Introduction*, Bristol 1998.
JOLY, François/Jean-Philippe MATHIEU, »Les camps d'internement en France de septembre 1939 à mai 1940«, in: Gilbert Badia (Hrsg.), *Les barbelés de l'exil*, Grenoble 1979, S. 169–220.
JUNG, Matthias, *Dilthey zur Einführung*, Hamburg 1996.
JUNG, Werner, *Georg Simmel zur Einführung*, Hamburg 1990.
KAESLER, Dirk (Hrsg.), *Klassiker der Soziologie. Von Auguste Comte bis Alfred Schütz*, Bd. 1, München 2006 (5. Aufl.).
KAGEL, Martin, »Heillose Historie – Sinn der Geschichte und geschichtlicher Sinn in Autobiographie und Geschichtstheorie Karl Löwiths«, in: Gerald Hartung u. Kay Schiller (Hrsg.), *Weltoffener Humanismus. Philosophie, Philologie und Geschichte in der deutsch-jüdischen Emigration*, Bielefeld 2006, S. 35–52.
KAHN, Robert, »Eine ›List der Vorsehung‹: Erich Auerbach und Walter Benjamin«, in: Martin Treml/Karlheinz Barck (Hrsg.), *Erich Auerbach. Geschichte und Aktualität eines europäischen Philologen*, Berlin 2007, S. 153–166.
KANY, Roland, *Mnemosyne als Programm: Geschichte, Erinnerung und die Andacht zum Unbedeutenden im Werk von Usener, Warburg und Benjamin*, Tübingen 1987.
KEIDEL, Matthias, *Die Wiederkehr der Flaneure. Literarische Flanerie und flanierendes Denken zwischen Wahrnehmung und Reflexion*, Würzburg 2006.
KERVÉGAN, Jean-François, »Les ambiguïtés d'un théorème. La sécularisation, de Schmitt à Löwith et retour«, in: M. Foessel/J.-F. Kervégan/M. Revault d'Allonnes (Hrsg.), *Modernité et sécularisation. Hans Blumenberg, Karl Löwith, Carl Schmitt, Leo Strauss*, Paris 2007, S. 107–122.
KETTLER, David, »›Erste Briefe‹ nach Deutschland. Zwischen Exil und Rückkehr«, in: *Zeitschrift für Ideengeschichte*, Heft II/2, Sommer 2008, S. 80–108.
KIMMICH, Dorothee, *Wirklichkeit als Konstruktion. Studien zu Geschichte und Geschichtlichkeit bei Heine, Büchner, Immermann, Stendhal, Keller und Flaubert*, München 2000.
—, »›Nur was uns anschaut sehen wir‹. Benjamin und die Welt der Dinge«, in: Detlev Schöttker (Hrsg.), *Schrift, Bilder, Denken. Walter Benjamin und die Künste*, Frankfurt a.M. 2004, S. 156–167.
—, »›Mit blasiert eleganter Frivolität‹. Von der Begegnung mit fremden Dingen«, in: Michael C. Frank, Bettina Gockel, Thomas Hauschild, Dorothee Kimmich, Kirsten Mahlke (Hrsg.), *Fremde Dinge. Zeitschrift für Kulturwissenschaften 1/2007*, S. 73–82.
KITTSTEINER, H. D., »Walter Benjamins Historismus«, in: Norbert Bolz/Bernd Witte (Hrsg.), *Passagen. Walter Benjamins Urgeschichte des XIX. Jahrhunderts*, München 1984, S. 137–162.

KLAGHOFER-TREITLER, Wolfgang, »Skepsis – Resignation – Frage. Zum 100. Geburtstag Karl Löwiths«, in: *Freiburger Zeitschrift für Philosophie und Theologie* 44 (1997), S. 355–367.
KLINGLER, Erika, »The Warburg Institute 1933–1936«, in: Gregor Kokorz/Helga Mitterbauer (Hrsg.), *Übergänge und Verflechtungen. Kulturelle Transfers in Europa*, Bern, Berlin u.a. 2004, S. 263–280.
KNOBLOCH, Johann, u.a. (Hrsg.), *Kultur und Zivilisation*, Europäische Schlüsselwörter, Bd. III, München 1967.
KOCH, Gertrud, *Die Einstellung ist die Einstellung. Visuelle Konstruktionen des Judentums*, Frankfurt a.M. 1992.
KÖHN, Eckard, *Straßenrausch, Flanerie und kleine Form. Versuch einer Literaturgeschichte des Flaneurs bis 1933*, Berlin 1989.
—, »Sammler«, in: Michael Opitz/Erdmut Wizisla (Hrsg.), *Benjamins Begriffe*, Bd. 2, Frankfurt a.M. 2000, S. 695–724.
—, »Kleine Geschichte der Photographie«, in: Burckhardt Lindner (Hrsg.), *Benjamin Handbuch. Leben – Werk – Wirkung*, Stuttgart/Weimar 2006, S. 399–406.
KOSELLECK, Reinhart, »Moderne Sozialgeschichte und historische Zeiten«, in: Pietro Rossi (Hrsg.), *Theorie der Geschichte*, Frankfurt a.M.1983, S. 173–190.
—, »Fortschritt«, in: *Geschichtliche Grundbegriffe. Historisches Lexikon zur politisch-sozialen Sprache in Deutschland*, hrsg. v. Otto Brunner/Werner Conze/Reinhart Koselleck, Bd. 2, E–G, 4. Aufl., Stuttgart 1998, S. 351–423.
KRAUSS, Marita, *Heimkehr in ein fremdes Land. Geschichte der Remigration*, München 2001.
KREUZER, Johann, »Augenblick und Zeitraum. Zur Antinomie geschichtlicher Zeit«, in: Michael Kessler/Thomas Y. Levin (Hrsg.), *Siegfried Kracauer: neue Interpretationen. Akten des internationalen, interdisziplinären Kracauer-Symposions Weingarten, 2.–4.3.1989, Akademie der Diözese Rottenburg-Stuttgart*, Tübingen 1990, S. 159–170.
KROHN, Claus-Dieter, »›Weimar in Amerika‹. Vertriebene deutsche Wissenschaftler an der New School for Social Research in New York«, in: Helmuth Lehmann und Otto Gerhard Oexle (Hrsg.), *Nationalsozialismus in den Kulturwissenschaften. Leitbegriffe, Deutungsmuster, Paradigmenkämpfe: Erfahrungen und Transformationen im Exil*, Bd. 2, Göttingen 2004, S. 289–304.
KUBASECK, Christopher/Günter SEUFERT, *Deutsche Wissenschaftler im türkischen Exil. Die Wissenschaftsemigration in die Türkei 1933–1945*, Würzburg 2008.
LEACH, Stephen, *The Foundations of History. Collingwood's Analysis of Historical Explanation*, Charlottesville 2009.
LENGER, Friedrich, »Detektive und Historiker – Detektivgeschichten und Geschichtsschreibung«, in: Barbara Korte/Sylvia Paletschek (Hrsg.), *Geschichte im Krimi. Beiträge aus den Kulturwissenschaften*, Köln 2009, S. 31–41.
LERER, Seth (Hrsg), *Literary History and the Challenge of Philology: The Legacy of Erich Auerbach*, Stanford 1996.
LESCHNITZER, Adolf, »Der Gestaltwandel Ahasvers«, in: Hans Tramer (Hrsg.), *In zwei Welten. Siegfried Moses zum fünfundsiebzigsten Geburtstag*, Tel Aviv 1962, S. 470–505.

LINDNER, Rolf, »Robert E. Park«, in: Dirk Kaesler (Hrsg.), *Klassiker der Soziologie. Von Auguste Comte bis Alfred Schütz*, Bd. 1, München 2006 (5. Aufl.), S. 215–231.

LINK-HEER, Ursula, »Zum Bilde Prousts«, in: Burkhardt Lindner (Hrsg.), *Benjamin-Handbuch. Leben, Werk, Wirkung*, Stuttgart/Weimar 2006, S. 507–521.

—, »›Die sich vollziehende Standardisierung der Erdkultur‹ – Auerbachs Prognose«, in: Martin Treml/Karlheinz Barck (Hrsg.), *Erich Auerbach. Geschichte und Aktualität eines europäischen Philologen*, Berlin 2007, S. 307–322.

LIPPERHEIDE, Christian, *Nietzsches Geschichtsstrategien. Die rhetorische Neuorganisation der Geschichte*, Würzburg 1999.

LÖWY, Michael, *Walter Benjamin: Avertissement d'incendie. Une lecture des thèses »Sur le concept d'histoire«*, Paris 2001.

LÜBBE, Hermann, *Säkularisierung. Geschichte eines ideenpolitischen Begriffs*, 3. Aufl., München 2003.

LÜHE, Irmela von der/Axel SCHILDT/Stefanie SCHÜLER-SPRINGOUM (Hrsg.), ›*Auch in Deutschland waren wir nicht wirklich zu Hause*‹. Jüdische Remigration nach 1945, Göttingen 2008.

MAGNANO SAN LIO, Giancarlo, »Weltanschauung und Universalgeschichte. Über Dilthey und Spengler«, in: Manfred Gangl/Gilbert Merlio/Markus Ophälders (Hrsg.), *Spengler – ein Denker der Zeitenwende*, Frankfurt a.M. 2009, S. 193–210.

MARBACH, Eduard, *Das Problem des Ich in der Phänomenologie Husserls*, Den Haag 1974.

MARQUARD, Odo, »Entlastung vom Absoluten«, in: Franz Josef Wetz und Hermann Timm (Hrsg.), *Die Kunst des Überlebens. Nachdenken über Hans Blumenberg*, Frankfurt a.M. 1999, S. 17–27.

MATTHIESEN, Ulf, »Im Schatten einer endlosen Zeit. Etappen der intellektuellen Biographie Albert Salomons«, in: Ilja Srubar (Hrsg.), *Exil, Wissenschaft, Identität. Die Emigration deutscher Sozialwissenschaftler 1933–1945*, Frankfurt a.M. 1988, S. 299–350.

McINTIRE, C.T., »Toynbee's Philosophy of History: His Christian Period«, in: Ders./Marvin Perry (Hrsg.), *Toynbee Reappraisals*, Toronto u.a. 1989, S. 63–92.

—, »Arnold J. Toynbee«, in: D. R. Woolf (Hrsg.), *A Global Encyclopedia of Historical Writing*, Bd. 2, New York 1998, S. 895–896.

MEDICK, Hans, »Mikro-Historie«, in: Winfried Schulze, *Sozialgeschichte, Alltagsgeschichte, Mikro-Historie: eine Diskussion*, Göttingen 1994, S. 40–53.

—, *Weben und Überleben in Laichingen 1650–1900. Lokalgeschichte als Allgemeine Geschichte*, Göttingen 1996.

MEHRING, Reinhard, »Humanismus als ›Politicum‹. Werner Jaegers Problemgeschichte der griechischem ›Paidaia‹«, in: *Antike und Abendland* 45 (1999), S. 111–128.

MERLIO, Gilbert, *Oswald Spengler. Témoin de son temps*, 2 Bde., Stuttgart Heinz, 1982.

—/Gérard RAULET (Hrsg.), *Linke und rechte Kulturkritik. Interdiskursivität als Krisenbewußtsein*, Frankfurt a.M. 2005.

—, »Einleitung«, in: Manfred Gangl/Gilbert Merlio/Markus Ophälders (Hrsg.), *Spengler – ein Denker der Zeitenwende*, Frankfurt a.M. 2009, S. 9–15.

—, »Spenglers Geschichtsmorphologie im Kontext des Historismus und seiner Krise«, in: Manfred Gangl/Gilbert Merlio/Markus Ophälders (Hrsg.), *Spengler – ein Denker der Zeitenwende*, Frankfurt a.M. 2009, S. 129–143.

MESSAC, R., *Le Detective Novel et l'influence de la pensée scientifique*, Paris 1928.

MEYER, Katrin, *Ästhetik der Historie. Friedrich Nietzsches ›Vom Nutzen und Nachteil der Historie für das Leben‹*, Würzburg 1998.

MICHELS, Karen, »Die Kulturwissenschaftliche Bibliothek Warburg«, in: Richard Faber/Christine Holste (Hrsg.), *Kreise – Gruppen – Bünde. Zur Soziologie moderner Intellektuellenassoziation*, Würzburg 2000, S. 225–238.

—, *Aby Warburg. Im Bannkreis der Ideen*, München 2007.

MÖLLMANN, Christopher/Alexander SCHMITZ, »›Es war einmal…‹ – Einige Distanz wahrende Annäherungen an die Forschungsgruppe ›Poetik und Hermeneutik‹«, in: *IASL*, 1 (2010) 35, S. 46–52.

MOMMSEN, Hans, »Historische Methode«, in: Waldemar Besson (Hrsg.), *Geschichte*, (Fischer-Lexikon, Bd. 24), Frankfurt a.M. 1961.

MONOD, Jean-Claude, *La querelle de la sécularisation. Théologie politique et philosophies de l'histoire de Hegel à Blumenberg*, Paris 2002.

—, *Hans Blumenberg*, Paris 2007.

MOSÈS, Stéphane, »Walter Benjamins Kritik der historischen Vernunft«, in: *Studi germanici*, N.S. 29 (1991), S. 61–78.

—, *Der Engel der Geschichte. Franz Rosenzweig, Walter Benjamin, Gershom Scholem*, Frankfurt a.M. 1992.

MOSS, Myra, »Croce and Collingwood, Philosophy and History«, in: Jack D'Amico/Dain A. Trafton/Massimo Verdicchio (Hrsg.), *The Legacy of Benedetto Croce. Contemporary critical views*, Toronto 1999, S. 145–162.

MUHLACK, Ulrich, »Leopold von Ranke«, in: Lutz Raphael (Hrsg.), *Klassiker der Geschichtswissenschaft. Von Edward Gibbon bis Marc Bloch*, Bd. 1, München 2006, S. 38–63.

MÜLLER, Ernst, »Auerbachs Realismus«, in: Martin Treml/Karlheinz Barck (Hrsg.), *Erich Auerbach. Geschichte und Aktualität eines europäischen Philologen*, Berlin 2007, S. 268–280.

MÜLLER, Harro, »Walter Benjamins Historismuskritik. Eine Relecture«, in: Gérard Raulet/Uwe Steiner (Hrsg.), *Walter Benjamin. Ästhetik und Geschichtsphilosophie*, Bern 1998, S. 209–222.

MÜLLER, Oliver, »Subtile Stiche. Hans Blumenberg und die Forschungsgruppe ›Poetik und Hermeneutik‹«, in: Ralf Klausnitzer, Carlos Spoerhase (Hrsg.), *Kontroversen in der Literaturtheorie, Literaturtheorie in der Kontroverse*, Bonn 2007, S. 249–264.

MÜLLER-DOOHM, Stefan, *Adorno. Eine Biographie*, Frankfurt a.M. 2003.

MÜNSTER, Arno, (Hrsg.), *Tagträume vom aufrechten Gang. Sechs Interviews mit Ernst Bloch*, Frankfurt a.M. 1977.

—, *Utopie, Messianismus und Apokalypse im Frühwerk von Ernst Bloch*, Frankfurt a.M. 1982.

NAGL-DOCEKAL, Herta, *Die Objektivität der Geschichtswissenschaft*, Wien 1982.

NEUHAUS, Volker, »Die Archäologie des Mordes«, in: Charlotte Trümpler (Hrsg.), *Agatha Christie und der Orient. Kriminalistik und Archäologie*, Essen 1999, S. 425–434.

NEUMEYER, Harald, *Der Flaneur. Konzeptionen der Moderne*, Würzburg 1999.

NEUSCHÄFER, Hans-Jörg, »Servo humilis. Oder: was wir mit Erich Auerbach vertrieben haben«, in: *Deutsche und österreichische Romanisten als Verfolgte des Nationalsozialismus*, hrsg. v. Hans Helmut Christmann/Frank-Rutger Hausmann, Tübingen 1989, S. 85–106.

NIPPERDEY, Thomas, »Das Problem der Objektivität bei Ranke«, in: Wolfgang J. Mommsen (Hrsg.), *Leopold von Ranke und die moderne Geschichtswissenschaft*, Stuttgart 1988, S. 215–222.

NITSCHE, Jessica, *Walter Benjamins Gebrauch der Fotografie*, Berlin 2010.

NOACK, Ulrich, »*The Whig Interpretation of History* by H. Butterfield«, in: *Historische Zeitschrift*, Bd. 149, H. 3 (1934), S. 595–597.

NOOR, Ashraf, »Jüdisches Geschichtsdenken – Philosophische Figürlichkeit des Zeitlichen«, in: Dan Diner (Hrsg.), *Synchrone Welten. Zeiträume jüdischer Geschichte*, Göttingen 2005, S. 289–304.

NÜNNING, Ansgar, »Verbal Fictions? Kritische Überlegungen und narratologische Alternativen zu Hayden Whites Einebnung des Gegensatzes zwischen Historiographie und Literatur«, in: *Literaturwissenschaftliches Jahrbuch* 40 (1999), S. 351–380.

OEXLE, Otto Gerhard, *Geschichtswissenschaft im Zeichen des Historismus. Studien zur Problemgeschichte der Moderne*, Göttingen 1996.

ÖHLSCHLÄGER, Claudia, *Abstraktionsdrang. Wilhelm Worringer und der Geist der Moderne*, München 2005.

OSTERHAMMEL, Jürgen, »Arnold J. Toynbee. A Study of History«, in: Volker Reinhardt (Hrsg.), *Hauptwerke der Geschichtsschreibung*, Stuttgart 1997, S. 647–650.

PALMIER, Jean-Michel, *Walter Benjamin. Le chiffonnier, l'Ange et le Petit Bossu. Esthétique et politique chez Walter Benjamin*, Paris 2006.

PETERS, Rik, *The living Past. Philosophy, History and Action in the thought of Croce, Gentile de Ruggiero and Collingwood*, Nijmegen 1998.

PETHES, Nicolas, »›Die gerettete Nacht.‹ Zur medialen Transformation von Zeit und Geschichte in Walter Benjamins Programm einer destruktiven Historiographie«, in: Annette Simonis u. Linda Simonis (Hrsg.), *Zeitwahrnehmung und Zeitbewusstsein der Moderne*, Bielefeld 2000, S. 259–286.

PFISTERER, Ulrich (Hrsg.), *Klassiker der Kunstgeschichte*, 2 Bde., München 2008.

—, »George Kubler« (1912–1996)«, in: Ders. (Hrsg.), *Klassiker der Kunstgeschichte. Von Panofsky bis Greenberg*, Bd. 2, München 2008, S. 203–216.

PICHT, Barbara, *Erzwungener Ausweg. Hermann Broch, Erwin Panofsky und Ernst Kantorowicz im Princetoner Exil*, Darmstadt 2008.

PONCET, François, »Erwin Panofsky: ›Le moment exilique‹ en méthodologie«, in: Daniel Azuelos (Hrsg.) *Les penseurs allemands et autrichiens à l'épreuve de l'exil*, Paris 2010, S. 239–252.

POURCIAU, Sarah, »Istanbul 1945. Erich Auerbach's philology of extremity«, in: *Arcadia, internationale Zeitschrift Literaturwissenschaft*, 41 (2006) 2, S. 436–460.

PROST, Antoine, »Temps«, in: Christian Delacroix/François Dosse/Patrick Garcia/Nicolas Offenstadt (Hrsg.), *Historiographies. Concepts et Débats*, Bd. II, Paris 2010, S. 903–911.
RAPHAEL, Lutz (Hrsg.), *Klassiker der Geschichtswissenschaft*, 2 Bde., München 2006.
RAPHAEL, Lutz, »Fernand Braudel«, in: Ders. (Hrsg.), *Klassiker der Geschichtswissenschaft. Von Fernand Braudel bis Natalie Z. Davis*, Bd. 2, München 2006, S. 45–62.
RAULET, Gérard, »Benjamins Historismus-Kritik«, in: Uwe Steiner (Hrsg.), *Walter Benjamin 1892–1940 zum 100. Geburtstag*, Bern u.a. 1992, S. 103–122.
—, »Strategien des Historismus«, in: Wolfgang Bialas/Gérard Raulet (Hrsg.), *Die Historismusdebatte in der Weimarer Republik*, Frankfurt a.M. 1996, S. 7–38.
—, »Einbahnstraße«, in: Burckhardt Lindner (Hrsg.), *Benjamin-Handbuch. Leben – Werk – Wirkung*, Stuttgart/Weimar 2006, S. 359–373.
—, *La philosophie allemande depuis 1945*, Paris 2006.
RAULFF, Ulrich, *Ein Historiker im 20. Jahrhundert: Marc Bloch*, Frankfurt a.M. 1995.
—, *Der unsichtbare Augenblick. Zeitkonzepte in der Geschichte*, Göttingen 1999.
Reassessing Collingwood, History & Theory, Beiheft 29, Wesleyan University 1990.
REVEL, Jacques (Hrsg.), *Jeux d'échelles. La micro-analyse à l'expérience*, Paris 1996.
RICHARDS, Earl Jeffrey, »Erich Auerbach und Ernst Robert Curtius: der unterbrochene oder der verpasste Dialog?«, in: Walter Busch/Gerhart Pickerodt (Hrsg.), *Wahrnehmen, Lesen, Deuten. Erich Auerbachs Lektüre der Moderne*, Frankfurt a.M. 1998, S.249–263.
RIEDEL, Manfred, »Karl Löwiths philosophischer Weg«, in: *Heidelberger Jahrbücher* 14 (1970), S. 120–133.
—, »Der Doppelblick des Exilanten, Karl Löwith, Martin Heidegger und die Deutschen«, in: *Hannah Arendt. Verborgene Tradition – Unzeitgemäße Aktualität? Deutsche Zeitschrift für Philosophie*, Sonderband 16, Berlin 2007, S. 123–144.
RIES, Wiebrecht, *Karl Löwith*, Stuttgart 1992.
ROHBECK, Johannes, *Geschichtsphilosophie zur Einführung*, Hamburg 2004.
ROTHERMUND, Dietmar, *Geschichte als Prozess und Aussage. Eine Einführung in Theorien des historischen Wandels und der Geschichtsschreibung*, München 1994.
RUDDIES, Hartmut, »Gelehrtenpolitik und Historismusverständnis. Über die Formierung der Geschichtsphilosophie Ernst Troeltschs im Ersten Weltkrieg«, in: Friedrich Wilhelm Graf (Hrsg.), *Ernst Troeltschs »Historismus«*, Gütersloh 2000, S. 135–163.
RÜSEN, Jörn, *Lebendige Geschichte, Grundzüge einer Historik III, Formen und Funktionen historischen Wissens*, Göttingen 1989.
—, »Historisches Erzählen«, in: *Handbuch der Geschichtsdidaktik*, hrsg. v. Klaus Bergmann [u.a.], Seelze-Velber 1997, S. 57–63.
SAARI, Heikki, *Re-enactment: A study in R.G. Collingwood's Philosophy of History*, Åbo 1984.
SAUPE, Achim, *Der Historiker als Detektiv – der Detektiv als Historiker. Historik, Kriminalistik und der Nationalsozialismus als Kriminalroman*, Bielefeld 2009.
SCHIFFERMÜLLER, Isolde, »Das letzte Kapitel der Mimesis, Pathos und Erkenntnis in der Philologie Erich Auerbachs«, in: Walter Busch/Gerhart Pickerodt (Hrsg.), *Wahr-*

nehmen, Lesen, Deuten. Erich Auerbachs Lektüre der Moderne, Frankfurt a.M. 1998, S. 264–286.

SCHILLER, Kay, »Historismuskrise und ›Dritter Humanismus‹: Werner Jaegers Beiträge zum Humanitätsdiskurs«, in: Gerald Hartung/Kay Schiller (Hrsg.), *Weltoffener Humanismus. Philosophie, Philologie und Geschichte in der deutsch-jüdischen Emigration*, Bielefeld 2006, S. 71–90.

SCHLUMBOHM, Jürgen (Hrsg.), *Mikrogeschichte – Makrogeschichte, komplementär oder inkommensurabel?*, Göttingen 1998.

SCHMITZ, Alexander/Marcel LEPPER, »Logik der Differenzen und Spuren des Gemeinsamen, Hans Blumenberg und Carl Schmitt«, in: Hans Blumenberg – Carl Schmitt *Briefwechsel 1971-1978 und weitere Materialien*, hrsg. und mit einem Nachwort v. Alexander Schmitz und Marcel Lepper, Frankfurt a.M. 2007, S. 253-306.

SCHOELL-GLASS, Charlotte, *Aby Warburg und der Antisemitismus. Kulturwissenschaft als Geistespolitik*, Frankfurt am Main 1998.

SCHOLEM, Gershom, »Walter Benjamin«, in: Ders.: *Judaica II*, Frankfurt a.M. 1970, S. 193–227.

SCHOLTZ, Gunter, »Historismus«, in: Joachim Ritter (Hrsg.), *Historisches Wörterbuch der Philosophie*, Bd. 3, Basel 1974, S. 1141–1147.

SCHOR, Ralph, *L'opinion française et les étrangers 1919–1939*, Paris 1985.

SCHÖTTKER, Detlev (Hrsg.), *Konstruktiver Fragmentarismus. Form und Rezeption der Schriften Walter Benjamins*, Frankfurt a.M. 1999.

—, *Schrift, Bilder, Denken. Walter Benjamin und die Künste*, Frankfurt a.M. 2005.

—, »Der Erzähler. Betrachtungen zum Werk Nikolai Lesskows«, in: Burckhardt Lindner (Hrsg.), *Benjamin-Handbuch. Leben, Werk, Wirkung*, Stuttgart/Weimar 2006, S. 557–566.

—, »Nachwort. Aphoristik und Anthropologie«, in: Walter Benjamin, *Einbahnstraße. Werke und Nachlaß*, Frankfurt a.M. 2009, S. 254–571.

SCHÖTTLER, Peter, »Nachwort: Marc Blochs Testament«, in: Marc Bloch, *Apologie der Geschichtswissenschaft oder Der Beruf des Historikers*, Stuttgart 2002, S. 215–280.

—, »L'historien entre objectivisme et subjectivisme, Siegfried Kracauer face à Marc Bloch«, in: Philippe Despoix/Peter Schöttler (Hrsg.), *Siegfried Kracauer, penseur de l'histoire*, Paris 2006, S. 77–92.

SCHULZE, Winfried, *Sozialgeschichte, Alltagsgeschichte, Mikro-Historie: eine Diskussion*, Göttingen 1994.

SCHÜTTE, Andrea, *Stilräume. Jacob Burckhardt und die ästhetische Anordnung im 19. Jahrhundert*, Bielefeld 2004.

SEIBT, Ferdinand, »Die Zeit als Kategorie der Geschichte und als Kondition des historischen Sinns«, in: *Die Zeit. Dauer und Augenblick*, hrsg. v. Heinz Gumin und Heinrich Meier, 2. Aufl., München 1990, S. 145–188.

SIMONIS, Annette, »Zeitbilder und Zeitmetaphern in der Moderne. Zum Wandel temporaler Vorstellungsbilder in der modernen Literatur und im (natur)wissenschaftlichen Diskurs«, in: Dies./Linda Simonis (Hrsg.), *Zeitwahrnehmung und Zeitbewusstsein der Moderne*, Bielefeld 2000, S. 89–122.

—/Linda SIMONIS (Hrsg.), *Zeitwahrnehmung und Zeitbewusstsein in der Moderne*, Bielefeld 2000.
SIMONIS, Linda, »Geschichtskonzepte im Spannungsfeld von Kontinuität und Diskontinuität«, in: Daniel Fulda/Silvia Serena Tschopp (Hrsg.), *Literatur und Geschichte. Ein Kompendium zu ihrem Verhältnis von der Aufklärung zur Gegenwart*, Berlin, New York 2002, S. 123–146.
SKOLNIK, Jonathan, »Le juif errant et le temps historique. Images littéraires des temps modernes«, in: *Le juif errant, un témoin du temps*, Catalogue de l'exposition au Musée d'art et d'histoire du Judaïsme, Paris 2001, S. 141–149.
SOWA, Rochus, »Wesen und Wesensgesetze in der deskriptiven Eidetik Edmund Husserls«, in: *Phänomenologische Forschungen* 2007, S. 5–37.
SRUBAR, Ilja (Hrsg.), *Exil, Wissenschaft, Identität. Die Emigration deutscher Sozialwissenschaftler 1933–1945*, Frankfurt a.M. 1988.
STAITI, Andrea, »Epoché«, in: Hans-Helmuth Gander (Hrsg.), *Husserl-Handbuch*, Darmstadt 2010, S. 86–89.
STIEGLER, Bernd, »Benjamin und die Photographie. Zum historischen Index der Bilder«, in: Detlev Schöttker (Hrsg.), *Schrift, Bilder, Denken. Walter Benjamin und die Künste*, Frankfurt a.M. 2004, S. 128–143.
STÜCKRATH, Jörn/Jürg ZBINDEN, »Einleitung«, in: Dies. (Hrsg.), *Metageschichte. Hayden White und Paul Ricœur. Dargestellte Wirklichkeit in der europäischen Kultur im Kontext von Husserl, Weber, Auerbach und Gombrich*, Baden-Baden 1997, S. 11–24.
STRUPP, Christoph, *Johan Huizinga. Geschichtswissenschaft als Kulturgeschichte*, Göttingen 2000.
—, »Johan Huizinga (1872–1945)«, in: Lutz Raphael (Hrsg.), *Klassiker der Geschichtswissenschaft, Von Edward Gibbon bis Marc Bloch*, Bd. 1, München 2006, S. 190–211.
STÜCKRATH, Jörn/Jürg Zbinden (Hrsg.), *Hayden White und Paul Ricœur. Dargestellte Wirklichkeit in der europäischen Kultur im Kontext von Husserl, Weber, Auerbach und Gombrich*, Baden-Baden 1997.
SÜSSMANN, Johannes, »Erzählung«, in: Stefan Jordan (Hrsg.), *Lexikon Geschichtswissenschaft. Hundert Grundbegriffe*, Stuttgart 2002, S. 85–88.
THIEMEYER, Guido, »Benedetto Croce und die intellektuelle Resistenza in Italien«, in: Francois Beilecke/Katja Marmetschke (Hrsg.), *Der Intellektuelle und der Mandarin*, Kassel 2005, S. 403–429.
THOMAS-FOGIEL, Isabelle, *Le concept et le lieu. Figures de la relation entre art et philosophie*, Paris 2008.
THOMÉ, Horst, »Weltanschauungsliteratur. Vorüberlegungen zu Funktion und Texttyp«, in: Lutz Dannenberg/Friedrich Vollhardt u.a. (Hrsg.), *Wissen in Literatur im 19. Jahrhundert*, Tübingen 2002, S. 338–380.
TODOROW, Almut u.a. (Hrsg.), *Unbegrifflichkeit. Ein Paradigma der Moderne*, Tübingen 2004.
TRAVERSO, Enzo, *La violence nazie. Une généalogie européenne*, Paris 2002.

TREML, Martin/Karlheinz BARCK (Hrsg.), *Erich Auerbach, Geschichte und Aktualität eines europäischen Philologen*, Berlin 2007, S. 481–488.

UEDING, Gert, »Don Quijote im Prinzip Hoffnung«, in: *Ernst Bloch als Schriftsteller. Ernst Bloch-Jahrbuch 1994*, Mössingen-Thalheim 1995, S. 14–30.

—, *Utopie in dürftiger Zeit. Studien über Ernst Bloch*, Würzburg 2009.

UHLIG, Claus, »Auerbach's ›Hidden‹ (?) Theory of History«, in: Seth Lerer (Hrsg.), *Literay History and the Challenge of Philology: The Legacy of Erich Auerbach*, Standford 1996, S. 36–49.

VANN, Richard T., »Turning Linguistic: History & Theory 1960–1975«, in: Frank Ankersmit/Hans Kellner (Hrsg.), *A New Philosophy of History*, London 1995, S. 40–69.

VIALON, Martin, »Über Bilder, Mimesis, ein Gespräch über den Roman und den Film – Erich Auerbach und Siegfried Kracauer«, in: Michael Ewert/Martin Vialon (Hrsg.), *Konvergenzen*, Studien zur deutschen und europäischen Literatur, Festschrift für E. Theodor Voss, Würzburg 2000, S. 157–167.

—, »›Philologie als kritische Kunst‹. Ein unbekanntes Vico-Typoskript von E. A. über Giambattista Vicos Philosophie (1948) im Kontext von ›Mimesis‹ und im Hinblick auf ›Philologie der Weltliteratur‹«, in: Helga Schreckenberger (Hrsg.), *Die Alchemie des Exils. Exil als schöpferischer Impuls*, Wien 2005, S. 227–251.

VIDAL, Francesca (Hrsg.), »*Kann Hoffnung enttäuscht werden?*«: anlässlich des 20sten Todestages von Ernst Bloch, Mössingen-Thalheim 1998.

VOIGT, Friedemann, »Inseln auf dem europäischen Kontinent, Georg Simmel in Troeltschs Historismus-Band«, in: Friedrich Wilhelm Graf (Hrsg.), *Ernst Troeltschs »Historismus«*, Gütersloh 2000, S. 65–93.

WAGNER, Helmut, *Alfred Schütz. An intellectual Biography*, Chicago 1983.

WAGNER, Julia, »Anfangen. Zur Konstitutionsphase der Forschungsgruppe ›Poetik und Hermeneutik‹«, in: *IASL*, 1 (2010) 35, S. 54–76.

WAIZBROT, Leopoldo, »Erich Auerbach im Kontext der Historismusdebatte«, in: *Erich Auerbach. Geschichte und Aktualität eines europäischen Philologen*, hrsg. v. Karlheinz Barck u. Martin Treml, Berlin 2007, S. 282–296.

WASZEK, Norbert, »Der junge Hegel und die ›querelle des anciens et des modernes‹: Ferguson, Garve, Hegel«, in: *Idealismus mit Folgen. Die Epochenschwelle um 1800 zwischen Kunst und Geisteswissenschaften*. Festschrift zum 65. Geburtstag von Otto Pöggeler, hrsg. v. Hans-Jürgen Gawoll und Christoph Jamme, München 1994, S. 37–46.

—, *Kant: Philosophie de l'histoire*, Paris 1996.

—, »Statut de l'économie politique dans la philosophie pratique de Hegel«, in: Myriam Bienenstock/Michèle Crampe-Casnabet (Hrsg.), *Dans quelle mesure la philosophie est pratique. Fichte, Hegel*, Paris 2000, S. 169–187.

—, *L'écosse des lumières. Hume, Smith, Ferguson*, Paris 2003.

—, »L'indicible dans les conférences d'Adorno sur l'éducation (Erziehung zur Mündigkeit)«, in: Françoise Retif (Hrsg.), *L'indicible dans l'espace franco-germanique au XXe siècle*, Paris 2004, S. 65–76.

—, »Emil Fackenheims Geschichtsauffassung«, in Myriam Bienenstock (Hrsg.), *Der Geschichtsbegriff: eine theologische Erfindung?* Würzburg 2007, S. 178–198.

—, »Die Hegelforschung mit Wilhelm Dilthey beginnen?«, in: Wolfdietrich Schmied-Kowarzik/Heinz Eidam (Hrsg.), *Anfänge bei Hegel*, Kassel 2008, S. 13–30.
—, »L'historiographie allemande à l'époque des Lumières et Hegel«, in: G.W.F. Hegel, *Introduction à la philosophie de l'histoire*, hrsg. v. Myriam Bienenstock und Norbert Waszek, Paris 2011, S. 230–236 und 331–332.
WEHLER, Hans Ulrich, *Historische Sozialwissenschaft und Geschichtsschreibung*, Göttingen 1980.
WEIDMANN, Heiner, *Flanerie, Sammlung, Spiel. Die Erinnerung des 19. Jahrhunderts bei Walter Benjamin*, München 1992.
WEIL, Patrick, *Qu'est-ce qu'un Français? Histoire de la nationalité française depuis la Révolution*, Paris 2002.
WETZ, Franz Josef, Hermann Timm (Hrsg.), *Die Kunst des Überlebens. Nachdenken über Hans Blumenberg*, Frankfurt a.M. 1999.
—, *Hans Blumenberg zur Einführung*, Hamburg 2004.
WIEVIORKA, Annette, *L'ère du témoin*, Paris 1998.
WIGGERSHAUS, Rolf, *Die Frankfurter Schule. Geschichte, theoretische Entwicklung, politische Bedeutung*, München/Wien 1986.
WINKS, W. Robin (Hrsg.), *The Historian as Detective. Essays on Evidence*, New York 1969.
WITTKAU, Annette, *Historismus. Zur Geschichte des Begriffs und des Problems*, Göttingen 1994.
WOLF, Herta, »Positivismus, Historismus, Fotografie. Zu verschiedenen Aspekten der Gleichsetzung von Geschichte und Fotografie«, in: *Fotogeschichte* 17, (1997), S. 31–44.
WUTTKE, Dieter, »Aby M. Warburgs Kulturwissenschaft«, in: *Historische Zeitschrift* 256 (1993), S. 1–30.
YOUNG, James E., »Hayden White, postmoderne Geschichte und der Holocaust«, in: Jörn Stückrath/Jürg Zbinden (Hrsg.), *Hayden White und Paul Ricœur. Dargestellte Wirklichkeit in der europäischen Kultur im Kontext von Husserl, Weber, Auerbach und Gombrich*, Baden-Baden 1997, S. 139–168.
»Zeit«, in: Stefan JORDAN (Hrsg.), *Lexikon der Geschichtswissenschaft. Hundert Grundbegriffe*, Stuttgart 2002, S. 331–336.

Archivmaterial

Konsultierte Materialien im Deutschen Literaturarchiv Marbach (Auswahl)

Falls nicht anders angegeben, beziehen sich die Zugangsnummern auf den Kracauer-Nachlass im Deutschen Literaturarchiv Marbach = KN DLM

1 NACHLASS ZU HISTORY. THE LAST THINGS BEFORE THE LAST

Guide to History [72.3525/1]
Konvolut History. The Last Things before the Last [72.3525/2]
History, Konvolut Synopsis 1. und 2. Fassung [72.3525/3]
History, Typoskript der Druckfassung [72.3525/4]
History, Konvolut Vorarbeiten, Entwürfe, Materialien [72.3525/5]
History, »Entwürfe für die Synopsis« [72.3525/6]
History, Konvolute Korrekturfahnen [72.3525/7]
History, Konvolut »Materialien zur posthumen Edition (Notizen, Vorschläge, Briefe vor allem von Elisabeth Kracauer) [72.3525/8]
History, Konvolut Bibliographie, Exzerpte [72.3525/9]
History, Zettelkästen [72.3525/10]
Kristeller, Paul Oskar, Vor- und Nachworte [72.3683]

2   KONVOLUTE UND EINZELDOKUMENTE ZU DEN 50ER UND 60ER JAHREN

About the state of the humanities [72.3497]
Conversations in Europe, July-October 1960 [72.3709a]
Draft of statement on the humanistic approach [72.3513a]
Konvolut Berichte über Arbeitsprojekte im Bereich Geschichtswissenschaften [72.3657]
Konvolut Bollingen Foundation [72.3709a]
Konvolut Bureau of Applied Social Research
Konvolut Guggenheim Foundation [72.3714]
Konvolut Kolloquium »Nachahmung und Illusion« [72.3718]
Konvolut Unterlagen zur Columbia University, New York und Kracauers Teilnahme am »University Seminar on the Problems of Interpretation« [72.3666]

Marginalien zu Karl Löwith, Prosa »Jakob Burckhardt. Der Mensch inmitten der Geschichte« [72.3624]
Notizen zur Lindauer Tagung 1966 [72.3713]
Reisenotizen zu Personen, Orten, Veranstaltungen (1961–1965) [72.3629a]

3 NACHLASS ZUR EMIGRATIONSGESCHICHTE FRANKREICH UND USA

Aktennotiz Selmar Spier [72.2990]
Konvolut »Emigrationsversuch Familie« [72.3709]
Konvolut »Lagerentlassung« [72.3715]
Konvolut Emigration Amerika [72.3712]
Tagebücher [72.3645]

4 WEITERE EINZELDOKUMENTE UND NACHLÄSSE ZU ANDEREN WERKEN

Die Angestellten, Exzerpte [72.3635]
Entwurf über das Verhältnis direkter visueller Erfahrung und der durch Photographie vermittelten [72.3584]
Konvolut Unterlagen zur Columbia University New York und zu seiner Teilnahme am »University Seminar on the Problems of Interpretation«, Ungez. [72.3666]
Theorie des Films, Abriss des entstehenden Buches [72.3557/2]
Theorie des Films, Konvolut Vorarbeiten und Materialien [72.3557/12]

5 KORRESPONDENZEN

5.1 Korrespondenzen – Kracauer an andere

An die schwedische Gesandtschaft [72.3712]
Aron, Raymond [72.1142]
Astruc, Lucienne [72.1146]
Barrett, John [72.3709a]
Barry, Iris [72.1161]
Berg, Alban, [72.1176]
Berlin-Charlottenburg, Polizei-Revier 128 [72.3711]
Berlin, Isaiah [72.3709]
Berlin, Jüdische Gemeinde [72.1179]
Blumenberg, Hans [72.3718]
Budzislawki, Hermann [72.1220]
Butterfield, Herbert [72.1225; 72.7309a/23]
Caillois, Roger [72.1227]
Commentary [72.1247]

Corti, Walter [72.1251]
d'Ormesson, Wladimir [72.1679]
Eucken, Walter [72.1299]
Fry, Varian [72.1346]
Geck, Rudolf [72.1341]
Geyl, Pieter [72.1357]
Goldsmith, Margaret [72.1368]
Gombrich, Ernst [72.1370]
Gubler, Friedrich Traugott [95.44.3]
Gurwitsch, Aron [72.1390]
Habermas, Jürgen [72.1390]
Halévy, Daniel [72.1400]
Heselhaus, Clemens [72.3718]
Horkheimer, Max [72.1439–72.1440]
Hughes, Everett [72.1446]
Husserl, Edmund [72.1453]
Ignazio, Silone [72.1792]
Jauss, Hans Robert [72.3718,72.3713]
Kluge, Alexander [72.1505]
Kluger, Karl Walther [72.1506]
Kohn, Hans [72.1514]
Kracauer, Elisabeth [72.1518]
Kracauer, Hedwig und Rosette [72.1520]
Krautheimer, Richard [72.1523–1524]
Kubler, George [72.1528]
Lazarsfeld, Paul Felix [72.1542]
Lévi-Strauss, Claude [72.1550]
Malraux, André [72.3709]
Marcel, Gabriel [72.1603]
Merton, Robert [72.1624]
Neumann, Franz [72.1658]
Niederlechner, Max [72.1669]
Noth, Ernst Erich [72.1672]
Paulhan, Jean [72.1693]
Pollock, Friedrich [72.1703]
Randall, Professor [72.3525]
Reifenberg, Benno [72.1721]
Roger, Nathan [72.370919]
Salomon, Albert [72.1748]
Schapiro, Meyer [81.448], [81.449], [81.450], [81.451] und [81.452]
Scholem, Gershom [72.1768]
Schütz, Alfred [72.1772]

Simmel, Georg [72.1793]
Spier, Selmar [72.1805]
Tau, Max [72.1839]
Taubes, Jakob [72.3718]
Tillich, Paul [72.1847]
Unseld, Siegfried [72.1857]
Weyrauch, Wolfgang [72.1905]
Zweig, Stefan [72.1937a]

5.2 Korrespondenzen – anderer an Kracauer

American Guild for cultural freedom [72.1981]
Arendt, Hannah [72.1992]
Barry, Iris [72.2021]
Berg, Alban [72.2048]
Blumenberg, Hans [72.3718/37]
Buber, Martin [72.2106]
Butterfield, Herbert [72.3709]
Cahiers juifs [72.2115]
Centraal-blad voor Israeliten Zeitung [72.2127]
Central-blad vor Israeliten in Nederland [81.45672 72.1958]
Columbia University N.Y., Research Center for Human Relations [81.456 72.1958]
Commentary [72.2151]
Corti, Walter [[72.2157]
Die Weltbühne [72.3127]
Emergency Rescue Committee [72.3712]
Fischer-Verlag [72.2265]
Frankfurter Societäts-Druckerei [72.2283]
Geck, Rudolf [72.2306]
Geyl, Pieter [72.2321]
Gombrich, Ernst [72.3709a]
Gubler, F.T. [72.2369–72.2375]
Gurwitsch [72.2374–72.2375]
Habermas, Jürgen [72.2380]
Henrich, Dieter [72.3326, 72.3718]
Herrigel, Hermann [72.2420]
Heselhaus, Clemens [72.3718]
HIAS-JCA Emigration Association [72.3709]
Horkheimer, Marx [72.4050–72451]
Hughes, Everett [72.2459]
Husserl, Edmund [72.246/1–2]
Iser, Wolfgang [72.3718]

Jauß, Hans Robert [72.3718]
Kaegi, Werner [72.2498a]
Kluge, Alexander [72.2533]
Koehne, Rainer [72.2538]
Koselleck, Reinhart [72.3718]
Kracauer, Elisabeth [72.2548–72.2549]
Kracauer, Hedwig [72.2555]
Krautheimer, Richard [72.2572]
Kristeller, Oskar [72.2577]
Kubler, George [72.3525]
Lazarsfeld, Paul [72.2602]
Lévi-Strauss, Claude [72.2614]
Löwith, Karl [72.2644]
Lowe, Adolph [72.2649]
Malraux, André [72.2677]
Malraux, Clara [72.2678]
Mann, Klaus [72.3708]
Mann, Thomas [72.2681]
Mannheim, Karl [72.2682]
Marcel, Gabriel [72.2685]
Marcuse, Ludwig [72.2687]
Marrou, Henri-Irénée [72.2692]
Merton, Robert M. [72.2714]
Morgenstern, Soma [72.2741]
Nathan, Roger [72.2758]]
Neumann, Franz [72.2767]
Newhall, Beaumont [72.2776], [72.3720/46-47]
Niederlechner, Max [72.2779]
Pollock, Friedrich [72.2835]
Preisendanz, Wolfgang [72.3370]
Reifenberg, Benno [72.2869]
Riesman, David [72.2879]
Rosenzweig, Franz [72.2894]
Schapiro, Meyer [72.2921]
Scheler, Max [72.2924]
Scholem, Gershom [72.2943]
Schütz, Kracauer [72.2947]
Silone, Ignazio [72.2968]
Simmel, Georg [72.2969]
Simon, Ernst [72.2971]
Simon, Heinrich [72.2972]
Spier, Selmar [72.2989–72.2991]

Sternberger, Dolf [72.3010]
Taubes, Jakob [72.3595]
Unseld, Siegfried [72.3072]
Weyrauch, Wolfgang [72.3135]
Zeitschrift für Sozialforschung [72.3174]

5.3 Korrespondenzen Dritter

Brief des französischen Konsuls an Hedwig und Rosette Kracauer [72.3709]
Koehne, Rainer an Elisabeth Kracauer [72.3525]
Kracauer, Elisabeth an Robert Merton [72.3525]
Kracauer, Elisabeth an Sheldon Meyer [72.3525]
Jauß, Hans Robert – Hans Blumenberg, Nachlass Hans Robert Jauß [o.S.]
Jauß, Hans Robert – Thedor W. Adorno, Nachlass Hans Robert Jauß [72.3444]
Elisabeth Kracauer – Hans Blumenberg [72.3525/8]

6 Arbeitsbibliothek des Autors

Namenregister

Adorno, Theodor W. 9, 11, 14–17, 19, 21, 27, 30, 36 f., 47–51, 56, 59, 70, 77, 87, 93, 111, 132, 155 f., 170, 172–174, 189, 191–195, 197, 211, 237–239, 248, 258, 260, 264, 285 f., 300 f., 307, 313, 315, 321, 330, 354 f., 367, 369 f., 372, 381, 386, 394
Agel, Henri 217 f.
Albee, Edward 220
Anders, Günther 272
Arendt, Hannah 13, 271, 330, 364 f., 383, 392
Aristoteles 67, 204, 281
Arnheim, Rudolf 20, 128, 363
Aron, Raymond 141, 196, 390
Astruc, Lucienne 354, 390
Auerbach, Berthold 152, 355
Auerbach, Erich 6, 14, 24, 114, 163 f., 205, 218 f., 222–232, 271, 324, 326 f., 355 f., 362 f., 370–374, 376–378, 380–387

Balzac, Honoré de 226, 232
Baron, Salo Wittmayer 102 f., 331, 363
Barry, Iris 109, 390, 392
Barthes, Roland 110, 356
Baudelaire, Charles 81, 123, 279, 294
Baumgartner, Hans Michael 204, 373
Benedict, Ruth 179
Benjamin, Walter 6, 7, 14 f., 18–21, 23 f., 45–47, 59, 77, 81, 101 f., 117 f., 120, 123, 131 f., 137, 143 f., 153, 155, 160, 182, 184–189, 191, 195, 225, 239–241, 271–280, 282, 302, 304, 314, 319, 322 f., 325, 328, 331, 351, 354, 356 f., 363 f., 366 f., 369–171, 373 f., 376, 378–385, 387
Bergson, Henri 279
Berlin, Isaiah 53, 104, 113, 280, 390
Berman, Ingmar 215
Bing, Gertrud 18, 53, 103, 127, 313, 373
Bloch, Ernst 7, 14, 18 f., 21, 24, 70, 74, 154, 172 f., 185, 188, 249, 300–309, 312, 314, 318 f., 329–331, 355 f., 369 f., 373–375, 381, 386
Bloch, Marc 5, 22, 65–69, 76, 88, 99 f., 125, 166, 322, 357, 381, 383–385
Blumenberg, Hans 6 f., 11, 13–15, 17, 19, 21, 23, 53–55, 57, 60 f., 69, 74 f., 132–134, 140 f., 143–150, 219, 223, 249, 262, 271, 285, 289–297, 299, 310, 323 f., 329, 331 f., 349, 351, 355, 357, 365, 377 f., 380 f., 384, 387, 390, 392, 394
Boas, Franz 190
Böckmann, Paul 54
Bosch, Carl 28
Brandenburg, Erich 175
Braudel, Fernand 66, 132, 312, 197 f., 202, 357, 375, 383
Breitscheid, Rudolf 32
Breysig, Kurt 174, 357
Broch, Hermann 47, 365, 382
Brod, Max 314
Brooke, John 86, 89 f., 357
Bruno, Giordano 140 f.
Buber, Martin 303 f., 367, 392
Buckle, Henri Thomas 163
Budzislawki, Hermann 39, 390
Bultmann, Rudolf 282, 292

Burckhardt, Jacob 7, 14, 17, 75, 81, 104, 132, 142, 144, 169, 203, 217, 221 f., 250, 280, 297–300, 307 f., 329 f., 357, 359 f., 372, 390
Bury, John 282
Butterfield, Herbert 14, 53, 65, 86, 88, 92, 385 f., 389, 241, 243, 357, 382, 390, 392

Calvino, Italo 198
Caillois, Roger 53, 70, 212, 390
Calvin, Johannes 259
Carr, Edward 67
Cartier-Bresson, Henri 129
Cassirer, Bruno 321
Cassirer, Ernst 13, 138, 293, 375
Castellani, Renato 209
Caveing, Maurice 126, 357
Cervantes, Miguel de 309, 319
Cézanne, Paul 222
Charcot, Jean-Martin 152
Chateaubriand, François-René 102
Christie, Agatha 72, 76, 382
Clouzot, Henri-Georges 146
Collingwood, Robin George 14, 65, 67–77, 79 f., 84, 86, 98, 322, 357, 362, 375, 378 f., 381–383
Comte, Auguste 134, 163, 165, 171 f., 177, 232, 322, 324, 378, 380
Constable, John 222
Conze, Werner 54, 377, 379
Corti, Walter 53, 391 f.
Creuzer, Georg Friedrich 121
Croce, Benedetto 5, 22, 65, 69 f., 73–77, 79, 98, 153–155, 221, 322, 357, 374, 381 f., 385
Cromwell, Oliver 92
Curtius, Ernst Robert 57, 141, 225, 231, 383

d'Ormesson, Wladimir 44, 391
Daladier, Edouard 39
Dali, Salvador 180
Danto, Arthur C. 204, 375
Diamond, Sigmund 202
Diebold, Bernhard 38
Dieckmann, Herbert 57, 294
Dilthey, Wilhelm 95, 97, 164 f., 172, 175, 181, 251, 281, 284, 324, 358, 374, 378, 380, 387
Doré, Gustave 151
Doyle, Conan 87
Dräger, Heinrich 60
Dreiser, Theodore 170
Droysen, Johann Gustav 250, 252, 283, 358
Dürer, Albrecht 84, 135
Dulac, Germaine 84

Eisenstein, Sergei 99, 170, 201 f.
Eliot, George 220
Erasmus von Rotterdam 10, 69, 90, 301 f., 309–313, 330, 361

Fallada, Hans 31
Faulhaber, Karl 226
Febvre, Lucien 68, 189
Fellini, Federico 213, 217
Festugière, André Jean 53, 146, 358
Flaherty, Robert 14, 216 f.,
Flandin, Pierre–Etienne 39
Flaubert, Gustave 215, 227, 229, 378
Focillon, Henri 6, 23, 132, 134, 136–138, 140, 142, 144, 149, 323, 358
Forster, Edward Morgan 215
Foucault, Michel 164, 329, 358, 372
Franjus, George 236, 238
Frankfort, Henri 179, 358
Freud, Sigmund 5, 86, 87 f., 91, 153, 163, 277, 358
Friedländer, Saul 87, 127, 242, 358, 363
Friedrich, Carl Joachim 93
Fromm, Erich 189, 358
Fry, Varian 46, 391

Namenregister

Frye, Northrop 221
Fustel de Coulanges, Numa Denis 101, 275

Gaboriau, Emile 79
Gadamer, Hans Georg 54, 284, 359
Garbo, Greta 41
Geck, Rudolf 391 f.
Geiger, Theodor 189, 376
Gide, André 220
Ginzburg, Carlo 22, 69, 87, 164, 197–199, 205, 242 f., 358, 367
Giraudoux, Jean 44
Glaser, Georg 31
Goebbels, Joseph 30
Goldsmith, Margaret 39, 321, 391
Gombrich, Ernst 53, 218, 222, 224, 373, 385, 387, 391 f.
Green, Julian 84
Griffith, David Wark 14, 201 f.
Gubler, Friedrich Traugott 28, 391 f.
Günther, Gotthard 168
Gumbrecht, Hans Ulrich 57, 376
Gurwitsch, Aron 391 f.

Habermas, Jürgen 286, 377, 391 f.
Haering, Theodor L. 174, 358
Halévy, Daniel 39, 45, 194, 314, 321, 354, 358, 368, 391
Hausenstein, Wilhelm 38
Hegel, Georg W. F. 14, 69 f., 74, 126, 134, 139 f., 142, 154 f., 163, 169, 221, 250, 272 f., 286, 292, 299, 318, 329, 357 f., 377, 381, 386 f.
Heidegger, Martin 61, 115, 131, 284, 383
Heimpel, Hermann 298, 359
Heine, Heinrich 40, 59, 331, 359, 368, 377 f.
Hellweg, Martin 326, 355
Henrich, Dieter 14, 377, 392
Herodot 171, 206, 287
Heselhaus, Clemens 54, 391 f.
Hesse, Hermann 48

Hessel, Franz 81
Heuss, Theodor 173
Hexter, Jack 65
Hillgruber, Andreas 242 f.
Hitler, Adolf 29–36, 38, 41, 48–50, 114, 127, 174, 214, 236 f., 273, 306, 321, 325, 353 f., 364, 368, 372
Hogben, Lancelot 123
Hoppenot, Henri 45
Horkheimer, Max 47, 93, 173 f., 286, 301, 354, 359, 367, 391 f.
Hugenberg, Alfred 33–35
Hughes, Everett 190, 391 f.
Huizinga, Johan 65, 81, 104, 128, 189, 208, 280, 359, 385
Hummel, Hermann 28
Husserl, Edmund 96, 111, 116, 138, 143, 247, 260, 262–264, 266, 359, 373, 377, 380, 385, 387, 391 f.

Ibsen, Henrik 220
Iser, Wolfgang 55 f., 294, 359, 392
Ivens, Joris 235

Jaeger, Werner 311, 380, 384
Jakubowska, Wanda 238
Jonas, Hans 146, 148 f., 359
Joyce, James 151, 224, 228, 231, 326 f.
Jünger, Ernst 31 f., 367

Kaegi, Werner 17, 299, 393
Kafka, Franz 46, 52, 122, 236, 240, 285, 297, 302, 308–310, 314–319, 356, 359
Kant, Immanuel 71, 80, 169, 248, 256 f., 266, 386
Kraus, Karl 185
Krauss, Werner 57, 59
Kaulbach, Wilhelm von 151
Kierkegaard, Sören 16–18, 195, 258, 268 f., 314
Kircher, Rudolf 29–31, 33
Kisch, Egon Erwin 189

Klages, Ludwig 174
Kluge, Alexander 52 f., 391, 393
Kluger, Karl Walther 52, 393 f.
Koehne, Rainer 16–18, 393 f.
Köhler, Erich 59
Koselleck, Reinhart 55, 57, 132, 206, 325, 359, 375, 377, 379, 393
Kracauer, Elisabeth 17 f., 44 f., 48, 314, 389, 391, 393 f.
Kracauer, Hedwig und Rosette 27, 39–41, 46, 51, 391, 393 f.
Kracauer, Isidor 39, 330 f., 359, 365, 377
Krauss, Werner 57, 59
Krautheimer, Richard 41, 223, 391, 393
Kristeller, Paul Oskar 16f., 67, 310, 354, 368, 374, 389, 393
Kubler, George 6, 14, 19, 23, 132, 134, 136–140, 142–144, 148 f., 294, 296, 323, 360, 374, 382, 391, 393

Lacis, Asja 187
Lamm, Albert 31
Landauer, Gustav 20
Langlois, Charles-Victor 68, 360
Lasswitz, Erich 38
Laval, Pierre 39
Lazarsfeld, Paul Felix 223, 391 f.
Lenin 172, 195
Lenôtre, Gustave 140
Lévi-Strauss, Claude 14, 53, 67, 136, 144, 202, 391, 393
Lichtenberg, Georg Christoph 185
Löwenthal, Golde 45
Löwenthal, Leo 9 f., 17 f., 45 f., 48, 131, 241, 303, 314, 327, 355, 368
Löwith, Karl 7, 13, 24, 271, 285–291, 293 f., 297 f., 300, 329, 360, 375, 377, 379, 383, 390, 393
Lowe, Adolph 65
Lowie, Robert H. 190
Luckmann, Thomas 56
Luhmann, Niklas 56

Lukács, George 20, 70, 164, 172, 211, 232, 253, 261, 303f., 309, 326, 360
Luther, Martin 312

Macaulay, Thomas Babington 65, 200, 360
MacDonald, Philip 72
McNeill, William 179
Malraux, André 38, 40, 391, 393
Mandelbaum, Maurice 141, 204
Mandeville, Bernard 169
Mann, Thomas 44, 47, 177, 230, 393
Mannheim, Karl 138, 221, 284, 301, 393
Marcel, Gabriel 44, 53, 391, 393
Marquard, Odo 59, 359, 380
Marrou, Henri-Irénée 67, 144, 321, 393
Marx, Karl 14, 50, 59, 134, 165, 169, 171–173, 177, 193, 195, 221, 240, 280, 286, 304 f., 306, 309, 318, 323 f., 329, 330
Marsh Mae 201
Medick, Hans 196 f., 203, 380
Mehta, Ved 86, 89 f., 92, 390
Meier, Christian 206
Meige, Henri 152, 360
Meinecke, Friedrich 174, 251, 283, 360
Méliès, Georges 126
Merton, Robert 17, 233, 391, 393 f.
Messac, Régis 70, 381
Meyer, Sheldon 17 f., 314, 394
Meyers, Sidney 114
Michelet, Jules 102, 221
Mills, Charles Wright 99, 190, 360
Moholy-Nagy, Lázló 130
Mommsen, Hans 381
Monnier, Adrienne 45
Morelli, Giovanni 87, 358
Morgenstern, Soma 273, 393
Morus, Thomas 312, 330

Namier, Lewis 5, 14, 23, 65, 67, 86–92, 95, 100, 125, 172, 199, 324, 340 f., 351, 357, 360, 362

Nansen, Fridtjof 42
Naumann, Max 111
Neumann, Franz 45, 391, 393
Newhall, Beaumont 113, 127, 360, 393
Niebuhr, Paul 285
Niederlechner, Max 51 f., 391, 393
Niekisch, Ernst 28, 361
Niépce, Joseph Nicephore 123
Nietzsche, Friedrich 81, 174, 220 f., 250 f., 269, 283, 288, 307 f., 361, 372, 380 f.
Noth, Ernst Erich 391

Panofsky, Erwin 6, 13–15, 18, 21, 23, 40, 47, 103, 124, 126–130, 132, 134–139, 143, 209 f., 219, 223, 335, 361, 366, 370, 374, 377, 382
Papen, Franz von 33–35
Papon, Maurice 10
Park, Robert Ezra 190 f., 361, 377, 380
Paulhan, Jean 44, 391
Picard, Max 318
Pirenne, Henri 65, 67
Poe, Edgar Allan 71, 81, 99, 189
Pollock, Friedrich 41 f., 391, 393
Polybios 287
Popper, Léo 20
Preisendanz, Wolfgang 59, 393
Proust, Marcel 14, 23, 53, 60, 81, 84–86, 92, 97, 99–101, 104, 114 f., 118 f., 132, 153–159, 200–202, 213, 215 f., 218, 224, 227–229, 236, 277, 280, 324, 326 f., 359, 361, 376, 380

Queneau, Raymond 198

Ranke, Leopold von 65, 95–97, 125, 128, 169, 221, 270, 277, 283, 361, 372, 381 f.
Reifenberg, Benno 28–30, 32–38, 391, 393
Reik, Theodor 86
Renan, Ernest 232

Renoir, Jean 234
Richards, Earl Jeffrey 57
Rickert, Heinrich 175, 283
Ricœur, Paul 163, 204, 361, 377, 385, 387
Riegl, Alois 21, 371
Riesman, David 190, 393
Robespierre, Maximilien 69, 278
Roger, Nathan 44, 391, 393
Rosenzweig, Franz 240, 303 f., 331, 361, 366 f., 381, 393
Rougier, Louis 93
Rüsen, Jörn 204, 250, 252, 283, 378, 383

Sadoul, Georges 361
Salomon, Albert 310–312, 361, 376, 380, 391
Saxl, Fritz 103, 127, 129, 313, 361, 373
Schapiro, Meyer 19, 41 f., 44, 46, 141, 365, 391, 393
Scheler, Max 6, 14, 94, 248, 252, 258–260, 283 f., 303, 327, 361, 372, 393
Schleicher, Kurt von 33
Schmitt, Carl 61, 290, 355, 361, 378, 384
Schneider, Carl 146–148, 361
Scholem, Gershom 19, 187, 240, 275, 313, 381, 384, 391, 393
Schopenhauer, Arthur 99
Schröter, Manfred 174, 361
Schüfftans, Eugen und Marlise 19, 354
Schütz, Alfred 14, 93 f., 98, 258, 355, 361, 376, 378, 380, 386, 391, 393
Schütz, Hermann 28
Seignobos, Charles 68, 360
Sieburg, Friedrich 36
Simmel, Georg 6, 20, 61, 93–95, 98, 111, 135, 138, 145, 156, 173, 182–184, 188, 190, 201, 203, 248, 252–258, 260, 262, 265–267, 302, 321, 327, 329, 362–365, 371, 378, 386, 392 f.
Simon, Ernst 19, 393
Simon, Heinrich 36–38, 393
Smith, Adam 169, 386

Souriau, Etienne 215 f.
Spengler, Oswald 14 f., 24, 95, 143, 164 f., 173–181, 198, 253, 288, 323 f., 355–362, 372–376, 380 f.
Spiegelmann, Art 242
Spier, Selmar 37 f., 69, 390, 392 f.
Stempel, Wolf-Dieter 234
Stendhal 226 f., 232, 378
Sternberger, Dolf 38, 394
Sterne, Laurence 14, 233
Stewart, George R. 198
Stieglitz, Alfred 14, 129
Stone, Lawrence 204, 362
Storck, Henri 235
Strauss, Leo 362, 378
Sue, Eugène 152, 377
Suhr, Otto 34, 38

Taine, Hippolyte Adolphe 101, 125, 232
Talmon, Jacob Leib 86, 362
Taubes, Jakob 53, 55 f., 59, 392, 394
Thieß, Frank 31
Thukydides 95, 102, 287, 362
Tillich, Paul 285, 392
Tilly, Charles 73, 165, 180, 362
Tocqueville, Alexis de 168, 221
Tolstoi, Leo 14, 100, 113 f., 198 f.
Toynbee, Arnold J., 15, 24, 91, 163, 165, 173, 178–181, 196, 198, 241, 323 f., 380, 382

Troeltsch, Ernst 7, 14, 248, 251 f., 264, 266–271, 283, 327, 362, 383, 386

Unseld, Siegfried 9, 239, 241, 302, 392, 394
Utrillo, Maurice 84

Vaudrin, Philipp 128
Vico, Giambattista 14, 75, 163, 165, 171, 230, 386, 324, 355, 362, 374, 386
Voegelin, Eric 61, 93, 355

Wagner, Richard 304
Warburg, Aby 13, 18, 21, 47, 90, 127, 138, 222, 313, 358, 366, 371, 378 f., 381, 384, 387
Weber, Max 7, 20, 197, 248, 251, 264, 266 f., 269–271, 327, 362, 373, 375, 377, 385, 387
Werner, Martin 146, 148, 362
Weyrauch, Wolfgang 50 f., 392, 394
White, Hayden 6, 14, 24, 163 f., 204 f., 218–244, 234, 242 f., 324, 326, 363, 373, 377, 382, 385, 387
Wind, Edgar 42, 87
Windelband, Wilhelm 175, 190, 283
Woolf, Virginia 114, 224, 227–229, 231, 326 f., 373 f., 380

Yerushalmi, Yoseph Hayim 331, 363